中国旅行指南系列

甘肃和宁夏

本书作者

丁海笑　董驰迪
何望若　王木子　尼佬

河西走廊
89页

宁夏
250页

兰州及周边
66页

陇东南
221页

甘南
169页

中国地图出版社

计划你的行程

- 欢迎来甘肃和宁夏........4
- 甘肃和宁夏亮点........6
- 甘肃和宁夏Top 15........8
- 行前参考............18
- 新线报..............20
- 如果你喜欢..........21
- 当地人推荐..........24
- 省钱妙计............26
- 每月热门............27
- 旅行线路............30
- 负责任的旅行........38
- 石窟之旅............40
- 自驾游..............48
- 户外活动............52
- 带孩子旅行..........56
- 摄影之旅............59

每月热门（见27页）

石窟之旅（见40页）

在路上

兰州及周边........66
- 兰州..................68
- **兰州周边**............80
- 吐鲁沟国家森林公园....81
- 鲁土司衙门............81
- 黄河石林..............82
- 炳灵寺石窟............83
- 临夏..................84

河西走廊........89
- **武威**................91
- 武威市................91
- **武威周边**............99
- 天梯山石窟............99
- 白塔寺...............100
- 永昌.................101
- 民勤.................103
- 天祝.................105
- **张掖**...............108
- 张掖市...............108
- **张掖周边**...........113
- 张掖七彩丹霞景区.....113
- 肃南冰沟丹霞.........115
- 黑水国遗址...........115
- 马蹄寺景区...........115
- 平山湖大峡谷.........116
- 高台.................117
- 山丹.................119
- 肃南.................123
- **酒泉及周边**........124
- 酒泉市区（肃州区）...124
- 金塔胡杨林...........129
- **嘉峪关及周边**......130
- 嘉峪关市.............130
- 文殊山石窟群.........136
- 玉门市...............138
- **敦煌**..............139
- 敦煌市区（沙洲镇）...140
- 鸣沙山·月牙泉........147
- 莫高窟...............149
- **敦煌西线**..........159

- 敦煌古城影视城.......159
- 西千佛洞.............160
- 阳关.................161
- 玉门关...............161
- 雅丹地质公园
  （魔鬼城）...........162
- **敦煌东线**..........163
- 瓜州县...............163
- 锁阳城...............164
- 榆林窟...............165
- **敦煌南线**..........167
- 阿克塞...............167
- 肃北.................168

甘南............169
- **夏河及周边**........171
- 夏河.................174
- 拉卜楞寺.............179
- 桑科草原.............185
- 甘加草原.............185
- 熊猫沟...............187
- 达尔宗湖.............187
- 德尔隆寺.............187
- **夏河到郎木寺**......188
- 合作市...............188
- 碌曲县城.............190
- 尕海.................192
- **郎木寺**............193
- **迭部及周边**........199
- 迭部县城.............200
- 扎尕那...............202
- 腊子口...............206
- 拉尕山...............207
- 白古寺...............208
- **卓尼和临潭**........208
- 卓尼县城.............209
- 临潭县城.............212
- 冶力关...............212
- 大峪沟...............214
- 车巴沟...............214
- 新城镇...............215

目录

了解甘肃和宁夏

九甸峡	215
玛曲及周边	**215**
玛曲县城	216
阿万仓	219
西麦朵合塘	219
采日玛	220
河曲马场	220

陇东南 221

天水及周边	**224**
天水市	224
麦积山石窟	232
仙人崖	234
水帘洞	235
甘谷大像山	236
大地湾遗址	236
平凉及周边	**237**
平凉市	237
王母宫	239
南石窟寺	240
庄浪	240
庆阳及周边	**241**
庆阳市	242
北石窟寺	243
陇南及周边	**244**
陇南市	244
文县天池	246
官鹅沟	246
康县阳坝	247
成县	248

宁夏 250

银川及周边	**254**
银川市	254
西夏陵国家考古遗址公园	269
镇北堡西部影城	270
贺兰山	271
水洞沟	273
沙湖	273
永宁纳家户清真寺	274
灵武	274
吴忠及周边	**274**
吴忠	274
青铜峡黄河大峡谷	278
盐池长城	278
中卫及周边	**279**
中卫	279
沙坡头	283
寺口	284
石空大佛寺	284
南长滩和北长滩	285
海原	285
同心及周边	**285**
同心	285
韦州	287
下马关	287
西海固	**287**
固原	288
须弥山石窟	292
二十里铺拱北	293
开城安西王府遗址	293
萧关遗址文化园	294
火石寨地质公园	294
六盘山	294

了解甘肃和宁夏

今日甘宁	298
历史	301
甘宁人	311
文化和艺术	317
饮食	324
环境	329

生存指南

出行指南	338
交通指南	345
健康指南	348
幕后	352
索引	354
地图图例	357
我们的作者	358

特别呈现

当地人推荐	**24**
石窟之旅	**40**
自驾游	**48**
莫高窟"网红"	**156**

欢迎来
甘肃和宁夏

"春风不度玉门关""西出阳关无故人",千年前诗人留下的苍凉字句,反而更让我们好奇甘肃与宁夏这片辽阔土地的红尘往事。异域的门户和栈道,来来往往千年的旅人故事,不正是旅行者梦想中的栖身之所吗?

丝路传奇

"丝绸之路"是一个后世历史学家创造的名词,它让中国西部边陲这几条漫长的亚欧商道,在时光滤镜的凝视中过滤了艰辛,显得浪漫又盛大。虽然凉州、瓜州和金州,粟特人和波斯人歇息过、传递过金币和信札的驿站早就变成了摩登的大酒店,但在敦煌莫高窟、榆林窟、麦积山石窟和须弥山石窟里,那些千年不变、笑而不语的佛陀与度母,飘飘欲仙的飞天和天龙八部,依然穿越了重重时空,带给我们与汉唐儿女无异的感动。它们是如此珍贵,值得我们一来再来。

祁连冰雪

你很难在丝路旅行中失去方向,昆仑和祁连漫长的、仿佛永无止境的冰川和山峰,像尖锐又温情的父亲,默默无言地看着你千百里的跋涉,如同注目着一千八百年前的波斯商人。祁连山如此迷人,它并没有阻止山南北两个世界的交流,只是将这机会留给那些真正能跨越冰川的勇士。如今的你在现代公路和铁龙的帮助下,已经可以像千年前最厉害的勇士,去追寻冰河、鲜花、骏马和依然在不断迁徙的祁连牧民。

戈壁、绿洲与草原

戈壁、荒漠和绿洲,就像太阳和月亮一样相依相惜,当你以为沙漠永无尽头,骆驼行将倒下的时候,碧水、飞鸟、葡萄藤和白兰瓜总能及时来到你的面前。河西走廊有祁连冰雪的哺育,银川平原有黄河的灌溉。你以为荒芜的大漠,早在千年前就有葡萄美酒和麦田飘香的胜景,今日不过恢复了荣光而已。不然,西夏王朝又岂能在干涸的贺兰山脚持续辉煌数百年,创制出自己的文明佛国呢?而在黄河的南方,吐蕃英雄的后代依然在高原的森林、湖泊和草原上奔波,坐骑已经由骏马换成了摩托车。

文化大拼盘

甘肃和宁夏像个大拼盘,几乎把影响中华大国的几处文化源流都水乳交融地连为一体了。甘肃的最东方,是华夏民族的源起地,上古的中华余韵犹在;游牧民族数千年驰骋在甘南草原、河西走廊和银川平原上,今天他们成了虔诚的佛教徒,在拉卜楞寺的转经筒前还愿;而源源不断的西域来客,在多年的迁徙奔波后,在黄河离开高原流向北方的沿岸定居下来,与中华儿女通婚繁衍,用红砖飞檐来表达对真主的虔诚。慈悲的白塔和肃穆的星月拱北相辉映,已经是中国不可多得的多元文化景象。

我为什么喜欢甘肃和宁夏

本书作者 董驰迪

玄奘从玉门关"偷渡"的时候,一定不会想到有一天中原人民可以只用几个小时到达遥远的西域,而他停留讲经的寺院会成为国家保护单位,他的样子被画在佛陀身边长存千年,让现代学者反复求证他的存在。行走甘宁两地,眼见所想总是充满类似的奇妙穿越,或许是干旱和荒芜让这些古迹因祸得福,而我们又是何等有幸可以直接站在它们面前。

更多作者信息请见358页。

上图:静谧的甘南

甘肃和宁夏亮点

地图内容

0 — 120 km

标注说明

山丹马场
夏季看骠骑骏马驰骋在万亩油菜花映衬的草原上（见121页）

西夏王陵
在贺兰山脚下探访中国消失得最彻底的王朝的帝王坟冢（见269页）

崆峒山
登上崆峒山陡峭的上天梯，在武术学校练上几招（见237页）

中卫
炙手可热的沙坡头，全新上线的黄河宿集，中卫走得很前卫（见279页）

麦积山石窟
在"东方雕塑陈列馆"细品数千尊石胎泥塑（见232页）

主要地名

内蒙古自治区、巴丹吉林沙漠、腾格里沙漠、库布齐沙漠、毛乌素沙地

乌拉特中旗、固阳、乌拉特后旗、五原、包头、巴彦淖尔、乌拉特前旗、磴口、乌海、惠农区、鄂托克旗、石嘴山、平罗、贺兰、阿拉善左旗、西夏区、银川、永宁、鄂托克前旗、灵武、吴忠、青铜峡、盐池、定边、靖边

阿拉善右旗、首山、山丹、民勤、金昌、红崖山水库、中卫、中宁、红寺堡区、陕西省、吴起、志丹

民乐、山丹马场、永昌、武威、沙坡头、同心、环县、华池

门源、古浪、乌鞘岭、景泰、平川区、海原、庆城、合水、子午岭

大通、互助、天祝、白银、靖远、西吉、彭阳、镇原、庆阳、正宁

海晏、永登、皋兰、固原、华亭、泾川、长武、彬州

西宁、海东、红古区、兰州、榆中、会宁、隆德、平凉、崇信、灵台、永寿

共和、化隆、永靖、定西、静宁、泾源、张家川、陇县、凤翔

贵德、积石山、临夏市、东乡、广河、临洮、通渭、秦安、清水、宝鸡、眉县

贵南、同仁、循化、临夏、和政、康乐、渭源、陇西、甘谷、麦积区、太白、太白山

同德、夏河、合作市、漳县、武山、天水

泽库、临潭、卓尼、岷县、宕昌、礼县、西和、两当、凤县、佛坪、留坝

河南、碌曲、扎尕那、迭部、舟曲、成县、徽县

玛沁、玛曲、郎木寺、陇南、略阳、汉中

黄河河曲、若尔盖、康县

久治、九寨沟、文县

阿坝、松潘、四川省、广元、南江

甘肃和宁夏
Top 15

敦煌石窟

1 作为佛教东传的入口，敦煌地区的石窟是西域和中原艺术擦碰火花的最前沿，这些拥有千年历史的石窟，记录着历代王朝的更迭和人们审美、信仰的变迁，更记录下了纸本不曾留住的中国美术史。完整的敦煌艺术，并不局限于**莫高窟**（见149页），**榆林窟**（见165页）的艺术高峰弥补了莫高窟西夏之后的落寞时期；**西千佛洞**（见160页）历史地位同样重要，虽留存数量不及，但水准不分上下。有说法讲，每个人都能在敦煌各取所需：绘画爱好者能找到中国水墨的传承，建筑爱好者能还原唐朝的楼阁阙殿，时尚博主能在服饰、妆面中找到灵感，段子手则发现了古人脑洞大开的世俗生活……

拉卜楞寺

2 世界藏学府、藏传佛教格鲁派六大寺院之一的**拉卜楞寺**（见179页）依群山傍大夏河。号称世界最长的转经道，包围着寺院的红墙金顶，虔诚的朝圣者在阳光初升时手持珠串，口念箴言，转动每一只经筒，轰隆的声音直触心底。旺季的拉卜楞寺游人如织，反倒是冬天，更有一份佛门净地的神圣感。拉卜楞寺的节庆法会众多，其中以农历正月的毛兰姆法会最为隆重，众僧聚集于此，宏大庄严的法事场面，一定会给你留下记忆深刻的旅行体验。

宋利良摄／敦煌研究院提供

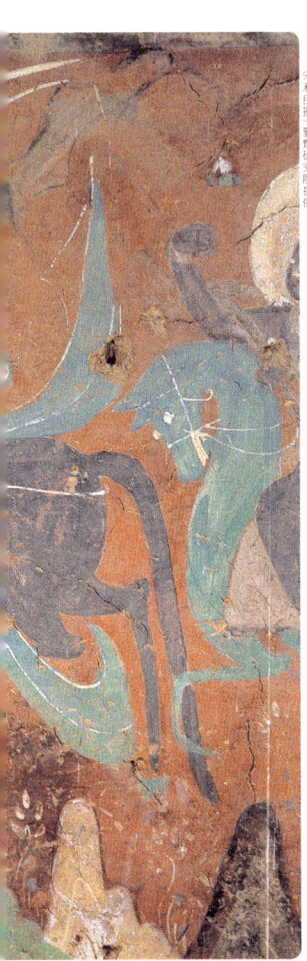

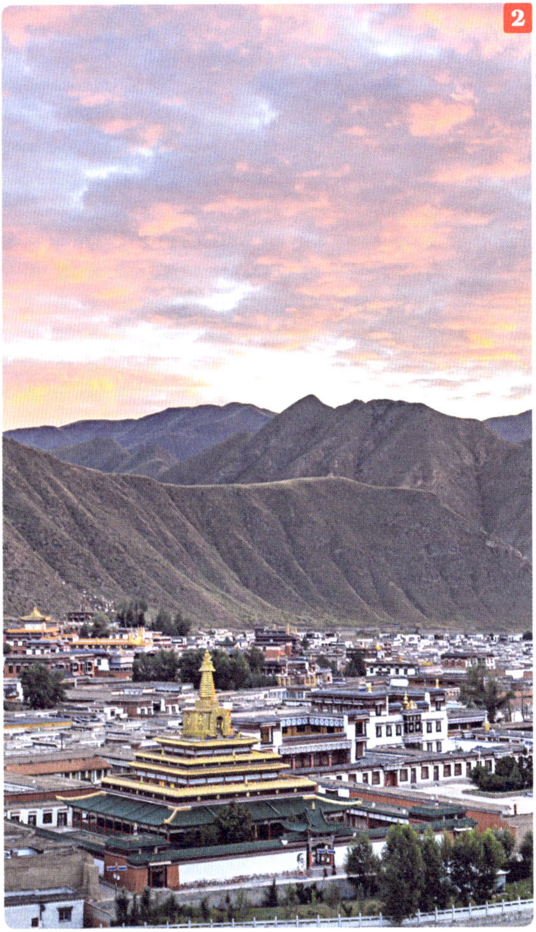

©视觉中国

计划你的行程 甘肃和宁夏 Top 15

计划你的行程　甘肃和宁夏 Top 15

嘉峪关及西部长城

3 嘉峪关（见130页）在此把守着明代长城的最西端。这座年轻的"天下雄关"保存完好，被列入世界文化遗产。当你登上关城，"明墙、暗壁"的防御体系就会清晰地展现在你眼前。如果脚力够好，能体验一段横穿河西走廊的**长城徒步**（见134页方框）。汉武帝征服西域后修筑的**汉长城**（见161页），依然保留在敦煌的西部边界上。在山丹，汉、明长城平行绵延近200公里，在这个**露天长城博物馆**（见121页方框），你可以自驾沿途欣赏，更可以徒步走入其中，登上汉烽燧，俯瞰那一对相隔千年的汉、明长城一北一南并驾齐驱。

西夏王陵

4 在巍峨的贺兰山下，在宽广的银川平原上，拔地而起的西夏王陵们在历经千年的洗锤后，矗立在天地间，那种大气会让你明白，党项族的李氏家族们，为什么会选择银川平原做自己伟大帝国的根据地，会选择兴庆府做自己的京城。西夏王陵也是一个喟叹世间变幻文明往复的最佳地点。如此规模的宏大建筑群竟然被历史湮没了千年，堪称农耕文明被游牧铁骑摧毁的最宏大墓碑。有心的话，西夏王陵博物馆能将你带回这千年前的西北帝国，看一个深受中华文化影响的东方文明是如何萌芽、崛起、强盛而后灰飞烟灭。

甘南草原

5 甘南拥有草原面积4084万亩，这里的草原风光多样，并非只是一望无际的碧绿。**美仁大草原**（见191页）山峦起伏，云的阴影与五彩经幡融为一体；**玛曲**（见215页）草原的湿地与湖泊辉映，雪山与黄河并存；**郭莽湿地**（见188页）草原与湿地连成一片，还有蜿蜒的河流从草原间穿行而过；**白石崖**（见185页）作为一道长达15公里的天然屏风，将甘加草原垂直分割成落差千米的两个高山草原；**西麦朵合塘**（见219页）50多公里的黄河草滩上分布着大小湖泊20多个，7月整片草原盛开着一色的金莲花，灿若云霞。

麦积山石窟

6 当你站在123特窟的"童男童女"和121特窟的"窃窃私语"造像前,怎么可能不被这些俏皮可爱的菩萨逗乐?这个中国四大石窟中的老么,有着"东方雕塑陈列馆"之称,7000多尊塑像以泥塑为主,从后秦的古朴凝重,到北魏的秀骨清像,再到北周的健壮,走向隋唐的丰满雍容,最后以两宋的写实收尾,完整呈现了一部中国佛教造像演进史。无论是远观气势磅礴的西崖大佛和东崖大佛,还是近观"散花楼"和"牛儿堂"里的影塑、泥塑、壁画等,都会令你感叹不虚此行。如果天公作美,赶上"麦积烟雨",那简直超值了!

张掖丹霞

7 不论是近几年名声大噪的**七彩丹霞**(见113页),气势磅礴的**冰沟丹霞**(见115页),还是陡峭奇险的**平山湖大峡谷**(见116页),张掖周边独特而绚丽的彩色丘陵和丹霞地貌,都会让你为这鬼斧神工般的大自然杰作所震撼。不论阴晴雨雪、日出夕阳,山棱山脊上深深浅浅的黛青、鹅黄、橘红等颜色,在阳光的衬托下显得缤纷多姿而富有张力。冰沟丹霞内浑然天成的赤壁千仞,如罗马宫殿般一字排开,暗红色的砂岩地貌更增了几分雄浑气魄。若是还不尽兴,不妨在平山湖峡谷攀登垂直的天梯,近距离接触侏罗纪时期保留下来的地表褶皱。

祁连山草原

8 绵延的祁连山脉缀连起了河西走廊前半段的地理要冲,也串起了曾经发生在这片土地上的风云岁月。山麓南北随风起伏的无垠草场曾是骠骑纵横的战场,如今依然可见万马奔腾的景象。向着背景中高耸入云的雪峰前进,走过原始森林覆盖的焉支山和在盛夏遍布油菜花的扁都口,聆听帝王将相流传至今的传奇。祁连草原西边的群山当中,梵音缭绕的**天堂寺**(见106页)中,矗立着世界上最高的木雕宗喀巴造像。而东边山崖的峭壁之上,释、儒、藏诸家的思想在此碰撞,壮观的艺术宝库**马蹄寺**(见115页)因此诞生。

7

8

计划你的行程 甘肃和宁夏 Top 15

甘南户外活动

9 甘南是户外活动的天堂,在户外日趋商业化的西部,这里依然保留着较为自由的气氛。从**扎尕那**(见202页)到大峪沟或车巴沟,重走洛克探寻香巴拉之路,无论是徒步还是越野,都堪称中国最经典的线路。**郎木寺**(见193页)周边拥有数条徒步、溯源线路,给你带来阿尔卑斯般的户外体验,骑马活动的热度不亚于松潘马队。骑行从青海同仁穿越甘南到郎木寺,沿途草原、寺庙、雪山无数,海拔平稳起伏。甘南还是自然野生动物的栖息地,可观测到雪豹、梅花鹿、狍子、藏狐、岩羊、黑颈鹤、黑鹳、灰鹤、秃鹫、金雕等多类珍稀物种。

鸣沙山·月牙泉

10 在敦煌,沙漠和城市如此贴近——从市区就可以看到**鸣沙山**(见147页)的优美曲线,一条笔直的大道通向这里,仅仅3公里,就能投入沙漠的怀抱。晴朗干燥的日子里,还有望听见传说中的"鸣沙",而那一汪躺卧在沙漠中央的**月牙泉**更为传奇,从汉代至今千年不涸,成为鸣沙山腹地一道独特的景观。如今,鸣沙山景区再也不是令人生畏的荒漠,而是吃喝玩乐俱全的游乐场。你可以在此体验滑沙、骑骆驼、沙漠摩托等娱乐项目,也可以参加篝火晚会,在沙漠中露营,等待夜晚的漫天星空。

黄河宿集

11 "到西北去",这句民国时期支援边疆的口号,在今天,则像是一场充满历史细节的"文化苦旅"。但中卫郊外的黄河宿集,完全改变了人们对宁夏乃至西北旅行的刻板印象。当你从中卫市区穿越黄河,行进在湿地、森林和坚实的黄土高山后,发现自己最终抵达了一个被黄河拐弯和明代长城烽火台环绕的村庄。灰色朴拙的村屋小院四散在果树和草地中,悠悠的黄河缓慢的水声永不停歇,朴素的院墙里有漂亮的泳池、专业的咖啡吧和听得到黄河声的大浴缸。在长城遗址和沙漠深处野炊或是看星空,显然是你到此理所当然的体验。

金秋胡杨

12 戈壁荒漠万物枯竭,唯有胡杨顽强生长,在河西走廊越发干燥的西段,胡杨的身影也逐渐显现,它们多为野生,可能出现在某条通往石窟的河道边,或是当地某个农场的公路旁,在秋季来临时绽放金黄,给你疲劳的西行之路带来惊喜。如果想要欣赏大面积的胡杨,可以前往酒泉北边的**金塔胡杨林**(见129页),那里还有一个小小的金波湖,可以拍摄到胡杨林的倒影。当然,更有不少旅行者选择以酒泉为中转站,继续北上内蒙古(见130页方框),前往胡杨林的大本营额济纳。

正月法会

13 藏历新年的正月初三至十七,甘南拉卜楞寺、郎木寺、西仓寺、外香寺等几十座寺庙会举行"正月祈愿大法会",诵经、放生、瞻佛、法舞、酥油花展、转弥勒佛等多种节庆活动轮番登场,是摄影和了解宗教民俗的好时机。法会期间除了各地信徒的涌入,也是摄影爱好者会聚甘南的时节,届时前来的人会多得超乎想象。正月十三,**拉卜楞寺**(见179页)晒出近百米无量光佛画卷,场面最为壮观和隆重。大法会期间,拉卜楞寺各学院之间还会举行酥油花比赛,于正月十五前后对外展出。

宁夏羊肉

14 上好的宁夏羊肉出自宁夏平原的边缘地带,比如盐池的盐碱地和中卫的山地,在旧时代,这些因为当地地质、水质等环境原因培育出来的优质滩羊,会被赶到银川老城的中心地带售出,但在今天,它们更多地被留在当地当成珍馐。不妨在中卫、吴忠或是盐池多吃几顿羊肉,无论是经典的手抓羊脖子,加了面肺子的羊杂碎,还是爆炒羊羔肉都能让你大饱口福。甚至早餐时的一碗羊肉臊子面,也能让你体会宁夏羊肉的鲜美。

兰州牛肉面

15 不管你是否了解兰州,家门口的兰州拉面总吃过;不管你是否愿意将不太好玩的兰州挤进这趟行程中,为了这碗面也总该来拜一下码头。兰州人觉得兰州城里随便哪家牛肉面店,都比外地的好吃。不过作为一生并无太多时间待在兰州的旅行者,不容试错,所以别偷懒,脚步不要局限在旅游热点区和车站。跟着本地老饕走,去黄河北岸的吾穆勒(见75页)和安泊尔(见76页)。如果你只有尝一碗面的机会,就点二细吧,记得加一份牛肉,因为扑鼻的牛肉香和入口即化的口感非常惊艳。

行前参考

更多信息参考"生存指南"(见337页)。

简称
甘肃：陇
宁夏：宁

语言
甘、宁两地以汉语西北方言为主。大部分城市人口操标准普通话，沟通很容易。

多民族聚居的区域，藏族、东乡族、保安族、撒拉族、哈萨克族等有自己的语言，一般也通行汉语。

现金
网络支付已相当普及，但去部分车站、收费站和景区（如莫高窟特窟）还是得预备少量现金。

市、县、规模较大的乡镇和景区都设有自动取款机，中国农业银行和农村信用社较为常见。

何时去

- 河西走廊 6月至10月前往
- 宁夏 6月至10月前往
- 兰州及周边 6月至10月初前往
- 甘南 5月至9月前往
- 陇东南 3月至11月前往

冬季温暖，夏季炎热
冬季较冷，夏季较热
冬夏两季，夏季温和
夏季温暖，冬季寒冷
冬夏两季，全年较冷

旺季（7月至8月）
➡ 天气凉爽，日照较强，昼夜温差大。甘肃东南部暴雨较多，有山洪、泥石流等隐患。

➡ 草原绿草茵茵，政府主导的旅游节日扎堆举办，祁连山风光无限。大部分地区住宿价格翻倍。

➡ 瓜果飘香，兰州白兰瓜、敦煌李广杏、贺兰山葡萄、中卫硒砂瓜不可错过。

平季（4月至6月、9月至10月）
➡ 春季部分地区风沙甚至沙尘暴肆虐，别忘了给相机备好防沙措施。

➡ 春夏之交，甘南、陇东、河西的节日接踵而至；金秋十月秋色渐浓。

➡ 除"十一"期间的住宿昂贵外，其他时间旅行成本要低很多。

淡季（11月至次年3月）
➡ 游人极少，住宿折扣很大，但景区住宿、餐饮甚至景区本身有歇业的可能。

➡ 甘南正月法会，藏传佛教的节日气氛浓厚。雪后的张掖丹霞、月牙泉别有韵味。

➡ 冰雪活动开展的最佳季节。

每日预算

经济
100~200元
➡ 青旅、农家乐：40~80元。

➡ 去小餐馆或夜市吃饭，以当地小吃或面食为主。

➡ 尽量使用公共交通工具，或与当地人拼车。

➡ 西北有大量免费的景点。

中档
200~500元
➡ 客栈、连锁酒店、普通宾馆：80~240元。

➡ 平价餐厅，人均30~50元。

➡ 包车游览交通不便的景点。

高档
500元以上
➡ 精品酒店、高端营地：240~3000元。

➡ 中高端餐厅消费并不高，敞开肚子品尝当地特色美食。

➡ 包车或自驾，还可体验营地、桑拿、骑马、热气球、滑翔伞等高端消费。

网络资源

微游甘肃（微信号：weiyougansu）甘肃省文化和旅游厅主办的旅游咨询权威发布平台。

宁夏旅游资讯网（www.nxtour.com.cn）除了旅游资讯、旅游线路，还有全景导览和景点视频。

数字敦煌（www.e-dunhuang.com）360°全景游览30个洞窟，观赏高清精品壁画。

莫高窟参观预约网（www.mgk.org.cn）或其同名官方微信公众号，可获得关于门票最详细的信息。

国际敦煌项目（idp.nlc.cn）汇总国内外多家机构的论文、收藏链接。

藏人文化网（www.tibetcul.com）汇总了所有关于藏地的新闻资讯、人物报道和民俗文化资料。

九色甘南（微信号：jsgnxbl）甘南旅游局的官方公众号，实时更新所有关于甘南的旅游咨询和景点介绍，图文并茂。

很多景点都开设了微信公众号，可通过搜索关注公号查询最新信息。

海拔

兰州	平均1520米
敦煌	平均1138米
甘南	平均3000米，最高4920米
天水	平均2850米
祁连山	平均3000~5000米，最高5808米
银川	平均1111米
贺兰山	平均2000~3000米，最高3556米

重要号码

公安报警	☎110
医疗急救	☎120
旅游投诉、咨询、救援电话	☎12301

抵达甘宁后

兰州中川机场
➡ 城际列车到市区：18.5~26元
➡ 机场大巴至市区：30元
➡ 出租车至市区：150~200元

银川河东机场
➡ 机场大巴至市区：20元
➡ 出租车至老城区：100元

敦煌机场
➡ 机场大巴至市区：5元
➡ 出租车至市区：30元

甘南夏河机场
➡ 机场小巴至合作：40元
➡ 出租车至夏河：150元

嘉峪关机场
➡ 出租车至市区：50元

天水机场
➡ 公交车至市区：3元
➡ 出租车至市区：20~30元

张掖甘州机场
➡ 机场大巴至市区：20元
➡ 出租车至市区：70元

中卫香山机场
➡ 出租车至市区：20元

更多信息见345页
交通指南。

计划你的行程 行前参考

网络问题

中国虽然已步入5G时代，但西北地区的网络覆盖率仍不够高。移动电话只有在城镇中才信号充足，部分公路、无人区无信号覆盖。部分区域的4G网络，实际只有3G的速度，偏远地区可能只有2G信号。

特别注意，在藏区，建议你预备一个电信或移动的号码，联通可能会无信号。无线网络已几乎覆盖所有酒店，但网速会比内地慢很多。

新线报

数字敦煌上线

数字敦煌（www.e-dunhuang.com）正式上线，目前可在线360°游览30个敦煌石窟和高清壁画，并在逐步完善增加中。

兰州高铁站投入运营

2019年，兰州西站（高铁站）投入运营，敦煌和兰新高铁的"最后一公里"被打通，全程只需9小时。

文殊山石窟群开放

这里长期封闭研究的文殊山石窟，终于向公众敞开大门。目前开放的洞窟有4个，损坏程度令人心碎，精美程度令人心醉。

嘉峪关旅游专线车正式运营

嘉峪关关城、长城第一墩、悬壁长城，三处分散的景点终于有了旅游专线车，大大方便了非自驾旅行者，且车况良好，价格亲民。

多个自然保护区内景点关闭

出于生态系统保护，马牙雪山禁止游人攀登；东千佛洞和七一冰川、透明梦柯冰川、民勤沙生植物园、甘南尕海景区不再接待普通游客，周边的年保玉则已确认全面关闭。

昌马石窟计划开放

因受地震损毁严重，昌马石窟关闭30多年，如今正在全面修复施工中，计划2020年对外开放。

兰州地铁通车

兰州第一条地铁正式运营，途经兰州西站北广场、小西湖站、西关站、兰州大学站等地站点，但被本地人吐槽线路设计不利于缓解地面交通压力。

银川迎来第一条高铁

2020年银川至中卫的高铁终于通车，从前3个小时的车程将缩短到1.5小时。另外，在建的还有银西、银兰、包银高铁以及吴忠至中卫城际铁路。

武威市新建博物馆

天梯山石窟内从未展出的珍贵石像，将迁入武威市博物馆新馆，预计2020年下半年正式亮相。

宁夏建成首个高端民宿度假区

比肩一线城市的前卫设计，瞬间穿越到了腾格里沙漠边缘的中卫——黄河·宿集打造出炉。

山丹县博物馆新馆筹建中

艾黎一生收藏的数千件文物终于有了足够的展示空间，届时还会新增一个"山丹马博物馆"，预计2020年内开业。

如果你喜欢

自然风光

无论是甘南草原、祁连冰川，还是"塞上江南"，甘肃和宁夏都会让你对大西北有更全面的了解。

七彩丹霞 彩色的丘陵随光线的强弱而变幻出不同的色彩，雨后天晴、日出日落时最为艳丽，雪后前往更让人难忘。（见113页）

山丹马场 壮阔的草原、盛夏的油菜花、洁白的雪山顶、驰骋的骏马，还有湖泊、森林、溪谷……宛若人间仙境。（见121页）

扎尕那 白石灰岩崖壁环绕，织锦一般的草地如茵，松涛阵阵宛如天籁之音，甘肃"香格里拉"迭部的美景令人惊艳。（见202页）

贡赛尔喀木道 千回百转的河道在一望无际的绿色草原上勾勒出"吉祥八宝"的图案，另一侧则有玩具城堡一样的藏族乡村。（见219页）

沙坡头 浩瀚无垠的腾格里沙漠被黄河温柔一抱，停在西岸不再前进。大河、沙海的波涛辉映成章。（见283页）

雅丹地质公园 鬼斧神工般的风蚀地貌，加上传说中鬼哭狼嚎的风声，让它获得了"魔鬼城"的名字。（见162页）

石窟艺术

甘肃是中国石窟资源最多的省份。不过想要在参观时有所收获，务必在出发前多做点功课。

莫高窟 中国四大石窟之首，必然入选人生必达清单。但最好避开旅游旺季，并搞清楚门票规则。（见149页）

麦积山石窟 山如麦垛、烟雨缥缈的风景本就可观，更何况崖壁上还开凿有221个蜂巢般的洞窟，雕刻有7000多尊精美的塑像。（见232页）

拉梢寺 当你站在它对面，霸满一整面墙色彩艳丽的摩崖浮雕扑面而来，你会明白"世界最大"的意义。（见235页）

榆林窟 在莫高窟艺术衰落的西夏至元代，榆林窟异军突起绽放光芒，因而被冠以莫高窟"姊妹窟"的名字。（见165页）

须弥山石窟 和佛教术语里"世界中心之山"同名的这座石窟，以高大、雍容的唐朝弥勒大佛作为象征。（见292页）

天梯山石窟 被誉为"中国石窟鼻祖"，筑凿团队后来去大同、洛阳开凿了云冈、龙门石窟。几经波折之后唯一保留下来的28米高唐代坐佛雕刻精美，令人震撼。（见99页）

西千佛洞 经敦煌西出阳关的必经之路，和莫高窟分别驻守鸣沙山沙漠的西、东两侧。不设特窟，却拥有媲美特窟的精美洞窟。（见160页）

文殊山石窟群 长期封闭研究，直到2018年才终于向公众敞开大门。仅仅4个洞窟，也足以令人陶醉。（见136页）

博物馆

无论是丝绸之路，还是中华回乡，甘肃和宁夏都是历史悠久、文化荟萃的地方。

甘肃省博物馆 除了著名的"马踏飞燕"，展示了大量丝绸之路文物的展厅、彩陶展厅和黄河古象厅，也会让你不虚此行。（见69页）

宁夏博物馆 贺兰岩画、西夏古国、回乡文化……在自治区首府先给自己上一堂科普课，不要错过国宝级的西夏"鎏金铜牛"。（见255页）

固原博物馆 这座博物馆是固原历史文化和城市形象的最好宣传者。两件来自波斯萨珊王朝的酒具精美绝伦，保存完好实属罕见。（见289页）

武威西夏博物馆 凉州武威曾经是西夏国的陪都，并因躲过屠城而保留下大量的西夏文物。这座

博物馆是中国最大的西夏主题博物馆。（见95页）

敦煌博物馆 一层层盘旋而上的参观过程中，长城、边关、古墓、老城、石窟……重温从大汉到明清的历史洗礼。（见140页）

天水民俗博物馆 在这座明朝大官的宅邸中，一座座四合院如迷宫一样布局，展示着明清的生活场景、手工艺品等。（见224页）

艾黎捐赠文物陈列馆/山丹县博物馆 珍藏有艾黎生前捐赠的近4000件文物，年代跨度从新石器至明清。唐代胡腾舞铜人、宋代三彩观音和《大清万年一统地理图》十分稀有。（见119页）

玉门博物馆 关于火烧沟遗址、骟马城遗址、大墩湾遗址等玉门古代文化遗址的全面介绍，以及其中出土的各种彩陶器、青铜器。（见138页）

历史遗迹

这片土地上的风起云涌，并不只是历史书上的苍白记录；还有黄土，用特殊的轮廓证明了它们真实的存在。

西夏王陵 骁勇善战的党项族称霸近200年，最后只留下一座座土疙瘩，孤独地投射出一个王朝的缩影。（见269页）

山丹长城 "露天长城博物馆"的精华，就是山丹县境内丰城村到峡口村、长达9公里的汉长城和明长城。（见121页方框）

贺兰山岩画 作为宁夏的"史书"，森林飞瀑旁的岩画，记述了万年前游牧民族生活的变迁。（见272页）

骆驼城 1600多年前的北凉都城看尽了人世的沧桑，日落时余晖洒下，当中的肃杀雄浑只有立于

计划你的行程 如果你喜欢

上图：远观马蹄寺三十三天石窟
下图：正在制作牛肉面的拉面师傅

城下方可感怀。(见117页)

锁阳城 安西极地荒漠上的唐瓜州城，尚保留有清晰可辨的遗址。据说当年玄奘曾在此讲经授法。(见164页)

八角城 这座仍有牧民居住的残破古城，是甘、青两省的交通要塞，且是个未解之谜，十字形的城郭形状很有特色。(见186页)

嘉峪关 保存完整的嘉峪关被联合国教科文组织列入了世界文化遗产。你可以看看明朝在河西走廊最窄处安的一把锁。(见130页)

汉长城 目前国内保存最完好的一段汉代长城，用芦苇、红柳、芨芨草、沙砾等层层夯筑而成的剖面，就是中国长城就地取材的"童年时期"。(见161页)

玉门关 把守丝绸之路北线的玉门关，虽然只剩下一座小方盘城，但关于它三处遗址的争论更值得推敲。(见161页)

阳关 站在阳关烽燧前，远处就是终年积雪的阿尔金山，脚下是沙红色的古阳关大道，前方的"古董滩"就是曾经关城的所在地。(见161页)

宗教建筑

绿色的拱顶、高耸的宣礼塔，召唤礼拜的声音每天定时发出。炫目的金顶、飞舞的风马旗、酥油灯芯的火苗随着诵经声晃动。

拉卜楞寺 和拉萨三大寺及塔尔寺齐名的藏传佛教黄教寺院，红墙金顶外长长的转经道上，虔诚的朝拜者络绎不绝。(见179页)

同心清真大寺 作为中国最著名的清真寺之一，同心大寺将中国传统木构建筑和伊斯兰装饰艺术完美融合。(见285页)

禅定寺 洛克生活过的地方，禅定寺依山而建，相比游人如织的拉卜楞寺，这里的感觉更为静谧纯粹。(见209页)

天堂寺 经历好几个小时的颠簸，终于潜入祁连山深处，在此顶礼朝拜世界上最高、最大的宗喀巴木像，也许就是"天堂"的写照。(见106页)

作海寺 逆时针参观的本教寺庙，建筑上的红黑旗旌，经堂供奉的大师的牙舍利和头盖骨舍利，更为这里增添了几分神秘感。(见186页)

临夏拱北 欣赏一座座将层层雕梁与新月图案融合得天衣无缝的拱北。(见86页)

美食

大西北的面食、穆斯林的羊肉——如果喜欢大口吃肉，来甘宁保管过瘾；不喜欢面食？也许尝过劲道的西北面，你就会改变自己的认识了。

兰州牛肉面 来兰州吃过一碗牛肉面的后果，可能就是以后再也吃不进那些"兰州拉面"了。(见77页)

盐池羊肉 大名鼎鼎的滩羊肉就产自盐池，这里值得你以吃的名义专程而来。不信？连挑剔的宁夏人都对它赞不绝口。(见266页)

吴忠羊杂碎 不管你对羊杂碎是褒是贬，去尝尝吴忠"杂碎西施"家的再下定论吧！(见261页)

武威三套车 肘子行面、腊肉和冰糖红枣茯茶，早已是武威人最喜爱的本地快餐，营养丰富又实惠可口。(见325页)

嘉峪关烤肉 钢铁之城的美食符合这座城市直爽的性格，火热的烧烤，配上酸爽降火的杏皮水刚刚好。(见135页)

临夏二洒手抓 到手抓故乡临夏必吃的一家，也是大西北各种临夏小吃的入门课。(见189页)

牦牛酸奶 藏区最受欢迎的纯天然特色美食，甘南的草原上常能买到非工业化生产的牦牛酸奶。(见177页)

当地人推荐

陈海涛

《图说敦煌二五四窟》作者,敦煌研究院资深研究工作者。

如果第一次参观石窟,莫高窟是好选择吗?

当然是很好的选择。莫高窟的历史跨越了十个朝代,是人类文化艺术史中跨度最长的石窟之一。相当于在一次参观中浏览千年的美术史。这也就是它名列中国四大石窟之首的原因。

目前莫高窟壁画的健康状况如何?景区目前控制人流的原因是什么?

壁画目前状况总体稳定,但是承载壁画的岩体非常脆弱,湿度、震动、微生物环境等都会对壁画产生危害。尤其是过高的湿度,会让崖壁岩体中的盐分产生表面运移、结晶及膨胀,破坏壁画的赋存结构,这是最致命的。如果游客参观过于密集,会造成短时间内二氧化碳和水汽湿度的骤升,对壁画的健康构成威胁。因此,景区会限制每天的人流量,石窟内也会安置相关检测仪。

除了莫高窟,甘肃和宁夏还有什么石窟值得一看,它们之间有什么关联?

甘肃和宁夏的石窟丰富而珍贵,比如,天水的麦积山石窟、临夏的炳灵寺石窟、庆阳的北石窟寺、武威的天梯山石窟,敦煌地区则有榆林窟、西千佛洞、东千佛洞,宁夏有须弥山石窟。这些石窟贯穿丝绸之路,既能看到西来的影响,也存有当时首都文化的浸染,并且记录着它们漫长而复杂的融合过程。

现代科技已经可以通过网络游览石窟,那还有没有必要来现场参观?

其实,数字敦煌的精度已经能比现场看得更清晰了。若以旺季做比较,体验更是有过之而无不及。不过,要是对石窟艺术感兴趣,依然值得来现场体验莫高窟的人文、地貌。因为石窟建造的最初,就是为"进入"而打造的整体设计,它体现了当时人们的宇宙意向,是供人们观祥、修行、举行宗教仪轨的场地,为此营造的"现场感"是目前网络无法取代的。不过,最好还是淡季来。

屈刚

兰州人,中国建筑学会·生土建筑分会理事,兰州市城乡规划局专家。

请谈谈你眼中黄河与兰州的关系。

兰州盆地先有黄河渡口后有城市,古人在此选址建城,极有眼光。黄河在古代就是一道天堑,明朝时蒙古人最远只能打到黄河北岸,就被黄河挡住过不来了,今天中山桥北的仿古建筑群就是以前的金城关,过去有一个小小的防御性城楼。再加上兰州的地势南高北低,黄河再怎么涨水,也不会淹到河南面,也保证了南面城市核心区的富庶发展。

核心区是指现在的城关区吗?

对,一直到抗日战争时,兰州的城市区域基本都集中在这一带。城关区能成为城市中心,是地质决定的,古往今来周围山上时有滑坡,但谷底黄河南岸这一片几乎没有受过地质灾害。兰州以前也有城墙,明朝屯垦戍边后修的,城墙所围的区域与城关区大致相同,直到整个城市扩张基本定型后,开始集中治理污染、老城区交通、居住质量等问题时,才拆了的,比较遗憾的就是城关区如今没有什么历史遗存了。

那兰州还有值得看的古建吗?

白塔山很值得看,它是兰州大拆大建那段时间,将一些拆下来的小园林、老建筑等搬到山上去复建的,所以山上很多亭台楼阁都是新中国成立初期的建筑。在今天的西关清真寺旁边有一个老的西关清真寺旧址,是中式风格的建筑,里面还有一口古井,可以去找找。市内还有一些20世纪50年代的建筑,盘旋路口的兰州饭店是保留下来最老的一栋八字形建筑,兰州大学里有一栋20世纪50年代的苏联式建筑,中铁第一勘察设计院内有一栋兰州保留最好的大屋顶式建筑。南关什字夜市所在的酒泉路是旧的,南关什字是原来有城墙时的南门,用心找还能在周围的住宅院内找到最后一小段残存的城墙。

高劲松

资深户外玩家,虎克之路创始人。

冬天来宁夏玩什么是在别处得不到的体验?

当然是去沙漠,可以租越野车去腾格里沙漠,沙子很细,在夕阳下泛着金色的光芒。冬天沙漠非常安静,如果运气够好,在12月底或1月中旬可见到半雪半沙的奇景。

从外地或者是外国回到宁夏,你第一个想去吃的本地食物是什么?

必须是羊肉,羊杂碎和爆炒羊羔肉都好。宁夏的羊杂碎为浓汤,一般分为带面肺(在羊肺里灌上面粉)和不带面肺(有的地方提供只有羊肚的)两种,银川的羊杂碎不加面筋,吴忠的羊杂碎有加面筋的。建议去自家清洗羊杂的店面吃(一般门头上有注明)。爆炒羊羔肉是宁夏的特色,著名的为平罗县以北的黄渠桥羊羔肉,特点是油大而不腻。在银川可以去鸣翠湖东清香斋。

如果以银川为起点和终点,以一个星期为限,你会开着吉普奔向哪里?

我会经甘肃去青海,那里有最大最原始的荒野。具体路线是银川—马牙雪山—互助北山森林公园—仙米国家森林公园—门源祁连山大草原—八一冰川—张掖—银川。这条线路一年四季皆有看点,7月门源油菜花盛开;进入秋季,仙米和互助北山森林公园迎来最美的季节。

雅斯·达瓦尔

裕固族非物质文化遗产传承人,裕固族原生态民歌传唱者。

裕固族在甘肃境内主要生活在哪些区域?有哪些旅行者可以参与其中的节日或庆祝活动?

裕固族目前总人口有一万多人,主要分布在张掖市肃南县裕固族自治县境内,比如红湾寺镇、明花乡、大河乡、康乐乡等。在甘肃省内其他城市周围也有一些裕固族人口。裕固族本属于游牧民族,集中定居之后,在保持着自己民族特色文化传统的同时,和当地其他民族的融合程度也比较高。

每一个裕固族乡镇逢节日都有庆祝活动和文化艺术节,其中比较隆重的是每年7月底8月初在肃南县的县庆活动,其间会举行大型的民族服饰表演、赛马会、歌舞比赛等,活动中还可以欣赏到《西至哈志》等广为传唱的裕固族民歌,都有浓郁的地方民族特色,也欢迎旅行者加入。

在裕固族居住区域附近有哪些景点值得推荐?

康乐乡境内的康乐草原、肃南县境内的七彩丹霞地貌、明花乡境内的东海子湖、西海子湖以及大名鼎鼎的马蹄寺等都很值得游玩。除此之外,如果对本地民族文化感兴趣,肃南的裕固族民族博物馆可以了解到更多。

杨正

卓尼末代土司杨复兴之子。

卓尼的旅游在甘南"东四县"中有什么特色?

卓尼现在被定为甘南的东大门,可以绕着卓尼、迭部转一圈,也就是围绕当地人口中的"光盖山"——岷山山脉的一部分——转一圈。这一圈的海拔落差比较大,植被也比较丰富,有独特的少数民族风情。近年来,卓尼的交通状况也改善了不少,高速公路正在修建。

卓尼的习俗和甘南其他地方有不一样的吗?

这个地区就是藏汉交融的地方,好多汉族的习惯在这里也可以看到。比如婚丧嫁娶,有藏族的习惯,又有汉族的习惯。佛教信徒会遵循佛教的仪轨,在某些地方也会融合道家和本地民间信仰。

省钱妙计

门票越来越贵?酒店又涨价了?没关系,精明的旅行者总能找到各种办法跑赢物价,少花钱多办事。以下就是我们的作者精心总结的各路省钱妙计。

住宿

➡ 在城市中,通过网络预订酒店会更划算,但去往较为偏僻的县城或景区,现场问价往往会比预订网站节省30%。

➡ 敦煌、甘南、兰州、张掖、银川等热门旅游城镇都有青年旅舍,而农家乐和民宿也是省钱的好选择。

➡ 尽量避开旅游旺季,西北许多地区旅游淡旺季的价差会高达数倍。

餐饮

➡ 逃离网红店,寻找深巷美食。那些居民区的小巷里看似破破烂烂的小店,才是本地人爱光临的店,价格自然公道。

➡ 在城市中的食肆,美团等网站会有许多折扣券。如果找不到便宜的餐馆,牛肉面馆一定是最便宜实惠的选择。

➡ 屡试不爽的一条经验:如果走进餐馆,发现旅游团一桌又一桌,或以供应团餐为主,你就可以撤离了。

交通

➡ 铁路干线的客运很发达,从兰州前往敦煌、银川的夜班火车,不失为最理想的选择,前往张掖、嘉峪关的动车二等座性价比颇高。兰渝铁路已开通,往陇南、甘南东部变得非常方便。

➡ 甘肃、宁夏的地级市已几乎完成机场覆盖,旺季时不用扎堆飞往省会,直达目的地是更便捷经济的选择。

➡ 要去往公共交通不便的景点,租车最方便划算,或者采用分段包车,也可以利用城乡之间的拼车,但一定要注意回程班次。一些景区会在旺季开通直通车,一定要善加利用。伊斯兰教几大节日期间,宁夏高速公路免费通行。

门票

➡ 门票是避不开的最大开支项,如果你是学生、军人、记者,出门最不该忘记带的就是相关证件。

➡ 网络预订门票可以省下一些银子,不过一定要阅读清楚取票等相关事项。部分景区可以讨价还价。

➡ 对于景点门票,"一分钱一分货"这句话并不通用,西北幅员辽阔,有大量免费的景点,无须购票游览。尤其是沙漠、草原、湖泊、山地等自然景观,记住——风景在路上。

购物

➡ 各大热门景区、敦煌夜市都有纪念品摊位,许多是内地批发,可以酌情购买。

➡ 购买土产也需要克制,在一些果园和牧场亲自采摘会比较实惠和放心,市区批发市场的价格一般也比较公道。

旅行淡季

➡ 甘肃和宁夏的旅游淡季很漫长,除了每年的七八月份和法定节假日外,游客都不是很多。由于冬天太冷、初春风沙太大,又可能碰到景区、旅馆歇业,故6月和9月是旺季中比较适合旅行的月份。

➡ 冬季除了雪景外,人文景点的色彩渐浓。在甘南藏区,正月大法会是一年中最热闹的盛会。

每月热门

最佳节庆

拉卜楞寺二月法会 1月至2月

庆阳社火 1月至2月

临夏花儿会 7月

格萨尔赛马节 8月

1月至2月

一年中最冷的时候,也是甘肃和宁夏的旅游淡季。此时的亮点是正月甘南藏传佛教的毛兰姆法会,以及陇东、兰州等地的春节社火。

拉卜楞寺毛兰姆法会

甘南正月法会又称"毛兰姆法会",以拉卜楞寺的最为隆重。正月初八放生节、正月十三晒大佛、正月十四跳法舞、正月十五酥油花灯会、正月十六转香巴……最震撼的当属正月十三晒大佛。(见170页)

天水上九会和朝人宗

为庆祝正月初九玉皇大帝的诞辰,天水老百姓在前一天晚上就会秉烛登山,朝拜玉泉观,烧"头炷香"。正月十六的伏羲庙则会举办"朝人宗"的活动,有拜三皇、灸纸人等习俗。(见226页)

庆阳社火

正月十五元宵节前后,陇东的庆阳、平凉、天水等地都会举办热闹的"耍社火",其中以庆阳社火最为有名。(见242页)

兰州太平鼓

正月初十前后,周边各区县的农民社火队汇集到兰州市中心,敲锣打鼓,浩浩荡荡地游行演出,最惹眼的就是被列入非物质文化遗产的兰州太平鼓队。(见74页)

2月至4月

春天慢慢唤醒冬眠的青旅、食肆。沙漠周边地带依然需要提防不时出现的沙尘暴。

拉卜楞寺二月法会

全藏的驱鬼节,藏历二月初四至初八在拉卜楞寺举行,各方信徒会聚在拉卜楞寺,诵经祭祀,纪念第一世嘉木样活佛的圆寂。比较有特色的是初七的打鬼仪式和初八数百僧人绕寺一周。(见170页)

5月至6月

沙尘暴逐渐消失,气候回暖,逐渐适合户外活动。

四月初八佛诞节

农历四月初八的佛诞节,莫高窟九层楼内的大佛,只有这一天允许人们进行绕佛朝拜。陇东的麦积山石窟、华盖寺石窟、南郭寺等地也会举办佛事活动,当地人游山拜佛,"春服既成,风乎舞雩"。(见152页)

娘乃节

藏历四月十四日至十五日,是甘南僧俗同庆的重大节日。第一天清晨,高僧活佛祈愿,众人同诵六字真言、转经。第二天是闭斋日,不能进食,直到十六日晨开斋。(见170页)

舟曲采花节

农历五月初五是舟曲县博峪山藏寨祭祀花神的节日,人们会上山抢泉水、采摘花朵、通宵达旦地唱歌跳舞。(见170页)

庆阳香包民俗文化节

端午节前后,庆阳人都会随身佩戴装着雄黄、艾叶

的香包,除了逛"香包节"、买香包,还可以欣赏到平时不易见的民歌、陇剧等演出。(见242页)

✨ 天水伏羲公祭大典

每年6月22日,"羲皇故里"天水将举办大型的公祭大典,并开展为期一周的文化节。(见226页)

☆ 敦煌滑沙节

6月1日,上百名滑沙爱好者同时从鸣沙山上滑下,沙海翻滚,鸣沙声如战鼓轰鸣。(见148页)

🏃 兰州国际马拉松赛

每年6月举行,路线设在"黄河风情线"沿线,选手们与奔涌不息的黄河"齐头并进",独具兰州魅力。(见143页)

7月

草原碧绿,油菜花开,瓜果成熟,暑假的游客大军也一并到来。虽然夏日偶有高温,但温差较大的甘肃依然是避暑胜地。

👁 祁连山油菜花开

自驾或骑行翻越祁连山时,扁都口油菜花开的美景会犒劳你。山丹马场也迎来了油菜花季,澄澈的色彩组合让人心醉。(见121页)

✨ 临夏花儿会

农历六月初一至初六,临夏各地会举行盛大的花儿会。各地的花儿歌手聚集到莲花山等地对歌。(见84页)

上图:宁夏沙湖
下图:雪中的郎木寺晒佛

✨ 开斋节

伊斯兰教历的十月一日，宁夏、甘肃的节日气氛浓郁。穆斯林听伊玛目宣讲教义，制作油香、馓子等，走亲访友。（见259页）

✨ 甘南香浪节

7月的第三周，一种群众性游山活动，又叫作"浪山"，原是僧人在外搭帐篷住宿、搭灶欢度几日的做法。香浪节之前，青壮年男子会到山上的插箭台插箭，以祈保护神佑。（见170页）

🍴 敦煌李广杏上市

杏皮水全年能喝，新鲜的李广杏此时最甜美多汁。（见145页）

🍴 瓜州赛瓜节

一周之内，瓜州各地"名瓜"汇聚一堂，全场免费，任你品尝。但能不能碰上瓜期，还得看你的运气了。（见164页）

8月

敦煌莫高窟或许是"游客重灾区"，走进甘南藏区，自然风光最美的季节不会辜负你的旅途。

👁 草原最美季

甘南草原如一张厚厚的绿色地毯，格桑花镶嵌其中；河流蜿蜒，风吹草低见牛羊。祁连山下的山丹马场、马蹄寺、焉支山等高山草甸也是美不胜收，适合避暑。

🏃 格萨尔赛马节

8月中旬，格萨尔赛马节在玛曲举办，安多的骏马精神抖擞，四面八方的马背英雄齐聚于此。（见170页）

👁 雾锁崆峒

平凉的雨季到来，云雾中的崆峒山正如道家仙山，黄帝求道、广成子修道的传说缥缈其间。（见237页）

☆ 沙漠娱乐

酷热的沙漠会举办各种娱乐活动，鸣沙山有沙疗节（见147页），沙坡头则有音乐节。

🍴 敦煌阳关葡萄上市

8月中旬，甘甜的阳关葡萄是你敦煌西游途中的解暑佳品。

9月

瓜果飘香，民勤黄河蜜、兰州白兰瓜、敦煌和灵武的枣不可错过。

✨ 古尔邦节

伊斯兰教的"春节"为伊斯兰教历的十二月十日。穆斯林各个头戴白帽，去清真寺参加盛大的会礼仪式，诵读《古兰经》。之后有宰羊等庆祝活动。此时来同心等回族聚集区，所见所闻令人难忘。（见259页）

🏃 徒步扎尕那

扎尕那徒步的最好季节就在7月到9月，9月景观色彩丰富，天气也很舒适。（见204页）

10月

即使是"十一"，甘肃和宁夏也不至于人满为患。除了去甘南，最具性价比的旅行季就是"十一"过后的半个月。

👁 毛茛花海

毛茛绽放在玛曲的西梅朵合塘，黄色、红色、粉色的花朵斑斑点点，"吉祥花滩"就在眼前。（见219页）

👁 沙湖观鸟

鸟类迁徙的季节，在沙湖的观鸟台能看到黑鹤、天鹅、苍鹭和大鸨等。（见273页）

👁 胡杨林展现金黄

河西走廊上散落的胡杨树开始褪黄，酒泉以北的金塔胡杨林最为集中。（见129页）

11月至12月

旅游淡季到来，白雪覆盖的天地另有一番美感。

✨ 燃灯节

藏历十月二十五日是黄教创始人宗喀巴大师的圆寂日，藏区会举行庄重的供灯仪式，寺院和藏族人家里都会点上酥油灯，甘南的夜晚灯火通明。（见208页）

✨ 圣纪节

伊斯兰教历的三月十二日为穆罕默德的逝世日，穆斯林需前往清真寺听教长、阿訇讲经。（见259页）

✨ 迭部尕巴节

农历十月以后，迭部县旺藏乡、尼傲乡一带会举行尕巴节，"尕巴"是一种舞蹈，起源于喜获丰收时的酬神祭祀，后来演变成了村民欢聚玩乐的节日。（见170页）

计划你的行程
旅行线路

13天 穿越河西走廊

丝路的历史底蕴、便利的交通、良好的路况和沿途的风景,让你的身心在这趟行程中变得十分愉悦。以下的行程不论自驾还是坐班车皆可轻松完成。

旅行从"金城郡"**兰州**(见68页)开始,花一天的时间感受这座城市的黄河风情。第二天穿越乌鞘岭,正式进入河西走廊,古凉州**武威**(见91页)的文庙、海藏寺等值得一游。夏季可由此前往**山丹马场**(见121页),在祁连山下的草原上策马奔腾。第4天早上前往**张掖**(见108页),并在"甘州"逗留3天。前往大佛寺拜会亚洲最大的室内卧佛,去**七彩丹霞**(见113页)守候日出日落,在黑水国遗址感受沧桑巨变,还可以去马蹄寺看悬壁上壮观的石窟遗址。

第7天前往酒泉,途中在高台凭吊**骆驼城**(见117页)。"肃州"**酒泉**(见124页)的看点不多,城内步行游览即可,反倒是宵夜值得一尝。第8天,前往明长城的最西端——**嘉峪关**(见130页),三个分散的长城景区会花去你一天的时间,夜里则应该用著名的嘉峪关烤肉犒劳自己。第9天尽早

水草丰美的山丹马场

到达**瓜州**（见163页），当天就能出发前往锁阳城和榆林窟组成的一日游。第10天，进入本次旅行的压轴地"沙州"**敦煌**（见139页），到达的午后恰好前往**鸣沙山**看日落和星空，次日慢慢游览**莫高窟**（见149页），最后踏上敦煌西线（见159页）的漫漫长路，游览**西千佛洞、阳关、玉门关、雅丹地质公园**。

11天 石窟之旅

佛教沿着丝绸之路进入中国,沿着河西走廊抵达中原腹地的长安(西安)。如今反走这条路恰好追溯一段中国石窟的发展史。

从西安出发,第1天前往**泾川**,拜访**南石窟寺**(见240页),途中可以顺路参观陕西彬县的大佛寺石窟。第2天去庆阳参观**北石窟寺**(见243页),南、北石窟寺由北魏泾州刺史奚康生主持开凿,被并称"陇东石窟双明珠"。之后借道平凉前往宁夏固原。第3天就交给**须弥山石窟**(见292页)。第4天南下**天水**,慢慢游览**麦积山石窟**(见232页)的数千尊石胎泥塑。第5天前往**兰州**,先去**甘谷大像山**(见236页),拜会渭河流域唯一一尊唐代大佛,再前往武山县洛门镇的**水帘洞**(见235页),景区中的拉梢寺石窟值得你多花些时间。第6天去刘家峡水库,乘船探访中国现存最早有明确纪年题记的**炳灵寺石窟**(见83页)。第7天进入河西走廊,停留**武威**,造访高僧昙曜主持修建的"中国石窟鼻祖"**天梯山石窟**(见99页)。第8天可以在酒泉或**嘉峪关**停留,从这里前往刚刚开放参观的**文殊山石窟群**(见136页)相当便利。之后前往**瓜州**,包车游览低调的**榆林窟**(见165页),这里西夏至元代的壁画、彩塑正好弥补了莫高窟的缺失。当晚可以抵达**敦煌**,第10天属于四大石窟之首的**莫高窟**(见149页),同样精彩的**西千佛洞**(见160页)值得你再多逗留一天。

上图: 拉梢寺壁画
下图: 天梯山石窟大佛

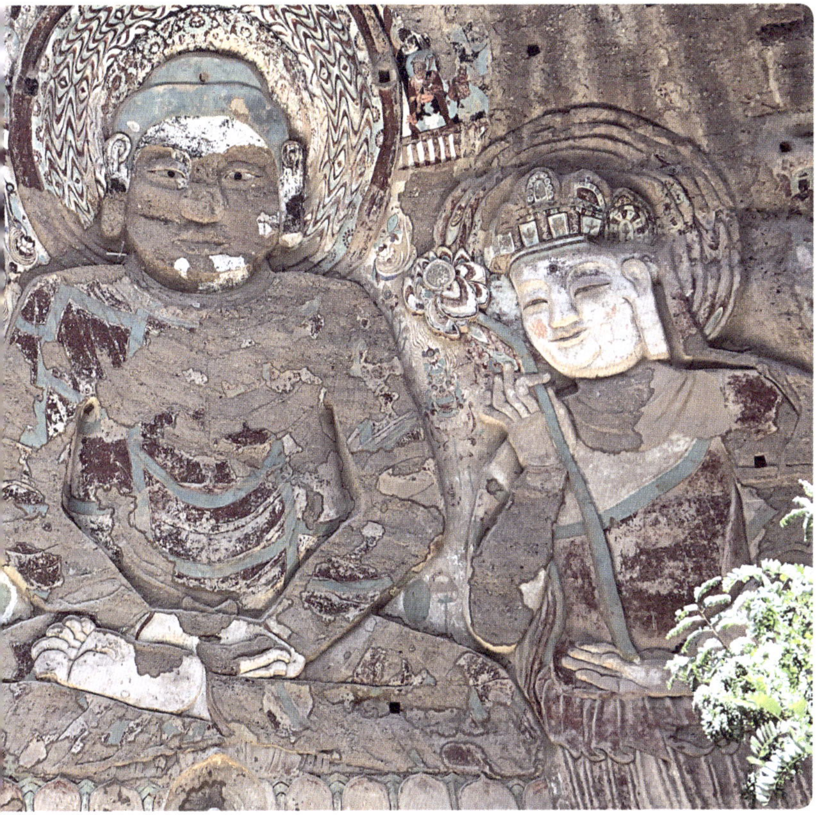

新疆维吾尔
自治区
内蒙古自治区
瓜州
敦煌
西千佛洞
莫高窟
榆林窟
嘉峪关
文殊山石窟群
张掖
武威
天梯山石窟
青海省
陕西省
北石窟寺
须弥山石窟
固原
泾川
南石窟寺
兰州
炳灵寺石窟
甘谷大像山
水帘洞
武山
天水
麦积山石窟
陕西省
四川省

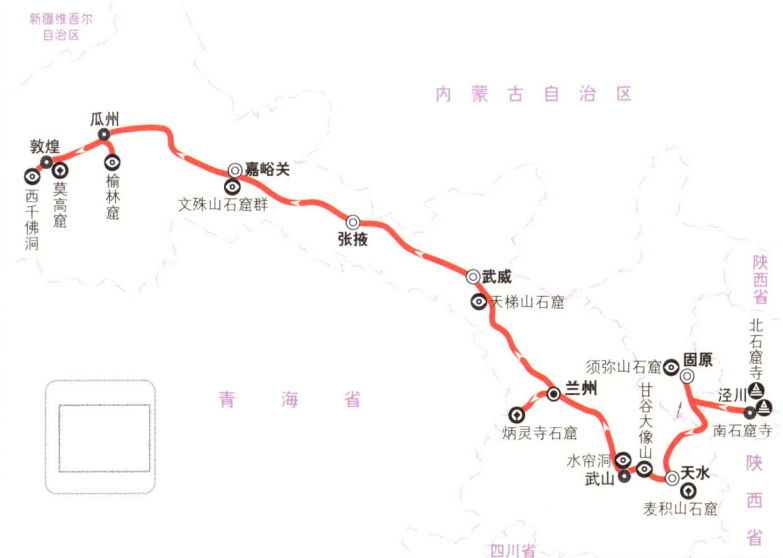

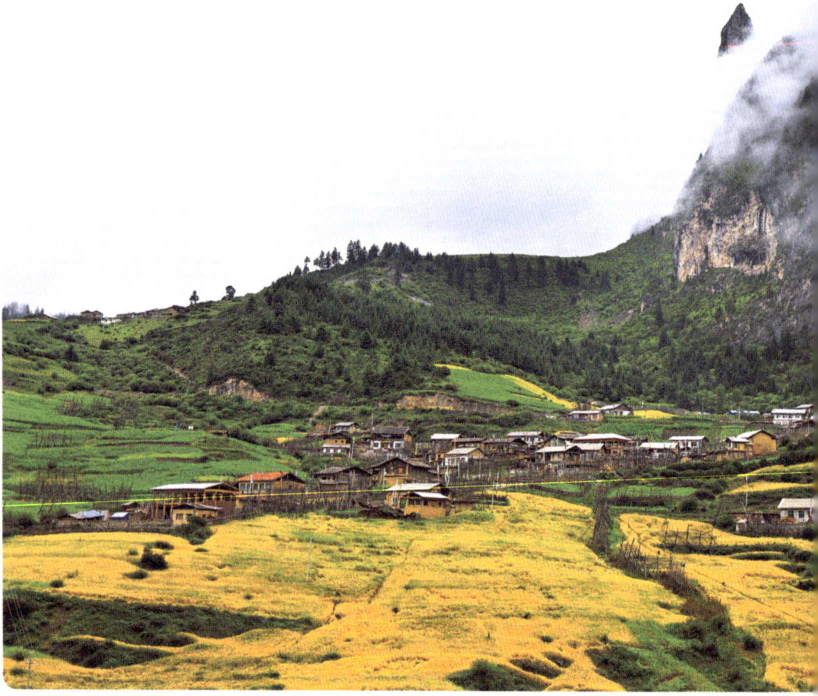

兰州
作海寺
甘加草原
八角城
白石崖
夏河
拉卜楞寺
桑科草原
米拉日巴佛阁
合作市
青 海 省
白龙江源头
尕海
花海
扎尕那
红石崖
郎木寺
玛曲
四 川 省

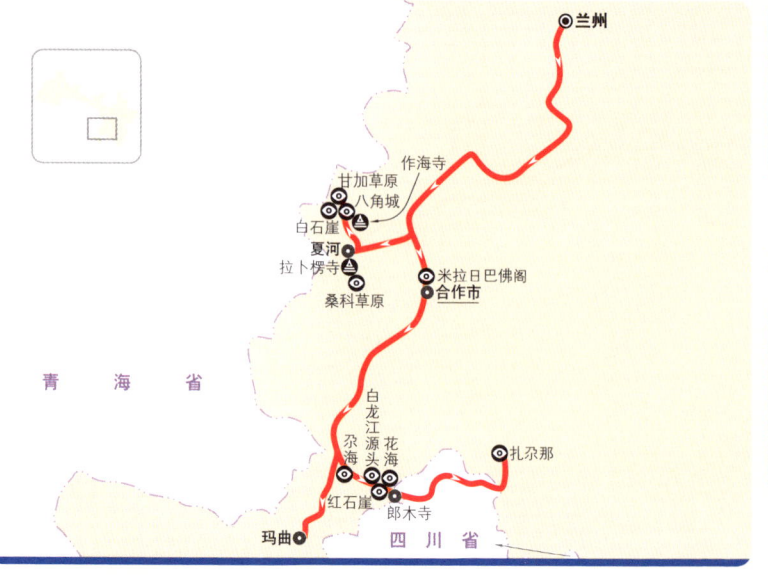

10天 甘南藏地之旅

甘南是入藏的门户，浓缩了青藏高原的所有精华，用不着长途跋涉，也不受高原反应的困扰。

从**兰州**出发后，瞬间就从城市过渡到高原、森林、村落和峡谷，到达夏河**拉卜楞寺**，伴着雪域高原的阵阵清凉，跟随僧侣信徒的脚步，转动每一个经筒，晨起爬上晒佛台，俯瞰寺院全景。游览**桑科草原**后，再安排一天的包车，去领略**甘加草原**的风采，深入**白石崖**的圣洞，探寻青藏高原最早的考古遗址，或拜访十字形的**八角城**，朝拜神秘的本教寺院**作海寺**。

第3天到达甘南藏族自治州州府**合作市**，别错过**米拉日巴佛阁**。沿G213国道往南到了甘南腹地，路过多个草原和村庄，沿途风光也不错。在**尕海**稍作停留，然后前往**玛曲**，这里拥有黄河首曲最大的一片湿地草原，天似穹庐，笼盖四野。

第6天到了**郎木寺**，一座群山环绕的小镇，仿佛寻找到了詹姆斯·希尔顿（James Hilton）笔下的香格里拉。不妨在这座甘、川交界的小镇多住两天，在**红石崖**的日出中享受宁静祥和的清晨，徒步穿越**花海**，追溯**白龙江源头**。

第8天前往**扎尕那**，开启甘南东部的环游。扎尕那被高耸山石包裹，恬静祥和的寺院和藏寨，云雾弥漫的垭口和山巅，连发现香格里拉的洛克都说："我平生未见过如此绚丽的景色……"在美景中徒步，重走洛克之路。

计划你的行程 旅行线路

上图：甘南扎尕那
下图：冬日甘南

10天 沿黄河走

黄河纵向自下而上贯穿甘肃和宁夏,沿着黄河走,你可以充分领略它或咆哮或悠缓或唯美的各种姿态。

以**银川**为起点,出城去游览黄河岸边的**水洞沟遗址**(见273页)和**冰沟**(见115页)。然后逆流而上,前往吴忠,去**青铜峡大坝**(见278页)数数一百零八塔。继续向南去中卫,站在**沙坡头**(见283页)的沙坝顶部,从高处远眺黄河。在两省交界处拜访南长滩、北长滩两个黄河边的古村落。

随黄河一路南下进入甘肃,先去景泰县的**黄河石林**(见82页),深入风沙漫天的峡谷,登高欣赏近处的怪石嶙峋对接远处的黄河蜿蜒。到达**兰州**(见68页)后,看看黄河岸边林立的水车,走一走天下**黄河第一桥**,坐一趟羊皮筏子,做一回独具黄河特色的摆渡人。挨着黄河开凿的**炳灵寺石窟**(见83页)藏得深,坐船深入时不妨留意一下洮河汇入黄河处是否有色差。

你可以紧贴黄河去青海"画个半圆"后,再绕回甘南,也可以取捷径长驱直入玛曲高原,看**黄河第一弯**(见216页)在草原上逶迤舞动,最后一站堪称整个行程的高潮。

上图:炳灵寺石窟西魏造像
下图:青铜峡大坝

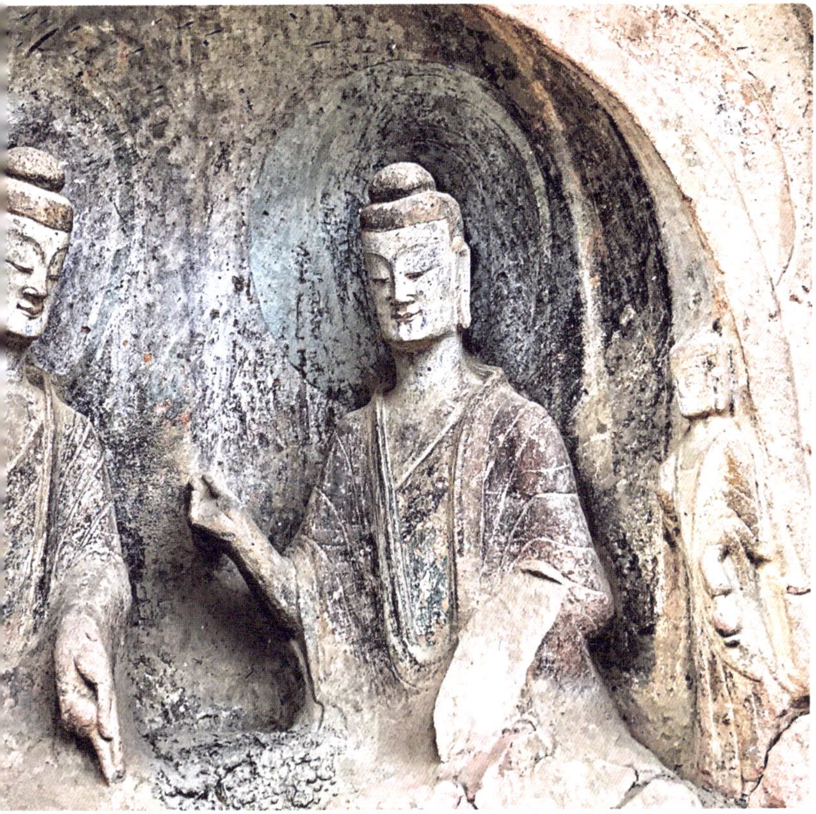

内蒙古自治区
内蒙古自治区
内蒙古自治区
银川
冰沟
水洞沟遗址
青铜峡大坝
陕西省
沙坡头
黄河石林
青海省
黄河第一桥
兰州
炳灵寺石窟

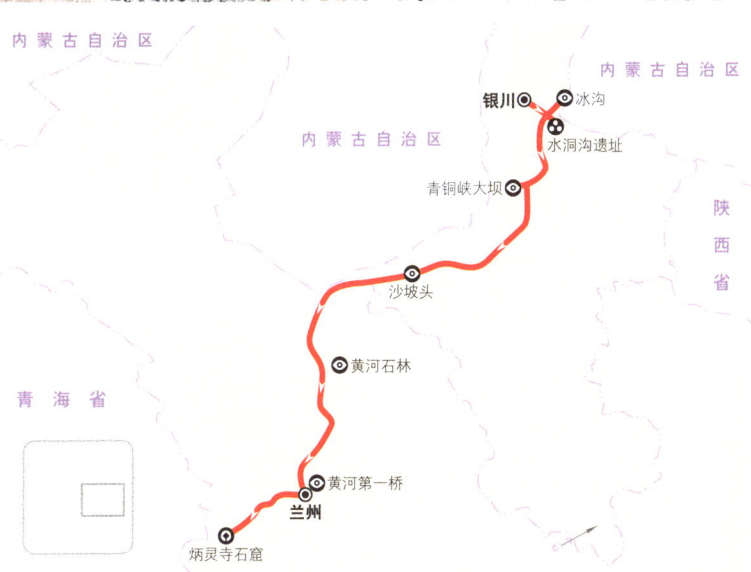

雨后的郎木寺

计划你的行程
负责任的旅行

  在旅行过程中，我们会对所到地方的自然环境和人文环境产生各种影响。我们始终倡导大家在收获身体和心灵愉悦的同时，在路上能够秉承负责任的旅行态度，对当地的生态环境做到不破坏甚至尽力保护，对少数民族宗教问题能够给予理解和尊重。

可以参与的公益项目

➡ **甘肃省绿驼铃环境发展中心**（公众号：GCB_GS）是甘肃地区第一家民间环保组织，关注水环境、羚羊、草原等环境保护问题，每年会组织两次兰州、甘南等地的生态游活动。

➡ **甘肃鸿泽社会工作服务中心**（公众号：gansuhongze2014）、**甘肃兴邦社会工作服务中心**（公众号：gsxb-change）立足于农村地区和民族地区，开展社工、助学项目，每年也会招募几期公益之旅。

➡ **"拯救民勤"志愿者协会**（www.minqin.cn）与企业、高校等民间团体合作，以应对民勤沙漠化问题。

➡ 此外，甘南还有很多民间自发的捐助、助学活动，如雪山公益助学项目，你可以很容易在客栈、餐厅找到他们的联系方式。

对环境负责

节约用水 水资源的匮乏是甘宁地区首要的环境问题，请在任何地方都节约用水。淋浴时避免长时间放水，不要习惯性将水龙头拧到最大，减少衣物清洗次数。

不要惊扰野生动物 甘南的野生梅花鹿、黑颈鹤，河西走廊一带的野天鹅、野骆驼等都是珍贵的国家保护动物，不要骚扰它们；岩羊在贺兰山一线景区可以看到，不要惊扰和喂食；在宁夏的沙湖、青铜峡鸟岛参观时，也不要惊扰当地的动物。

不要破坏自然生态 不要乱扔杂物，沙漠、冰川、戈壁、草原的生态环境都十分脆弱，垃圾无法降解。在甘南草原扔垃圾，容易让牛羊误食，会遭到当地人的严重警告。不要购买国家禁止采集的发菜和制止滥挖甘草，这些荒漠草原上稀有的野生植物由于被过度挖掘，直接导致当地原本已经很脆弱的植被系统遭受二度破坏。为了环保，甘肃已经无限期地关闭了部分景区，请不要自行进入。

对文化负责

尊重当地文化禁忌 甘宁地区少数民族众多，尽量在行前多了解一些宗教和民族文化的相关禁忌。

尊重民族信仰 不带外食进伊斯兰教信仰民族的餐厅，非信徒一般不得进入宗教场所。许多宗教场所有性别之分。在藏区，请顺时针参观佛教寺庙，逆时针参观本教寺院。建议你不要参观天葬仪式，更不要对天葬活动现场进行拍照和摄像。

遵守参观准则 多数石窟、寺院不允许拍照，锁阳城、八角城等遗址不允许踩踏，在嘉峪关徒步长城时也不要攀登上墙。

对当地人负责

尽量确保当地人直接获益 当地人并非大众旅游的直接受益者，而往往是环境成本的主要承担者。我们提倡住当地人开的旅店或者家庭旅馆，吃当地人经营的路边摊和家庭餐馆，喝当地的饮料、啤酒，从当地手艺人那里直接购买工艺品。

不要挑剔当地的生活条件 用城市的标准衡量当地的餐饮、住宿等生活环境，会导致当地人一味迎合游客喜好而开发出严重同质化的旅游设施。

莫高窟第45窟造像

计划你的行程
石窟之旅

甘肃地形略似一柄如意,在如意的西端,莫高窟与榆林窟、东西千佛洞以及五个庙石窟、昌马石窟组成了规模宏大的敦煌石窟群,在如意的东端,是麦积山石窟领衔的陇东石窟群,而细长的柄身就是河西走廊,散落着文殊山石窟、马蹄寺石窟、天梯山石窟、炳灵寺石窟等。今天,探访这些石窟所走的路线,与古代丝绸之路旅行者走过的几乎一样,只不过便捷的交通已经替代了当年的长途跋涉,但虔诚的心从未改变。

作者首选

雕塑

→ 天水麦积山石窟第133窟

→ 张掖金塔寺石窟

→ 敦煌莫高窟第45窟

→ 泾川南石窟寺七佛窟

壁画

→ 瓜州榆林窟第25窟

→ 敦煌西千佛洞第18窟

→ 敦煌莫高窟第57窟、61窟

→ 酒泉文殊山石窟万佛洞

敦煌石窟群：佛教艺术的殿堂

丝绸之路三千里，横穿甘肃东西，这条路最早是为政治与贸易而开，却在无意之中为宗教和艺术的传播带来方便。佛教从印度而来，在西域立足，之后继续向东进入甘肃西部，设立于西汉时期的敦煌郡成为最早沐浴佛光之地，随着丝绸之路的兴盛，石窟艺术也在这里得到了长足的发展。现在所说的敦煌石窟是对莫高窟、西千佛洞、榆林窟、东千佛洞、五个庙石窟、一个庙石窟和昌马石窟的总称。

敦煌石窟行的第一站自然是敦煌**莫高窟**（见149页）。从前秦建元二年（366年）开凿，历经千年营建，莫高窟已经成为一座东方艺术宝库，建议你安排一至两天时间，才能细细欣赏开放洞窟中精美绝伦的壁画与雕像。**西千佛洞**（见160页）位于莫高窟以西约60公里，是敦煌石窟中开凿年代最早的，不同时期的飞天画风也各有不同。从敦煌往西，可以去瓜州拜访被称为莫高窟"姊妹窟"的**榆林窟**（见165页），在西夏至元代莫高窟衰落的时期，榆林窟却有幸保存了敦煌石窟晚期的精彩篇章，其中第25窟的两幅经变图壁画堪称巨制鸿篇。遗憾的是东千佛洞、五个庙石窟和昌马石窟目前未对外开放，不过有消息称，昌马石窟经过修复加固之后，或许会在将来向世人展露它可与莫高窟媲美的"露齿菩萨"真容。

河西走廊线：石窟历史的切片

公元1世纪左右，佛教沿着丝绸之路传入中国，源自印度的石窟寺也由此传入，在必经之地的河西走廊上，佛教徒开凿了星罗棋布的石窟寺。在这条延续了两千余年的交通要道上，我们几乎能看到一部中国石窟发展史。今天，兰州与敦煌之间动车的开通，串起了武威、张掖、酒泉等地，也使得寻访河西走廊石窟的旅行更为便捷。

从兰州出发前往位于刘家峡的**炳灵寺石窟**（见83页），在绝壁之上的第169窟中，能看到最早的西秦题记。欣赏石窟，除了看壁画与雕像，也不要错过那些珍贵的题记文字，它们不但能为石窟的开凿历史提供确切的断代依据，也往往保留了当时的书法艺术特征。动车4个多小时就到达武威，在城南约50公里的天梯山上，有开凿于公元412年的**天梯山石窟**（见99页）。中国石窟研究泰斗宿白先生两次考察天梯山石窟，认定这就是史籍中提到的"凉州石窟"，它是中国中原石窟的起源，并创立了后来广为流传的"凉州模式"，仅存的大像窟就是"凉州模式"的典型特征。继续西行至张掖，藏身于祁连山脉腹地的**金塔寺石窟**（见116页），则保留了塑

石窟之旅

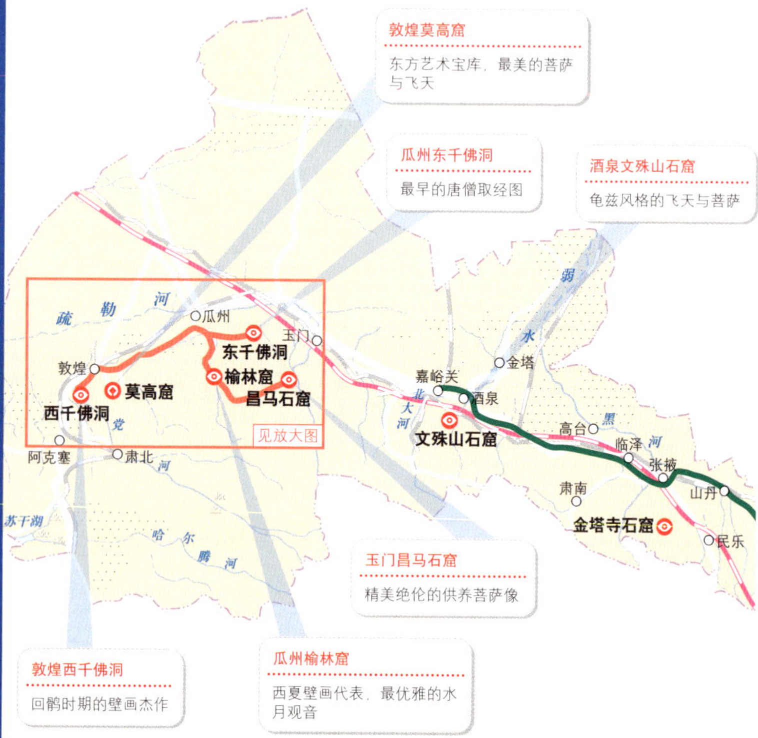

敦煌莫高窟
东方艺术宝库，最美的菩萨与飞天
瓜州东千佛洞
最早的唐僧取经图
酒泉文殊山石窟
龟兹风格的飞天与菩萨
玉门昌马石窟
精美绝伦的供养菩萨像
敦煌西千佛洞
回鹘时期的壁画杰作
瓜州榆林窟
西夏壁画代表，最优雅的水月观音
疏
勒
河
瓜州
玉门
东千佛洞
敦煌
榆林窟
莫高窟
昌马石窟
西千佛洞
党
见放大图
阿克塞
肃北
河
苏干湖
哈
尔
腾
河
弱
水
金塔
嘉峪关
酒泉
北
大
河
文殊山石窟
高台
黑
临泽
河
张掖
肃南
山丹
金塔寺石窟
民乐

放大图
0
30 km
敦煌胡杨林民族风情萨克园
疏
勒
安西老城
瓜州小宛农场胡杨林
桥湾城
七墩
河
瓜州
双塔水库
布隆吉雅丹地貌
三道沟
大方盘城
破城子
桥子
玉门
敦煌火车站
广至
锁阳城
东千佛洞
悬泉置遗址
锁阳城
敦煌
敦煌机场
榆林窟
大漠光电
三危山
七里
鸣沙山·月牙泉
莫高窟
西千佛洞
敦煌古城影视城
阳关
寿昌古城遗址
石包城遗址
昌马
渥洼池
透明梦柯冰川
五个庙石窟
阿克塞
党河峡谷
大雪山
5483m
金山湖
肃北民族风情园

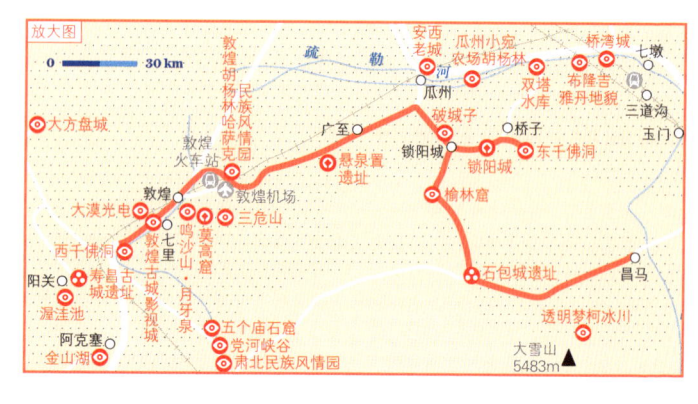

造于1600多年以前的高肉雕泥塑北凉飞天,它们比莫高窟的飞天还要早300年,应该也是中国石窟中年代最早的泥塑飞天。同样属于"凉州模式"的**文殊山石窟**(见136页)位于酒泉肃南,前山万佛洞中的《弥勒上生经变画》是玉门关以东地区最为完整的西夏时期大型经变画,在前山古千佛洞中则能看到带有浓郁龟兹风的飞天。

石窟入门

在莫高窟参观时,讲解员通常会从一个洞窟的开凿年代讲起,然后讲到它的窟形是什么,窟内有什么雕像,四周壁画是什么主题,再细细介绍最出彩的雕像或壁画内容。如果你自己看一个窟,也可以从这几点开始来欣赏。

洞窟形制

一般分为禅窟、中心塔柱窟、殿堂窟、涅槃窟、七佛窟和大像窟等几种。常见的有:

中心塔柱窟 又叫"塔庙窟",源自印度,是较早时期的洞窟形制,在中央凿出连接窟顶与地面的方形塔柱,四面开龛塑像,便于修行者绕窟礼佛。如莫高窟第254、288窟。

殿堂窟 后期比较流行的洞窟形制,类似于中国佛教寺院的大殿,正壁开龛塑像,其余三面通常绘制壁画,有相对宽敞的空间供修行者拜佛。如莫高窟第275、249窟。

大像窟 在多数石窟中都会出现,巨大的洞窟中雕凿有弥勒佛坐像,为采光还会在洞壁上方或两侧开有明窗,窟外通常建有木构窟檐或楼阁,以保护大像。如莫高窟第130窟。

塑像

石窟内塑像一般为一佛、二菩萨、二弟子、二力士的各种组合,也有二佛并坐、三世佛、五佛、七佛等组合。佛与菩萨的造型在每个时期略有不同,但总的来说,佛的形象最为高大,肉髻白毫,身着通肩式或袒右肩式大衣,全身基本无饰物。菩萨则相对华丽,头戴宝冠,着天衣,肩披帔帛,佩戴有项链、臂钏、手镯、璎珞等饰物,手持不同法器。

壁画

石窟壁画常见布局是洞窟顶部绘制装饰性极强的藻井,四壁上部为绕窟一周的天宫伎乐,中部为主题壁画,如说法图、经变画、本生故事画等,下方又是绕行一周的天王、力士,或供养人画像等。主题壁画又可分为尊像画、经变画、本生、因缘、佛传故事画等。

尊像画 也就是佛教诸神,包括诸佛说法图、协侍菩萨、供养菩萨和飞天伎乐、天王、力士。

故事画 有本生、因缘、佛传等内容,本生表现的是释迦牟尼在过去世中的各种善行;因缘表现的是释迦牟尼在成佛后教化众生、度化外道的各种事迹;佛传表现的是各种修行成道的故事。这些内容都有相对固定的情节,在壁画中经常用连屏的艺术手法来展示。如莫高窟第257窟鹿王本生故事,第285窟五百强盗因缘故事。

经变画 为宣扬佛经教义,工匠根据不同佛经的内容具化为一幅幅首尾完整有场景有情节的巨幅壁画,构图通常以佛说法为中心,身旁分列菩萨和天龙八部,上方是飞天,下部有伎乐演奏,背景是富丽堂皇的天宫楼阁和绚丽多彩的山水风光,力图渲染出一个引人向往的西方净土世界。如榆林窟第25窟弥勒经变。

供养人画像 通常绘制在两侧甬道或门内左、右两侧壁画下方,表现出资开窟者礼佛的情形,男女各列一队,他们的服饰最能反映洞窟开凿时期的世俗风貌。如莫高窟第130窟都督夫人礼佛图。

飞天简史

飞天，一般指天宫中的供养天人和礼佛、乐舞的天人，最早源自印度神话，可能是天龙八部中乾达婆和紧那罗的结合体。传至中国后，与早已深入人心的道教神仙体系相融合，形成了为中国人所喜爱的飞天形象，在寺院与石窟壁画、造像中大量存在。人们最为熟悉的飞天可能就是莫高窟壁画中的形象，在大型经变画里，飞天通常在说法佛四周飞翔，或抛撒花朵，或弹奏乐器，或手捧供物；它们没有翅膀，仅凭天衣与飘带翩翩飞舞，潇洒又美丽。

在甘肃众多石窟中，我们可以欣赏到不同时期的飞天。早期飞天以龟兹石窟为代表，多为男子，身形较为僵硬，上身赤裸，在炳灵寺石窟、文殊山石窟中还能看到这样风格的男性飞天。自北魏至隋唐，受中原文化影响，飞天转变为女性，身着长裙，装饰华贵，以莫高窟壁画为代表的飞天数量众多，造型也更为丰富。在榆林窟中，我们也能看到回鹘时期的飞天，体型壮硕，自成一格。麦积山石窟的薄肉塑飞天与金塔寺石窟的高肉塑泥雕飞天则是中原工匠的独创。事实上，相别于佛与菩萨的庄严，古代工匠对飞天的塑造倾注了更多的自由发挥。因此，石窟中的飞天也是人们最喜欢欣赏的佛教艺术形象。

陇东石窟群：丝路东线的遗珠

古代丝绸之路东段北道从长安出发，经咸阳、彬县、泾川、平凉、固原（宁夏），最后渡过黄河，从武威进入河西走廊。这条交通要道同时也是佛教传播的路径，从而在甘肃东部留下一个巨大的石窟群分布带，时间跨度从南北朝一直到宋朝，除天水麦积山石窟外，其他石窟相对低调，但绝对值得你亲身前往。

陇东石窟行可以从天水出发，先去**麦积山石窟**（见232页）欣赏这座"东方雕塑陈列馆"。现存221个窟龛如蜂巢般凿于近乎垂直的崖壁上，开凿有200多个佛龛，从7000余尊塑像上，你可以清晰寻见千余年来佛教造像艺术的发展脉络。第4窟（散花楼）龛檐上的五幅"薄肉塑"北周飞天，1500多年以来从未改换过容颜。位于天水西北部的**武山水帘洞石窟**群（见235页），始建于十六国的后秦，其中的拉梢寺有世界第一大的露天摩崖浮雕大佛。离开天水前往丝绸之路上的"西出长安第一城"平阳，泾河两岸的**泾川南石窟寺**（见240页）和**庆阳北石窟寺**（见243页）都是北魏泾州刺史奚康生主持开凿的，史称"陇东双璧"。南石窟寺1号东大窟与庆阳北石窟第165窟规制相同，都是巨大的七佛并立，佛像身上红砂岩的纹路与石窟浑然一体，让人感叹时光的流逝。如果你对七佛窟还想有更深入的了解，从庆阳往西北方向约210公里就是**固原须弥山石窟**（见292页），有"须弥之光、北周孤例"之称的51窟开凿在一座小山包上，窟中有7尊6米多高的佛像，雕凿手法较北魏时期更加纯熟。须弥山石窟第5窟则是少见的唐代大佛，充分体现了唐代雕塑艺术的高度成就。

计划你的行程　石窟之旅

上图：麦积山石窟第147窟西魏造像

下图：莫高窟第249窟西魏凌空吹笛的飞天

计划你的行程　石窟之旅

上图：炳灵寺第169窟壁画
下图：南石窟寺七佛

雅丹地质公园

计划你的行程
自驾游

　　自驾在甘宁已成为颇受欢迎的出游方式。去河西走廊感受丝绸之路的盛世繁华，在甘南寻找藏传佛教与最美草原，沿母亲河一路驰骋，在东南部的群山与梯田中穿越，都会令你感到自由畅快。从兰州出发，广河、和政和临夏都在去甘南的路上，沿途能看到鳞次栉比的清真寺，炊烟缭绕的村庄。和政县往南的松鸣岩，夏日有热闹的花儿会。往张掖的连霍高速，路边长城遗址绵延不断，背后是祁连山脉，西部风光皆在旅途。

最佳自驾体验

➡ 纵贯河西走廊,重走丝绸之路

➡ 驰骋甘南,置身绿意盎然的圣境天堂

➡ 沿着黄河,体味母亲河的一路奔流

➡ 从西安经天水到兰州,穿越黄土高原腹地

最美景观

➡ 夏日的甘南美仁大草原,经幡隧道色彩斑斓

➡ 从七彩丹霞到敦煌鸣沙山,戈壁不只是黄沙遍野

➡ 在沙坡头和玛曲草原俯瞰黄河,体验不同的壮阔

➡ 宁夏西海固到甘肃崆峒山,干涸到湿润的奇妙转换

热门线路

➡ 西安—天水—兰州—武威—张掖—酒泉—嘉峪关—敦煌

➡ 兰州—临夏—夏河—合作—尕海—玛曲—郎木寺—扎尕那—卓尼—冶力关—兰州

➡ 银川—青铜峡—中卫—同心—固原—平凉—泾川—庆阳—西安

为何去

辉煌的历史,多元的文化,辽阔的甘宁地区汇集了戈壁、草原、沙漠、黄河、群山等众多美景,如散落草丛的珍珠。甘宁地区有发达的公路网络,但很多热门景点的公共交通并不完善,自驾游能帮你省去不少等车、中转的麻烦。而最美的风景往往在去往目的地的沿途,自驾能更深入、更自由地感受旅行。

甘宁地区的高速公路网,以兰州和银川为中心向四面辐射。几条重要的高速公路贯穿了这片区域,西域大动脉G30连霍高速横穿甘肃,G6京藏高速、G70银福高速连通甘宁,从南力入甘肃的G75兰海高速即将贯通。市、县之间的省道也已逐渐国道化,平坦通畅,景区公路也在日益完善,即使去往最偏僻的县,路况也改善不少。

何时去

3月至5月,万物复苏,敦煌的杏花、中卫的梨花盛开,固原与平凉的梯田开始耕种。需注意张掖至敦煌一带沙尘暴多发,横风会影响道路安全。

6月至9月,甘宁地区最适宜旅行的季节,瓜果成熟,无论是人文还是自然风景都美不胜收。需注意甘南初夏的雨季和甘宁山区盛夏的泥石流高发。

10月至次年4月,漫长的淡季来临,从10月中旬就开始下雪,路况变糟,很多景点和餐馆歇业。不过白雪皑皑的雪山和节日里的民俗也别有风味。

热门路线

西安—天水—兰州—武威—张掖—酒泉—嘉峪关—敦煌

G30连霍高速沿着河西走廊延伸,是丝绸之路东段的精华所在,大部分自驾客都会选择这条路。你可以一路开到瓜州,再转入G3011柳格高速到敦煌,全程约1739公里。

从西安出发,沿着G30到天水,从麦积山开启石窟之旅。从兰州到武威需穿越乌鞘岭,也可以选择老G312,运气好的话还能感受六月飞雪的野趣。过了武威,G30沿途的风景开始切换成戈壁风光,逐渐展现出荒凉之美。在到达张掖的路上,若是七八月份,祁连山北麓的景色很美,去山丹军马场的路况不错,可以顺道一游。在张掖住上一晚,第二天去看看古城和七彩丹霞。沿G30继续向西,不妨将酒泉作为下一个住宿点。如果在10月初,可从酒泉转入酒航路北上内蒙古,去看看距酒泉400公里的额济纳胡杨林,顺道遥望酒泉卫星发射中心的发射塔。

从酒泉沿酒嘉城际一级公路,直接开到嘉峪关长城。接着沿G30高速到瓜州,周边的

锁阳城、榆林窟都是不能错过的景点。从瓜州转入G3011到敦煌，才到了丝绸之路的精华部分。自驾敦煌通常分为东、西两线，西线沿G215到苍凉的阳关、玉门关和雅丹地质公园，东线是让你惊叹不已的莫高窟和鸣沙山·月牙泉。

从敦煌转入G30继续往西入疆，丝路还在继续。或者返回兰州，如果不想走回头路的话，可以沿G3011从青海绕行。

兰州—临夏—夏河—合作—尕海—玛曲—郎木寺—扎尕那—卓尼—冶力关—兰州

这是一条甘南藏区经典的穿越线路，你可以很方便地将四川和青海也纳入行程。

从兰州出发，瞬间就从城市过渡到高原、森林、村落和峡谷，虽然是一路高速，但建议你不要错过临夏。到达夏河之前进入S312，夏河是进入甘南的第一站，沿途随着海拔上升，藏地风情一点点显现。除拉卜楞寺，周围的甘加草原、桑科草原也可深入地驱车游览。

沿G213国道继续南下，路边的草原风光也不逊色。在合作参观完九层佛阁米拉日巴，到尕海的路上可以在尕秀村晒金滩住一宿，在去郎木寺之前，你也可以先去玛曲看黄河美景，一直开到离青海不远的阿万仓乡，或者沿着黄河第一弯走一圈。

从玛曲到郎木寺有两条路，一条是返回尕海，从尕海再向南40公里，就到了郎木寺。另一条是经S313向东直接去郎木寺，几乎全程都很颠簸，不建议非越野车取道此路。

在郎木寺之后，可以继续沿G213向南，到达若尔盖，再回到红星乡向东转入S313到迭部扎尕那，金秋的迭山，层林尽染，顺白龙江而下，峡谷风情让人难忘。从迭部继续前往舟曲、卓尼、冶力关，游完甘南东部后返回兰州，一路的风光总有惊喜。

银川—青铜峡—中卫—同心—固原—平凉—泾川—庆阳—西安

这条线路纵贯甘宁东南地区，全程约800公里。从银川出发，沿滨河大道驶入青铜峡，沿途经过中华黄河楼和一百零八塔。转入G109到清水河枢纽，再向西沿G2012到

长城遗迹和祁连雪山

中卫，去沙坡头尽情玩沙，黄河大拐弯的景色也不会让你失望。从中卫返回清水河枢纽，向南沿G70到达同心，古老的同心清真大寺和浓郁的回乡风情值得停留。继续南下，沿途干涸的西海固地貌绝对让人震撼。从三营出口下来，沿S306到须弥山石窟，接着走景区公路到火石寨后再去固原。

再向南走，沿S101到达泾源县后，可去游览六盘山森林公园。从泾源县向东走泾平路、崆峒大道到平凉，别忘了问道崆峒山。顺道游完泾川的王母宫和南石窟寺、庆阳的北石窟寺后，就距离西安不远了。

如果你打算继续往甘肃方向走，还可以从平凉走S101、S304经庄浪百万亩梯田到天水，一路都是山路。之后从天水走G7011十天高速，到达温暖湿润的陇南，周边的万象洞和文县天池让人沉醉。从文县出发，离九寨沟沟口只有110公里。

危险和麻烦

不要超速 在过于平直的公路上长时间行

驶，容易让你忘记控制车速，别忘了经常看速度表。

别忘了加油 西北地区加油站间隔很远，大部分县城附近的站点没有98号汽油，92号、95号汽油或柴油相对充足。因为不能携带备用油箱，建议你随时保持油满。高速上可能很难见到服务区，建议你做好到午餐点的计划。

礼让行人，避让货车 甘宁公路上经常会出现牛羊家畜占据车道的情况，为了安全起见，请避免按喇叭驱赶它们，以免动物受到惊吓。实在遇到无法通过的情况才可鸣笛或用灯光驱赶。路边时有磕长头一路跪拜的朝拜者和长途骑行者，开车时请注意避让，并保持尊重。国道上的大卡车较多，要注意避让，保持车距，尽量避免夜间行车。

小心驶入 雨后沿山路行车要小心，观察后再通过。夏季泥石流和滑坡会造成封路，可以打听便道的通行情况，否则一定要绕行，不要盲目驶入。不要随意碾压草原、进入泥滩或沙地，如果在牧民的草场路边扔垃圾，轻则被呵斥，重则会遭到罚款或不必要的麻烦。甘南草原上的公路修路时需从草原穿行，当地牧民可能会收取通行费。

注意温度 敦煌最冷的1月平均气温约为–18℃，冬季去甘宁，车辆要做好防寒处理，防滑链也是必备的。

更多信息请见Lonely Planet《中国西北自驾》。

租车和自驾锦囊

车型选择

甘宁大部分地区公路较为平坦，如果你只打算走常规路线，那对车辆的越野性能和排量不必过高要求。如果你计划前往一些较为偏僻又在山上的地方，有可能遇到坑坑洼洼的土路，选择动力较大的车辆会保险些。

租车行

在当地租车出行，更能省时、省力、省钱。以下两家全国连锁的租车行在甘肃和宁夏都有分店，可以预约代驾和机场提车，也可以异地还车，不过会被收取很高的手续费（兰州借、银川还的话，费用在千元左右）。

神州租车（☎400 616 6666；www.zuche.com）在甘肃覆盖7座城市，其中兰州有18家门店和服务点，天水3家，庆阳3家，张掖1家，敦煌4家，嘉峪关2家；在宁夏覆盖3座城市，其中银川有30家门店和服务点，中卫1家，吴忠4家。

一嗨租车（☎400 888 6608；www.1hai.cn）在兰州有4家门店和服务点，机场、高铁站、城关区都有店，在银川也有3家门店和服务点，机场、火车站、兴庆区都有店。

你也可以在当地找一些小的租车行，口碑不一，不过大多需要支付高额押金作为担保，手续比较麻烦，相比之下不如包车，还能省去自驾的一路疲劳。

自驾注意事项

限速 甘宁地区大多数高速路段小型车最高限速为120公里/小时，也有一些局部限速100公里/小时或80公里/小时，隧道不超过60公里/小时，一定要多留意限速牌和测速器。

交通管制 回族传统节日、大型庙会期间会有交通管制，一些公路赛事时会封路限行。出发前登录甘肃省交通运输厅（www.gsjt.gov.cn）和宁夏回族自治区交通运输厅（www.nxcd.gov.cn）的网站，查询实时路况和交通管制信息。

导航 甘宁的自驾游比较成熟，常规自驾路线导航的可信度还是很高的。需要提醒的是，一些小景点定位不到，询问当地人比较靠谱。

救援电话与交通路况电台（☎0931-96969是甘肃高速24小时路况咨询，☎0931-12122是救援专线；☎0951-96958是宁夏高速24小时路况咨询，☎0951-12122是救援专线）甘肃交通广播的频率是FM103.5，宁夏交通广播的频率是FM98.4，均覆盖全省区，也可以关注当地交通微博。

扎尕那徒步

计划你的行程
户外活动

甘宁蕴藏着丰富的户外资源,保存着明长城的茫茫草原,溪水流淌的原始森林,戈壁沙漠的体验在全国的省份中也属少见,冰川草原也为户外活动提供了很好的温床,沙漠徒步、雪山探险、公路骑行或是极限运动在这里都可以轻松实现,你总能找到适合自己的亲近自然的方式。

最佳徒步线路

扎尕那到大峪沟 重走洛克探寻香巴拉之路（见205页）

腾格里沙漠穿越 甘宁之间多条高难度路线挑战生存极限（见259页）

郎木寺周边 数条徒步、溯源线路，阿尔卑斯般的户外体验（见193页）

山丹丰城村到峡口古城 观赏汉明长城精华（见121页）

最佳骑行线路

丝绸之路 沿丝绸之路从南到北穿越甘肃，世界经典的骑行线路

兰州到西宁 两百公里的入门公路，青藏线进藏的序篇

同仁到郎木寺 沿途草原、寺庙、雪山无数，海拔平稳起伏

最佳野外观察地点

张掖国家湿地公园 欣赏越冬水鸟（见109页）

则岔石林和尕海 寻觅高原特色林鸟和水鸟（见192页）

宁夏贺兰山自然保护区 探寻岩羊等兽类（见271页）

为何去

在户外运动兴起的百年间，有无数的国际友人，通过徒步、骑行、登山的方式探索过甘肃和宁夏。古韵深沉的河西走廊北侧与戈壁沙漠相依，南侧毗邻连绵的祁连山和草原，冰川纵横、雪山屹立；而位于青藏高原边陲的甘南，信仰与风光刚柔并济，有高原之美却无高原反应之苦；宁夏境内的河套平原，夹在六盘山和贺兰山之间，黄河悠悠流淌其间。复杂多变的地质地貌，无限旖旎的自然美景，适合开展多种多样的户外活动，这里可谓璞玉般的户外天堂。

何时去

甘宁大部分地区为标准的大陆性气候，冬寒长，夏暑短，风沙大，雨雪少。日照时间长，昼夜温差大。不过纬度、海拔多样，不同地区气候差异也大。近年气候异变，雨水分布更加不均，暴雨时现，出门之前了解一下目的地天气很有必要。

4月至5月 适宜进行各种户外活动。如果在山地进行户外活动，还要注意垂直气候带的影响。随时增添衣物，准备防寒、防雨装备。

6月至9月 甘肃乌鞘岭以东和宁夏南部降水集中，溯溪应注意雨水情况。9月的晴朗天气是最适合户外的时节。

10月中旬至次年3月 风雪较大，气温极低，此时应注意防寒保暖，但也是冰雪活动的最佳季节。

危险和麻烦

在甘宁进行户外运动，最需要注意的是昼夜温差，不论是哪种地形都要做好保暖准备。到了高原地带，还需注意高原反应。在进行高强度户外活动前，应对路线和当地山况予以了解，并携带专业的户外装备。

甘宁的山区、峡谷和沙漠手机信号较差，且相对冷门，徒步、登山等最好请当地向导带领，切忌独闯。或者在应有的基础户外装备外，配上户外导航GPS，提前下载好GPS轨迹图；对于较为初级的户外线路，用手机App"六只脚"上的轨迹图也可以应付，但误差难免；如果是团队出行，那么方便联系的对讲机不可或缺。

如果进行戈壁沙漠穿越，必须带充足的饮用水并配有适量的运动饮料或盐水，以防脱水造成肌肉抽筋和中暑。防晒、防风沙的装备也必不可少，手机、数码设备可能会因为进沙而报废。

甘宁活动

徒步

甘肃的地形多样,自然风光可以说是千变万化,短距离徒步也不会枯燥。如果你只打算选择一条路线,从扎尕那到卓尼大峪沟的三角石是 **"重走洛克之路"**(见205页)中最热门的一条,沿途的多样美景让无数户外爱好者赞叹不已,穿梭在高耸的山峦和石门间,探访藏族山寨和逃亡古道。在郎木寺镇上结伴穿越 **纳摩大峡谷**(见195页)也是不错的体验,郎木寺周边还有数条徒步、溯源、骑马路线,给你带来充分的阿尔卑斯般的户外体验。

甘宁北部也不仅仅是大漠孤烟,除了祁连山的雪山探险,几大沙漠都有许多穿越路线。每年都有许多俱乐部举办不同起点出发的腾格里沙漠穿越,可以挑战生存极限,也可以坐越野车观光。如果你不想那么折腾,还可以去 **敦煌鸣沙山**(见147页),夜晚在沙漠露营,饮美酒、看星星的体验让人回味无穷。

漠北的人文风光同样值得一游,从山丹丰城村到 **峡口古城**(见121页),或在 **嘉峪关**(见130页)行走半日,触摸汉明城墙,实地感受"关外"天苍苍、野茫茫的浩瀚草原和戈壁风情。

登山

甘肃在登山界似乎被南侧的青海压了一头,但甘宁有非常丰富的地形,从北到南狭长的辖地起伏着大大小小的山峰,如果不追求极限,凭借丰富、相对平易的线路,这里的山野体验更为完整和有趣。

兰州周边就有很多本地人的户外乐园。如果你时间有限,花两三个小时爬上海拔两千米左右的 **皋兰山**(见78页方框),就能一览兰州市全貌。兴隆山(3021米)和马衔山(3570米)也是兰州人的后花园,这里的徒步、登山路线也很多,难度都不是很高。

祁连山纵横着许多5000米以上的山峰,分布着3066条冰川,西起阿克塞哈萨克族自治县境内之当金山口,东至天祝藏族自治县境内之马牙雪山,但由于环保等原因,嘉峪关的七一冰川和敦煌的透明梦柯冰川关闭,马牙雪山禁止游人攀登。

往甘南高原方向,山峰就更丰富了。甘南有积石山、太子山、阿尼玛卿、岷山等,不少都需要非常专业级的团队攀登。不想自虐的话,郎木寺海拔4200米的 **华盖山**(见195页)或许更适合你,可爬3~5小时碎石路登顶,俯视山脚绿油油的玛曲草原。

骑行和越野

甘肃的大部分公路都适合自行车骑行和摩托车骑行,每年从川北到甘南,或从河西走廊入新疆,都是比较热门的长线路线,在国外骑行者中知名度也很高。

中线有兰州到西宁两百公里的入门公路,线路可以延伸到青海湖,完成它后可接着挑战青藏线。从同仁到郎木寺,沿途草原、寺庙、雪山无数,海拔平稳起伏,路上也有不少外国骑行者。

如果希望走本地短线,永昌到 **圣容寺**(见103页)柏油路线穿行于油菜花、小河、水库与村落间,拐入旧路还能享受明长城予的阴影,是永昌自行车爱好者的日常锻炼项目。还可以选择嘉峪关市区—悬壁长城的经典骑行路线,或另辟蹊径前往十五里墩,经紫轩葡萄酒庄和新城魏晋墓,过长城村抵达新城湿地(据说鄂本笃墓和李陵碑在这里),感受历史与自然风光的有机结合。

在西北,越野车的普及率要远高于内地,除了与自驾和骑行重合的线路外,还有像沙漠越野、扎尕那—车巴沟穿越等线路,也是越野迷的日常修炼。

极限运动

兰州是极限运动的西北重镇,外来文化较早地影响了这一区域。速降、滑板、极限单车、攀岩、雪板、轮滑、死飞、小轮车、跑酷等极限运动在兰州发芽较早。比较突出的是滑翔伞,因为风力和地形等优势,甘肃有多处优良的滑翔伞基地。刘家峡水库被国内高空滑翔界称为"中国的博卡拉",刘家峡近年来承揽了多项国内大赛事,此外,张掖七彩丹霞景区、敦煌鸣沙山·月牙泉风景区也有多种空中运动可以体验。

骑骆驼穿越敦煌沙漠

野外观察

甘肃的野生动物观测点很多,较容易观测到的是野生鸟类和野生植物。甘南是自然野生动物的栖息地,可观测到雪豹、岩羊、黑颈鹤、黑鹳、灰鹤、秃鹫、金雕等多类珍稀物种,其中**则岔石林**(见192页)可以寻觅高原特色林鸟,狍子、梅花鹿也较为容易看到,**尕海**(见192页)除了水鸟,还有藏狐等小动物,**玛曲**(见215页)到青海一带会有雪豹出没。

在甘宁北部,**张掖国家湿地公园**(见109页)可以欣赏越冬水鸟,**宁夏贺兰山自然保护区**(见271页)等地很容易观察到岩羊等兽类。只要是沙漠边缘都可以看沙生植物,民勤沙生植物园已经停止对游人开放,但周围的**民勤连古城自然保护区**也是沙生植物的最佳观察地。

其他户外活动

甘肃草原和沙漠戈壁分布广泛,因此骑马、骑骆驼随处可见。尤其是甘南**桑科草原**(见185页)、**甘加草原**(见185页)等都是体验骑马的好地方,如果你要骑马穿越,**郎木寺**(见193页)、**扎尕那**(见202页)有俱乐部和当地村民提供向导服务。**山丹马场**(见121页)也可以骑乘高大骏马,欣赏祁连山下历史悠久的皇家马场。骑骆驼游览**平山湖大峡谷**(见116页)、在敦煌**鸣沙山**(见147页)骑骆驼观月牙泉,等等。

甘肃和宁夏的滑雪场也有很多,几乎每个地级市都有两家以上的滑雪场,但相比新疆和黑龙江,这里的冰雪旅游显得低调得多。冬季来甘宁,不仅可以避开旺季,体验民俗盛会,来进行冰雪活动也是一种很不错的选择。

在沙坡头滑沙

计划你的行程
带孩子旅行

　　甘宁之旅对孩子们来说会是一次收获满满的经历。广阔无垠的戈壁沙漠、万马奔腾的葱郁草原、高耸入云的冰川雪峰、千变万化的丹霞地貌,如此多的美丽景色会让他们大开眼界。河西走廊全线可视为中国历史的野外课堂,孩子们可以在敦煌石窟近距离接触中国古代艺术,在巍然屹立的古城关之前印证自己对唐诗中那些峥嵘岁月的理解。童真时光同样不该被辜负,在沙漠乐园里尽情玩耍,骑上骆驼或骏马漫步戈壁草原,或是制作少数民族工艺品。冬季的甘宁还有丰富多彩的冰雪活动。

孩子们的甘宁
自然风光
鸣沙山·月牙泉 尽情滑沙,亲密接触骆驼(见147页)

沙坡头 沙漠中的游乐场让孩子们乐不思蜀(见283页)

山丹马场 骑马漫步草原,做一次小小牧民(见121页)

历史文化
莫高窟 课本上的文化瑰宝在眼前呈现(见149页)

甘肃省博物馆 看得见摸得着的历史(见69页)

麦积山石窟 胆量的考验,艺术的熏陶(见232页)

野生动植物
甘南 有多个野生动物观测点,候鸟自不多说,狍子、梅花鹿也较容易看到,幸运的话还能找到野生雪豹的足迹

沙湖 在芦苇丛中欣赏天鹅(见273页)

计划行程

对于甘宁地区来说,包车或自驾无疑是带孩子出行最理想的方式。大西北的高速公路网发展迅速,道路状况良好且车流量相对不大,但这并不意味着对孩子们来说会是一趟轻松的旅程。景点之间往往相距较远,喜欢新鲜刺激的小朋友,也许未必能够体会到路边"大漠长河"景色的悠远意境,反而会因为乏味无聊而怨声载道。正因如此,在安排行程时要尽量弹性松散,不要考验孩子们的耐心。

甘宁地区丰富的历史文化有机会成为生动的课本,在出行之前和旅途间隙,不妨给孩子念念"大漠孤烟直,长河落日圆"和"西出阳关无故人"等诗句,讲讲历史上的出塞故事,丝绸之路的繁盛、莫高窟的绚烂、唐诗宋词中的岁月鎏金,既能够帮助维持小家伙们在旅途中的兴趣,又能不断拓展他们的知识面和视野,激发探索的热情。

在安排行程时,也要充分考虑到孩子们爱玩的天性,在参观景点之余最好穿插一些互动类的项目。比如充满了各种游乐项目的宁夏沙坡头,也许就能让孩子们舍不得离开。除了常规的自助游外,带孩子旅行可参加一些有讲解的导览游,许多公益组织都有野外专家组织的生态游活动。

Lonely Planet出版的《带孩子旅行》一书有很多实用的旅行建议,教你如何与孩子一起玩得健康、安全而尽兴,值得参考。

在路上
住宿

甘肃和宁夏的自驾游客较多,在大中城市和热门目的地较容易找到提供家庭房的酒店。许多民宿和精品酒店也有地方特色的炕房可选,特别是甘南地区较多,入住同时也能体验当地文化。预订酒店时尽量靠近景区或者市中心的安全区域。

不少酒店还是以老式的标间为主,带孩子入住,如果不需要在房间加床,按常规是不会加收费用的。如果预订的是双床房或大床房,最好先了解一下床的宽度。三口之家入住,大床房最好是1.8米的,双床房最好是1.2米的。一般的酒店不提供拼床服务,加床也比较少。如果需要订两间房间,可以适当要求折扣。中高端酒店的儿童设施也许没有内地齐备,预订之前建议你提前问询一下。

有的酒店房间附带免费的早餐,如果增加一名儿童用餐的话,视儿童的大小,可能会加收一些费用(通常是成人早餐价的半价)。

就餐

甘宁传统饮食虽然可口,但烹饪材料相对单一,以面食和牛羊肉为主,很多地区条件艰苦,请尽量让孩子入乡随俗。有的菜口味偏辣,点菜时可以尽量避开辣菜。如果点

拉面等食物,可以选择自己添加调料。孩子的肠胃功能相对较弱,如果连续每天食用类似的食物,可能会造成消化不良或上火等问题。因此适当在餐饮中增加蔬菜和水果的比例就显得格外重要。每年8月至10月是甘宁地区盛产水果的时节,如果恰逢此时出游,各色的本地瓜果可以成为孩子们的维生素补充站。酸奶通常是孩子们喜欢的,不过要品尝当地的自酿酸奶,最好到卫生合格的大型店面。

一般的快餐店不提供儿童椅,也没有无烟区,如果有特殊需求,最好事先和餐厅的服务人员沟通。去往比较偏远的地点,建议你提前储备一些零食。最好还要带上儿童自己的餐具。

儿童折扣

儿童门票折扣政策并无全省统一的规定,通常由各景区自己定义。一般来说1.2米或1.3米以下的儿童可以免门票,超过规定身高的孩子可以购买半价的学生票或衡情打折,学生最好带上学生证。莫高窟票价按年龄优惠。门票之外的体验项目一般不打折,譬如景区电瓶车、电梯等。

在甘宁坐公交车,一般1.2米以下的孩子是免票的。但长途汽车往往以儿童占座与否作为是否免票的标准。只要孩子上车单独占一个座位,司机一般都会要求购买全价票。这种情况在较为偏远的地区以及私人营运的客车上非常常见。如果从较大城市内长途汽车站购票上车,一般1.5米以下的儿童可以享受半价票且拥有独立座位。

火车的折扣政策基本全国统一,1.2米以下的儿童可以随大人免费乘坐,但没有独立座位或铺位;1.2米到1.5米的儿童可以享受半价票。

各大航空公司的儿童折扣一致,2到12岁的儿童可以购买儿童票,按同航班成人普通票价的50%付费。但有时候打折成人机票可能会更加便宜,家长们可以自行选择。但儿童票通常免收机场建设费,减半征收燃油附加费。个别航线上略有不同。

健康和安全

旅行中儿童面临的很多健康问题其实和大人相似,水土不服是普遍现象,食品卫生安全仍是需要时刻留心的,本地食物中牛羊肉及奶制品比例很高,食用前要确保食材新鲜,并且完全煮熟。可以参见348页的"健康指南"。甘宁地区的大部分城市医疗设施都比较完善,拥有一家及以上的综合性医院,小病痛完全可以放心医治,市内的药店也可以满足基本需求。对于特殊的儿童必需品,特别是进口商品,建议你提前准备,许多偏远地区需要在城市或者省会才有方便的商品储备,快递也通常需要3~5天时间。

甘宁许多地方海拔较高、风沙大且长年日晒充足,儿童细嫩的肌肤长时间暴露在外很容易受到损伤,记得提前准备好防晒防风沙措施。前往沙漠胡杨林要带上防蚊用品。骑马、骑骆驼时需要量力而行,不要进行危险的户外项目。

甘宁很多地方都会养狗,牧区更以大型犬居多,要避免孩子成为被攻击的对象,在进行野外观察时尽量和野生动物保持安全距离。另外,交通安全是第一位,甘宁的许多城镇可能没有人行横道,过马路需要特别注意。

鸣沙山附近的沙漠驼队

计划你的行程
摄影之旅

对于摄影师来说,没有什么比去趟大西北更能够发现你的灵感了。甘肃和宁夏的光线恰到好处,自然与人文的素材兼具,草原、丹霞、沙漠、林场和花海为你的构图提供丰富的背景,可拍的东西很多,从节庆、古建筑、野生动物、民俗,到一张简单的食物照片,都能让你的作品从众多照片中脱颖而出。

最佳摄影点

1月至2月 甘南各寺的正月法会，巨幅唐卡缓缓展开，还有跳神、藏戏和辩经等活动，吸引着世界各地的摄影师。天水、陇西、庆阳一带有社火表演。

3月至4月 甘南藏历二月初四至初八的驱鬼节，3月陇南山区的油菜花开，4月什川梨花进入最佳观赏期。

5月至6月 避开炎热，去宁夏和河西走廊的沙漠，拍摄画面干净。

7月至8月 甘南、祁连山织锦一般的草地如茵，西麦朵合塘花海灿若云霞，雾锁崆峒。

9月至10月 烟雨麦积山，胡杨林展现金黄，张掖丹霞变幻出不同的色彩，扎尕那蜕变出童话般的色彩。

11月以后 白雪覆盖的天地另有一番美感。

建议摄影器材

普通单反相机或手机 甘肃和宁夏空气干燥，光线如刀刻一般，无须昂贵的器材就能拍出不错的照片。

长焦镜头 藏地摄影利器，远可拍雪山、野生动物，近可拍摄人文。

广角镜头、大光圈镜头和三脚架 广角镜头方便你展现大西北的磅礴气势，大光圈镜头和三脚架可帮你捕捉星光。

无人机 当你面对浩瀚的沙漠、无垠的草原的时候，就会后悔没带一架无人机。

防沙工具、相机清洁工具和UV镜 春秋沙尘天气时，一般的摄影器材很容易停止工作。平时也要带上相机清洁工具，最好给镜头加上UV镜。

备用电池 冬季、高海拔低温拍摄电池能量极易耗光，记得带上备用电池。

为何去

黄土高原与青藏高原的碰撞交会，给甘肃和宁夏带来极具冲击感的宏大景观，追光爱好者们很容易就能捕获到明信片般的大美天地。多样的自然风光，浓郁的人文风情，厚重的历史传递，事实上你不用考虑素材不够丰富，众多国内外摄影师已为你留下无数张经典案例，你需要做的只是关注自己感兴趣的主题而已。

何时去

4月开始鲜花盛开，西北风沙逐渐撤离甘宁。6月至8月，甘南和祁连山的草场一片翠绿。9月至10月，山地层林渐染，红绿相间，丹霞地貌干净通透，胡杨林景色渐入佳境。11月至次年2月天气寒冷，进入旅游淡季，却是拍摄雪景和藏传佛教节日的大好机会。

摄影主题
自然风光

夏季，绿草如茵、山花烂漫，成百上千的牛羊散落在甘南草原上，**郎木寺**（见193页）和**西麦朵合塘**（见219页）的高山牧场上盛开着一地绚烂野花，石城**扎尕那**（见202页）松涛阵阵，宛如天籁之音。此时的**山丹马场**（见121页）和**马蹄寺**（见115页）也是拍摄祁连草原和森林风光的好去处。清晨拍出的照片略带雾气，仿佛能闻到湿润的气息。

早晚的光线更容易描绘出**鸣沙山**（见147页）沙丘的线条和韵律。不妨让驼队进入画面，参照物会让人们更容易想象照片之外的广阔空间。**沙坡头**（见283页）浩瀚无垠的沙漠被黄河温柔一抱，大河、沙海的波涛辉映成章。**金塔胡杨林**（见129页）的胡杨林树荫连天，还有一个金波湖可以拍摄胡杨林的倒影。日出日落时分，**阳关景区**（见161页）西南侧800米的墩墩山是拍摄"大漠孤烟直，长河落日圆"的极佳地点。

七彩丹霞（见113页）的彩色丘陵随光线的强弱而变幻出不同的色彩，雨后天晴、日出日落时最为艳丽，雪后前往更让人难忘。

上图：甘南郎木寺

下图：麦积烟雨

计划你的行程 摄影之旅

雅丹地质公园（见162页）也有不输于它的震撼观感。黄昏时分逆光拍摄它们的剪影是常用的手法。

古迹古建

对于古迹和古建爱好者来说，甘肃和宁夏也是个大专题，谁都希望能拍到建筑内外全景，但要注意古建内的彩塑和壁画一般不允许直接拍摄，即便可以拍摄也不要用闪光灯。莫高窟禁止拍照，**麦积山石窟**（见232页）的特窟禁止拍照，但第4窟（散花楼）、第5窟（牛儿堂）、第9窟（中七佛阁）没有被铁丝网门窗关起来，允许拍摄。**天梯山石窟**（见99页）的释迦牟尼像、二金刚和明代壁画也可以进行拍摄。不过请注意关闭闪光灯，光源会对它们造成伤害。

一般寺院内也禁止拍照，但位于甘加草原的本教寺院**作海寺**（见186页）却允许拍摄。佛寺和清真寺若没有特别允许，只能拍摄外部建筑。大夏河对面的晒佛台和贡唐宝塔能俯拍**拉卜楞寺**（见179页），爬上红石崖，也可以把整个郎木寺收入镜头。早晚光线中的寺庙格外金碧辉煌，而冬天皑皑白雪下露出的金顶，更在静默中传递着信仰的力量。

丝绸之路上遍布古迹。想拍**嘉峪关**（见130页）的整个关城和雪山，可以去城门外那片小贩集中的空地。黄昏时分将**黑水国遗址**（见115页）、**骆驼城**（见117页）、**八角城**（见62页）摄入画面，别有一番欲说还休的沧桑。

转经的藏族人

使用无人机时需要注意，除了规定的禁飞区之外，景区也有可能禁止飞行无人机，需要提前了解，以免发生不必要的冲突。

民俗风情

甘宁的少数民族节日众多，你有机会拍到很多佳片。不过需要注意尊重民族习惯，

手机摄影小窍门

摄影不一定非要使用昂贵沉重的专业装备，有的不允许相机拍摄的地方并不禁止手机，如果你注意下面几个小窍门，手机也能拍出不错的效果，而且还能参加专门的手机摄影大赛。

➡ 少使用变焦功能，因为它会使照片噪点增加、变得模糊。拿好站稳，尽量减少机身的抖动。

➡ 擅长使用拍摄App、滤镜和辅助工具，可以让照片精彩加分。

➡ 选择光线明亮柔和的时候拍摄。同单反摄影一样，早晚的光线最好，尤其是傍晚时分。拍摄错位照片（用天边落日点烟、与石刻大佛碰碰鼻尖等）时，单反相机因其对焦精确，反而不容易拍出逼真的视觉效果，这时候试试使用手机吧，它会给你一个惊喜。

➡ 西北大片很多，寻找属于你的独特拍摄视角，错开摄影师扎堆的景点和时间。

张掖七彩丹霞

拍摄人像前请礼貌地征求对方同意,或者在出于尊重的前提下,使用长焦镜头。

古尔邦节、开斋节是伊斯兰教最主要的节日,不过在节庆期间往往很难拍到生活气息浓郁的照片,宗教场所可能无法进入,家庭团聚之日,商店也会大门紧闭。如果你想拍到热闹的节日画面,可以选择车站或人口流动的地方。

节日众多是藏区一大特色,正月法会你将有机会拍到法会、藏戏等各类活动,当然这也是摄影师最多的时候,如果想拍出特色,可以选择2月、6月或不同寺院的法会。平常的日子里,藏族服饰也有鲜明的民族特色,卓尼县的觉乃服饰以其明艳华丽甚是引人注目。除了隆重的玛曲**格萨尔赛马节**(见170页)外,8月去**肃南**(见115页),你也可以拍到盛大的赛马会,还能将裕固族服饰一并收入眼底。

自然生态

9月底到酒泉的话,不妨略向北走走,去额济纳看胡杨林。9月底胡杨开始黄绿过渡,"十一"黄金周尾声时漫山全部被染成金黄色。一定要掐准这最上镜的一周左右时间,因为10月15日叶子掉光后就没看头了。

7月至8月的山丹马场(见121页)和民乐**扁都口**(见89页),都能看到油菜花盛开的美景。**张掖国家湿地公园**(见109页)和润泉湖国家城市湿地公园都吸引了种类丰富的水鸟,高原神湖**尕海**(见192页)也是拍摄鸟类的好去处。更多内容请参考本书的**户外活动**(见52页)章节。

计划你的行程 摄影之旅

上图：酒泉金塔胡杨林秋色

下图：格萨尔赛马节上的"马上绝技"

在路上

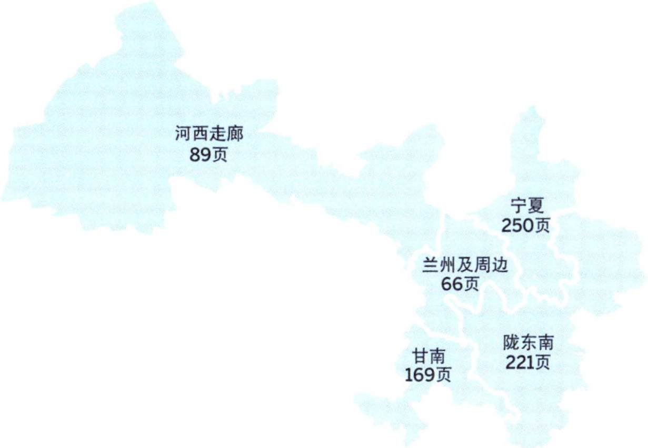

河西走廊
89页

宁夏
250页

兰州及周边
66页

甘南
169页

陇东南
221页

兰州及周边

包括 ➡

景点..................................69
住宿..................................74
就餐..................................75
到达和离开........................78
黄河石林...........................82
炳灵寺石窟........................83
临夏..................................84

最佳住宿
➡ 和颐至格酒店（见74页）
➡ CitiGO欢阁酒店（见74页）
➡ 付家巷62号国际青年旅舍（见75页）
➡ 陇鑫大酒店（见74页）

最佳餐饮
➡ 吾穆勒蓬灰牛肉面（见75页）
➡ 再回首（见76页）
➡ 马大胡子（见76页）
➡ 安泊尔牛肉面（见76页）
➡ 马成义手抓美食城（见87页）

快速参考
➡ 人口：753万

为何去

如果拿把尺子横放在中国地图上，兰州不偏不倚，位置居中，它紧贴着广袤的西部各省，古代又处在长安进出西域的重要通道上，顺理成章是"屏障中原、联络西域"的丝路重镇。然而，与中原若即若离的关系，以及两山夹一河的地势缺陷，总令它发展得不温不火。奔腾的黄河一入兰州便和缓起来，就像这座城市简单粗暴的表象下尽是铁汉柔情，而那牛肉面里的辣椒油，也只是看着吓人而已。

兰州城内，情怀多于实景，去省博瞻仰一下中国旅游标志"马踏飞燕"，坐一坐"随波逐流"的羊皮筏子，尝一碗正宗的牛肉面，再去热火朝天的夜市上吃个畅快，大致也就够了。步出城外，是山水人文的大拼盘。青城古镇和永泰古城有着修旧如新与"封存"不变两种截然不同的姿态，土黄土黄的黄河石林尽显沧桑的西北地貌，低调、丰富的炳灵寺石窟令人只嫌参观时间不够，马家窑彩陶展示了人类4000多年前的"锅碗瓢盆"，临夏除了浓郁的伊斯兰氛围，还有精美的回族砖雕艺术。

何时去

7月至8月 西北旅游旺季也同步影响着兰州，酒店价格处于峰值。总的来说兰州的夏天很舒爽，阴雨天还觉寒冷。这也是吃（白兰）瓜的最好季节。

9月至10月 除了"十一"黄金周，其他时间游客不算多。你可以在兰州、临夏和穆斯林一起庆祝古尔邦节。

11月至次年2月 天气很冷，景区少有游客，连夜市都冷清了下来。此季最大的亮点是正月社火表演。

3月至6月 沙尘暴如期而至，一年一度"吃土"的季节。风景不好看，但可以借着开斋节和穆斯林一起大吃大喝，或去临夏花儿会凑凑热闹。

兰州及周周边亮点

1 有"马踏飞燕"坐镇的**甘肃省博物馆**（见69页）理应成为你整个甘肃行程的第一站。

2 再匆忙的行程也要在兰州吃一碗正宗的**牛肉面**（见77页方框）再走。

3 坐船深入中国现存最早有明确纪年题记的**炳灵寺石窟**（见83页）。

4 去荒野中的**永泰古城**（见82页方框）等候一场羊群牧归。

5 看一看粗犷版的石林，坐一坐羊皮筏子，**黄河石林**（见82页）可看可玩的可多了。

6 晚餐前留空肚子，去著名的**正宁路小吃夜市**（见76页）吃个嗨翻天。

兰州

电话区号：0931

若非留恋牛肉面，何必停留兰州。这话听着不太入耳，可就连兰州人对于"兰州哪里好玩"这个问题都要思索好久，但若话锋转向牛肉面哪家强，他们可以滔滔不绝聊到你不舍离去。

这座被两山所夹、黄河穿城而过的城市因地形所限，为发展只能一次次推倒重建，以致除了钢筋铁骨的中山桥和汉藏风格混搭的白塔寺，你很难找到更多关于这座城市历史的印迹。可"新"兰州看起来还是有点土气，永远处于修路进行时的糟糕交通也叫人头疼。

然而，兰州有一种独特的魅力，或可称之为刚中带柔、蛮中带雅的江湖气。夏日里，黄河岸边一顶顶遮阳伞下，一杯三炮台、一碟大板瓜子，不拘细节地卷起裤管盘起腿，兰州式的"下午茶"不经意间便挥霍掉半日光阴。从空中俯瞰兰州之夜，仿佛全城的人都涌向了城关区，中山桥、黄河边、正宁路、张掖路每晚都像过节般人头攒动。随便拉一个近景，夜市、饭馆、酒吧里豪饮的不只汉子，还有喝空一两箱啤酒不在话下的女子，酒喝得肝胆相照，猜拳、筛子、扑克等游戏玩得眼花缭乱，正如作家张海龙在《西北偏北男人带刀》中描述这座城市"娱乐基本靠酒"，然而驻足细看，才发现无论是喝高的、玩嗨的，都只是像《兰州兰州》中所唱的"夜晚温暖的醉酒"。《读者》杂志已淡出江湖多年，但江湖总有兰州诗人的一席之地，低苦艾和野孩子两支诞生于兰州的乐队，用粗犷的嗓音吼出对这片土地的温柔眷恋，就算与西北无关的民谣，亦要借一支兰州烟来抒情。

抛开赶景点的旅行模式，走入人群中，一起吃一吃，聊一聊，你会渐渐明白它，并爱上它既血脉贲张又诗意浪漫的分裂性格。

历史

早在15,000年前，中国西北的先民们就开始在黄河及其支流的两岸阶地上磨制石器，定居繁衍。秦始皇三十三年（公元前214年），大将蒙恬打败匈奴后，在今兰州东岗镇一带设立陇西郡榆中县，是兰州最早的行政建制。汉武帝元狩二年（公元前121年），霍去病西征凯旋，修筑了兰州历史上第一座城堡"金城"，取"固若金汤"之意。汉昭帝始元六年（公元前81年），置金城郡，领十三县，今天兰州的大部分区域都在辖区内。

隋文帝开皇元年（581年），以黄河南岸的皋兰山为名，置兰州府。唐朝，朝廷与吐蕃、西域往来密切，兰州逐渐成为过往商人和使者的必经之地，始有城市之形。只是好景不长，唐室衰亡，兰州城先后被吐蕃和西夏统治，直至北宋元丰四年（1081年）才被宋军收复。宋元时期兰州是重要的茶马互市之一，西域文化、西夏文化、蒙古文化轮番与本地文化交融。

清康熙五年（1666年），陕甘分省，兰州成为甘肃省会。乾隆年间陕甘总督驻地搬到兰州，兰州始为扼控西北的重镇。左宗棠任陕甘总督期间，创办了兰州制造局、甘肃机器织呢局等，兰州成为西北最早迈入工业文明的城市之一。清宣统元年（1909年），黄河铁桥落成，这是5464公里长的黄河从青海发源、流入渤海途中的第一座现代意义上的桥梁，直到今天仍然是兰州的象征。

1923年，兰州开始筹备建市，但1928年开始的三年大灾荒使甘肃赤地千里，百姓颠沛流离。纵使民国政府在此后提出"开发西北"的口号，也见效甚微。1949年后，兰州成为全国重点建设城市之一，4条铁路干线迅速修建起来。支援大西北的知青大量涌入，奠定了兰州作为一个移民城市的人口构成、餐饮习俗和包容的文化。

1992年，新欧亚铁路的修成通车，让处于中国段重要节点的兰州再次获得发展良机。不过随着城市人口的增加，先天狭长的城市布局使交通堵塞等城市问题集中爆发。为扩大城区面积，兰州开始在黄河北岸施行"推山造城"工程，但专家们的反对声让这项工程时启时停。

城市扩张和永无休止的修路工程持续到了今天，糟糕的交通始终未有好转。兰州城区不大，但坐车去哪儿都得堵半天，有时在长途汽车上坐了1个小时还没开出兰州城呢。2019年正式运营的兰州地铁被本地人吐槽线路设计不利于缓解地面交通压力。但无论如何，兰州变得越来越繁华是显而易见的。兰州西站（高铁站）的投入运营，带动了西站什字商圈,吃吃喝喝逛逛的地方不再只有城关区,高大上的兰州中心(购物中心)俨然成了城市的新地标。

关于兰州的历史和发展蓝图,可以去黄河北岸的兰州城市规划展览馆(见70页地图;人民路23号;免费;9:00~17:00,16:30停止入场,周一闭馆)详细了解。

◉ 景点

除了以下景点,兰州市博物馆(见70页地图)经过6年闭馆改造,于2019年重新开馆,除了欣赏文物藏品,院子里的那座古塔可是兰州城所存不多的古建筑了。中山桥北的古建一条街金城关文化博览园(见70页地图;http://www.lzjcg.net/;10:00~17:00)内有文化体验馆、桥梁博物馆、秦腔博物馆、非遗陈列馆、彩陶博物馆五大展馆,是了解兰州历史、文化、习俗的好去处。

清真寺也是兰州街头一景,包括华丽的西关大清真寺、中国传统建筑风格的南关清真大寺和水上清真寺等,不过它们都是穆斯林礼拜场所,而非景点,可路过欣赏一下建筑外观。

★ 甘肃省博物馆 博物馆

(见70页地图;233 9131;西津西路3号;www.gansumuseum.com;免费,讲解100元;9:00~17:00,16:00停止入场,周一闭馆;)甘肃省博物馆有五个常设展厅,分布在二楼和三楼。如果你时间只够参观一个厅,就直奔二楼的丝绸之路文明展,著名的国宝"马踏飞燕"就在这里。展厅追溯了丝绸之路的发展历史,配以彩陶、青铜、玉石、唐三彩、瓷器等相关的主题文物陈列。除了体型健美、三足腾空、一足踏飞燕的铜奔马(即马踏飞燕),气势恢宏的铜车马仪仗队是本馆的第二主角,这两大文物前吸引了最多围观者。泾川大云寺出土的唐武则天时期的五重套函也极有价值,它的形式如俄罗斯套娃,由石函、铜匣、银椁、金棺、琉璃宝瓶套叠而成。其他亮点还包括复制的敦煌石窟220特窟、一系列如连环画般的魏晋画像砖、纯一色的唐三彩胡人牵马俑等。

三楼的甘肃彩陶展详细介绍了从大地湾文化、仰韶文化到马家窑文化的彩陶发展史,展出了400余件彩陶。同楼层的甘肃佛教艺术展,可作为你接下来石窟之旅的预习,五块方石呈梯形堆叠的北朝石造像塔和西魏的权氏造像塔很值得一看。而占据了两个楼层的古生物化石展厅,将带你走入白垩纪时代。

听一听讲解很有必要,除了针对团队游客的收费讲解,你也可以租用语音导览机(20元)。博物馆还提供多种免费的导览渠道:部分文物有二维码,可扫描听讲解;重要文物可通过微信小程序"拍照识文物"来了解;甘肃省博物馆的微信公众号有简单的导览。志愿者免费讲解时间不固定,如果碰巧遇上了,跟着一听将大有收获,你将了解铜奔马何以会同手同脚、腹下有洞、头上长发髻等。

博物馆换票处隔壁可免费寄存大件行李。在博物馆一楼的文创展厅可以买到一些文物的同款纪念品、手账胶带、冰箱贴、明信片、书签等,价格不算低,但比普通的纪念品多一份精致和独特。

博物馆位于地铁和公交的西站什字和七

兰州及周边 兰州

不要错过

敦煌艺术馆

莫高窟无疑是甘肃全省最王牌的景点,但不分淡旺季的游客潮,加上昏暗的光线,注定了你很难静心欣赏壁画、塑像的细节。位于敦煌研究院兰州分院内的敦煌艺术馆(见70页地图;南滨河东路522号,水车博览园对面;免费;9:30~16:30,周一闭馆)以数字多媒体和现代高科技的手段,提炼了莫高窟艺术的最精华部分,包括最经典的壁画和需要额外付费才能参观的特窟等。馆内有采用三维技术展示的部分洞窟形制、结构剖面,用3D打印技术还原的莫高窟壁画、精品彩塑等,包括1:1比例复制的220窟和003窟、407窟的三兔凿井壁画。你也可以坐下来看一段16分钟的影像资料,了解第254窟"萨埵那太子舍身饲虎"壁画的故事。你还可以在这里买到一些关于敦煌石窟艺术的书籍、画册。

兰州城区

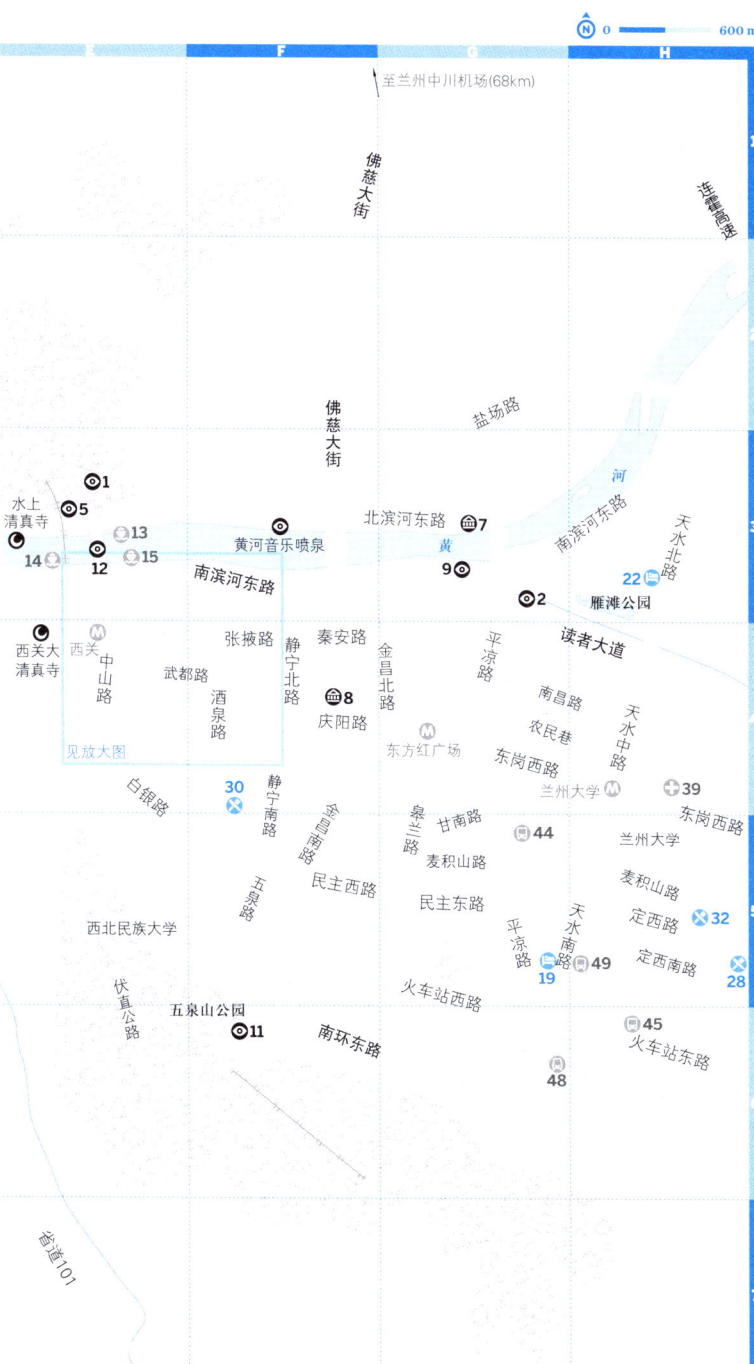

兰州城区

🟦 景点
1. 白塔山公园 E3
2. 敦煌艺术馆 G3
3. 甘肃省博物馆 B3
4. 黄河母亲雕像 D3
5. 金城关文化博览园 E3
6. 兰州碑林 D2
7. 兰州城市规划展览馆 G3
8. 兰州市博物馆 F4
9. 水车博览园 G3
10. 兰州水车园 D3
11. 五泉山公园 F6
12. 中山桥 E3

🟩 活动
13. 白塔山码头 E3
14. 索道码头 E3
15. 永昌路码头 E3

🟦 住宿
16. CitiGO欢阁酒店 B6
17. 付家巷62号国际青年旅舍 A6
18. 和颐至格酒店 C3
19. 佶舍青年旅社 G5
20. 陇鑫大酒店 B7
21. 如家精选酒店 A6
22. 维也纳国际酒店 H3
23. 希尔顿欢朋酒店 C6
24. 新胜利宾馆 A7
25. 怡莱酒店 B3

🟧 就餐
26. 安泊尔牛肉面 D3
27. 杜记甜食 B5
28. 马大胡子 H5
29. 马三洋芋片 B5
30. 米家凉卤面 F4
31. 南关民族风味一条街 C7
32. 胖妈妈手抓总店 H5
33. 吾穆勒蓬灰牛肉面 B1
34. 再回首 B6
35. 正宁路小吃夜市 B7

🟢 饮品和娱乐
36. 放哈咖啡 B7
37. 葵Live House C7
38. 七堂 B5

🔵 实用信息
39. 甘肃省人民医院 H4
40. 兰州军区总医院 C3
41. 工商银行 B7
42. 招商银行 B7
43. 中国银行 B7

🟦 交通
44. 兰州汽车东站 G5
45. 兰州客运中心 H6
46. 兰州汽车西站 C3
47. 兰州西站 A3
48. 兰州站 G6
49. 天水路车站 H5

里河两站之间的位置,下车都需要走一段路。

中山桥

桥

（见70页地图）中山桥（俗称"中山铁桥"）的前身是建于1372年、位于城西的镇远浮桥,浮桥由24条木船托起,中间用木梁连接,上面铺以木板。1385年,镇远浮桥移置到目前中山桥的位置。作为纪念,当年的那根浮桥铁柱如今矗立在桥南东侧。

由于浮桥存在安全隐患,夏季遇洪水和冬季结冰期必须拆除,所以清光绪三十二年(1906年),乘着洋务运动兴起的东风,时任甘肃巡抚的升允报请清政府兴建铁桥。当时的建桥材料都是从德国进口的,先船运到天津港,再由火车转运到北京、河南,最后依靠骡马大车、骆驼等拉到兰州,光是运费就耗银十二万四千余两,占了造桥总费用(三十万六千余两)的百分之四十之多。1908年5月9日,这座由美国人设计、德国人承建的"天下黄河第一桥"正式开建。1909年7月27日竣工,铁桥初名"兰州黄河铁桥",桥长233.33米、宽7.5米、6墩5孔,8月19日铁桥正式通车。1928年,为纪念孙中山先生,铁桥更名为"中山桥"。

中山桥建成至今的一百多年间,历经8次重要修复,其中包括1954年为了加固和美化桥身,在原先的平行弦杆上置拱式钢梁;2004年铁桥改做步行观光桥;2010年为防洪抗震,桥梁整体抬高1.2米、桥墩加固。

中山桥除了每天要接待前来"打卡"的游客,本地人对它也是情有独钟。晚饭后,当中山桥的夜景拉开帷幕,桥上散步的人群中不乏本地口音者。

别错过桥北金城关文化博览园里的桥梁博物馆，里面详细追溯了中山桥的建造维修史，陈列了大量珍贵的老照片。

白塔山公园　　　　　　　　　　　公园

（见70页地图；☏836 6114；中山桥北；免费；⏰4月20日至10月31日 6:30~20:00，其余月份 7:00~19:00）位于中山桥北白塔山上的白塔寺始建于元代，传说是为纪念一位前去蒙古觐见成吉思汗却在途经兰州时病逝的萨迦派法王而建的。如今看到的白塔寺是明正统十三年（1448年）由镇守甘肃的内监刘永诚在白塔古刹遗址上重建、清康熙年间甘肃巡抚绰奇扩建后的建筑。白塔高17米，为七级八面，东、西、南、北都配有佛龛，是典型的中原佛塔形制，而圆形底座又是印度佛塔的风格。

白塔寺周围还有建于清朝的法雨寺、云月寺、三星殿和多座牌坊等。1958年建筑大师任震英又依山势建了三合古建筑群，形成如今的白塔山公园，也是兰州城里规模最大的古建筑群，公园内绿树成荫，即使炎炎夏日也很清凉。

中山桥北岸便是上白塔山公园的登山路，不想爬山就在中山桥南岸的码头坐缆车（上行45元，下行30元，往返55元；⏰7:00~19:00）上去，然后一路玩下来。缆车上站位于整个公园的最高点——牡丹亭附近，从缆车上站走到碑林也就300米。

兰州碑林　　　　　　　　　　　　碑

（见70页地图；☏836 5800；黄河北岸；免费；⏰9:00~17:00，周一闭馆）黄河北岸山上的兰州碑林由东西碑廊和黄河第一阁组成，陈列了众多当代著名书法名家的作品，也有一些很具历史意义的碑刻，包括西夏碑、八思巴文碑等。如果无意登上皋兰山俯瞰兰州城（见78页方框），黄河第一阁也是一个好角度。

你可以沿着北滨河路上的标志一路爬上山，或者参观完白塔寺后，继续向上穿过牡丹亭和索道站而至，然后直接从碑林下山。

水车博览园　　　　　　　　　　　公园

（见70页地图；南滨河路524号；免费；⏰7:00~23:00）200多个巨型水车在黄河水流的自然冲击下，"吱吱呀呀"在河岸边日夜不息地转动，这个曾经的金城一景早已随着电力提灌技术的发展而不复存在，水车博览园就是对这一旧景的重现。

公园中心是水车创始人段续的雕塑，往左是水车广场，陈列着各种灌溉形式的水车。比较有意思的是这些水车不光做展示用，有些也可供体验，你可以按照水车旁边的指示牌，试试手摇、脚踏等不同水车的操作方式。继续向左沿着黄河边走，排列着数十轮水车，还有不少反映兰州生活、民俗的铜雕艺术作品。

段续雕塑的右边有一座横跨南北的握桥，始建于唐代。桥下无一根立柱，由巨木衔

> **不 要 错 过**

羊皮筏子——退役的黄河古渡

羊皮筏子旧称"革船""排子"，兴起于清光绪年间，是黄河中上游古老的水运工具。羊皮筏子的制作材料就是羊身上的那层皮，将整张羊皮囫囵剥下，然后经浸水、暴晒、脱毛、扎口、灌入食盐和香油，缝革为囊，再充入空气使其"膨胀"，便可浮于水面。最常见的羊皮筏子以13只羊皮袋（前后各4只，中间5只）排列捆扎在木排下而成筏，用于短途运输瓜果蔬菜和渡人。最大的羊皮筏子用600多只羊皮袋扎成，可载重20~30吨，仅用于长途水运。抗日战争时期，为了将汽油及时运往陪都重庆，组建了一支羊皮筏子航运队，当承载着30吨汽油的羊皮筏子初抵重庆时，引起了很大轰动。

随着黄河沿岸铁路、公路的兴建，羊皮筏子慢慢结束了其历史使命，如今仅作为旅游增值服务发挥着余热。你可以在兰州市内或黄河石林（见82页）体验羊皮筏子，羊皮筏子只能顺流漂，所以都是单程。盛夏黄河汛期，羊皮筏子常会停运。坐羊皮筏子时尽量穿耐脏的衣裤，因为黄河水浊浪滚滚，风浪大时真是"泥沙俱下"，被泼一身"泥水"在所难免。

接，从两岸到河心错落前伸，层层增高形成隆起的弓形，仿若两拳相握，桥梁专家茅以升曾称其为中国古代伸臂木桥梁的代表作。不过原桥已于1952年被拆除，如今这座是仿建的。

🏃 活动

船游黄河是最具兰州地方特色的活动，游黄河的方式有3种：

➡ **羊皮筏子**：在黄河母亲码头、水车园码头乘坐，顺流而下漂至索道码头、中山桥、城关桥、音乐喷泉、水天博览园等，视距离远近60~200元/位，每个筏子可坐4~6人。

➡ **快艇**：在黄河母亲码头、水车园码头、永昌路码头、中山桥码头乘坐，根据距离远近30~350元/位。

➡ **渡轮**：在白塔山码头乘坐，分日游（单程/往返 40/60元；11:30~19:00发船频次很高）和夜游（往返 60元；19:30~22:30约每30分钟1班）两种。日游单程线路为白塔山—黄河母亲码头，单程25分钟，往返路线会在黄河母亲码头停泊30分钟供上岸游览。夜游线路有两条：白塔山—黄河母亲雕像—音乐喷泉—白塔山、白塔山—水车博览园—白塔山，船程都是30~40分钟。

✨ 节日和活动

因为有春节社火表演，兰州的年味很浓。正月初十前后，周边各区县的农民社火队汇集到兰州市中心，敲锣打鼓，浩浩荡荡地游行演出，最惹眼的就是被列入非物质文化遗产的兰州太平鼓队。社火表演持续到元宵节，在正月十六日以"送瘟神"结束。

兰州国际马拉松赛在2017年被国际田联升级为金标赛事，大约在每年6月举行。赛事分5公里、半程、全程三类，路线设在"黄河风情线"沿线，选手们与奔涌不息的黄河"齐头并进"，倒也独具兰州魅力。

🛏 住宿

住宿费用可能会是你兰州之行的支出大头，由于地小人多酒店少，旺季酒店几乎天天爆满。便宜的酒店在兰州几乎不存在，但一分价钱一分货的论调在这里也不成立。本土老牌四五星级酒店大多已显陈旧，软硬件设施还停留在5年前的水平。快捷酒店比比上广之外的大多数城市都贵，不过已是相对稳妥之选，你总能在火车站、每个汽车站附近找到如家、汉庭、全季、宜必思、速8等著名快捷酒店品牌中的一两家。兰州没有加入YHA的青年旅舍，不过床位式的住宿非常多，大部分开在居民楼里，缺乏青年旅舍该有的氛围，如果打算入住这一类青旅，那么新开的总是要干净些，每年都会有新旧更替，留意订房网站上所写的开业时间或选择最近装修的即可。

需要提醒的是，城关区的酒店除了四星级以上，大多不设停车位，路边有收费的停车位，但收费较高，一般可询问酒店附近便宜的停车场，或找住宅小区停放（约10元/天）。

以下酒店（除青年旅舍）所列价格都为暑期价，淡季价格至少下降100元。

CitiGO欢阁酒店　　　　　　　酒店 ¥¥

（见70页地图；📞831 3999；通渭路2-8号；标单 449元起；📶❄🅿）2019年新开的酒店，位于张掖路步行街口，步行去美食集中的大众巷和正宁路夜市都不远。房间布局紧凑，干净、舒适，简约不失设计感，不大的卫生间也能实现干浴、洗漱干湿分离。美中不足的是酒店没有双床的标间。酒店提供付费停车（20元/晚），相对于周边大多数同价位但无停车位的酒店已经很有优势了。

和颐至格酒店　　　　　　　酒店 ¥¥¥

（见70页地图；📞211 3999；体育街215号；标单/双 559/579元，家庭房 650元；📶❄🅿）位于黄河边的这家酒店，离省博物馆、黄河母亲雕像和兰州中心很近。房间素雅温馨，干净整洁，床铺非常舒适，虽已开业3年，但维护得不错，设施看起来还很新。家庭房含两个房间（一张大床两张小床）、两个卫生间。景观房可欣赏黄河夜景。早餐供应兰州特色的甜醅子、灰豆、牛肉面等。

陇鑫大酒店　　　　　　　　酒店 ¥¥¥

（见70页地图；📞812 0000；庆阳路169号；标单/双 500/550元；📶❄🅿）2019年新开的四星级酒店，位于寸土寸金的兰州市中心，房间比周围酒店要宽敞得多，且停车免费。单人间的床有1.5米和1.8米两种尺寸，所有房型都是卫生间干湿分离，床铺很舒适。房价含早餐。

付家巷62号国际青年旅舍   青年旅舍 ¥

（见70页地图；☏139 1903 1270；付家巷62号；铺 65元起；🛜❄）2019年新开的青年旅舍，距离西关什字和正宁路夜市都很近，一楼的公共区域很有青旅氛围，旺季时天天满房也不足为奇。多人间男女不混住，房间不大，有4人间、6人间、8人间，每张床铺都有帘子。洗漱、卫浴为一体，都是蹲厕。

如家精选酒店   快捷酒店 ¥¥

（见70页地图；☏845 9555；张掖路步行街256号；标单/双 428元起；🛜❄）张掖路步行街上颇为理想的住宿，房间不大，但比普通如家的软硬件设施好，更漂亮，床也厚实。大多数客房的朝向不对着步行街，令住客不受楼市高分贝之扰。自驾者可以把车停在附近的紫金大厦（4元/小时）。

维也纳国际酒店   酒店 ¥¥

（见70页地图；☏212 7999；天水北路329号；标单/双 294/315元；🛜❄）位于雁滩公园旁、万达广场斜对面，离城关区的中心区域稍有点距离，但房间比中心区的酒店宽敞得多。房间内饰色调素雅，床垫舒适，还配有加湿器。部分房间可以看到黄河，晚上可赏夜景。酒店只有少量免费停车位，先到先得。

佶舍青年旅社   青年旅舍 ¥

（见70页地图；☏180 9318 7721；天水路183号；铺 60元起；🛜❄）这家日式风格的青旅就在天水路车站对面，离火车站非常近，周围吃的不少，附近的舌尖尖牛肉面一直营业到晚上10点。房间很不错，每个床位的私密性很好，不过洗手间只有3个，人多时可能需要等，且卫生有点糟糕。

希尔顿欢朋酒店   酒店 ¥¥¥

（见70页地图；☏840 1000；张掖路39号；标单/双 788元起；🛜❄🅿）不是你熟悉的那个国际品牌希尔顿（位于兰州中心），但也不差。酒店就在张掖路步行街旁，走去正宁路夜市也很近。房间不大，很干净，卫浴为科勒品牌。房价含早餐。

怡莱酒店   快捷酒店 ¥¥

（见70页地图；☏212 1288；西津西路39号

黄河风情线

除了白塔山、水车博览园、中山桥，黄河沿岸还有一系列主题公园和雕塑，被称为"百里黄河风情线"，全长40公里。

黄河母亲雕像（见70页地图）是除中山桥外黄河边最著名的打卡地标，这是一座花岗岩圆雕，黄河"母亲"微微含笑仰卧于黄河碧波上，天真可爱的"男婴"依偎着母亲。相隔不远的**兰州水车园**（见70页地图；免费；⏱8:00~19:00）与水车博览园同主题，但要小得多，里面仅有两轮水车，这里主要是坐羊皮筏子的码头。其余看点还有音乐喷泉、白马浪·西游记雕塑群、筏客搏浪雕塑、平沙落雁等。

黄金大厦6楼；标单/双 319/399元；🛜❄）位于西关什字，距兰州西站很近，门口就是公交车站，周围吃的很多。酒店本身无过人之处，但干净整洁，就是普通快捷酒店的风格。

🍴就餐

不用推荐，你肯定不会错过牛肉面，那就来"安利"点别的。羊肉主打的清真类美食中，重口味的黄焖羊肉与清爽的手抓羊肉各占半壁江山。夏日，酸酸的浆水很有解暑之效，在浆水面和浆水漏鱼中挑一款尝一下吧。舶来品川菜和火锅在兰州也相当红火，正宁路上就连空气都是麻辣味的。

"无酒不下饭"是兰州人默认的餐饮传统，无论街边、饭馆，吃饭、喝酒都是一体的。不喝酒就饮茶，兰州特色的茶是三炮台，茶具既有盖碗茶的考究派，也有大玻璃杯的豪饮派。

★吾穆勒蓬灰牛肉面   面 ¥

（见70页地图；☏138 9316 4488；北滨河西路2168号；牛肉面 7元；⏱6:00~14:30）作者问了很多当地人——哪家牛肉面馆最好吃，他们都列举了不止一家，但无一例外都包含吾穆勒。进门便是一股扑鼻的牛肉香，店内永远座无虚席，在取面窗口至少得排队10分钟。标配牛肉面里自带的牛肉少得可以忽略不计，建议你另加一份牛肉（8元/两），因为这家的牛肉真的非常棒。

★安泊尔牛肉面 面 ¥

（见70页地图；☎853 3333；北滨河中路756号；牛肉面 7元，套餐 28元起；⏲5:30～21:00）安泊尔牛肉面在兰州人心中的分量与吾穆勒不分伯仲。店面很大，就餐环境干净。外加的牛肉切得并不薄，但浸入面汤后却能入口即化。除了牛肉面和各种小菜，还有甜醅子、灰豆子等其他兰州特色小吃。下午2点半后不再供应单点的牛肉面，套餐可以吃到晚上9点。

★再回首 小吃

[见70页地图；道升巷22号（新世界百货后）；人均15元起；⏲8:00～20:00]正如本地人所言，这家店没有不好吃的。你可以在此遍尝兰州小吃，几乎每张桌上都会有高担酿皮（6元）、肉馅饼（6元）、灰豆（5元）。尤为推荐这里的孜然肉夹馍（8元），孜然口感浓郁，夹在里面的青椒、洋葱又软又入味。热冬果（6元）是兰州人冬季爱吃的一道特色甜品。

马大胡子 清真菜 ¥¥

（见70页地图；定西路23-2号；人均80元；⏲11:00～21:30）就手抓肉、黄焖羊羔肉这两道主打菜而言，马大胡子能排进兰州同类餐馆的前三甲。黄焖做法的羊羔肉（78元/斤）羊肉酥嫩入味，吃完羊肉后再拌入一份白皮面（4元），一如新疆人吃大盘鸡的传统，吸干净最后一点浓郁的汤汁，吃个盘底朝天。蒸碗羊肉（62元）适合口味清淡、食量小的食客，因为所有的羊肉类菜肴都是1斤起点，只有蒸碗羊肉是7两。

正宁路小吃夜市 夜市

（见70页地图；⏲17:30至次日2:00）几乎清一色是回族人经营的小吃街，构成了兰州特色的"深夜食堂"。羊杂碎、羊头、各种烤串、油香、酿皮、甜醅子等清真饮食摆满了整条夜市，晚上7点后整条街被吃货们挤得水泄不通。最火爆的摊位就是被"舌尖上的中国"捧红的牛奶鸡蛋醪糟，上过"舌尖"的叫"老马爷"，但你会发现每家都有白胡子的"马爷"坐镇，排队最长的那家就是本尊。

杜记甜食 小吃 ¥

（见70页地图；大众巷 72号；人均 10元；⏲10:00～20:30）这家老牌小吃店也是本地人的心水推荐，如果非要和"再回首"一较高下，均分可能比不上再回首，但灰豆子绝对能在单项竞赛中胜出。甜醅子味道比较淡，适合不爱甜食的人。你还可以尝试口感很独特（酸！）的浆水漏鱼。枣粽是甜口，淋上了一层糖浆，糯米很软糯。杏皮水是隔壁茹记烧烤的，味道比夜市上的好很多，茹记烧烤的人气也很高。

马三洋芋片 小吃

（见70页地图；通渭路79号；人均约10元；⏲11:00～21:00）这家小吃店的招牌是洋芋和豆皮，都是0.4元/串（10串起点），口感又辣又麻又香，土豆切得really薄，吃起来绵中带脆。标配饮品是胡萝卜素（2元），胡萝卜素曾是兰州人最爱的本土饮料，如今差不多已经绝迹了，真正代表兰州人情怀的是西固食品厂生产的，也就是这家店所供应的。味道其实和胡萝卜没多大关系，而与30年前的国产橘子汁类饮品更接近。

南关民族风味一条街 夜市

（见70页地图；⏲17:30至次日2:00）即本地人口中的南关夜市，食客比正宁路少，街面也比正宁路干净。与正宁路一样的清真风味，也是如出一辙的烧烤、牛奶鸡蛋醪糟、羊杂碎唱主角，比较有特色的摊位是山丹的炒拨拉、回族的筏子面肠和茶盅串串（放在大号茶缸里烫着吃的火锅）。42号摊位的南关大胡子马爷牛奶鸡蛋醪糟生意最火爆，味道不甜，奶香浓郁，不过这位马爷手脚真的很慢，做好排队半小时的准备吧。兰州著名的大漠烤肉和马老六清真餐饮在这条街上也设有分店。

阿西娅羊羔肉 清真菜 ¥¥

（☎838 0026；七里河区大沙坪109国道7公里处，近连霍高速入口；人均100元；⏲9:10～21:20）阿西娅羊羔肉俨然成了兰州的一个传说，20世纪末的一个路边摊，发展成现在华丽的城堡式餐厅，环境、服务、味道皆一流，是本地人请客讲排场的选择。黄焖羊肉（98元/斤）比别处贵一点。74路公交直达饭店门口。

胖妈妈手抓总店 清真菜 ¥¥

（见70页地图；☎863 3986；定西路258号；人均80元起；⏲11:00～23:30）手抓羊肉（精品/后腿肉 88/78元）是店里必点的菜品，如果喜欢吃瘦一点的羊肉就点后腿肉，记得配着桌

牛肉面——兰州的当代标签

没去过兰州的大有人在，没吃过一碗"兰州"牌牛肉拉面的应该不多见。可当你兴冲冲地跑到兰州"拜码头"，却发现，这里没有叫"拉面"的馆子，只有遍地开花的牛肉面馆。如果你与兰州人探讨这个问题，一定会换来对方一脸严肃地为牛肉面正名："外地的拉面是青海人做的，不是正宗的兰州牛肉面。"青海人打下的江山，兰州人是不承认的。

自1915年回族人马保子首创，牛肉面才走过百年，却无疑已是当代兰州最有代表性的标签。"一清二白三红四绿五黄"是一碗正宗兰州牛肉面的标准，分别指汤色清、萝卜白、辣椒油红、香菜蒜苗绿和面条的黄。如果你以前觉得拉面师傅不断甩出抛物线、越拉越细还拉不断叫绝活，那么兰州拉面师傅才叫让你开眼，他们能将面条按粗细拉出毛细、细、二细、三细、二柱、荞麦棱子、韭叶、宽、大宽等。二细最常规，点的人也最多；毛细可与江南的银丝面比拼细度，本地人通常点给小孩吃；宽面有嚼劲，更受男人喜欢；大宽已接近新疆的皮带面。红红的辣椒油为可选项，本地人吃牛肉面离不了这一勺辣椒油，取面时多会关照师傅"辣子多些"，面馆里吃清汤牛肉面的往往不是小孩便是外地人。实际上，兰州牛肉面里的辣椒油辣度很温和，你大可以放胆一尝。

满大街的牛肉面馆，去哪家吃是个问题。马子禄、东方宫、金强这些老牌连锁，本地人已经很少去了。不开在城关区的吾穆勒、安泊尔、磨沟沿，才是兰州老饕雷打不动每天早上要光顾的店。有一个评判牛肉面地道与否的标准，正宗的牛肉面馆开到下午3点左右就关门了，因为牛肉面的那碗汤只有趁早才醇香，开到晚上甚至24小时不打烊的，店家为了保持汤的浓郁就会加入调料。夏天很多牛肉面馆供应干拌牛肉面，本地人习惯早上吃汤面，中午干拌配一碗清清爽爽的面汤。

兰州及周边　兰州

上的椒盐粉蘸料和蒜一起吃。黄焖羊肉（88元/斤）点单率也很高。所有羊肉都是1斤起点。甜醅子比"再回首"的浓稠多了。

米家凉卤面　　　　　　　　　　　　　　面 ¥

（见70页地图；酒泉路86号；面 8元；⊙7:00~16:00）兰州不只有牛肉面，这家的卤面也是本地人的心头大爱。热卤面一年四季都有，凉卤面只在夏季推出。别光吃面，点几串烤肉串（1.5元/串）拌在面里，再配上一碗清清爽爽的面汤，连本地人都会夸你懂吃。

🍷 饮品和娱乐

麦积山路和甘南路是两条酒吧街，永昌北路也有几家威士忌或鸡尾酒主题酒吧。和很多城市不同的是，兰州的酒吧差不多傍晚五六点就开始营业了，喝酒不讲究时间、环境，更不必打扮入时，态度放端正，痛痛快快喝就对了。

甜醅子奶茶和柠檬薄荷浆水是兰州特色的饮料，前者将珍珠奶茶里的珍珠替换成了甜醅子（发酵后的小麦），后者酸酸的浆水搭配薄荷后能喝出些许无酒精莫吉托的口感。你能在奶茶铺和本地小吃店喝到它们。

放哈咖啡　　　　　　　　　　　　　奶茶 ¥

（见70页地图；正宁路217号；奶茶11元起；⊙11:30~24:00）奶茶控别错过这里，"放哈"是兰州方言，意思是"放下""想开点"。甜醅子奶茶是兰州本土自创，兰州有多家分店，首家就在正宁路夜市东端。甜醅子奶茶近乎"桶"状的大杯，尽显西北人的豪迈——一只手很难握稳！柠檬薄荷、黄瓜等口味的浆水类饮品也很有特色。

七堂　　　　　　　　　　　　　　　酒吧 ¥¥

（见70页地图；永昌北路386号；人均100元起；⊙16:30至次日1:30）竹简做的酒水单、茶盏式的酒器、中国风的鸡尾酒名都极富创意。别被动不动百元以上的酒价吓住，这里不按杯卖，例如"桂花酿"一套含24小盏，"姜蓝"一套含36管。所有酒都是以自酿白酒为底酒进行调兑，酒精度数有高有低，西瓜为器、瓜瓢为酒的"堂前龟"度数最低，"茶汤"带点甜味，接近75度的神武大炮一杯下肚可能就被放倒了。晚上9点有现场音乐演出。

葵Live House
现场音乐

（见70页地图；庆阳路236号；⏰17:30至次日2:30）兰州老牌Live House，各路地下乐队巡演的固定场所。没演出时每晚也都有固定的驻唱乐队（21:30、22:30、23:30），风格以民谣、轻摇滚为主。

🛍 购物

夜幕降临后，永昌路就成了人头攒动的夜市，对于旅行者来说，几百个摊位淘不到什么宝贝，都是些廉价的服饰和日用杂货。不过，如果长途旅行中的你正需要补充内衣裤、袜子、T恤等，就来这里补货吧。

ℹ 实用信息

医疗

兰州的医疗设施很完善，主干道、车站附近都能找到药店，如需就诊，可前往**甘肃省人民医院**（见70页地图；📞828 1114；东岗西路204号）或**兰州军区总医院**（见70页地图；📞223 3011；七里河区南滨河路333号）。

银行

四大国有银行和其他商业银行、甘肃本地银行在兰州市内各条街上都遍地开花，基本上都附带24小时ATM。

邮局

你能在火车站、兰州大学、庆阳路等地方找到邮政所（⏰9:00~17:30）。

旅游信息

兰州客运中心大厅内的**兰州新都国际旅行社**（📞887 9985）有发往刘家峡、炳灵寺、黄河石林等周边景点的一日游团，也有甘南、河西走廊、宁夏、九寨沟和黄龙、青海湖、茶卡盐湖等地的2~4日游。

同样是兰州客运中心，还有往返周边景点的**旅游直通车**（📞888 8666），包括青城古镇、鲁土司衙门、吐鲁沟森林公园、黄河石林、兴隆山、临夏松鸣岩、甘南拉卜楞寺等，所有线路都是8:30发车，15:00或16:00返程，票价根据距离远近不同（70~120元），直通车只负责接送，景区内游玩纯自助。旅游直通车一周开7条线路，每天不同，具体线路在不同季节会有所调整，提前电话确认是有必要的。

ℹ 到达和离开

飞机

兰州中川机场（📞816 8464；永登县中川镇）是中国西部重要的航空枢纽，每天往返于全国各个省会城市的航班非常繁忙，省内通航目的地包括敦煌（旺季每天有6班）、嘉峪关、陇南、庆阳。暑假、国定假期以外的时间，无论省内、省外航线都常有折扣机票。

长途汽车

兰州市区有5个长途车站，兰州客运中心和兰州汽车东站是两个最主要的汽车站，其他几个车站只有发往少量目的地的班车。中川机场也有发往周边部分城市的长途汽车，如果不想在兰州逗留，可以直接转长途汽车赶往下一个目的地。注意，不要想当然地以为车站名中的"东南西北"代表了所发车次的方向，事实上并无规律。除了兰州汽车西站和天水路车站，其他车站都可通过

另辟蹊径
在兰州登山

想一眼看尽兰州城吗？那就登上市区最高点的皋兰山顶（海拔2129.6米）。山脚至山顶由两段登山路线组成，路径都修砌得很好。登山起点在**五泉山公园**（见70页地图）的东门外，沿着小径一路向上，大约走40分钟后到达山腰处的二台阁，兰州城已在你脚下，但高度不够，远处的黄河还进不了视线；从二台阁继续往上爬40分钟，便到了最高点三台阁，这段步道一眼望不到头，几乎没有缓冲的直上台阶比前一段走起来更累，但越往上走越凉快。站在山顶俯瞰，兰州城尽收眼底，林立的高楼渺小如积木。朝南眺望，还能隐约窥见城外黄土高原的风光。

从五泉山公园也有路线到兰山。五泉山公园是当地人晨练的地方，五眼山泉和依山而建的庙宇古建，撑起了公园的历史文化底蕴。如果不想费力爬山，可在五泉山公园内坐缆车（上行40元，下行30元；⏰9:00~16:30），五泉山公园内也有不少揽客的私家车（20元）可代步。

车次时刻表
兰州客运中心

站点	发车时间/班次	票价（元）	行程（小时）
天水	8:00, 16:00	88	3.5
平凉	7:30~15:00每45分钟1班, 17:15, 18:40, 19:30	118	5
张掖	19:20, 19:25（卧铺）	120	6
银川	7:30, 9:00, 10:00, 11:00, 12:00, 13:10, 14:20, 15:30, 17:30	140	7

兰州汽车东站

站点	发车时间/班次	票价（元）	行程（小时）
天水	8:30	89	3.5
平凉	7:20, 8:00, 8:40, 9:00, 9:40, 10:00, 10:40, 12:20, 13:10, 13:40, 15:00, 15:30, 16:30	117	5
武威	8:20, 9:30, 10:30, 11:30, 13:00, 14:30, 15:30, 17:00, 18:00	64	3~4
张掖	16:00	118	6
民勤	8:20, 9:30, 10:30, 11:30, 13:00, 14:30, 15:30, 17:00, 18:00	81	4
银川	8:30, 10:30, 13:30, 15:40	140	7

"Bus365"微信公众号或App购票，车站售票大厅有自助终端可购票和取票。兰州汽车西站和天水路车站的售票窗口也不能使用手机支付，得备好现金。

兰州客运中心（见70页地图；☎880 7114；火车站东路338号）就在火车站斜对面，主要运营发往河西走廊、天水、陇东和西宁、银川等省外的班车。

兰州汽车东站（见70页地图；☎841 8411；平凉路276号）有发往白银（7:00~20:00约半小时1班；26元；80分钟）和部分河西走廊沿线城市的班车。

兰州汽车西站（见70页地图；☎783 6231；小西湖立交桥西北角）发车方向为刘家峡（7:20~18:30每半小时1班；23元；1.5小时）、吐鲁番（8:50；40元；3小时）等。

兰州汽车南站（☎239 2525；七里河区兰工坪）有发往临夏（7:05~18:20约半小时1班；2小时15分钟；44元）、夏河（8:30、10:30、14:00、15:00、16:00；75元；3.5小时）等地的班车。

天水路车站（见70页地图；☎861 8676；天水南路110号）主要发往景泰（7:00~19:00每小时1班；46元；3小时15分钟）、洛门/武山（7:40~18:20每40分钟1班；61元；3.5小时）等地的班车。

中川机场长途巴士（☎139 1982 3342）购票处在高铁站前（和机场巴士一柜台），有发往武威（10:30~21:10约1.5小时1班；100元；3.5小时）、合作（12:30、14:30；125元；4小时）、西宁（10:30~21:30约2小时1班；100元；3小时）等地的班车。

火车

兰州有两个火车站：位于城关区的**兰州站**（见70页地图）是普通列车的停靠站；**兰州西站**（见70页地图）也叫"西客站"，为高铁站。目前，兰州与西安、郑州、武汉、长沙、北京、广州之间已开通高铁，与上海、重庆、成都、乌鲁木齐、西宁以及省内的河西走廊沿线开通了动车。

鉴于兰州市内糟糕的地面交通状况，如果前往目的地有火车通达，火车应为首选。

ℹ 当地交通
抵离机场

机场大巴（☎189 0931 2038）有3条路线，车费都是30元，车程都是80~100分钟。1号线发往兰州火车站，从首班飞机到末班飞机到达坐满即发车，车停在兰州客运中心，客运中心到机场的车次是8:00~18:00每2小时1班；2号线发往新胜利宾馆城市候机楼，9:00~21:00每小时1班，候机楼到机场的车次是6:00~18:00每半小时1班；3号线发往兰州西站，9:30~24:00每半小时1班，西站到机场的车次是5:20~20:40每40~60分钟1班。

你还可以选择坐火车前往市区，中川机场与兰州两个火车站的城际列车已经启用，兰州站与中川机场之间共15班（5:20~21:23；20元；45分钟），部分经过兰州西站，另外还有7班（13:16~22:42；18.5元；33分钟）直接衔接兰州西站与中川机场。

公交车

公交车基本能覆盖市内所有你想去的地方，兰州大多数公交车票1元（部分为分段收费），可用支付宝、微信支付。公交从6:00~6:30运营，21:00~22:30陆续收车。1路连接兰州西站、汽车西站（公交集团站）、西关什字、兰州大学和兰州车站；6路连接兰州站、汽车东站、中山桥和西关什字；129路连接兰州西站、汽车西站（公交集团站）和汽车南站；35路连接兰州西站、汽车西站（公交集团站）和白塔公园；111路连接西关什字、小西湖和汽车南站。

兰州有一趟绿色木质窄体、内设皮座椅的金城旅游观光公交（9:00~17:00；票价2元），线路为环线，经客运中心、兰州大学、水车博览园、西关什字、中山桥、黄河母亲雕像、省博物馆、兰州西站北广场、白塔山公园等，基本涵盖市区内所有景点，到站前还有简单的景点介绍。

地铁

兰州目前有一条地铁线路，途经兰州西站北广场、小西湖站、西关站、兰州大学站等，地铁运营时间为6:30~22:30，车费视距离远近为2~6元，自助售票机上可用支付宝、微信付款。

出租车

出租车起步价10元，路况不好导致打车也不便宜，且兰州出租车业有拼车习惯。在火车站门口注意区分黑车和出租车，出租车一般会打表。

兰州周边

兰州市内几乎没风景，这确是大实话，那么，把脚步迈大一点看看。向东60公里，被誉

另辟蹊径

青城古镇

位于榆中县的青城古镇始建于北宋仁宗年间，是当时的秦州刺史狄青为防御夏人侵而建的，此后直至明朝一直是边塞军事重镇，由于古时此地盛产水烟，引得各地商贾云集于此，青城镇也是丝绸之路上的商贸重镇。

青城古镇旧称"一条城"，后来为纪念建城者狄青，改名"青城"。校场路是古镇的主干道，也是一条修旧一新的商业街。5个收费景点（☏568 2688；联票35元，讲解30元；◉9:00~18:00）在主干道靠近尽头处的东、西两侧街巷里。建于清乾隆年间的高氏祠堂是镇上唯一保留下来的家祠，布局为方形八卦，由山门、前过厅、后过厅、厢房、大殿等建筑组成，祠堂内高悬的3块匾额很有来头，都是由清朝咸丰帝、道光帝御赐，尤其是"才兼文武"匾额为圆形，别处不见几。青城书院是清道光年间的民办乡村书院，这里曾培养出了11名进士、23名文举、51名武举，如今内设青城历史等展厅。隔壁的青城碑林陈列了43块明代至民国的纪事碑、功德碑、墓碑、集资碑等。罗家大院是民国时的水烟作坊，你可以在这里看到古时水烟制作工具和了解青城水烟的历史。罗家大院对面的城隍庙最初是狄青的议事厅，清雍正年间改为城隍庙，主建筑已有970多年历史，木质的柱廊、斗拱、屋檐斑驳而古朴。

看完了以上5个列入景点的古建，甩开闹哄哄的游客，去校场路东、西两侧的各条小巷里走走吧，你能发现不少更具生活气息的古民居，写满岁月沧桑的砖雕、木雕等，带给你的视觉惊艳不亚于收费景点。

青城镇属于榆中，不过距离白银更近，前往也更方便。你可以先在兰州汽车东站坐发往白银的班车（7:00~20:00约半小时1班；26元；80分钟），然后在白银乘坐101路公交（6:30~18:30每15分钟1班；5元；70分钟），101路离白银汽车站最近（5分钟脚程）的一个车站为怡悦花园。白银回兰州的末班车为18:50。

为"陇右第一名山",传说存放过成吉思汗灵柩的**兴隆山**(☎525 1081;榆中县西南5公里;门票40元;◎8:30~19:30)很适合秋天赏枫。往北,青城古镇、永泰古城和鲁土司衙门弥补了兰州城内没有古建的缺失,黄河石林展现着西北大地特有的雄浑和苍劲,吐鲁沟向南国"借"来了郁郁葱葱。南边的临夏曾是远古生物繁衍生息的乐土,如今伊斯兰风情浓郁。西南边藏在刘家峡水库深处的炳灵寺石窟,是中国最早有明确纪年题记的石窟。无论你往哪个方向走,周边的这些景点大多游客寥寥,且交通不便,自行前往费时费力,最好提前电话咨询一下兰州客运中心的旅游直通车(见79页)是否有你需要的线路。

吐鲁沟国家森林公园

(☎653 0015; http://www.tlggy.com/; 永登县连城林区;门票50元,观光车30元;◎5月1日至10月7日 8:30~18:30)地处甘肃和青海交界的吐鲁沟被列入国家4A级景区,这个评级或许并不能令见多识广的旅行者信服,毕竟青葱山谷在中国大地并不是什么稀缺物。不过,当你坐了3小时汽车前来,失望得正欲吐槽时,请结合西北大地荒凉贫瘠的大背景重新为其"估值",或许你就能对本地游客发自内心的"好美"感叹生出几分理解了。

景区分大吐鲁沟和小吐鲁沟两部分,目前已开发的是大吐鲁沟。进入核心景区还要坐半小时观光车,一路随车深入,林木越发茂密,仿佛从西北瞬移到了西南,伴随着海拔升高,森林又变成了高山牧场,当行至终点,已经需要添衣了。观光车开进去一路不下客,返程时会在石壁珍珠瀑布、形如睡佛的山、天窗眼等景点停留,沿途还会经过红桦林植被区,运气好的话能偶遇几只肥肥的獾。

观光车终点站是一个群山环抱的谷地,再往里4公里和6公里分别是小草原、大草原,都是高山牧场,夏季绿草如茵,后者横跨甘、青两省,视野更开阔。除了步行前往,你也可以选择骑马(大草原/小草原:180/100元),或者包车(80元)去大草原。

兰州汽车西站每天一趟发往炭山岭的班车途经吐鲁沟(8:50;40元;3小时),回程班车约14:40经过吐鲁沟景区门口。如果不去

大、小草原,是来得及赶回兰州的,在此也建议你当日回兰州,本书作者调研期间,景区里仅有一家又破又脏还不便宜的**吐鲁宾馆**(标双288元)。如果想依靠班车一天玩转吐鲁沟和鲁土司衙门,不太现实,最好的方式是自驾,或在兰州客运中心坐旅游直通车(见79页)。

鲁土司衙门

(永登县西南65公里连城镇;门票20元,解说10人以下80元,10人以上100元,语音导览10元;◎夏秋 8:30~18:00,冬春 9:00~17:00)从兰州前往吐鲁沟会路过连城,镇上的鲁土司衙门是全国历史最悠久、规模最大、保存最完整的土司衙门建筑群。

鲁氏先祖在元朝时靠军功起家,明洪武三年率部投降明朝,后被明永乐帝赐姓封授,成为明清两代甘青边界颇有势力的行政、军事和司法统治者,至1932年民国政府实行"改土归流"、废除土司制度,共传十九世、承二十四位土司,历时562年。**鲁土司衙门**为明代宫廷式建筑,曾有"三十六院七十二道门",现存建筑多为清嘉庆年间第十五世土司在任期间重建,有大量精美的砖雕、木雕,并融入了藏式建筑的装饰风格。衙门内各间屋宇已辟为展厅,完整介绍了中国的土司制度和历史变迁。

鲁土司衙门西侧是藏传佛教寺院**妙音寺**,明清时在甘青边境也颇有影响力,四世达赖、六世达赖、五世班禅都曾来到这里举行佛事。作为一座土司的家庙,规模不可谓不大,由8座佛殿建筑组成,建筑特色汉藏、佛道结合,既有藏传佛教典型的法轮和双鹿,也有道教中的葫芦和箫图案,还有汉族文化里的梅、兰、竹、菊,甚至还能找到些许印度文。妙音寺曾拥有非常精美的塑像、壁画,遗憾的是,1958年妙音寺遭到严重破坏,全部塑像和部分壁画被毁,直到近年才得到修复。出于保护珍贵文物,绘有佛教故事壁画的万岁殿暗廊如今已经上了锁。

前往鲁土司衙门坐兰州开往吐鲁沟的同一班车即可,车不进连城镇,在镇旁的302省道下车后朝着居民巷中走5分钟就到了。

黄河石林

电话区号：0943（白银）

（📞591 5160；http://www.chinahhsl.cn/；白银市景泰县东南；门票40元，讲解100元；⏰8:00~20:00）不同于常见的南方喀斯特石林，黄河石林的主要成分是黄色砂砾岩，形态上比喀斯特石林更高大。或许是由于景区地处偏远，即便有《神话》《花木兰》《决战刹马镇》等多部电影和真人秀《爸爸去哪儿》在此取景，也没有给它带来太高人气，除了"五一""十一"假期，其余时间游客都不多。

景区范围很大，你可以借助多达7种交通工具代步，脚力好的人也可以步行，只不过景区内毫无遮阳，夏季全程暴晒体力消耗相当大。黄河石林为单一游路线，游览完得原路返回，除了羊皮筏子和游轮为单程票，其余交通工具皆为往返车票。

购票后先坐一程观光大巴（30元/往返），在盘山公路上转过22个弯下到谷底，全长2.5公里。然后换电瓶车（15元往返），开2公里到码头。接下来是一程水路，去程坐羊皮筏子（90元/筏/单程，限坐3人）、回程坐游轮（40元单程）——因为羊皮筏子只能顺水漂。每年七八月黄河汛期水位一高，码头停泊处就会被淹没，这段水路常常停航，你就得沿着黄河走800米。

接下来才到达核心景区饮马大峡谷的入口，如果你没有买景区门票，需要在此补票。从峡谷入口到峡谷深处单程约3.5公里（景区声称来回9公里，根据调研实际预测并没有这么长），可坐驴车（90元/车/往返，限坐3人）进入。一路在沟谷中穿行，两侧鬼斧神工的石壁和怪石嶙峋的石柱会令人脑洞大开，而你脚下的砂石路在400多万年前可是黄河奔流到海前的流经之地。

游览终点是欣赏石林全景的观景台，从驴车下车点到观景台约1.5公里，徒步约半小时，也可以骑马（80元/人/往返）或坐卡丁车（50元/往返）上山。你可以自己驾驶卡丁车，技术要领很简单，只不过在狭小弯多的峡谷中逶迤蛇形刺激度不低，无驾驶经验者最好还是把方向盘交给司机。最后再走一小段台阶路就到观景台，可远望黄河，近赏石林，视野相当不错，黄昏时的光线最佳。

不要错过

永泰古城

听到"古城"这两个字，你的眼前是否已经闪现了这样一幅画面——千篇一律的纪念品店、旧宅改造的客栈、弹唱着理想的民谣？别急，永泰古城会为你刷新对古城的认知。

永泰古城建成于明万历三十六年（1608年），是一个大型防御型军事堡垒。古城保存完整，城内是清一色的夯土建筑，城外有一条6米宽清晰的护城河道。城墙周长1710米，高12米，城东、西、北三面各筑半月形封闭的月城，城南为可出入的正门，筑有瓮城，内城门的门洞为砖券拱形。从空中俯瞰城墙，其轮廓像极了乌龟，所以它也被称为"永泰龟城"，如果你有无人机，飞到490米的高度便能拍出古城的龟形全景了。

古城内有13处遗址，除了依然发挥功效的城隍庙和废弃的永泰小学，其余多数已坍塌或有损毁。永泰小学建于民国（1920年），为中西结合的哥特式建筑，由于古城居民大多已迁往县城，仅剩老人留守，学校因没有生源在几年前就关闭了。出于对古城的保护，古城内迄今不通自来水管道、不建现代化厕所，村民依然饮用井水、使用着旱厕，连几年前为拍摄某影视剧而建的一座哥特式建筑也被拆除了。

日出后和日落前的羊群出城、牧归是永泰古城最唯美的画面，斜阳洒在黄色夯土城墙上，牧羊人驱赶着百多只羊迎面而来，此情此景令人忍不住吟上一首边塞诗。

永泰古城距景泰县西南28公里，县城每天只有一班车（16:30；8元；1小时）发往古城，次日8:00返回。依托班车的车况必需要在古城住一晚，古城内有几家农家乐，都是40元/床的价格，都是旱厕，古城客栈（📞136 4930 2400）有一个淋浴间。如果不想忍受古城内艰苦的住宿条件，就从县城打车前去吧，单程约80元。

注意，看起来风沙漫天、干燥异常的石林，遇雨极易引发洪水，而且水势来得特别快，若此时身处峡谷中相当危险。2017年8月的一场暴雨曾让300人被困里面2小时，4辆私家车和1头驴被洪水卷走。下暴雨时景区会关闭，在景区里如遇大色突变，千万别掉以轻心，驴车师傅脸上的焦虑可不是装出来的。

住宿

如果当日赶不回兰州或下一个目的地，你有两个住宿选择：一是住在石林景区里的龙湾村，村里有不少简单干净的农家乐，平日价格在120元左右，"五一"和"十一"假期会升至200元左右。二是去景泰县城住，昌林路上宾馆最多，都是简易快捷酒店的标准。**坤逸精品酒店**（✆557 4888；一条山镇705路西6号；标单/双 158/178元；✉✻Ｐ）是其中硬件设施较好的。**星海宾馆**（✆557 5188；一条山镇705路林业局北100米；标单/双 118元；✉✻Ｐ）距中心区较远，不过新装修是优势，比这条路上大多数酒店都干净。

到达和离开

前往黄河石林，需要先在兰州天水路车站坐发往景泰的班车（7:00~19:30每半小时1班；46元；3小时15分钟），然后在景泰县汽车站外坐公交（6:30~15:00约1小时1班；10元；1小时45分钟），回程公交的首末班时间是8:30和18:10。你也可以不用坐到景泰，在S201和S217省道交接处下车，在此等候公交，公交发车约40分钟后到达这个路口。

另外，景泰县汽车站里面每天有两班长途车（9:30、17:30；20元；2小时）直接发往石林景区里的龙湾村，返程车次是7:00和15:30，坐这趟车的好处是可以省去一张景区里的观光大巴和电瓶车票，直接跟车进去。

景泰回兰州的班次是7:15~18:30约半小时1班。

兰州与景泰之间也有火车衔接，除了一趟需要坐6个多小时，其余都没比汽车慢很多，而且车票便宜。

炳灵寺石窟

电话区号: 0930（临夏）

（门票50元，语音导览 20元；✪8:30~18:00）位于刘家峡水库上游小积山大寺沟中的炳灵寺石窟，是中国现存最早有明确纪年题记的石窟。它始凿于十六国西秦时期，北魏前被称为"唐述窟"，取羌语"鬼窟"的译音（历史上这一带曾是羌族统治区），明代后改称"炳灵寺"，藏语意为"十万佛"。清末，由于河州政局动荡，炳灵寺内的部分石窟、栈道和庙宇等遭受了严重损毁，炳灵寺石窟从此隐匿江湖。直到1951年10月被陇上学人、西北图书馆馆长冯国瑞重新发现，并由此揭开了国家对炳灵寺科考工作的序幕。

炳灵寺石窟现存216个窟龛、800余尊造像，分下寺、上寺、洞沟3部分，下寺是主要参观区域，为一个环线峡谷栈道，石窟集中在北壁，南壁仅有一个卧佛寺。上寺是一座藏传佛教寺庙，距下寺2.5公里。

游客中心（✪7:30~17:30）位于刘家峡水库码头，你需要先在这里购买一张往返船票。船票分小游艇（155元，总行程3.5小时）、大游艇（135元，总行程4.5小时）、大型游船（75元，总行程7.5小时）3种。船必须坐满才发（小游艇13人、大游艇和大型游船30人），别高估了这里的游客量，建议你坐小游艇，且尽早前往。

小游艇单程1小时，船程前半段水库风光平淡无奇，接近炳灵寺时两边出现了规模庞大的丹霞石林，非常漂亮，但目前还在开发中，你只能坐在船上过一下眼瘾。抵达石窟码头后再购买炳灵寺石窟的门票，注意购买门票可参观的是普窟，5个特窟需要另付费（126窟80元，128窟60元，132窟90元，169窟和172窟300元），特窟费用中包含了讲解费。船将在石窟停留一个半小时，你需要坐同一班船返程，这点时间浏览普窟是够了，想要参观特窟够呛，更别说前往上寺参观了。据本书作者调研期间了解到，2020年通往炳灵寺石窟的公路即将修通，届时或许你可以不用受限于死板的游船时间。

普窟

下寺的每个窟龛前都有开凿时代和相应介绍，有助于你了解各个时代佛教造像艺术的特点。晚唐开凿的11窟，壁画中的菩萨着薄纱透体长裙，绘法很具吐蕃特色，凿井的飞天身姿舒展、飘带飞扬，又是盛唐中原典型的吴带当风。64窟是炳灵寺最具代表性的唐代佛龛，龛内石雕一佛二菩萨二天王，左、右两个天王各踩一小鬼，线条简洁生动，形神兼备。龛上方有唐仪凤三年刑部侍郎张楚金的阴刻碑文，记述了当时唐蕃之间的战事及炳灵寺的佛教盛况，是反映当时唐蕃关系的重要史料。

唐代开凿、明代重塑重绘的70窟内有一尊五头八臂十一面的木胎泥塑观音像，是明代藏传佛教的典型作品，窟外有"大明万历二十九年"的阴刻题记。北周始凿、明代重绘的82窟同样有藏传佛教风格的壁画。开凿于北魏的125龛是一个圆券型尖拱浅龛，释迦、多宝二佛并坐龛内，佛像清秀瘦削、眼角细长、嘴角微微上扬、低眉含笑，是典型的北魏造像。

与大多数石窟一样，崖壁上总有一尊高大的佛像，炳灵寺的这尊27米高的"咧嘴弥勒"坐像，上半身为石雕，下半身为泥塑。到这里，环形栈道已走完一半，绕到峡谷另一边去参观卧佛。卧佛长8.64米，脚穿木屐，为释迦牟尼涅槃像。这尊卧佛原是下寺第16窟中的佛像，1968年水库蓄水前被文物专家切割成9段运送出来，但出于技术原因，直到2001年才迁到现在的位置。

特窟

5个特窟中，第169窟和第172窟开凿于西秦，其他3个开凿于北魏。攀上"咧嘴弥勒"旁又长又陡的阶梯，便是169特窟，你会在这里欣赏到6龛的西方三圣、11龛西域特色的飞天造型、12龛的说法图壁画等。最珍贵的当属西秦建弘元年（420年）题记，题记共500余字，末行书写"建弘元年岁在玄枵三月二十四日造"。从169特窟通过不长的一段栈道便可以来到172特窟，此窟分两层摩崖造像，上层凿于北魏早期，下层凿于北周，可明显看到造型从瘦削向丰满发展。

❶ 到达和离开

从兰州出发的话，在汽车西站坐发往刘家峡（7:20~18:30每半小时1班；23元；1.5小时）的班车，车会停在刘家峡大坝码头游客中心的路口，走过去才几分钟，所以不要理会一下车就围拢来的黑车司机。刘家峡回兰州的末班车为18:00。

从临夏出发的话，在汽车东站坐到刘家峡车站（7:30~18:00每35分钟1班；16元；1小时），然后再换公交，20分钟可到大坝码头。

临夏

电话区号：0930；人口：204.41万

即便以清真寺和拱北著称，又是甘肃两个自治州之一，临夏名头很大，游客却寥寥，本地人更习惯它的曾用名——北宋沿用至20世纪初的"河州"，外地人常将它与"宁夏"搞混。历史上，临夏是连接中原与甘南藏区的贸易纽带；清朝时，关中的回族人逃到临夏，

一年一度花儿会

"花儿"是流行于甘肃、青海、宁夏和新疆地区的回、藏、东乡、保安、撒拉等少数民族之间的民歌，也叫"少年"。"活着的诗经"是对花儿的最高赞誉，2009年花儿被列入非物质文化遗产。花儿有固定的"令"（相当于词牌名、曲牌名），内容以情歌为主，最原始的花儿都是清唱，特点是曲调高亢、韵律固定、歌词朴实直白，也有一定的即兴创作。

作为诞生于"田间地头"的山歌，如今你已很难在生活中接触到，欣赏花儿的最佳时机和场合就是一年一度的花儿会。莲花山花儿会和松鸣岩花儿会是临夏地区最著名的两个花儿会场地，都已延续了数百年，每到节日期间，十里八乡的群众聚集而来，开一场"万人歌会"的大Party。

莲花山花儿会的举办地在临夏康乐县，在农历六月初一至初六举行，会吸引来自临夏、定西、宁夏、青海的众多歌手和群众。松鸣岩花儿会的举办地在临夏和政县城南23公里的吊滩乡，又叫"四月八花儿会""龙华歌会"，在农历四月二十六至二十九举行。松鸣岩花儿会与其他花儿会场的最大不同是有丰富的乐器伴奏，附近七八个县的人们会带着二胡、三弦、四弦、咪咪等乐器前来对歌。

临夏城区

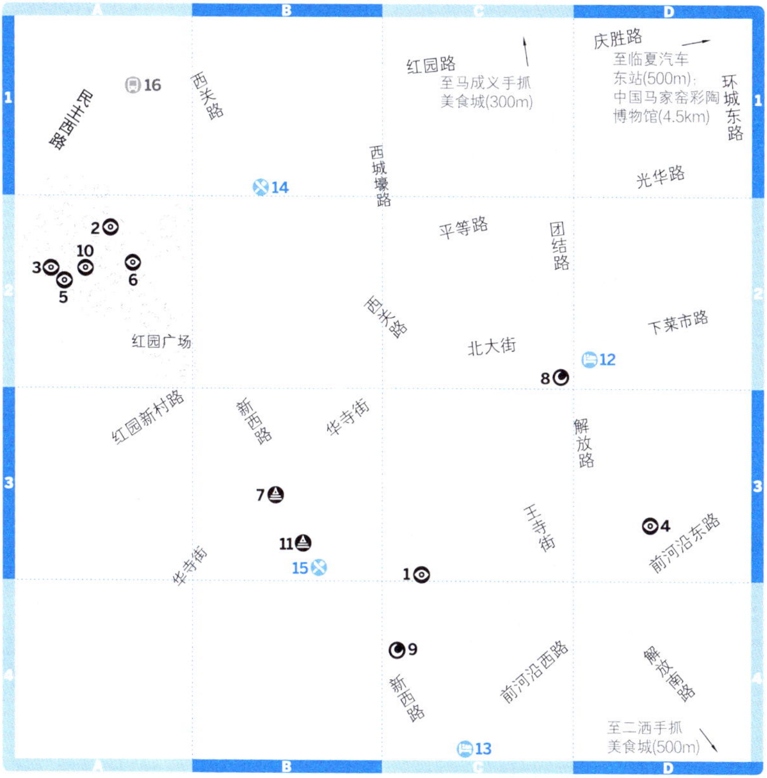

临夏城区

◎ 景点
1 八坊十三巷 C3
2 大拱北 A2
3 大太爷拱北 A2
4 东公馆 D3
5 古家拱北 A2
6 国拱北 A2
7 老华寺 B3
8 南关清真寺 C2
9 前河沿清真寺 C4
10 台子拱北 A2
11 新华寺 B3

ⓒ 住宿
12 恒生宾馆 D2
13 中和宾馆 C4

⊗ 就餐
14 大西关马队长牛肉面 B1
15 河州老腩子面馆 B3

ⓘ 交通
16 临夏汽车站 A1

也把经堂教育带了过来;民国时期,以马步芳为首的"西北三马"显赫一时,这三位回族将领都是河州人,统治临夏40余年。

虽为回族自治州,东乡族、保安族、撒拉族所占比例也不小,和回族一样,他们也大都信仰伊斯兰教。未入临夏城,清真寺高耸的宣礼塔已入眼帘,街头穿梭着戴小白帽的男人和头裹纱巾的女人,若你看到周围的穆斯林男人齐刷刷朝着一个方向走去,那代表礼拜时间到了。临夏市不大,除了自治州博物馆稍远,其

不要错过

临夏的拱北

拱北是伊斯兰教供奉先贤、导师的陵墓建筑（在新疆叫"麻扎"），在穆斯林心中地位非常神圣。临夏的拱北最早可追溯到明洪熙元年（1425年），由来此传教的哈木则先贤修建。目前所存拱北中又以大拱北为代表作，它建于清康熙年间，是伊斯兰教嘎底林耶门宦始传人祁静一的墓地。

红园广场周围集中了国拱北、台子拱北、大太爷拱北、古家拱北、大拱北5座院子，都是传统的砖木结构建筑，建筑风格兼有汉族的飞檐翘角、雕梁画栋和回族特色的砖雕，尤以精美繁复的砖雕装饰为最大看点。临夏砖雕又称"河州砖雕"，是中国砖雕艺术的一大派别。源于伊斯兰教不设偶像崇拜的传统，临夏砖雕的一大特点就是没有人物图案，而多以松鹤、翠柏等植物为主，国拱北中就有一面非常精致的多宝阁砖雕。

严格来讲，作为伊斯兰教圣地，拱北是不开放参观的，对非穆斯林尤其严格，不过红园附近的这5个拱北，除了国拱北和大拱北游客不得进入陵墓核心建筑参观，其余3座都进出自由，但切记低调。

余景点都很集中，步行即可。一个白天就能将临夏逛完，若是贪恋美食就住一晚吧。

◉ 景点

如果想看清真寺，城中心的南关清真寺是临夏第一座清真寺，建于元朝1273年；新西路上的老华寺、新华寺、前河沿清真寺规模很大，建筑形态有典型的阿拉伯风格，更多随处可见的是中国传统建筑风格的清真寺。这些清真寺大多不接受非穆斯林进入，只能站在外面看看外观。

东公馆   博物馆

（见85页地图；前河沿东路中段；免费；◐8:30~17:30）东公馆原为马步芳的哥哥、国民党陆军中将马步青在1938年为其亲眷修建的一座别墅。东北正院为主屋，北楼"通天楼"最壮观，正面为三层五间楼阁，两端各有一个两层转角随楼，东、西、南各是五间攒顶大七架抱屋。大多数建筑都有浮雕贴金，观花楼上的木刻龙凤也精美异常。这里总共有189幅砖雕，虽然没有很宏大的作品，但称得上精致。如今这里是临夏市博物馆的所在地，各院落11间屋子设有不同的主题展，不过内容比较简单，藏品也不够丰富。

八坊十三巷   街区

（见85页地图）占据了西至新西路、东至解放路、北至北大街、南至前沿河西路0.41平方公里的八坊十三巷，是临夏近年来新建的仿古商业街区，但它并非横空出世、纯为仿古而建。"八坊"之名由来已久，古丝绸之路繁盛时期，大食、波斯人在此经商、传教，元朝至清朝修建了8座清真寺和教坊，形成一个"围寺而居，围坊而商"的聚居区，得名"八坊"。

街区内有不少反映当地回族生活习俗的铜雕。大旮巷里有多个主题文化馆，最值得看的是80号院落里的八坊民俗馆（免费；◐9:00~17:00，周一不开放），这栋建筑比东公馆还早建10年，也是地方军阀的私邸，俗称"大公馆"。建筑风格类似北京四合院，由堂屋、阁楼、厢房、过厅、回廊花园等组成，各间屋子布置成了展厅，可以了解八坊回族人的历史、风俗和临夏8座清真寺的拆建史。

散落在各条巷子里的清真寺为中国传统式建筑，多属于中国伊斯兰教格迪目教派，是清康熙年间由伊斯兰教苏非派虎夫耶·毕家场门宦第二辈主持人马一清主持修建的。清真北寺对面有一座青砖雕砌的"龙凤呈祥"影壁，它建于明朝洪武年间，长12.8米、高6.6米，由左、中、右三帧砖雕组成，顶部有斗拱、椽梁，是河州现存明清砖雕中的精品。

中国马家窑彩陶博物馆   博物馆

（☎628 2579；市政广场西侧；免费；◐9:00~17:00，16:30停止入馆，周一闭馆）临夏是中国彩陶出土最丰富的地区之一，赫赫有名的马家窑遗址就发现于临夏的临洮县。博物馆共2层设6个展馆,展出了2800多件彩陶文物,按照马家窑类型、边家林类型、半山类型、马厂类型4个序列进行展示。虽然每个展厅内几乎都是雷同的盆、钵、碗、瓶、壶等器皿,但仔细观察,你会发现1000多年中彩陶艺术风格的变化。马家窑类型时的器皿以黑彩为主,色彩单一,线条简洁明快,图案以规整的同心圆、水波纹、旋涡纹为主;边家林时红彩出现了,图案开始复杂化,出现了葫芦网纹彩、弧线锯齿纹彩等;而到了半山文化时,彩陶从直口长颈宽肩变成了小口鼓腹;马厂类型时的彩陶构图则更富于变化,以神人纹、变体蛙纹、四大圆圈纹为主要特征,还出现了被推测是代表氏族部落记号的大量符号。

前往博物馆,可在红园广场乘坐4路公交,在市政府站下车。

住宿

临夏的酒店不多,新开业的更是少见,中心区域的酒店大多营业已久,设施陈旧,不过价格比兰州便宜,即便旅游旺季,房价也不会上涨很多。

恒生宾馆 酒店 ¥¥

(见85页地图;☎623 3500;解放路73号;标间188元;🛜❄️🅿️)地理位置非常好,就在南关清真大寺对面,距离东公馆和八坊十三巷

都很近。房间是三星级酒店的标准,床铺、卫生间都很干净。138元的特价房不含洗手间。

中和宾馆 酒店 ¥

(见85页地图;☎631 1555;前河沿路157号;标单/双138元;🛜❄️🅿️)这家酒店开业不久,所以目前看来一切都很新很干净,不过要避开无窗的房间,有些因空气不流通而有股刺鼻的异味。

就餐

东乡手抓羊肉是你最不可错过的本地特色,街头的牛肉面馆也很多,手抓肉和牛肉面都比兰州便宜。八坊十三巷内分布着不少清真餐饮店,但一条常识是:真正的好味道不会在景点里。

马成义手抓美食城 清真菜 ¥¥

(团结路临夏中学北门斜对面;人均50元;⏰10:00~22:00)临夏吃东乡手抓肉的老字号,本地人很喜欢这里。手抓肋条肥瘦相间,肉质很嫩。发菜汤(38元)也是一道特色。

大西关马队长牛肉面 面 ¥

(见85页地图;西关路142号;牛肉面6元;⏰5:00~16:00)本地人很喜欢的一家牛肉面馆,面很棒,牛肉口感一般,另加的牛肉切得很厚,且偏肥。店里免费供应的茶水是面汤。

不要错过

和政古动物化石博物馆

兰州发往临夏的班车会在和政高速路口停靠,如果不着急赶路,不妨下车去县里的**和政古动物化石博物馆**(☎552 4668;免费;⏰9:00~17:00)顺道一游,下车点就有公交直达博物馆。

2400万年前,此地属亚热带—暖温带气候,盆地内湖泊星罗棋布、草木茂盛,是各种古脊椎动物繁衍生息的家园。自20世纪20年代起,和政地区出土了大量新生代晚期的哺乳动物化石,包括临夏盆地特有的和政羊和埃氏马。

博物馆分临夏地质馆、生命进化馆、化石陈列馆3个展馆,最值得一看的是化石陈列馆。你会在这里看到和政出土的六项世界之最:世界上独一无二的和政羊、世界上最大的三趾马动物群化石、世界上最丰富的铲齿象化石、世界上最大的鬣狗——巨鬣狗、世界上最大(脸也最长)的真马——埃氏马、世界上最早的第四纪披毛犀化石。展馆内还有一套保存完整、也是世界上唯一的铲齿象头骨发育系列。

在生命进化馆内,你会了解古动物界从低等到高等的发展历程,了解恐龙的"家谱"。馆内陈列着一具1亿4千万年前的黄河巨龙,是国内已知最"胖"的恐龙,也是世界上最高大的蜥脚类恐龙。

斜对面的中兴牛肉面馆也是本城老字号。

河州老臊子面馆
面 ¥

（见85页地图；新西路新华寺隔壁；面 5元起；◐6:30~20:30）临夏最热闹的面馆之一，午餐时段一桌难求。面的种类很多，除了牛肉面，还有河州特色的臊子面、老卤面、老炮仗面和各种拌面等。建议你不要点牛肉面，试试臊子面和老炮仗面。

二洒手抓美食城
清真菜 ¥¥

（滨河中路18号；人均 60元；◐10:00~22:00）本地食客和游客数量旗鼓相当的一家店，相对于不错的环境，可以说是性价比很高了。手抓肉（55元/斤）是必点，东乡土豆片（20元）也很好吃。

❶ 到达和离开

兰州汽车南站发往临夏的班车（7:05~18:20约半小时1班；2小时15分钟；44元）停靠在临夏汽车站（见85页地图），也就是本地人口中的汽车西站。临夏发往兰州的班车7:30~18:00每半小时1班。

河西走廊

包括 ➡

武威	91
天祝	105
张掖	108
山丹	119
酒泉及周边	124
嘉峪关市	130
敦煌	139
敦煌西线	159
敦煌东线	163
敦煌南线	167

最佳人文景观

- ➡ 敦煌莫高窟（见149页）
- ➡ 武威文庙（见91页）
- ➡ 张掖大佛寺（见108页）
- ➡ 玉门关（见161页）
- ➡ 嘉峪关关城（见131页）

最佳自然景观

- ➡ 张掖七彩丹霞（见113页）
- ➡ 山丹马场（见121页）
- ➡ 平山湖大峡谷（见116页）
- ➡ 金塔胡杨林（见129页）
- ➡ 鸣沙山·月牙泉（见147页）

为何去

踏上这条1000公里的走廊，你能目睹中国版图的变迁，也能感受中西文化的流动。汉代长城直抵罗布泊，明长城则止于嘉峪关。战争时期，这里是中原王朝的边疆要塞；和平年代，又变身沟通西域的丝绸之路。驻守"关口"的就是唐诗中"春风不度"的玉门关和"西出无故人"的阳关。玄奘由此"偷渡"西行，佛教的经卷、胡姬的歌舞源源不断地传入中原，武威的文庙，张掖的大佛寺，儒释并生，各主一方，而石窟艺术则将千年的变迁记录得笔笔在案，天梯山、文殊山、榆林窟、莫高窟……人类的历史和艺术交融得紧密而鲜活。

西行之间绿洲变为沙漠，白雪覆顶的祁连山是不变的旅伴。每年7月，山丹军马场上骏马奔腾，10月之后，大漠行路随时会偶遇金色的胡杨。雨后初晴，张掖丹霞展现七彩洪波，日出日落，魔鬼城的雅丹最为魔幻。爬上敦煌鸣沙山，俯瞰传唱无数的月牙泉，更可宿营沙漠，仰望星空。最后，你还可以南下青海，欣赏高原湖泊，或沿着汉代的"新北道"深入迥然不同的西域。

何时去

3月至5月 气候逐渐宜人，青旅和食肆开始复苏，不过瓜州、敦煌、民勤等沙漠周边地带可能出现沙尘暴。

6月至8月 扁都口油菜花开，山丹和肃南草原正绿。干燥的大漠有着凉爽的夜晚，暑期成了最大的旺季，尤其是敦煌、莫高窟，提前订房、预约门票很有必要。

9月至10月 秋高气爽，是河西走廊最好的旅行季节，但"十一"黄金周除外。10月上、中旬胡杨林变黄，作为中转站的酒泉此时可能一房难求。

11月至次年2月 淡季到来，酒店价格分外友好，室内开始供暖。12月后，天寒地冻的户外已不再适合长时间逗留。

什么是河西走廊？

河西走廊的"河"是黄河，"走廊"位于黄河河套以西，北边是马鬃山、合黎山和龙山，南边是祁连山脉和阿尔金山。整条走廊全长约1000公里，最窄处位于嘉峪关，仅15公里。

最初生活在这里的是月氏、乌孙等民族。西汉元狩二年（前121年），汉武帝征服河西走廊，在此设立武威郡、张掖郡、酒泉郡、敦煌郡，以及阳关和玉门关，史称"列四郡，据两关"。明朝封闭嘉峪关，河西走廊和陆上丝路从此沉寂千年。新中国成立之后，一轮轮的西部大开发才重启了河西走廊的辉煌历史。

了解河西走廊

《河西走廊》央视10集纪录片（2015年），有些冗长，却面面俱到。

《敦煌莫高窟——美的全貌》NHK出品的纪录片。虽为2011年的"老片"，但细致入微的拍摄手法呈现了大量至今难以近距离欣赏的雕塑、壁画精品。

《敦煌石窟艺术简史》（赵声良著）敦煌研究院院长以时代为脉络，从多个角度介绍了以莫高窟为主的石窟艺术演变。

《解读敦煌》系列（敦煌研究院、樊锦诗主编）分为13本，每本讲述一个主题，比如飞天、彩塑、藏经洞等，有丰富、深入的内容，以及大量的图片。

《国宝音乐会》央视国家宝藏的特别节目，融入了不少以丝绸之路为背景的音乐和舞蹈，比如《阳关三叠》《霓裳羽衣曲》以及胡旋舞等。

河西走廊怎么走？

如今，河西走廊完全是一条康庄大道，不论是自驾，还是铁路、班车都可以往来自由。

G30连霍高速是河西走廊的交通要道，基本与之重合的G312国道则是慢慢欣赏沿途风光的好选择。武威和张掖之间偶尔还有汉明古长城出现在高速路两侧。如果想从敦煌沿着丝路进入新疆，那么就走G30继续一路向西，G3011向南则是前往青海方向。

兰新铁路和兰新高铁（兰新客专）从兰州出发，途经武威、张掖、酒泉、嘉峪关、玉门、柳园，抵达新疆的乌鲁木齐。注意，没有敦煌，它位于新兰铁路的支线，在玉门分叉。所以，敦煌继续西行需要北上柳园中转（见148页方框）。2019年，敦（煌）格（尔木）铁路全线完工，自敦煌南下，抵达格尔木，把兰新铁路和青藏铁路完美拼接。

如果你有

➡ **5天** 第1天到张掖看**大佛寺**（见108页），再去**丹霞**（见113页）看日落。第2天前往**嘉峪关**（见130页），游览三处长城景区。第3天前往**敦煌**（见139页），游鸣沙山。第4天纵览**敦煌西线**（见159页）。最后一天，好好欣赏**莫高窟**（见149页）。

➡ **9天** 第1天到**武威**（见91页），感受古凉州的风采。第2天前往**山丹马场**（见121页），住上一晚。第3天去张掖，游览**大佛寺**。第4天留给**张掖丹霞**。后4天前往嘉峪关和敦煌，安排同上，最后可以去**敦煌东线**（见163页），或逛逛博物馆，享受敦煌的市区生活。

网络资源

数字敦煌（www.e-dunhuang.com）可在线360°全景游览30个洞窟，以及精品壁画，帮你"预习"和"复习"敦煌石窟。

微信公众号@丝路遗产 有关于丝绸之路的丰富文献、史料的专业知识，也有深入浅出的丝路故事。

微信公众号@敦煌藏经洞 推送流散在海外的各地敦煌文献及绘画，有大量的高清图片和文字介绍。

微信公众号@微游甘肃 每日更新关于甘肃旅游的最新动态。提供河西走廊主要景点的门票优惠信息，互动讲解，图文攻略等内容，还可以从上面预订专业导游服务。

武威

电话区号：0935；人口：182.53万

南倚祁连山、北踞腾格里沙漠的武威，自古就是河西走廊的东端门户，也是交通要冲和兵家必争之地。汉代将军霍去病的英雄事迹为这里赚得"武功军威"的美名，五凉古都和西夏故地的历史际遇让凉州充满厚重的底蕴，中西文明的交融和佛儒学说的兴盛则在这里留下灿烂的文化宝藏。虽然"金张掖、银武威"的说法广为流传，但比起游人如织、热闹非凡的张掖来说，武威则在宣传上低调得多，甚至出土于此的马踏飞燕都盖过了整座城市的风头。其实除了出土铜奔马的东汉将军墓，城内至今还保留着恢宏的文庙建筑群，以及古意盎然的大云寺及海藏寺。武威市郊的天梯山石窟是名副其实的中原石窟"鼻祖"，修缮一新的白塔寺内，依然流传着萨迦派领袖萨班的传说。如果时间充裕，可以到北部的民勤，看看沙漠如何变成今日的绿洲，遥想当年瑞安堡的繁华富饶。抑或稍微克服崎岖的道路，南下拜访地处高原草甸环绕中的天祝，祁连山脚下随处可见的白牦牛和天堂寺的藏族风情，也绝对让你不虚此行。

历史

武威的历史是一部弥漫着战火硝烟的文明长卷。从新石器时代开始，这里便有人类活动的痕迹。周朝时的雍凉之地，在秦朝形成了月氏等游牧部族的驻地。汉初匈奴崛起后击败月氏，将这块风水宝地据为己有，并在此建"姑臧"城。西汉元狩二年（前121年），汉武帝骠骑将军霍去病兵出陇西，驱逐匈奴休屠王和浑邪王，开始经营河西走廊，武威被设为河西四郡之一，以彰显大汉的"武功军威"。汉代是武威社会经济发展的第一个高峰，经历了丝绸之路开通带来的经济繁荣之后，武威在公元4世纪初进入了五凉割据时代。尽管政权频繁更替，但这段时期武威地区的文化因为民族融合交流产生了空前的发展。天梯山石窟逐步开凿，统治者开办官学，儒学大师郭瑀和刘昞在民间授业解惑，西域高僧鸠摩罗什和昙无谶在这里停留讲经，长期的文化兴盛造就了独特的五凉文化。隋唐时期丝路再次畅通，武威一度重现了往日的繁荣景象。可惜好景不长，因为安史之乱，唐王朝对河西地带的控制减弱，吐蕃乘虚而入，在唐广德二年（764年）占据凉州。虽然后来敦煌人张议潮起义成功，武威名义上重回唐朝版图，但已难以和鼎盛时期相提并论。西夏时期凉州被党项人控制，成为陪都，是西夏重要的经济及文化中心。1247年，蒙古阔端太子和吐蕃佛教领袖萨班在凉州举行了具有历史意义的"凉州会谈"，正式将西藏纳入了中国版图，也为武威的历史写上了浓墨重彩的一笔。

武威市

与河西走廊的大多数主要城市一样，武威市区布局规整，道路横平竖直。矗立着马踏飞燕的文化广场是城区的正中心，道路自此向东、西、南、北四个方向延伸出四条主要大街，雷台公园就位于其中北大街的延长线上。文庙、大云寺、罗什寺等主要景区都在中轴线以东不远处，步行或骑行探索都十分方便。当地政府近些年来在发展旅游业上颇下了一番功夫，拔地而起的新博物馆和大张旗鼓的旧城改造工程，给古老的凉州带来新的期许。

◉ 景点

文庙 寺庙

（见94页地图，☏222 0603；崇文街43号；门票30元；☉夏季7:30~18:00，冬季8:00~18:00）位于凉州区东南隅的文庙建筑群规模宏大，保存完整，在古时有"陇右儒学之冠"的盛名，如今也是许多旅行者到访武威后的第一站。

武威文庙始建于明朝正统二年，之后五百余年间经过多次重修扩建，形成了自东至西由文昌殿、孔庙、儒学院三大部分构成的主要建筑布局。西边儒学院的主要建筑已遭损毁，其南边仅存的偏殿忠烈、节孝祠曾经承担了作为武威博物院的重任，但目前展品已被移至新落成不久的武威市博物馆（见95页）。

文庙内建筑繁多，比较推荐的参观路线是自东南边进入后，途经过殿、戏楼首先来到文昌宫。文昌宫桂籍殿的廊檐下，自清代起历代文人题留的四十四面匾额层叠密布，加之点缀其间的精美木雕和殿内树立的书法

河西走廊 武威市

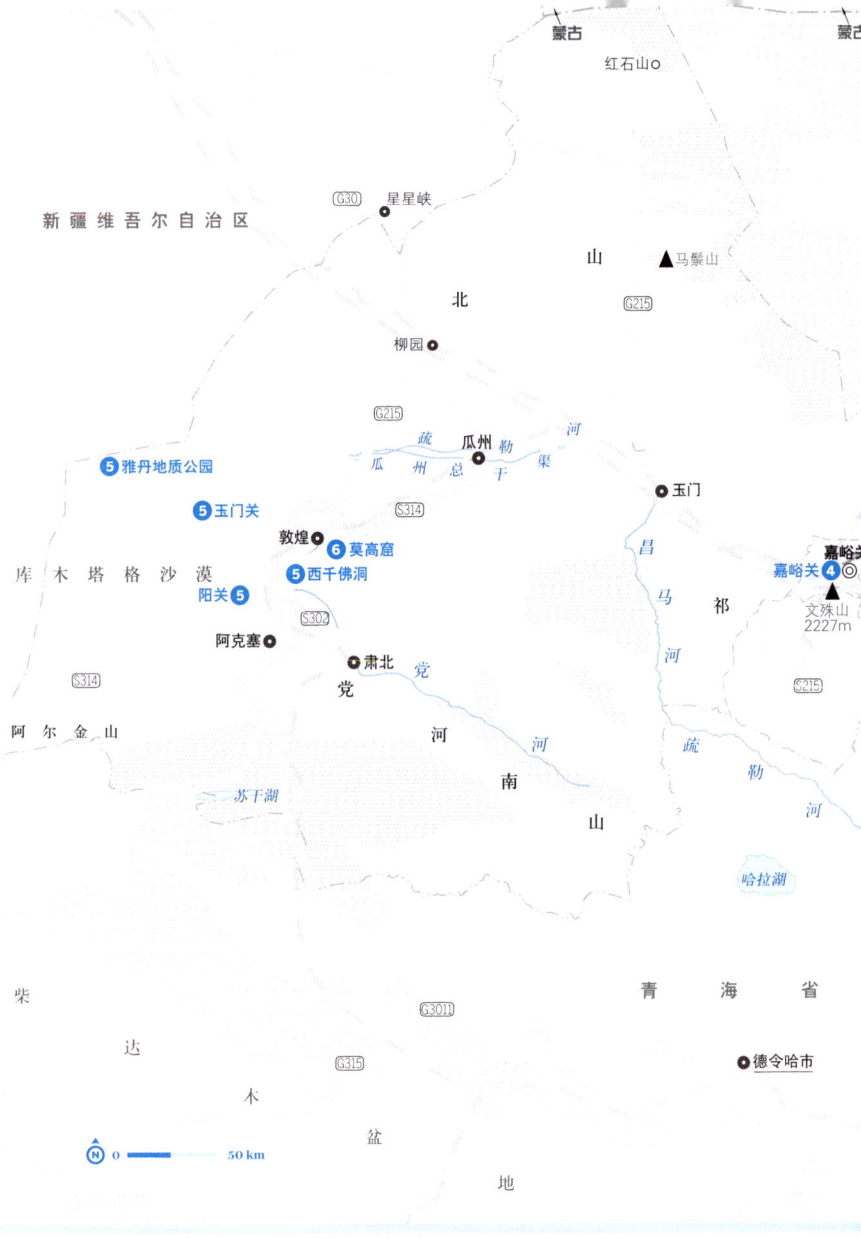

河西走廊亮点

❶ 探寻古凉州,拜谒陇右学宫之冠**文庙**(见91页)。

❷ 雨后或雪后天晴时,欣赏艳丽的**七彩丹霞**(见113页)。

❸ 盛夏到**山丹马场**(见121页),看骠骑骏马驰骋在万亩油菜花映衬的草原上。

❹ 在**嘉峪关**(见130页)白天游览长城遗迹,夜里寻觅河西走廊

最可口的烤肉。

5 敦煌西线（见159页）一日游，纵览**西千佛洞**、**阳关**、**玉门关**、**雅丹地质公园**。

6 河西走廊一路的怀古追忆，最后在**莫高窟**（见149页）荟萃升华。

武威城区

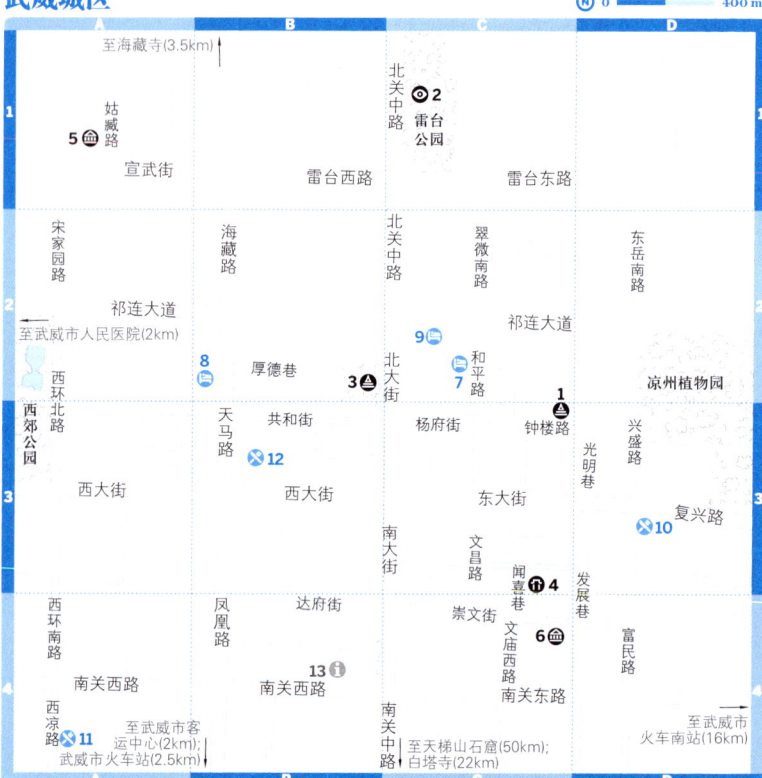

武威城区

◎ 景点
1. 大云寺 C3
2. 雷台公园 C1
3. 罗什寺 B2
4. 文庙 C3
5. 武威市博物馆 A1
6. 武威西夏博物馆 C4

🛏 住宿
7. 海锦天连锁商务酒店（北关店） C2
8. 丝路花雨精品酒店 B2
9. 武威朗廷文华酒店 C2

❌ 就餐
10. 吉面皮子 D3
11. 邱家行面 A4
12. 于老四拨鱼儿 B3

🛍 购物
百老泉 .... (见8)

ℹ 实用信息
13. 武威市亚欧宾馆 B4

碑刻，不禁让人感叹凉州"文风甲于秦陇"并非浪得虚名。桂籍殿西侧偏殿内有石刻陈列，其中颇为引人注目的是回鹘文的《亦都护高昌王世勋碑》，记载了西域高昌回鹘的历史起源和为元朝开国所建立的功勋。东侧偏殿内常设的清代屏风展内也不乏精品，值得一看。从文昌宫向西，穿过月门后眼前便是高大雄伟的大成殿，也是文庙建筑群的主殿，里面供奉着孔子及其弟子颜回、子思和"亚圣"孟子等的牌位。殿北面的尊经阁，是两层土木结构楼,重檐歇山顶,坐落在高达2米的台基上,是武威现存最高大的古代重楼建筑。殿前两侧展厅内现被辟为中国印刷博物馆武威分馆,用丰富的展品生动介绍了西夏泥活字的制作过程。从中轴继续向南,穿过戟门,孔子像两侧的乡贤祠和名宦祠内,分别供奉了本地曾经的贤士和清官的牌位,南面的木质牌楼棂星门翘檐飞角,古意盎然。从南侧出口离开前会经过半月形的泮池。池上架一座石料拱桥,名为"状元桥",意愿虽好,只可惜武威自古有习文之风,但却从未出过状元。

文庙入口前的文庙广场是武威市民放松身心的热门去处,再加上络绎不绝的旅游巴士,十分热闹。多路公交车(6路、13路、16路等)在这附近停车,若从南城门出发,沿着仿古街向东行300米即可到达。

武威西夏博物馆　　　　　　　　　博物馆

[见94页地图;📞222 8884、222 0603;崇文街文庙东南侧;免费,凭身份证登记参观;⊙周二至周日8:30~17:30;周一闭馆(法定节假日除外)]存续超过两百年的西夏王朝在被蒙古铁骑攻灭后,国都遭遇屠城之祸,各类文书典籍也被付之一炬,致使在很长一段时间内关于这个王朝的情况并不为世人所知。直到19世纪初清代学者从大云寺内发现西夏石碑,才重新拉开了对这段历史研究的序幕。作为曾经的陪都,武威在出土了大量西夏文物后,成为西夏学研究的发源地及中心之一,这里的西夏博物馆自然是历史爱好者不容错过的必到之处。

进入展厅后依照标识按顺时针方向参观,首先进入的几个展厅按照主题和时间的线索对西夏历史进行了系统的梳理。王族世系表、军队建制、宗教政策,以及展柜中的建筑配件和官员印章等文物,完整生动地展现了西夏王朝的兴衰。循序来到中央展厅,巨大的镇馆之宝——重修凉州护国寺感通塔碑——矗立正中。这个国宝级文物是迄今保存最完整、内容最丰富、西夏文和汉文对照字数最多的碑刻,碑文记载了护国寺塔(今大云寺)的初建、显灵与重修的过程。碑身阴刻的伎乐舞女和周围嬉戏的奔马以忍冬纹相围,雕刻精美。碑后的墙上有关于西夏文的详细介绍。

按照顺序继续参观,进入经济文化展厅,西夏人的日常生活按照冶金、纺织、铸币、绘画、酿酒等一一展现,每个主题除了详尽的介绍,都配有不少颇具趣味和历史价值的相关文物。

武威市博物馆　　　　　　　　　　博物馆

[见94页地图;📞222 8884;武威市规划局对面;免费,凭身份证登记参观;⊙周二至周日9:00~17:00(16:00停止入馆);周一闭馆(法定节假日除外)]这座新近落成的壮观建筑显得有些大而无当,但无疑彰显了武威市大力发展文化旅游产业的决心。博物馆根据规划共有三层,顶层为天梯山文物专题展,二层是武威历史文物展览,一层则主要承担文物仓库的功能。

博物馆的售票处及主入口都设在二层,按照参观顺序首先走进历史文物展厅。武威从新石器时代到明清时期丰富灿烂的历史在此被划分为七大部分。整个展览布局合理,导览清晰,各种多媒体展示配合更是相得益彰。其中让人印象尤为深刻的是第二部分"大汉扬威"展厅,部分墙壁以残缺的长城烽燧为原型设计,城门造型与驽机及驽箭等展品交相呼应,颇有身临古长城亲身御敌之感。第四部分"盛唐通邑"通过科技手段展现了弘化公主和亲时的壮观场面,还原了"姑臧夜色""胡姬酒肆"等生活场景,再配上周边陈设的以古乐器残片为依托的复原乐器,生动地描述了隋唐时期古凉州的繁荣景象。除了布展手段上的亮点之外,馆藏文物中也不乏精品。汉铜虎符、彩绘木鸡栖架、魏晋彩画陶盆、西夏彩绘木版画等展品都具有很高的历史及观赏价值。

博物馆已于2020年正式面向公众开放,但目前仅有二层的历史文物展馆可参观。三层的天梯山泥塑造像专题展馆本书调研期间尚未竣工,预计将在2020年内完工并对外开放。可关注微信公号"武威市博物馆"了解最新信息。来这里参观可以从市区文庙广场乘坐15路、16路、25路等多趟车次,在武威市规划局站下车。

雷台公园　　　　　　　　　　　　陵墓

[见94页地图;📞221 5852;雷台东路向东200米;园区免费,雷台汉墓门票45元,半票22.5元;⊙9:00~17:00,16:30停止进入(雷台汉墓延迟30分钟关闭)]尽管大名鼎鼎的"马踏飞燕"

当地知识

"马踏飞燕"

1969年,武威新鲜公社大队社员挖掘战备防空地道时,在雷台观下的封土内发现了一座大型砖室墓。经过专家清理发掘,墓中共出土了200余件文物。99件铜制车马、武士俑构成的仪仗队蔚为壮观,而最让人叹为观止的则是位于队伍最前列,如同急速奔驰般,一足踏住飞鸟,剩下三足腾空的铜制奔马像。这批文物虽然被立刻保护起来,并送往甘肃省博物馆收藏,但真正使其名声大噪的却是两年后的另一隅遇。1971年,郭沫若先生陪同外宾在兰州参观时,十分欣赏铜奔马的精巧构思和艺术价值,为其取名"马踏飞燕"。虽然之后学界对于飞马所踏的到底是飞隼、龙雀还是金乌等说法争论不休,但并不影响马踏飞燕在1983年被选为中国旅游标志,从此深入人心。

河西走廊

武威市

铜奔马和东汉铜车马阵等各种文物真品早已移至甘肃省博物馆展出,但来到出土地雷台汉墓一探究竟的游人依然络绎不绝。

公园从南到北由三个主要部分组成。进门后就能看见主道上高耸的铜奔马标志,西侧不远是新近开放的凉州词话书法展馆(公园大门外西侧寄存处凭身份证领票,博物馆门口无法领票;周一闭馆)。沿主路继续向北,放大版的铜车马仪仗俑十分显眼,引人驻足。随后向东侧挪步便是汉文化博物馆(公园大门外西侧寄存处凭身份证领票,博物馆门口无法领票;周一闭馆)。虽然最好的文物早已"远嫁"兰州,但这里的铜车马、虎符、绿釉陶楼院,以及汉墓构造模型等,依然有较高的观赏价值。继续向北进入雷台观,这个明朝道观修建在前凉时祭祀雷神的雷台(灵钧台)上,现存的仿青建筑是1933年武威大地震后重建的。观内主要有雷祖殿和三星斗姆殿,后者北侧存清代和民国时期的重修碑记。

雷台观下东南角,便是河西走廊迄今发现的规模最大的汉墓群——雷台汉墓(如未在公园入口处购票,此处也可购票),目前只知道墓主人是东汉时的一位张姓将军。出于修复保护的原因,只有一号墓对外开放,这座汉朝典型的古墓有墓道加前、中、后三室,采用条砖垒成,内部文物转移走后显得颇为空旷。二号墓再次开放时间目前未知。

雷台公园位于武威城区偏北,3路、6路、16路等公交车均可到达。

海藏寺   寺庙

(见94页地图;凉州区金沙乡;免费;⊙7:00~19:00)有"梵宫之冠"美誉的海藏寺位于武威城区西北约2.5公里处,相传始建于晋,距今已有1700多年历史,在南宋至明清期间经过多次大规模翻修扩建,现今已成为武威乃至西北地区具有重要影响力的佛教寺院。从古朴的"海藏禅林"木牌坊走入山门,便能从柳荫槐覆盖下红檐青瓦的明清建筑中,清晰感受到河西粗犷与灵秀兼蓄的园林布局。寺庙整体依照起伏的地形而建,穿过有双层飞檐的大雄宝殿,供奉华严三圣的三圣殿和不太起眼的地藏殿,便来到了最北边的灵钧台。台下立有一座金色的千手观音雕像,底座上刻有妙法莲华经。观音像身后20多米高的土台据说为前凉国王张茂所建,目的是改变武威东南高、西北低的风水情况。登上灵钧台,经过天王殿和颇具传奇色彩、相传与西藏圣湖相通的湖心井,步入藏经阁。这座又被称作无量殿的大殿修建于明成化年间,是寺内现存最古老的主体建筑。内部两侧摆放着保存完好的清代和民国时期的修复碑记,而最值得一看的是十余根描金大柱上刻的唐代对联,笔力雄健,文辞清丽。

本书作者调研期间,围绕海藏寺周边进行的拆迁改造已经进行了一段时日,乐观估计,整个工程将于2021年前后完工。从市区前往海藏寺,可以乘坐2路公交车到崔家湾站,下车步行1.5公里左右。乘坐出租车前往约10元。

大云寺   寺庙

(见94页地图;✆222 0257;钟楼巷18号;门票5元/人;⊙8:00~18:00)武威市内西夏博物馆所藏的国宝级文物《重修凉州护国寺感通塔碑》中记载的正是关于这座古刹的兴建故事,令人唏嘘的是,如今似乎只有矗立着的高大钟楼，让这座武威最古老的佛教寺庙不至于在周遭尘土飞扬的工地中被人遗忘。

大云寺始建于前凉，最初是前凉国王张天赐的宫殿。武则天时期因为用于放置《大云经》，改称"大云寺"，后来西夏时又改为"护国寺"。元代时寺庙因为战乱遭到严重损毁，明洪武年间由日本高僧主持重修，之后在明清年间这里一直香火旺盛。1927年的武威大地震将寺院基本夷为平地，唯独高大的钟楼逃过一劫。如今寺内的火神殿、春秋阁等古建筑，均为新中国成立之后文物部门从其他地方搬迁至此。登上钟楼陡峭的台阶，可以近距离观赏有"凉州八景"之称的大云铜钟。这口通高2米多、重逾5吨的铜钟钟体饰有三层图案，最上层刻有线条丰满的飞天纹样，中间是孔武有力的天王金刚，下层则可见颇具古朴意味的祥龙云纹，只是已经稍显磨损，无法辨别细节。

大云寺周边自从2015年起开始的仿古街工程，目前已经处于停滞状态，曾经登上钟楼可以俯瞰欣赏的老城生活景象也已荡然无存。

想要前往这里，在市区乘坐15路、16路公交车到"东小什字"站，朝北走一个路口便可。

罗什寺 寺庙

（见94页地图；225 5335；北大街66号；免费；6:00~20:00）这座位于武威城中心偏北的寺庙显得崭新气派，很难想象这里的历史可以追溯到1600多年之前。东晋时期，前秦将领吕光在凉州一带建立后凉，之后攻破西域龟兹国，将当时已颇具盛名的高僧鸠摩罗什挟持至武威。为安顿鸠摩罗什，吕光下令广招工匠，大兴土木建造寺庙，并用这位客人的名字命名完工后的寺院。罗什法师在这里居住过十七年的时间，翻译了诸多著名的经史典籍。他在长安圆寂后，众弟子将他的"舌"舍利送归此处，并建塔一座用来供奉，这就是今天寺内罗什塔的雏形。

此后的千载岁月中，罗什寺先后经过唐初尉迟敬德、明英宗以及清朝康熙与嘉庆年间的多次扩建与修葺，一度颇具规模，享有"五凉福地"的美名。可惜的是，1927年武威发生里氏7.7级大地震，罗什寺连同市内一众古迹均被毁为瓦砾，罗什塔也仅存半截。现在的塔身是1934年民政府在原址上重新修建的、内藏鸠摩罗什舍利及其翻译的石刻《佛说阿弥陀经》。寺庙中其他的主要殿宇，则是在2013年开始的大规模复原工程中建成的。

寺内为外地游客提供免费讲解服务，需要提前拨打电话预约（李师傅 189 0935 9708；王师傅 189 0935 2421）。入寺请尊重当地风俗，需着长裤。

住宿

武威的住宿整体来说物美价廉，在城市的各个区域均有分布。南城门附近的旅馆最为集中，住在这里可以方便地步行到达主要景点，北大街靠近罗什寺两侧的街巷中也有不少值得推荐的住宿，且周边的就餐选择很多。

丝路花雨精品酒店 酒店 ¥

[697 7778、697 7779；凉州区天瑞巷（九中南侧巷子）4号；标双136元起；⚹❄ P］酒店地理位置十分便利，周边步行3公里范围内可以覆盖武威城区大部分的主要景点，如雷台汉墓、鸠摩罗什寺、文庙等。酒店共有4层，有各种主题的房间，风格不一的壁画和小摆件令人耳目一新。房间内部简约舒适，卫生间宽敞干净。

海锦天连锁商务酒店（北关店） 酒店 ¥

（225 2555；凉州区小北街；标双109元起；⚹❄ P）本地连锁酒店品牌，房间装修为商务简洁风格，性价比高。这家分店位于小北街，紧邻鸠摩罗什寺，出门就是商业街，有不少饭店和经销武酒的店铺。酒店院内停车需要额外交纳5元的过夜停车费。

武威朗廷文华酒店 酒店 ¥¥

（236 6888；凉州区祁连大道511号；标双345元起，含早餐；⚹❄ P）武威市比较高档的酒店。整体设施先进，房间均配有浴缸、干湿分离的卫生间以及全自动窗帘。房间干净宽敞，服务人员专业热情。距离火车站步行10分钟左右，周围为市区主要商圈。

就餐

据说得名于俄罗斯民歌的"三套车"是武威最有代表性的特色美食，满街都可以见到店铺售卖这种由行面、腊肉和红枣茯茶组成的套餐，尤其以北关市场附近最为集中。除此之外，隐藏在街巷和市场内的各类面食小吃也颇具风味，值得一尝。

邱家行面　　　　　　　　　　小吃 ¥

(☎187 9354 6466；西凉路158号；◷9:00~20:00；人均20元) 这里是品尝大名鼎鼎的凉州小吃"三套车"的好地方。微甜的红枣茯茶，肥而不腻的腊肉配上打卤面(套餐21/份，也可单点。茯茶3元/位，腊肉40元/斤，行面9元/份)，这三样本不相干的食物搭配起来却意外地相得益彰。店员服务热情周到，会详细询问你想要的腊肉的肥瘦和打卤面的分量。

吉面皮子　　　　　　　　　　小吃 ¥

(☎139 9352 0192；富民路40号；◷7:30~13:00；人均6元) 又酸又辣的面皮作为早餐可能有点重口味，但本地人最爱用这一碗浓郁咸香的面皮(大碗6元、小碗5.5元)开启全新的一天。店里的选择非常简单，只有面皮子和高担面皮两种，但采用蓬灰和出的面自带一股独特的清香。虽然基本的调料都是芝麻酱、辣椒油和蒜汁，但不同的比例配上不同的原料给了两种面皮截然不同的口感，一个清爽一个浓郁，各具风味。

于老四拨鱼儿　　　　　　　　小吃 ¥

(凉州市场西侧，凉州名优小吃城三区尽头；◷7:00~20:00；人均12元) 人头攒动的凉州市场是本地人常光顾的服饰百货批发市场兼美食街，虽然里面环境拥挤，卫生状况也差强人意，但有不少可圈可点的特色美食，其中于老四拨鱼儿就是最火爆的一家。拨鱼儿是一种非常有韧性的手工面(小碗11元、大碗12元)。在这里就餐有趣的地方是，如果没有特别说明，食客都会随机得到当时店里的炒菜样式作为浇头，如白菜粉条、西红柿炒鸡蛋等，最让武威老饕们念念不忘的还是辣茄子浇头。夏天这里还供应免费的浆水。

🛍 购物

当地传统的"武酒"已经声名鹊起，开始远销省外。在小北街上有不少不同品牌的武酒经销点。其中百老泉(见94页地图；凉州区小北街；☎152 9430 1090)是比较受推崇的当地品牌。武酒多为散装现场罐装售卖的形式，价格因酒精度数不同而有所区别。100ml武酒的价位大概在40到80元之间。

ℹ 实用信息

银行

各大银行在市中心大十字、盘旋路、南关十字等地均有网点，并配有自动取款机。全市范围内大大小小的商铺均接受手机支付。

邮局

中国邮政(荣华南路18号；◷9:00~17:00)

医疗服务

武威市人民医院(见94页地图；☎582 0800；宣武大道北侧，红星时代广场南侧；◷8:00~12:00，14:30~18:00)是当地最大的医院，公交4路、9路可到达。

ℹ 到达和离开

长途汽车

武威市客运中心(见94页地图；武威市正阳路万达广场对面；☎633 8283；◷7:00~19:00) 这座新建成不久的综合型客运中心实行刷身份证实名入站，内部环境宽敞整洁。其中一层运营去往周边

武威客运枢纽中心车次时刻表

站点	发车时间/班次	票价(元)	行程(小时)	备注
民勤	7:00~18:00，40分钟1班	33	2.5	
白塔寺	7:20~17:00，30分钟1班	5	0.5	乘坐开往哈溪镇方向的车
天梯山	7:20~17:00，30分钟1班	10	1.5	乘坐开往哈溪镇方向的车
天祝	6:30~17:00，30分钟1班	35	2.5	
张掖	9:30，11:20，12:54	58	4	
金昌	8:00~13:00，1小时1班	26	1.5	
兰州	6:30~17:00，30分钟1班	67	5	

县、乡镇的班车（大多直接在车上买票），包括天祝、民勤、哈溪镇（白塔寺、天梯山石窟方向）等。二楼运营去省内其他城市的长途班车，包括兰州、张掖、酒泉等。需要注意的是，每逢暑假旅游高峰期，由于旅行社包车，站内大巴车数量有所减少，班次频率也有所改变。武威市客运中心以及各个县城的客运中心都不同程度地存在上述现象。建议你出发之前提前到站询问，以免耽误出行。

火车

前往兰州、西安、乌鲁木齐等周边各主要城市的列车，基本都从位于市区西南部的**武威火车站**发车，部分车次也经过位于市中心13公里外的**武威南站**。

武威到兰州的车次发车频繁（约半小时1班；硬座43.5元起，3小时左右），到西安及乌鲁木齐的车次也不少。前往北京的列车每天有2班。前往上海的列车每日1班。

乘坐2路、6路、10路公交车可以直达武威火车站。17路在武威火车站和武威南站间运行。

当地人期待已久的**武威高铁站**（**武威东站**）已规划完成。该站将设在市区东部的发放镇，建成后会大大改善河西走廊东段的交通效率。

❶ 当地交通

抵离机场

武威市亚欧宾馆（见94页地图；☎697 6888；南关西路5号）每天有发往兰州中川机场的班车（100元；5:00～8:00，1小时1班，10:00，12:00，13:00，15:00，17:00；3.5小时）。从中川机场发往武威的班车也会停靠在**亚欧宾馆**（见94页地图；☎136 1935 3407；100元；10:30～21:03，2小时1班）。

公交车

武威市区不大，市内公交车便捷，配合步行可以到达市内各大重要景点。

出租车

出租车起步价为5元/2公里，之后为1.2元/公里。市区范围内5元基本都可到达。

武威周边

天梯山石窟

[见93页地图；☎298 0219；武威市城南50公里处，中路乡灯山村；门票30元/人，1.2米以下儿童及70岁以上老人免票，学生及60～70岁老人凭有效证件15元/人；☺旺季5月1日至10月31日8:30～18:00（17:30停止售票），淡季11月1日至次年4月30日9:00～17:30（17:00停止售票）]距今约1600年前的东晋时期，北凉国君匈奴人沮渠蒙逊定都姑臧（今武威周边）。他为了替母亲祝寿祈福，广招能工巧匠掘窟造佛，从此开启了天梯山石窟持续千年的传奇。北魏灭北凉后，从姑臧地区迁移至新都平城（今山西大同）的10万人中不乏僧人和工匠，其中高僧昙曜亲自主持建造的云冈石窟与天梯山一脉相承，使凉州的佛教艺术风格传入中原，对后来开凿的龙门石窟群也有深远影响。遗憾的是，天梯山石窟命运多舛，红砂岩结构的山体本身质地脆弱，风化严重，加上1927年的武威大地震以及1958年黄羊河水库兴建所造成的毁灭性破坏，如今仅存19个洞窟，目前对游人开放的更是只有13号窟一个。

进入景区大门后，在左手边水库的旖旎景色中步行约500米，就能看到位于道路右侧半山上的天梯山陈列馆，这里以图片的形式梳理了石窟开凿的历史及各时期的造像风格，以及近现代对石窟的保护措施和1958年兴建水库时的石窟搬迁工程。走出陈列馆下山，继续向前，穿过现代修建的十八罗汉隧道，就可以看到13号窟中高达28米的唐代释迦牟尼大佛坐像。山体凿刻后裹以泥塑的释迦牟尼像坐东朝西、面水端坐，右手施无畏印。袈裟贴身，自然下垂，袖口与手掌下方颜色尚未剥落，脖子略显斑驳，却是未曾修复的唐代原始材质。大佛两腿之间的部分腐蚀非常严重，本书作者调研期间，佛像的脚已经被塑料布包起来，有待进一步维修。侍奉在两侧的是二弟子阿难和迦叶、二菩萨文殊和普贤，以及二金刚广目和多闻。金刚脚下踩着面露恐怖之相的恶鬼和龙生九子之一的赑（bì）屃（xì）。窟顶是明代壁画，因剥落严重难以判定绘画内容，只能依稀分辨南侧有云纹青龙、梅花鹿和牡丹花形象。而西侧可以看到墨虎，旁边有匹白马身上驮着经书，据说是东汉白马寺的故事。佛像两侧还可见方形孔，那是清代九层木楼阁支架留存的痕迹，楼阁毁于同治年间回汉战争的大火。沿着殿窟两侧的木质楼梯可以一直下到窟底，从仰视的角度瞻仰更显得佛像庄严神圣。

除去可供参观的13号窟外，目前天梯山大部分的造像及壁画都处于被保护修复的状态中，其中小部分被送往甘肃省博物馆展出。武威市博物馆有专门展厅陈列一部分天梯山造像，一些珍贵壁画也将以数字化形式在新馆呈现。

前往天梯山石窟，需在武威客运中心乘坐发往哈溪镇的班车（10元；7:00~17:30，30分钟1班；约2小时）。跟司机说明，在天梯山石窟的路口下车，之后步行2.5公里到达景区大门。此车会先经过白塔寺。回武威的末班车是16:30。包车往返约需120元。

白塔寺

（见93页地图；☏273 6599；武威市南20公里，凉州区武南镇白塔村；门票16元，1.2米以下儿童及70岁以上老人免票，学生及60~70岁老人凭有效证件8元/人；◷8:00~17:00）1247年，西藏萨迦派宗教领袖萨迦班智达·贡嘎坚赞（简称萨班），与蒙古皇子阔端在幻化寺举行了著名的"凉州会谈"，达成了吐蕃归顺蒙古的条件，结束了藏地四百余年的混乱局面。1251年，萨班在此圆寂，阔端亲自主持为他修建了灵骨塔，并将幻化寺正式改名为"白塔寺"。元代时白塔寺规模宏大，内部建筑群雄伟壮观，享有"凉州佛城"的美誉。鼎盛时期这里曾居住僧人1000多人。可惜元末战乱让白塔寺惨遭兵燹。明、清时期两度重修，而1927年的武威大地震中白塔寺经受了灭顶之灾。在现代修建的99座白塔构成的塔林包围中，曾经的灵骨塔仅存塔基和周边挖掘出的元代塔台、大殿和柱洞残迹，而塔基东南侧是清代修复的碑记。景区内的凉州会谈纪念馆（免费；◷9:00~17:00）是了解相关历史背景的好地方，上、下两层展厅翔实地讲述了发生在这里的历史故事，也陈列了白塔寺的一些出土文物。

当地知识

一对叔侄，两代传奇

1236年，成吉思汗的继承者窝阔台将今日的甘肃、青海等西夏故地分封给了次子阔端。年少有为的王子入主凉州后踌躇满志，意欲取道青藏高原的吐蕃势力范围，灭掉大理后对南宋形成合围。当时的吐蕃正处于内乱之后的分裂割据时期，各地由不同的宗教教派管理，虽然都信奉佛教但彼此并无统属关系。受阔端派遣入藏的大将多尔达在深入了解吐蕃的实际情况后，写信劝说阔端放弃武力，改用和谈策略。学富五车的萨迦班智达，简称"萨班"，是吐蕃萨迦派的第四祖，毅然接受了蒙古人带有威胁性质的邀请，前往凉州与阔端进行会谈。63岁的萨班栉风沐雨，用了整整两年才到达了凉州。在城外的幻化寺和谈期间，这位老人充满诚意却又不卑不亢，深深打动了阔端，为归顺蒙古后的吐蕃尽可能地争取到了最大利益。会谈结束后，萨班便发表了著名的《萨迦班智达致蕃人书》，结束了藏地四百余年的分裂局面。之后这位老者留在凉州继续修行，传递佛法，直到1251年在幻化寺圆寂。

当年与萨班一同从西藏来到河西走廊的另有两名孩童——他的侄子八思巴和恰那多吉。其中聪慧的八思巴在一开始就获得了蒙古统治者的赏识。会晤期间，阔端问孩子们是否害怕，八思巴机智从容地回答"不怕，你的样子很凶猛，有点像我们庙里的护法神，护法神总是保佑受苦受难的生灵"，给阔端留下了极为深刻的印象。萨班在凉州传法期间，八思巴一面跟随其叔父学习佛法和执掌萨迦派的必备知识，同时充分接触河西走廊的各民族文化，与蒙古贵族保持密切交流，为以后进入政坛打下了基础。萨班圆寂前，将萨迦派教主之位传给了八思巴。后来，忽必烈在六盘水召见八思巴，两人一见如故，八思巴还为这位未来的元朝开国君主进行了灌顶仪式。深谙蒙古皇室内部斗争激烈的八思巴此后始终追寻忽必烈，成为其精神上的导师。1270年，36岁的八思巴被忽必烈封为帝师，除了掌管全国的宗教事务外，还是吐蕃地区最高的行政长官，他更开创出了新蒙文——八思巴文，在哲学、医学、艺术等领域都产生了深远影响。46岁的八思巴圆寂于西藏萨迦寺，和他的叔父一样，被尊为藏传佛教的一代宗师。

从武威客运中心一层乘坐前往哈溪镇的大巴车（5元；7:20~17:00，30分钟1班；约40分钟），会经过白塔寺前方路口。路口下车后沿着大道向西步行约2公里才能到达景区门口。返回武威的班车最晚约16:30。

永昌

"消失的古罗马军团"及其后裔所建的"骊靬"古城，让这个小城散发着令人向往的神秘感。虽然这段历史的真实性至今仍颇有争议，但并不影响永昌有着货真价实让人专程前来的理由。城中的钟鼓楼风格独树一帜，集元、明、清三代风格于一身；城郊的圣容寺不仅有广为人知的建造传奇，更因为隋炀帝曾经的到访而声名显赫。即便是漫行于民居和田野之间，散布在各处的西夏遗址和明代长城也不动声色地讲述着这里丰富的历史。

◎ 景点

钟鼓楼 历史建筑

（免费；不能登楼）位于县城中心处的钟鼓楼始建于明万历十五年（1587年），远观这座钟鼓楼的外形，似乎与其他同类建筑非常相似，但细细端详就会发现，永昌地区蒙、汉、党项多民族文化交融的特点都在建筑细节上有所体现。绿色的盝（lí）顶式屋顶是元代常见的造型之一。明初，元朝宫殿多被拆除，唯独永昌钟鼓楼上保留有蒙古族风格的宝顶。楼体朱红翠绿的油漆彩画均为典型的明代州城彩风格——旋子彩画，而围栏的木板上同时刻有极具西夏风格的卷草花纹与降幕云图案。虽然不能登楼，但隔着街道依然可以一睹这座钟鼓楼的风采。

永昌县博物馆 博物馆

[见本页地图；☏752 1003；钟鼓楼东侧，永昌县图书馆旁；免费，凭身份证登记参观；◎周二至周日9:00~17:00（16:00停止入馆）；周一闭馆（法定节假日除外）]位于县城东大街的永昌县博物馆，原为明代户部尚书胡执礼府邸。馆藏文物千余件，其中北周时期石雕佛首为镇馆之宝。

北侧的"永昌古代文明"展馆遵循历史脉络，展出了永昌县从远古时代鸳鸯池人时期

永昌城区

◎ 景点
1 永昌县博物馆................B1
2 钟鼓楼.........................B1

🛏 住宿
3 安漫尔雅精品酒店..........A2
4 金汇国际大酒店..............A1
5 五洲大酒店...................A2

ℹ 实用信息
6 上海永久自行车维修点....B1
7 永昌汽车站...................A2
8 永昌县人民医院..............B1

至清代的各类文物，包括两汉时期的青铜器，魏晋隋唐时期的彩绘砖、佛像雕刻，西夏、宋元时期的生活用品等。其中最值得看的**圣容寺佛首**置于展厅中央，造型古朴面容宁静安详。除此之外，魏晋时期的彩绘龙虎画像砖用红、黑两种线条勾勒，形象优美简练，别具一格；原存于永昌钟鼓楼宝顶的德镇都督府银"当"牌，是明代军中信物，从侧面凸显了永昌曾经军事要塞的地位；汉代的彩绘木马，清代的青花人物瓷瓶等都是馆中珍品。

西侧的"骊靬文化"展馆主要以展板和出自古城的驮具、成公府军墓志铭等物件，展示着那座传说中的罗马军团古城。虽传说难言真假，但展板上各种关于骊靬人的媒体报道颇具趣味性。

博物馆内提供预约讲解服务，但目前仅

另辟蹊径
从永昌到御山圣容寺

去往圣容寺的路上西夏遗址众多,沿着祁连山绵延的明长城虽已是断壁残垣,但仍然气势磅礴,有时间不妨细细品玩一番。包车和自驾都是不错的方式。对于自带自行车的骑行发烧友来说,这段路骑行难度不大,也比较容易完成。

从永昌县城出发,向北出城后沿X188县道行驶约6公里后,周围景色突然豁然开朗。道路右侧是碧蓝色的金川峡水库,背靠着延绵不断的祁连山脉。继续向前3公里左右,道路变为东西走向,可以看到路南侧起起伏伏的明代长城遗迹。北侧路旁可见一处卧佛形态的山壁,其上大大小小的佛龛便是西夏塔龛悬葬遗址。这里共有塔形佛龛57座,分布在这红褐色的花大门砂岩悬壁上,是用来供奉僧人圆寂火化后的骨灰和舍利的。其中,中心佛龛最为经典。佛龛宽1米,高1米,深约2米,塔龛内刻有西夏文"佛"和西夏马《母与子》的图案。南侧是前往金川西村的老路,沿路两侧都分布着近在咫尺的明长城遗址。不论沿新路还是沿老路前行,4公里之后两条道路汇合,前方1公里便是深藏在御山峡中的圣容寺了。

全程往返约50公里,整体道路状况不错。但需要注意的是一路上没有任何商店,所以切记备足零食和水再上路。虽然永昌县城内没有租赁自行车的商店,但准备好自行车的旅行者可以出发前前往**上海永久自行车维修点**(见101页地图;☎130 8595 7093,县城东大街)做好最后检查。

河西走廊

永昌

服务旅游团队(免费;☎宋燕玲138 3055 5995、赵文婧152 1416 5430)。因无取暖设备,故冬天参观要注意保暖。

御山圣容寺 寺庙

(见101页地图;☎821 4499;城关镇金川村西侧;免费;7:00~17:00)深处永昌县城北25公里御山峡中的圣容寺,因北魏时期天然佛像的发现而建造,又因之后隋炀帝西巡亲临拜谒瑞像而名声大振,在河西走廊地区可谓家喻户晓。

关于圣容寺建造的来龙去脉,莫高窟231窟有两幅壁画对这奇异的故事进行了详尽的表述。传说,北魏时一位叫刘萨诃的僧人途经此处,预言此处必有佛陀宝像呈现,将预示天下兴衰。数十年后山壁果真出现行走僧人的天然佛像,却独缺佛头,于是人们另行雕刻了佛头,并将其放置于石壁上,同时建造寺庙供奉,而朝代的更迭同佛身与佛头契合与否息息相关。尽管史实与传说杂糅,民间香火鼎盛的确吸引了历代皇家的关注。隋炀帝甚至在大业五年(609年)西巡河西走廊时,亲自将寺庙改名为"感通寺"。唐中宗时更名"圣容寺",僧人曾达1500多人。直至西夏,随着政治中心西移,这里才逐渐衰落。

从崭新气派的大门进入圣容寺,穿过一众近年修建的庙宇,略显陈旧的**瑞像殿**位于寺院的最东侧,为保护屹立于石壁之上的天然佛立身身躯而建。石佛像身为暗红色花岗岩石质,浑然天成,身形具备。原北周佛头可已移送至永昌县博物馆保存,殿内为后期雕刻的复制品。

瑞像殿西侧有通往**北塔**的楼梯,可以登山一览圣容寺的全貌。位于山顶的北塔(又称"大塔")为唐代中期所建,塔身是密檐式七级方塔,塔内墙壁上还遗存"番僧一千五百人"和"圣容寺"题记及一些壁画。出于文物保护原因,不能进入塔内参观。圣容寺南面砂砾岩山顶上还有一座隋末唐初建造的塔,被称为**南塔**或小塔。塔身为七层出檐空心砖结构,为河西走廊极具特色的佛教建筑之一。可惜上山的阶梯因年久失修,比较危险,目前已禁止游人攀登。

从永昌县城前往圣容寺没有公共交通,包车往返约100元。如果时间充裕,不妨选择骑行前往(见本页方框),一览沿途风景。

🛏 住宿

五洲大酒店 酒店 ¥

(☎7751 777;城关镇南大街;标双140元起;☎❄)便利的地理位置是这里最大的优

势,永昌汽车站和县城西大街的主要商业区都能轻松步行到达。房间内装修风格简洁,设施虽然不算新但服务到位,打扫得十分干净。

安漫尔雅精品酒店　　　　　酒店 ¥

(☏7651 888;永昌万祥城城关北门东侧;标双140元起;☎❉ℙ)这家2018年新开业的酒店内部装饰采用明快简洁的白色和原木色相搭配,给人清新舒适的感受。房间内基本设施和用品一应俱全,干净宽敞。这里距离连霍高速公路仅300米,紧邻永昌汽车站,自驾或坐车都非常方便。

金汇国际大酒店　　　　　酒店 ¥¥

(☏7586 666;城关镇西大街41号;标双160元起;☎❉ℙ)酒店大楼在县城内十分显眼,内部装潢和服务也属于中高档次,从床品到地毯甚至小摆件都颇有格调,还有多种不同的主题房间选择。

✕ 就餐

永昌的特色美食兼有张掖、武威两市之长,但钟鼓楼周围那些大大小小的饭店几乎没什么本地特色。永昌老馆子(☏756 2666、189 1935 7598;永昌县西津家园;⏱12:00~22:00;人均36元)是县城内最大的饭店之一,也是品尝小吃的好地方。3元一小份本土特色小吃,搓鱼子、漏鱼子、卜喇子、搅团(此类4份起点)等品种繁多,味道还算正宗。这里的米汤虹鳟鱼(68元)、土豆丸子(26元)也很受欢迎,但价格比起县城其他餐厅略贵。

ⓘ 实用信息

钟鼓楼周边是银行较为集中的区域。工商银行、建设银行以及邮政储蓄银行都在这一带设有网点及自动取款机。邮政储蓄银行中还设有邮局。县城内大大小小的商铺均支持手机支付。

永昌县人民医院(☏761 7138;城关北大街22号)是县城内最大的医院。

ⓘ 到达和离开

永昌汽车站位于312国道与G30连霍高速入口交叉口西侧。每天有多班次发往邻近的兰州、武威、张掖、金昌等主要城市。

ⓘ 当地交通

在城内乘坐出租车(4元起价,1.2元/公里)十分方便,5元可以到达县城里的任何地方。

民勤

从武威出发,在连绵不绝的麦田和草甸中一路向北,进入民勤境内景色陡然一变,道路两侧连绵的黄沙提醒你——腾格里沙漠和巴丹吉林沙漠就近在咫尺。自西汉置县以来的过度开垦种植,最终导致这块土地超负荷并荒漠化。近年来随着沙漠中分区块的实验性固沙技术日见成效,昔日漫天飞沙的景象已经大为缓解,邻近主要村镇和道路的沙漠中也开始遍布点点绿意。与生态环境一并得到改善的还有居民生活,不大的民勤县城在经过拆迁改造之后面目得以焕然一新,只有圣容寺周边的旧街巷还能依稀看出往日破败的模样。

⦿ 景点

圣容寺　　　　　　　　　　寺庙

(见104页地图;4122 422;大寺庙巷;门票免费;⏱8:30~18:00)位于民勤县城西南隅的圣容寺是一个古意盎然的寺庙。始建于明洪武九年,圣容寺是民勤县城区域内仅存的古建筑了。这里香火十分旺盛,前来祭拜的当地居民源源不断。

正对着寺院大门的是清代主殿大雄宝

永昌汽车站车次时刻表

站点	发车时间/班次	票价(元)	行程(小时)	备注
武威	7:00~20:00,每15分钟1班	26	2	
金昌	8:00~20:00,每15分钟1班	10	1.5	
兰州	20:30~23:00,每晚约10班	75	7	夜班车
张掖	14:30, 15:00, 15:30, 16:30, 17:30	41	3	经山丹

民勤城区

民勤城区

⊙ 景点
1 圣容寺 B2

🏨 住宿
2 民勤国际大酒店 D2
3 民勤宏大宾馆 B1

🍴 就餐
4 阿旭凉面店 B1

ℹ️ 实用信息
5 民勤客运中心 B2
6 民勤县人民医院 A1
7 邮政储蓄银行 B1

殿。殿内棚顶由船底式方格天花板构成,其斜面与平面上满绘佛像和彩云,构成大面积的彩画,因此也得名"千佛顶"。殿的东侧是观音堂,西侧为韦驮殿。绕进大雄宝殿,就到了中院。中院由三圣殿及两侧配殿组成,三圣殿是寺内现存最早的建筑。三圣殿后是藏经阁。这里曾在民国时期作为图书馆使用,藏经阁门口还立有一块当时的石碑,虽字迹模糊,但仍可辨认"图书馆"三个字。

位于藏经阁后面的一排小平房虽然仍被称为"博物馆"(◯周二至周日8:30~12:00, 14:30~18:00,周一闭馆),并在墙上以展板的形式介绍了民勤周边的历史遗迹和主要文物,但这里的主要功能是寺庙管理办公室,真正的民勤县博物馆已搬迁至瑞安堡对面。

民勤县城不大,从县城中心步行到圣容寺只需10分钟左右。圣容寺周边的古建筑已经基本废弃拆迁,但据说当地政府有意以圣容寺为中心做恢复古城面貌的规划设计。

瑞安堡 民居

(见93页地图;4112 833;三雷乡三陶村;门票30元,半票15元,讲解50元/次;◯周二至周日8:30~12:00, 14:30~18:00)位于民勤县西南方向3.5公里处的瑞安堡,是民国时期大富绅、原国民党地方保安团长王庆云的私人庄园。整座庄园坐东北朝西南,遵循中国传统的前朝后寝和中轴对称式建筑格局,三道大门内有大大小小八个院落,瓦房100多间。

20世纪三四十年代,民勤境内的土匪和散兵经常出没于城镇,掠夺当地富绅。出于安全考虑,瑞安堡结合建筑结构布置了各种军事设施。城墙高耸,外墙上射孔、望孔齐全,城堡内还有纵横交错的暗道,后院双喜楼下就有一个暗道入口。这座被当地人称之为"小皇宫"的私人豪宅,是庄园建筑和军事堡垒完美结合的代表。

瑞安堡对面的三古堂内就是新设立的**民勤县博物馆**(门票免费;◯周二至周日8:30~12:00, 14:30~18:00,周一闭馆)。博物馆很小,主要陈列了出土于民勤周边苏武山、柴湾、四方墩等地的各类釉陶、生活用品、古代器皿等。本身并无太多亮点,但如果来到瑞安堡游览,不妨顺便参观。

从民勤县城前往瑞安堡没有公共交通,乘坐出租车打表需10元左右。不过司机大多收取30~40元往返,并不喜欢打表。

🛏 住宿

民勤宏大宾馆
酒店 ¥

(📞4121 888；民勤县西大街5号，广电大厦对面；标双90元起；📶❄️🅿️）地处县城中心地带，可以步行到达民百市场和圣容寺。房间分布在南、北两栋楼内，虽然没有设电梯，但最高只有三层，拿着行李上下也不算太费力。房间不大，但干净整洁，各种设施用品齐全。

民勤国际大酒店
酒店 ¥¥

(📞4149 999；民勤县南环路1号；标双180元起；📶❄️🅿️）2018年刚刚开业，堪称县城里目前条件最优越的酒店。房间宽敞，采光整体不错，明亮干净，部分房型还带有阳台。紧邻汽车站的位置也算是一个加分项。

🍴 就餐

这座人口不多的小县城内并没有太多饭店，少数家常菜餐厅集中在三官巷和汽车客运中心对面。曾经繁忙的民百市场现在已呈现一派颓势，但入口处仍有不少售卖土豆饼、酿皮、油饼和麦索的摊位，如果时间紧张可以在这里充饥。麦索是这里的特色小吃，蒸熟的青稞麦磨制成条，拌上辣椒油和葱蒜水，很好地保留了麦子原始的香气。

阿旭凉面店
小吃 ¥

(📞136 7935 6143；北校西巷2号；⏰7:00~13:00；人均6元）这家不起眼的小店是全县城人最爱的餐厅之一，从早餐到午餐这里人流如织，门口吸溜吸溜吃面的大叔们成了这里最响亮的招牌。店内采用半自助的形式，仅供应素面（3元）和肉面（5元）两种，食客根据自己的口味自行添加调味料。量大实惠还有免费面汤。

ℹ️ 实用信息

城中心大十字周边可以找到工商银行、建设银行及农业银行的网点及自动取款机。**邮政储蓄银行**（西大街1号；📞413 1129；⏰9:30~17:30）同时也是邮局。县城内大小商铺均可使用手机支付。

民勤县人民医院（📞412 2435；民勤县西大街44号）

ℹ️ 到达和离开

民勤客运中心（见104页地图；南城环路与南大街交口东侧；📞412 2512）是县城内最主要的汽车站，每日有频繁的班车发往省内城市武威、金昌、兰州。除此之外，每天还有一班发往嘉峪关、西宁、酒泉的车次。从民勤还可以直达兰州中川机场，每日两班。

ℹ️ 当地交通

县城很小，步行是最方便快捷的。出租车（5元起价，1.2元/公里）是去周围景点的唯一选择。和其他小县城一样，出租车司机非常热衷拉客拼车。

天祝

天祝是坐落在河西走廊东端的重要关口，也是从兰州出发进入甘肃狭长腹地的第一站。虽然行政区划上隶属武威，但浓厚的宗教氛围和雪域草原的独特美景却让人仿佛置身藏地。离开嘈杂混乱的县城，不大一会儿便能沉浸在森林、草甸和雪山的环抱当中。

民勤客运中心车次时刻表

站点	发车时间/班次	票价（元）	行程（小时）
武威	6:30~19:00，14:40前每8分钟1班，之后每15分钟1班	20	2
金昌	8:00~17:00，40分钟到1小时1班	22	2.5
兰州	7:30~17:40，40分钟到1小时1班	82	7
兰州机场	8:05, 9:30	82	8
西宁	17:30	112	8.5
嘉峪关	8:08	124	10
酒泉	8:08	118	9

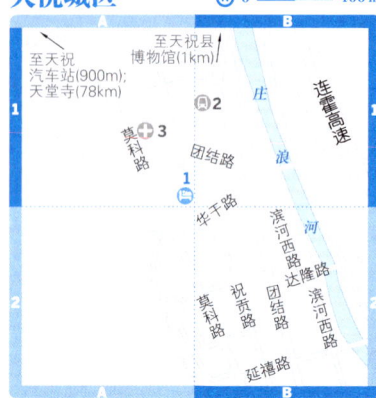

天祝城区

🏠 住宿
1 天祝希悦精品宾馆 A1

🍴 就餐
夜市 .... (见1)

ℹ️ 实用信息
2 天祝火车站 B1
3 天祝藏医院 A1

◉ 景点

天祝县博物馆
博物馆

[☎ 313 2507、313 8045；天祝县华藏寺镇城北新区，城关第二小学对面；免费，凭身份证登记参观；⏰ 周二至周日9:00~17:00(16:50停止入馆)；周一闭馆(法定节假日除外)] 2018年底，全面新建开放的天祝县博物馆位于县城新区，馆内主要有两个展厅，分别从历史和民族文化两个角度介绍了天祝县的基本情况。馆内藏品精致丰富，展厅内参观指示主题鲜明，对于县一级的博物馆来说实属难得。

进入博物馆内，首先映入眼帘的是天祝县地貌沙盘。右手边便是第一个展厅——历史文明展"高原春秋"。以历史时代为主线，内部展出了彩陶、汉唐文物、明清文物、佛教文物等主要出土于天祝县内的200多件文物。其中镇馆之宝青铜牦牛位于中心位置。这件国家级的宝物铸造于元代，形体结构严谨准确、造型古拙质朴，雕塑风格逼真，冶炼技术高超。除此之外，清代的康熙御赐龙纹马具、元代注水卧猫瓷枕、汉代石雕羊饰等都是不可错过的馆藏。

参观之后下楼就来到民族民俗展"雪域风情"展厅。这里通过实物展品、复原场景、试听设备等多种方式从民族服饰、婚姻仪礼、传统节日、文化艺术、生产生活和民族体育六个方面展示了天祝的多民族文化。

本书作者调研期间，天祝县城正在进行整体道路升级，整体工程预计在2020年下半年竣工。博物馆前暂时没有公交车经过，从县城中心打车前往约需要5元。

天堂寺
寺庙

(见93页地图；天祝县天堂乡；门票30元，宗教人士免票；⏰ 周一至周日8:30~19:00) 天堂寺距离天祝县城约90公里，整座寺院被山峰环绕，金瓦红墙掩映在绿茵翠柏之中，大通河从寺院正前方缓缓流过。尽管路途颠簸，但能够到此一睹世界最大的木雕宗喀巴像的风采，也对得起一路艰辛了。

天堂寺始建于唐宪宗年间，比拉卜楞寺还要早800多年。一千多年的风雨沧桑间，多次被毁又多次重修。如今的天堂镇曾经都属于寺院的范围，鼎盛时期这里僧侣多达800余人，故有"天堂八百僧"之名。"天堂"二字源于明清"朝天堂"的藏语"乔典堂"的转音，与基督教没有半点关系。自从明代黄教兴起，这个古老的本教寺就改宗藏传佛教格鲁派。

寺院前宽阔的广场中央，金色的大象喜迎四方宾朋。寺门口的两旁各有四座佛塔，梵文音译"苏堵坡"，是藏传佛教所供奉的三所依圣物之一。走进广场台阶上的大经堂，殿中有5米多高的弥勒镀金像。大经堂西侧就是著名的宗师见脱大殿(又名"宗喀巴大殿")，殿内供奉的主佛高23米，为宗喀巴大师镀金木雕坐像，在中国是第一座，也是世界之最。这里也称"千佛殿"，因为存有佛像4000多尊，其中1000尊为宗喀巴大师佛像。见脱大殿东侧有时轮殿和释迦殿，分别供奉度母和释迦牟尼。爬至依山而建的时轮殿顶部，可跨入寺外山壁栈道。栈道一路向东，经白塔急转下山至空行母密修殿，其内绘有精美的西藏密宗喜乐金刚壁画。

天堂寺广场周边有不少宾馆和民宿，条件都比较一般，但价格都还算优惠，基本双人间80元左右一晚是标准价位。天祝高原祥瑞宾馆(181 9357 1233;天堂镇天堂路1组60号;标双80元起; @)是其中相对干净整洁的一家。天堂镇上并没有什么美食,如果只是想填饱肚子,5元一碗的酿皮随处可见。距离寺院不远处的南拉民俗文化村中有一些酥油茶制作等美食体验项目,但整体上比较萧条,没什么人气。

天祝汽车站每天有5班发往天堂寺的大巴车(19元; 7:40、9:40、11:20、14:20、16:20;约4小时),途经炭山岭和天祝三峡国家森林公园,在山林中穿行并不会令人感到长途旅行的乏味。行车约3小时会经过三峡之一的朱岔峡,溪水清澈,景色壮观。当眼前豁然开朗看到宽阔的大通河时,天堂寺很快就映入眼帘了。返回天祝的汽车最晚的一班为15:00出发,最好提前跟司机确认确切的发车时间,以免耽误行程。

住宿

本书作者调研期间,整个天祝县城正在进行大规模的道路扩建和城市翻新工程,预计2020年至2021年全面完工。目前县城内酒店普遍设施陈旧,环境欠佳。预计在县城翻修一新之后会有更多酒店开业。

天祝希悦精品宾馆 酒店 ¥

(318 1777;天祝华藏寺镇金沙居A区4楼;标双150元起; ✳ @)酒店位置便利,步行可到达天祝火车站。房间装修崭新,采用白色、蓝色相间的色调,明快清新。卫生间干净整洁。只是房间隔音效果一般。

就餐

随着县城公路整修工程的进行,散落在祝贡路附近的众多烧烤摊已经消失,取而代之的是每晚5点以后的夜市(步行街;金康路和莫科路交叉口),这里有各种打着兰州风味旗号的烧烤摊和西北地区随处可见的凉皮、酿皮等小吃。

如果想要更好的就餐环境,天祝火车站(见106页地图)周围新建的百货商场内有不少饭店,以川菜火锅为主。

购物

如果想在这里购买一些纪念品,祝贡路两边有很多选择。这里的店铺大多出售藏族特色的民族服饰、藏刀、牦牛产品以及酥油,价格也还算公道。

实用信息

天祝藏医院(见106页地图; 594 6120; 312国道边,中国电网武威供电分公司对面)

各大银行在祝贡路附近都没有支行和自动取款机,天祝藏医院东侧还有一个很大的中国农业银行网点。除汽车站内购票必须使用现金之外,县城内其他地方均支持手机支付。

到达和离开

天祝汽车站(见106页地图; 312 4750;县城西侧312国道边)主要运营前往武威和周边乡镇的汽车,每天也有一班车前往西宁。每天有5班车前往天堂寺。汽车站内购票暂时不能使用手机支付,需要准备现金。

另外,如果需要前往兰州,需要到位于团结路南侧的高速路口处(打车5元,1路公交车直达)乘坐,虽然站不大,但有明显的标志。

天祝火车站位于华藏寺对面,本书作者调研期间正在整修,但照常运营,预计2020年下半年完工。兰州开往敦煌、武威、张掖、金昌的慢车途经这里。去往兰州的火车票价为23.5元(硬座),约2小时。去往武威的火车全程约需要1.5小时(硬座9.5~23.5元;二等软座37元)。

当地交通

出租车(起价5元,1.2元/公里)是县城内主

天祝汽车站车次时刻表

站点	发车时间/班次	票价(元)	行程(小时)	备注
武威	7:00~16:40,50分钟1班	26	2.5	
天堂寺	7:40、9:40、11:20、14:20、16:20	19	4	经炭山岭
西宁	11:30	50	4.5	

要的交通工具。县城虽不大,但私家车很多,加上调研期间道路正在维修,常常出现堵车的情况。

张掖

电话区号:0936;人口:122.42万

"不望祁连山顶雪,错将甘州当江南"。张掖,这座黑河水孕育的肥沃土地,夹在南部的祁连山与北部的荒漠戈壁之间,山川奇秀俊美,物产丰饶繁盛,颠覆了人们对西北内陆的认知。更因地处河西走廊的咽喉之地,孕育出杂糅了游牧豪情、西域特色和汉文底蕴的厚重文化积淀。市区内诸多建筑都是这座古城悠久历史的明证。曾经的西夏国寺大佛寺内亚洲最大的室内卧佛像神态安详,北周全木结构的木塔寺历经千年岁月矗立不倒,始建于先秦的黑水国城郭依然保留着它神秘的面纱。看够了人文景观,张掖周边千变万化的自然风光更是让人神往。平山湖大峡谷驼铃回荡,充满蒙藏风情;山丹背枕祁连雪峰,辽阔的牧场中至今仍有万马奔腾;溢彩夺目的丹霞彩丘和姿态奇异的冰沟丹霞各擅胜场,领衔了张掖地质公园一众奇绝景色。玩累了也不要紧,炒炮、垫卷子、炒拨拉等一大批地方美味足够让你大快朵颐,抚慰旅途疲惫。

历史

弱水的滋养,让文明的种子从新石器时代就在这片土地上生根发芽,而从西汉时期开始,张掖才真正迎来了风云激荡的岁月。匈奴骑兵席卷黑河两岸之后不久,霍去病在元狩二年(公元前121年)千里奔袭,一举击溃了休屠王和浑邪王,加之张骞自前138年两次排除万难的出使之行,使得汉武帝终于实现了他"张国臂腋,以通西域"的雄图伟业。西汉元鼎六年(公元前111年)正式设郡之后,张掖作为丝路的重要站点,政治经济均得到了极大发展。东晋隆安年间,建康太守段业依靠匈奴后裔沮渠蒙逊的力量建立了北凉国,但后者在3年后弑君夺权,自称"凉州牧"。这个博学多才的统治者对宗教文化十分重视,张掖因此成为中国北方的佛教圣地,留下了难以计数的文化财富。隋朝初年,在裴矩等能臣的苦心经营下,荒废数百年的丝绸之路被重新打通,商贾如云更胜往昔。这番繁荣景象甚至吸引了隋炀帝不远万里西巡至此,并在焉支山会见了西域二十七国使臣。到了唐代,甘州城作为内地与西域通使、商贸的要冲,国际交流达到前所未有的程度,无数高僧大儒来此驻足,包括陈子昂、高适、岑参以及玄奘。安史之乱后,吐蕃乘机占领甘州。唐咸亨年间,西迁回鹘人的一支在这里建立牙帐,并在西夏崛起后,与北宋朝廷联手抵抗西夏。但勇猛精强的李元昊依旧入主了这块河西宝地,让裕固族牧民的祖先背井离乡数百年。蒙古人建立元朝后设置甘肃行省,张掖成为省会,这里的繁荣一直延续到了明、清两代,"金张掖"的美名也广为传扬。

张掖市

看到张掖街头川流不息的人潮和来来往往的游客,就知道"金张掖"的美称绝非浪得虚名。整座城市虽然不算小,但商业区和市内主要景点都集中在北起镇远楼,南到大佛寺广场的狭小区域里,步行游览十分便利。近些年来新发展起来的明清仿古街和欧式街上餐厅酒吧林立,是当地年轻人休闲娱乐的主要去处。

⊙ 景点

大佛寺 寺庙

(见110页地图;☏858 9955;张掖市甘州区民主西街大佛寺巷;门票40元/人,学生、60岁以上老人凭有效证件享受半价优惠;讲解60元/次;⊙8:00~18:30)始建于西夏崇宗永安元年(1098年)的大佛寺,因其亚洲最大的室内泥塑大卧佛而闻名遐迩,是张掖不容错过的文化招牌。这座曾经的西夏国寺相传也是元世祖忽必烈的出生地,皇家气质让这里更显不凡。

寺庙主体建筑贯穿于一条东西走向的中轴线上。穿过端丽庄重的牌坊,映入眼帘的是两侧贴金雕绘的砖雕。虽然色彩因岁月的侵蚀已很难分辨,生动流畅的雕刻工艺仍然令人印象深刻。位于寺内核心处的卧佛殿采用九间殿的皇家规制,额枋雕刻龙、虎、狮、象、鹿、吻兽,处处流露出尊贵的气息。步入殿内,眼前的景象令人惊叹,一尊巨大的释迦牟尼涅槃像静卧正中,几乎占据了整个殿宇。

根据最近的测量数据，卧佛身长34.5米，仅中指就能平躺一人。佛像身后是他著名的十大弟子群像，位于南侧着绿衣的是佛陀的儿子罗睺罗，而两大护法帝释天和大梵天分列于大佛的手、足处，均云鬓高挽，峨冠绰带。卧佛对面墙壁上的二十四诸天礼佛图也颇为精美，是清代修复寺庙时所绘制。

卧佛殿后侧的<u>艺术陈列厅</u>（原万圣殿）中，陈列了从大佛寺出土的各类佛教文物，其中包括从大佛腹中取出的诸多明清时期对佛像维修补塑的记事碑。这里还有一尊马蹄寺内金塔寺（见116页）的高肉雕泥塑复制品。

大佛寺后的<u>藏经阁</u>内依然保存着罕见的明代泥金手书《<u>大般若经</u>》。经书描摹精细，法度严谨，堪称国宝级文物。展柜背后本觉尼姑护经故事中的残墙依旧留存。全国保存最完整的明代官版初刻初印本《<u>永乐北藏</u>》更为珍贵，当年运送经书的巨大木柜就位于殿中西北侧。

景区从2019年开始实行每年6个免费开放日，分别为元旦、国际妇女节、国际博物馆日（5月18日）、世界文化遗产日（6月的第二个周六）、全国消防安全宣传教育日（11月9日）、国际残疾人日（12月3日）。

多辆公交车都经过大佛寺门口，如4路、5路、8路、14路、23路等。

张掖博物馆 博物馆

[见110页地图；张掖市县府街55号，大佛寺广场西侧；免费，凭身份证登记参观；⊙周二至周日8:30~17:30（17:00停止入馆）；周一闭馆（法定节假日除外）]2018年新近落成的张掖博物馆共有三层陈列空间，按照时间顺序将这一地区数千年的丰富历史做了较为完善的梳理，很适合作为开启张掖旅程的第一站。

博物馆入口位于一层，楼梯左、右分布着第一及第二展厅，涵盖了从先秦至隋唐期间的大量历史文物及相关说明。代表马场文化的各类陶器及骨刀，具有鲜明汉代特色的军用青铜器，艺术价值极高的魏晋画像砖，以及隋唐丝路贸易时各国使用的银币等在此均有精品展出。博物馆二层的展览按照朝代顺序继续，从北宋到明清的一众展品中，西夏时期的金器及玉器最为夺人眼球。位于地下负一层的丝路文化展厅以文字说明板为主，并没有太多文物可供观看。旁边的临时展厅内偶尔会有省内其他地方的文物到访，大部分时间则展出本地书画作品。

镇远楼（鼓楼） 古迹

（见110页地图；免费；不能登楼）张掖市东、西、南、北四条大街交会于此，是河西走廊现存最大的鼓楼。建于明正德二年（1507年）的镇远楼为三层木构塔形，飞檐翘角，雕梁画栋，结构精巧，造型雄伟壮观。楼上笔遒劲的匾额东为"金城春雨"，西为"西关晓月"，南为"祁连晴雪"，北为"居延古牧"，分别指的是古代张掖各个方向的雄奇景致，凸显出张掖河西重镇的地理优势。楼东南角悬有唐代铜钟一口，外壁略呈黄色和铁青色。铸造工艺精湛，形体浑厚雄伟，可惜只能远观。

木塔寺 寺庙

（张掖广场西侧；登塔门票25元/人，学生、70岁以上老人凭有效证件享受半价及免票优惠；⊙夏季8:00~18:00，冬季9:30~17:00）这座始建于北周时期的木塔在热闹的张掖广场西侧显得遗世独立。据说此塔在初建成时没用一钉一铆，全靠斗拱、大梁和立柱支撑。今天从外观看，塔身仍为木质，但实际上是在民国时期重新修补后的木砖混合结构。木塔共有九层，拾阶而上登上顶层，能够俯瞰张掖中心城区，天气好时还可以望见远处的祁连山。塔后的<u>藏经阁</u>集小型展览馆和商店于一体，展出的玉器、青铜器、字画等艺术品均对外售卖。本书作者调研期间，木塔寺周边正在进行仿古街区的建设工程，虽然封闭了几个出入口但并不影响参观，工程预计在2020年下半年结束。

张掖国家湿地公园 公园

（见110页地图；☏858 9010；www.zyxqsd.com；免费；景区观光车30元/人；G312国道北端2.5公里处）张掖地处祁连山脚下的冲积扇三角洲，自古以来就是湿地上的城市。来到公园里走一走，你就会明白为什么张掖被称作"塞上江南"了。这里远山青黛，芦苇茂盛，还有时隐时现的野鸭陪伴左右，国家二级保护动物白骨顶鸡和风头鹛鹏更是这里的常客。冬季还可能见到天鹅、灰鹤等大型候鸟。步行穿梭于芦苇丛中的栈道上和成群的动物亲密

张掖城区

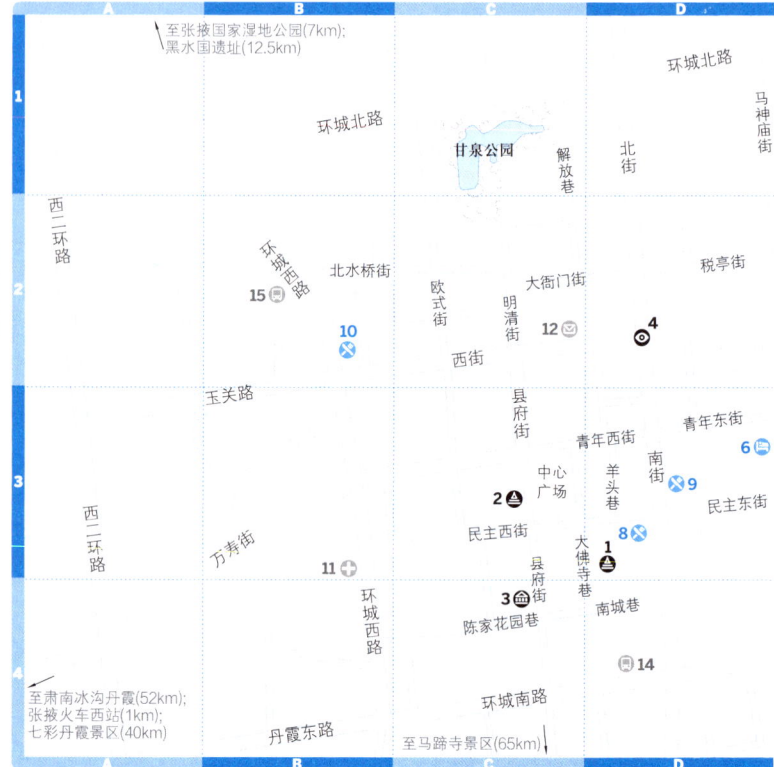

接触，别有一番乐趣。

公园比较大，也可以租自行车（多人自行车，每人每小时10元；☉夏季7:00~19:00，冬季8:00~18:00）在约6公里长的骑行道上漫游。南大门西北侧的**张掖城市湿地博物馆**（✆8365636；免费；☉9:30~12:00和14:30~17:30）是家庭出游的好去处。这里多样的互动游戏和逼真的标本，让湿地和水生动植物知识的介绍充满趣味。

8路、14路公交车可以从市区直达公园南门。

🛏 住宿

随着张掖旅游这几年声名鹊起，张掖市的酒店房价也节节攀升。如果是独自旅行或者结伴同行的年轻人，推荐你选择青年旅舍。雨后春笋般新开业的青年旅舍大多位置便利、价格优惠，还提供拼团游周边景点的服务。如果是家庭出行，或者想住得舒适些，不妨选择中心旅游区外围的精品酒店，比起景点附近老旧的酒店，这些性价比更高，住宿体验更好。

张掖丝路行者青年旅舍　　　　青年旅舍 ¥

（✆841 9222；甘州区民主东街与新建街交会处西行；多人间铺位40元起，标双110元起；🛜❄🅿）这家隐藏在甘州市场后面小巷子中的旅舍人气很高，连门口的台阶上都经常坐着谈天说地的旅行者。旅舍共有4层，2层是主要的接待区，墙上有老板以及热心住客推荐的旅行线路和手绘地图，整体风格非常舒适温馨。多人间有无空调和有空调两种，预订的时候需要留意。这里也会组织前往周边景点的大巴团，可以在前台直接报名。

张掖城区

◎ 景点
1 大佛寺 D3
2 木塔寺 C3
3 张掖博物馆 C4
4 镇远楼（鼓楼）..................................... D2

🛏 住宿
5 张掖华辰国际大酒店 E2
6 张掖丝路行者青年旅舍 D3
7 张掖掖舍青年旅舍 E4

🍴 就餐
8 董记牛肉小饭 D3
9 甘州名吃 D3
10 罗胖子面馆（西关店）........................ B2
   苗式卷子鸡（总店）........................（见9）

🛍 购物
   金张掖特产 ....（见1）

ℹ 实用信息
11 河西学院附属张掖人民医院 B3
12 张掖市邮局 C2
13 张掖汽车东站 F2
14 汽车南站 D4
15 张掖西关车站 B2

张掖掖舍青年旅舍　　　青年旅舍 ¥

（☏886 1010；甘州区馨宇丽都A区内31号楼西侧102号商铺；多人间铺位38元起，标双90元起；☎❄）旅舍位于市中心以南约2公里处的一个小区内，不算好找但胜在周边安静。主打日式胶囊房风格，房间不大，每间内仅有一张上下床，干净温馨，很适合结伴出行的年轻人。前台有老板准备的本地游玩建议和每日拼车信息，工作人员也非常乐意为你详细介绍。

张掖润湖假日酒店　　　酒店 ¥¥

（☏827 2222；甘州区仁宗路623号，润泉湖公园西侧；标双200元起；☎❄）从房间的窗户就能俯瞰润泉湖景，环境优美宁静。距离市中心虽有一段距离，但门口就有22路、5路等公交车可以直达大佛寺等景点。丰富的房型和宽敞的房间也适合全家出行的旅行者。

张掖华辰国际大酒店　　　酒店 ¥¥

（☏825 7777；甘州区东大街20号；标双300元起；☎❄❅Ⓟ）前台服务人员热情专业，会详细询问住客的需求，也非常乐于介绍关于张掖的旅行信息。房间内有精心准备的小礼物以及按摩泡脚盆。酒店位置便利，距离甘州市场、大佛寺步行约10分钟。

🍴 就餐

汇集了丝路风味的张掖是河西走廊的美食之都。永远人头攒动的甘州市场是最受游客欢迎的就餐选择，在这里能找到来自西北各地的小吃档口。但对于真正的老饕来说，走街串巷寻找那些隐藏于市井间的美食才是乐趣所在。

甘州名吃　　　西北菜 ¥¥

（☏880 8666，829 3388；南大街万寿商业街内野孩子王国3楼；⏱11:00~14:00，17:00~21:30；人均50元）饭店内为复古的大排档风格，里面有很多展示本地特色小吃的明厨档口，还有一个戏台子可供食客边吃饭边欣赏当地表演。菜品主要是以张掖风味为主的西北家常菜，甘州排骨（58元）、凉拌沙葱（22元）、牛肉拨鱼子（58元）、蓝莓酸奶醪糟（10元）、油糕（3元/个）、西北大菜（48元）等都是值得品尝的招牌菜。

董记牛肉小饭 小吃

（📞131 5014 8081；南大街与民主西街交叉口南行40米路西，大佛寺山西会馆北侧；⊙6:00~14:00；人均7元）远远看到玻璃窗上"××点评排名第一"的字样，就知道老板对自家味道十足的信心。店内只售卖两种张掖人最喜欢的早餐：牛肉小饭和糊粕（大碗7元，小碗6元）。浓浓的牛肉汤搭配嚼劲十足的丁状小面块被称为"小饭"；而糊粕则是一碗配着牛肉蔬菜汤的面筋。

罗胖子面馆（西关店） 小吃 ¥

（📞155 9365 1111；西大街与西城巷交叉口；⊙12:00~21:30；人均20元）店面不小，但一到饭点还是挤满了人，动辄半小时的等待时间足见这间店在本地人心中的地位。这里主要供应张掖当地一种深受喜爱的短粗棒状面食——炒炮，配上不同的蔬菜和肉（卤肉/生肉炒炮大碗14元，小碗13元；素炒炮大碗10元，小碗9元），分量十足，非常适合暴走游玩之后补充体力。

苗式卷子鸡（总店） 西北菜 ¥¥

（📞138 3063 3686；万寿商业街中段电子大屏幕斜对面二楼；⊙12:00~21:30；人均55元）卷子鸡是张掖一带的特色美食，形式和新疆大盘鸡差不多，鸡肉卤熟之后，下面垫着筋道的油面皮再焖锅入味。面吸饱了肉汤后，非常浓郁、香气扑鼻。作为典型的大西北菜，卷子鸡（大份95元，小份55元）分量很大，建议你等上桌后再点其他小菜，以免浪费。这家店在张掖市内有多家分店。

此外，以国营食堂风格做出不凡味道的**孙记炒炮**（西大街大什字东南角；⊙12:00~20:30；卤肉炒炮14元）和将分店开到全甘肃的**鹏馨羊羔肉总店**（张掖市新建街计生站斜对面；⊙12:00~22:30；人均70元），都是远近驰名的甘州名店。

🛍️ 购物

大佛寺四周遍布售卖书画用品、文玩和本地特产的商店。蜂蜜、小枣、锁阳以及张掖产的国风葡萄酒和丝路春白酒，都是本地的招牌。**金张掖特产**（📞186 9328 8808；县府街186号；⊙8:00~19:00）是其中商品种类比较齐全的一家。

ℹ️ 实用信息

银行
在张掖市区，各大银行的网点随处可见，在大什字和大佛寺附近最集中，旅行者取款十分便捷。市内几乎所有商铺都可使用手机支付。

邮局
张掖市邮政局（西大街15号；⊙8:30~18:30，邮储银行9:00~17:00）是城内较大的邮政分理处，汇款、发送包裹、EMS、邮寄信件都不成问题。有自动取款机。

医疗服务
河西学院附属张掖人民医院（📞821 5484、822 5889；甘州区西环路67号）为三级甲等医院，是张掖市最大的医院。

ℹ️ 到达和离开

飞机
张掖甘州机场位于民乐县境内，距离张掖市约30公里。目前开通飞往国内五个城市的航班，分别是东方航空的北京—西安—张掖（每日1班）航线，成都航空的成都—兰州—张掖（每周4班）和吉祥航空的上海—兰州—张掖（每周3班）航线。逢夏季旅游旺季，张掖机场会增加线路，如飞往乌鲁木齐、杭州、敦煌等地。

长途汽车
张掖一共有三个汽车站。其中**张掖汽车站（西关车站）**（见110页地图；📞821 5218；西环路351号）虽然有些老旧，但仍然是车次最多、最主要的汽车站。这里有发往周边主要景点如七彩丹霞景区的大巴车，也有发往周边县市，如高台、肃南等，及发往酒泉、嘉峪关、武威、兰州等省内城市以及省外城市如阿拉善右旗的班车。如要前往山丹马场，建议你从东站乘车，这里只有过路车。

张掖客运中心（原汽车东站）（见110页地图；📞827 0096；金张掖大道辅路）装修一新，2019年7月开始投入使用，目前车次不多，主要运营开往山丹县城（20元；7:00～18:00，上午每半小时1班，下午10分钟1班）以及兰州（140元，19:00）的班车。也有一些开往武威和金昌的过路车。未来随着客运中心设施的进一步完善，预计会有更多的车次。需要注意的是，这里没有直接到达山丹马场的班车，均需要先到达山丹县城换乘。

汽车南站（见110页地图；J 824 0019；南环路478号）主要运营发往民乐（6:30～19:00，15分钟1班）以及南古镇（15元；6:45～17:00，15分钟1班，经马蹄寺；1.5小时）的班车。这里还有去往马蹄寺的旅游小巴车（39元，9:15），可以直接驶入景区，更加方便舒适。但每辆车仅有16个座位，需提前一天在车站内咨询预约。

火车

张掖火车站位于城区东北7公里处，在兰新线上往来的车次都会路过这里，价格因快慢车而不同。旅游旺季记得提前订票。去往敦煌、乌鲁木齐、兰州、北京、上海可以在这里坐车。

张掖火车西站位于城区西南3公里处。前往敦煌的动车从这里发车，但每日只有一班，票非常紧俏，旅游旺季可能会提前售完。请记得提前预订。除此之外，这里还有发往乌鲁木齐和兰州的列车。

当地交通

张掖城市不大，公交车也非常便利。本书作者调研期间，各大共享单车品牌尚未在张掖铺开，街头只有本地共享单车，且数量不多，因此骑行并不方便。

抵离机场

张掖汽车西站有发往机场的大巴车（20元；每日2~3班；1小时），但因机场航班较少且航班数量受季节影响，数日变化比较大，因此建议你提前前往汽车西站询问具体发车时间。

乘坐出租车前往机场约70元，车程半小时左右。

公交车

几趟便利的公交车往来于城市及周边，票价1元。1路公交车（7:00～22:30）经过县府街、西大街东段、镇远楼、东大街后开往火车站。1路、2路、3路、19路等均可到达张掖火车西站。

出租车

出租车5元起价，1.6元/公里。前往市区周边景点一般不打表，因此建议你提前询问好市场价格后与司机商议。从市中心打车前往火车站，出租车费约25元。如果是到火车西站，出租车费约17元。

张掖周边

张掖七彩丹霞景区

[见93页地图；J 562 3666；www.zydanxia.com；张掖市西40公里处；门票74元/人（含门票54元，观光车票20元），半价票47元/人；☉3月1日至4月10日6:30～18:00；4月11日至4月27日6:00～18:00；4月28日至8月31日5:30～19:00；9月1日至10月31日6:30～18:00；11月1日至次年2月29日7:30～17:00]这片错落起伏、五彩斑斓的彩色丘陵，在被数部国内外影片选为取景地、登上无数杂志封面之后一炮而红，吸引了络绎不

张掖汽车站（西关车站）车次时刻表

站点	发车时间/班次	票价（元）	行程（小时）
七彩丹霞景区	7:45～17:00（15分钟1班）	15	1
肃南	7:30, 8:00, 9:15, 10:30, 11:40, 13:00, 15:00, 16:00, 16:30, 17:10	18	1.5
高台	6:45～20:00（20～40分钟1班）	24.5	2
酒泉	8:15, 9:05, 10:20	47	4
嘉峪关	10:20, 13:30	51	4.5
武威	7:20～17:00（50分钟1班）	58	5
兰州	19:30（卧铺）	140	8
阿拉善右旗	9:45	33	3

❶ 玩转丹霞景区

随着景区的不断开发和游客数量增多,七彩丹霞景区的玩法也越来越多。希望以下的信息和小贴士可以帮到你:

省钱妙计

如需次日入园,记得购票后在入园闸门处选择通过指纹记录、身份识别或人脸识别登记个人信息,次日通过验证信息入园。虽然门票支持2日游玩,但次日入园需要单独购买观光车票。另外需注意的是,想要次日入园的游客需在次日早晨8点之前入园。

景区每年有6个免门票日,分别是农历正月初一、农历正月十五、国际妇女节、国际博物馆日(5月18日)、世界文化遗产日(6月的第二个周六)、丹霞景区百万游客纪念日(10月20日)。免门票日需单独购买景区观光车票。

游玩贴士

旺季排队拍照的确是让人头疼的事儿。于是景区推出了差异化服务,为购买深度游(348元/位,3人起售;增加七彩敖河台、桃花沟等4个新的观景点)的游客开放独特的小型观景台,以满足不同旅行者的需求。不过深度游暂时无法在网上预订,只能现场购票,每日限100人。在网上购买普通票的游客,也可在现场补差价(每人补差价258元)升级门票。

景区内还有各种体验项目,适合时间、金钱充裕的旅行者。其中热气球体验最受欢迎。

➡ 热气球(6~8分钟/次;系留飞 成人:200元/次,儿童:150元/次;⏲6:30~9:30, 16:00~21:00;乘坐地点:七彩虹霞台)

➡ 动力伞(约5分钟/次;单人:480元/次,亲子:680元/次;⏲7:00~11:00, 15:00~20:30;乘坐地点:七彩虹霞台)

➡ 直升机(8~10分钟/次;860元/次;⏲8:00~12:00, 16:00~19:00;乘坐地点:七彩仙缘台)

➡ 乘驼观光(10分钟,60元/次起;⏲7:00~19:30;乘坐地点:七彩锦绣台)

➡ VR体验(10分钟;50元/次;⏲7:00~19:30;体验地点:七彩云海台)

摄影诀窍

七彩丹霞美艳难挡,其最艳丽的色彩出现在雨后初晴的日出和日落。除了色彩饱和度更高以外,较低的色温也会给红色的丹霞增添更多暖意。如果冬天飘雪,待天晴后还可以拍摄到阳面七彩、阴面白雪的绝美景色。尽量避免正午阳光直射时摄影,由于明暗光比过大,拍出的照片会失去丰富的层次。如果天气欠佳,携带一枚偏振镜或中灰渐变镜,能最大限度地弥补天色的不足,且能拍摄到少见的"绿色"丹霞。

景区观景台中,七彩云海台和七彩仙缘台均为远景,可拍摄日出和日落。而七彩锦绣台和七彩虹霞台为景区中色彩最为精华的部分,更容易拍出丹霞色彩变化的纹路,在日落时也更能拍出鲜艳的红色。

绝的各国游客和摄影爱好者。这里独特的魅力不会让人失望,奇绝而又灿烂的景色足够牢牢锁定每个到访者的眼球。

从远近不一的观景台可以领略彩色丘陵的不同风采。七彩云海台(1号观景台)和七彩仙缘台(4号观景台)以远观为主,可以俯瞰到七彩洪波壮观的景象,气势磅礴。七彩锦绣台(2号观景台)设立在山脊上,需要攀登666级阶梯,但两侧如同赤焰般多变的景色让跋涉并不枯燥。七彩虹霞台(3号观景台)是整片彩色丘陵的华彩部分,在这里可以近距离观赏**七彩屏**特写。尤其是在日落时分,余晖的滤镜让本身鲜艳的色彩变得惊艳,充满诗意地在眼前铺陈开来。

前往参观丹霞景区十分便利,西、东(肃南)、北(临泽)三个入口都有观光车停靠。如果从西门进入,观光车会依次经过4个观景台,其中七彩虹霞台和七彩仙缘台为换乘站。在北入口附近新建的张掖丹霞地质博物馆内，可以了解到关于彩色丘陵地貌形成的知识。

景区内提供讲解服务100元/次（限时2小时）以及包车服务300元/辆（10座商务车，限时2小时，超时50元/小时）。专车的旅行线路与景区内观光车的线路一致。

附近的配套餐饮和住宿随着七彩丹霞的声名鹊起而层出不穷。一些连锁酒店也相继在附近入驻，使得周围的住宿条件有了很大提高。Q加·临泽丹霞驿路港湾酒店（☎5300318；丹霞地质公园西入口停车场东侧；标双120元起；✱Ｐ@）是比较干净整洁的一家。附近餐饮以快餐小吃为主，其中位于西入口附近的赵记西北油泼面馆（◉7:00~22:00）味道好，量大实惠。

张掖西关车站有直达丹霞景区西入口的大巴车（15元；7:45~17:00，15分钟1班；1小时），返回张掖的大巴一般在17:00左右出发，记得和司机确认。如果想从这里前往冰沟丹霞景区继续游玩，可以在西入口附近的公路边乘坐开往肃南方向的大巴车（10元；约1小时1班；20分钟），也可乘坐出租车，约20元。

肃南冰沟丹霞

（见93页地图；☎662 8022；肃南县康乐乡；门票40元/人，儿童及60岁以上老人凭有效证件享受半价，观光车20元/次；◉6:00~19:00）从七彩丹霞景区出发往肃南方向行驶10公里左右，就来到了冰沟丹霞景区。虽不及七彩丹霞的五彩缤纷，但这里的丹霞地貌更为千姿百态，增了不少雄浑壮观之气。其中窗棂状一宫殿式丹霞更是为张掖地区独有。

冰沟丹霞景区大致呈Y字走向，主景区包括小西天和大西天两个核心景区，抵达对应的下车点后都需再步行2公里左右。小西天位于Y字的右上侧，被分为1号和3号观景区，大西天位于Y字的左上侧，是2号景区。

其中，1号观景区可以俯瞰小西天的全貌，欣赏到各类以形状命名的风蚀红岩。从小西天可以徒步1.5公里到大西天2号景区。这里有"卢浮魅影"、"婆婆宫"、"琉璃宫"和"佛母金刚"等经典景致，其中因地壳抬升和流水侵蚀所形成的"卢浮魅影"，是一片如城堡般壮观的紫红色砂岩，为景区内不容错过的看点。

肃南丹霞地貌距离张掖市有60多公里，从张掖西关车站发往肃南县的班车（10元；每小时1班；1.5小时）会路过景区入口。末班车18:00返回张掖。

黑水国遗址

（见93页地图；张掖市西北12公里处明永乡，G312国道西侧；免费）黑水国最初是何人所建依旧是个谜团，但这里的各类城郭、古墓、村落等遗迹，让人对此处的历史也有了几分猜想。早在新石器时代，这里就有人类居住的痕迹。这里也是月氏、匈奴人生活过的地方，后成为小月氏的国都。西汉前，当地人称移居至此的匈奴为"黑匈"，黑河流经此处，"黑水国"因此而得名。后因东汉末年黑水国一带遭受风沙袭击，生活条件恶劣，黑水国逐渐被废弃。

遗址分南、北二城，对称分布在312国道两侧，相距约3公里。其中南城遗址相对比较容易到达。两个城池造型基本一致，平面为方形，像旧时屯庄或族人城堡。城墙为黄土夯筑，四角筑有方形角墩，在岁月的冲刷下古城规模仍在，但已经难辨往昔形貌，只余东北角的城墩、东门的瓮城、城内五指状的房屋地基遗址，以及掩埋在黄沙石砾下阅尽沧桑的汉晋砖瓦。

从张掖西关汽车站乘坐开往临泽的班车（7元；7:00~18:00，20分钟1班；40分钟），跟司机说明在黑水国遗址下车。刻有"黑水国遗址"的石碑就静立在国道南侧。自此处沿未铺装的土路继续向南，约1公里后会在右手边看到"黑水国古屯庄遗址"的石碑，后边是一处面积较小的古代屯庄。再向南走约1.5公里就能到达开阔的黑水国南城遗址了。

马蹄寺景区

[见93页地图；☎889 1699；张掖市西南65公里处；门票39元/人，半价21元/人，学生以及60岁以上老人凭有效证件享受半价优惠，北寺石窟（包含三十三天石窟、千佛洞、格萨尔王宫）门票35元/人；讲解50元/次；◉8:00~18:00]马蹄寺最早的石窟开凿于1600多年前的北凉，原为儒

家大师郭瑀安身授业之所。后来成为汉传佛教寺院,并逐渐成为藏传佛教格鲁派青海东科尔寺的属寺。遗憾的是,"破四旧"时,大量石窟、壁画、佛像等被毁坏,让蔚为壮观的艺术宝库空余千洞。

进入景区,首先经过的是**千佛洞**。千佛洞依山而建,分为南、北、中三段。南段保存有北朝时期的石窟4个,中段为典型的汉传佛教寺庙,而北段则是摩崖石刻塔林。这些佛塔都是苦行僧开凿用于坐禅修行和存放舍利子的地方,大多开凿于西夏和元明时期。从此处继续向北,便是马蹄寺内最大的看点**三十三天石窟**。"三十三天"是梵文的意译,音译为"忉利天",为佛教用语。上、下七层共21个石窟,整齐排列在百米高的悬崖上,外形像一座宝塔镶嵌在绝壁中央,造型独具匠心。顶处供奉的是绿度母塑像。

马蹄殿内有马蹄状印迹的黑石,"马蹄寺"也因此得名。不远处的**藏佛殿**拥有"国内单体面积最大石窟"的荣誉,内部八米多高的站佛为近代复制品。据说,站佛的腹内藏有一尊白玉度母像,所以称此窟为"藏佛殿"。小小的**胜果寺**是一座有两千余年历史的藏传佛教寺院,出过不少高僧大德。

继续沿着游览道路向前就是草原连绵的**临松薤谷**。这里的道路通向大山深处的**临松瀑布**(7公里;只能骑马前往,来回150元左右),杉树松林挺拔翠绿,但并无太多特色。而穿过东侧裕固族帐篷,可以参观**祁连珍稀动物园**(免费),动物园非常小,但这里有来自祁连山的环颈雉、鹅喉羚和国家一级保护动物马麝。

马蹄寺的西北方向通往**金塔寺**。金塔寺分为东、西两窟,以"高肉雕泥塑飞天"为代表,保存了众多极其精美、艺术水平极高的壁画。令人遗憾的是,由于文物保护的原因,金塔寺于2017年起停止对外开放,附近的**上、中、下观音洞**也因同样的原因无法参观。

景区附近比较荒凉,饭店、住宿也是差强人意。整个马蹄寺游览需要3小时左右,建议你返回张掖市住宿。

前往马蹄寺,可以从张掖汽车南站乘坐去往南古镇的班车(11元;6:45~17:00,30分钟1班;2.5小时),在马蹄路口下车,但下车后距离景区大门尚有10公里,需要拼车,十分不方便。推荐你从张掖汽车南站乘坐专门发往马蹄寺的16座旅游小巴车(39元;9:15;3小时),车辆可以直接开进景区,下车即开始游览,节省时间。返回张掖的车一般是15:30左右发出,记得下车前提前和司机确认。需要注意的是,旅游小巴车座位比较紧张,常常提前售完,需要提前前往汽车南站咨询预订。自驾出行的旅行者交纳15元停车费后,可以将车辆开入景区大门。

平山湖大峡谷

(见93页地图;☏883 0066、883 0099;张掖市北56公里处,平山湖乡平山湖村;门票100元/人,景区观光车30元/人;⊙旺季4月1日至10月31日5:00~22:00,淡季11月1日至次年3月31日7:00~19:00)距离张掖市区约60公里的平山湖大峡谷名气不大,但波澜壮阔的丹霞地貌以及深入峡谷内部探险的独特体验,吸引了许多慧眼独具的旅行者从张掖来这里一日游。不过整个景区内需要攀爬和步行的范围很大,对体力是一个不小的考验。

进入气势十足的大门,还需向东13公里才能进入核心景区,乘坐景区内观光车约25分钟。长长的栈道设置了4个观景台,极目远眺,均可欣赏到赭红色砂岩在流水数亿年的侵蚀后形成的绵绵低缓的丹霞丘陵,它们均根据外形被冠以十分形象的名字,如神龟问寿、情侣峰等。

3号观景点往前300米就是峡谷入口,1公里长的陡峭楼梯直达谷底。穿梭在狭长砂石路的甬道中,两侧高耸的侏罗纪时期的山壁上,是一道道流水冲刷的痕迹,恍惚回到史前蛮荒时代。狭路在吉祥神树处豁然开朗,沿着大道在五彩山向前走4公里就可返回地表。如果想爬两段90度的**云梯**,请留意树前50米处的山壁上一个非常不起眼的标志,从那里进入就是**一线天**。云梯狭窄处需要手脚并用才能经过,有一定危险性,不建议年长或年幼的游客在没有陪同的情况下尝试。五彩山和云梯两条路线最终交会于山谷中部,再向上爬500米就是4号观景台。

景区内仅有2家饭店,周围以小吃摊位为主,建议你随身携带一些零食充饥。

乘坐张掖西关汽车站每日上午发往阿拉

善右旗的车（14元；9:45；路程1.5小时），在平山湖丁字路口下车向东步行500米即到。返回市区的车在16:30左右出发。

高台

自汉武帝年间在此设县开始，高台便是"丝绸之路"的必经之地。1600多年前坐落于骆驼城的北凉古都以及遍布周围乡镇的墓群，让高台坐拥丰富的文物资源。特别是数量庞大、样式精美的魏晋墓砖画，具有不可替代的历史和艺术价值。1937年红军西路军曾在高台浴血奋战，留下了悲壮的英雄事迹供后人凭吊。

◎ 景点

高台县博物馆　　　　　　博物馆

（☎675 5199, 662 4050；城关镇湿地新区；免费；◎周二至周日8:30～12:00, 14:30～18:00, 周一闭馆）博物馆共有上、下两层，一层为主要展厅。其中北侧第二展区则是整个博物馆中最为精彩的部分"古冢丹青—**高台魏晋壁画砖系列**"。魏晋墓葬壁画砖大多出土于高台附近骆驼城、许三湾等地，就近收藏于此。其中大部分以现实社会主题为中心，从农耕、牧猎、出行、筵宴等各个角度，再现了当时河西走廊地区生活的方方面面。

南侧的第一展区则主要展出除壁画砖之外的其他文物，其中反映死后升天成仙的人首蛇身伏羲女娲棺木绘画风格独特，令人印象深刻。

高台县博物馆距县城中心约1.5公里，乘坐出租车5元即可到达。

中国工农红军西路军纪念馆　　　展览馆

（☎662 4586；zggnhjxlj.com；县城东南角；免费；◎周二至周日9:00～17:00, 周一闭馆）这里是国内目前最重要的西路军纪念馆。血战高台英雄群雕位于景区大门不远，后方是仿人民英雄纪念碑设计的中国工农红军西路军纪念碑和阵亡烈士公墓。纪念碑上有李先念"红军西路军烈士永远活在我们心中"的题词。

西路军的征途及其悲剧结局，在发生后的40多年内，一直被认定是"执行张国焘错误路线"的结果。直到1982年，经过李先念和原西路军幸存将领们的努力，历史才被还原为"西路军执行的任务是中央决定的"。

展馆内以时间为主线，陈列了大量历史照片、遗物及文字说明，影音场景再现和互动讲解等现代手段，也能帮助你更好地了解和认知这段历史。

前往纪念馆，可乘坐公交1路在高台一中站下车。乘出租车需5元。

骆驼城　　　　　　　　　古迹

（骆驼城乡西滩村）如今看上去貌不惊人

高台城区

◎ 景点
1 高台县博物馆..................................A1
2 中国工农红军西路军纪念馆..............B3

🏠 住宿
3 高台宇阳国际大酒店..........................B1
4 双龙宾馆（高台中心广场店）............A3
5 祥云快捷宾馆....................................A3

ⓘ 实用信息
6 高台县人民医院................................B3
7 高台县邮政局....................................A3

河西走廊 高台

的骆驼城,不仅曾是北凉初建时的国都"建康郡",还是汉代乐涫县、唐代建康军的故址,是古时西通西域、进行文化交流的主要通道,往昔的光辉为这里带来了大量的墓葬珍宝。伴随着朝代更迭,几经战乱倾覆,这里在唐大历元年(766年)被吐蕃攻陷,历时千年的古城从此荒废、水源枯竭。遍野荒草,成为骆驼客放牧的天然牧场,久而久之,便称其为"骆驼城"。

东靠山水河,西临摆浪河,骆驼城就建在两河相交的空地上。现存的骆驼城西、东两面城墙都完好,西、南两面的瓮城也都保存较为完整。南侧为宫城,外城可以明显地看出基本完整的瓮城、马面、敌台、角墩和城垣的结构。南城西南角有个俗称"羊蹄鼓城"的小方城,系主城的外围防御堡垒,其北部还可以看到一口古井。北侧为曾经的皇城,与宫城相通。本书作者调研期间,当地文物保护部门在比较脆弱狭窄的城墙周围拉起了铁丝网,进入古城游览时需要特别注意避开这些区域。

西滩村口丁字路口处有一排白色蓝顶平房,这里便是骆驼城文化站新址。我们到访时这里刚刚建成,在地图上比较难找,但热心的村民们都可以告诉你具体位置。

从骆驼城遗址继续向西约13公里,便可以看到许三湾遗址的石碑立在县道边上,穿过一片玉米地就能到达。这里出土了大量文物,已被列为文物保护单位,但目前不允许进入。

从高台县汽车站出发前往骆驼城遗址,记得要乘坐开往许三湾方向的大巴车,跟司机说明在骆驼城遗址下车。如果不小心乘坐了前往骆驼城乡的大巴车,下车后还需要步行7公里左右。从骆驼城遗址返回高台的末班车约在16:30发出,不过最好提前跟司机确认好时间,提早在路边等待。

🛏 住宿

祥云快捷宾馆　　　　　　　　　　酒店 ¥

(📞599 1777, 151 9346 5996;城关镇南环路兴隆茗苑二层;标双100元起;📶❄P)这家酒店最大的特点莫过于宽敞的房间。普通双人间的面积都能比得上一般城市酒店内豪华套房的大小,非常适合带孩子出行的家庭。房间内并没有太多复杂的装饰,干净整洁。唯一需要注意的是,洗手间内的电热水器需要提前半小时左右烧水再使用。酒店附近便利商店不少,但没有太多餐饮选择。不过好在位置不错,步行也可以到达县城中的商业中心区域。

双龙宾馆(高台中心广场店)　　　酒店 ¥

(📞665 5999;解放南路东升大厦B座;标双140元起;📶❄P)酒店房间内饰简洁,麻雀虽小五脏俱全。入住时房间内会准备欢迎卡片和花朵,服务非常贴心。地理位置优越,紧邻奇正购物街和县城内最热闹的解放南路十字,吃饭买东西都非常方便。

高台宇阳国际大酒店　　　　　　酒店 ¥¥

(📞665 9666;湿地新区2号;标双218元起;📶❄P)从价格来看,这里已经算是县城内最为豪华的住宿选择之一。最小的标准间也有30平方米左右,房间内典雅的装修和崭新的设施也配得上定位。周边环境安静,紧邻国家城市湿地公园,对面就是高台县博物馆。

🍴 餐饮

高台餐饮主要还是以河西走廊地区的各类面食为主,虽然没有突出的本地特色,但在这里吃到的搓鱼儿、炒面片、凉皮等都物美价廉,基本上10元以内就能吃到一顿不错的午饭。在解放南路两侧有很多大大小小的饭店,高台商业步行街上还有川菜等更大众化的餐饮选择。

ⓘ 实用信息

各大银行在解放南路附近都设有网点和自动取款机,县城内几乎所有商铺都可以使用手机支付。

高台县邮政局(人民西路33号;⏰9:00~17:00)是县城内最大的邮局。

高台县人民医院(人民南路21号;📞662 1016)为二级甲等医院,也是县城内最大的医院。

ⓘ 到达和离开

长途汽车

高台汽车站(见117页地图;解放南路和Y372县道的交叉口)位于县城南侧,运营发往周围乡镇以及附近城市的班车,去往骆驼城、许三湾等也从这里坐车。

高台汽车站车次时刻表

站点	发车时间/班次	票价(元)	行程(小时)	备注
张掖	7:30, 8:30, 9:05, 9:45, 11:30, 12:10, 12:45, 13:30	16	1.5	不走高速
酒泉	7:30~17:00, 30分钟1班	32	3	
嘉峪关	9:00, 10:00	35.5	1.5	
许三湾	9:30, 13:40, 17:40	10	1	途经骆驼城遗址
肃南	9:00	18.5	2	
兰州	17:00	110	9	
骆驼城	7:10, 7:40, 8:20, 9:30, 12:00, 12:40, 13:00, 14:00, 14:50	5	0.5	

火车

位于高台南面13公里的**高台火车站**(高火公路旁,城关镇)与**高台南站**(南华镇)距离很远,并不是旅客的最佳选择。从高台火车站或高台南站前往县城搭出租车单程约需30元。

🛈 当地交通

县城不大,步行是游览这里最好的选择。1路公交车(1元;7:20~20:00;15分钟1班)路过县城内较为繁华的人民东路、人民西路、解放南路以及西路军纪念馆。如果要前往距离县城中心有一定距离的汽车站、博物馆等,出租车是最好的选择(起价5元,1.2元/公里)。

山丹

"长城魂,艾黎情,佛山缘,马场梦,焉支风",山丹打出的旅游特色标语,很好地概括了这里值得停留的理由。骏马驰骋的草原,绵延不断的汉明长城,风景秀丽的焉支山,气势恢宏的大佛,艾黎捐赠的精美文物……还有这里独具特色的美食,都会让你爱上这座西北小城。

⊙ 景点

大佛寺 寺庙

(见120页地图;山丹县城西瞭山;旺季4月1日至10月31日,门票40元/人;淡季11月1日至次年3月31日,免费,学生及60岁以上老人凭有效证件享半价优惠;讲解服务50元/次起;⊙8:00~18:30,夏季通常延长营业至20:00)行驶在乡间公路上,远远就能看到大佛寺7层高、金碧辉煌的大雄宝殿。始建于北魏(425年)的山丹大佛寺,曾与张掖大佛寺的亚洲最大卧佛遥相呼应。只因屡遭战火,现所见的寺内大佛为20世纪90年代重修。主体建筑**大雄宝殿**内有高35米的世界最大室内泥塑坐佛,佛的手、足、胸及面部均有纯金箔裱贴。明英宗朱祁镇曾为该寺题写"土佛"匾额,并为大佛披挂龙袍袈裟,使得山丹大佛成为国内罕见的身披龙袍袈裟的大佛。沿着西侧山梯登阁,可以近距离欣赏绘制精美的大佛袈裟。登上宝殿后方的山坡顶,向北可远眺祁家店水库,风光不错。每年农历四月初四还会有非常热闹的庙会。

山丹大佛寺景区每年有6个免票日,分别为:农历四月初四(大佛寺民俗文化旅游节)、5月18日(国际博物馆日)、5月22日(佛诞日)、6月9日(文化遗产日)、9月28日(孔子诞辰)和10月10日(辛亥革命纪念日)。

大佛寺位于县城西南5公里处,可从汽车西站乘坐到大佛寺的公交车(2元;6:00~18:00),乘坐出租车前往需要20元左右。

艾黎捐赠文物陈列馆/山丹县博物馆 博物馆

(见120页地图;☏272 9319;山丹县文化街3号;凭身份证登记免费参观,讲解免费;⊙周二至周日8:30~12:00,14:30~18:00,周一闭馆)山丹博物馆位于明清时期当地大户人家宅院陈家楼的旧址,大门正对的**艾黎事迹展厅**以图片资料的形式,展示了被誉为"山丹白求恩"的路易·艾黎在中国援助抗日和创办培黎公益学校的事迹。位于南侧、两层楼的**艾黎捐**

山丹城区

◎ **景点**
1 艾黎捐赠文物陈列馆/山丹县博物馆 ...B2

🛏 **住宿**
2 Q加·山丹浙宁美居宾馆 A1
3 坤逸精品酒店 A1

🍴 **就餐**
4 刘记丽霞炒拨拉 B2
　五彩山丹小吃城 ....（见4）

ℹ **实用信息**
5 山丹汽车站 B2
6 山丹县人民医院 B2
7 汽车西站 B2
8 中国邮政（邮政南街邮政所）....................B2

赠文物陈列馆是主要展厅，珍藏了艾黎生前捐赠的近4000件文物。文物的年代涵盖新石器、周、汉、魏晋直至明清时期。其中稀有的唐代男性胡腾铜人、宋代三彩观音和历史地理长卷《大清万年一统地理图》最是震撼。展厅对面的北楼则为艾黎图书馆，内收藏有艾黎生前捐赠的各类图书，门口有一尊乔治·何克的雕像，他是艾黎的挚友，两人一起创办了培黎工艺学校。

博物馆内常年有当地文化部门的工作人员值班，他们很乐意为来此的游客提供关于艾黎生平事迹和所捐赠文物的免费讲解。

本书作者调研期间，山丹县正在县城新区北苑家园附近筹建全新的艾黎捐赠文物陈列馆暨山丹历史博物馆，2020年上半年正式开放。届时全新的博物馆会增加馆藏，同时增加"山丹马博物馆"。而在此之后位于文化街的老馆会继续作为临展馆保留。

艾黎捐赠文物陈列馆位于县城文化街上，3路公交车（1元）经过门口。

焉支山

（见93页地图；☎18193679938, 285 1037；http://weibo.com/gsyanzhishan；山丹县东南40公里处，大马营乡；门票45元/人，景区内旅游专线车单程10元/人次；⊙8:00~18:00，10月底至次年3月封山）焉支山坐落于河西走廊峰腰地带的甘凉交界处，隔军马大草原与祁连山相望。作为祁连山的支脉，这里原始森林密布，植被层次分明，从山脚下花叶繁茂的草甸，到海拔3978米的主峰百花岭，焉支山拥有覆盖灌木林带、原始林带以及高山雪带的各色植物和生活在其中的野生动物。幽静的寺庙、起伏的沟壑松涛、潺潺的溪水，都是西北戈壁难得一见的美景。

古时焉支山为匈奴所占，匈奴自诩为"天之子"，并将河西走廊南面的祁连山喻为"天之子山"，将焉支山喻为"天后山"，可见焉支山当时的重要地位。也难怪当年骠骑将军霍去病在此大败匈奴，使得匈奴人放声悲歌"失我焉支山，使我嫁妇无颜色"。大业年间隋炀帝为向西域诸国彰显威仪，也曾亲自到此召见西域二十七国君主使臣。这些历史长河中的传奇瞬间，增加了焉支山在世人心中的砝码，让这里成为山丹旅游的重要景点之一。

景区每年有6个免费开放日，分别为国际博物馆日（5月18日）、文化遗产日（6月第二个周六）、夏至日、钟山寺庙会（农历六月初六）、孔子诞辰（9月28日）和辛亥革命纪念日（10月10日）。其中六月六庙会山上尤为热闹，集市上会卖各种当地土特产。

张掖汽车东站有发往焉支山的大巴车（☎8270096；24元；7:40, 8:20；约3小时），从景区返回张掖市区的车每日两班，分别为16:30和17:00。但大巴车具体运营时间会根据游客数量和天气情况有所调整，建议你提前咨询。山丹汽车西站有来自张掖的过路车前往焉支山景区（12元），返回山丹县城没有单独运行的车辆，也需要搭乘焉支山返回张掖的大巴，在山丹县城下车。

山丹马场

草原

（见93页地图；大马营乡；⏰每年5月至9月）
经焉支山继续向南，就到了始建于西汉元狩年、规模雄踞亚洲首位、世界第二大的山丹马场。

虽然军马随着部队作战运输的全面机械化而退出历史舞台，万马奔腾的壮景难再现，但祁连雪山脚下一望无际的壮阔草场仿佛遗世独立的世界，未受现代社会的叨扰。山丹军马场草原地势平坦，水草丰茂，尤其是每年的6月至8月间，是这片草原最美丽的季节。在一望无际的原野上，盛开着万顷油菜花，金黄无际。草原南面的祁连山气势高峻，白雪封顶，北面焉支山，苍翠巍峨。

山丹军马场共有四个场，大马营乡是前往各个马场的重要中转枢纽站。从这里出发到总场大约2公里的路程，但总场基本处于荒废的状态，没有游览价值，加上道路比较难走，故不推荐前往。从大马营乡沿着新修的县道向南行驶约15公里会先经过军马二场，继续向前20公里左右即到达军马一场。

到达军马一场之前约20公里处有一个岔路口，向右转前往军马一场，而直行向前约24公里便是军马四场。所有的军马场当中，军马一场的风光最美，也只有一场作为景点向游客开放，其他军马场仍然主要以养马和农田为主。因此作为普通旅行者，前往军马一场就足够了。

马场上提供骑马体验的教练不少，骑马的费用根据距离的长短从30元到100元不等，骑马到南边的鸳鸯湖（西大河水库）需要100元左右，往返约2小时。路途虽远，但一路上辽阔无边大草原景色，奔腾的骏马，以及高山雪峰下碧蓝水面上倒影的阳光和云朵，都会让你无比享受这段独特的旅程。遗憾的是，马场东南侧的窟窿峡从2019年7月开始因为线路调整，道路变得异常难走，也有一定危险性，骑马教练都不推荐前往。马场上骑马项目大多以游玩休闲为主，会有教练牵马陪同，因此比较安全，并不需要有骑马经验。

在马场住上一晚，第二天看看草原日出，会让你拥有一个更完整的马场体验。牧马人家[☏180 9367 7410，139 9360 6977（郭先生）；场部中心附近；铺位60元/人，标双240元起；Ⓟ]是其中比较老牌的一家。虽然多人间没有热水，不能洗澡，但整体还算干净。在牧马人家酒店前方有一条标有"淮西小镇"字样、新建不久的商业街，这里有更多的住宿选择，标间基本在200元左右。街上也有一些饭店，价位适中，以家常菜为主，并没有太多特色。

从山丹县城出发，每天只有一班车前往军马一场（9:00；16.5元；3小时），返回的车

> **不要错过**

露天长城朝圣

山丹汉、明长城在县境内绵延近200公里，因为保存完好，被誉为"露天长城博物馆"。山丹长城建于不同年代，但走向、长度基本一致。汉长城在北侧，明长城在南侧，两者相距在10米至80米之间，平行延伸。其中从县城东南40公里处的丰城村至峡口村长约9公里的段落更是其中精华，汇集了河西走廊古长城的各种景观。

从丰城村出发，跨过北侧的天桥走到连霍高速的东侧，一路沿着未铺装的土路向着东北方山丘上的汉烽燧前进。路过"丰城村双孢菇实验基地"的大门后继续向前约2公里，就能到达山脚下。沿途会经过很容易和废弃砖窑混淆的明代营盘遗址、汉代古井和紧靠古井的明烽燧。登上山丘，从汉烽燧居高临下可以望见在广袤平原上并行绵延向南的汉明长城。返回山脚后在营盘处的岔口选择向南的笔直土路，在身旁城墙的一路伴随下步行5公里，终点就是孑然独立在荒原中的峡口古城。要塞自明代起就扼守着的"泽索谷"是古栈道极细之处，仅容一辆马车通过，因此有"甘凉咽喉"之称。如今在南北瓮城外还可以清晰辨认出古丝路的痕迹。

在本书作者调研期间，丰城村附近正在修路，完工日期不定，来往的长途汽车不停靠。其间如自驾车前往，在丰城堡收费站出高速后，沿G312向北行驶一小段后可以先找合适的地方停车，之后步行约2公里到达丰城村。

大约于14:30发车。从张掖出发只能先乘车到山丹县城再转乘,没有直达车。需要注意的是,逢中元节(农历七月十五)当地人有赶集的风俗,汽车票常常提早售空。从山丹县城包车前往军马一场单程180元左右。

住宿

坤逸精品酒店 酒店 ¥

(593 8999;山丹北大街;标双100元起;❋🅿@)酒店距离小吃街不远,地理位置优越。服务人员态度热情,非常乐意分享关于本地旅行的信息和攻略。房间内都贴有温馨可爱的贴画,虽然内饰略显陈旧,但设施齐全,床品舒适。此外还免费提供咖啡和茶,在这个价位的酒店中实属少见。

Q加·山丹浙宁美居宾馆 酒店 ¥

(278 7771;山丹艾黎大道中段浙宁商厦西侧;标双148元起;❋🅿@)这家2018年开业的酒店内设设施齐全先进,干净整洁。房间整体采光很不错,宽敞舒适。周围饭店不少,但想要吃到正宗的本地美食,还是要前往县城中心东大街附近。

餐饮

山丹美食除了具备西北饮食中必不可少的各类面食之外,还有闻名遐迩的一道名菜——山丹炒拨拉。各种羊内脏、饼块、辣椒和洋葱配以独特的调料,在巨大的平底锅上大火翻炒,和朋友或是陌生人一起围着大锅品尝这味道浓郁的美食,再配上一瓶味道清新的当地饮料姜啤,绝对是令人难忘的味道。

刘记丽霞炒拨拉(153 9367 1883;胜利街五彩山丹小吃城;人均40元;⏱12:00至次日2:00)在小吃城内众多同类炒拨拉中,分量最足,物美价廉,我们非常推荐。**五彩山丹小吃城**虽然看起来游客范儿十足,但的的确确是本地人也会觅食的地方。这里还能品尝到比较正宗的山丹羊肉垫卷子、酸奶等。

🛍 购物

马场特产在山丹当地和张掖都是响当当的产品,清油、干蘑菇、青稞酒、蜂蜜和牦牛肉既绿色又健康。不过买正宗产品还是在马场最可靠。

ℹ 实用信息

县城内各大银行网点和自动取款机不少,且大大小小的商铺均可使用手机支付。

中国邮政(邮政南街邮政所)(南大街38号;⏱9:00~17:00)是县城内最大的邮局,业务齐全。

山丹县人民医院(273 1303;南大街24号)为二级甲等综合医院。

ℹ 到达和离开

山丹火车站位于县城西北角5公里处,对于旅行者不是很便利,主要还是以汽车通勤为主。

山丹共有两个汽车站,**山丹汽车西站**(见120页地图)是比较常用的汽车站,开往周边主要城市,前往兰州、武威、张掖的车都需要从这里乘坐。这里也有发往周边村镇以及主要景点,如马场一场的班车。但需要注意的是,这里的汽车发车时间根据季节会有所变化,最好提前过来询问确认。

位于汽车西站东侧200米处的**山丹汽车站**(见120页地图)相对较小,几乎都是过路车。夏季,这里大部分车辆都会被当地旅行社调用,仅有往返武威的车辆(9:20~18:00;2小时1班;45元)。

ℹ 当地交通

公交1路开往火车站,从汽车西站乘坐的票价是2元,途中上车1元。

出租车5元起价,1.2元/公里。

山丹汽车西站车次时刻表

站点	发车时间/班次	票价(元)	行程(小时)	备注
兰州	19:30	120	8.5	
焉支山	10:00	12	1.5	从张掖来的过路车
马场一场	9:00	16.5	3	每日仅此一班,需要提早过来买票。车站只售当日票
张掖	8:30~18:00, 25分钟1班	11.5	1.5	

肃南

从张掖前往肃南,一路上雄伟瑰丽的丹霞地貌,广阔无垠的高原草甸,让路程充满惊喜。下车的一瞬间仿佛换了一个季节。即使是夏季,高原地区的凉爽也会扑面而来。作为全国唯一的裕固族自治县,漫步于城内红砖绿瓦的红湾寺、金光闪闪的香巴拉如科转经轮,以及民族博物馆,慢慢品味这里不一样的少数民族风情。

⊙ 景点

肃南县民族博物馆 博物馆

[见124页地图;☎612 4836;肃南县红湾寺镇祁丰路(县职教中心北侧);免费;⊙周二至周日9:00~11:30,14:30~17:30,周一闭馆]博物馆的外形是一个庞大的裕固族平顶帽,这里是了解裕固族文化习俗最直观的体验地。所设展品从不同侧面生动地介绍了裕固族的历史文化和生活情况,以及肃南县内多民族融合的背景和现状。

博物馆分为两层楼,一楼采用文物陈列和场景再现的形式,沿途布置自动感应灯光,随着旅行者的步伐,文殊寺出土的元太子石碑和康熙御赐给裕固族大头目的龙袍逐一亮相。南侧一系列逼真的生活场景对裕固族风俗习惯进行了介绍;北侧展柜则展示了从元代至近代的手写藏经、佛像瓦当、蟒皮刀鞘等文物。

二楼目前开放3个主题展厅,"和谐家园"展示了回、蒙、藏民族服饰,墙面装饰宛若冰窖的"自然资源"展厅,介绍了肃南地区的水土矿物资源,"历史文物"展厅按年代展示了从新石器岩画到清代的藏品。其中,馆藏的西夏时期黑釉剔花缸是中国现存西夏瓷器中体积最大、保存最完整的西夏时期瓷器;刻有回鹘文字和汉文的元太子碑,为研究已经失传的回鹘文字提供了不可多得的文献资料;境内出土的唐代吐蕃时期的三足折叠盘、单耳带盖镶松石金壶,工艺精湛,造型优美,堪称稀世珍宝。

博物馆内虽无正式的讲解人员,但这里的工作人员大都是裕固族人,很乐意回答相关问题。

当地知识
从甘州回鹘到裕固族

"裕固"二字在1954年祁连山举行的各民族座谈会上才被正式定为族名,但裕固族的历史十分久远,其祖先第一次与河西走廊产生联系发生在唐末、五代时期。公元9世纪,长期受回鹘人统治的黠戛斯人起兵反抗,回鹘各部被迫迁徙,其中一支占据甘州,在这里定居繁衍。西夏兴起时,甘州回鹘被党项人李元昊率领的大军击败,退到柴达木一带过起了游牧生活,被称为"撒里畏兀"。蒙古人进驻此地后两个民族逐渐融合,在15世纪受到明朝的招抚逐渐东迁,最终定居在祁连山一带。他们自明清起自称"尧乎尔",正是今日"裕固"二字的谐音。

博物馆距离县城中心很近,步行约10分钟可以到达。也可乘坐出租车前往,5元左右。

🍴 食宿

肃南县城仅有祁丰路一条主要街道,右侧的红湾综合市场内有一些快餐小吃店,基本以西北普遍的各类面食为主,并无太多特色。市场对面散落着一些火锅、麻辣烫等饭店,倒是很受本地人欢迎。酒店的选择不多,能做到干净便已经是优选了。

肃南祥瑞宾馆 酒店 ¥

(☎612 1680;肃南红湾镇迎宾路99号;标双120元起;🛜 🅿)这家酒店虽说设施比较陈旧,但整体还算干净。位置不错,距离红湾寺和民族博物馆都不远,周围也有一些小饭店。

🛍 购物

当地人比较推崇的特产是45°的裕固王酒(68~168元)。县城内最大的红湾综合市场内也售卖当地特产雪莲、牦牛肉等。尽管县城民族风情并不浓郁,但细细寻找还是可以发现传统服饰和刺绣的售卖地。

富达民族服饰工艺有限公司 (☎153 9366 5968;白银路14号;⊙8:30~20:30)内有售卖裕固族的腰带、背包、刺绣、皮雕以及工艺娃娃,但价格偏高。

肃南城区

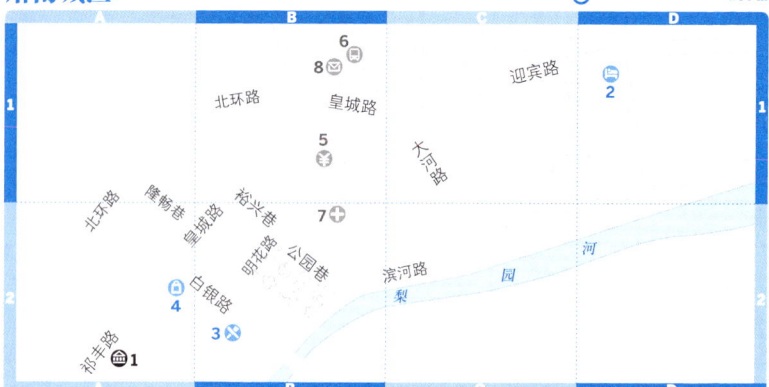

肃南城区

◎ 景点
1 肃南县民族博物馆.................................A2

🏠 住宿
2 肃南祥瑞宾馆.......................................D1

🍴 就餐
3 红湾综合市场.......................................B2

🛍 购物
4 富达民族服饰工艺有限公司 A2

ℹ 实用信息
5 工商银行...B1
6 肃南汽车站...B1
7 肃南裕固族自治县人民医院 B2
8 中国邮政（肃南县邮政局）..................B1

ℹ 实用信息

县城有一家**工商银行**（明花路裕兴巷2号；◎9:00~17:00），没有自动取款机。县城内商铺均可以使用手机支付。

中国邮政（肃南县邮政局）（☎612 1924；大河路与迎宾路交叉口西北100米；◎9:00~17:00）是县城内比较大的邮局，普通邮政业务以及储蓄业务都可以办理。

肃南裕固族自治县人民医院（☎612 1471；明花路121号）

ℹ 到达和离开

肃南汽车站（☎599 1116；皇城路东端与大河路的交叉口）有多趟前往张掖（7:00、7:30、8:00、9:00、9:40、10:30、12:00、13:00、14:00、14:30、15:30、16:30、17:30；17.5元；1.5小时）以及每日1班前往高台（13:00；19.5元；2小时）的汽车。想要去武威、酒泉或其他县市，则必须先到张掖转车。

ℹ 当地交通

县城很小，步行是最便捷的游览方式。出租车起步价5元，1.2元/公里。

酒泉及周边

电话区号：0937；人口：111.94万

酒泉是甘肃省内面积最大的市，占据了河西走廊的半壁江山——除去独自成市的小小嘉峪关，甘肃西边的大尾巴皆是酒泉的地盘。不但面积庞大，甘肃省的名字，有一半也是来自酒泉的古称——肃州。

然而，旅行者往往直奔大名鼎鼎的敦煌（见139页）而去，对酒泉市区缺乏兴趣。通常来说，这里只是旅行者河西走廊上的一个驿站，或者借道去额济纳旗看胡杨的中转站。

酒泉市区（肃州区）

酒泉市区也叫"肃州区"，一个整洁明媚的北方小城，城市结构紧凑、条理清晰：新城在东边，以市政府为中心，新建的博物馆位于此处；老城在西，以鼓楼为中心，辐射四条大街，吃喝玩乐几乎都在步行可达的范围内。大多数时间，这里都能成为你旅行途中物资充沛又轻松舒适的一站，唯独每当秋季来临，北边（内蒙古）的额济纳胡杨林开始转黄，你就可能需要和汹涌的大团队抢占住房资源。

另外，酒泉市和嘉峪关市之间只需30分钟公交车，可以将两个城市放在一起游览。

历史

关于"酒泉"的来源通常有两个版本：一说，是因为"城下有泉，其水若酒"，这个传说中的"酒泉"现在可以在城里的西汉酒泉胜迹公园（见126页）内看到；另一说，汉武帝时，骠骑将军霍去病西征匈奴，大获全胜，武帝赐御酒以赏，霍去病以功在全军，人多酒少，将御酒倾倒在清冽的泉水中，借此与将士们共饮美酒，自此便有"酒泉"之名。

酒泉的正史始于汉武帝在河西设立的"四郡"，不过当时酒泉郡的驻地不叫酒泉县，而是叫作禄福县。西晋惠帝元康五年（295年），改"禄福"为"福禄"。如今市区内的鼓楼（见125页）就是当时福禄县城的东门门楼，晋城门（见126页）就是南门。南北朝时期，关陇河洛的世家大族躲避战乱，西迁陇右、河西，不少到了酒泉就不再继续西行了，酒泉周边大量的魏晋墓葬就是最好的证明。

隋仁寿二年（602年）隋文帝修改郡县制，仅存州、县两级，酒泉郡此时有了新名字"肃州"。唐代安史之乱，吐蕃侵入河西走廊，之后酒泉一直在吐蕃统治之下。唐大中二年（848年），张议潮（见141页方框）起兵驱逐吐蕃，唐王朝在沙州（现敦煌）设立归义军节度使统领瓜沙十一州。宋景祐三年（1036年），李元昊西征，河西又落入西夏的统治。至元代，酒泉又成为蒙古宗室的封地，直到明洪武五年（1372年），明军平定整个河西走廊，酒泉才再次纳入中原王朝的统治范围。不过百年之后，明王朝国力衰弱，以关闭嘉峪关的方式断绝外患，自此关外贸易阻断，大部分沙州、瓜州居民也相继东迁到了这里。清代同治年间，左宗棠率兵平定肃州回鹘反清，前后在酒泉经营六年，大力推行屯田措施，引水灌溉、防风固沙，"左公柳""左公杨"等就是此时留下的。

1949年后，酒泉的工业经济逐步壮大，1958年酒泉钢铁公司在嘉峪关成立，这个西北地区最大的碳钢和不锈钢生产基地，最终让嘉峪关划出酒泉而成为甘肃省直辖的地级市。酒泉本身则仍然依靠河西走廊自古以来的灌溉农业成为第一支柱，不过，拥有卫星发射中心的酒泉，也依旧是国防科技的前沿和军事重镇。过去几年旅游行业蒸蒸日上，拥有大半个河西走廊的酒泉也找到了发展的新契机。

⊙ 景点

酒泉市博物馆　　　　　　　　　　博物馆

（盘旋路西路18号，近世纪大道；免费；⊙周二至周日8:30～12:00，14:30～18:00，周一闭馆）酒泉市博物馆在2019年全新落成，在我们调研期间，展馆中心最大的酒泉沙盘还是一个空盘。目前开放两层，一层展示酒泉的现在和未来，二层则逐代回顾酒泉的悠久历史，包括远溯3900年前的四坝文化（见138页方框）。其中，总是登上酒泉文物书刊封面的汉代铜羽人灯也陈列在这里。你可以在此了解分布于酒泉各地的遗址，比如悬泉置（见167页方框）、阳关（见161页）、玉门关（见161页）等。另外，博物馆还展示了一些流失海外的敦煌遗书（见153页方框）复制品，有些角落上还可以发现伯希和的名字。

博物馆外的西侧，陈列着一个巨大的燃料箱残骸，它是长征二号丙运载火箭的二级燃料箱，不要错过这个零距离接触的机会。

博物馆距离市中心约2公里，9路公交车可达。另外，在酒泉图书馆（广场西路，宝泉西路口）的二楼也有一个酒泉文物展厅（免费；周二至周日，8:30～11:40，14:30～17:40），也叫"肃州区博物馆"，布展非常怀旧，陈列着魏晋铜镇墓兽的真品（酒泉博物馆内为复制品），魏晋墓中出土的砖画，以及一个北凉石塔和一个北魏的石塔。

鼓楼　　　　　　　　　　　　　历史建筑

（东、西、南、北大街交会处；免费）如今，鼓楼是老城区四条大街的中心，历史上却并非如此。东晋时它曾是酒泉郡福禄县城的东门门楼，直到清同治四年（1865年）遭兵变焚毁，清光绪三十一年（1905年）才重修成现在的三层木楼，不过建于东晋时期的基座还是原物，只是被雍正年间的青砖包裹着。鼓楼

酒泉城区

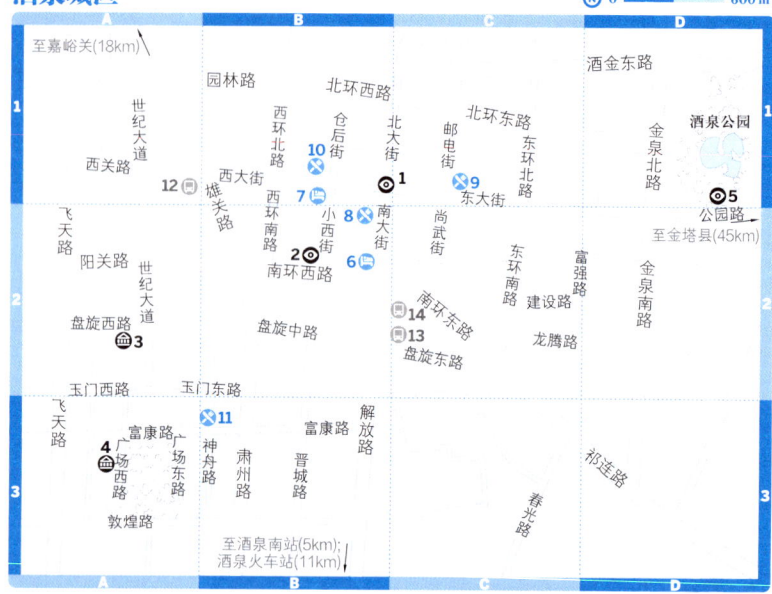

酒泉城区

◎ 景点
1 鼓楼 B1
2 晋城门 B2
3 酒泉市博物馆 A2
4 酒泉文物展厅 A3
5 西汉酒泉胜迹公园 D1

🛏 住宿
6 酒泉饭店 B2
7 肃州宾馆 B1

🍴 就餐
8 汉唐美食街 B2
9 宋记糊锅总店 C1
10 小西街 B1
11 燕燕香天下 B3

ℹ 到达和离开
12 嘉酒公交始发站 A1
13 酒嘉公交始发站 C2
　酒泉(西关)汽车站 .... (见12)
14 酒泉南关车站 C2

内部并不对外开放,你可以环绕一周,远眺它东、西、南、北四个门额上的题字,它们恰好概括出了酒泉曾经重要的地理位置。

很多公交车都能到达鼓楼附近,在老城区基本步行可达。

晋城门 古迹

(小西街近南环西路;免费)谁能想到,这个不起眼的城门竟然是国内现存年代最久远的古城门呢?这个被称为"天下第一门"的晋城门,与鼓楼一样已经有1600多年的历史,是东晋福禄县城的南门。20世纪80年代初,人们在清理倒塌的明城墙时,发现了这座被包裹在明城墙中的老城门。如今,这座千年古门看起来棱角分明,独自挺立在马路中央,和热闹的南大街一街之隔。

从鼓楼向南,进入小西街后,径直向南便能看到晋城门。

西汉酒泉胜迹公园 公园

(公园路100号;免费;☉5月1日到10月7日7:00~22:00,10月8日至次年4月30日8:00~19:30)这座公园原本是晚清名臣左宗棠担任陕甘总督时主持营建的酒泉园林,如今园内还保留着一些当初修建的景观。大多数慕名而来的旅行者都是为了看一眼传说中的"酒泉"。"酒泉"源源不断,泉水分外清澈,在它的一边和正对面有两棵分外遒劲粗壮的"左公柳",据说是由左宗棠亲手栽种的。左宗棠在驻守酒泉期间,进行防风固沙治理,带领军队植树造林。近一个半世纪过去,如今尚存的左公柳已然不多,河西走廊的各地都还存活着一些,旅行途中可以留意一下。

酒泉公园距离鼓楼约2公里,鼓楼前乘坐1路公交可达。

住宿

酒泉有不少高性价比的住宿,失误的概率很小。我们比较推荐老城区的南边,这里紧邻汉唐美食街和小西街,去往南关车站、酒嘉公交站也更快。需要注意的是,酒泉虽然没有重要景点,但这里是去往额济纳看胡杨林的重要中转站,一般9月底到"十一"结束,都是胡杨林的旺季,价格会比平时上涨50%左右,尽量错峰出行,或至少提前半个月预订。

肃州宾馆　　　　　　　　　　酒店 ¥¥

(☏261 3988;小西街2号;标双170元;🛜❄🅿)酒店的位置闹中取静,房间硬件舒适到位,服务人员彬彬有礼。预订通常含早餐。有丰富的中式自助餐。在他们的贵宾楼还有特色的炕房(特色主题房220元),采用农村特色的原木装修,但房间面积比较小,只设一个通铺的炕头,一般可睡2~3个人。

酒泉饭店　　　　　　　　　　酒店 ¥¥

(☏581 0888;南大街30号;标双268元,家庭房398元;🛜❄🅿)当地的老牌四星酒店,保持着一贯的水准,硬件上乘,且维护得很好,房间面积大,配有加湿器,早餐内容丰富,服务人员训练有素。南关车站和美食街都在步行范围内。

就餐

酒泉有些缺乏"当地特色"的美食,但绝不缺对你胃口的觅食之处。这里的美食街选择颇多,且从白天到凌晨随时都能找到"应时"小吃。若是向当地人打听吃喝,十有八九都会向你推荐**汉唐美食街**,我们的调研体验是,并非这里的东西好吃,而是选择够多——立足当地,展望全国,总有一款适合你,所以也是酒泉人自己最常光顾的地方。想要吃得讲究一些,可以去它西侧的**小西街**寻找,不过一定要等入夜之后。

要体验真正的人气美食,那非**神舟路**莫属。这条新兴的酒菜一条街在酒泉可谓"开

酒泉卫星发射中心

1970年,中国第一个人造地球卫星"东方红一号"发射成功,这颗卫星的发射地——酒泉,也随之名扬天下。

酒泉卫星发射中心是一个占地2800平方公里的超级基地,但它的实际位置却是在内蒙古阿拉善盟的额济纳旗境内。所以,在额济纳它有另一个名字——东风航天城。在发射中心成立之初,"东风"是它的机密通信代号,而所有的物资供应和后勤保障都来自酒泉,于是基地建成以后,仍以"酒泉"冠名。

曾经,旅行者可以深入这个神秘的基地一探究竟,参观航天城的**历史展览馆**、模拟航天员在太空中生活的**问天阁**(一个狭小的玻璃房),以及**卫星发射塔**。不过,2019年起,这里不再接待散客,只作为爱国主义教育基地对团队开放。所以,你需要在酒泉参加一个旅行团,才有机会进入。介于额济纳和酒泉的"特殊关系",行程必须为两天,第一天游览额济纳、第二天参观卫星发射中心,费用880元/人。酒泉(西关)汽车站门口的**肃州区旅游集散中心**(☏267 8378;西关路48号)能提供这项服务(5人起)。但是,具有讽刺意味的是,这样的行程只在胡杨林的淡季发团。

其实,平日里发射中心与一般的小镇相差无几,如果有前往内蒙古的打算(见130页方框),在酒泉到额济纳旗的途中,车行约3小时后,就能远远地看见卫星发射塔矗立在戈壁上了。

啥火啥"，每天17:00之后开始陆续营业，以烧烤为主，也有各种炒菜。著名的小党嘉峪关烤肉（见135页）在这里也有分店，当地最火的**燕燕香天下**（神舟路18号，检察院旁；人均60元；◐17:00至深夜）几乎一桌难求，炒鸡爪、炒面片，每桌必点，再配上黄河扎啤，是逗留酒泉的顶级体验。要是排队时饥肠辘辘，对面的塞外烧烤口碑也不错。

另外，酒泉人相信这里牛肉面的水准超过兰州，金塔大肉面也非常受欢迎。东方广场北侧就有比较著名的两家，你不妨对比评判一下。

宋记糊锅总店　　　　　　　　　　　小吃　¥

（东大街近邮电街；人均6元；◐6:00~13:00）糊锅（大碗7元，小碗6元）是酒泉的传统小吃，汤底用的是鸡汤，加蚕豆粉兑成糊，吃的时候投入炸好的碎麻花和面筋，有着浓郁的胡椒辛辣味，像胡辣汤，却没那么重口味。糊锅在酒泉随处可见，宋记也遍地开花，这家总店是上过《远方的家》的名店，人气最旺，也是当地人最喜欢的早餐店。

ⓘ 到达和离开

长途汽车

酒泉（西关）汽车站（☎260 0247；西关路47号，近雄关路）位于城西，是酒泉最主要的汽车站，班次较全较多，有发往敦煌、瓜州、额济纳、张掖等地的班车。站外是嘉酒公交的始发站。

酒泉南关车站（☎591 9987；南环东路近南大街）也有发往张掖（47元；12:20、14:00、15:10、17:10；3小时）、金塔（9元；8:00~18:30，15分钟1班；1小时）、玉门新市区（31元；9:20，12:00~15:30，30分钟1班，16:20；3小时）、敦煌（81元；10:00、11:00、13:30；5.5小时）的班车。出站向南约300米的时代购物广场是酒嘉公交的始发站。

城际公交

酒泉和嘉峪关之间只有30分钟车程，因此汽车站不发班车，而是以城际公交车替代。**酒嘉公交/嘉酒公交**（3元；6:30~20:30，约8分钟1班，冬季早晚缩短半小时；30分钟）来往两城，名字先后不同，公交的起止点也不同。**嘉酒公交**从嘉峪关汽车站到酒泉西关车站，**酒嘉公交**从酒泉时代购物广场（即彩虹桥）到嘉峪关建设路市场（建设东路近新华中路）。

火车

酒泉站位于市区以南13公里处，是兰（州）新（疆）线上的大站。主要停靠贯穿甘肃的T字和K字列车，向西延伸至乌鲁木齐，向东连接兰州、西安，直到上海。

火车站前发往市区的中巴车（2元；15分钟，6:40~21:15，8分钟1班至末班火车），终点在电信大楼（解放路近盘旋中路，酒泉宾馆对面）。出租车拼车（15元/人）去可直接送达市区的目的地。

酒泉南站离市中心约6公里，是兰新客专（兰新高速铁路）上的火车站，主要停靠D字动车，也停靠少量直达列车。

来往南站可以乘坐25路公交车（2元；20分钟；6:40~21:00，约15分钟1班）。

酒泉（西关）汽车站车次时刻表

站点	发车时间/班次	票价（元）	行程（小时）	备注
敦煌	8:00、8:30、9:30、11:00、12:50、13:30、14:30、15:30、16:40、18:30、17:30	76/80/86/96	5.5	车型不同，票价不同
瓜州	8:00~19:30，约1小时1班	61/71	3.5	车型不同，票价不同
金塔	7:00~19:00，15分钟1班	9	1	
玉门老市区（老君庙）	9:00~18:00流水发车	21	1.5	
玉门新市区（玉门镇）	8:20~18:30（0.5~1小时1班）	31	2	
额济纳	8:30、11:00、14:30	92	5	"十一"期间车票紧张
张掖	8:00~16:25（约1小时1班）	47	3	

酒泉周边

❶ 当地交通

出租车起步价6元(2公里),1.4元/公里。

公交车1元投币,也可以在地图或者支付平台领取"酒泉电子交通卡",刷电子卡支付。

我们调研期间酒泉市区已有充足的共享单车可以使用,也有清晰的自行车道。

金塔胡杨林

[☏182 9870 1752;金塔县潮湖林场;门票淡季(11月1日至次年6月30日)40元,旺季(7月1日至10月31日)65元;◎8:00~19:00]30年前金塔县在种植"三北"防护林时,因地制宜选择了极易成活的胡杨。如今在席卷全国的"胡杨热"中,每逢黄叶期,这片人工林便成了附近的旅游热点。金塔胡杨林的黄叶期要比北面300多公里处的额济纳晚一些,一般在10月中旬,可以直接致电景区询问胡杨的状况。

和额济纳的野生胡杨林相比,金塔胡杨林的形态要逊色不少。不过好在这里的胡杨林也是树荫连天,还有一个小小的金波湖,可以拍摄到胡杨林的倒影。附近也有小片的沙漠、红柳林、沙枣林。

景区大门距胡杨林还有5公里路程,自驾车(7座以下)入园收取30元/辆的门票,但旺季会根据人流限行,景区观光车(20元/人)会经过各个观光点,终点就在金波湖。

🛏 食宿

胡杨林景区内有民宿,但不归景区管辖。条件好一些的是胡杨林客栈公寓(☏181 8967 9944;黄叶期标间 428元),不过离金波湖要步行20分钟。胡杨村客栈(☏151 9377 7386;黄叶期铺 100元)离金波湖较近,只是条件比较简陋。通常在民宿内就可以解决用餐,金波湖附

不要错过

沿着居延道，北上内蒙古

从酒泉前往额济纳，不论班车还是自驾都会走酒航路，这条线路自古就有，当时被叫作"居延道"。

历史上，黑河水量充沛，穿过河西走廊深入蒙古高原，最终在阿拉善中部（即额济纳旗）形成了居延海。现在，北出金塔60公里，你就会和黑河（古称"弱水"）相遇，之后260公里它会始终与你一路相伴。途中会经过和阳关、玉门关齐名的**肩水金关**（电子地图可能显示为"居延遗址"），出发约3小时后还可以在戈壁上遥望酒泉卫星发射中心的**发射塔**。10月水量充沛，在抵达居延海之前，还会穿过达来呼布镇（额济纳旗旗府）和金灿灿的额济纳胡杨林。

近也有小吃摊点。

黄叶期间，金塔县城的住宿也会普遍涨价，离汽车站300米的**金缘快捷宾馆**（☏4568678；西城路步行街98号；标双148元；🛜❄🅿）2019年新开，条件不错，旺季会涨到250元左右。

❶ 到达和离开

酒泉（西关）汽车站（见128页）和**嘉峪关汽车站**（见136页）都有班车发往金塔。

金塔汽车站（酒航路近新华街）离胡杨林景区的入口3公里，但打车统一要价15元。车站发往酒泉的末班车开车时间为18:30，开往嘉峪关的车（14元；9:40、11:30、13:20、14:50、17:10；2小时），还有开往额济纳旗的班车（90元；11:55；6小时），旺季增加到3班，发车时间为9:40、12:20、15:30。

要是自驾从金塔前往酒泉、嘉峪关方向会经过**金鼎湖**，出县城4公里就能在右手边看到这座漂亮的戈壁水库，湖东的一小片胡杨林也很惹眼，金鼎湖南边有**鸳鸯池**，它的背后还能发现一个烽火台。

嘉峪关及周边

电话区号：0937；人口：24.59万

祁连山绵延至此，和北边的黑山之间仅相去15公里，形成了河西走廊上最狭窄的隘口。早在明代，西征军就已发现了这个天然的咽喉要道，在此筑关修城，划定了明长城的最西端——嘉峪关。

然而，在中国长城的悠久历史中，嘉峪关只能算个"小年轻"，也正因为年轻，嘉峪关保了较为完整的城墙遗迹，并被联合国教科文组织列入了世界文化遗产。如今，这里是旅行者集中体验长城的大本营，也是你开启关外大漠之旅的起点。虽然七一冰川已经宣布关闭，但参观张掖的文殊山石窟从这里出发相当便利，2019年，前、后山共4个石窟正式对外开放，石窟爱好者终于有了眼福。

嘉峪关市

戈壁上的嘉峪关市充满大漠之气，有一眼望到祁连雪峰的开阔，也有一眼望不到行人的空旷。和河西走廊上从屯田时代就成长起来的城市不同，钢铁工业才是嘉峪关的立市之本，尽管坐拥600多年历史，但这个年轻的地级市，从酒泉庞大的地盘上自立还不到半个世纪。

嘉峪关在城北拥有自己的机场，火车站和长城景区位于城东，中心城区不大，地标型的雄关广场周边能找到不错的下榻之处，而北区的三个烧烤夜市才是品尝嘉峪关的首选之地。为了平衡工业和宜居，嘉峪关特辟了几个庞大的公园，东湖公园内有一个海豚造型的嘉峪关市科技馆（门票30元），可登高远眺。

历史

1372年，明朝的征西大将军冯胜看中了河西走廊上这块锁钥之地，在平定河西后，于此建立了一座用于军事防备的关城，嘉峪关的历史也正式开启。之后的160年，这里一直是明王朝开拓西域的前方大本营，也是西域使臣进出中原的唯一法定关口。直到明世宗嘉靖十八年（1539年），明王朝走向了下坡路，国力衰退无力经营西域，面对游牧部族不胜其烦的袭扰，嘉靖皇帝干脆下令，将嘉峪关外的军政机构与臣民一并回迁,紧闭城门,据关以守。于是,在嘉峪关南、北两侧建起了明墙和暗壁,给河西走廊彻底上了一把锁,丝绸之路亦彻底断绝。之后来到这里的似乎只有被流放的官员和远征的将军,比如林则徐和左宗棠,以及想要通关而遇阻的西方人,比如最终埋葬此处的耶稣会传教士鄂本笃。

20世纪中叶,在河西走廊的矿业开发热潮中,嘉峪关南面的祁连山上发现了镜铁山铁矿,并依托铁矿成立了大型的酒泉钢铁公司。就这样,嘉峪关市因矿、因厂而生,今天在路上随便跟一个嘉峪关人闲聊,都很有可能是酒钢员工或家属。凭借着较早的工业化,嘉峪关一跃成为甘肃的人均"首富",车牌号也排到了"甘B"。不过,付出的代价是废水、废气等带来的高污染。近年来,嘉峪关在污染治理方面增加了许多措施,城市的绿化率、宜居程度得到了很大的提高,然而站在关城、第一墩眺望,看到的还是城市上空的工业雾霾。

◉ 景点

嘉峪关关城   历史建筑

(见132页地图;📞639 6110;门票5月至10月110元,11月至次年4月90元,讲解50元;⏰4月15日至6月30日8:30~23:00,7月1日至10月10日8:00~23:00,10月11日至11月14日8:30~23:00,11月15日至次年4月14日9:00~23:00,全年22:30停止售票)嘉峪关的关城始建于明洪武五年(1372年),初建时只是一座6米高的土城,并没有南、北两翼,后因"闭关自守"的需要,才逐渐修建成为一座内城、外城、罗城、瓮城、城楼、城壕俱全的"天下雄关"。中心关城建在黑山和祁连山之间,两翼横穿沙漠戈壁,向北8公里是攀上黑山的悬壁长城,向南7公里的尽头就是长城第一墩。这样一来,15公里宽的走廊就被彻底封死。准确来说,完整的嘉峪关应该包括悬壁长城和第一墩的全部范围,只不过距离较远,被分为三个景区,不过关城的门票就是通票。

嘉峪关虽然面积庞大,但参观路线清晰。从第一道检票处步行5分钟到达东闸门(电瓶车10元/人,往返),再次检票后正式进入关城景区,全程步行游览。如果时间充裕,我们建议你先参观入口处右边的**长城博物馆**(📞639 6281;关城东闸门向北200米;讲解50元),详细的文字图表解说和出土文物展品,会让你对整个中国长城的知识大大增长,也能帮你更为全面立体地了解嘉峪关。之后你很容易找到一个大声讲解的团队,跟着导游参观一下诸如"燕鸣石""一块砖"这样的传奇景点。当你登上嘉峪关的城楼,分别向南、北两侧眺望,整个防御体系就会清晰地展现在你眼前:南段从关城西南角墩起,向南延伸,穿行隔壁,称为"明墙",北段从关城东北角的闸门墩起,向西北延伸至黑山,用险制塞,不设城墙,称为"暗壁"。眺望第一墩时,还有可能看见南去的长城被兰新铁路的火车"切断"的场景。随后,你可以来到东西向的跨世纪眺望——西边,越过关楼是千年不变的荒芜关外;东边,是高楼林立的城区和酒钢工厂的滚滚浓烟。

5月初到10月中旬,中心的演武场每天9:45和15:45会有两场仿古表演,让整个气氛更有代入感,最终你会像古人一样走出嘉峪关的关楼,走向开阔的戈壁滩——记得多走

河西走廊

嘉峪关市

ⓘ 省下包车钱!嘉峪关旅游专线车正式运营

嘉峪关关城、长城第一墩、悬壁长城,三个景点组成的长城一日游恰到好处,但对于非自驾旅行者来说会有些头疼,因为除了关城,其余两地皆无公共交通,包车游览三处景点,价格至少250元。2019年嘉峪关非常贴心地推出景点旅游专线车,发车点在嘉峪关关城景区停车场,之后依次去往第一墩、悬壁长城,再回到关城。夏季运营时间为7:00~19:00,冬季为8:00~18:00,全程30元/人,每段车程10元/人,至少2人发车,淡季最好提前预约(📞639 4999)。另有一条发往魏晋墓景区的专线(30元/人),但往往游客太少,很少发车,可提前联络,即便补人头差价也比包车性价比高,专线车启用全新的7人座电动小巴,车况相当好。

嘉峪关城区

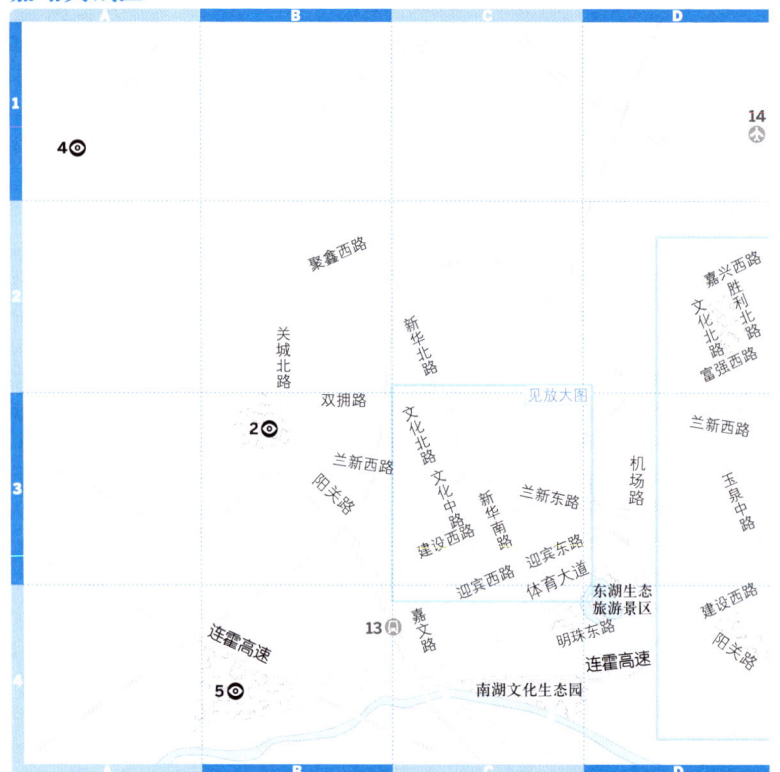

几步,戈壁滩上的碑亭里有一块"天下雄关"石碑,是嘉庆十四年(1535年)所立的原物(景区门口的那块是复刻的摄影道具)。

整个游览过程需1.5~2小时,旺季务必给排队入园留出时间。建议你自备一些干粮,景区内只有小卖部,且价格偏高;景区门外的小商店,价格正常。

嘉峪关关城位于市中心向西5公里处,在嘉峪关火车站、建设路市场可乘坐4路公交车前往关城,在嘉峪关汽车站可乘坐6路,票价1元,运营时间为7:00~19:00。打车单程约15元。

长城第一墩　　　　　　　　　　古迹

(见本页地图;门票21元,讲解25元;⊙8:30~20:00, 19:10停止售票)长城第一墩是嘉峪关南翼明墙的尽头,相比其他两处,这里内容单一,却也最原汁原味。从景区入口,至

讨赖河谷断崖岸边的第一墩,约1.5公里的整条明墙不经修饰,充满沧桑感,但这也几乎已经是景区的全部。不少到访者大呼失望,不过当你踩着玻璃观景台、从侧面看到峭壁上的第一墩时,也许会有不一样的感觉。这里还有个地下展厅帮你了解嘉峪关的历史和结构。不要忘了绕到明墙外(西侧)看一眼,这里有一处原有壕堑的保护性展示,也是长城整套防御工事的一部分。

第一墩景区有两个入口。东门只出售单独门票,北门连带出售关城通票。两个入口距第一墩都有1.5公里左右的路程,可乘坐观光车(往返12元,夏季8:30~18:30,冬季9:00~17:30),我们更建议你从北门进入,乘坐观光车沿着长城向前,直到尽头的第一墩。季节合适的话,你也可以徒步完成这段路程。

嘉峪关城区

◎ 景点
1 嘉峪关城市博物馆 F4
2 嘉峪关关城 B3
3 新城魏晋壁画墓 F1
4 悬壁长城 A1
5 长城第一墩 B4

◎ 住宿
6 IU酒店 E2
7 布丁酒店 F4

◎ 就餐
8 大漠馕坑肉 E4
9 董军烤肉店 E2
10 小党嘉峪关烤肉 F4
11 眼镜烤肉 E3

◎ 到达和离开
12 嘉酒公交始发站 E3
13 嘉峪关火车站 C4
14 嘉峪关机场 D1
嘉峪关汽车站 .... (见12)
15 酒嘉公交始发站 E3

公共交通，单独包车往返约需60元，非自驾旅行者建议使用嘉峪关景点旅游专线车（见136页方框）。

第一墩位于市区西南约7公里处，没有公交，打车单程需30~40元。北门距关城景区约8公里。非自驾旅行者建议你使用嘉峪关景点旅游专线车（见136页方框）。

悬壁长城   历史建筑

（见132页地图；门票21元；◎同嘉峪关城）在关城，你已经可以见它攀悬在黑山上的样子，虽然远观姿态诱人，但是亲身游览只是一个爬山的过程。45度的山坡不算险峻，攀登到顶端约需30分钟，可惜获得的景色平平，唯独能够看到断断续续的城墙指向关城的方向。其实，明朝所建的抵挡蒙古人和吐鲁番人进攻的长城所存极少，悬壁长城大部分都是1987年开发旅游时重修的。悬壁长城的山脚下有一段石头峡暗壁，有学者推论它是最早的玉门关遗存（见162页方框）。

悬壁长城在市区西北约10公里处，没有

新城魏晋壁画墓   古墓

（见132页地图；☎638 5353；门票31元；◎5月至10月8:30~19:30，11月至次年4月8:30~17:30）晋时期，中原战乱不断，不少世家豪族举家迁至偏居一隅的河西走廊躲避战火。20世纪80年代，在曾经的酒泉郡（现嘉峪关市新城镇和酒泉市果园乡）发现了1400多座魏晋时期的墓葬。这些墓葬大都"前堂后室"，结构与咸阳十六国墓以及南京地区东晋世家大族的墓葬如出一辙。墓中的壁画、画砖在内容、形式、风格及技法上也同内地的汉墓一脉相承。在已发掘的墓葬中，最精妙的当属酒泉的丁家闸墓葬，可惜因为文物保护，已经不再对外开放。你可以在网上找到它的照片，有兴趣可以对比一下莫高窟的285和249窟窟顶的绘画，有观点认为墓葬壁画也可能影响了石窟艺术。

嘉峪关的新城魏晋墓葬和丁家闸同属"果园—新城墓群"，这里的5号墓出土了

另辟蹊径

长城徒步

如果你是一个运动健将，听着短短15公里的距离一定会萌生"横穿"河西走廊的想法：从长城第一墩出发一路向北，经过关城景区，最后抵达悬壁长城。的确，这曾经就是一条经典的徒步路线，不过随着兰新铁路和长城保护网相继建成，这条路线的中途被层层铁丝网和涵洞阻拦，变得不太可行。如今嘉峪关关城景区专门开辟了另一条北段的长城徒步，起点在关城景区内的博物馆前（50米处），终点是悬壁长城，全程8公里，途中可以看到残存的长城边墙、崖btaining、墙壕，以及大湾墩、高沟墩、北暗门墩等几个烽燧，最后还能遇见被认为是最早玉门关（见162页方框）的石关峡。全程几乎直线，不用担心迷路，只有最后一程需要离开边墙，向东绕行一段，行进路线可以参考景区给出的指示图，沿途没有任何补给，记得带好水和干粮，春、秋两季最为合适，其余时间记得做好防晒或保暖工作。

著名的《邮驿图》画像砖，成为中国邮政绿卡的标志，不过墓葬已整体搬迁到甘肃省博物馆，且没有对外展出。7号墓室只对研究者开放。现在可供参观的只有6号墓，但也足以让你一窥千多年前河西走廊上的"生活小照"。

墓道的入口仅一人宽，走完这段水泥地之后，你所看到的每一寸都是这个墓葬的原装配配。虽然地面被铺上了塑胶垫，但从裸露的部分仍可看见当时的精美花砖。墓室一共分为三段，壁画多为一砖一画，约有144块，以土红色起稿，以简洁流畅的线描为主。题材则从农耕、狩猎到商贸，无所不包。中室为宴饮图，顶部有一悬挂油灯的装置。这可不是盗墓者用来"和鬼讨价还价"的，而是在墓室封闭后，用来耗尽室内氧气的，这也是砖画能保存至今的奥秘。墓道入口旁的管理室有售卖魏晋墓葬的相关出版物。

一般进入墓室前可以先参观售票处对面的小型博物馆，这里陈列的就是6号墓出土的棺椁，棺盖和四壁上的绘画依然清晰可见，还有些文字砖、花砖、和石匠印章、骨尺等陪葬品。

景区位于市中心东北17公里处，邻近机场，没有公共交通，包车往返约需80元，也可提前致电嘉峪关景点旅游专线车（见136页方框）。如果自驾前往，途中还会经过紫轩葡萄酒庄（☏639 3057；机场路5369号；门票50元），是当地比较有名的红酒品牌，如有兴趣，可以看看他们号称"亚洲单体面积最大的酒窖"。

嘉峪关城市博物馆　博物馆

（见132页地图；☏633 0550；五一南路1379号；凭身份证免费；⏰周二至周日9:00~17:00，周一闭馆）这个成立于2008年的博物馆是酒钢居民的骄傲，馆内以实物、照片、场景复原、视频等方式，展示了嘉峪关50多年内从戈壁小镇到工业大城的发展历程，你可以看到（被涂抹了的）蒋中正题写的嘉峪关石碑，以及20世纪初的嘉峪关照片。二楼还有一个可爱的"城市记忆"展厅，是嘉峪关市民们主动捐赠自己的私人物品汇集而成的，如结婚证、毕业证、毛主席像章、老家具、糖纸、烟盒、老机械工具、大哥大等。

博物馆位于雄关广场东侧。可坐公交3路、5路到城市博物馆站下车，或乘车到雄关广场后步行前往。

★ 节日和活动

滑翔

嘉峪关强盛的热力上升气流、波浪气流和动力气流，十分利于滑翔，在空中俯瞰整个嘉峪关也是感受这个古代关隘的最佳方式。嘉峪关机场旁就有一个滑翔基地（☏138 9337 5757），但我们调研期间停止了各种活动，曾经的嘉峪关国际滑翔节也已经停办两年。取而代之的是这里的滑翔俱乐部（☏132 0948 8711），三个景区内皆有营业点，每年5月至10月开放，最佳季节是7月、8月，有双人动力伞和三角翼（5~20分钟，价格 280~1080元/人），也可以选择乘坐热气球观光（500~600元/人，40分钟），一次2~3人。全程都有教练做指导并陪同飞行。

嘉峪关国际短片电影节
电影节

2012年起,每年10月中旬,嘉峪关国际短片电影展会如期举行。**嘉峪关大剧院**(☎6717781;雄关路近兰新西路)作为主会场,会放映一些最新的电影短片,其中不乏大师制作的。

🛏 住宿

嘉峪关没有特别热闹的市中心,因此住宿位置也没有突出的优势,一般可以选择雄关广场附近,或者北边的夜市外围。这里淡旺季价格差异较大,暑期和"十一"期间,价格至少是淡季的两倍,我们在此给出的是淡季的价格。旺季万不得已时,也可以考虑住在酒泉。

布丁酒店
快捷酒店 ¥

(☎638 3333;迎宾东路666号;标间100元起;📶❄)尽管这个连锁酒店硬件并不出众,但卫生状况令人满意,靠近雄关广场,离大唐美食街仅5分钟脚程,也有前往长城景区的4路公交。我们选择它的原因是,旺季期间涨价幅度不大。邻近的几家,诸如山水精选、星程,也是不错的选择。

IU酒店
快捷酒店 ¥

(☎621 2188;新华中路8号,近人民商城;标双130元,标单98元起;📶❄)夜市周边的性价比之选,嘉峪关车站一街之隔。2019年全新开业,一切崭新,房间和卫生间都较为宽敞,热水也够大。

🍴 就餐

烧烤爱好者到嘉峪关有福了。河西走廊口碑最好的烤肉就在这里。烧烤和其他美食主要集中在三个市场:富强市场、镜铁市场和大唐美食街(当地人以及我们的推荐排序亦是如此)。三个市场里到处都是烧烤、酿皮、砂锅、川菜、臊子面、肉夹馍、麻辣烫等,应有尽有,早、午、晚都有很好的选择,去人多的那几家总没错。

董军烤肉馆
烧烤 ¥¥

(☎138 3079 1695;富强市场美食广场大棚;人均50元;⏰16:00至次日3:00)富强市场又叫"十四栋",董军烤肉是这里的老字号,曾屡次被报道。烤肉2元一串,半把(10串)起卖,也有肉筋、羊肚、鸡胗、脆骨、牛板筋等,皆为40元/把,烤肉味道最受认可,唯独缺蔬菜,不过这里的烧烤市场毫不介意你到处"串门",你可以尽情搜罗各摊所爱。

眼镜烤肉
烧烤 ¥¥

(镜铁市场美食广场大棚北侧;人均50元;⏰11:00~24:00)大名鼎鼎的眼镜烤肉争议也最大,有人觉得近年来越做越差,有人嫌弃他家的肉太肥,当然也有人永远吃定这一口,觉得其他哪儿都比不上。在我们对三家最有人气烧烤的测评中,没能明显区分高下,不过镜烤肉的傲娇程度,肯定能拿第一。烤肉1.5元一串,半把起卖。

小党嘉峪关烤肉
烧烤 ¥¥

(大唐美食街中段;人均50元;⏰15:00至次日2:00)烤肉新秀小党,是目前嘉峪关排队最长的餐厅,大唐美食街五百米之内就开了两家。环境也已提升到了精装的连锁店,但这对于钟爱烟火气的肉食者们(包括我们)算不上加分项。羊肉25元/把起卖、蔬菜12~15元/把(半把起卖),菜单内容较前两家丰富得多,除了烧烤,还囊括各种西北菜,甚至能吃到牛奶醪糟等甜点。

大漠馕坑肉
烧烤 ¥¥

(体育大道近胜利南路广汇社区北门;人均60元;⏰12:30~14:30,17:00~24:00)如果嘉峪关秀气的烤肉难以让你满足,这家地道的新疆馕坑肉可以弥补你。除了馕坑烤羊肉(6元/串),还有热乎乎的馕饼(8元)。烤鱼(58元/条)也很受欢迎,但抓饭(28元)的味道就要差一些了。

ℹ️ 实用信息

广场邮政支局(新华南路近迎宾西路;⏰周一至周五 9:00~18:00,周六和周日9:00~17:00)有带邮资的明信片出售。

雄关邮局(嘉峪关关城景区内;⏰10:00~17:00)也有明信片出售,盖的是嘉峪关关城的邮戳。

ℹ️ 到达和离开

飞机

嘉峪关机场(☎638 1114;机场路北端)位于市区

东北，距离城区12公里，如今已有直飞兰州、西安、敦煌、北京、上海、杭州等地的航班。

长途汽车
嘉峪关汽车站（☎622 4010；兰新西路312号）车次信息可以在携程汽车票上查询并购买，站内也有Bus365网络购票的取票机。嘉酒公交、10路、6路可达。

城际公交
酒泉和嘉峪关之间可以使用**嘉酒/酒嘉公交**（见128页）。注意，在班车到达酒钢9号门站时看向右手边，约50米后可以看到一个长城的烽燧遗址**十五里墩**。如果想特意前往，城内6路公交亦可到达。

火车
嘉峪关站（☎597 2222；迎宾西路西端）位于市区西南角，站前广场立有"驿使"雕塑。作为兰新铁路上的大站，兰州至乌鲁木齐之间的列车大多会停靠此站，班次频繁。公交12路可达。

嘉峪关南站（镜铁区文殊镇雄关大道）是兰新客运专线上的大站，位于市区南部，距市中心约10公里。每天有4班动车前往乌鲁木齐，还有多班动车前往张掖、西宁和兰州，到达乌鲁木齐和兰州都只需6小时左右。需要注意，嘉峪关南站并非只停动车，也有一些普通火车班次停靠，赶车前请确认发车站。公交20路、12路可达。

ⓘ 当地交通
抵离机场
因为航班有限，嘉峪关机场取消了机场巴士。目前只能乘坐出租车前往，50元（不打表）。不过，2019年却开通了来往酒泉市区的机场巴士（☎288 8888），对应航班发车（30元/人，40分钟），终点在酒泉肃州区的世纪大酒店（世纪大道55号，市政府北侧）。

公交车
城区内的公交车票价都为1元（没有电子交通卡，可手机扫码支付），运营时间大多是7:00~20:00，10月16日到次年4月15日采用冬季时刻表，提前半小时收班。电子地图可以查询到所有班车路线。

出租车
嘉峪关出租车（24小时预约☎133 9947 0028）起步价6元（2公里），包车价格相对统一，三处景点约250元。

文殊山石窟群

[见93页地图；☎0936 616 4567；张掖市肃南县祁丰乡；寺院门票42元，石窟门票120元（含寺院）；⛱夏季8:00~18:00，冬季9:00~17:30]在辖区上文殊山属于张掖，但从酒泉和嘉峪关前往更为便利。文殊山在宋、元以前叫"嘉裕山"，"嘉峪关"的得名就是因为它。这里生活着最北的一支藏族分支——东纳藏族。据推测，文殊寺就是他们带来的藏传佛教寺院。元代皇家信奉藏传佛教，几度增修让文殊寺名声渐起。这里曾出土一块泰定三年（1325年）的《元太子重修文殊寺碑》，根据碑铭记载，文殊寺在北魏时期已经具有一定规模。明代三世达赖还曾在此讲经说法。不过清代寺院遭战火焚毁，如今看到的，不论面积和建筑都远不如当年。

整个景区分为前山（也叫"红庙沟"）和

嘉峪关汽车站车次时刻表

站点	发车时间/班次	票价（元）	行程（小时）
敦煌	9:00, 10:30, 14:30	85	5
瓜州	9:00, 10:30, 12:30, 14:30	60	3.5
金塔	8:50, 10:50, 12:00, 14:30, 16:50	14	1.5
兰州	17:30	160	10
张掖	8:20, 9:50, 16:10, 17:30	53	4
高台	8:40, 10:10, 14:30	36	2
玉门新市区（玉门镇）	9:00, 10:30, 12:30, 14:40, 15:15	30	1.5
玉门老市区（老君庙）	9:00, 15:00	20	1

不要错过

沿途拾遗——嘉峪关到玉门

在离开嘉峪关后,沿着312国道行进约20公里,右手边可看见黑山湖,继续前行20公里,一座形同清真寺的吾艾斯拱北就会出现在公路的右边,拱北即陵墓,是后人为纪念唐初阿拉伯帝国派遣来中国传教、后病故于此的长老吾艾斯而修建的,内部有着汉风格结合的建筑,民国时期的砖木塔造型奇特而精美。在抵达清泉乡时可以看到火烧沟(见138页)原始社会遗址的标识,这里出土的3900年前的彩陶杯、彩陶埙等文物,你可以在玉门博物馆(见138页)看到。很快就会看到玉门老城的标识,若有兴致可以去玉门老市区(见138页)遛一圈。高速公路赤金服务区旁则有个少有人问津的铁人王进喜纪念馆,继续往西9公里的赤金峡水利风景区(门票30元),是一个依附于赤金峡水库的休闲观光景区,夏天有漂流等娱乐项目。最后在接近玉门新市区前会经过一片壮观的风电场,留意右手边最前排的几个,其中一个风车下还遗留着一个三十里井子烽火台。

河西走廊 文殊山石窟群

后山两个片区,之间相隔约800米。文殊寺就在景区入口处,仅占很小的面积。之后你会发现这里更多的是汉传佛教和道教的寺庙,尤其是后山景区,总体数量不下百座。如果你对民间造像有着浓厚的兴趣,可以一一欣赏;如果你意在石窟,则大可将它们忽略。

文殊山的石窟可谓这里真正的宝藏,被认为是中国早期佛教遗存,属于凉州模式石窟范围。这里长期封闭研究,直到2018年才终于向公众敞开大门。目前开放的洞窟有4个,前、后山各2个。通常需要先抵达较远的后山景区入口,购票登记,由专门的讲解员带领参观。

前山万佛洞是最有趣的一个,其东壁的《弥勒上生经变画》是文殊山石窟的代表作,缜密、大气又充满灵动,每个细节都信息量巨大,也被认定为玉门关以东地区最为完整的西夏时期大型经变画。窟中留存的壁画也大多为西夏时期作品,双层的中心柱上的彩塑虽已损毁,但四壁仍保存着生动的弟子像,尤其是东面上层南侧的三身。绕柱一周唯独有一面与众不同,就是进窟可见的南面,这里的上层壁画已被剥除,现在露出的是底层开凿时的原作,你可以和莫高窟西魏的249窟比较一下。此时转身,画风跨越700年,这幅熟悉的《布袋和尚》是元代的作品,同样有力的线描,也可以在窟内四角的"镇窟四天王"上看到,而门壁左侧的《密教坛城图》虽为同期作品,但拥有完全不同的笔触。洞窟中还能发现不少明清时期的游人题记。

前山古千佛洞,开凿于北魏后期,目前留存的作品更接近西魏时期的风格,中心窟的主尊虽然损坏严重,但依然可以看出和莫高窟早期禅定佛一脉相承的体态。围绕顶部的飞天是最大的亮点,他们依然带着"小"字脸,身体看起来肢节分明,这是西域的凹凸晕染法褪色之后的效果(见155页方框),观察它们的披帛更有鲜明的西域风。若要寻找一些汉地元素,中心柱中段便有一铺《供养人对坐图》,是西夏时期覆盖重绘的作品。

后山万佛洞(也叫"千佛洞"),开凿于北魏,洞窟损坏严重,中心柱只剩西夏所绘的头光和背光,顶部的壁画还相对完整,且为北魏时期的原作。这种以蓝、绿色调为主的平棋图案和新疆克孜尔石窟风格接近,尤其是顶部交接处的飞天。四壁皆被西夏重绘,若仔细辨识还能看出重层之处,不少地方运用了沥粉堆金的工艺,保存最为完好的就是窟门上方的建筑图,打上侧光效果惊艳。

后山古佛洞的损毁程度令人心碎,最值得关注的是前壁门上的壁画,两幅《水月观音图》中还包含了玄奘取经的画面,右侧的摩利支天像,虽下部漫漶,但上部画面依然可辨其精致的线条。

★ 节日

农历四月初一至初八文殊寺有庙会。在农历六月初六至初八的鄂博节,周边市县的善男信女也会前来烧香拜佛。

🛏 食宿

看完文殊山的寺院和石窟大致会花去

2~3小时,镇子中部有不少餐馆、面馆可以帮你补充体力。如需留宿,条件最好的**东纳宾馆**(📞0936 616 4777;文慧桥对岸;标双220元,🛜✴🅿),有着富丽堂皇的藏式大厅和老派的客房。

ℹ 到达和离开

嘉峪关和酒泉都有发往文殊山的班车。嘉峪关汽车站外有发往祁丰区的班车(2元;去程7:30、13:30、16:30,回程8:45、14:45、17:45;1小时),终点即文殊寺石窟群所在的文殊镇;酒泉盘旋中路的电信大楼(酒泉宾馆斜对面,与火车站班车同站)也有发往祁丰的班车(2元;去程7:30、10:30、14:00、17:00,回程8:40、11:20、15:00、18:00;40分钟)。

若是自驾,景区继续向西16公里处有一处当地人口中的"怪坡"——看似上坡,实为下坡的路段。

玉门市

河西走廊的行程中少有人在玉门停留,这个默默无闻的小城只会偶尔被旅行者和"玉门关"搞混,尽管它的历史比玉门更悠久——可追溯到新石器时代的"火烧沟文化"。玉门的当代史始于1939年,第一口油井成功出油使这个新中国的重点能源型城市一度辉煌,然而70年之后,油竭停产,玉门市转而被国务院确定为资源枯竭转型城市。

因此,现在的玉门拥有两个相距77公里的新、老市区——玉门镇和老君庙。近几年来,颓废的老市区在网络上被曝光为"鬼城",引得不少猎奇人士纷纷前来一探究竟。而我们认为更值得期待的是,关闭30多年的昌马石窟正计划对外开放。

⦿ 景点

玉门博物馆   博物馆

(广场路与铁人路交叉口;凭身份证免费;⊙9:00~11:40, 14:30~18:00,周一休馆)在这里能看到关于玉门地区古代文化遗址比较全面的介绍,比如火烧沟遗址、骟马城遗址、大墩湾遗址,以及其中出土的各种彩陶器、青铜器。不过最著名的四羊首青铜权杖头(现展于甘肃省博物馆)、人形彩陶罐、三狗钮盖方鼎(现展于甘肃省博物馆)和鹰形戟,并不在这里。另外还有花海汉简(图文)、清泉乡魏晋墓出土的彩砖,以及玉门市发展的图文。

博物馆位于新市区的北边,离汽车站约1.5公里。

玉门老市区   街区

老市区也被叫作"老君庙",是因为这里有一座老君庙。它的门前就是中国石油的发祥地,1939年8月11日,中国第一口油井在此出油,从此甩掉了"无油国"的帽子,这个值得纪念的油井就在这个过气的小城里。如果有兴趣,你可以来这里看看它和新中国成立之初"重点能源型城市"的样子。

老市区的中心是王进喜铁人像,汽车站就在铁人像的东侧,从铁人像向南延伸,一条解放路贯穿市区,末端是油田公园。油井所在的老君庙要继续深入才能抵达入口,全程5公里。建议你乘坐当地的"公交车兼出租车"上行,车辆没有任何标识,凡是来往的五菱宏光都可以充当,到油田公园2元,到老君庙入口10元。沿着入口处黄色的围栏,很快能看到脚下一方白杨林,顺着红色扶手的阶梯,下三百多级台阶(当然,之后需要原路返回),便能抵达老君庙。这座老君庙始建于清代,但毁于火灾,现为后世新建,平日并不开放,可看的

火烧沟文化

甘肃的四坝文化被认为是东亚地区第一批进入青铜时代的考古学文化之一。玉门市东70公里的火烧沟遗址亦是属于四坝文化的重要遗址,遗址所在的地区全是颜色似火的红土,因此得名"火烧沟"。这里曾出土大量彩陶,并且还发现了200多件铜器,是甘肃省发现早期铜器最多的一个遗址,时间跨度之大是其他文化中少见的。这些铜器中最著名的就是1976年出土的"四羊首青铜权杖头",它是中国目前发现最早的青铜镶嵌工艺铸品,并且专家认为,它的形态有别于中原地区象征权威的器物,而更像是古埃及、安纳托利亚等中亚地区文明的产物。目前权杖头的真品可以在**甘肃省博物馆**(见69页)看到。

> **不要错过**
>
> ## 沿途拾遗——玉门到瓜州
>
> 出玉门市区西行，40多分钟后能在公路左侧看到一个孤零零的城池，这是曾进入康熙梦乡的清代<u>桥湾城</u>（门票50元）。这里设有博物馆，但让人期待的人皮鼓和人头碗也只是复制品。再向西10余分钟，跨过兰新铁路的铁轨就能看到<u>布隆吉雅丹地貌</u>。这片雅丹并不算雄奇，但可以让戈壁滩上昏昏欲睡的旅行者打起精神。之后你会在左手边看到一片<u>双塔水库</u>，有学者考证这里曾是疏勒河河面最窄的位置，玄奘夜渡葫芦河就是在这里。而那座唐代的玉门关（见162页方框）很可能就淹在水下。布隆吉雅丹地貌和双塔水库的公路上都设置了观景台，自驾者可以停留赏景。

就是门口小广场上的老一井，也就是中国第一口油井。老一井早已油竭停产，如今的实景复原只为纪念这一历史壮举，1939年第一批开拓者用人工方式打出了这第一口井，在之后的23年内贡献了845吨原油。在它的一边还放着一块巨大的油花石，对面的断崖上新生油井依然工作着。

回程皆是下坡路，你可以步行走到油田公园。沿途可以看到大批荒废的工人宿舍和许多20世纪90年代的建筑，包括苏联援华专家楼、工人影剧院、文化宫等。

新市区的玉门汽车站有发往老市区的班车（15元；8:00～17:00，约40分钟1班；1.5小时），班次频率可能受乘客多少影响，建议你提前确认。

食宿

市区最热闹的地段位于西南角，在永宁路和铁人路周边能找到几家不错的宾馆，阳光酒店（☎335 1888；永宁路8号；标双150元；※☀）是当地的口碑老店，有着整洁的房间和训练有素的工作人员。

通安路的西段有着连排的餐厅，能吃到各种西北菜，尽头就是玉门步行街，夜间有一些烧烤摊，南侧的兰新东路有不少靖远羊肉馆子。玉门的花海县盛产香瓜，夏季上市时在通安路西段的水果市场就能闻到阵阵瓜香。

到达和离开

玉门汽车站（☎593 1205；昌盛路双拥路口）在市区东北角，公交1路、2路可达。这里大多都是酒泉和敦煌之间的过路车：酒泉（31元；7:00～18:30，约40分钟1班，2小时）、敦煌（50元；9:30、10:00、10:45、12:10、12:50；3小时）、嘉峪关（34元；10:40～18:30，约1小时1班；1.5小时）、瓜州（32元；8:50、10:30、12:50、13:50、14:30、16:30；1.5小时）、昌马乡（16元，去程11:30、17:00，回程8:30、15:30，1小时），这里也有去往肃北马鬃山（见166页方框）的班车（46元，去程13:00，回程8:00；4小时）。

敦 煌

敦煌，一个酒泉市代管的小小县级市，却声名远播，在国际上拥有举足轻重的地位。以莫高窟为首，榆林窟、东、西千佛洞、五个庙石窟、昌马石窟等，被统称为"敦煌石窟"，以研究敦煌石窟及其出土文献、文物为专攻的国际性学科，被命名为"Tunhuangology"（敦煌学）。如今"敦煌"一词似乎变得神秘甚至神圣。听闻它的人，会将它列入人生必去的目的地名单，着迷于它的人，又会一次一次地回到这里。正因如此，这个小小县级市的游客接待量也正在逐年打破纪录。

毋庸置疑，来到敦煌的重头戏是鼎鼎大名的莫高窟（见149页），大部分旅行者会以敦煌为中心，分别游览西线（见159页）和东线（见163页）。之后，河西走廊之行也将进入尾声，你可以选择继续前往新疆（见148页），也可以转去青海（见149页），后者途中还可游览敦煌南线（见167页）。

历史

"敦煌"一词，最早出现在《史记·大宛列传》中，称"始月氏居敦煌、祁连间"，《汉书》中对它的解释是"敦，大也。煌，盛也"。不过，现代大多数学者认为"敦煌"的词源很可能不是汉语,而是自古生活在这里的月氏、乌孙等民族语言的汉语音译。

西汉初年,北方匈奴击败月氏,进而联合羌人对中原汉王朝构成了威胁。汉武帝先后发动三次反击,由卫青、霍去病等率领的大军击败单于,使匈奴远遁。为稳固边疆,经营西域,西汉元狩二年(公元前121年),在酒泉和武威设立二郡;10年后,又从酒泉郡中分出了更靠西的敦煌郡。与此同时,边防工事开始修筑,长城经过敦煌,一直延伸到了罗布泊,这一段汉长城(见161页)至今保留在敦煌的西部边界,郡内的阳关和玉门关既充当军事关隘,又兼作汉界门户,随着丝绸之路的兴盛,敦煌也逐渐成为一个"华戎交会"的大都会。

魏晋南北朝时期,中原逐鹿,战火纷飞,敦煌地区虽五朝更迭,但不曾腥风血雨,保持了相对的和平,成为各方文明的避风港。前秦建元二年(366年),乐僔和尚在三危山下首开石窟,莫高窟从此诞生。

隋朝改北周以来的鸣沙县为敦煌县,又将大批南朝贵族远徙至敦煌充边。丝绸之路贸易兴盛,资金力量逐渐雄厚。但隋末动乱,唐初边陲动荡,丝绸之路被禁止出关,不过,"偷渡"的玄奘从印度归国时,河西走廊已经畅通无阻,唐朝平定了西突厥和龟兹,并设立了安西都护府,敦煌从西部边陲变为统领西域的后方基地,疆域拓展到新疆全境,以及中亚部分地区,也迎来了经济、文化的巅峰期,在瓜、沙分置后,敦煌便有了"沙州"的名字。

唐玄宗天宝十四年(755年)安史之乱爆发,吐蕃乘虚而入,占领了整个河西、陇右地区,开始了对敦煌60多年的统治。唐大中二年(848年),敦煌地区出现了一名传奇人物——张议潮(见141页方框),逐步收吐蕃统治者并次第收复河西州郡,归复唐朝,唐朝在敦煌建立了归义军政权,统领瓜沙十一州。

1036年,西夏大军占领河西地区,统治敦煌近200年,直至蒙古铁骑横扫河西走廊,沙州成为元宗室拔都的封地。明洪武五年(1372年),冯胜西征,敦煌一带才归入明朝,但不久后明军就在吐鲁番势力的进逼下全部东撤,关闭了嘉峪关,从此瓜、沙二州脱离中原王朝200余年。

直到清代,康熙击退准噶尔,敦煌才重回中央王朝的怀抱;雍正元年(1723年)"复立沙州所,三年旋升为卫",当年起,即由甘肃五十六州县开始大规模移民至敦煌屯垦。当时为了照顾不同州县移民的生活习俗,仍按原籍州县集中居住,所以至今敦煌农村的坊里名称都保留着甘肃旧县的称谓,且以党河为界,两边的方言都不尽相同。因为人口增长,在沙州故城的东边修筑了新的沙州卫城,也就是现在敦煌市区的所在地。

新中国成立后,敦煌借由莫高窟、汉长城、玉门关、阳关等国家级保护文物,被国务院命名为"中国历史文化名城"。1987年,莫高窟被列为世界文化遗产,敦煌也随之撤县设市。如今这座沙漠中的绿洲小城,每年都要迎接无数来自中国各地甚至世界各地的旅行者,据酒泉市政府披露,2018年,敦煌市全年接待游客已经达到1077.3万人次。

敦煌市区(沙洲镇)

敦煌市区又叫"沙州镇",党河将其一分为二,通常旅行者涉及的都是东岸的老城区。沙州路和阳关路交叉口的"反弹琵琶"雕像是这里的中心,围绕雕像的环岛就是当地人口中的"盘旋路"。著名的沙州市场在它的东南边,是专为游客打造的美食购物区,西南边是以鸣山路为主线的商业区,相对安静,适合挑选住宿。

逗留敦煌,除了奔赴莫高窟(见149页)和鸣沙山·月牙泉(见147页),不妨给市区本身留下一些时间,尤其在游客稀少的淡季,你会发现这个旅游城市其实格外宜居。千米的海拔让这里空气通透、阳光明媚,街道一尘不染,处处步行可达,城市的布局恰到好处。敦煌的母亲河党河,现在被打造成了一条"党河风情线",夏日夜晚在此漫步,享受临河的烧烤和啤酒,看着闲散自得的敦煌人,你便能发现这个"国际大腕"的另一面。

⊙ 景点

敦煌博物馆   博物馆

[☎881 8162;鸣山北路1390号;凭身份证免费参观;⊙5月至9月8:30~18:30(17:30停止入馆),10月至次年4月9:00~18:00(17:00停止入馆),周一闭馆,节假日照常开放]敦煌博物馆由

敦煌传奇张议潮

"蕃占时期"生活在敦煌的汉族被强制实行"蕃服蕃语",这也就是莫高窟的中唐231窟中的阴伯伦夫妇只能在画像中身着汉式装束的原因。

张议潮出生沙州豪族,但在吐蕃的统治之下,依然忍辱负重。年轻的他就对大唐故国心驰神往,决心要驱逐吐蕃。50年后,趁着吐蕃内忧外患,张议潮联合沙州地区的汉族、粟特人、吐谷浑人等同盟军,在短短3年时间内纵横河西,最终以"瓜、沙、伊、肃、鄯、甘、河、西、兰、岷、廓十一州来归"向唐王朝传去捷报。而当时中央王朝已经日渐衰弱,无力维系西域,只在沙州设立归义军,由张议潮任节度使,全权负责河西等地的军事、行政和财政,约等于将敦煌地区给张议潮"自治"了。莫高窟156窟《张议潮的出行图》就是描绘他在接受唐朝敕封为河西节度使后统军出行的浩大场面。

一心向唐的张议潮在敦煌全面恢复唐制,推行汉化,始终维持着敦煌地区"人物风华,一同内地"的发展水平。然而,事实上,直到唐咸通八年(867年),年近花甲的张议潮才到达了他为奋斗一生却从未见过的长安,并在此终老。

河西走廊 敦煌市区(沙洲镇)

中国建筑大师崔恺主持设计,外形综合了烽燧、长城、古堡的元素,面积不大,布展思路十分清晰,盘旋向上的导览线让整个参观过程一气呵成。除了丰富的展品,这里还复原了一个 西晋墓(见本页)的甬道照墙,以及莫高窟唐代彩塑的顶尖之作 第45窟,可以大大弥补不能看特窟的遗憾。另外,还能看到悬泉置(见167页)、河仓城、寿昌城等复原模型,以及两个北凉石塔的残件。值得留意的是,展馆在介绍敦煌的每个历史时期时,还细心地配上了对应的莫高窟壁画,你可以直观地对比各个时代的鲜明特征。

市区内3路公交车可到达,打车约8元。

敦煌南仓 历史建筑

(见142页地图)清朝敦煌重回中央王朝的统治,雍正初年开始经营敦煌,为扼守这块西北边疆的战略要地,移民戍边,驻兵屯田,因此储备军粮必不可少。最初官方选择在敦煌城内(见143页方框)设置东仓和西仓,但均因地势原因,屯粮容易霉变。直到乾隆年间,将粮仓位置选择在了城外地势较为高敞的沙梁上,才终于解决了这个问题。这个当时城外的粮仓,就是现在的敦煌南仓。

南仓,也叫"恒丰粮仓",始建于乾隆四十三年(1778年),当时的粮仓曾多达260余间,光绪年间更是增设到了400余间。不过现在只留存了8个。粮仓内部的木结构用的是千年不腐的胡杨木,顶部采用沙漠红柳编织的笆席,是当时防潮防虫的巧妙设计。现在这8个粮仓在遗留的基础上进行了适度翻新,内部用图文讲述了南仓的建筑技巧、存储规制等历史资料,也可以看到一些斯坦因在20世纪初到达敦煌时拍下的照片。

南仓的位置曾经是城外,现在几乎是城中心,就在沙州夜市对面的巷内,市区内基本步行可达。

西晋壁画墓 陵墓

(☎138 9377 1338;敦煌市区东郊6公里;门票40元;◉4月至10月9:00~17:30)河西走廊留存着大量的魏晋墓葬,敦煌也不例外,只是在莫高窟的光芒下很少有人注意到这个深埋地下的看点。墓葬位于莫高窟和市区之间,这一带被叫作"佛爷庙湾",至今都是敦煌的墓葬区。可以参观的墓葬有两座,一座为西晋时期,有着特殊的双层照墙,照墙上的砖画保存得清晰完好,内部的耳室还有一个倒置的"厕所";另一座为汉墓,规模较小,深度可观,内部虽然空空如也,但你可以清楚地看到一个盗洞,不偏不倚打向墓室的角落。

因为来者寥寥,这里的看守人也兼顾讲解的职责,很愿意慢慢向你解释古人如何在墓葬上表达对往生的期许。你会发现,不同于嘉峪关的新城魏晋壁画墓(见141页),这里更注重照墙的构建,所绘画的内容也更偏向各种神话灵兽,而非日常生活。敦煌博物馆有照墙的复原图,可以拍下照片对照欣赏,至于这些灵兽传说,在市区阳关路的地砖上有一一介绍。

敦煌城区

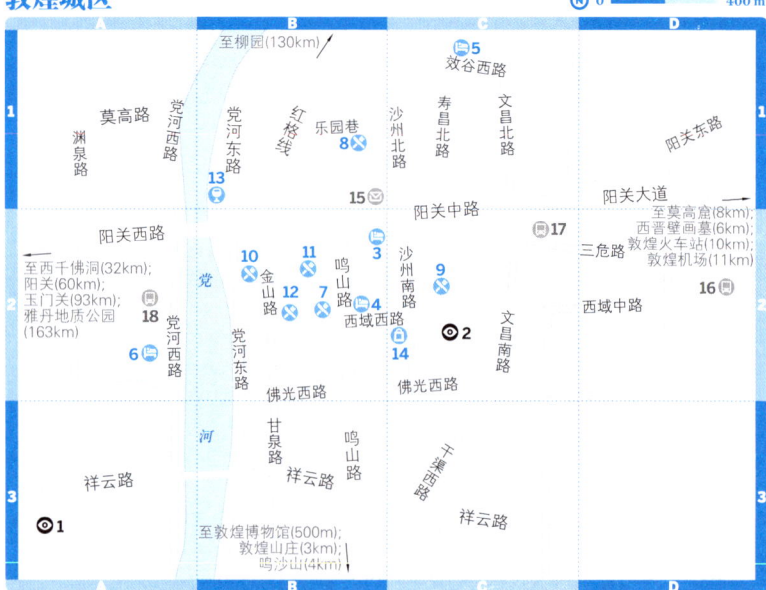

敦煌城区

◎ 景点
1 白马塔 A3
2 敦煌南仓 C2

住宿
3 IU酒店 B2
4 敦煌饭店 B2
5 敦煌丝路国际青年旅舍 C1
6 河西走廊大酒店 A2

⊗ 就餐
7 达记酱驴肉黄面馆 B2
8 靖远夯六羊羔肉 B1
9 沙州市场（敦煌夜市） C2
10 顺张黄面馆 B2
11 特色小吃街 B2
12 夏家合汁 B2

饮品
13 斗牛精酿啤酒店 B1
末尼文化庭院静吧 .... （见9）

购物
14 莫高书城 C2
石室书轩 .... （见9）

实用信息
15 敦煌市邮政局 B1

到达和离开
16 敦煌汽车站 D2
17 莫高窟班车始发站 C2
18 南湖乡班车始发站 A2

市区来往莫高窟的班车虽会经过佛爷庙湾的公路边，但还需向内约3公里。从市区打车全程约10公里，加上等待时间，往返60~70元，也可以在游览完莫高窟后顺道游览。

白马塔　　　　　　　　　　　　　　塔

（☏153 0942 5418；白马塔村；门票15元；⊙夏季8:00~20:00，其他季节9:00~19:00）相传这座塔是为纪念高僧鸠摩罗什病死的白马而建的，现存的建筑为12米高的9层明代覆钵式塔。除了塔之外，整个寺院基本处于年久失修的状态，塔本身的观赏性也不强。如果你已经来到了这个西南角，不妨再去寻找一下真正的沙州古城（见143页方框）。

白马塔的位置，距离最近的公交车站还有800米左右，可乘坐1路公交到党河丽景站，或2路至敦煌学院路口，再向南步行，后者途中就会看到古城遗址。

雷音寺　　　　　　　　　　　　　　寺庙

（敦月路近敦煌山庄；⏰24小时）寺庙始建于东晋时期，不过遗迹早已荡然无存，如今看到的寺庙是20世纪80年代于原址重建的。来这里的大多是烧香拜佛的香客。雷音寺斜对面的<u>月牙泉小镇</u>是新近开业的仿古商业街，有餐厅、客栈和特产商店，可以顺路一逛。小镇在夏季每逢周末都有篝火晚会。

市区的3路公交车可抵达雷音寺。

🏃 活动

敦煌双遗马拉松　　　　　　　　　　体育

2015年敦煌也推出了首届敦煌双遗马拉松赛。比赛分为全程（200元/人）、半程（150元/人）、10公里（100元/人）和乐跑（5公里，60元/人），行程从市区出发，以莫高窟为终点。每年比赛在5月举行，2月开始开放报名，可至敦煌双遗国际马拉松官网（dunhuang.cd42195.com）查看最新信息。

🛏 住宿

不大的敦煌住哪里都不会有太多不便，想在沙漠看日落、星空，也可以选择住在鸣沙山附近（见147页）。市区内的青旅大多集中在沙州夜市附近，但环境相对吵闹。我们比较推荐西边的鸣山路沿线，尤其是和阳关路、西域路所形成的"工"字形区域，相对安静，有特色小吃街可解决用餐，去往沙州夜市和党河也都在步行范围内。

大多数酒店对接待游客早已驾轻就熟，相比之下你更需要注意的是价格问题，我们在此给出的是淡季价格，但一到旺季，价格往往会上涨好几倍。暑期是最大的旺季，淡季百元的房间会涨至400元以上，其次是"十一"和春节，价格也至少翻两倍。进入11月、12月之后，价格便十分友好，但部分青旅会歇业，直到来年3月、4月才重新开张。

另外，在沙州镇向西5公里还有一座七里镇，是青海石油基地在敦煌所建的生活区域，当地人称作"石油城"。这里吃住另成一体，平日游客无须涉及，但若是旺季在敦煌市区找不到合适的住处，可以作为备选（市区2路公交可达）。

敦煌饭店　　　　　　　　　　酒店 ¥¥

（☎885 2999；鸣山北路373号；标双168元起；📶❄🅿）敦煌的老牌三星宾馆，虽然硬件明显陈旧，但良好的卫生状况完全可以弥补这一点，秋、冬季的供暖及时，酒店的热情服务也一直受到住客的好评。有套房和家庭房，旺季涨价幅度不离谱，有着不错的性价比。地理位置优势明显，位置离特色小吃街、沙州市场、党河都只有几分钟的步行路程。

IU酒店　　　　　　　　　　　酒店 ¥¥

（☎888 2299；鸣山路8号手机一条街内；标双178元；📶❄）酒店位于一条安静的小巷，装修风格简约、清新，房间方正、宽敞，有独立网络，唯一不足的是，所有卫生间都是内窗，不过大床房皆为临街的大窗，舒适度相当高。

〔另辟蹊径〕

寻找沙州古城

现在的敦煌以党河为界，东边为老城区，西边是新城区。而事实上，两百年前却是相反的——党河的西岸才是沙州（敦煌）古城的所在地。据考证，这座古城的历史可以远溯到汉代的敦煌郡，但明代退踞嘉峪关之后，敦煌只得自生自灭，无行政建置200年，直到清朝接手时，这里已经满目疮痍，加上移民屯垦的需要，便在原城池之东新建卫城。雍正三年（1727年）老城被党河水冲毁，卫城便成了敦煌的新中心，也就是现在的敦煌市区、沙州镇。

从白马塔继续向西，就是敦煌郡古城的遗址区域，不过现在留下的只有一段黄土夯墙，位于古城路近阳关西路处。

敦煌丝路国际青年旅舍
青年旅舍

(☎883 3121；小北街北口，近沙州夜市北门；铺45元，标双128元；🛜❄) 从沙州市场的北边大红门向北400米就能找到这家青旅，位置略偏，好在闹中取静。有着传统的青旅氛围，基本上能回答你任何关于敦煌吃喝玩乐的问题，房间中规中矩，足够干净卫生，旺季也组织沙漠露营。

河西走廊大酒店
酒店 ¥¥¥

(☎886 8888；党河路466号；标间680元起；🛜❄Ｐ) 2019年刚刚完工，是敦煌目前最新最气派的高档型酒店，紧邻党河西岸，拥有带落地窗和小客厅的河景房（885元起），设计风格以"禅"为主题，素净淡雅，服务人员也特别热情。隔壁的**阳光沙州大酒店**（☎886 2888，阳关中路1339号；标间456元起；🛜❄Ｐ) 也是敦煌老牌的五星级酒店。

🍴 就餐

到敦煌，驴肉黄面是非尝不可的。沙州市场虽然名气够大，但并不是一个享受美食的好选择，鸣山路西侧的特色小吃街更淳朴一些。在我们调研期间，发现部分餐馆会拉拢出租车司机引客上门，所以在你打听美食时最好有所甄别。

★ 靖远尕六羊羔肉
西北菜 ¥¥

(☎138 3971 6008；北台巷沙州乐园东门；人均60元；⏰11:30～23:30) 为什么要来敦煌靖远的羊羔肉？大概是因为好吃的羊肉不同出处（据说这里用的是著名的肃北羊），即便没有游客的簇拥，当地人也会早早地前来排队。旺季晚上8点左右老板就要开始"劝退"，停止发号了。最著名的红焖羊肉、白条羊羔肉均为88元/斤，一人吃可半斤起卖，但基本都为大桌，最好多人前往。

顺张黄面馆
面 ¥¥

(☎151 9373 3399；金山路滨河世纪家园1号楼；人均50元；⏰12:00～21:00) 敦煌有很多自称"老字号"的驴肉黄面馆，不过只有顺张和达记才称得上好吃。顺张面馆老板的爷爷是当年敦煌公认的黄面高手，达记黄面的创始人也是他的徒弟。驴肉每斤88元，三两（26元）起卖；黄面大盘15元；另有各种驴肉菜，比如红烧驴皮（86元）、爆炒驴板肠（80元）等，也有家常小炒（20～38元），如今这里旅行者反而比本地人还多。

★ 达记酱驴肉黄面馆
面 ¥

(☎883 3986；西域路天润国际大酒店西侧；人均50元；⏰夏季10:30～22:30，冬季11:00～21:00) 驴肉（96元/斤）最少三两（29元）起卖，黄面大盘15元，小盘14元，特色驴肉菜（80元起）外还有各种家常炒菜（20～30元）。这里的服务态度常被吃客吐槽，但口味上总是让人无可挑剔。

夏家合汁
小吃 ¥

(☎135 1937 6749；西域路天润花园3号；人均20元；⏰夏季6:00～14:40，17:00～22:00；冬季6:00～14:40) 合汁是一种混合粉汤，通常是羊肉汤、猪肉汤和鸡汤混合在一起，是当地的传统小吃，甚至已经被列入市级非物质文化遗产名录。夏家合汁是敦煌口碑最好的一家，美味的汤底始终如一，当地人早餐就会来上一碗。羊肉合汁（大碗20元，小碗18元）中还会加入羊肉片、肉丸子和土豆粉条，地道的吃法是再配上一份饼子（1元/人），蘸汤吃。这里也有搭配各种凉拌菜的精品套餐（45元/一人份）和羊肉汤、羊杂汤等。

特色小吃街
美食街 ¥

(鸣山路西侧) 这条全长200余米的美食街以敦煌和甘肃特色小吃为主，一家家小店，能吃到酱肉、卤肉、搓鱼子、酿皮、羊杂、砂锅面、浆水面、炮仗等，价格也比较亲民。东端的**胡羊焖饼**非常值得一试，这里的几家味道都不错，价格也完全相同，羊肉焖饼68元，足够两个人吃，另外也有诸如大漠羊蹄（60元）、沙葱鸡蛋（30元）、炒榆钱（30元）等特色菜。美食街中段往南的巷子里有几家当地的干粮店，出售异常干燥的传统面点，你可以少量尝试一下，或者作为漫长西线游的备粮。

沙州市场（敦煌夜市）
美食街 ¥

(阳关中路、文昌南路、西域路、沙州南路之间) 沙州市场已经成为专为游客服务的休闲区，中间是各种旅游纪念品摊位和文创店，两边是餐馆、酒吧等餐饮区，从入口处清一色的"马氏烧烤街"，到内部摊位小吃，聚集了西北甚至中国各地的风味。旺季人满为患，从头走到尾都有些费劲。不少旅行者通常会来此感受一下敦煌的旅游气氛，然后去别处觅食。因为游人聚集，这里也比较容易获得旅行信息，旺季市场北门会设置一个西线景区直通车的咨询柜台。

在敦煌吃烧烤并非只有沙州夜市，另一个地方可能当地人都不愿意让你知道——贴着党河的党河东路北段，沿街全是烧烤店，还有不少面朝党河的店铺，你可以享受边赏河景、边吹晚风、边吃烤肉的快意，更重要的是这里价格只是夜市的一半。

饮品

敦煌目前可供小憩的饮品店不多，有几家值得一坐。日常随处可见的杏皮水（3～5元/杯）是烈日当头的最佳饮品，几乎所有餐厅和小商店都有售卖，沙州夜市的北端还能找到几家自制的杏皮水出售。另外，餐馆必备的西凉果饮和西凉姜啤，也是当地人口中小时候的味道。

末尼文化庭院静吧　　　　茶馆、酒吧

（☏882 0444；沙州市场商业街77-1号；人均50元；⏱14:00至次日1:00；🛜）这家小店位于沙州夜市的中段，入口非常不起眼，一旁是王海妮口腔诊所。小店的装修风格试图复原20世纪30年代的敦煌民居，土坯房搭配木桌、钢窗，加以各种藏饰点缀，拼凑出一个富有创意的小院子，气氛轻松自在。白天提供茶饮和果汁（30元起），夜里则提供酒水（鸡尾酒50元起），偶尔有随性的弹唱。

斗牛精酿啤酒店　　　　酒吧 ¥

（党河东路妙街5号；人均50元；⏱17:00至次日1:00；🛜）敦煌目前啤酒种类最多的酒吧，10个酒头有来自各地的自酿（26元起），也有种类齐全的瓶啤售卖。远离游客区，价格良心，气氛随意，周末常常满座。镇店之宝是会握手的"招财"猫。

敦煌山庄摘星阁　　　　咖啡馆 ¥¥

（☏888 2088；敦月路敦煌山庄顶楼；人均60元；⏱7:30～14:00，16:30～22:30；🛜）即便不住在高端的敦煌山庄（见149页），也可以在游完鸣沙山后来这里点杯啤酒或咖啡（40元），看鸣沙山的日落星升。这里也提供中西式简

餐，38元一份的招牌炒饭还不错。景观更好的座位有最低消费要求。敦煌山庄的中餐厅丰艺厅也颇受好评。

☆ 娱乐

敦煌三大剧是除了莫高窟之外最受欢迎的视觉盛宴，从每年的3月或4月开演至11月左右结束，基本每晚都有一场，旺季还可能增加场次。可以根据喜好择一观赏，市内几乎任何酒店、宾馆、青旅都可以代购门票，还会有一些折扣，并提供往返接送；也可通过各大旅游网站网络购票。

又见敦煌　　　　实景演出

（☏400 1829 777；莫高窟数字中心西侧《又见敦煌》剧场；票价7月1日至10月8日，普通区368元，至尊区688元，其余演出时间普通区298元，至尊区588元；⏱每天20:00开始，旺季可能增加场次，时长90分钟）导演王潮歌是2008年北京奥运会总导演之一，诸如《印象刘三姐》《印象丽江》等都是她参与制作的作品。《又见敦煌》是三大剧中最"年轻"的一个，构思、舞美也更新颖。

敦煌盛典　　　　实景演出

（☏400 0937 883，888 3351；敦月路敦煌山庄；票价238元起；⏱旺季每天20:00开始，时长80分钟）演出主线是一个爱情故事，亮点在于舞台的远景就是鸣沙山的大沙丘，还会配上绚丽的灯光和旋转的座椅，曾号称国内首台沙漠实景剧。

丝路花雨　　　　舞台剧

（☏699 9228；文博东路2713号敦煌大剧院；票价238元起；⏱旺季每天20:30开始，时长80分钟）丝路花雨是敦煌的元老级舞台剧，至今已经有40年的历史，所以故事和舞美都偏于传统。

🛍 购物

敦煌绿洲日照时间长、昼夜温差大，盛产各种水果，比如李广杏（7月上市）、鸣山大枣（9月上旬上市）、阳关葡萄（8月中旬上市）等。没赶上水果收获季节的，也可以购置一些水果干。罗布麻茶也是这里最具当地特色的保健茶。

木刻、丝巾等纪念品在沙州市场、敦煌

博物馆、青旅、莫高窟文创店都可以买到。如果不去酒泉和嘉峪关，购买夜光杯可以去**夜光杯厂**（✆882 4299；阳关中路283号二楼；⊙8:00～23:00），采用前店后厂的传统模式，夜光杯17元起。

石室书轩 书店

（✆883 5206；沙州市场步行街73号；⊙9:00～24:00）如果你想深入了解敦煌和莫高窟，哪怕不喜欢嘈杂的沙州市场，也不要错过这家以此为核心的专业书店。书店经营近30年，敦煌研究院前任院长常书鸿还给书店题写了店名匾额。老板精心收藏了大量关于敦煌学、吐鲁番学、丝路古道、遗址石窟等学术论著，甚至有一些古籍。普通读者也可以在此买到敦煌的读物和高清画册等。

莫高书城 书店

（✆881 5519；西域路近沙州南路；⊙夏季8:00～23:00，冬季9:00～22:00）新华书店气质，但有一墙关于敦煌和丝绸之路的书籍，选择较为丰富，也有一些莫高窟周边产品售卖。

ⓘ 实用信息

邮局

敦煌市邮政局（阳关中路近反弹琵琶；⊙8:30～18:00）有敦煌主题的明信片出售。鸣沙山景区的游客中心内也有邮局，由此寄出的明信片加盖的是月牙泉的邮戳。

旅游信息

敦煌旅游局（✆400 006 5761，投诉882 1303；www.dhcn.gov.cn）

敦煌旅游网（www.dunhuangtour.com）有详细的敦煌历史、景点、出行方案等信息。

敦煌世界地质公园官网（www.dhdzgy.com）是为配合2015年夏天敦煌成功申办世界地质公园而建的，能提供敦煌各知名景点的旅游信息。

ⓘ 到达和离开

飞机

敦煌机场（✆886 6133；莫高镇）位于敦煌城东12公里、敦煌火车站东1公里，旅游旺季每天有往来于北京、上海、兰州、西安、乌鲁木齐、嘉峪关、成都、杭州、南京等地的航班。冬季部分航线会相应减少或停班。

长途汽车

敦煌汽车站（✆882 2174；三危路近建荣市场）携程网的购票平台可以查询并购买车票，售票厅内有网络购票取票机。但对于去往偏远地区（比如阿克塞或肃北）的班车最好现场确认。候车大厅内有敦煌西线游（见147页方框）散客拼团的咨询报名处（✆138 3070 6288）。

前往南湖乡（阳关镇）的班车在西大桥的西桥头南200米处乘坐，去往西千佛洞时可能需要它。

市区4路公交车可达汽车站。

火车

敦煌站（✆595 9562；城东约7公里处）每天有6趟动车来往兰州，到达兰州西站只需6小时。敦煌站是兰新铁路支线的终点，如果想要继续西行，需要前往柳园站中转（见148页方框）。

市区的**丝路怡苑大酒店**（环城东路6号，沙州市场东门）门口有往返火车站的中巴车（3元；6:30～20:00，30分钟1班，20分钟），出租车到火车站约25元。

ⓘ 当地交通

抵离机场

晨光旅游公司经营对应航班的**机场巴士**（✆136 2937 0206，5元，30分钟），发车点在嘉年华大酒店（鸣山北路756号）。出租车约30元。

公交车

市内只有4条公交线路，电子地图可以查询相应站点。最有用的是3路公交车，去往鸣沙山，途经博物馆、敦煌山庄、雷音寺，可在沙州市场西门的公交站坐，到敦煌中学之前1元，到鸣沙山2元。

出租车

目前敦煌出租车已经非常规范，除包车之外必须打表。起步价5元（2公里），1.8元/公里。城内一般不超过5元。打车到月牙泉鸣沙山约20元，莫高窟约25元。

出租车司机对周边包车游的路线都很熟悉。西线（西千佛洞、阳关、玉门关、魔鬼城）500元往返；东线（榆林窟、锁阳城）600元往返。

敦煌汽车站车次时刻表

站点	发车时间/班次	票价（元）	行程（小时）	备注
嘉峪关	8:00、8:40、9:30、10:10、11:00、12:50、13:30、14:30、15:40、16:10、18:30	73~96	5	车型不同，票价不同
酒泉	8:00、8:40、9:30、9:40、13:30、14:30、15:40、16:10、18:30、19:30	76/80/86/96	5.5	途经嘉峪关；车型不同，票价不同
阿克塞	9:00、10:30、12:00、13:30、15:30、18:30	16	1.5	
肃北	10:00、13:30	21	2	
瓜州	8:00、8:40、9:30、10:10、11:00、12:50、13:30、14:30、15:20、16:30、17:50、18:30	24	1.5	
柳园	9:30~19:50（1~1.5小时1班）	35	2	
玉门新市区（玉门镇）	8:00、8:40、9:30、11:00、12:50、13:30、14:30、16:10、18:30、19:30	61	3.5	
哈密	10:00	100	7.5	
巴里坤	10:00	126	9	
格尔木	9:00	115	9	
德令哈	10:00	132	8.5	
花土沟	9:00、11:30	123	10.5	

租车

敦煌文旅交通有限公司（☎883 3688）提供纯电动分时租车服务，根据车型150~260元/天，租/还车地点覆盖机场、火车站、月泉小镇、敦煌山庄。

鸣沙山·月牙泉

（☎888 3388，救援888 3389；敦月路南端；门票120元；⏰24小时，售票时间5:00~20:30，根据日出日落时间调整，有效期3天）从市区南望就可以看到鸣沙山的优美曲线，一条笔直的大道从市区通向这里。如今的鸣沙山景区并非令人生畏的沙漠，而是吃喝玩乐俱全的游乐场。

除了投入沙漠的怀抱，更让人期待的是那一湾让世人传颂的**月牙泉**。这一汪躺卧在沙漠中央的泉水早在汉代就有记载，历代称奇，千年不涸，而其实月牙泉的水位早已告急，它是如何坚持到今天的？景区的游客服务中心有一个小型的**地质陈列馆**，可以帮你解开这个谜团。

在到达月牙泉之前，景区营造了一系列前戏：民俗博物馆、药王庙遗址、小泉湾广场、鸣月阁等，有景区观光车代步（单程10元）完成这段行程，解说上会告知整个步行游览需要3小时，其实距离不过1.2公里。只是到了终点，你仍需用双脚（沙子不烫的话，可以尝试光脚）爬上沙丘（据说晴朗干燥的天气可以听到沙鸣）、沙丘顶上正是俯瞰月牙泉的最佳位置。

夏、秋两季在此欣赏日出、日落是最美好的体验，你可以关注"鸣沙山月牙泉"微信公众号公布的日出、日落时间，其中也有天气、路线、地图、交通等详细的旅行信息。

✦✦ 节日和活动

鸣沙山景区游乐项目颇多：滑沙（25元/次）、骑骆驼（100元/人，上下山）、沙漠摩托车（120元/人起）、越野吉普车（300/500元，可坐3人）、滑翔机（380元起）、直升机（1280元/1人，1760元/2人，2000元/3人）。景区游客服务中心也出售各种娱乐项目的套票。撒欢儿之前你们需要先保护好自己的贵重物品和随身的相机、手机等，可以自行准备防尘套，也可以直接在景区购买（沙套15元/副，防沙防尘套20~70元）。

沙疗节和滑沙节

每年7月下旬到8月下旬，鸣沙山景区会举办沙疗节。6月1日是敦煌滑沙节。每月农历十五，在鸣月阁夜晚会举行"鸣沙赏月"活动。

沙漠篝火晚会

沙漠篝火晚会很受欢迎，基本上每家客栈、宾馆、旅行社都能提供这项服务。活动区域和露营地点在鸣沙山的另一侧，不在景区内，因此不用另行购买门票。各家收费一致，从淡旺季到大旺季价格在160~218元/人浮动。活动内容包括：滑沙、越野摩托、山下火锅（晚餐）、篝火晚会；活动结束后，你可以选择沙漠露营（提供帐篷、防潮垫、睡袋等必需品），或者当晚返回宾馆，往返皆有接驳车。行程一般是19:00出发，至23:00结束。

沙漠露营

你还可以自带帐篷去鸣沙山景区露营。**奥库户外**（☎881 5982；风情城信义街35号）都有整套的露营装备出租，含帐篷、睡袋、防潮垫，租金100元/天（押金300元）。

犟驴自驾游户外（☎136 7939 3771，136 7939 3510；月映路近党河东路，博物馆对面）提供沙漠摩托车600元/车（可坐1人）、4座沙漠大轮车1500元/小时，也可以组织私人小团的沙漠腹地露营480元/人（含吃住），如果只想租帐篷，整套装备含帐篷、睡袋、防潮垫，租金100元/天（押金300元）。

🛏 食宿

如果想充分利用3天有效的鸣沙山门票，可以住在鸣沙山脚下。沙漠旁的农家果园，开辟成了**农家客栈一条街**，既有当地人自家改建的农家乐，也有外地来客精心装修的青年旅舍。不过，这"一条街"的住宿大多分散在果林里，住宿区中也没有餐馆，到了淡季也只有当地人的农家乐还坚持营业。

用餐需要回到景区的主街，这里有连排的黄面、烤肉，整齐划一的简棚店铺，口味将就，但价格都比市区贵一成，好在去市区公交还算便利。

习家客栈 青年旅舍 ¥

（☎880 3666；鸣沙山游客中心对面；铺60元，标间180元；🛜❄🅿）旅舍正对景区，可谓

走"新北道"去新疆

从瓜州，经白虎关、柳园、星星峡到哈密的道路自东汉就已经被发现，这条新道绕开了敦煌，从瓜州直接切向西北，比原来的北道距离更近，也更好走，当时被称为"新北道"，也叫"伊吾（即哈密）路"。这条新北道人们一走就是两千年，至今出河西走廊去新疆，不论是公路还是铁路，仍然走的是这条路线。

从敦煌或瓜州发出，新北道上的柳园就是前往新疆的跳板。两地都有发往柳园的班车（见147页方框），**柳园火车站**（瓜州县柳园镇）与汽车站紧挨（步行200米），在敦煌支线铁路未修之前，还用过几年"敦煌火车站"的名字。**柳园南站**（瓜州县柳园镇西南3公里）是兰新客专上的车站，每天有3班动车前往乌鲁木齐（4小时），途经哈密和吐鲁番，另有4班动车发往兰州（7小时），途经嘉峪关、张掖、西宁。柳园镇上打车到柳园南站10元。柳园南站周边荒凉，坐长途动车的话，建议你备好食物。

从敦煌前往柳园，除了班车，也可在汽车站门口拼出租车（40元/人，2小时）。**柳园汽车站**（☎557 2681）有发往敦煌的班车（36元；6:30~18:30；2小时），发往瓜州县城的班车更多。

从瓜州前往柳园，中途会路过**白虎关**，是戏曲演义中薛丁山误射父亲薛仁贵的地方，如今还有烽燧等遗址。

翻过"南墙",转战青海

翻过河西走廊的"南墙"祁连山脉,便可踏上中国地形的第一级阶梯——青藏高原。敦煌每天有发往青海格尔木和德令哈的班车,沿途还可以远眺大小苏干湖(见167页),若是自驾也可以顺道游览敦煌南线(见167页)。另外,敦煌和格尔木之间的敦格铁路已于2019年全部完工,从敦煌出发,经阿克塞、肃北、马海、鱼卡、大柴旦、小柴旦,抵达格尔木,把兰新铁路、青藏铁路连接在了一起,你可以坐着火车翻越祁连山脉的当金山口,穿越苏干湖盆地抵达青海,甚至继续深入藏区。

"开门见山",有装饰漂亮的小院子,楼顶有一个舒适的天台,色调温暖,气氛充满亲和力。房间皆为混住,结实的木制上下铺不会吱吱作响,每个铺位都有充电的插座,甚至床头还有一个小电视屏幕。

敦煌山庄　　　　　　　　　　精品酒店 ¥¥¥

(☎888 2088;敦月路雷音寺对面;标双700元起,沙景房800元;🛜🅿️🚻) 整个酒店如同一座沙漠城堡,入住体验也有着同等的尊贵。酒店内装注重体现民俗特色,陈设细节有十分讲究。每个房间都会放置介绍敦煌的书籍,入住时会赠送果盘和可爱的骆驼公仔。只要提前预约,酒店便可安排至火车站、机场、沙洲市场、鸣沙山景区的免费接驳车。房价包括摘星阁(见145页)的自助早餐,内容十分丰富。《敦煌盛典》(见145页)的演出地点也在这里。

ℹ️ 到达和离开

鸣沙山距城区5公里。乘坐3路公交车(2元,15分钟)便可到达,收班时间夏天21:00,冬天19:30,不过小城镇的公交并不准时,最好多向司机确认一下。如果打车,单程约15元。

莫高窟

莫高窟的大名无须赘言,但关于莫高窟,有一句话在我们指南的三次更新中都没有改动——"买一张门票不难,但要看懂莫高窟并不容易",何况如今连买门票都有些让人头疼了(见150页方框)。每一年,节假日的游客量都在挑战莫高窟的接待极限,即便控制了人数上限也很难保证参观体验。近年来,敦煌博物馆(见140页)、兰州敦煌艺术馆(见69页),以及景区内的陈列中心,都在通过各种新技术手段改善和提升莫高窟的体验方式。最造福人类的是数字敦煌(www.e-dunhuang.com)的正式推出——30个石窟,跨10个朝代,300DPI高清采集,360°全景无死角——让现在和未来的所有人都能够在线欣赏这些绵延千年的艺术。利用它既能帮你在看懂莫高窟上做些功课,又能弥补不少现场观看的遗憾,更实现了每个旅行者"避开人流,包场看窟"的愿望。

历史

有关莫高窟的始建年代,最早的依据是刻于圣历元年(698年)的《李君莫高窟佛龛碑》。碑文记载,前秦建元二年(366年),有一位法号乐僔的僧人,西游至三危山,见"金光如千佛之状",遂架空镌岩,大造龛像……自兹以后,镌造不绝。

时至今日,我们在此能看到的最早石窟,是开凿于十六国时期的"北凉三窟(第268、272、275窟)"。北凉的统治者沮渠蒙逊是河西走廊上佛教传播的推手,在北魏占领河西后,开窟之风直接影响了当时的都城平城(今大同),诞生了云冈石窟。又在孝文帝迁都洛阳之后,与中原的汉文化擦出火花,造就了龙门石窟。北魏孝昌元年(525年),宗室元荣出任瓜州刺史,中原的营造风格又被带入了敦煌。在之后西魏、北周所打造的石窟中,都可以看到中原和西域的画风交错(比如西魏的249窟和北周的428窟,以及西千佛洞的第9窟)。

隋代,尊佛教为国教,此时丝路贸易兴盛,资金力量逐渐雄厚,短短37年间,兴建了近百个石窟,且各个装饰华丽、纹样多变(比如第420窟)。至唐朝,莫高窟的营建进入了黄金时代,敦煌艺术也登峰造极,成就了诸如第45、220窟这样的巅峰之作,并且规模越发庞大,能容纳35.5米北大像的96窟就是在这个时期建造的。

安史之乱后,敦煌落入吐蕃手中,之后由吐蕃统治的67年也被称为莫高窟的中唐时期。吐蕃人笃信佛教,除了完成一批初唐未完成的石窟,还另开了48个新窟。此时,石窟色彩由华丽走向简淡,曾经雄浑的画面变得收敛而工整,第112窟、158窟、231窟都是这一时期的杰作。同时,因为吐蕃的占领,敦煌也因祸得福地躲过了当时中原的"武宗灭佛"。

唐大中二年(848年),张议潮(见141页方框)的起义让敦煌及河西地区再次归附唐朝,莫高窟156窟就绘制了《张议潮出行图》。之后的180多年,敦煌一直处于归义军政权统治下。此时,世家豪族开始主持修建功德窟,除了主祀佛完全按照个人信仰,还加入了大量的供养人形象,基本等同于家庙。曹议金当政时期还模仿中原朝廷设立了"宫廷画院",但此时唐王朝覆灭,中原处于混乱的五代十国,敦煌偏居一隅,石窟艺术也切断了血脉。到公元970年,曹元忠所建的第427窟,在前室窟檐梁上留下了大宋乾德八年的记录,其实此时中原已是开宝三年了。

公元1036年,西夏大军占领河西,统治敦煌近200年,此时莫高窟的石窟艺术已逐渐衰落,西千佛洞(见160页)还存有一些异军突起的精品。之后的蒙古统治者虽重视佛教,但当时营建寺院更看重,在莫高窟仅仅留下8个石窟,但也成为莫高窟中少有的密教元素。中原风格中最有代表性的是第3窟的千手观音。

嘉靖三年(1524年),明朝关闭了嘉峪关,莫高窟就此沉寂200年。之后的石窟艺术几乎一片空白,虽然清代也进行了很多修复工作,但在今人看来几乎等同于破坏。因此,学术界对于敦煌石窟艺术发展的研究也基本截止于元代。

1900年,藏经洞被发现,外国探险者闻风而来,大量文物流向海外,国人的重视却姗姗来迟,直到1938年才有文化界的人士前往莫高窟,其中就包括著名画家张大千,但在莫高窟还没有国家保护文物名分的年代,虽被名人带火,也遭受了不可修复的破坏。也是这一时期,留学生常书鸿在法国被伯希和编辑的《敦煌图录》和吉美博物馆的敦煌绢画所震撼,决定回国追寻敦煌艺术。经多方促成,1944年,在莫高窟九层楼南边的小院里,国立敦煌艺术研究所正式成立,常书鸿担任首任所长。20世纪80年代初,一位日本敦煌学专家说"敦煌在中国,敦煌学却在日本"(后被澄清为误传)。激起了中国学术界对敦煌的重视。1984年,敦煌研究院正式成立;1987年,莫高窟被联合国教科文组织列入《世界文化遗产名录》。

从1979年至2017年,莫高窟景区的年游客接待量已经从1万上升到170万,除了景区运营不堪重负,洞窟修复的速度也远远赶不上老化的速度。除了严格控制客流量,2011年,数字敦煌项目正式启动,对石窟进行逐个数

🛈 莫高窟行前贴士

➡ **门票制度**:你可以在**莫高窟参观预约网**(www.mgk.org.cn)或其同名官方微信公众号,获得关于门票最详细的信息。需要注意的是,旺季和淡季实行两种票制和票价,参观洞窟的数量和预售期也不同,只有参观内容最多的A/D类票(限制6000张/日)、开放预购次日至1个月内的门票。应对旺季B类票可能临时调整预售期,请务必及时关注官网发布的信息。所有门票都包含"三馆一中心"的参观。

➡ **开放石窟**:官网和公众号中会公布当年开放的具体洞窟。现场讲解员带队时基本以"错峰、错代"为原则,并要求游客恪守"一路向前""不走回头路",能不能看到你的心头好只能随缘。中心的第96窟是必看窟,旺季则会以其为分界划定A类票和B类票的参观区,相互不可串场。特窟并非全部开放,但具体信息需要现场或致电景区询问。

➡ **注意事项**:窟内严禁拍照、触碰。遇到暴雨、大风、沙尘天气,景区停止开放,并会在公众号第一时间发布通知。敦煌马拉松(见143页)赛事当天,市区和前往莫高窟的公路可能会封路,购买当天上午的门票需谨慎。

字化采集，让所有人都可以通过网络游览莫高窟。至今，官方网站已经公布30个洞窟的全景数字影像。诞生千年之后，莫高窟终于有了和"朝圣者"全新的交互方式。

方位

莫高窟位于鸣沙山沙漠的东缘，宕泉河（大泉河）在此流过。西岸的砾岩崖壁上就是莫高窟的700多个石窟，三馆（藏经洞陈列馆、敦煌美术馆、院史陈列馆）、大小牌坊、慈氏塔，都在这一边；河的东岸是敦煌石窟文物保护研究陈列中心。如果想完整地了解莫高窟，这"三馆一中心"值得花时间细细游览。

◎ 景点

莫高窟数字展示中心　　展览馆

数字展示中心相当于莫高窟的"大门"，在到达石窟群之前，所有游客必须先抵达这里。除了售票功能，这里可以观看两场短片（旺季50元/人，淡季40元/人，时长20分钟），第一场数字电影《千年莫高》乏善可陈，第二场球幕电影《梦幻佛宫》全方位地展示了7个经典石窟[第61窟、130窟、285窟、420窟、428窟、45（特）窟、220（特）窟]，更值得睁大眼睛。

数字中心距离石窟群还有15公里，所有游客必须在此乘坐景区巴士（10元/人，旺季每20分钟1班，18:30末班）前往石窟。

莫高窟石窟群　　石窟

[见158页地图；📞400 8333 715；敦煌市东南25公里宕泉河畔；旺季（4月1日至11月30日）180元，淡季（12月1日至次年3月31日）90元；⏰旺季8:00~18:00，淡季9:00~17:30]石窟群分为北区和南区，以藏经洞陈列馆为界。北区不对外开放，多为僧人居住和修行的禅窟，基本无雕塑和壁画。南区对外开放，每个石窟都有小门加锁，必须由讲解员带领参观。整个参观过程需要2~3小时，如果要细看"三馆一中心"，至少需要一天。

普窟（精选）

➡ 第16、17窟
开凿时代： 晚唐
主要看点： 藏经洞
哪里可看： 景区现场、数字敦煌

大名鼎鼎的藏经洞（第17窟）只是第16窟甬道北侧的一个影窟，而这个几乎仅容一人的小窟却发掘了惊动世界的遗产（见153页方框）。洞窟西壁嵌有大中五年（851年）《洪䛒告身碑》，证明它原为河西都僧统（相当于佛教协会会长）洪䛒（biàn）的纪念堂，现在大师的塑像已被请回了堂内的禅床，这座塑像也是莫高窟少有的以真人为原型的塑像。身后的壁画依然是晚唐的作品，菩提树上的挎包曾经引起热议，有人甚至找到了LV同款。

第16窟的主室异常宽敞，是莫高窟现存最大的洞窟之一。马蹄形佛坛上的佛像均为清代重塑。四壁上最早的绘画为晚唐作品，现在表面被北宋（或西夏）的绿底千佛所覆盖。隔着围栏很难观察到它的重层，可以抬头看看西夏时期的浮塑贴金四龙团凤藻井。这种以凤为中心的构图在西夏尤为多见，原因众说纷纭。

16窟前的木构建筑叫作"三层楼"，是道士王圆箓于1906年主持修建的。

➡ 第61窟
开凿时代： 五代
主要看点： 西壁《五台山图》
哪里可看： 景区现场、数字敦煌、敦煌艺术馆（复制五台山壁画）

第61窟为归义军节度使曹元忠开凿的功德窟，作为当时的最高地方政权，石窟面积也大得惊人，形制和第16窟几乎相同。根据敦煌文献记载，当时此窟叫作"文殊堂"，是为了供奉文殊菩萨所建的。原来的主尊为骑狮文殊，如今佛坛空空如也，仅背屏上留下了一段狮尾。西壁的五台山（文殊菩萨的道场）就是为配合主尊而绘制的，高3.6米，长度超过13米，是那个时代最大胆的巨制，也是莫高窟现存面积最大的一铺壁画。其余三壁，以33幅相连的屏风画描绘了佛传故事中的128个情节，也创下敦煌壁画的佛传故事之最。更传奇的是，当年梁思成和林徽因就是通过这铺壁画发现了保存至今的唐代建筑佛光寺。

三壁下方有49身曹氏家族供养人，其中东壁北侧最华丽的一身为于阗公主李氏（曹元忠的儿媳），南侧第三身便是窟主妻子翟氏（榆林窟19窟也可看到她的画像）。

元代重修此窟时还在甬道留下了精彩的作品，南壁的《炽盛光佛陀罗尼经变》中，炽盛光佛安坐车内，日月男女星官随侍两侧，怀抱琵琶的贵妇象征金星引路，留意上方彩云，除了二十八星宿的神像，还穿插着一个一个圆球——你可以找找你的星座。

在第61窟修建之时破坏了两个隋代洞窟，它们分别位于甬道东部的南、北两侧，现在甬道东端抬头可见此二窟残存的部分。

➡ **第96窟**

开凿时代：初唐

主要看点：敦煌第一大像

哪里可看：景区现场

这座九层楼的内部藏着高达35.5米的敦煌第一大像（俗称"北大像"），是唐代大像窟营造的极致，也是如今莫高窟的象征。石窟始建于唐延载二年（695年），当时名为"大云寺"，因佛像超出了崖壁顶部，只能在大佛外造窟檐来保护，最初为四层重檐，历代增建变为九层。1924年华尔纳来到这里时，楼顶坍塌，佛像大半张脸都露在外面（可以搜索他拍下的照片）。最后一次返修持续了8年，也就是今天的楼阁。佛像全身的色彩已经重绘，但唐代的造像技巧仍然令人佩服——仰望时大佛大头小身的失衡比例被视角"纠正"了回来，工匠利用这种视觉误差让佛像看起来分外威严。

1999年底，敦煌研究院组织人员逐层发现了清、元、西夏的地面，最后发现了唐朝最初的佛殿遗迹，在现今地面的1米以下，由此佛像的真实身高也"长高"了1米。现在窟内和北侧的地面上还展示了各个时期的地砖层。

农历四月初八的佛诞节，九层楼前会举行盛大的纪念活动，平时仅可从正面参观的大佛，只有这一天允许人们环绕一周。

➡ **第103窟**

开凿时代：盛唐

主要看点：东壁《维摩诘经变图》

哪里可看：景区现场、数字敦煌、兰州敦煌艺术馆（复制各国王子听法图）

第103窟面积很小，通常被列为调序窟。这里最大的看点就在进门转身的东壁。门的左侧为文殊菩萨，右侧是维摩诘。佛经记载，维摩诘是个神通广大、能言善辩的居士，经常称病，每当有智之士前来探望，便借机辩论佛法。普通弟子怕被诘难而纷纷退缩，只能派"智慧第一"的文殊菩萨出马。于是就有了《**维摩诘经变图**》。这个经典的对谈画面在佛教石窟的出镜率很高，莫高窟的第420、220、335窟，炳灵寺的第169窟[现存最早的维摩诘经变，时间为西秦建弘元年（420年）]、云冈石窟、麦积山石窟都有同样题材，但第103窟的这一铺是公认的神品。壁画的线描功底深厚，其流动又有力的气韵被认为能窥见唐人画家吴道子的画风。除了表现维摩诘与文殊不同的神情、姿态，维摩诘下部的《各国王子听法图》也和文殊下部中国宫廷人物的形象形成对比。

莫高窟简历

始建年代：366年（前秦建元二年）

造窟时代：前秦、北凉、北魏、西魏、北周、隋、初唐、盛唐、中唐（吐蕃）、晚唐（张氏归义军）、五代（曹氏归义军）、宋（沙州回鹘）、西夏、元

有塑像或壁画的洞窟数：492个

洞窟群长度：约1680米

现存壁画面积：约4.5万平方米

现存彩塑：2415个

最高塑像高度：35.5米（第96窟"北大像"）

最大壁画面积：45平方米（第61窟《五台山图》）

现存年代最早洞窟编号：268、272、275（北凉三窟）

全国重点文物保护单位批次：1961年第一批

列入《世界文化遗产名录》年份：1987年（中国第一批）

莫高窟的藏经洞，世界的敦煌学

"忽有天炮响震，忽然山裂一缝，吾同工人用锄挖之，欣然凶出佛房一所，内藏古经万卷……"清光绪二十六年（1900年），道士王圆箓这样汇报自己发现藏经洞的过程。在经过7年的奔走、上书各级官吏无果后，他被英国探险家斯坦因对玄奘的"热情"打动，用上万卷经书，换来了少量的"捐资"。之后的17年间，以同样的方式又有近7000件文物相继流入了法、日、俄、美等国的探险者之手，其中包括挑走精品并让敦煌蜚声海外的法国汉学家伯希和，和带走壁画、彩塑的美国人华尔纳。

这个佛洞中的古经不止万卷，而是有从公元4世纪到11世纪的佛教经卷、社会文书、绢画、刺绣等文物五万多卷，后来被统称为"敦煌遗书"。如此大量、珍贵的文物一度在世界范围内引起热潮，甚至也让研究敦煌遗书逐渐发展成为一门学术——敦煌学。当你前往法国吉美博物馆、大英博物馆、俄罗斯艾尔米塔什博物馆、东京国立博物馆时都有机会见到这些敦煌珍品，而中国目前收录的敦煌遗书只占世界总量的三分之一。陈寅恪曾叹息"敦煌者，吾国学术之伤心史也"。不过，如今大英博物馆、新德里印度国家博物馆等正在将所藏的敦煌文献数字化，并公布于学术网站，全球共享（见159页国际敦煌项目网）。

河西走廊 莫高窟

➡ **第148窟**

开凿时代：盛唐
主要看点：西壁《涅槃经变图》
哪里可看：景区现场

根据洞窟前室的功德碑记载，此窟为李太宾于唐大历十一年（776年）所建。李太宾家族是唐代敦煌的世家大族，莫高窟的第331、332窟同为李家的"家窟"。卧佛体长14.4米，右胁侧卧的形象是表现释迦牟尼涅槃时的姿态，其身后一尊尊小的雕像就是弟子们的举哀像，不过经清代改塑重装后严重变味。请将视线聚焦到他们身后，这铺总长23米的壁画可能是现存最大的涅槃经变图。你可以通过这组"连环画"了解迦牟尼涅槃之后的肉身去向，包括出殡、火化、分舍利、建佛塔等。

窟顶保留盛唐时的千佛，依然色彩鲜亮，东壁南侧绘弥勒经变、北侧药师经变，但人物大多变黑，想知道原貌，可以搜索万庚育先生的复原作品。想看更原汁原味的唐代涅槃，第158窟（特窟）能让你大开眼界。

➡ **第249窟**

开凿时代：西魏
主要看点：覆斗顶壁画
哪里可看：景区现场、敦煌文物研究陈列中心（复制窟）、数字敦煌

步入第249窟便进入了一个更遥远的年代，这里是莫高窟为数不多的早期石窟，开凿于西魏，此时守护主尊的金刚还属于窟壁左、右两侧的下方，说法图还充满西域画法的拙态，勾线粗犷，敷彩浓重。主尊和两身胁侍菩萨头部为后世重塑，但身体主要部分仍是西魏原作，长裙贴体，衣纹有着"曹衣出水"的效果。

站稳脚跟，请抬头——这方覆斗顶完美诠释了"天衣飞扬，满壁风动"。正对的西披上赤身四目的阿修罗，他手擎日月，顶天立地，身后是高耸的须弥山，山上有"天城"，或许是寓意佛教的极乐世界，但看起来更像是道教的仙山琼阁。围绕他的两侧分别是风、雨、雷、电四神，是不是有些眼熟？你明明听说过这是日本传统神话的风雷二神吧。

东披上是承托摩尼宝珠的力士，南、北二披分别是西王母和东王公，两者的传说曾经出现在《山海经》和《拾遗记》中，东王公的原型便是驾八匹骏马寻觅西王母的周穆王，后来他们被看作一对神仙，成对出现，魏晋墓（丁家闸5号墓）的窟顶上也有他们的形象。在他们的身边，中国传统神话中的朱雀、玄武、羽人、升仙纷纷登场，你还能看到头生两角、背生双翼的乌获，长着九个脑袋的开明等奇思妙想、脑洞大开的形象，共同构成了这铺本土神界和东传佛教共融共欢的场面。

➡ **第257窟**

开凿时代：北魏
主要看点：西壁《鹿王本生图》
哪里可看：景区现场、数字敦煌、兰州敦煌艺术馆（复制鹿王本生图）

当地知识

解读敦煌壁画

陈海涛是敦煌工作研究者,也是《图说敦煌二五四窟》的作者,对于敦煌壁画是否有一套自己的规范,画师在其中是否发挥了自由想象,如何看懂当中的门道,他是这么告诉我们的:

佛教的壁画都是有规范的,大多都会以佛教经典为依据,但是在规范之下,每个画师都会有自己的创造性表现,这也就构成了欣赏壁画的最大魅力,你能看到不同画师的艺术创造力。要看懂门道,可以说是永无止境的。对于普通参观者,阅读学者们的研究著作会是相对高效的"捷径"。比如赵声良《敦煌石窟艺术简史》、柴剑虹《敦煌学与敦煌文化》、(美)谢弗《唐代的外来文明》、荣新江《敦煌学十八讲》等,对于石窟经典个案与艺术匠心的研究,可以参考《图说敦煌二五四窟》,对于佛传故事,樊锦诗主编的《敦煌鉴赏》《专家讲敦煌》有非常详细的介绍。

在系统地了解过敦煌石窟之后,如果有兴趣,可以选择一些石窟深入了解。敦煌石窟能被解析的壁画不止254窟,以下石窟也可重点关注:

首先,第16、17窟藏经洞的历史是值得关注的,它对面的陈列馆推荐大家去看一下。第323窟,有丰富的佛教史迹画,其中就有著名的《张骞出使西域图》。第172窟,南、北两壁都是同样的题材(观无量寿经变),画师却有不同的诠释,比较这两幅作品就如同观看艺术竞赛。另外,早期石窟和唐代石窟的差异也十分值得玩味,北朝石窟的画面上更受西域风格影响,人物的精神气质都既有西来的样式,又有汉文化的内核,佛教故事(比如254窟)也更注重牺牲精神。而以隋代为过渡,到了社会物质高度发达的唐代,就更注重雍容富丽的佛国描绘,经变画就是这个时期的独特产物。此时佛陀、菩萨、飞天的形象也更中国化。在诸如第103、328、45窟都能看到这些变化。

对于"80后"的一代,知道九色鹿一定比知道莫高窟更早,1981年上海美术电影制片厂将257窟西壁上的《鹿王本生图》改编成了动画片《九色鹿》。这个25分钟的故事在现场其实只用了不到4米的篇幅,讲述的是释迦牟尼的前世作为九色鹿王惩治恶人的故事。色彩、画面均保存得相当完好,而这种铺展开去的"连环画",在当时却是全新的构图方式,在这之前,画家们需要在单个画面中讲述故事,比如经典之作第254窟的《舍身饲虎》(见157页)。

中心塔柱的佛像虽然面目损毁,却是北魏时期的原作,其龛内的背光色彩依然艳丽,佛龛上部的龛楣让人联想到印度的帷幔束帛,这种装饰在后来被汉地的华盖造型取代,并转而绘制于龛内顶部。龛下部绘有胁侍菩萨。进入隋代之后,他们的形象变成了立体的彩塑,站立在佛陀的身边。龛外右侧还保存一身天王像,是莫高窟现存唯一的北朝天王彩塑,不同于之后威武的形象,这尊天王看起来有些憨厚,服饰接近印度贵族。

第257窟的窟型也十分独特,前部为汉地常见的人字形坡顶,后部为平棋顶,中心有塔柱,被认为是印度石窟文化在中国过渡时期的代表之作。站在主龛前,记得抬头看向左上角的蓝色平棋方格,其中有四个体态舒展的裸体飞天,被称为"童子游泳"。

➡ **第328窟**

开凿时代: 初唐
主要看点: 西壁彩塑群像
哪里可看: 景区现场、兰州敦煌艺术馆(3D微缩打印)

莫高窟的两千多身彩塑大多经后世重塑或重绘,能原汁原味地留存下来的仅有一百余身。第328窟内的这一组群像均为唐代原作,也可以说是除了第45窟(特窟)之外,目前可以看到的最好的一组。释迦牟尼的左侧为迦叶,他是释迦牟尼十大弟子之首,因少欲知足被称为"头陀第一";右侧是阿难,他是十大弟子中最年轻的一个,多闻佛法,长于记忆,被称为"多闻第一",佛经开头往往出现的"如是我闻……"这就是他的记录。他俩的形象经常出现在佛陀身边,第328窟中对两人的差异刻画鲜明,不用解释你都能猜出谁是谁来。佛龛外侧还有4身较小的供养菩萨半跪像,现在你看到的只有3身,最美的一身在1924年被美国华尔纳选中带走,现存美国哈佛大学赛克勒博物馆。

佛龛内顶部的说法图也是唐代的原作。西夏占领敦煌后曾将这里四壁重绘,其中东壁北侧的四身供养菩萨绘制精细、保存如新,是西夏早期的代表作。

➡ **第420窟**

开凿时代: 隋
主要看点: 三壁三龛,三兔藻井
哪里可看: 景区现场、数字敦煌

第420窟开凿于国力渐盛的隋代,你能明显感觉出趋于华丽的色彩和装饰。主室的三壁皆开一龛,这种"三壁三龛"的窟型也十分少见。正对的主龛是一个外方内券的双层龛,龛内的彩塑不再是佛陀孤零零的一个,而演变为"一佛、二弟子、四菩萨"的规制,造型比例有着隋代独特的方头、长颈。同时,佛的袈裟和菩萨的天衣告别了单一敷色,绘上了漂亮的织锦纹样(比如外侧两身菩萨穿的联珠狩猎纹,就是来自古代波斯的图案),甚至还能看到金色的滚边。龛外的左、右两侧是《维摩诘经变图》(见第103窟),但视线移到底部,画风就完全不同,这些素净的供养菩萨是宋代重绘的,包括东门上方的对坐供养人。

顶部的绘画令人眼花缭乱,如果视力够好,就会发现其实画中殿宇相接、山峦起伏、层次分明。这种密体画风,加上变色严重,让学术界对这些绘画内容的解读也存在争议。你可以把视线集中到藻井,它的中央有三只兔子,耳朵两两重合,形成奔跑追逐之势(其实已经漫漶严重,视力再好也看不清)。它们的寓意在学术界尚未确认,但这个神秘的图案却也同样出现在了法国13世纪的教堂天花板上、埃及和叙利亚12世纪的陶瓷碎片上、伊朗12世纪的铜盘,以及英国16世纪的古堡花窗上;还有,21世纪敦煌无处不在的丝巾上。

➡ **第428窟**

开凿时代: 北周
主要看点: 东壁南侧《萨埵太子本生图》
哪里可看: 景区现场、兰州敦煌艺术馆(复制窟、舍身饲虎图)

第428窟是莫高窟早期最大的中心塔柱窟,整个窟式沿袭第257窟,有着浓浓的异域风情。特别的是,中心柱龛外以圣树(佛陀降

壁画上的"黑人"

每个初看莫高窟壁画的人都会发出这样的疑问:为什么那些菩萨、飞天都是黑的?

其实,他们原来不黑,变黑的原因是氧化。壁画使用的颜料大多采自天然,比如烟炱(tái)、赭石、石青、石绿、朱砂、铅粉、铅丹、靛青、栀黄等。其中石青和石绿的原料就是青金石和绿松石,这种矜贵的颜料不易变色,所以你会发现石窟中的蓝色和绿色都保存得相当完好。而最易变色的就是用于人物肤色的铅粉和铅丹了,铅极易氧化变黑,含铅量的多少也决定了他们变黑的程度。早期壁画采用西域绘画的凹凸晕染,在鼻子、眼窝、下颌等处使用白色,让脸部更加立体化,原理就像化妆时打高光。同理,绘制之初工匠会将高光处的边界加以晕染,显得自然。但这样的手法在千年之后,不仅原本红润的肤色氧化变黑,过度的晕染色带变成了粗壮的黑线,白色区域分外醒目。鼻梁和颧骨构成了滑稽的"小"字脸,身体的肢节变得轮廓鲜明,如同可以扭转的写生人偶模型。早期石窟(如第249、257、254、428窟)中你都会看到这些夸张的"妆面"。北魏后期,中原审美逐步西渐,流动的笔触替代了西域画法,不再需要体现肉感的凹凸晕染,而偏爱纤细和飘逸。所以,之后人体大多变得单薄、扁平,只采用单层单色,这也就导致后来人物都成了彻头彻尾的"黑人"。

想看他们最初的模样,可以查阅万庚育、段文杰等老师的复原临摹。部分后期剥落的壁画中,也能发现他们年轻时的肤色,比如第275窟的窟口右侧。

生于无忧树下、得道于菩提树下、涅槃于婆罗树下、弟子首次结集于七叶树下）来装饰。在佛像诞生之前圣树曾经就是信众的礼拜对象，之后便逐渐消失，这样的装饰手法在莫高窟也仅此一例。现在树干犹存，树叶已毁，只剩下安装叶子的小桩。

四壁绘有多铺经变画，值得注意的是，南壁有数第4铺，北周崇拜《华严经》，这里的卢舍那佛身披红色袈裟，袈裟上，自上而下描绘了佛教的三界（欲、色、无色）六道（天、阿修罗、人间、畜生、恶鬼、地狱）的内容；西壁北侧有一铺莫高窟最早的涅槃图，此时释迦牟尼的身姿还不是右手支卧酣睡状。

在壁画和顶部之间，是五排影塑千佛，实际数量的确达到了1485身。这是敦煌石窟里影塑最多的一个，每一尊小佛右上方有写着佛名号的榜题，这种千佛后世基本只用绘画代替了。

东壁门两侧，绘有两铺佛本生故事——《萨埵太子舍身饲虎图》和《须达拏广行布施图》。画面采用三段式横卷，情节自上而下，呈"S"形走向展开，用一座座山峦分割场景。画风明显更接近中原，同样的差异你可以在榆林窟第9窟看到。

两铺连环画的下方皆是供养人的形象，是莫高窟中供养人队伍最庞大的一个。远看整齐划一，仔细观察，其实他们的性别、穿着都各不相同，还有书写不同身份的榜题。这种渺小的画像是供养人最初和佛陀共处一窟的

莫高窟

形态，从盛唐开始，供养人画像开始上升到甬道两壁的位置，且几乎和真人一样大了。

走出第428窟，你会发现崖面上还有壁画，其实此处曾是第428窟的前室，五代时重修了整个前室并建造了屋檐，最后崖体坍塌，现在只剩后室。外层的门面是宋代留下的。同排的第437、431、427窟的屋檐等也都是宋代木构。曾被认为是晚唐木构的第196窟外檐，现在也被归为宋代。

特窟

莫高窟特窟大多为重点保护的精品，需要另行购票参观。自2020年7月1日起，开放特窟变更为12个，特窟票价实行新的收费标准：第156、159、217、254、322窟300元/人，第45、57、158、220、275、285窟500元/人，第465窟900元/人，只收现金。在此时间之前，开放的10个特窟收费标准维持第156、217、254、322窟150元/人，第45、57、158、220、275、321窟200元/人。可在参观完普窟之后在窟区前的讲解问询处办理相关手续。不过，特窟也会进行轮休，旺季开放的可能更少，最好提前致电景区咨询。

第220窟全窟的壁画曾被后世覆盖重绘，1944年外层的壁画脱落，初唐杰作才被发现。《东方药师经变图》《阿弥陀经变图》和《维摩诘经变图》三铺巨型经变画，每一铺都是精品中的精品。药师经变下方的双人对舞就是"胡旋舞"的经典之作。前来问疾于维

莫高窟"网红"

有些莫高窟"网红"的照片你看过无数次了，想来莫高窟亲眼见识一下，但是他们所在的洞窟很可能并不开放。现在，你可以尝试在数字敦煌www.e-dunhuang.com找到它们：

敦煌的第一飞天《反弹琵琶》，出自中唐的第112窟，不要急着找它，其实整个石窟的壁画都精美无比。初唐的323窟北壁绘有《张骞出使西域图》，描绘的是汉武帝获匈奴祭天金人，不知名号，故派张骞西去询问的场景，虽有违史实，但在当初被认为是佛教传入中国的肇始。中央的空白是华尔纳用胶水粘走壁画后留下的。西魏飞天的代表作在第285窟，这里也留存着莫高窟现存最早的洞窟纪年，具体位置我们不作剧透，相信寻找它的同时，也会为这里灵动的壁画所倾倒。盛唐时期的第172窟，南、北壁各有一铺巨型《观无量寿经变图》，北壁壁画风浓重、粗放，南壁淡雅、细腻，采用"三远透视"的建筑绘画尤其出色，据说就是日本京都的世界文化遗产、平等院凤凰堂的原型（NHK《敦煌莫高窟——美的全貌》有详细解读）。微笑的禅定佛所在的第259窟是开放窟。如果讲解员能开启这扇门，你绝对是有眼福的，因为它暂时还未被数字敦煌收录，且开凿于北魏的259窟可以说是早期彩塑保存最为完好的一个，壁画也皆为原作。

摩诘的帝王,也和阎立本的《帝王图》如出一辙。兰州的敦煌艺术馆复制了220窟,数字敦煌也可以看到。

第45窟内的七身彩塑是唐代雕塑艺术的巅峰之作。莫高窟最美的菩萨彩塑——各种宣传资料的封面明星——就在这里。你可以观察一下天王哪只手是后期修补的,更可以尝试以叩拜的角度看看仰视的效果。敦煌博物馆内复制的45窟十分精致,且还修复了菩萨的双手。

第254窟开凿于北魏,是早期石窟的杰作。两铺壁画《萨埵太子本生图》和《尸毗王本生图》仅用单个画面表现完整的故事,精妙的构图和人物表现在同主题壁画中再无超越者。因为损害严重,第254窟很少有可能开放,好在数字敦煌可以尽情欣赏,陈列中心也有短片解说,感兴趣的话《图说敦煌二五四窟》一书可以让你从逐个细节解读它们。

第275窟是北凉三窟中唯一开放的,虽然年代尚存争议,但你仍可在此感受莫高窟的早期审美和石窟造型,造像和壁画风格更接近新疆的克孜尔石窟,而南、北两壁上部的阙形龛则明显模仿了中国的传统建筑。靠近入口处有一身未被氧化的飞天。在陈列中心可以看到高质量的复制窟。

第158窟是一个高配版的涅槃窟,没有经过重绘的卧佛保留了中唐(吐蕃时期)的风韵,数字敦煌也将此造像作为头图。卧佛身后的《十大弟子举哀图》和《各国王子举哀图》也是同类主题的精品。此窟少有复制,兰州敦煌艺术馆绘制了《各国王子举哀图》的一角。

第57窟南壁《弥勒说法图》的右胁侍菩萨被誉为"美人菩萨",数字敦煌有此铺壁画的高清版。

第217窟北壁有一铺通壁的《无量寿经变画》,南壁的《化城喻品》颇有唐朝李思训"青绿山水"的画风。在陈列中心可以看到第217窟的复制窟,数字敦煌有《无量寿经变画》的高清图。

第156窟中存有《张议潮出行图》,第321窟的主龛顶部有精致凭栏菩萨群像,第322窟内唐代的一铺七身彩塑保存较为完好。后两窟在数字敦煌中皆有收录。

敦煌石窟文物研究陈列中心 博物馆

(📞886 9051;停车场向南;🕗旺季8:00~17:30,淡季9:00~17:00)这个陈列中心是由日本政府无偿援建的。内容如同莫高窟博物馆,可以帮助你了解莫高窟从开凿到敷色的方方面面。最值得参观的是一层的8个复制洞窟(北凉的第275窟、西魏的第249和第285窟、隋的第419窟、初唐的第220窟、盛唐的第217窟、元代的第3窟和榆林窟的中唐第25窟)。有些临摹作品还是出自段文杰、高尔泰和史苇湘等大师之手。视频演播厅每天(9:00~17:20)滚动播放254窟《舍身饲虎》和《降魔变》的解析短片。

敦煌美术馆 美术馆

(慈氏塔向东)2016年,敦煌研究院为纪念敦煌莫高窟开凿1650周年,在敦煌美术馆举办了"1650——文明的回响"纪念展。对莫高窟的历史,以及莫高窟壁画的许多研究细节进行了回顾和展示,内容相当丰富且全面,因而大受欢迎,被保存为美术馆的常展。你能看到藏经洞的文书、莫高窟的老照片、壁画内容的详解和数字复原等,值得多花点时间。

藏经洞陈列馆 博物馆

(石窟参观区内最北端)这里曾是下寺(三清宫),当年王圆箓道士就在这里生活了40余年。他发现了藏经洞,并用变卖文物的资金修缮过这栋建筑。如今这座纪念馆的展品只有少量的绘画和文献,许多绝世之作流落他方,只能通过照片或者临摹的形式与国人见面。一进门就能看到石头上刻着陈寅恪先生说过的那句话:敦煌者,吾国学术之伤心史也。

敦煌研究院院史陈列馆 博物馆

(九层楼广场向南)这里曾是上寺(雷音寺)和中寺(皇庆寺),当时为喇嘛所有。如今这里异常安静,你能看到莫高窟几代人的艰辛创业史,除了院史的相关展览,这里还有常书鸿故居和张大千展室。

慈氏塔 塔

(九层楼广场向北)慈氏塔八角单檐,精致小巧得像个亭子,是莫高窟的"外来移民",原存三危山上的老君堂山巅。寺院报废,1981年,敦煌研究院出于文物保护的需要,将该塔及其壁画、塑像完整无损地拆迁到

敦煌周边

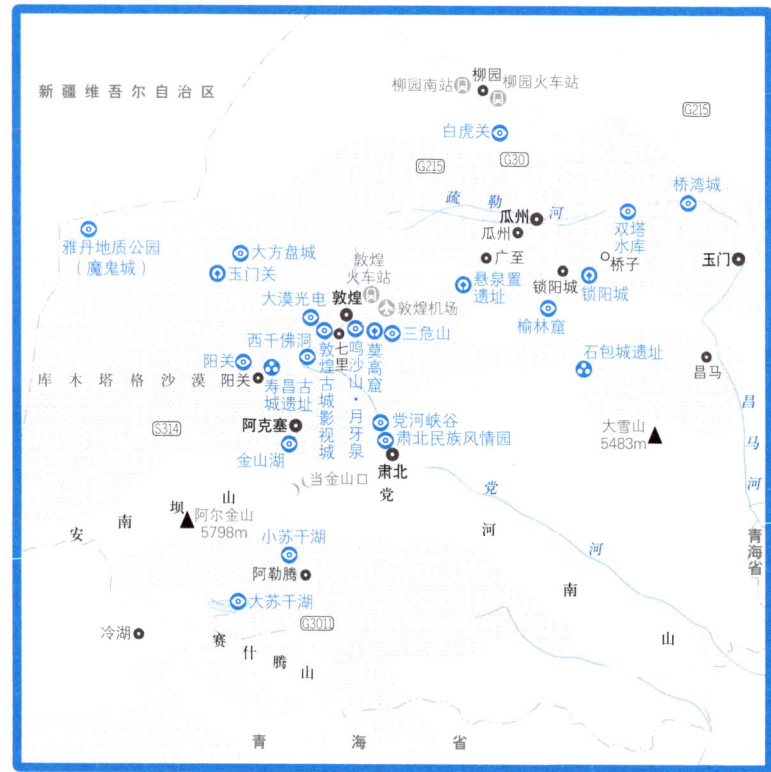

了莫高窟前。根据专家考证,它的建造时期当在窟檐建筑(见第428窟)最晚的一年到西夏占领敦煌以前,是难得的北宋早期建筑。

大、小牌坊　　　　　　　　　　历史建筑

(九层楼广场前)和慈氏塔一样,大、小牌坊也是迁至此处的。大牌坊,原为清代敦煌大户汪氏家族所建的节孝牌坊,位于敦煌县内城东街,为抢救文物,当时的院长常书鸿向县政府提出整体搬迁,成为莫高窟的山门。清末,王圆箓为方便礼佛而在石窟前修建的台阶,小牌坊就是立在台阶前的标志性建筑。现在两个牌坊上除了郭沫若的题字皆为清代原物。

王道士塔　　　　　　　　　　　　　　　　塔

(停车场向南)作为道士的王圆箓最终获得了一座藏传佛教风格的覆钵式塔。塔身南侧有王道士弟子刻下的深情铭文,记载了他的生平和功德。

塔林　　　　　　　　　　　　　　　　　　塔

(文物陈列中心向南)位于宕泉河的东侧台地上,为历代高僧的灵塔或纪念塔,目前尚存十余座,以覆钵式居多,塔林的身后就是乐僔看见佛光的三危山。

🛏 食宿

景区的宕泉河东岸有咖啡厅可以歇脚,停车场旁有莫高餐厅,但基本都是景区价,建议自备些干粮。莫高餐厅旁有属于敦煌研究院的**莫高山庄**(📞880 7996;标间360元;📶❄🅿),不过很少有旅行者会选择住在这里。

ℹ 实用信息

媒体

数字敦煌(www.e-dunhuang.com)360°全景游览30个洞窟以及精品壁画。

敦煌研究院官网(www.dha.ac.cn)包括石窟公共网、石窟旅游网和敦煌学术资源网等版块。虽然版面过时,但信息齐全。

莫高窟参观预约网(www.mgk.org.cn)网络购票服务,以及景区最新消息。

国际敦煌项目(idp.bl.uk,中文版idp.nlc.cn)由大英图书馆、中国国家图书馆、敦煌研究院和法国、德国、俄罗斯的多家研究机构联合建立,可以看到各家机构的大量写经卷、织物和钱币等收藏品。

新浪微博@莫高窟有即时的新闻资讯,也有很多关于莫高窟的小故事。

微信公众号莫高窟(imogaoku)可以随时购票、查询开放洞窟、解读重点洞窟等。

❶ 到达和离开

敦煌市区丝路怡苑大酒店(环城东路6号,沙州市场东门)门口有往返莫高窟数字展示中心的绿色中巴(3元,6:30~19:00,30分钟1班,15分钟),路线循环,途经敦煌汽车站、火车站、机场。打车单程约25元,不用等候,数字中心门口绝不缺出租车。自驾车不允许驶入莫高窟窟区,所有游客必须在数字展示中心转乘景区巴士。

敦煌西线

"春风不度玉门关""西出阳关无故人",这两句唐诗几乎人尽皆知,终于来到敦煌的旅行者也无不期待着一尝"出关"的滋味。自汉代"列四郡、据两关",阳关和玉门关就把守着沟通西域的南、北两道。悲壮的边塞诗、漫漫的丝绸之路、海市蜃楼、魔鬼城,种种艰险又神秘的气息一直笼罩在这片荒漠和绿洲之间。时至今日,成熟的"敦煌西线游"已经能让任何人轻松踏上西行之路,但是,程式化的行程也往往将西域的神秘感破坏始尽。你可以尝试在这条漫漫长路上多和领队司机聊聊天,多听听博物馆的讲解,那在这趟出关游之后,定会收获比诗句更丰富、立体的认知。

以下的景点按远近排序,不代表推荐程度。

敦煌古城影视城

[见158页地图;215国道敦煌市区西南约16公里;门票40元含讲解;⊙旺季(4月1日至10月17日)6:00~19:00,淡季(10月18日至次年3月31日)8:00~18:00]这是1987年日本剧组为拍摄影片《敦煌》而建的仿古城,本该按照剧情付之一炬,但经过敦煌政府的交涉得以保存下来,成为河西走廊最著名的影视城。影视城不大,游览时间用不了1小时。沿着国道继续向

敦煌西线交通

敦煌古城影视城、西千佛洞、阳关、玉门关、魔鬼城(雅丹地质公园),串联起来称为"敦煌西线游"。到了敦煌几乎任何地方都能看到西线游的广告,价格、行程统一一致。这种景区直通车的方式是散客的最佳选择,不过,近年来因为西千佛洞等候时间过长,被各大派车公司排除在外,目前的西线游直通车有几种组合方式:

➡ **影视城—玉门关—魔鬼城**: 78元/人; 早班7:00出发, 17:30回程; 日落班13:00出发, 23:00回程。

➡ **影视城—阳关—玉门关—魔鬼城**: 120元/人; 8:30出发, 23:00回程。

敦煌汽车站的西线散客拼团(☎138 3070 6288)、敦煌市区内的旅游咨询中心(☎96178),以及任何你入住的酒店都能帮你联络直通车。提前预订,班车负责酒店接送,日落班会在魔鬼城等待日落(夏季约20:30~21:00),整个行程耗时较长,最好自行备些食物,以及日落后的防寒衣物。

如果希望游览西千佛洞,可以考虑凑人包车,按照常规全线(影视城、西千佛洞、阳关、玉门关、魔鬼城)包车,轿车500元,商务车780元,不去阳关减100元。如果你走西线的目的在于追访古迹,建议你放弃影视城和魔鬼城,这样包车约350元,游览各景点的时间也会比较充裕。

南不远,路边有个观景台,可观"大漠光电"(太阳能光电发电厂)的景观。

敦煌开往阿克塞、肃北、南湖乡的班车会路过景区大门。从敦煌市区打车单程40元,但并不值得专程前往,甚至可以在西线游时放弃进入这个景点。

西千佛洞

[见158页地图;☎885 7158;☞G215国道敦煌市区西南约31公里;门票30元含讲解;◐旺季(5月至10月)8:30~17:30(17:00停止售票),淡季(11月至次年4月)9:00~17:00(16:30停止售票)]西千佛洞和莫高窟,分别开凿于鸣沙山沙漠的西、东两侧,洞窟开凿的位置恰好位于敦煌和阳关中点,东、西相去各60余里(30公里),正是古代通信联络的"一站之地",也是经敦煌西出阳关的必经之路。党河在西千佛洞的窟前流过,这里曾经的规模并不亚于莫高窟,开凿时间也只早不晚,但因为西千佛洞所在的土质酥松,如今能保存下来的洞窟仅有22个,开放的只有5个。在见过莫高窟的大场面之后,很多人会放弃此处,但对于石窟爱好者来说,西千佛洞依然是不可错过的一站。不过,旺季(7月至8月)来访实在不是个好选择,等候时间往往会超过3个小时。8月最后一周开始,队伍就不会太长。

景区会组织15人一组,由讲解员带领参观,整个参观过程约30分钟。旺季讲解内容可能会缩水,建议你事先做好功课,进窟后对照寻找,不然很可能留下遗憾。

➡ 第4、5窟　　　　　　　　　石窟

始建于隋代,两窟共享一个前室,相当于一室两厅,正对的是主室4窟,5窟为耳室,看点集中在"厅"中,一些资料中称它为3窟,这缘于张大千的编号(你可以看到他的手迹还留在窟壁上)。

最精美的是厅中门楣上方的一铺盛唐时期的说法图,笔触细腻、线描精准,对比之下,头顶上方的两身飞天则是回鹘时期的散漫作品,不过她们可能是敦煌飞天中个头最大的,不少人将其误认为是菩萨;留意这两铺壁画的衔接处,顶部边缘还有两身飞天,面目模糊、只剩色块,却是另一派飞天的代表,叫作"童子飞天",在莫高窟第97窟也出现过同样的造型。其实整个前室在回鹘时期曾被重刷重绘,天长日久上层壁画褪色,细看西侧顶部的角落上又露出了一个底层的唐代飞天。

想看更穿越的组合,留意主室正龛,龛楣上飞出了一对凤凰,主尊的背后还拐出一只老虎,这都是民国时期的大胆创作。

➡ 第9窟　　　　　　　　　　　石窟

始建于西魏,是西千佛洞现存最早的洞窟。迎面的中心塔柱上,除了清代重塑的塑像,皆为西魏原作,青金石和绿松石的亮丽色彩,将敦煌艺术早期的西域画法完好地保存了下来。将视线转向左手边(西壁)的屋角,这里留有难得一见的飞天草图,未及敷彩,线条寥落精简,却飘逸灵动,和中部的飞天为同时期作品,但笔法风格却显然不同,一般认为是元荣时代带来的中原画法(见150页莫高窟历史)。

南壁上是一幅唐代说法图,清晰地留下了"如意元年"的纪年,它的上方可见一行"五线谱",是初唐时期绘制千佛时所打的底线,用以确定佛像的身材比例。北壁是一铺西夏时期的《涅槃经变画》,留看画中的抚足者,经变故事中抚足者本是大弟子迦叶,这里却是一位携带侍从的尊贵老者,这在敦煌壁画中仅有一例,至于这到底是谁,还没有定论。

➡ 第11窟　　　　　　　　　　石窟

为北周时创建的中心塔柱窟,满眼都是"小字脸"的千佛,但并非原作如此,而是氧化变色所致(见155页方框)。明代的贴铜佛像,现已变黑,留意左、右两壁的下方,还能看出供养人的轮廓和些许当时的人物服饰,以主尊为中心,男左女右地排列,南壁门下方还有一幅斑驳的车马图,证明了窟主的显赫家世。

➡ 第18窟　　　　　　　　　　石窟

第18窟可以说是这次参观的压轴大窟,被工作人员称作西千佛洞的"特窟"。窟室异常宽阔,不再有中心柱,四壁保存着中唐时期的壁画,左、右两壁分别绘有《西方净土(之观无量寿经)变》与《东方药师净土变》,都保存得相对完好,除了扑面而来的大唐之风,细节之处还能看出中唐时期吐蕃的影响,比

如华盖上方经幡造型的出现。正龛内主尊塑像已毁，龛内可见留下的观音经屏风画，屏风中部还出现了头缠红巾、身穿翻领长袍的吐蕃人形象，而两侧的金刚画像更为精彩，面目狰狞，肢体有着唐代特有的肌肉感。

最后，一定要回望入口门楣上方的一小铺《降魔变》，这块背风背光的风水宝地，成就了西千佛洞保存最为完好的千年色彩。

❶ 到达和离开

从敦煌市区打车到西千佛洞单程约60元，但等候时间不好控制，建议你包车前往，往返约160元，或在包车西线游中加入这个景点（见159页方框）。

愿意辛苦一些可以乘坐班车，敦煌开往阿克塞、肃北、南湖乡（阳关镇）的班车都会路过西千佛洞的路口，之后向内步行1公里即到。返程需要拦过路车（17:00之前都能等到三地回程的班车），也会有出租车经过。

在你步行时从进入景区的小道上向西南方向望去，可以看到一条清晰的山脊，被当地人形象地称作**卧佛**。

阳关

（见158页地图；☎883 3089；南湖乡阳关镇；门票50元含讲解；⊙8:00~20:00）汉武帝在河西"列四郡、据两关"，阳关就是两关之一。它守护着丝绸之路的南道，西汉时曾为阳关都尉治所，在史料的记载中，这里曾是水源充足的绿洲。如今，已是一片荒漠。现在景区唯一的遗迹就是墩墩山顶的<u>阳关烽燧</u>，也被叫作"阳关耳目"，它并不是真正的阳关关城，只是阳关唯一残存的建筑。你无法接近它，只能沿着铁栅栏环绕一周。在烽燧所在的山坡南望，远处就是终年积雪的阿尔金山，脚下是沙红色的<u>古阳关大道</u>，继续往南就是著名的<u>古董滩</u>，据考证阳关曾经的主要建筑就在那里。

参观过程有导游带领（全程约1小时15分钟），也可以脱队自行探访（约40分钟）。入口处的<u>阳关博物馆</u>，陈列着一些征集来的古代兵器和陶、铜文物，汉代和唐代的丝织品，还有一具汉代的婴儿干尸。这里的沙盘可以让你了解"两关"布局的战略意义，值得好好听一番讲解。之后乘坐观光车（10元），也可以步行10分钟到达阳光烽燧所在的山坡。

🛏 食宿

阳关北边的绿洲号称"敦煌葡萄沟"，这里的村庄有很多农家乐，提供食宿。在果实累累的葡萄架下享用南湖虹鳟鱼、乡村土鸡怡然惬意，当然也会加些景区价。敦煌西线游通常会安排在这里午餐，均摊40元/人，荤素搭配还算丰盛。应季时也可以直接从农户手中购买葡萄和葡萄干。

❶ 到达和离开

阳关位于敦煌市西南60余公里处。市区虽有车发往阳关镇，但距离景区还有3公里。通常在西线游（见159页方框）中游览，但因阳关和其他景点不在同一线上，需要绕路，所以包含阳关的游览价格更高些。

自驾前往阳关不妨在阳关镇周边转一下，往南3公里，穿过胡杨林和芦苇丛，是呈勺状的南湖水库，也是历史上的<u>渥洼池</u>——传说中汉朝出天马的地方。往东2公里，则是沙土覆盖、残留着低矮城垣的<u>寿昌城遗址</u>，是汉代敦煌郡所领六县之一的龙勒县治所。

之后从阳关去玉门关，最近的路是走二墩村的乡村公路，比绕回省道要节省近30公里的路程。离开阳关景区向东2公里多，就能看到二墩村公路的指示牌。如果从玉门关方向过来，离开门票站向东南20公里是该路的入口。

玉门关

（见158页地图；敦煌市区西北约92公里；门票40元；⊙24小时）玉门关守护的是丝绸之路的北线，相传因为西域的和田美玉经此关进入中原而得名，而历史上玉门关的确切位置一直存在争议，或者说起码不止一处（见162页方框）。

与阳关相比，这里景致略显单调，戈壁滩上只剩下一座黄胶土版筑的<u>小方盘城</u>，你可以做的就是跟着栈道进入这个方墩内部看一看，西南角曾有一个狭窄的坡道供守城人上到城顶瞭望四周。

除此之外，这里还有两个额外的景点值得一看，必须乘坐景区观光车（50元/人）到

三座玉门关

"孤城遥望玉门关"也好,"春风不度玉门关"也罢,要是在小方盘城吟诵,恐怕是个现代诗人的美丽误会。

1907年,斯坦因在现在的小方盘城发现了写有"玉门"字样的汉简,证实此处为汉代的玉门关所在地。但是,根据记载,这座汉代的玉门关在公元51年,被东汉光武帝罢废。汉明帝时(74~75年),开通了西域"新北道"(也叫伊吾路,见148页方框),使河西走廊与伊吾(今新疆哈密)直接连通起来,等于跳过敦煌抄了近道。于是就在敦煌郡以东的冥安县(今瓜州县)境内重建了一座玉门关。新北道的繁荣至唐代达到鼎盛,且一直被使用到791年,吐蕃占领瓜州为止。如此掐指一算,如今敦煌西边的玉门关其实只存在了160年,而之后700多年的时间里,人们口中的"玉门关"其实指的是瓜州境内的那一个,其中就包括628年,玄奘西行求法"偷渡"的那个。不过这个玉门关的遗址很可能在1958年修建双塔水库(见139页方框)时被淹没在了水下。

而在《史记》中曾有"酒泉列亭障至玉门"的记载,又有《释家方志》记载,古玉门关位于肃州(酒泉)西70里,通过方位、里程的推算,有专家认为,距离酒泉35公里的嘉峪关石关峡,也曾是玉门关,且是汉代最初修建河西走廊防御体系的"前线",时间可以上溯到公元前110年,可能是最早的"玉门关"。要知道,如今石关峡所靠的黑山,在古代就曾经名叫"玉石山"。石关峡的名分暂时还无法考证,不过你可以在嘉峪关长城徒步(见134页方框)时看到它,就在悬壁长城(见133页)脚下。

达。向西5公里,有一条绵延的**汉长城**,这也是目前国内保存最好的一段,你可以清晰地看见用芦苇、红柳、芨芨草、沙砾等层层夯筑而成的剖面,这就是中国长城就地取材的"童年时期"。据推测,这段长城始建于汉武帝太初元年(公元前104年),是小方盘城的同期建筑,共同构成了边疆的防御体系。向东12公里,有更为庞大的**河仓城(大方盘城)**,轮廓清晰,高耸的断壁残垣更有视觉冲击。这里被认为是当时汉代戍边军队的粮草仓库——昌安仓的遗址。三处遗址正好构成一个三角形,疏勒河就从它们的北边流过,形成一片湿地。

ⓘ 到达和离开

前往玉门关只能包车,也是西线游(见159页方框)的一站。玉门关的门票站距真正的景区入口还有10公里,自驾车可以驶入。

雅丹地质公园(魔鬼城)

[见158页地图; ☏884 1885; 玉门关西北约72公里; 门票50元, 车票70元(必须购买); ⏱7:30~21:00(18:00停止售票), 常根据日出日落时间调整]当你抵达这个地质公园时,就已经进入了"死亡之海"罗布泊的边缘,鬼斧神工般的风蚀地貌,加上传说中鬼哭狼嚎的风声,让它获得了"魔鬼城"的名字。而其实,来自马鬃山黑戈壁的含铁沙砾覆盖着地质公园的整片沙地,大多数时候,这里的风沙都不太容易被掀起来。售票大厅内有一个**地质展馆**,你可以留出些时间在此了解一下雅丹地貌的形成。

地质公园的面积非常辽阔,因此整个参观过程基本在大巴上完成,只有在到达所谓的金狮迎宾、狮身人面、孔雀开屏和西海舰队的4个景点时会停车下客,留出10~20分钟的拍照时间。若是觉得无聊,可以尝试在70万年的岩石上寻找一下是否留有虫迹化石。想要欣赏更精彩的地貌奇观,需要动用额外的交通工具,孔雀开屏景点处有越野车,路线分南区(500元/车)、南北区(1200元/车),每车最多坐4人。这里甚至还有直升机(680~1280元/位)和滑翔机(480~880元/位),供游客高空俯瞰。所以,景区内是禁止使用无人机的。

烈日直射的强光下很难捕捉到雅丹的层次美感,日落的侧光则恰到好处,开阔的地势也是欣赏日落的最佳选择,因此也催生了敦煌西线的"日落班"。普通游览全程大约1.5小时,日落班则以日落时间为准,夏季通常需要等到20:30~21:00才离开,有必要自备干粮,并适当预备日落后的保暖衣物。

食宿

景区入口处餐馆云集,汉堡、肉夹饼、臊子面,价格都在15~25元,但没有住宿。

到达和离开

前往魔鬼城只能包车或跟团游览(见159页方框)。自驾者需要注意,玉门关的门票站是前往魔鬼城的必经之路,所以必须购买玉门关门票才能通行。从玉门关前往魔鬼城,途中会经过**西湖自然保护区**,这是疏勒河的末端滋生出的一大片湿地,也是稀有的普氏野马放养的地方,可以多留意一下窗外。越过疏勒河,便会进入马鬃山脚下的黑戈壁(见166页方框),因为磁场干扰,你的GPS可能会报错,手机信号也会有一些不稳定,但不会造成太大影响。

敦煌东线

曾经,瓜州是抵达敦煌前的必经之路,如今,旅行者们大多直抵敦煌,瓜州变成了向东探索的一日游。这里最大看点是瓜州县城以南的锁阳城和榆林窟,前者是唐代的瓜州城,后者是莫高窟的姊妹窟。2019年,在东千佛洞和透明梦柯冰川关闭之后,这趟行程变得更加从容,旅游气息较低的瓜州也能获得更清净的游览体验。你可以先抵达瓜州县城后包车前往,或者(旺季)在敦煌寻找东线一日游的拼车服务。

作为"世界风库",瓜州的风被戏称为"一年一场风,从春刮到冬",曾经把城中心"仙女献瓜"雕像的瓜盘刮跑。所以,开始瓜州行之前,你最好看一下天气的脸色——要是下大雨,榆林窟会关闭,刮大风则锁阳城会关闭。从7月开始,瓜州之瓜开始上市,若能赶上这里的赛瓜节,那绝对可以大饱口福。

历史

因为丝绸之路上"新北道"(见148页方框)的开辟,瓜州也因此成为和敦煌一样重要的边疆重镇,同时成为玉门关的新址(见162页方框)。传奇的薛仁贵就曾被官封"瓜州长史"。

回溯汉代,瓜州之地最初是敦煌郡冥安县治所,唐武德五年(622年)改称"瓜州",相传就是因为盛产甜瓜。安史之乱后,吐蕃侵占河西一带,瓜州于大历十一年(776年)陷落。清朝收复瓜州时,康熙为之定名"安西",取"安定西域"之意。而没想到的是,后人忌讳"酒泉(九泉)之下是安西(安息)"的谐音,"应广大群众的强烈要求",于2006年改回了"瓜州"这个名字。

瓜州县

瓜州2018年刚摘掉贫困县的帽子,县城不大,看点也不多。作为去锁阳城、榆林窟的中转站,小憩之间也可以在县城走一走。

瓜州县博物馆(☎552 2529;县府街20号;凭身份证免费参观;⏰周二至周日夏季9:00~11:30和15:00~18:00,冬季9:00~11:30和14:30~17:30,节假日正常开放)就在县政府对面。这里展示着曾ం榆林窟道士为其付出生命的象牙佛的复制品(真品现藏北京故宫博物院),以及东千佛洞壁画的临摹作品。2019年进行了一场翻新。

作为"草圣"张芝的故乡,城东兴建了庞大的张芝公园(渊泉街东段;⏰24小时),园内的**张芝纪念馆**(☎559 9936;免费;⏰夏季8:30~12:00和15:00~18:30,冬季8:30~12:00和14:30~18:00,节假日正常开放)展出了瓜州曾举办的"张芝奖"全国书法大赛获奖作品。

城北的清代**安西老城**,还保留了一段清代安西直隶州城墙,只是两边都已是农田。位置在城北的瓜州三中对面巷内。从市区打车约8元。

住宿

瓜州住宿选择不多,但有着不错的性价比,酒店宾馆大多集中在瓜州汽车站所在的瓜州路沿线,房间价格的涨落基本跟随敦煌的淡旺季,不过幅度相对小一些。

西遇精品酒店 酒店 ¥

(☎568 9666;瓜敦路119号新州里购物广场

> **不要错过**
> ### 在瓜州做吃瓜群众
>
> 瓜州的特产到底是什么瓜？西瓜？哈密瓜？买这些可是要被当地人笑话的。其实，瓜州的特产甜瓜不止一种，周边每个乡镇都有自己的主打，比如银蒂、金蒂、黄河蜜、宝丰蜜……据说有4个大系，30多个品种。如今，瓜州举办起了属于自己的赛瓜节，每年7月，在市内的玄奘广场上，周围各乡镇都会争相送来比赛级别的优秀甜瓜，是你了解和品尝瓜州瓜的最佳时机。赛事期间所有甜瓜全部免费畅吃，持续整整一个星期！不过因为受瓜期影响，具体日期可能要等当月决定，能不能上吃瓜群众还得碰碰运气。

河西走廊

锁阳城

旁；标双130元；❀❄）2018年新开，瓜州目前少有的新派风格，酒店装修简洁，色调清新，房间都为大格局，空间非常宽敞，硬件配备齐全，床垫偏硬，但舒适度不受影响，每个房间配有单独无线网络。唯一的缺点是临街的房间（落地窗房）隔音比较差。

融金洲海大酒店 酒店 ¥¥

（☎555 8888；瓜州大道75号；标双188元起；❀❄P）瓜州唯一的一家四星级酒店，服务成熟，门面与设施都很豪华舒适。汽车站向南200多米即到。酒店对面的**国风大酒店**（☎558 5000；瓜州大道160号；标双238元；❀❄P）也是当地硬件上乘的优质酒店。

✖ 就餐

汽车站东北边的**瓜州市场**在瓜州的"中心闹市"，外围是瓜果摊，中间是瓜州夜市，面积不大，但也能吃到各种小吃、面食和炒菜。我们更喜欢瓜州中路、邮政银行西侧的**新洲里啤酒广场**，这个露天的环境更有气氛，店主不少是从瓜州夜市迁出至此的，也更受当地人喜爱。两个夜市通常在19:00左右开市，营业至深夜。烤肉20元/把，每个摊点都提供羊汤。

如果吃厌了羊肉，可以换换口味，**双塔活鱼海鲜酒楼**（☎138 9377 9960；南市街近福利巷；人均50元；⏲9:00~13:00，16:00~22:00）在瓜州走红多年，有香辣、麻辣、红烧、家常等十几种口味。

ℹ 到达和离开

瓜州汽车站（☎552 2875；瓜州大道近渊泉街）有来往敦煌的班车（24元；8:30、9:30、10:30、11:30、18:00；1.5小时）。去往嘉峪关为酒泉的过路车（61元；8:00~18:30，约1小时1班；3.5小时）。也有开往柳园的班车（20元；8:00~18:00，每小时1班；1小时10分钟），是你继续西行前往新疆的中转站（见148页方框）。

车站门口拼车去敦煌，30元/人，17:00后40元/人。拼车去柳园火车站30元/人，17:00后40元/人。非旺季拼车等候时间可能较长，如果包车前往敦煌260元。

瓜州火车站（瓜州大道北端）为兰新线上的经停站，大多为K字快速列车，每天有2班开往敦煌的动车，车程不到1小时。前往火车站可在汽车站对面等候公交1路，打车10元。

ℹ 当地交通

出租车起步价5元，县城内基本不过起步价。县城有两条公交线，票价1元。1路从火车站走瓜州大道到县城；2路主要走渊泉街，东西穿越整个县城。

锁阳城

[见158页地图；☎180 8936 3844；锁阳城镇东20公里；门票含讲解，旺季（5月至10月）80元，淡季（11月至次年4月）50元，电瓶车20元（9:00~17:30，30分钟1班）；⏲旺季8:30~18:00（17:30停止售票），淡季9:00~17:00（16:30停止售票）]据考证，这里就是西晋时期的晋昌郡治所，唐代的瓜州郡所在地。据说，玄奘西行受阻，就是在这里停留讲经传法，并遇见了之后担任向导的西域僧人石磐陀，也就是孙悟空的原型。

曾经这里有着健全的防御体系和发达的灌溉系统，西夏亡后，行政建置被废，明朝封闭嘉峪关，疏勒河改道，使之最终废弃。清代这里重新被纳入帝国版图时，老百姓发现此地盛产锁阳而称其为"锁阳城"，当然现在一株都找不到。2014年，锁阳城作为"丝绸之路东段"的遗址之一被列入《世界文化遗产名录》。留存的遗址范围庞大、轮廓清晰，可以看到城池的角楼、马墙、驽台等防御建筑，东边的塔尔寺是其中保存得最好的建筑，但根据资料记录，斯坦因1914年对它的测量是塔高16.5米，而今它只有8.9米。唐代曾名阿育王寺，塔身中曾经藏有西夏经文，但于1940年被盗至境外，如今陈列在俄罗斯历史博物馆东厅。据古代文献记载，阿育王寺藏有佛舍利，2010年考古队曾对塔尔寺进行无损勘察，发现内部的确存在年代更久远的"塔中塔"。

如今参观锁阳城的流程固定，会有解说员开着电瓶车带你进入保护区，一路讲解，途中会分别在西南城墙制高点和塔尔寺停留。整个游览过程大约1.5小时。需要注意的是，大风时景区将关闭，但目前景区通告系统并不完备，建议你提前致电确认。

到达和离开

锁阳城距瓜州60公里。瓜州发往桥子乡的班车(12元；8:30, 15:30；1.25小时)路过锁阳城售票处。8:30出发的班车下午1点从桥子乡返回，8公里后路过锁阳城，可以搭这班车回瓜州。

大部分旅行者都会选择将锁阳城和榆林窟放在一起包车前往，全程200元，整个行程至少需要半天时间。

榆林窟

[见158页地图，☏568 0111；锁阳城镇南30公里；门票40元含讲解，特窟另外收费；2020年7月1日起，第2、4窟300元/人，第2、35窟500元/人。在此时间之前，第2、4窟100元/人，第3窟150元，第25窟200元；◷5月至10月9:00~17:30(16:30停止售票)，11月至次年4月10:00~17:00(16:00停止售票)]榆林窟也叫"万佛峡"，比起别名"千佛洞"的莫高窟，据说当年的规模还要大一些，只可惜榆林河大水时曾将不少洞窟冲毁。如今，虽然规模和人气明显比不上莫高窟，但这里保存的石窟却恰好弥补了莫高窟西夏至元代的衰落期，也因此被冠以莫高窟"姊妹窟"的名字。

现存的41个洞窟分布在河谷东、西两崖，东崖的洞窟仍在保护和研究阶段，不对外开放。西崖每隔30~40分钟会安排一场由讲解员带领的参观，一般情况下，凡当年开放的洞窟都可以参观到。比较有看点的如下：

➡ 第12窟　　　　　　　　　　　　　　　　　石窟

始建于五代。除了清代重塑的佛像，这里的壁画大多为原作。正对的主室东壁绘有一铺巨幅的法会场面，描绘的是释迦牟尼门徒中最有成就的"十大弟子"，神态各异，很容易辨识出迦叶和阿难的形象，两旁的护法诸天神像一直延伸到南、北两壁。南、北壁的西侧分别绘《药师经变》和《西方净土变》，五代时期敦煌艺术已经走向衰落，此处的两铺经变画的细腻笔触和宏大场面还能看出其承袭的盛唐之风。其下分别为慕容归盈(曹译金的姐夫)和慕容夫人曹氏出行图，慕容家族在五代时期的敦煌世家大族，在整个敦煌壁画中的出行图仅四铺(另三处为：莫高窟第156窟"张议潮夫妇出行图"、第94窟"张淮深夫妇出行图"、第100窟"曹议金夫妇出行图")。

➡ 第15窟　　　　　　　　　　　　　　　　　石窟

始建于中唐。重点在于前室和甬道的壁画，皆为当时的原作。尤其是前室北壁所绘的毗沙门天王像，这位从吐蕃传来的北方天王形象不着甲胄，全身的璎珞装饰反而更接近菩萨。有说法认为，毗沙门天王在印度掌管财富，后来也就演变成了西藏的财神。这样特殊的天王像在敦煌也仅此一例，对比南壁的南方毗琉璃天王差异非常明显。同时，前室窟顶南、北的两尊飞天线条飘逸，屡屡登上书刊封面，相比之下，内室四壁的宋代飞天就显得僵硬、呆板了。

➡ 第17窟　　　　　　　　　　　　　　　　　石窟

建于曹氏归义军的晚期，此时归义军政权已经逐渐弱化，清冷寥落之感充满整个石窟，窟中壁画已完全程式化，晚唐、五代时那种生活化的情节几乎完全消失，所有人物造型整齐划一，以素面单线填色法绘成。值得关注的是，甬道南壁留下了三行刻画的题记："大清光绪三十三年五月廿一日，湖南湘阴县蒋资生，与英国总理教育大臣司代诺当幕游历到此。"这个"司代诺"，后来被通译为"斯坦因"。

➡ **第19窟** 石窟

是敦煌归义军时期的节度使曹元忠的功德窟。主室甬道南壁的第一身就是曹元忠的画像，对称的北壁上是他的夫人翟氏。同为曹家窟的莫高窟第61窟（见151页），同样能找到她的画像。因此你也不难猜到，窟内必然还有文殊菩萨和五台山——位于主室西壁上。

此窟更与众不同的是南、北壁分别绘有生死轮和目连变相。生死轮最早见于印度阿旃陀石窟壁画，这种题材在敦煌石窟中却是孤品。佛教中的"十二缘起"在壁画中变成了"生命的车轮"。目连变相的故事，描绘了释迦牟尼的弟子目连从地狱救出母亲的故事，种种冥界面画绘制得相当细。

榆林窟的特窟皆为精品。吐蕃时期的第25窟（数字敦煌收录），绘有两铺场面浩大的经变图，如今窟内经过了修缮，你可以站在佛坛的高度近距离观察它的每个细节。西夏时期的第3窟（数字敦煌收录），融合了密、显二宗，窟顶是密教中的曼陀罗，西壁南、北两侧分别是普贤变和文殊变，两幅绘画将中原的线描技巧演绎到了极致。其中普贤变的中段一角还出现了玄奘和白马的形象。西夏时期的第2窟，西壁门南北的水月观音或许是同类题材中最令人倾倒的作品。不同于第3窟的白描，采用青绿施色，两尊观音体态闲适，充满空灵感。其中北侧的右下角也有酷似玄奘的人物。元代的第4窟风格迥异，四壁皆为曼陀罗、绿度母、白度母等密教元素，是敦煌石窟中为数不多的元代精品。

❶ 到达和离开

从瓜州去往榆林窟只能包车，往返160元，包含游览至少需要4小时。大多数人会选择和锁阳城一同游览，包车费用约200元，如果有看特窟的计划，需要增加40元的等候费用。

另辟蹊径

黑戈壁上的黑喇嘛传奇
....

从瓜州或玉门市向北150公里的马鬃山镇是肃北（见165页）的另一块辖区，马鬃山下是一片广袤无边的无人区，这里的砂石因含铁量高而呈现黑色，被叫作"黑戈壁"，神奇的黑戈壁上还流传着一个"黑喇嘛"的故事。

黑喇嘛是卡尔梅克蒙古人丹宾坚赞的诨号。他屠灭了150多年前康熙帝设立的科布多要塞，并成为支持蒙古独立的中坚力量。然而和白俄分子来往甚密的黑喇嘛被苏联视为威胁。在苏联的压力下，黑喇嘛逃往马鬃山下的黑戈壁，拉扯起一支威胁新疆和蒙古的强大力量称霸当地。1924年，苏联克格勃和蒙古军队组成特别行动队，深入黑戈壁，刺杀了黑喇嘛。据说为了让黑喇嘛不能继续兴风作浪，刺杀者当场吃掉了他的心脏，并将他的头颅带走，至今还保存在圣彼得堡一座博物馆内。

现在，在马鬃山镇西南边约3公里处的碉堡山上，就是斯文·赫定标注的**丹宾喇嘛的城堡**，碉堡、战壕、营房、岗楼等工事依然清晰可见。从马鬃山镇继续向西约85公里，是当初镇守新疆的杨增新将军的防御据点**明水军要塞遗址**，但保存状况一般，只剩相对完整的城门和碉堡。从明水村有一条"明苦线（X285）"，向西南方向穿越黑戈壁，直接抵达敦煌，全程约280公里，但几乎都是沙石路，出发前最好先向当地人确认路况，以及你的车况。

其实，马鬃山镇和蒙古国直接交界（未通口岸），这里有个叫作"那林谢别斯廷布拉格"（也叫"那然色布斯台音布拉格"）的地方，是瑞典探险家斯文·赫定于1927年命名的。有兴趣可以搜索一下这个中国最长地名的来历。

马鬃山是个人烟稀少的荒凉小镇，**肃北鹤亭酒家**（☏150 9566 3388；标间 230元；🛜 🅿）2017年开业，房间的硬件设备在这个边陲小镇已经让人非常满意。一楼为餐厅，可以顺便解决用餐问题。主人相当热情实在。想要获得行车路线等更详细的信息，可以向这里经营店铺的蒙古族人打听，比如飞马商行、三羊商行等。

悬泉置往事

从敦煌前往瓜州的公路行进到一半,能在公路右侧看到**悬泉置遗址**(见158页地图;甜水井道班东4公里)的标牌。荒漠上的这片废墟曾是汉、唐两朝河西走廊上重要的驿站,也是丝绸之路八十多个驿站中唯一一个被考古发现的遗址。这里出土了35,000余枚汉简,其中有东汉敦煌的"浮屠(佛塔)"的记录,也有天水郡曾派人前来此处迎回的"大宛天马"(汉武帝梦寐以求的汗血宝马)的记录。还出土了迄今为止国内外发现最早的书写纸,以及无数当时的生活用品。不过,目前遗址上已经毫无建筑遗存,从这里出土的悬泉置封检和写有"悬泉置"的汉简展出在甘肃省博物馆。央视纪录片《河西走廊》的第3集讲述了悬泉置的故事。

从瓜州县城向南会经过一大片湿地,19公里后北侧的戈壁上可以见到出自清华大学董书兵教授之手的雕塑**大地之子**。之后会路过一处高大的城垣遗址——**破城子**。接着就到了锁阳城镇。从这里向东20公里到锁阳城,往南30公里到榆林窟。当地司机李树林(📞158 0937 1832)对瓜州信息了如指掌,可以为你沿途讲解,也可以给你的行程提供帮助,最好提前打电话预约行程。

从敦煌包车往返这两个景点约需500元。榆林窟所在的榆林河谷夏季绿树成荫,水流湍急更衬宁静,还能看到几株野生的胡杨树,金秋时节十分灿烂。

敦煌南线

结束敦煌的行程,旅行者大多会选择继续西行前往新疆,向南探索的路线相对冷门,这里有一个哈萨克族自治县和一个蒙古族自治县,也的确冷清得无须特意造访,但如果你有前往青海的打算,可以顺道感受一下祁连山和阿尔金山脚下雪山、草原、湖泊的自然画卷。

阿克塞

这个新疆以东唯一的哈萨克族自治县仅有1万多居民,县城空旷异常,破旧的**哈萨克民族博物馆**(📞832 2545;和平路近团结西路;凭身份证免费参观;⏰周一至周五9:00~12:00和15:00~18:00),收藏有世界上面积最大的哈萨克族刺绣花毡和世界上最大的盘羊头骨。一旁的**哈萨克民族风情园**(📞138 3073 8520, 138 9373 1382,免费)5月至10月营业,只有些生硬的仿民族建筑和雕塑。南边的**金山湖**(文化南路近南环西路)则是一个大公园,背景是远处的阿尔金山雪峰。大多数情况下,你逛完整个县城都遇不到几个人。

继续向南(前往青海方向)的沿途有两处天然美景不要错过。出县城约75公里,翻越海拔3600米的**当金山口**不久,就能在西南方向远望到淡水湖**小苏干湖**。这里夏、秋季会有白天鹅、斑头雁、黑颈鹤等候鸟停留,可以扎营观鸟。届时会有人驻守,提供骑马、体验牧民生活等游览项目。继续向南20公里的**大苏干湖**是咸水湖,也是候鸟自然保护区,夏季可能会有阿肯唱会。

另外,不少人来阿克塞是为了前往一个叫作**石油小镇**的地方一探究竟。电影《九层妖塔》曾在这里取景,制造出了诡异的剧情,也留下了一些诡异的拍摄道具,比如那辆大头朝下的大巴就成了这里的标志。其实石油小镇原名(包括地图上)叫"博罗转井镇",距离阿克塞县城27公里,它和玉门老市区(见138页)有着相似的命运,20世纪50年代开始因石油开采兴盛一时,在资源枯竭后被人们抛弃。区别是这里不再有居民,变成了游客的摄影基地,也收起了20元的门票。想要猎奇可以顺道游览。

🛏 食宿

条件最好的**阿克塞宾馆**(📞832 2063;金山路9号;标双/单 180元起;📶❄🅿),有着哈萨克毡房和毡毯特色,餐厅可以吃到地道的哈萨克手抓羊肉和风干羊肉。汽车站对面的**恒悦宾馆**(📞832 9666;国道215;标双/单 138元起;📶❄🅿)也可作为备选。"十一"期间,阿

ⓘ 到达和离开

敦煌汽车站 每天有8班发往阿克塞的班车（见147页车次时刻表）。**阿克塞汽车站**（国道215）有发回敦煌的班车（16元；9:00~18:00，1小时1班，1.5小时）。需要注意的是，暑期前后班车会被包走送学生，届时可能一天之内只剩一趟车，平日班车也会因为满员而提前发车。此时你可以选择在汽车站门口拼出租车回敦煌（早30元/人，晚40元/人）。

阿克塞周边的景区并不适合非自驾者，汽车站门口的出租车直接可以提供包车服务。大、小苏干湖，往返400元。敦煌前往花土沟的班车会路过大、小苏干湖，前往格尔木、德令哈的班车可以远眺小苏干湖。但注意，阿克塞并没有发往格尔木和德令哈的班车，必须返回敦煌。

肃北

沿着祁连山走到甘肃地图的尾端，你会发现，河西走廊的北边是肃北县，南边也是肃北县。这个面积比宁夏还大的县被瓜州和玉门分成了两半：马鬃山所在的北边，被称作"北山区"，县城所在的南边，就是"南山区"。

整个肃北的人口仅有1万，即便县城也空旷冷清，汽车站旁的商贸市场已经是最热闹的地方。除了双语并行的路牌和标识，只有早、中、晚的蒙语广播声能让你感觉到一丝异族风情。最美的景色是南边的阿尔金山，雪线清晰，棱角分明。向北3公里的芦草湾有**肃北民族风情园**免费，可以俯瞰党河峡谷，不过夏季水量很少。属于敦煌石窟之一的**五个庙石窟**就在离县城20公里的崖壁上，暂时不对外开放，班车在进城之前会路过这里，你可以在左边的窗口看一眼这悬在30米高处的5个石窟。

肃北县城东南145公里处的盐池湾，是甘肃省最后通电的乡镇。这里的**盐池湾自然保护区**，生活着白唇鹿、野牦牛、藏原羚等珍稀野生动物，纪录片《向往鹰的飞翔》拍摄的就是这里。

如果你想探索一下北边的马鬃山镇，从玉门或瓜州出发更为便利（见139页）。

🛏 食宿

县城住宿选择有限，条件最好的就是**天骄大酒店**（☏812 8399；党金路近教育路；标双/单260元；🛜❄ P）。

肃北的羊肉远近闻名，有一家隐蔽的馆子很受当地人认可。**张芳清真餐厅**（☏138 9371 0084；肃北汽车站向北600米；人均45元；⏱9:00~21:00），小店收拾得干干净净，店主相当和气，羊肉有手抓、红烧等做法，90~95元/斤，2斤起售，也有各种炒菜（28~48元）。

ⓘ 到达和离开

敦煌汽车站 每天只有两趟发往肃北的班车（21元；10:00，13:30；2小时），在抵达肃北县城前会先路过五个庙石窟和民族风情园。

肃北汽车站（☏136 3937 0055，188 9364 9190；巴音路近梦柯街）的班车随意，前往敦煌的班车每天1~2班（21元；8:30，13:00；2小时），8:30的车终点为酒泉，周五、六、日13:00那班根据乘客量，可能推迟到15:00。每隔3天分别有一班去马鬃山、石包城、盐池湾的班车，前提是有乘客。

肃北仅有的几辆出租车停靠在汽车站附近。前往民族风情园10元，包车去盐池湾保护区往返600元。

甘 南

包括 ➡

夏河及周边..................171
夏河到郎木寺................188
郎木寺........................193
迭部及周边..................199
卓尼和临潭..................208
玛曲及周边..................215

最佳寺庙

- ➡ 拉卜楞寺（见179页）
- ➡ 达仓朗木格尔底寺（见195页）
- ➡ 禅定寺（见209页）
- ➡ 贡巴寺（见214页）

最佳摄影点

- ➡ 拉卜楞寺晒佛台（见179页）
- ➡ 扎尕那代巴村（见203页）
- ➡ 合冶公路（见191页）

为何去

　　甘南地处三省交界，面积辽阔，比丹麦的面积还大。早在入藏艰难的年代，甘南就已经在西方旅行者中名卢大噪。无论是闻名于世的宏大寺院，还是朴实无华的山间小庙，都沉淀着亘古不变的禅意。从兰州到郎木寺，这是一条经典的朝圣之路，一路都是让背包客们趋之若鹜的旅行地，用不着长途跋涉，也不受高原反应的困扰。

　　自兰州出发后，瞬间就从城市过渡到高原、森林、村落和峡谷，临夏、安多藏区最重要的寺院——拉卜楞寺，以及有着"东方小瑞士"美誉的郎木寺都可轻松可达，从这里的任何一个地方，都可以去往四川和青海的旅游腹心。近年来，甘南大环线的交通已大为改善，你可以在一趟旅途中，探访美籍奥地利探险家约瑟夫·洛克居住两年之久的卓尼和迭部，清晨漫步在云雾中若隐若现的扎尕那石城，午后探访炊烟缭绕的郎木寺，傍晚在玛曲饱览蜿蜒的黄河，看湿地草原落日风光犹如一幅山水画卷展开于眼前。

何时去

1月至2月 正月初三至十七的正月大法会，多种节庆活动轮番登场。

3月至5月 冰雪初融，草原新绿，避开大批游人到来的旺季。

7月至8月 绿草盈盈的旺季，玛曲会举行盛大的赛马会。天气转变频繁，时常风雨骤至，需时时注意防雨、防晒和保暖加衣。

9月至10月 天气凉爽，草原黄绿相间。9月时有的地区已降至零度，但旅馆还没有供暖。"十一黄金周"后开始局部降雪，甘南迎来漫长的封闭期，景点、旅馆歇业，山坡林地呈现层林尽染的金红色，直至枯萎。

安多人

甘南是三大藏区之一安多地区的中心,跟康巴的"武"相比,安多更侧重于"文"。安多地区位于青海、甘肃和四川接壤部分的高山牧区,这里孕育着丰美广阔的大草原,是牛羊生长的天然牧场,"卫藏菩萨,康巴汉子,安多马"的说法,也是基于安多地区丰富的草场。安多是汉藏、西域文化交融与碰撞最为激烈的区域。在生活习俗和宗教信仰方面,受蒙古族、汉族的影响较大,当地藏族、蒙古族、裕固族等信奉藏传佛教,甚至一部分汉族和回族皈依了藏传佛教。拉卜楞寺以甘南为轴心,辐射整个安多地区,各地区、部落还有自己的主寺。

甘南的独特节日

毛兰姆法会 藏历新年的正月初三至十七,拉卜楞寺等寺院接连开展晒大佛等活动,禅定寺于正月十三跳法舞。

二月法会 全藏的驱鬼节,藏历二月初四至初八在拉卜楞寺举行,初七的打鬼仪式和初八数百僧人绕寺一周较有特色。

娘乃节 在西藏又叫作"萨嘎达瓦",为了纪念四月十五日释迦牟尼的诞辰,民众们会举行闭斋、念经等仪式。

香浪节 一种群众性游山活动,又叫作"浪山",原是僧人在外搭帐篷住宿、搭灶欢度几日的做法。2015年,甘南州立法确定了每年7月的第三周为"香浪节"。

插箭节 香浪节之前,青壮年男子会到山上的插箭台插箭。插箭节是祭战神、祭山神,以祈求保护神佑佑的民间节日。

格萨尔赛马节 8月中旬玛曲草原上会举办传统赛马盛会。

采花节 藏历五月初五,在与九寨沟一山之隔的博峪,会举行为期两天的祭祀花神的采花节。

尕巴节 农历十月以后,迭部县旺藏乡、扎傲乡一带会举行尕巴节。"尕巴"是一种舞蹈,起源于喜获丰收时的酬神祭祀,后来演变成了村民欢聚玩乐的节日。

地理和气候

甘南地处青藏高原东北、黄土高原西南和陇南山地西北,位于甘肃、青海、四川三省交界,是传统进藏路线的门户之一。夏河甘加草原、碌曲郎木寺以西为高山草场,在海拔3000米以上;迭山以南为高山峡谷区,以北为丘陵盆地,并逐渐向低海拔地区过渡。在甘南,你可以明显感受到海拔对气候和植被的影响。除东南部的舟曲之外,甘南境内大部分地区紫外线强,冬夏、昼夜,甚至阳光下与阴影中的体感温差都很大,而且天气转变频繁,时常风雨骤至,需时时注意防雨、防晒和保暖加衣。

快速参考

→ 人口: 71.6万

→ 电话区号: 0941

如果你有

→ **3天** 第1天从兰州出发,顺道一游临夏,夜宿**拉卜楞寺**(见179页);第2天早上拍摄拉卜楞寺晨曦后,游览寺院和**桑科草原**(见185页);第3天包车环游**甘加草原**(见185页),下午返回。

→ **7天** 前两日同上,第3天前往合作,参观**米拉日巴佛阁**(见188页),下午经**尕海**(见192页)前往**郎木寺**(见193页)。第4天早起徒步或骑马到附近的峡谷,然后去**扎尕那**(见202页),顺道游览沿途景点。

→ **15天** 前三天同上,第4天、第5天前往黄河第一弯**玛曲**(见215页),第6天到**郎木寺**,待两天后进入**扎尕那**,开始甘南东部的环游,在畅游完迭部、舟曲、卓尼和临潭之后,从**冶力关**返合作或兰州。

推荐阅读

→ 《**藏族宗教史之实地研究**》,李安宅著。作者从人类学视角对甘南拉卜楞寺进行了三年实地考察。

→ 《**藏传佛教象征符号与器物图解**》,[英] 罗伯特·比尔著。关于藏传佛教的入门读物。

→ 《**甘南纪事**》,杨显惠著。以12个故事记录了作家在甘南的所见所闻。

夏河及周边

世界藏学府、藏传佛教格鲁派六大寺院之一,安多藏区著名寺院拉卜楞寺,可以说是西藏之外最大的藏传佛教中心。夏河最初就是为了拉卜楞寺而建制的城镇,在日常表述中,夏河和拉卜楞寺早已合二为一,但其实因为拉卜楞寺的巨大影响,其所辖的甘青川藏区历史上也叫"拉卜楞",要大于现在夏河的范围。夏河也是距离内地城市最近的藏区,入藏不用走多远,海拔不算太高,藏元素却一应俱全。

如果你想感受浓厚的宗教氛围,可以选择清晨早起,伴着雪域高原的阵阵清凉,跟随僧侣信徒的脚步,转动每一个经筒,在悠扬的天外梵音中虔诚祈福,庞大的藏传佛教建筑群一定会让你心旷神怡。或是在冬天农闲时节到访,届时整个甘南地区的牧民会穿着盛装携家带口来此朝拜,你可以与他们一起亲历众多的佛事活动,体验宗教艺术的魅力。

感受完拉卜楞寺的神圣庄严,坐出租车即可到桑科草原,骑马、射箭、过林卡都是不错的游览体验。或者包车去往更宁静的甘加草原深处,在格桑花海中饱览风吹草低见牛羊的自然原生态。

历史

在20世纪之前,蒙古族贵族与嘉木样活佛以政教合一的形式统治着这片土地。1709年,在青海蒙古和硕特部河南亲王的再三邀请下,第一世嘉木样大师从西藏返乡弘法,决定在扎西旗建寺。1710年,闻思学院建立。1714年,拉卜楞寺大经堂建成。嘉木样二世时期,新建了时轮学院(1763年)和医学院(1784年)。最早到达拉卜楞寺的外国人,或许是1788年嘉木样二世为建筑大金瓦殿从尼泊尔请来的三位工匠,他们的后裔定居在乎

夏河

甘南亮点

❶ 在**拉卜楞寺**（见179页）拨动每一个经筒，虔诚朝拜"世界藏学府"。

❷ 在**郎木寺**（见193页）感受薄雾和炊烟笼罩着的寺院与小镇。

❸ 徒步**扎尕那**（见204页），寻迹洛克眼中的香巴拉秘境。

❹ 穿过山峦起伏的**合冶公路**（见191页），体验甘南草原的精华。

❺ 在洛克生活过两年的**卓尼**（见208页）探访土司秘事。

❻ 在广袤的甘加大地上，探寻天然屏风下的**白石崖溶洞**（见185页）。

❼ 自驾翻越迭山，深入**车巴沟**（见214页），完成自驾版的"洛克之路"。

❽ 到黄河第一弯**玛曲**（见215页），找寻格萨尔王的传说。

尔卡加村，被当地人称为"瓦吾仓"，至今仍居住在那里。嘉木样四世时期，新建了喜金刚学院（1881年）。

19世纪末，有几位俄国探险家造访了拉卜楞寺。到了20世纪初，由于地缘政治、科学研究等需要，选择从安多藏区入藏的西方人越来越多，因为这里地广人稀，不易被发现。很多人对拉卜楞寺产生了兴趣，而且能够得到拉卜楞寺的支持，在整个安多藏区都会通畅许多，洛克就曾两次拜谒过嘉木样。

1924年，拉卜楞寺被青海回族"侵入"，嘉木样五世避难到了别处。为了避免青海势力的干扰，拉卜楞寺被划入甘肃管辖。这个时期，著名的藏族知识分子根敦群培也曾在拉卜楞寺求学，他甚至在这里认识了一个外国人，制造了一艘机械动力船。1928年，成立夏河县。至新中国成立前夕，拉卜楞寺有经堂6座，大小佛殿48座，普通僧舍1万余间，其建筑规模是西藏以外最大的。

"文化大革命"时期，拉卜楞寺遭到了很大的破坏，建筑被拆毁，僧人被驱散，大部分经卷被焚毁散失，这里甚至一度变成了食品厂、屠宰场。改革开放后，宗教政策落实，拉卜楞寺逐步得到恢复，但是之前寺藏的22.8万部各类典籍，目前只有6万多部得以流传。1980年拉卜楞寺重新对外开放，寺内佛殿、经堂均进行了整修。拉卜楞寺现在是安多地区的宗教文化中心，拥有国内最完整的藏传佛教教育体系，被誉为"世界藏学府"。

夏河

人口：9.1万；海拔：2932米

夏河县城围寺而城，形状像一个东北—西南走向的海螺，依群山傍大夏河。夏河县城和拉卜楞寺仅隔一座小桥，横跨拉卜楞寺外围的排水沟，当地人称河沟上的桥为"俗僧桥"。在民国初年建县的时候，县城只有两部分，一为市场，二为寺院，藏族和回族几乎各占一半。现在的夏河则更像是一个为拉卜楞的朝圣者和游客准备的县城。

方位

夏河县城的主街位于大夏河北岸，过去叫作扎西奇街，现在被分成人民东街和人民西街。靠近拉卜楞寺的一段被官方定名为"拉卜楞丛拉"，与"拉卜楞丛拉"东北入口平行的一条街被当地人叫作步行街。过俗僧桥即为拉卜楞寺，当地人习惯称往寺院的方向为上，反之为下。

◉ 景点

夏河县城的景点不多，如果有时间，你可以去看看几个有意思的宗教建筑。位于柔扎广场（文化广场）的 夏河县关帝庙，是到夏河经商的陕西、北京同乡会在清末时修建的，内供文圣、武神排位。1935年，请拉卜楞寺五世嘉木样丹贝坚参、拉卜楞寺保安司令黄正清划地扩建，修建了大殿、两廊、过殿、山门等建筑，又增塑了当地藏族信仰的"阿米念庆""阿米日郎"等九尊神像。正殿的三座塑像颇具藏式风格，中间供奉关公，左侧供奉二郎神，右侧供奉太子山神阿米念庆。东边侧殿为娘娘庙，供奉着送子娘娘；西边侧殿为火神庙，供奉三神依次为土地爷、火德星君、药王神。关帝庙因为融入藏族传统民间信仰的许多特点，也得到了藏族百姓及藏传佛教的支持。作者调研时，关帝庙正在重新修葺。

除关帝庙外，夏河县城里还有一座规模不算小的 夏河清真寺，原建于1893年，为回族商人所建。清末民初，回族穆斯林因清廷政策和马仲英事件而大规模迁入拉卜楞，从事商业、农业和手工业。作者调研时清真寺也在进行扩建，宏大的木制礼拜殿受到汉式、藏式风格影响。到夏河清真寺从阿尼格拉大酒店旁的巷子进去，右拐就能看到。

🛏 住宿

酒店主要集中在县城的人民东街、人民西街两侧，汽车站旁的巷子里集中了多家客栈。县城周边也新增了一些藏家民宿和精品酒店，最远的诺尔丹营地距离县城有25公里。旺季为每年7月至8月，房价每天都会有浮动，我们只提供平日的参考价格，冬季部分住宿将关闭。几乎所有宾馆都有无线网络覆盖，但网速都不太稳定。网上预订普遍比电话预订价格高。

★ 雪山客栈　　　　　　　　　精品酒店　¥¥

（见175页地图；☎151 0940 8910；滨河路

夏河城区

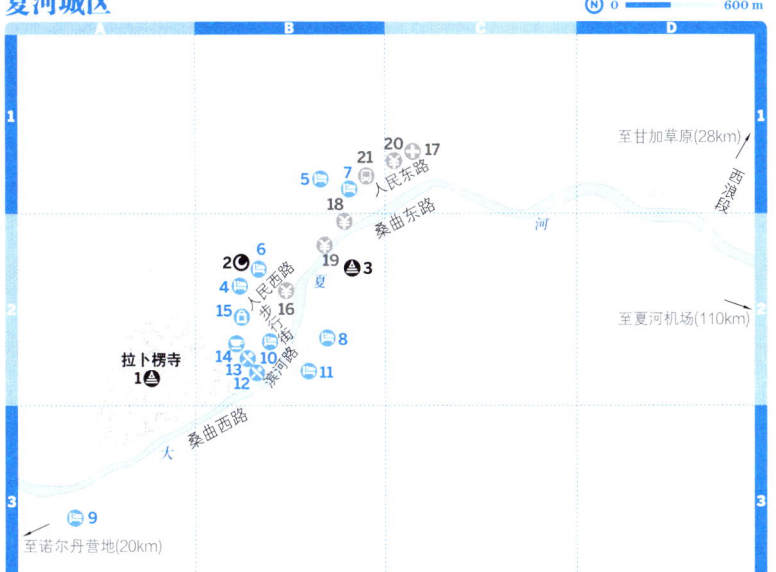

夏河城区

◉ 重要景点
1 拉卜楞寺..A2

◉ 景点
2 夏河清真寺..B2
3 夏河县关帝庙..B2

🛏 住宿
4 阿尼格拉大酒店......................................B2
5 呼叫早獭青年旅舍..................................B1
6 玖盛国际饭店..B2
7 拉章藏家客栈..B1
8 天珠国际酒店..B2
9 夏河潘德藏家住宿..................................A3
10 雪山客栈..B2
11 央廓尔藏家民宿....................................B2

🍽 就餐
12 德吉园餐吧..B2
13 诺贝赛奥酒店餐厅................................B2
14 诺尔丹咖啡..B2
祥府伊品..（见6）

🛍 购物
15 拉卜楞丛拉..B2

ℹ 实用信息
16 甘肃省农村信用社................................B2
17 夏河县人民医院....................................C1
18 中国工商银行..B2
19 中国农业银行..B2
20 中国邮政储蓄银行................................C1

🚌 交通
21 夏河县公用型汽车站............................B1

185号；精品标双188元，家庭房238元；📶）雪山客栈是过去在背包客中颇有名气的雪山餐厅，搬到了滨河路上后改为客栈，大厅仍是餐厅和酒吧，请了两位尼泊尔厨师，做甘南最正宗的尼餐，比如尼式咖喱套餐和胡萝卜鸡汤，酒吧内有精酿啤酒。房间为新藏式风格，二层靠大夏河一侧的房间为观景房，阳台为吸烟室，像一个迷你酒吧，坐着看夜景的感觉很梦幻。三层是普通标间与大床房，还有一间家庭房，有两个房间三张床，性价比较高。雪山客栈本身也是一家老牌的户外俱乐部，提供户外向导、包车、自行车出租服务，老板可以帮你规划线路,另外还有一个雪山公益助学项目。

呼叫旱獭青年旅舍 青年旅舍 ¥

(见175页地图;☎189 1929 4309;嘎庄村15号;铺40元,双100元,藏式特色间180元;🛜)三层藏式木房的青旅,比夏河的其他几家青旅更有氛围感,公共区域比较舒适,有藏式沙发和书架,风格清新,通光不错。一楼的普间很一般,建议你选择二楼和三楼的房间。多人间大小合适,有储物柜;藏式特色间保留藏床、炕桌,有独立卫浴和电热毯。提供租车服务和路线订制。

拉章藏家客栈 民宿 ¥

(见175页地图;☎135 1942 6072;曼克尔巷166号;标铺55~60元,标双130元;🛜 🅿)一家具有青年旅舍气质的藏家客栈,位于汽车站旁的曼克尔巷内,有免费停车的地方。房间的装修比较温馨,拥有较大的公共区域——酒吧和阳光房。

央廓尔藏家民宿 民宿 ¥

(见175页地图;☎712 8886、188 9456 8886;桑曲西路102号,步行街桥对面;铺35元,双60元,家庭房160元;🛜 🅿)藏风民宿,房间和院子保留了传统藏家的风格,看上去比较简陋,三м家庭房和炕式大床房都很宽敞,还有几个小一些的普通间。央廓尔在改为民宿之前是一家藏家乐,经营的藏餐在当地颇有名气。小院可以停车,过桥就是步行街。

夏河潘德藏家住宿 民宿 ¥¥

(见175页地图;☎722 5566;盖格多岗2号,展佛台旁;标双198元;🛜 🅿)夏河一家比较大型的藏家客栈,很干净,天井很宽阔。几乎是离展佛台位置最近的住宿,早上可以步行至展佛台,拍摄拉卜楞寺全景,客栈的天台也可以俯瞰拉卜楞寺。缺点是距离县城还有一段距离,比较适合自驾游客。门前停车,早餐15元/人。

★诺尔丹营地 露营地 ¥¥¥

(见175页地图;☎151 0941 8170;桑科草原,距离夏河县城大约25公里;精致帐篷1975元,标单/双3200元,套房6625元;🛜 🅿)位于桑科草原深处,由桑乐工坊的老板投资,颇受西方游客的青睐。价格不便宜,一年中仅5月至10月开放,满房率依然很高。营地位于草原上弯曲的小河旁,房间之间是灌木丛,利用了自然区域作空间分割。营地有混合北欧和藏式风格的木屋餐厅、帐篷餐厅、酒吧(售卖50元/杯的青稞鸡尾酒)、桑拿房、公用浴室,客房是木制家具搭配诺乐的牦牛绒制品,以自然采光为主,炉火取暖,卫生间采用环保的传统水缸和取土填埋清洁。可网上预订,住宿价格含三餐,主厨是原米其林三星餐厅厨师。从夏河机场到营地包车约400元,也可让营地安排收费接送。

天珠国际酒店 酒店 ¥¥¥

(见175页地图;☎691 7777;桑曲西路136号;标双438元,含早餐;🛜 🅿)夏河县城内条件最好的酒店之一,2018年开业,星级酒店装修,房间有一些现代感的藏式设计,卫浴和供暖都比其他酒店好。门前停车,距离步行街不远。

玖盛国际饭店 酒店 ¥¥

(见175页地图;☎722 1111;人民西街29号;标双380元,含早餐;🛜 @ 🅿)有些过时的中式商务酒店装修,离汽车站较近,铺有地暖。有停车场,楼下是一家火爆的清真火锅店。

阿尼格拉大酒店 酒店 ¥¥

(见175页地图;☎712 4444;人民西街21号;标双228元,含早餐;🛜 🅿)传统的藏式大酒店,房间开阔,但内饰已有些陈旧,有免费的停车场。酒店还有一栋楼是快捷酒店。楼下的餐厅和火锅店有很多僧侣顾客。

🍴 就餐

除了藏区流行的川菜馆和火锅,一些藏式餐厅也有结合川、甘两省风味的藏餐,如藏式火锅、蕨麻米饭、糌粑、牦牛肉炒饭等。几乎所有餐厅都有酸奶,10元/碗。夏河还有很多家西式咖啡馆,同时也卖简餐和酒水,雪山客栈有正宗的尼泊尔餐。

★诺贝赛奥酒店餐厅 藏餐 ¥¥

(见175页地图;☎183 9498 9229;雅鸽塘252号,游客中心对面;人均70元;⏰9:30~21:30)夏河最正宗的藏餐厅之一,食客以本地人为主,服务依照藏族传统。装饰是纯木的藏式结构,中央大厅两侧为挂着门帘的包间。这里

当地知识

藏式小食

川菜和火锅已日益成为甘南人的上选,西餐、尼泊尔餐偶尔也不难吃到,如果你想尝试一下在餐馆里吃藏餐,往往只有小吃最正宗。

糌粑 方便携带、吃法简单的糌粑是藏族牧民的传统主食,用青稞或豌豆炒熟后磨成面粉,与酥油拌和后捏成团状,味淡微甜。食用时搭配酥油茶或奶茶更容易下咽,且味道更佳。

蕨麻米饭 蕨麻俗称"人参果",是甘南地区特产,营养价值较高。蕨麻米饭是在米饭上盖上蕨麻、撒上白糖、淋上酥油汁,搅拌后食用。口感较粗,不喜甜者可能吃不惯。

蕨麻猪 这种生活在甘南雪域高原的猪,经常能在草原上觅食到蕨麻、虫草等高营养食物,使其自身也极富营养,且脂肪含量较低。特色烹调方法是"火烧",外裹泥巴置于暗火中炮制,皮脆肉嫩,味道很鲜美。

藏包 藏包用青稞面为皮、用牛羊肉做馅蒸制而成。刚出锅的包子外皮雪亮,肉馅清晰可见。一定要趁热吃,切忌吃凉的包子,因为牛羊肉馅凉了牛羊油就会凝固,吃了会引起不适。

酥油 从牛奶中提炼出来的油脂。把新鲜牛奶放到酥油桶里,转动摇杆,多次挤压使之猛烈晃动,因密度不同,最精华的脂肪部分就会从牛奶中被分离出来,浮在液体表面。产于夏、秋季节的牦牛酥油色泽鲜黄,口感极佳,是藏族饮食中不可缺少的一部分。

奶渣(曲拉) 提炼酥油的副产品,是牛奶中蛋白质等营养物质的沉淀,晒干后呈白色颗粒状,常作为藏餐甜品的辅料,咬起来如石子一般嘎嘣作响。

酸奶 提炼完酥油后,把牛奶煮沸,放入一点点前些天的酸奶,放置冷却后,第二天早晨就制成了新鲜酸奶。口感极酸,一定要加入白糖拌着才好吃。5月初人们刚刚开始挤牛奶,用来制酸奶的牛奶往往没有被事先提炼出酥油,做出来的酸奶口感最好。

几乎齐聚了所有藏餐种类,主打饭菜是藏家土锅(128元)、烤羊排(188元/2斤)、藏香蕨麻猪肉(88元/斤)、牛肉盖被(68元)、安多炒饭(68元)等,烹饪风格有石锅、铜火锅等,小吃可以来一碗蕨麻米饭(16元),另外还有酸奶和甜茶。

诺尔丹咖啡 西餐 ¥¥

(见175页地图;腾志路,游客中心对面;人均70元;◎8:30~20:30)咖啡馆开在游客中心对面,属于诺尔丹营地,但价格却十分亲民。设计风格偏北欧,泥墙、坐垫、内饰和音乐又是藏式的。除了咖啡(15~24元),这里还提供一些轻食和酒水,早餐推荐炒蘑菇鸡蛋三明治(32元),正餐有比萨、牦牛肉汉堡、三明治、牦牛排、咖喱饭、意面等,口味地道。餐具是搪瓷的。这里的顾客以西方人为主。

祥府伊品 火锅 ¥¥

(见175页地图;☎722 2555;人民西街29号玖盛国际饭店三楼;人均80元;◎9:30~21:30)夏河新开的一家清真火锅店,以鲜切牛羊肉为主打,菜品口感新鲜,兼具川味麻辣和涮羊肉的风味,口味不比兰州或临夏的清真火锅差。

德吉园餐吧 西餐 ¥¥

[见175页地图;☎718 1702;雅格塘247号(滨河路),游客中心向南走100米左转;人均50元;◎8:30~21:00]大夏河边的一间老牌西餐厅,也是一家接待外宾的中档酒店,顾客基本上都是外国人,几乎每晚客满。店内装修和摆件是藏式风格,环境舒适,仿佛让人回到了背包客时代的夏河。提供早餐、西餐,也有鸡尾酒和咖啡。中国厨师做的西餐味道一般,比萨(52~58元)厚度饱满,吃起来很酥脆。外国服务员会简单的中文。

🛍 购物

拉卜楞寺东入口正对的一条街叫作"**拉卜楞丛拉**",这是一条沿街的传统贸易市集,为僧侣、周边牧民提供民俗和日常用品。店铺卖藏装、藏式马靴、藏香、藏药、唐卡、铜器、布料等，更多的是一些佛教用品。丛拉中央有一个文化产品集散中心，这里也有一些宗教用品、民俗纪念品的批发摊，还有一家叫泽娜多的精品藏饰店，售牛皮、毽毽制品，甚至有美国产的牛仔帽、靴。

ℹ 实用信息

人民东街和人民西街上有**中国农业银行**、**中国工商银行**、**中国邮政储蓄银行**和**甘肃省农村信用社**，都有自动取款机。夏河县汽车站附近集中了几家银行，人民医院旁边有邮局。顺丰、申通、韵达、圆通等快递都能到达夏河，但普遍会慢一两天。

危险和麻烦

夏河是宗教圣地，治安相对安全，但也要注意入乡随俗。在甘南旅行，你可能常会遇到查验证件，为了避免不必要的麻烦，请务必随身携带身份证件、驾照等。如果遇到要求你到公安机关备案或登记的情形，也请务必配合，通常不会占用太多时间。

路边时有磕长头一路跪拜到拉卜楞寺的朝拜者，开车时请注意避让，并保持尊重。县城、寺庙里有很多放生动物，任何人不得捕捉或伤害，同时也不要挑逗它们，以免被它们伤害。甘南的大部分景点尚在开发中，有些无售票处和具体开放时间，旺季时当地村民会拦路收票，可尝试适当还价。

媒体

藏人文化网（www.tibetcul.com）是一家立足安多藏区的中文门户网站，几乎汇总了所有关于藏地的新闻资讯、人物报道和民俗文化资料。

九色甘南（微信号：jsgnxbl）是甘南旅游局的官方公众号，实时更新所有关于甘南的旅游咨询和景点介绍，图文并茂。

医疗服务

夏河县人民医院（☏712 1723；人民东街93号）位于汽车站往东走500米左右处。夏河的所有医院、诊所都提供吸氧服务。

ℹ 到达和离开

从兰州出发，有方便的交通到达夏河。过去去夏河会途经临夏回族自治州，能目睹白帽遍街的伊斯兰世界，鳞次栉比的清真寺，炊烟缭绕的小村庄。如今兰朗高速贯通后，临夏仍可作为一个中转地，从临夏到夏河非常方便。兰夏高速正在修建中，未来兰州到夏河可以全程高速。

飞机

甘南夏河机场距离夏河县约70公里，离合作更近，**夏河机场**（☏722 5555；库塞塘村附近）夏秋旺季开通西安至拉萨航线（经停夏河）每日一班，成都至银川航线（经停夏河）每周二、四、六各一班。冬春航季会相应减少班次。从夏河到兰州中川机场乘坐飞机更为方便。

长途汽车

从兰州前往甘南各县的车几乎都在兰州汽车南站发车，**兰州汽车南站**（☏239 2525）每天有至夏河的班车（75元；8:30, 10:30, 14:00, 15:00, 16:00；3小时），更多的是从临夏、合作发往夏河的班车。**夏河县公用型汽车站**（☏712 1462；人民东街60号）有发往兰州、甘南各县和青海的西宁、同仁、河南等地的班车。

火车

甘南目前未通火车，坐火车只能先到兰州或者岷县，再通过班车中转到夏河。兰州至合作铁路已纳入国家重点项目，但建成日期尚未确定。

夏河县公用型汽车站车次时刻表

目的地	发车时间/班次	票价（元）	行程（小时）
兰州	6:30, 7:30, 8:30, 12:10, 14:30, 14:55	76	3.5
合作	8:10~17:20（30分钟1班）	22	1
临夏	6:00~17:25（30分钟1班）	32	1.5
郎木寺	7:40	72	4.5
玛曲	6:40, 7:10	77	5.5
西宁	7:00	79	6
同仁	8:00, 14:00	32	3.5

自驾车

除了从兰州、合作方向进入夏河的S312省道，你也可以从青海方向进入同夏公路到达夏河，这是连接西宁与夏河最短的线路，路况非常好，沿途还有丹霞、草原做伴。

❶ 当地交通

抵离机场

甘肃夏河机场、兰州中川机场目前只开通了到合作的专线巴士（见190页），从合作转班车到夏河约1小时。你也可以直接从夏河机场包车到夏河，费用约150元，车程1.5小时，运气好的话还可以拼到车。

出租车

县城内的出租车被当地人视为公交车，到县城各个地方统一价为2元/人。只要车上还有空位就会随叫随停。

自行车

雪山客栈提供自行车出租，50元半天，70元一天。

拉卜楞寺

占据夏河县城西部大半部分的拉卜楞寺，西北山形似银灰色卧像，南山如八瓣瑞莲，盆地中有大夏河水自西向东流淌，整体如一个右旋的白海螺，山川灵秀，瑞云缭绕，非常符合佛教中的祥瑞教义。

"拉卜楞"是藏语拉章的变音，意为活佛的居所。拉卜楞寺的大活佛即嘉木样。拉卜楞在整个藏区都有非常重要的地位，它与西藏的哲蚌寺、沙拉寺、甘丹寺、扎什伦布寺和青海的塔尔寺，并称藏传佛教黄教格鲁派六大寺院，它的教权范围覆盖甘肃、青海、四川、内蒙古等地，鼎盛时期的拉卜楞拥有两百多座属寺，比习惯上号称的"一百零八寺"还要多，信徒遍及信仰藏传佛教的地区，所以在拉卜楞寺，你能见到不少从西藏和内蒙古过来朝拜的僧人和信徒。

旺季的拉卜楞寺游人如织，但冬天更有一份佛门净地的神圣感。拉卜楞寺的节庆法会众多，其中以农历正月的毛兰姆法会最为隆重，众僧聚集于此，宏大庄严的法事场面，一定会给你留下记忆深刻的旅行体验。每年新春时节，从农历正月初三至十七，甘肃拉卜楞寺及其他各寺院接连开展晒大佛等活动。正月十三拉卜楞寺晒佛活动结束后，还可以前去140公里外的同仁，正月十四隆务寺也有规模宏大的晒佛活动。

号称世界最长的转经道包围着寺院的红墙金顶，虔诚的朝圣者在阳光初升时手持珠串、口念箴言，转动每一只经筒，毳隆的声音直触心底。清晨六七点，所有的佛殿都会开放，大经堂里坐满了诵经念佛上早课的阿卡，场面庄严震撼。跟着朝拜人群的脚步穿梭于各个殿堂间，是迅速浏览寺庙的好办法。游览结束后，你还来得及爬到贡唐宝塔对面山上的晒佛台边，将晨雾炊烟中的整座拉卜楞寺尽收眼底。

方位

寺院总平面略呈东西横向的椭圆形。大经堂如同心脏，四条东西向的主路，外侧两条是转经道。东、西门外各有一处停车场。

◉ 景点

拉卜楞寺为了保证正常的寺院活动和制止逃票行为，采取了很多限制措施，使得拉卜楞寺的游览体验变得很不完整。官方认可的方式是在**拉卜楞寺游客接待中心**（📞712 8756；寺院东南侧；门票40元，停车费5元/两小时，之后每小时1元，当日10元封顶；⏰8:00~17:30）参加参观团（7月至10月8:00~18:00，11月至次年6月9:00~12:00、14:00~17:00，15分钟发一个团，但一般会等人聚齐），发团后由引领员带领到大经堂前的讲解员委派处，再等候僧人讲解员。如果碰到团队游客，会同五六十人一起参观，凑近才能听到讲解。全程不到1小时，走马观花，讲解也很粗略，一个殿只能看四五分钟，检票就要花一半时间。参观线路一般是医学院—寿安寺（狮子吼佛殿）—文殊菩萨殿—酥油花馆—文物展馆—弥勒佛殿—大经堂，分别验票，也可能会跳过一两个殿。大经堂是最后一站，进入后将门票撕去一角，意味着你无法第二次入内，注意把握入场时间。

想更系统地游览，可由东、西门直接进入，如果被要求加入参观团，只能稍作解释。注意转经道内侧的所有巷口都只出不进，只

拉卜楞寺

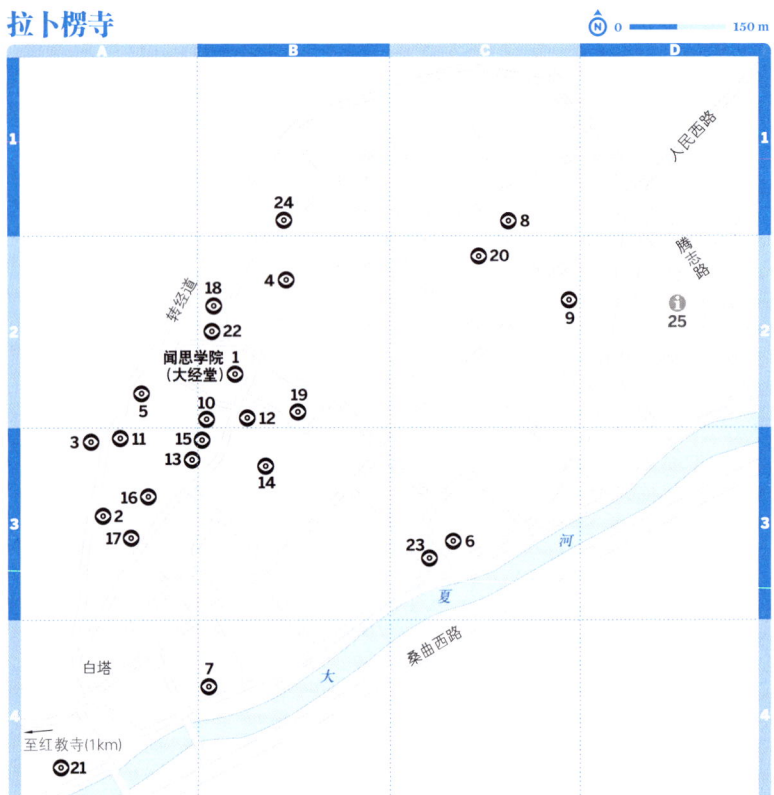

拉卜楞寺

◉ 重要景点
1 闻思学院（大经堂）..................................B2

◉ 景点
2 白度母佛殿.. A3
3 白伞盖佛殿.. A3
4 藏经阁... B2
5 大金瓦殿（弥勒佛殿）............................ A2
6 德哇仓文殊佛殿..................................... C3
7 贡唐宝塔... B4
8 观音菩萨殿... C1
9 马头明王殿... C2
10 时轮学院... B2
11 释迦牟尼殿.. A3
12 寿安寺（狮子吼佛殿）......................... B2
13 酥油花馆... A3
14 文殊佛殿... B3
15 文物陈列殿.. B3
16 喜金刚学院.. A3
17 续部上学院.. A3
18 续部下学院.. B2
19 医学院.. B2
20 印经院.. C2
21 赞康佛法殿.. A4
22 祝寿佛殿... B2
23 准噶尔佛殿.. C3
24 宗喀巴殿... B1

❶ 实用信息
25 拉卜楞寺游客接待中心......................... D2

留了东、西门两个检票口，如果不小心走到了转经道上，就得顺时针绕行到东、西门再验票进入，但转经道上有几个寺院的后门可以走捷径。建议你先访问转经道内侧佛殿，包括大部分学院和佛殿，如果有时间再沿转经道访问外侧佛殿，如德哇仓文殊佛殿、贡唐宝塔、准噶尔佛殿、白伞盖佛殿和一些佛殿的后院。

至于哪些佛殿允许参观，能深入游览到什么程度，就要看你的运气了。有的殿堂在做法事时严禁进入，护法殿一般禁止女性入内。

闻思学院（大经堂） 寺庙

闻思学院建于1710年，是拉卜楞寺的首座学院，有前殿楼、前庭院、正殿和后殿共数百间房屋，鼎盛时期曾有近四千人在这里修习显宗佛学。大经堂是闻思学院的教学大殿，内有140根巨大的柱子，可供三千僧人诵经。经堂内供奉有释迦牟尼和宗喀巴等塑像，上首是黄绢铺裹的法台，只有达赖、班禅和嘉木样活佛可以坐在那个位置。它前方稍小一点的是闻思学院院长讲经的法台，院长三年一换，担任者都是德高望重的高僧。闻思学院需要十五年以上的学习时间，主要以背诵和辩论相结合。后殿的灵塔殿是拉卜楞寺的精神中心，中间三座供奉着一至三世嘉木样的真身，最左边是第四世，最右边是第五世，还有许多德高望重的高僧与望族的灵塔。

每天6:30~7:30、11:30~13:00是1500名学僧的上课时间，千人诵经的声音在大殿里共鸣回响，极为震撼。可以在导游的带领下参观这一壮观的场面，但要注意不能打扰他们，也不能拍摄。这时候大经堂的信徒也最多，除了带酥油和哈达，有的人还会将祈愿条绕在钱上，扔到殿前。

大金瓦殿（弥勒佛殿） 寺庙

大金瓦殿是拉卜楞寺最高的建筑，也是规模最大的佛殿。该殿整体色泽十分耀眼，屋顶覆盖的全是镏金铜瓦，屋脊上所装饰的铜狮、铜龙、铜宝瓶、铜如意和铜法轮，全是镏金的，传说当年建造的时候，殿顶每块瓦的价值为60头肥羊。殿门悬有嘉庆皇帝御赐，用汉、藏、满、蒙古文四种文字书写的"寿禧寺"匾额。

殿内主供弥勒佛，也是通体镏金。弥勒佛即未来佛，藏语称之为"强巴"。1788年，嘉木样二世从尼泊尔请来了以姿邦·米扎为首的三位技艺高超的金匠，由他们主持大弥勒佛殿的修建。佛殿的修建和佛像的铸造，总共耗资5万两白银。这尊由尼泊尔工匠塑造的佛像，异域风格浓郁，其跏趺的坐姿为世间弥勒佛所罕见，不过经常被巨幅哈达挡住腿部，只能瞻仰上半身。这座佛殿是拉卜楞寺现存最古老、最完整的建筑，里面悬挂的唐卡有些已有上百年历史，两侧的菩萨立像、壁画都堪称一流。佛殿楼上藏有一部用金汁书写的《甘珠尔》，体积巨大，十分珍贵。

弥勒佛殿前面有个大空地，上百位阿卡经常在那里辩经，每年农历十月，参加辩经的人数最多，场面最宏大。当地人也经常驻足观看，不过他们会坐在地上，眼神恭敬。

贡唐宝塔 寺庙

（门票20元；⏱7:00~18:00）贡唐宝塔因

拉卜楞寺的组成

拉卜楞寺由学院（扎仓）、佛殿（拉康）、活佛府邸（囊欠）和僧舍等构成。如果将拉卜楞寺比作大学，札仓就是学院的意思，一般寺院只有三至四座扎仓，而拉卜楞寺却拥有六座扎仓——闻思学院、时轮学院、医学院、喜金刚学院、上续部学院、下续部学院，数量最多，学制最全。闻思学院属于显宗，显宗重理解，要系统学习佛学原理，主修宗教哲学；其他学院属于密宗，密宗重修持，学僧接受专门教育，包括音乐舞蹈、天文地理、数学历算、医学等。每座札仓都有以经堂为主组成的一组建筑，由前殿、廊院、经堂和后殿组成，有的还有讲经院、厨房和护法殿。

拉卜楞寺的学僧首先要在闻思学院修习显宗佛教哲学，学制13年，之后才可以到其他学院去修习密宗。在这漫长的学习期间，他们通过持续的学习和辩经提升自己的认识，一级一级地考试取得学位，其中很少一部分可以晋升为高僧，甚至仁波切，第一世嘉木样就是通过晋升成为仁波切的，但现在这种机会越来越少了。

除了规模庞大的札仓，拉卜楞还有十几座佛殿和很多囊欠、僧舍，拉卜楞寺鼎盛时期曾有三四十座活佛府邸，其中嘉木样的府邸规模最大。

沿转经道游览拉卜楞

拉卜楞寺的转经道长3公里，有1700多个转经筒，徒步一圈约需45分钟。寺院外围一圈转经廊和转经房把全部建筑箍在一起，这些转经廊也是旅行者最熟悉的拍照打卡点，除了绕整个寺院的转经道外，在每个佛殿外墙也有转经道。

转经的起点一般为僧俗桥头，沿顺时针走，转经廊环绕整个寺庙的二分之一。途中你会经过好几个内置大转经筒的转经房、德哇仓文殊佛殿、贡唐宝塔、王府广场。请留意路过的每一个大门，上面精美的汉式雕刻，在某种程度上体现了当地民族文化的交流。看到第一座白塔后，沿着靠山的小道走上去，原本延续的转经廊被一段土墙所取代。走到弥勒佛殿的后遁，很多信众会在佛殿中佛像正后方磕头。由于磕头的人太多，那里已经变成了很明显的大黑块。继续走，再经过几百米，你会看到另一座白塔，当地人称为"神变白塔"，绕白塔可祈求身体健康。最后你会发现自己已经从另一个方向回到僧俗桥头，结束圆满的转经之旅。

位于贡唐仓活佛的院内而得名，建于1805年，但现存的宝塔系1993年重建。塔高五层，由塔刹、塔瓶、塔座三部分组成，一层的四周装有转经筒，可顺时针转上一圈再进塔参观。塔内正中是华贵的三世贡唐仓灵塔，以及其他贡唐仓活佛的雕像。常见的酥油灯被长明小灯泡所代替，因而殿内光线很好。背面的藏经殿里有两万多卷佛经，金碧辉煌，蔚为壮观，殿后还有一尊卧佛。爬到二层仍然可以透过玻璃看见里面小山一样的经卷。第三层的千佛殿里供奉了1032座佛像，面目生动，栩栩如生。四层宝瓶中供有近两米高的阿弥陀佛。

贡唐宝塔需要单独购票，由于位于转经道上，访问的旅行者比过去少多了。门口的介绍牌上写着"塔顶可以俯瞰拉卜楞寺全景"，这也是旅行者访问的主要原因。上四楼可以俯瞰拉卜楞寺四周，因为靠得太近，不如宝塔对面的晒佛台角度好，可以将金色塔顶一起收入取景框中。宝塔东侧为贡唐仓活佛府邸，不对外开放。

寿安寺（狮子吼佛殿） 寺庙

佛殿建于公元1809年，是由拉卜楞寺四大赤赤之一萨木擦二世活佛久美南木卡捐资修建的。这座殿内供奉着拉卜楞寺现存的最大一尊佛像，高13米的铜质镀金宗喀巴大师成佛之像——狮子吼佛。宗喀巴大师生前严肃教规，弘扬教义，为渐趋没落的佛教注入了新的活力，受到世人的尊崇。他的威严如同狮子之于百兽，所以他的佛殿被尊称为"狮子吼佛殿"。清嘉庆皇帝赐"寿安寺"匾额悬于门首，故又名"寿安寺"。佛殿四壁上挂着几幅唐卡，上面的图案在藏区都比较罕见，不妨仔细看看，旁边还有一座高耸的藏经阁。

医学院 寺庙

医学院为第二世嘉木样久美昂吾于1784年创建。院内主要供奉有上赐白度母、马王金刚像和本寺高僧九美陈未坚措的舍利塔，还有用金汁、银汁书写的《般若八十颂》《丹珠》等许多文物和法物。该学院僧人主修藏传佛教密宗，以及研习藏医药学。这里的学僧制度严格，要学习《四部医典》等藏族医学经典和《菩提道次第广论》，还有诊脉、解剖、病理、外科、行为、采药等理论和实践课程。医学院拥有自己的制药厂，设在寺院上部的僧舍中间，生产的洁白丸、九味沉香丸等药物已被列入国家药典。学院内墙上彩绘了十几幅藏医理论树喻图，可据此揣摩一下中医、藏医的相通之处。医药学院内经常举行法事，如果看到门口有两面牦牛毛做成的小旗帜，说明这个时间谢绝参观。不必等候，这里的法事都是持续好多天的。

文物陈列殿 博物馆

酥油花馆和文物馆在同一个院落内，这里的收藏五花八门，没有明显的分类，主要展出历史上嘉木样、贡唐仓等活佛使用过的物品和接受信徒的赠物，比如乾隆皇帝赠送的手杖、宝刀和望远镜，黄河南蒙古亲王的一些遗物，比如说他的马鞍、佩刀、火铳枪。另外还有一些中西式珍藏品，比如钟表、香炉、茶壶、乐器、法器、猛犸象牙等。

酥油花馆 　　　　　　　　　　展览馆
酥油花是藏传佛教艺术雕塑的一种特殊形式，使用的原料就是酥油，一般以佛教人物、花卉、飞禽、走兽、树木等事物为主题。殿内的酥油花有十几座，每年一换，酥油花往往在冬天制作，每年毛兰姆大法会期间，拉卜楞寺各学院之间会举行酥油花比赛，正月十五前后对外展出，五六月份天气转热后就无法保存，归于熔化。在正月十五"酥油灯花会"结束后，精美的各式酥油花便被放置于此供世人参观，展馆中留下的只是其中很少的几件优胜作品。酥油花馆里面开着空调，温度很低，防止酥油花因温度过高而熔化。殿堂内可以拍照，但里面光线较暗。院落内还有一家小卖部，里面可以买到拉卜楞寺藏医院的著名藏药洁白丸，几十元一斤，据说对慢性病很有好处。

时轮学院 　　　　　　　　　　　寺庙
时轮学院在闻思学院西侧，与大经堂平行，是专门培养天文历算人才的机构，主要研习以《时轮经》为主的整个藏族历算学内容。1763年，第二世嘉木样遵照六世班禅法旨，仿照扎什伦布寺时轮学院的形制创建拉卜楞寺时轮学院。进门后为横向廊院，被前门和廊屋围绕，廊内各间墙上画满壁画。经堂内供时轮金刚铜像，后殿供奉着镏金弥勒大铜像，西面还有一间护法神殿。每年农历的三月十四至二十一日，时轮学院会举办法事，绘制精美的坛城。法事结束时，喇嘛们会把辛苦绘制的图案尽数抹掉。时轮学院一般不能参观，更不能拍照，在殿外拍照也会遭到呵斥。

德哇仓文殊佛殿 　　　　　　　　寺庙
（门票10元）转经道上经过的第一座佛殿，嘉庆十九年（1814年）由三世德哇仓·嘉央图丹尼玛创建。现存建筑是2000年重建的，采用藏式外石内木结构，代表了藏式建筑艺术的最高境界——外不见木，内不见石。第一世德哇仓曾跟随第一世嘉木样座下学法，为拉卜楞寺的创建与发展做出了很大贡献，现已经转至第八世。

文殊佛殿 　　　　　　　　　　　寺庙
这座佛殿主供文殊菩萨，两侧悬挂的都是1928年佛殿始建时绘制的老唐卡，非常珍贵。为了保护唐卡不被长年累月长明不灭的酥油灯熏黑，上面一般覆盖有丝绸。文殊菩萨是聪明智慧的象征，许多家中有学生的信众在这里祈福学业有成。

喜金刚学院 　　　　　　　　　　寺庙
喜金刚学仓建于1879年，由嘉木样四世尕藏图卜旦旺秀创建。本院系密宗学院，主要修喜金刚等密教本尊，其次兼授声明、诗歌、韵律、梵文、藏文书法、音乐、法舞、彩绘、历算等，可以说是拉卜楞寺的文艺学院。殿内主供嘉木样四世银质鎏金全身像和班禅大师赠送的铜质鎏金喜金刚像，还供有嘉木样四世的银质菩提灵塔。殿堂于1956年失火后重建，每年9月下旬，这里会花七天的时间集体念经，之后的七天绘制坛城。

续部上学院和续部下学院 　　　　寺庙
两个学院以学习密宗教理、教律、教规为主，"上"和"下"是指方位，没有地位之分。续部下学院为最早建立的密宗学院，建于1716年。续部上学院建筑年代晚，建于1941年，因后殿的平顶之上扩建了一个绿色琉璃瓦小殿，故又称"绿瓦寺"。续部上学院位于寺院西部的转经道旁，续部下学院位于大经堂东侧，它的东面还有藏经阁、宗喀巴殿，较远处还有一个观音菩萨殿，不过这些殿都很难找到汉语指示牌。

印经院 　　　　　　　　　　　　寺庙
（门票10元）印经院创立于1761年，原是蒙古亲王的官邸。印经院主要负责书籍的抄写、校对、雕版、印刷和装帧等工作，书籍的编辑加工工作由各学院完成。"文化大革命"前，印经院有雕版七万余块，动乱中被毁严重。现在印经院不仅有木板印刷，还增添了现代印刷设备。印经院里收藏有非常珍贵的佛经印刷经版，平时很少开放。殿内比较暗，带个手电比较保险。

白伞盖佛殿 　　　　　　　　　　寺庙
这座佛殿内供奉消灾难、灭淫欲的白伞盖佛母，由于建在转经道边，你可以在转经途中顺道游览。从寺院西门外的一座白塔向东走，佛殿就位于左手边。

马头明王殿   寺庙

这座佛殿经常被游客忽略，但是它对当地人来说很重要。内供的马头明王是观音菩萨的忿怒相，传说其可帮助修行者驱除魔障。犯了错误想要忏悔，或家里出现什么事情怀疑鬼神作祟的当地人会来这里祈祷。佛殿内供奉的马头明王塑像高12米，铜质镏金，相当高大壮观。

赞康佛法殿   寺庙

位于西门外的停车场前面，门口有许多朝拜用品摊，如柏树枝、砖茶等，院内的煨桑炉常年浓烟滚滚。赞康佛法殿内供护法金刚，因为护法金刚没有修成佛，所以要供奉在拉卜楞寺外。这里可以祈求这一世的家宅平安，故而也很受当地人推崇。

红教寺   寺庙

在拉卜楞寺西门外的一个村子里，你会发现很多蓄发的僧人，头戴红色僧帽，他们属于红教，即藏传佛教的宁玛派，信奉莲花生大师。红教寺虽与拉卜楞寺分属不同教派，但也是拉卜楞寺的属寺之一，由四世嘉木样创建于光绪十三年(1887年)，属于六大学院之外的第七个学院——大密咒学院。其僧人穿有红边的白袈裟，蓄着盘在头顶的大辫子。持戒修行也与毗邻的拉卜楞寺有很大区别——宁玛派吸收和保留了大量本教色彩，且僧人可以娶妻生子，村内的民居几乎都是僧人的家。门前木制经幡塔比较独特，大殿为绿瓦顶。

这个寺庙的寺内大殿和二楼共供奉着1000尊莲花生大师雕像，值得瞻仰，一般下午10点前僧人念经时可进入参观。因莲花生大师曾言，每月藏历初十、二十五会乘朝夕月光，回来看望具信弟子，故红教寺僧人会在每月这两天聚集在经堂内，举行初十法会，内容围绕莲花生大师展开。除了日常的宗教法会外，还会在正月法会等重大节庆期间演出藏戏，不妨到此欣赏一下《格萨尔王》和《赤松德赞》等藏区经典剧目。

到达和离开

拉卜楞寺位于夏河县城的西部，步行可到达。

拉卜楞的活佛

在藏区，通常一座寺院仅有一位活佛，很多寺院没有活佛，甚至许多大地区只有一位活佛，而据说"拉卜楞一个寺就有五百名活佛，还不算旁处寺院官方承认的与社会上承认的"。《拉卜楞寺活佛世系》一书列述了29个转世系统共148位活佛，包括赛赤活佛系、著名活佛系、堪布活佛系等，数量不足拉卜楞寺全部活佛的三分之一。

拉卜楞的"活佛"和藏区其他地区并不能完全画等号，而且活佛数量的统计方式是以历史上产生过的所有人物为标准的，在世活佛的数量并没有那么多，所以五百活佛的说法有些夸张的成分。拉卜楞寺活佛的来源可以归为三类：一是从西藏等地引进的活佛；二是由本寺德高望重的名僧学者形成的转世系统；三是其他中小型寺院的活佛世系，他们本有双重寺的身份。寺院根据活佛在西藏和拉卜楞寺担任过的教职、获得的封号及对本寺的建树情况，确定他们的地位高低，这通过集会上的座次排序可以体现。

"拉卜楞"是藏语拉章的变音，意为活佛的居所。拉卜楞寺的大活佛即嘉木样活佛。嘉木样是格鲁派在安多藏区最大的活佛转世系统，拉卜楞寺的最高座主，与热振活佛、策墨林活佛等并称为六大活佛。第一世嘉木样于顺治五年(1648年)生于甘肃夏河，21岁入藏学法，26岁在拉萨大昭寺的传召大法会上考取"格西"学位，后返乡创建拉卜楞寺。传说第一世嘉木样在拉萨学法期间，因为悟道深厚，以致掌管智慧的文殊菩萨(藏语即"嘉木样")见到他就面带微笑，后来嘉木样活佛也因此被认为是文殊菩萨的化身。目前这一世系已经转到第六世，活佛是由十世班禅认定的洛桑久美大师。

拉卜楞寺有"四大赛赤"和"八大堪布"之说，然而实际上有六位活佛享有赛赤身份，分别是贡唐仓、霍藏仓、萨木察仓、德哇仓、喇嘛噶绕仓和阿莽仓，有十六位活佛享有堪布身份，另有四十多位相当于堪布级别的活佛。

也可坐出租车去拉卜楞寺，2元/人。

桑科草原

（夏河县城以西13公里处）桑科草原是甘南最早成名的草原，开发比较成熟，日趋商业化的氛围，使原本还不错的草原大打折扣，景区内的草原被围起来，成了一个个度假村。从县城往桑科草原方向，出城约8公里处有一个桑科湿地公园观景台，湿地有新修的观景栈道，停车5元。过桑科乡继续往前，路的两侧都是"牧家乐"，除了住宿，还可以骑马、穿藏装照相、购买纪念品。到达桑科草原停车场后，背后就有马场，由政府统一定价。固定线路往返3公里，由马夫牵马的价格为55元（约40分钟）；若想要脱离牵绳而独自骑马或奔跑，需另加20元。甜茶5元、酸奶10元也是统一的标准价格。

桑科草原打车单程30～50元，旺季可以拼车。自驾从夏河县城沿S312省道行驶，行驶约13公里到达桑科草原停车场。如果想体验更纯粹的草原风光，从桑科乡右拐，继续沿S312省道行驶，过桑科大桥不久有一个桑科琼泽滩观景台，继续行驶9公里是诺尔丹营地（见176页），沿途也有很多帐篷酒店。再继续走几十公里到草原深处，才算是到了桑科草原的精华部分，有一些徒步探险路线从这里出发，具体可以咨询夏河雪山客栈（见174页）。

甘加草原

在广袤的甘加大地上，白石崖作为一道长达15公里的天然屏风，将甘加草原垂直分割成落差1000米的两个高山草原，山中溶洞是藏区几个著名的修行洞之一，受当地人朝拜，人们为守护神山圣洞兴建了白石崖寺。甘加草原有着比夏河桑科草原更为原始的自然风光，在那里可以遇见牧民散养的成群牛羊，辽阔草原一望无际。

因位于同夏公路沿线，到甘加草原的青海旅行团比较多，特别是许多西藏的信徒会专程去白石崖溶洞朝圣。沿同夏公路从甘加自驾到青海的同仁，路况良好，沿途弯道不算复杂，至草原区后是一马平川，车辆不多，谨慎驾驶即可，会路过丹霞地貌、古村落、根敦群培故居等。详情可以参见Lonely Planet《青海》的章节内容。

甘加镇上有简单的清真饭店和藏餐厅，白石崖附近的藏家乐每年的开放时间较短。从白石崖有一条到青海循化的徒步线路，夏河的雪山客栈（见174页）在经营这条线路。

⊙ 景点

建议你沿甘加镇顺时针游览，可依次游览白石崖溶洞、白石崖寺、八角城遗址、作海寺等。从甘加镇到白石崖这段路很窄，翻山时可一览白石崖和甘加草原的风光。

白石崖溶洞　　　　　　　　　　　溶洞

（☏186 9410 8448；甘加乡；门票40元；◉10:00~18:00）白石崖溶洞是藏区几个著名的修行洞之一，胜乐本尊之圣地。8世纪由莲花生大师亲自开启，历代嘉木样大师、贡唐仓活佛都曾到此修行弘法，十世班禅大师也曾亲临洞中修行，洞口现在还供奉有他的法相。近年有研究团队称——在白石崖溶洞发现了丹尼索瓦人的下颌骨化石，并在《自然》杂志上发表，这一成果，将青藏高原史前人类最早活动时间推早至距今16万年，是青藏高原目前已知最早的考古遗址。

2019年，白石崖景区进行了修缮，新建了停车场，门口还有简易的售票站、饭馆和小卖部。洞门平时没有游客时是锁闭的，如果要进白石崖溶洞，必须要打电话，让白石崖寺的僧人当向导，向导费包含在门票内。

圣洞长约1500米，洞内有白胜乐本尊与主妃合像以及水池圣湖，还有不少形似佛、菩萨、金刚、空行母、层云、头骨等形象的钟乳石，岩壁上有据说是天然形成的藏文图案。当地人相信，溶洞的神力加持可以使妇女怀胎生产顺利，婴儿健康不哭闹。虽然洞内非常原始、爬行困难，还是会有不少信徒拖儿带女一起来洞内修行。

溶洞中的黑暗世界是探险者的乐园，但并不适合所有的观光客，如果有幽闭恐惧症，最好不要入内。溶洞内部非常原始，洞中的路湿滑、崎岖、落差大，仅有两边的绳索保护安全，需要手脚并用匍匐前进，建议你穿不怕被弄脏的户外衣物，不要带任何不必要的物品

（如背包、相机等），同时也要注意保暖。许多地方需要匍匐前行，洞内湿滑，需要穿防滑鞋，携带手电或头灯前往，如觉通行困难，要适时返回，量力而行。僧人会给你提供帮助，并用手电指示你看洞中各种被赋予了宗教意义的"神迹"。探索过程中你可以随时提出返回，若要走到无法通行的地方，往返总共需要1小时。重见天日的那一刻，你一定会松一口气。

白石崖寺　　　　　　　　　　　　寺庙

（免费；距离溶洞约1公里）从白石崖溶洞（圣洞）出来以后，径直往前，约1.5公里后便是白石崖寺。白石崖寺初创于14世纪，1705年，由甘加班志达重建，后为拉卜楞寺属寺。白石崖寺现有一百余名僧人，建筑不多，氛围十分古朴。寺主是甘南藏区唯一的女活佛光日仓，名字意为"守石山的人"，甘加群众对她虔诚信仰至极，拉卜楞寺大法会时设有她的佛位。

八角城　　　　　　　　　　　　　古城

（甘加乡八角城村；门票20元）八角城背靠白石崖，下面是蜿蜒在草原上的河流，沿峡谷而筑。始建于汉代，曾是甘肃、青海之间的交通要塞，也是历代甘南占领者激烈争夺的军事重镇。古城按"空心十字形"构筑城池，八个方向各筑有一个墩台，因而为八角城，藏文献称其为"卡尔雍仲城"，意即"卍"字城。城址周长2193.4米，城外廓现存残垣全长1080米，城垣系夯筑而成，基宽6.6米，顶宽4米，残高约10米，城垣外侧有护城河和护城壕，宽4.5米，深3.5米。由于城垣多曲，外侧多面，每面都在弓弩的射程之内，因而，城池没有防御死角，铸就了这座古代军屯城池易守难攻的军事特色。

从白石崖寺下山后行驶约5公里即可到达八角城，左侧是八角城观景台的停车场，爬上观景台可以欣赏古城的全貌，不过因为高度有限，并不能完整看清十字形。旺季时观景台附近也可以骑马。观景台分岔路往右走，穿过城墙的土筑拱门，突然，一个现代村落出现在面前，令人豁然开朗。这个村落有移动厕所、小卖部，但没有住宿和餐厅，村民不多，依然保留着比较纯朴的生活方式。围绕八角城的是一圈木栈道，可以在这里走一走，在峡谷边眺望甘加草原的牧场。切忌攀爬或触碰城墙。

作海寺　　　　　　　　　　　　　寺庙

（甘加乡作海村；门票20元）在返回甘加镇的路上，中途会看到**甘加八角城陈列馆**，在陈列馆前方有一条左转道路通往作海村，在去作海村的山上可以近观白石崖，远观八角城，该山与八角城对望，可以将两处风光尽收眼底。

作海村有目前甘南最大的本教寺庙——作海寺，甘南的本教寺院多集中于迭部，作海寺是夏河县唯一的一座本教寺院，在当地也有"黑教寺"的说法，这其实是一种贬称，源于佛教对本教的压制。作海寺历史悠久，建于12世纪初，是安多藏区雍仲本教显密双修十八秀钦道场之一。不过由于受到佛教的影响，外行人很难看出差别，经堂的门楼和天窗上挂满红黑相间的旗帜，显得有些神秘。该寺院供奉有泽秀东尼夏普大师的牙舍利、空行杰玛沃措大师的头盖骨舍利，还有装满整个藏经阁的《甘珠尔》与《丹珠尔》经书。

作为本教寺庙，经轮倒转，需逆时针参观，购票后由僧人带领，参观顺序是大经堂—藏经阁—财神殿—佛母殿—文殊殿。大经堂为最古老的一座殿，每月有三次法会，其他殿均为新建。所有殿内都可以拍照。寺院结构早期以世袭活佛为主，晚期发展为转世活佛，作海寺活佛已传至第24世。

❶ 到达和离开

夏河汽车站有到西宁、同仁的班车途经甘加乡（10元），但去景点只能自驾或包车。从夏河县城包车，游览甘加草原所有景点的费用是往返450元左右，可以通过入住的客栈联系包车司机。环线游览的风光更好，一般先到白石崖，再游览八角城和佐海寺。

自驾从夏河县城进入G316国道往甘加方向，区间限速40～60公里/小时，一路爬升到垭口，垭口上有一个诺日朗卡观景台，海拔3397米，可以俯瞰甘加草原。通过垭口后草原逐渐开阔，途中经过西科村，左侧是赛钦湖，前方不远处是第一世嘉木样的故居。进甘加镇后走上山的小路，继续行驶9公里到达白崖洞地质公园。

熊猫沟

（当浪沟村）熊猫沟位于离县城不远的当浪沟村，藏语的"当浪"就是熊猫的意思。熊猫沟是一处未完全开发的景区，道路上有牛羊群，沿途是普通的高山牧场风光，待入秋后，山间树木五彩斑斓，熊猫沟的深处还可见到野生鸟禽。该区域为野生动物放生区，可以见到多种野生动物，建议你不要打扰。沟内有简易的藏家乐，比较适合野营，手机信号不佳。

熊猫沟并不值得单独包车前往，自驾可以顺道一游。从县城沿S312省道行驶至达麦店，村头标志是"达麦清真寺"，转入景区公路，可以沿公路行驶7.5公里左右。大约行驶到4.5公里处路过当浪沟村，继续前行到"熊猫沟"路标，沿右侧小路前行，是一片松林间的山洼，景色秀丽。左侧的藏家乐有很多木屋、帐篷，只在6月至8月开放。到了硬化路的尽头，边上有小溪流，往前走是一个水潭。

达尔宗湖

（☏138 8458 1905；王格尔塘乡达宗村，距离夏河县20公里；停车费20元，卫生费10元/人；◐5月至10月8:00~19:00）达尔宗湖是一个不规则葫芦形的高山堰塞湖，湖边被经幡环绕。每逢藏历节日，当地人会来湖边敬香祷告，煨桑诵经，转湖三圈，并向湖中投掷祈求平安的宝瓶。宝瓶内装有五谷祭品，投掷时会沉到湖底。因投掷的宝瓶过多，甚至出现过卡车倾倒的情况，瓶内五谷慢慢飘出，一大半湖水已被污染，不再清澈，到湖边会闻到很浓烈的臭味。

2019年，达尔宗湖新建了游客中心、观景台和环湖栈道，门票价格未定。

景区没有公共交通，不值得专门包车前往。自驾沿S312省道行驶约20公里，看到达尔宗湖景区指示牌后，按指示牌提示右转，沿着经幡隧道一路上山，该路为新修的盘山道路，一直行驶8公里后到达达尔宗湖。从游客中心门口沿栈道步行，大约10分钟到达湖边，可以转湖一圈，也可以步行40分钟至后面的一个山间牧场。

德尔隆寺

德尔隆寺是从北进入甘南后的第一座大型寺院，你可以将它作为甘南宗教人文之旅的首站。寺院历史要长于拉卜楞寺甚至禅定寺，但很少有人专门造访。

与大夏河相伴，"德尔隆"一名来源于寺院旁边的山谷，意为宝藏谷，传说女密宗师玛玖拉仲在此埋了"伏藏"——佛教徒在危难之际埋下的经典，待日后宗教再次兴盛时重新挖出。1222年，德尔隆寺在德尔隆山谷建

尊重当地风俗

不要未经允许拍摄人像 未经允许就拍摄是很不尊重他人的粗鲁举动，当地人对此非常反感。

参观寺庙要讲究礼仪 避免穿不庄重的衣物进入寺庙，进入佛殿需脱帽；不可用手指指向佛像（可用整只手尊敬地示意）；不要打扰正在念经的喇嘛和朝拜的信徒；请勿在禁止拍照的区域拍摄；玛尼堆、转经筒等需顺时针绕过或旋转（本教寺庙除外）；喇嘛的生活区域不对外开放，请不要闯入；有的庙宇，不允许一般人进入。

做个有礼貌的客人 不可脚踩门槛，就座时不可脚底朝向他人；接受他人递来的东西时要用双手接过，表示尊敬；藏族家里不便见客时，门前会做标记，有的会在门外生一堆火，或在门口插上树枝或贴一红布条，见此类标记切勿进入打扰。

尊重当地民俗 不要未经家属允许旁观天葬，天葬现场绝对不能拍照；不可触碰别人的头顶或法器。

自驾礼仪 遇到牧民的牛羊，请耐心等待，实在遇到无法通过的情况才可鸣笛或用灯光驱赶。

立,信徒为噶举派和宁玛派,清初改为格鲁派。1718年,嘉木样一世率弟子找到"伏藏",命赛仓·阿旺扎西主持这座寺院,从此德尔隆寺由赛仓活佛主持。寺院从附近的德尔隆山谷搬至现址,又几经摧毁和重建,才形成现在的规模。

德尔隆寺是很安静的一个寺院,绿色植物随处可见,院子里还有梨树,生机盎然。寺院沿山势往上,西面是无量光佛殿,中间是文殊佛殿、十世班禅旧居、赛仓活佛官邸、措钦大殿,东面是大经堂和护法殿。大经堂6:30以及14:00左右开门,许多殿只有拜佛时才开,门口有电话。

德尔隆寺位于高速公路王格尔塘收费站出来后不远,就在出入夏河的S312省道路边的山坡上,距离夏河只有30公里,从夏河汽车站出发的大部分班车都会途经(12元)此地,游完可再搭路过车离开。但未来高速公路贯通后,预计过路车会减少许多。

夏河到郎木寺

从夏河到郎木寺,这是一条大部分自助旅行者都会选择的路线,无论是人文景观还是自然景观都蕴藏经典,即便路边的草原风光也毫不逊色。从夏河驱车一个小时即可到达甘南州府合作市,如果你自驾的话,只需花上半天时间,S312省道周边熊猫沟(见187页)、达尔宗湖(见187页)、德尔隆寺(见187页)都可一并游览。合作市区有九层佛阁米日巴,同时餐饮、住宿、交通发达,是你甘南之行不错的中转点。

离开合作,沿G213国道往南就到了甘南草原的腹地,会路过多个草原和村庄,沿途风光都不错,观景台也很多。穿梭在高山草场,经常会遇到成群的牛羊占据公路车道,在马路中间慢悠悠地行走,公路上立有"动物通道"的标志。到碌曲之前会途经建于1760年的<u>阿木去乎寺</u>,时间凑巧的话,可赶上一年一度的"六月毛兰姆"法会。从碌曲到尕海的路上,出尕秀村不远处可以看到一片石林,继续前行是<u>郭莽湿地观景台</u>,海拔3562米,在这里可以看到美丽的草原风光,草原与湿地连成一片,还有蜿蜒的河流从草原之间穿行而过。郭莽湿地同时也是黑颈鹤等候鸟冬眠的重要栖息地,是一个很好的候鸟观测点。不远处就是著名的鸟类尕海,再向南40公里,就到了本次旅行的精华——郎木寺,群山环绕、峡谷流水、林木茂密,仿佛寻找到了詹姆斯·希尔顿笔下的香格里拉。

合作市

人口:8.9万;海拔:2963米

合作市是甘南藏族自治州的州府所在地,"合作"一词系藏语"黑措"的音译,意为"羚羊出没的地方",古时这里是一片羚羊生息的茂密丛林,藏族奉羚羊为吉祥之物,现在的中心广场上还立着羚羊塑像。这座"羚城"在中华人民共和国成立后为了宣传民族和睦,特地改名为"合作"。

合作市是甘南较为现代化的城镇,也是主要的交通枢纽,G213国道贯穿全境,南来北往,四通八达。县城内宾馆饭店林立,购物便利。合作市区景点不多,一般旅行者只会去城北合作寺的米拉日巴佛阁,还可顺道参观护法殿、马头明王殿等合作寺其他佛殿,若正逢寺院召集僧人集会,你会看到头戴黄帽的格鲁派僧人在大经堂屋檐上吹法螺,喇嘛和学佛者纷纷从各处赶来,那低沉的号声回响于空,更添一份庄严。

◉ 景点

<u>米拉日巴佛阁</u>　　　　　　　　　　　　寺庙

(合作寺,合作市北2公里;门票20元;⊙夏季7:30~18:00,冬季8:00~17:00)米拉日巴是藏传佛教历史上一位富有传奇色彩的大师、许多西藏民间传说的主角,他终生未建道场,在藏区云游传教,常以歌唱的方式教授门徒。米拉日巴佛阁始建于1777年,是米拉日巴的弟子为了纪念藏传佛教噶举派创始人米拉日巴,按照传说中玛尔巴大师要求的样式修建的,全称是"安多合作米拉日巴九层佛阁",又称"九层楼"或"九层佛阁"。佛阁原始建筑毁于"文化大革命"时期,现在的佛阁是1992年重修的,高40余米,是规模宏大的合作寺中最为醒目的一座,即使在甘南诸多寺院建筑中也能让人眼前一亮。

佛阁大院的四周和外围建有铜制的玛尼经轮100多个,围墙顶部建有小佛塔1500多个,每天清晨,一个个虔诚执着的身影就围绕着佛阁外墙不知疲倦地行走朝拜。如果只是站在门口拍照合影,就不用买票。进入佛阁内需要脱掉鞋子,殿内光线较暗,楼梯台阶较高且陡,通行时要注意安全。每年5月至9月可请僧人导游陪同讲解(100元),你会学到更多的密宗知识,并初步了解如何辨认佛像的身份。

阁内主要供奉以米拉日巴尊者及其弟子为主的藏传佛教各派的开宗祖师,有以金刚为主的四密乘的众多佛像、菩萨、护法神等1720尊。每一层都有不同的主题,代表了藏传佛教的一个时代或是一个支派,你可以在每层入口处的牌子上找到该层佛殿的介绍。到了第八层就上不去了,屋顶正中央的那个绘制有曼陀罗的藻井就是第九层——喜乐金刚坛城。

G213国道从楼前经过。从市区乘出租车去九层佛阁是2元/人,1路、2路公交到九层佛阁站。

当周草原 森林

(合作市南郊,甘肃民族师范学院旁;免费)当周草原相当于合作的一座市政生态公园,不过这座市政公园的规模很霸气,包含了一片草原和一座南山森林公园。这里主要的功能是为每年的"一会一节"服务,是甘南香巴拉旅游艺术节的主会场。作为甘南为数不多的4A级景区之一,这里比甘南许多私人开发的草原要正式许多,不仅免费进入,旺季还会有景区车(5元/人;⏰8:00~21:00),终点是木栈道,可以沿木栈道攀爬4公里到山顶。

🛏 住宿

一般情况下,旅行者无须在合作住宿。如果需要在这里停留一晚,主街当周街与桑曲路、舟曲路的交会处会有一些快捷酒店,如速8、格林豪泰等。

唃厮啰大酒店 酒店 ¥¥

(📞318 1111;合作多河路市公交公司旁;标双198元起;📶 🅿)藏式风格,介于快捷酒店与精品酒店之间,色调搭配、家具都颇为现代,餐厅很精致。虽然房间内部硬件上有些陈旧,但平时不到两百块的房价,性价比依然是非常高的。建议你选择藏式房型,不同预订方式会有几十元的价差,电话咨询可能会有折扣。

酥油灯假日酒店 酒店 ¥¥

(📞591 2222;卓尼东路25号;标双298元含早餐;📶 🅿)藏式装修的星级酒店,设计比较传统,房间内饰偏中式商务酒店风格。过夜很方便,旁边就是合作汽车南站。院内停车费10元。

🍴 就餐

合作虽是甘南藏族自治州的州府,却不是吃藏餐的地方。兰州、临夏的饮食辐射到了合作,牛肉面、手抓、烤肉、火锅的正牌连锁店都在合作开了分店,分布在市区各处。想吃川菜的话,甘南电大对面有一家**尚品川菜**;想吃临夏手抓的话,临夏最有名的**二洒手抓**也在合作开了分店;想吃特色小吃,合作有好几家**舟曲小吃**,一家开在合作藏族小学旁边,主打手工臊子面,夜市小吃街在舟曲东路上。

酥油灯涮羊肉 藏餐 ¥¥

(📞826 5555;卓尼西路国泰广场二楼;人均80元;⏰11:00~22:00)如果合作是你的第一站,那么来一顿藏式涮羊肉好好犒劳一下自己吧。来自甘南草原的鲜切草原羊腿、牦牛肉卷,搭配藏人现在最热衷的火锅和涮羊肉(几乎家家酒店都有),告别了过去单一的安多藏餐口味。因为是四星级酒店的餐饮部,也是本地藏族日常聚餐的地方,故人均费用比较贵。建议你点藏式铜火锅的纯净水大锅锅底。

兰州胡家包子 清真菜 ¥

(知合玛路高原明珠大酒店一楼;糖包子17元/笼,牛肉包子18元/笼;⏰7:00~20:00)位于合作汽车北站旁,是兰州胡家包子的分店,我们推荐这里的糖包子。糖包子是一种三角形的清真糕点,味道像月饼一样,可以搭配牛肉粉汤(12元)。

ℹ️ 实用信息

医疗服务

甘南州人民医院(📞821 3517;通钦街道人民东街50号)是甘南州唯一的一所地市级综合医院,二级甲等,可以提供一般的医疗服务。

❶ 到达和离开

合作是甘南旅游的必经之地,至省会兰州、甘南各县的长途汽车都集中在合作发车,到达周边机场、火车站都很方便。甘南目前未通火车,兰州或者岷县有班车直达合作,兰州至合作的铁路已纳入国家重点项目。

飞机

甘南夏河机场离合作更近,**夏河机场**(☏7225555;库塞塘村附近)夏秋航季开通西安至拉萨航线(经停夏河)每日一班,成都至银川航线(经停夏河)每周二、四、六各一班。冬春航季会相应减少班次。

长途汽车

兰州汽车南站(见198页)每天都有至合作的班车(75元;7:00~17:00,25分钟1班;3小时)。合作有两个汽车站,**合作汽车北站**(**合作汽车站**)(☏821 2422;当周街永曲十字路口)售合作以北的票,主要有开往兰州南站(74元;5:50~17:30,30分钟1班;3~4小时)、临夏(31元;7:00~17:50,30分钟1班;1.5小时)、西宁(92元;7:30;5小时)、夏河(22元;7:00~17:50,30分钟1班;1.5小时)、冶力关(32元;9:00,15:30;2小时)的班车。**合作汽车南站**(**合作公用型汽车站**)(☏821 3039;卓尼路)售至合作以南的班车票。

绿环旅游公司(☏821 0160,612 6555)提供至卓尼(40元;2.5小时)、迭部(100元;4.5小时)、冶力关(30元;1小时40分钟)的拼车服务,可通过微信号"畅行甘南绿环出行"预约时间,上车地点可选择。

租车

合作诚俊汽车租赁(☏138 9334 8884;东五路)提供租车服务,可异地还车。

❶ 当地交通

合作市内出租车2元/人,打车最多不会超过5元。合作市区有甘南唯一的公交车,公交运营时间是6:30~19:30,1路、2路到九层佛阁站、世纪广场,2路到当周草原,3路连通汽车北站和汽车南站。

抵离机场

绿环旅游公司(☏821 0160,612 6555)提供兰州中川机场至合作的专线巴士(125元;12:30,14:30;4小时),从合作(6:30,9:30)出发乘坐地点在合作老汽车站,可通过微信号"畅行甘南绿环出行"购票。夏河机场至合作的小巴(40元;随航班落地时间而定),合作至夏河机场(6:30,10:30,13:00),上车地点可选择。

碌曲县城

人口:3.7万;海拔:2963米

碌曲是"洮河"的藏语发音,在藏语里意为"神龙河",长江水系的白龙江与黄河水系的洮河均发源于碌曲县境内,但并不在县城。碌曲县城是一个以藏族人口为主的牧业县,县城本身不算古朴,比起其他县城来说要小许多,也不是交通枢纽,极少见到旅行者。一年一度的碌曲锅庄舞大赛在每年7月25日举行,就在县城边的夏泽滩草原,届时碌曲会迎来短暂的旺季。

◉ 景点

西仓寺 寺庙

(县城以东8公里西仓镇)从碌曲县出发沿

合作汽车南站车次时刻表

目的地	发车时间/班次	票价(元)	行程(小时)
碌曲	6:25~16:00,共7趟	18~25	1.5
玛曲	6:30~15:55,半小时1班	38~51	3
郎木寺	7:00,10:20,12:20	51	2.5
迭部	7:50,8:40,9:30,11:10	71.5	5
卓尼	7:50~15:30,共10趟	31.5	2.5
岷县	7:25	56.5	4
舟曲	6:25	96.5	8

另辟蹊径

合冶公路人文之旅

自从X406合冶公路修通后,这里就不乏外来的旅行者,过去只能通过越野才能探访的秘境,如今可以轻松到达。除了山峦起伏的美仁大草原、网红婚纱拍摄地经幡隧道、风景绮丽的康多峡、风光秀丽的冶力关(见212页)等,合冶公路还有一些鲜为人知的景点和线路。

从合作驶出,佐盖曼玛镇前方有一条右拐的Y577道路,沿着美武河可到仁多玛村。仁多玛村并不为人知,但如果你关注时尚品牌,可能会听过"诺乐工坊"的名字。这个上过纪录片《了不起的匠人》,被国内外许多媒体报道过的作坊,一直备受关注。2007年,甘南诺乐工坊招募120名当地牧民,用一种名为"库鲁"的牦牛绒作为原材料,利用自产和进口的手动织布机、提花机,以及手工制毡,结合尼泊尔和当地的手工工艺,生产出世界认知的产品,爱马仕、巴尔曼等国际品牌都是诺乐的合作伙伴。诺乐还是一家B Corp认证的公益企业,以当地的资源为当地的牧民创造就业机会。诺乐工坊目前只开放展示厅(☏138 9396 9995;公众号:诺乐;🕘周一到周六 8:00~17:30),这里可以直接购买到诺乐的服饰、围巾和家纺等产品。

回到合冶公路上,过了美仁大草原第一观景台后是经幡隧道。第二观景台后有一条右拐下坡的路,行驶一个多小时可到康多乡上卡加村。建议你驾驶底盘高的车辆,中间有几次分岔,不能导航,最好询问过路的牧民。上卡加村被草原和松林环绕,据当地村民介绍,这里的野菜是冶力关区域最丰富的。2006年,当地人西珠嘉措在上卡加村创办起西珠小学,在社会帮助下解决了50多位孩子的上学问题,学校被合并后,西珠又在卡加村办起了民宿迈多林卡(☏138 9398 8896;普双300元,含晚餐),这可能是甘南最遗世独立的民宿——没有公共交通,无法网上预订,只在夏天开放。房间是普通的藏式木屋和帐篷,但房间每一处细节都体现了主人的心思,还有一个只有几张椅子的木屋酒吧。你可以就着山路徒步,参加挤奶、采野菜、骑马等体验活动。如果没有驾车,可以坐合作南站至冶力关的班车(见190页),到上卡维村路口再让西珠接送,建议你上车之前先电话询问当日房价。

从合冶公路可以轻松访问安多三小寺,一般顺道去康多寺和朳哇寺的游客较多。朳哇、康多、多玛三座寺院是17世纪由卓尼朳哇人罗桑南杰创建的,寺院的建筑风格、学制、寺规,寺内的佛像、供器、圣物陈设等,都依照拉萨三大寺,即著名格鲁派寺院沙拉、哲蚌、甘丹规格而建,因此被称作"安多三小寺"。当地信仰者认为三小寺与拉萨三大寺有同等的影响力,素有"朝拜西藏圣地,必先朝拜朳哇、康多、多玛三座寺院"之说。从合冶公路三岔口,左转沿Y586乡道到康多乡,康多寺在背后的山坡上,是一座围廊合抱的两层小殿,从寺院望出去是一大片松林。继续沿着合冶公路往冶力关方向,进朳哇隧道前有一条左转的乡道,行驶4公里后到达,会路过一个很长的经幡观景栈道。朳哇寺是一座很新的寺院,信众较多,这里有招待朝拜者的寺院招待所。

甘南 碌曲县城

新修的G306国道走8公里就能到西仓寺,相比甘南其他修葺一新的寺院,这里有种独特的古老和幽静。西仓十二部落是碌曲四大部落之一,西仓寺是西仓十二部落的主寺。1839年,由第三世德哇仓·嘉央图丹尼玛活佛合并部落境内的十四座寺院修建而成,为拉卜楞寺子寺,学院学规、节日法会大都类同拉卜楞寺。西仓寺矗立在国道边,坐北向南,转经道环绕着寺院,寺对面的山形颇具八宝吉祥之相,滚滚洮河水自西向东绕寺而过。广场中间是大经堂,也许是少了无关看客,里面有种让人敬畏的震撼,如果要朝拜,可以找旁边僧舍的喇嘛拿钥匙。

🛏 食宿

旅行者大部分会选择在合作或郎木寺住宿,或者在离碌曲不远的尕秀村(见193页)住宿,待兰郎高速完全贯通后,更没有理由在

不要错过

则岔石林

藏语意为"羚羊家园"的**则岔石林**(则岔乡,距离碌曲县城55公里)生物资源丰富,可以寻觅高原特色林鸟,狍子、梅花鹿也较容易看到。全长约10公里,山势巍峨陡峭,经过长年累月的风雨剥蚀、流水侵蚀,形成了壮观的奇峰怪石。石林间铺设了一条步行栈道,经过十几分钟上上下下的步行后,壮观的一线天石壁出现在眼前。你可以走上栈道旁高处的亭子,寻找更开阔的视角。一线天宽5米,高约300米,高耸相依的两座山林石壁间奔腾着清澈的溪流,连声音的回响都变得更立体化。走过一线天石壁,前方是一个小瀑布,再往上走可以看到一片碧湖,周围的岩壁松木和蓝天浮云都倒映其中。一般旅行者会在这里返回,如果有兴趣,你可以继续沿着山间的小路向石林深处走,里面林木茂密葱郁,有梅花鹿等野生动物出没,而且石林更为密集宏大。下午5点左右,阳光照射在石柱顶端,日照金山的景致会让摄影师欣喜万分。

因为修路和景区施工,则岔石林从2018年开始关闭,截至作者调研时仍未开放,建议你前往之前先咨询碌曲县旅游局。从郎木寺包车前往石林150元单程,200元往返,单程一个半小时,可顺道游览西仓寺。自驾从碌曲县出发沿新修的G306国道,途经西仓寺,再沿道路开大约25公里,你会看到石林的售票处,购买门票后继续前行,经过18公里颇有高山峡谷味道的山路,才能到达被旅游开发过的地方。停车场(收费10元)距离景区还有2公里,需另换乘景区马车或骑马入内。

碌曲中转了。如果一定要在碌曲过夜,沿郎木北路有几家普通的酒店和餐厅,以清真餐食为主,桥南也有几家新开的酒店。

❶ 到达和离开

作者调研时,碌曲汽车站尚未建成。华格大桥北的路边是停班车的地方,有至迭部、玛曲、郎木寺、合作的过路班车,也有拼客的出租车。到郎木寺、合作拼车30元/人,车程都是1小时左右。去郎木寺可以包车(单程150元),将尕海(单程100元)一并游玩。

出租车县城内2元/人。打车去西仓寺需要和司机谈价钱,如果同游则岔石林150元单程,200元往返,单程一个半小时。

尕海

"尕"就是小的意思,不过尕海却是甘南第一大淡水湖,也是青藏高原东部的一块重要湿地,被誉为"高原小珍珠"。每年春末夏初,成群的白天鹅、灰雁、斑头雁等近百种鸟类,从中国南方和东南亚飞来,在这个高原神湖安家、产蛋、育雏。这里是候鸟南来北往迁徙的驿站,特别是国家一级保护动物黑颈鹤(4月至5月上旬可观赏到),一群群在这里栖息、繁殖越夏。这里的草原平坦开阔,牲畜群在牧场上悠闲生活,夏天野花繁密、充满生机,入秋后就像一块金色的织锦覆在湖边。深蓝如镜的湖水与蓝天白云交相辉映,远处山峦起伏,近处黑颈鹤在湖边觅食戏水,时而有成群灰雁掠过眼前。夏季草地内蚊虫较多,要注意防蚊。

整个尕海面积很大,目前四周仍保留着传统牧场。如果只是看一眼尕海,则无须门票,在去郎木寺的G213国道公路边,就可以远远看到湖泊。尕海北侧的**尕海景区**(门票50元)其实是位于尕海保护站的一个观景台,沿着木栈道步行1公里可以走到湖边。2019年景区为了环境保护而无限期关闭,不接待普通游客。不过,沿着去景区的路走不远,就能直接到尕海边上,这是前往玛曲的老路,一路沿着尕海和牧场,可以行驶到S204省道,全程大约45公里,但路况极差,且很少有车辆经过,很难搭车,如果自驾进入,需要询问前方是否可通过。

🛏 食宿

尕海镇适合游客住宿的地方不多,基本上旅行者都会直接去郎木寺。夏季也有很多人选择在碌曲到尕海途中的尕秀村住宿,这里被开发为"帐篷城",住宿区域分三块,一是沿国道两侧的宾馆,餐厅选择较多;二是尕秀村生态旅游第一藏寨,藏寨里有很多牧民定居的四合院,经营着各式各样的藏家乐;三是沿国道继续往南走有一个尕秀村晒金滩帐篷城(☎187 2824 0073, 134 0289 6666),这里有木屋和帐篷两种选择,夏季非常热闹,许多旅行者都会来这里感受草原风情。

❶ 到达和离开

尕秀路口距离郎木寺约43公里,距离碌曲45公里,包车的价格都是单程100元。郎木寺往返碌曲、合作、兰州等地的班车会路过尕海路口,从岔路口走进去约3公里就能到尕海景区。游完后回路口拦过路车的等候时间不会很长,但要注意17:00后少有班车经过尕海。

郎木寺

人口:0.3万;海拔:3300米

在迷人的清晨和黄昏时分,薄雾和炊烟笼罩着山坳中的小镇,温暖的金黄色光泽铺满整片大地。当夕阳照射在寺庙的金顶之上,山间牧民的小屋冒出袅袅牛粪烟火,站在山顶目睹这美丽景色的你一定会承认,"东方小瑞士"并非浪得虚名。

郎木寺并非单指一座寺院,而是一座位于川甘两省交界处的小镇,省界从西北向东南将小镇一分为二,东北属于甘肃省碌曲县,西南属于四川省若尔盖县,各有一座藏传佛教寺院坐落其界,与之和谐共存的还有一座拥有月牙塔尖的清真寺。嘉陵江主源白龙江从小镇流经,清末甘肃临潭、临夏等地商队,经郎木寺进入四川成都、马尔康等地经商,郎木寺慢慢发展成为畜牧产品和内地日用品交换的中转站之一。

作为一块背包客们的自留地,曾经有无数的世界青年循着Lonely Planet来到这里,如今随着大批大批团队游客的到来,郎木寺成了甘南最商业化的旅游地,镇外修建了游客中心,原本宁静的小镇变成了旅游接待点。背包小镇变样,曾经的外国背包客渐渐远离,

当地知识

藏区常见宗教器物

风马 藏语称隆达,"隆"即风,"达"即马,传说雪域高原的守护神以风为马巡视人间,人们向它献祭风马以表敬意和祈求平安。最初的风马是直接将羊毛系挂于树枝之上,现在常被印制成小方纸片以供做法事时抛撒,有时也被印成旗帜连成一片悬挂在垭口、民居或寺庙上方。

五彩经幡 印有佛陀教言和鸟兽图案的五色小旗子,蓝色象征蓝天,白色象征白云,红色象征火焰,绿色象征绿水,黄色象征黄土,也就是大地。它们按照顺序被缝在长绳上,像自然界中天地不容颠倒一样,这五种颜色的排列顺序也不容错位。幡上都印有经文,在信徒们看来,经幡飘动一下就是诵经一次,在不停地向神传达人的信念。

转经筒 又叫"玛尼"经筒,内藏"六字真言"或其他经文。藏族人民认为,每转动一次就等于念诵其中经文一遍,功德无量。藏地随处可见转经筒,除本教寺庙的以外,都应该按顺时针方向旋转。

吉祥八宝 藏语称"扎西达杰",包括宝伞、金鱼、宝瓶、妙莲、白海螺、吉祥结、胜利幢和金轮,常见于壁画、丝绣、唐卡等,藏式家具上(尤其是木器)也常绘制它们作为装饰。

玛尼石堆 藏区随处可见大大小小的玛尼石堆,部分石堆上面刻有六字真言、神像或各种吉祥图案,也有一些不刻任何图案而仅仅是石板、石块堆叠而成。这是藏族人祈福禳解的一种方式,供人们转经礼拜。请注意不要推倒或跨越。

煨桑炉 在藏区,无论你走进寺院还是百姓家中,都会发现煨桑炉。"桑"在藏语中有"消除、净化"之意,各家的桑炉也都放置在精心选择的最洁净之处。僧俗民众口诵六字真言,焚烧松柏枝,燃起的霭霭桑烟给人清香舒适之感,能够消除秽浊邪气。

郎木寺镇

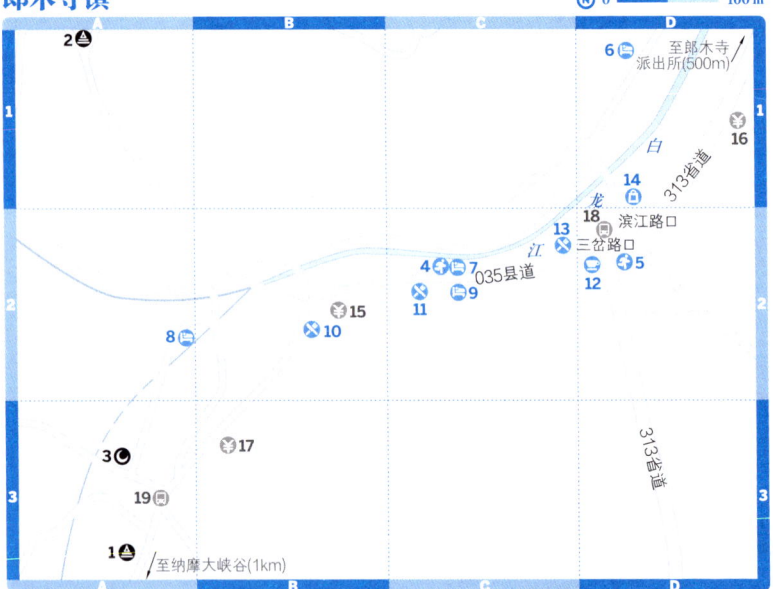

郎木寺镇

◎ 景点
1 达仓郎木格尔底寺 A3
2 达仓郎木赛赤寺 A1
3 郎木寺清真寺 A3

✈ 活动
4 白龙马队 C2
5 格桑马队 D2

🛏 住宿
6 郎木寺国际大酒店 D1
7 旅朋青年旅舍 C2
8 蜀景客家酒店 A2
9 熊窝客栈 C2

🍴 就餐
The Bear's House .... （见9）

10 川香人家川菜馆 B2
11 达老餐厅 C2
12 黑帐篷咖啡 D2
13 丽莎餐厅 C2

🛍 购物
14 安多手工（郎木牦牛奶手工皂） D1

ℹ 实用信息
15 甘肃省农村信用社自动取款机 B2
16 郎木寺邮政代办所 D1
17 四川省农村信用社自动取款机 B3

🚌 交通
18 甘肃乘车点 D2
19 四川乘车点 A3

九寨沟地震后，从川北到郎木寺的游客大幅减少。

由于海拔较高，郎木寺的夏天早晚偏凉，需带外套保暖，冬季帽子、手套必不可少。虽然野花姹紫嫣红的夏季是来这儿最好的季节，但晴朗的冬日却是摄影创作的黄金时间，特别是在热闹的正月里，可以看到雪景和丰富的佛教活动。正月毛兰姆大法会是郎木寺最热闹的宗教节日，每年农历正月初四至十七举行，以正月十三这一天的晒佛节场面最为壮观和隆重，不过届时前来朝拜的人也会多得超乎想象。寺院的喇嘛会戴上面具跳神，还有藏戏表演，是摄影和了解宗教民俗的好时机。

方位

郎木寺并非像大多数资料所述的以白龙江划分省界,也不是以街道分界。主街指的是S313省道向前延伸至达仓郎木赛赤寺的那段路,属于甘肃。四川街道是从主街延伸至达仓朗木格尔底寺的那条道,以及回民村的一大片,街口的一小段也属于甘肃。三岔口指的是S313省道南拐与主街的分岔口,滨河路路口是镇上唯一的红绿灯路口。

⊙ 景点

郎木寺其实是指不同的两座寺院,分别位于四川和甘肃境内,两座寺院都在售票指示牌上称自己是"达仓郎木寺"。两座寺院后山坡上都可以俯瞰和拍摄寺院全景,而观赏日出的绝佳位置是东面高耸的红石崖,你只需登上红石崖下的第一座小山坡,就能将整个郎木寺的晨光尽收眼底了。从格尔底寺穿过纳摩大峡谷,跟着转山的藏族爬上隆达尖山,在这里欣赏日落的视野极佳。

达仓朗木格尔底寺 _{寺庙}

(门票30元,包含寺院和纳摩大峡谷;⊙8:00~21:00)又叫"郎木寺四川寺院"或"格尔底寺",是阿坝最具影响力的格鲁派寺院之一,规模要比甘肃寺大,历史也更久,有四大学院和两所小学,另外辖有十八座分寺。第一世格尔底活佛是宗喀巴大师的徒弟,现已转至第十一世。寺院的主体建筑群位于进大门后的右侧山坡上,闻思学院是主殿,每天18:00有上百僧人在门口诵经,附近还有医学院、时轮学院、续部学院、宗喀巴殿等。除礼佛外,这些佛殿和学院不对游客开放。寺内许多山坡都可以俯瞰整座寺院,在寺内信步时你还能见到寺里饲养的梅花鹿。

目前唯一对游客开放的是**郎木寺古迹文物馆**(⊙8:00~19:00),是按当年第五世格尔登官邸的样式重建,原殿建于1757年。从格尔底寺售票处进门直走约十分钟即到重建的文物馆,是一座院落式佛殿建筑群,由十三余座大小殿堂组成,中间的殿被叫作"尊圣大殿",需要脱鞋才能进入,大殿周围环绕着阳光精舍母殿、玛哈噶拉殿、祈寿殿、财神殿、活佛寝宫等。尊胜大殿内主供释迦牟尼十二岁等像,第五世格尔登活佛的肉身法体被存放在左侧第一尊真身塔之中,是安多藏区历史最长、保存最好的肉身法体,塔中央塑有一张金脸。

佛门中修行到非常高深境界的僧尼,才可以形成肉身,历史上"肉身菩萨"少之又少。唐高僧释无际的肉身被日本当国宝供奉,可见其珍贵程度。五世格尔底活佛罗桑丹贝坚参尊者出生于康熙二十年(1681年),于乾隆四十年(1775年)圆寂,去世后自然形成肉身法体,僧众遂将其供奉起来。传说历史上法体曾自然生长头发,寺内高僧们为其理发后就再未生长。"文化大革命"期间,几位僧人偷偷将第五世格尔底活佛法体掩埋在山上,十七年后法体再挖出来时骨肉还有弹性,无丝毫损坏,请回格尔底寺后,将法体面部涂上了泥金,2017年由最高处的殿堂搬到现址。寺里原有第七、第八世格尔底活佛的肉身,但都在"文化大革命"期间被毁。

纳摩大峡谷 _{峡谷}

(达仓朗木格尔底寺内;⊙24小时开放)大峡谷和格尔底寺同票游览,郎木寺古迹文物馆前方是进入峡谷的入口,进入后有一块草坪,草坪上常有马在吃草。沿着小溪往前走,右侧有个高耸的插箭塔,旁边是**仙女洞**,洞中有一尊婀娜如人形的钟乳石,相传是仙女的化身,当年莲花生大师来此驯服猛虎,并教化佛法,最终使其得道化身为善良的仙女,"郎木"(或"纳摩")是藏语中仙女的意思。洞口低矮窄小,需躬身才能进入,常有信徒过来朝拜。从仙女洞左侧过桥,沿着峡谷往里走,在左侧上方会看到传说中的**虎穴**,虎穴在藏语中被称为"达仓","达仓郎木寺"也因此得名。

继续往峡谷深处走,蹚过小溪,峡谷里有几位牵马的藏族妇女,骑马到不远处的牧场往返100元。从纳摩峡谷到花海,适合做当天往返的短途徒步,花海夏季遍地是叫不出名字的各色小花,冬季是当地牧民的牧场,如果想要徒步翻**华盖山**,可能需要请一位向导。

达仓郎木赛赤寺 _{寺庙}

(门票30元;⊙6:30~19:30)达仓郎木赛赤寺位于郎木寺镇甘肃一侧,也叫"赛赤寺"或"甘肃寺","赛赤"是部落名。达仓郎木寺是西藏哲蚌寺的子寺,属格鲁派,于1748年创

当地知识

不要观看天葬

郎木寺天葬台是安多地区最大的天葬台之一,有400多年的历史,许多人慕天葬台之名而来,买票进入赛赤寺,赛赤寺景区人员也在某种程度上纵容游客的这一猎奇需求。但出于对当地习俗的尊重,我们的立场是:不要观看天葬。

天葬是藏族的丧葬风俗,起源于公元7世纪左右。藏传佛教认为,人的身体由水、火、土、风四种元素组成,在灵魂离开以后,遗体应该以合适的形式归还给自然,故而藏区常见的丧葬形式有塔葬、火葬、天葬、水葬和土葬五种,并按贵贱顺序排列,其中天葬最为普遍。葬礼仪式从来都没有对外开放过,生人在场会影响秃鹫进食(当地人认为,遗体吃不尽就意味着死者无法顺利往生),而且整个过程可能会使你感觉不适。

建,创始人坚赞桑盖是出类拔萃的大学者。

赛赤寺售票处对游客一如既往地不太友好,曾经发生过多次激烈的旅游冲突。不过到赛赤寺的观光客更多,建筑高低错落,相比四川那侧的寺庙要金碧辉煌一些。大经堂7:00~17:30开放,众僧经常在大经堂前的广场上辩经,击掌发问、挥舞佛珠的身形旋动,远远就可以感觉到辩论过程的激烈。

郎木寺清真寺 寺庙

(回民村)郎木寺的穆斯林很多源自临潭,现在居住在回民村里。回民村在格尔底寺入口旁,你可以看到始建于清末的郎木寺清真寺,规模不大,建筑样式是典型的中式伊斯兰风格。礼拜堂不对非信徒开放,但院内一般来说可以参观,可以向里面的人表明身份和意图,得到允许后再进入。

活动

徒步

郎木寺周边有很多适合徒步的线路,包括纳摩大峡谷、华盖山、花海、白龙江源头、红石崖等。徒步穿越纳摩大峡谷,顺着峡谷的右边登上草坡,需2~3小时,就可以抵达花海,休息和午餐后原路返回,反穿的路程较远,但可以避免门票;峡谷另一条路线可以登顶海拔4200米的华盖山,如果体力充沛,可以当天往返。夏季峡谷的牧场内有狗,穿越时一定要多加提防并和牧民打招呼。冬季人迹稀少时,峡谷深处会有狼群出没,单身进入有一定危险性。任何季节都需要携带雨披,以防止突如其来的雨雪。

如果你不常参加户外活动,最好还是请向导带路更为安全。镇上一些客栈和俱乐部可以提供咨询和带队服务,还有路途远一些的其他线路,比如四川境内的扎萨格神山(详见Lonely Planet《四川和重庆》)等。

骑马

骑马是郎木寺的一项热门活动,一般需要提前一天预订马匹,费用包含向导、食宿等,保险需另行购买。镇上有两家马队,**格桑马队**(667 1504, 138 9399 1541; www.langmusi.net;主街三岔路口)是郎木寺的首支马队,自2005年经营至今,开创了与松潘马队不一样的模式。格桑马队提供1~3天的骑行路线,主线路涵盖白龙江源头、花海、华盖山等,价格360元/人起。马队也提供自行车租赁(80元/天)和热气球飞行预订(3500元/5人),可登录网站了解。另一支马队是旅朋青年旅舍旁的**白龙马队**(151 0944 1588; www.windhorse-trekking.com),活动路线均与格桑马队相仿,可以电话咨询比较价格和线路。

住宿

酒店和饭馆几乎垄断了镇上的房屋。甘肃境内的酒店和青年旅舍集中在主街道路两侧,四川境内回民村附近集中了几十家客栈和家庭旅馆,装修都很相似。郎木寺夜间较冷,尤其在冬季,入住前记得问清有无空调、热水、电热毯等。在6月至8月以及十一国庆的旺季,各类住宿价格普遍上浮两倍甚至更多;10月底至次年4月绝大多数酒店歇业,选择有限,如果在正月大法会期间前往,务必提前预订住宿。这里标注的是淡季价格。

熊窝客栈
青年旅舍 ¥

(☎153 4677 6632, 185 0280 4610；主街48号, 旅朋青年旅舍对面二楼；铺45元, 标双160元; 🛜 P) 标准间房间简洁、床单干净, 每间房配一个大熊玩偶, 有电热毯和独立卫浴, 热水充足。温馨的床位房像学生寝室, 带锁柜, 插座充电方便。门开在主街上, 需沿旋转楼梯上到二楼。大厅是一间温暖的咖啡酒吧。

旅朋青年旅舍
青年旅舍 ¥

(☎0941 667 1460, 136 0936 5002；主街三岔口往南350米；铺35元起, 普双98元; 🛜) 郎木寺资格最老的青年旅舍, 原汁原味的传统藏式木屋, 适合对住宿条件不讲究的驴友。一楼酒吧的涂鸦墙几乎就是一本郎木寺历史, 中间有个火炉取暖。二楼只有两个普间, 四个床位房, 床位房无柜子, 装修很老旧, 睡觉也伴着裂隆的江水声。一楼是公共卫浴, 只有一间浴室, 洗澡需让店员开热水。路边停车。

蜀景客家酒店
酒店

(☎135 4802 7209, 188 9383 8851；回民村清真寺巷内100米；标双130元; 🛜 ❄ P) 回民村内最具酒店标准的住宿, 位置紧靠白龙江, 中规中矩的商务宾馆风格, 灯光明亮, 带电梯。房间配有液晶电视、空调, 床比较硬。门前有停车场。早餐10元。与其他旅游酒店不同, 本酒店几乎全年开放。

郎木寺国际大酒店
酒店 ¥¥

(☎0941 665 3888；白龙江北岸；标双/标单380元, 含早餐; 🛜 P) 目前郎木寺规格最高的酒店, 虽然是四星级标准, 但不要奢望太高。大楼特别醒目, 房间有地暖, 有自己的停车场。位置不在主街上, 从滨河路路口步行约5分钟。

🍴 就餐

主街上有各种川菜馆、面馆、清真餐馆、西餐, 更换频率较快。大部分餐厅对游客的态度并不友好, 菜的分量、新鲜程度、口味已经变成了景区饭菜风格, 回头客越来越少。不过, 如果你只是想体验一下郎木寺文化, 很多餐厅还是有一些历史的, 当然, 饭菜口味就另当别论了。

The Bear's House
酒吧 ¥¥

(☎153 4677 6632, 185 0280 4610；主街48号, 旅朋青年旅舍对面；人均50元; ⏱9:00~23:00) 虽然是熊窝客栈的大堂, 但更是一间温暖的咖啡酒吧, 是夜晚主街上最热闹的地方, 价格实惠, 本地年轻人也很喜欢。装修偏可爱风格, 座椅上有很多熊玩偶, 中央的木炭火炉让整个房间非常暖和。除了茶、咖啡和啤酒, 还提供炸鸡、薯条、比萨等简餐以及早餐。服务员态度不错, 吧台旁是一台卡拉OK, 放的都是最新的中文和藏语歌曲, 客人可以随意点唱。

川香人家川菜馆
川菜 ¥¥

(☎135 4154 6949, 177 4011 0406；主街与四川寺院分岔口；人均50元; ⏱9:00~22:00) 郎木寺镇经营最久的川菜馆, 开于1984年, 老板来自广安, 三代相承。以传统川菜为主, 辣椒、花椒等调料都是从广安带来的, 口味偏辣, 点之前可以要求。特色菜是炒蘑菇(48元)、野山菌肉片(48元)、野生木耳肉片(35元), 野山菌为当地现摘现采, 卖完为止, 味道带有草原泥土气息。老板很热情, 对当地了如指掌。

丽莎餐厅
清真菜 ¥¥

(☎153 9403 4000；主街；苹果派20元, 牦牛肉汉堡30元; ⏱10:00~20:00) 郎木寺以苹果派和牦牛肉汉堡出名, 最早就是源于丽莎餐厅。老板娘丽莎是回族人, 从一位英国人那里学会做西餐, 宽容的西方游客对她的烹饪手艺表示接受, 苹果派酥甜馅儿足, 牦牛肉汉堡用清真大饼代替面包。这家最有名的咖啡屋已然成为旅游团的团餐餐厅, 西北菜成了主打, 但重重叠叠贴满四壁的留言条, 还能看出当年挤满背包客的郎木寺余味。

达老餐厅
藏餐 ¥¥

(☎177 8941 5505；主街；人均60元; ⏱7:30~22:00) 开了很多年的藏吧, 现在大厅改建为团餐餐厅, 保留了一个小屋接待散客, 不过这里依然是最具郎木寺特色的餐吧。以川菜为主, 特色菜是石烹羊肉(188元), 把羊肉和滚烫的石块缝在羊肚里, 用石块烫熟羊肉, 上桌后再把羊肚剪开, 主要胜在做法的创意, 味道就因人而异了。川菜种类丰富, 相对于价格来说分量太少。爆炒土鸡80元/份。

黑帐篷咖啡
西餐 ¥¥

(☎667 1504, 138 9399 1541；三岔路口；咖

啡25~60元，人均35元起；◎8:00~21:00）藏式西餐吧，和格桑队是同一个老板经营的。空间很大，咖啡不算贵，如果碰上下雨，来这里发呆打发时光是不错的选择。店内那条巨大的雪獒能吸引不少就餐者的眼光。

购物

安多手工
（郎木牦牛奶手工皂） 民族手工艺品 ¥¥

（✆138 9393 5425；www.amdocraft.com；滨江路路口，达仓大酒店对面；◎4月15日到10月15日7:00~22:00，周日休息）一家开了十几年的手工制品店，牦牛奶手工皂（45元/块）是他们的特色，纯天然并以真正的牦牛奶发酵做成，混合格桑花、玉桂、青稞、白松等藏区天然植物形成不同系列。另出售自家的生羊毛、羊绒、牛毛、牛绒手工制品，包含服饰和家居，每一件都不同，价格从10元至400元不等。制作者是安多藏区的60多位妇女，销售收入将回馈当地社区。分店在达老餐厅正对面。

实用信息

危险和麻烦
郎木寺镇总体来说安全祥和，需要注意一些藏族和回族的民族禁忌，参观寺庙需注意礼仪，寺院中禁止大声喧哗，如想拍照，也请在得到被拍摄者同意后再进行。两个寺院都需要门票，虽然寺院有时会对逃票的行为睁一只眼闭一只眼，淡季也基本不查票，但门票的管理者对逃票行为的处理却非常严厉，达仓郎木赛赤寺曾爆发过管理人员与游客肢体冲突的事件。

郎木寺海拔较高，骑马和徒步等活动都要注意节奏，量力而行，若有高原反应等不适需及时下撤调整。独自在乡间徒步时，要警惕野狗。郎木寺的淡季（10月中下旬至次年4月底）非常漫长，这时候气温骤降，时有降雪，绝大多数店铺关门歇业，骑马活动也会停止，还必须克服种种严寒带来的不便。

紧急求助
郎木寺派出所位于出入小镇的S313省道路边。

银行
在甘肃主街和四川主街的路上，分别有甘肃、四川两家农村信用社的自动取款机可以取现金。达仓郎木宾馆对面，滨河路路口旁还有一家中国农业银行的自动取款机。

邮局
郎木寺邮政代办所（◎10:00~16:00）位于主街北段，从三岔口往前不远处。

到达和离开

长途汽车
兰州汽车南站（✆239 2525）每天都有至迭部的班车经停郎木寺（122元；8:40，9:40；6小时），至若尔盖（8:20）的班车也会经过郎木寺。甘南境内的合作、碌曲、玛曲、迭部都有到郎木寺的过路车，具体见各章节，需要确认是否只到郎木寺桥头。

从郎木寺往四川方向的班车一般停在格尔底寺入口旁，甘肃方向的班车则会停靠在三岔路口，班次会随季节增减。郎木寺三岔口每天有发往合作（50元；7:00；3小时）和迭部（9:00，15:00）的班车，往夏河的班车（70元；14:00；4小时）也会途经合作。去兰州可以从合作或夏河中转，也可以在郎木寺桥头等过路车。每天9:30、10:30、11:30左右都有去兰州的过路车，9:30、15:00左右有迭部到玛曲的过路车，13:40左右有舟曲到玛曲的过路车，不过时间不一定，需要碰运气。

格尔底寺门口每天有发往若尔盖的班车（✆136 9816 4990；夏季6:30，冬季7:30；30元；1.5小时），发车后一般会在主街的三岔路口停靠20分钟再离开，14:30从若尔盖返回。旺季增开去程（14:00）和回程（8:30）两趟车。若尔盖汽车站7:00还有一趟开往合作的班车经过郎木寺桥头，门口也常有拼车到郎木寺。从若尔盖到成都仅需8~9小时车程，详见Lonely Planet《四川和重庆》。

包车
三岔路口有载客出租车，从镇上到桥头打车10元，拼车5元/人。到若尔盖单程160元，扎尕那单程300元，来回360元。包车游玩花湖、若尔盖草原和唐克黄河第一弯，450元/天。如果能拼到碌曲、迭部的顺路车，一般25~30元/人。

郎木寺也有一些司机提供长途包车业务，参考价格为到兰州中川机场1200元、夏河机场330元、夏河450元、玛曲180元、尕海100元、合作380元、西宁1200元、成都1200元、九寨沟680元。

值得一游

从郎木寺出发

郎木寺周边景点大都在行政上属于若尔盖,但一般也在甘南环线上,不妨一起游览。第一天从郎木寺包车(450元/天)游玩花湖、若尔盖草原和唐克黄河第一弯。第二天从郎木寺包车前往(往返约360元)90公里以外的石城扎尕那(见202页),可顺道一游降扎温泉和铁布梅花鹿自然保护区。详见Lonely Planet《四川和重庆》。

花湖

从郎木寺出发沿着G213国道到若尔盖,花湖(☎229 1558;若尔盖县城以北35公里;门票75元,观光车30元,淡季11月16日至次年3月31日门票30元,观光车停运,可交5~10元费用自驾进景区)就在路边,是一个地处若尔盖湿地核心区的高原海子,湖边芦苇茂盛,绿草如茵。6、7月的花开季节,草原上的野花像铺向天边的彩色地毯。这里还是观看国家一级保护动物黑颈鹤的好去处。

黄河九曲第一弯

游完花湖,经若尔盖县城,可以去和玛曲交界的唐克。虽然哪里是"黄河九曲第一弯"尚有争议,但唐克的黄河九曲第一弯(☎229 1558;唐克乡以西9公里;门票65元,观光扶梯60元(自选),淡季11月16日至次年3月31日门票30元,观光扶梯停运)是一处特别好的观赏高原黄河湿地的地方,特别是雨过天晴的黄昏后,河水在落日下泛着红色的粼光,自由舒展地蜿蜒而行,那种雄浑的气魄与从容的风度,也只有黄河才能拥有。

降扎温泉

降扎温泉(降扎乡境内;门票10元)距郎木寺约30公里,温泉水温31~51℃,因内含氡、硫黄、铁等丰富的矿物质,故当地人相信它可以治疗风湿、关节炎和皮肤病等。每年4月和8月是藏族人来此地泡温泉的高峰期。目前降扎温泉有三处比较原始的浴场,泡温泉需要自己带拖鞋、毛巾和泳衣。去降扎乡可以乘坐迭部汽车站至玛曲、合作的班车(见202页)在降扎乡下车,票价17元,路口到温泉约6公里,步行至少要1小时。也可以从郎木寺或迭部县城包车,从郎木寺包车去温泉往返大约200元,从迭部要更远一些。若尔盖街头有不少标有"降扎温泉"的农村客运,30元/人。

铁布

铁布是铁布梅花鹿全球唯一的栖息地,铁布梅花鹿的特点是身躯高大,在深红棕色中点缀着小而密的白斑。目前没有为旅行者设置梅花鹿的观赏点,最有可能看到梅花鹿身影的地方在热尔乡到冻列乡之间,傍晚5~6点是它们觅食的时间,可以带个望远镜方便观察。进入保护区一定要注意不能投food、呼喊,以免惊吓动物。郎木寺到冻列乡60多公里,再到铁布有20多公里,坐迭部车会途经此地,但包车前往最为稳妥。也可以在迭部汽车站乘坐至玛曲、合作的班车(见202页),在铁布或冻列乡下车。若尔盖有到铁布的班车(14:30;30元;2小时)。

迭部及周边

迭部古称"叠州",藏语是大拇指的意思,传说这里是藏族山神涅甘达娃用拇指摁开的地方。甘南历史上有很多本教寺院,大多集中于迭部。迭部地处岷山与黄土高原交会处,与四川交界,西临郎木寺,南靠九寨沟,常年闭塞的交通,使这里保有不少超凡绝尘的遗世美景。海拔高差从1600米到4920米,白龙江自西向东穿过全县,水资源充足、海拔落差极大的高原垂直山地形态,使这里的植物资源极其丰富。

这片地区闻名于世,要归功于奥地利裔美国植物学家约瑟夫·洛克。1925年,洛克在迭部、卓尼地区进行了为期两年的考察,迭部古驮道上最原始的藏族村寨扎尕那石林、传

迭 部

说中可以呼风唤雨的高原圣湖骨麻湖,以及旺藏寺和卓尼境内的车巴沟,这些当时路途艰险、人迹罕至的地方都留下了他的足迹。相关的游记和照片大篇幅发表在1928年11月的美国《国家地理》杂志上,迭部、卓尼的美景因此而名扬世界。如今美国博物馆所藏的中国植物标本,很多都是当年洛克在迭部采集的。洛克在迭部发现了至少10种云杉,而中国全部的云杉也只有17种。如果你是个植物爱好者,迭部的山林一定不会让你失望。

1935年,工农红军长征时两次穿越迭部县境,并在腊子口地区取得了一场关键性战役的胜利。从此,"红色腊子口"就成了迭部县旅游业的名片。

迭部县城

人口: 5.7万; 海拔: 2381米

迭部县城电尕镇位于白龙江北岸,林木环绕,一条主街自西向东贯穿,电尕寺在最西端,拉路佐仓寺在最东端。如果想俯瞰县城,你可以去山上的达摩寺。如果时间仓促,几座寺院不值得专门前往,大部分人会直接绕过县城前往扎尕那。迭部是一个近年旅游发展较快的县城,特色酒店、连锁餐饮的更新要快于电子地图,县城最宏伟的景观是中心广场,周围的商业让你恍惚觉得这里发展得还不错。主街两侧的巷子都是坡度较大的小路,停车时一定要拉好手刹防止滑动。

◎ 景点

达摩寺　　　　　　　　　　　　　寺庙

(迭部县城往西9公里达摩山;免费)达摩寺是一座位于达摩山上的宁玛派尼姑寺,修行房沿着山势错落分布于山间。最有特色的是伏藏塔林,这里视野开朗,佛塔仿佛安于云端之上,背景很适合拍游客照。达摩寺旁还有一个宁静的达摩村,近百年来,达摩村中出过七位大活佛,包括现任格尔底寺活佛,他的法座就在寺后的山上。往上爬大约20分钟,远远就会看到山坳里格尔底活佛种下的神树。继续向经幡特别多的地方走,活佛法座位于一片水草丰茂的空地上;翻过山头,后面有一个人迹罕至的小湖泊,适合露营。作者调研时达摩寺正殿还在修建中,周围是尼舍,有一些从汉地来的闭关清修的修行者,谢绝参观。

去达摩神山最方便的方式是从迭部县城

打车前往，往返约50元。步行上山往返可能需要一天时间。自驾往北出县城，不到扎尕那路口的地方有个"达摩寺"的牌子，走到山前的岔路，往农家乐牌子指示的方向，一车宽的小路，盘山9公里就到了。轿车可以上，但路年久失修，雨天路滑，上山弯道较多。山顶一个分岔路，左边是达摩寺，右边是达摩村。沿途视野开阔，山间景色不错。

电尕寺

寺庙

（电尕村；免费）电尕寺由巴西饶巴尔活佛创建于1257年，在"文化大革命"时期全部被焚毁，现存建筑是1981年重建的，后又进行了扩建，主建筑是经堂和灵塔殿，重建时从拉萨运过来的绿度母菩萨雕像是镇寺之宝。电尕寺是郎木寺的属寺之一，相比于郎木寺的金碧辉煌，电尕寺就只能用朴实无华来形容了，里面只有24位僧人。经堂早上开放，灵塔殿平时开放得多一点，殿内存有前六任活佛的灵塔。每年正月十九，电尕寺会跳金刚法舞。电尕寺在电子地图上没有标记，位置大概在腊子口街西口电尕村的位置，从学校前面一条小街拐上去几百米就到了，木栅栏是岔路的标志。

拉路佐仓寺

寺庙

（拉路村；⊙大经堂7:40~8:30, 18:30分两次开放）迭部是甘南本教活动的中心、本教"新象派"发祥地，迭部地区有"天为本教之天，地为本教之地，人为本教之人"的说法。历史上本教受到佛教打压，许多寺院都已改宗，1959年西藏民主改革之前，甘南有15座本教寺院，其中12座位于迭部。佐仓寺于1982年恢复，由胡协寺、萨让寺、日盖寺三寺合并而成。三寺的建寺时间最早可追溯到11世纪晚期，是"安多三圣者"象帕的道场，象帕的传承起初为父子传承，后来为叔侄传承，最后被活佛转世制度所取代，如今已经有三十一代象帕了。

拉路佐仓寺就在G345国道旁，从汽车站沿腊子口街往东徒步2公里即到，拉路佐仓寺近年来又进行了扩修，主体建筑大经堂金顶白墙，外观上看不出本教寺院与藏传佛教寺院的区别。进大经堂朝拜需要脱鞋。注意本教的转经方向为逆时针。

🛏 住宿

酒店集中在中心广场四周，大多是商务酒店和"7天""速8"之类的快捷酒店，旺季住宿很少低于200元。主街附近还有一些小旅馆，旺季也不便宜。

扎尕那青年宾馆

旅馆 ¥

（📞181 8025 7175, 181 9016 4449；华丹巷；普间88元，标双/三108元；🛜❄）县城内唯一一家青旅风格的家庭旅馆，位置稍微偏一点，但也在步行距离之内。房间为装修简单的藏式木屋，普通间没有独立卫浴。院内可免费停车。楼下是一家川菜馆，早餐稀饭小菜10元/位。网上预订有优惠，淡旺季价格不同。

赛银酒店

酒店 ¥¥

（📞691 8999；中心广场1号赛银大厦；标双298元，含早餐；🛜❄）目前迭部装修最好的酒店，新中式风格，房间干净、明亮，服务员比较专业。因为是政务、商务接待型酒店，房间虽多，但经常客满。旺季会调价。门前停车免费，停地下车库10元/晚。

俄界国际大酒店

酒店 ¥¥

（📞566 8222；中心广场西口；标双348元，含早餐；🛜❄）房间比一般快捷酒店干净整洁，地理位置很好，有独立的免费停车场，楼下吃饭方便。房型在设计上有一些不合理的地方，比如床头没有插座。

🍴 就餐

中心广场附近的旺藏路是一条新晋的美食街，以川菜、清真美食为主，清真美食有手抓、牛肉面、烤肉等，川菜有火锅、冒菜、串串香等，还有几家藏餐厅，但这些连锁店更新极快，可能过段时间就会换个名字。

马菇拜百年羔肉迭部分店

清真菜 ¥¥¥

（📞139 0941 8734；旺藏路珠穆拉瑞大酒店三楼；羔肉纯肋条手抓88元/斤；⊙9:30~21:30）马菇拜是兰州一家很有名的手抓店，号称百年老店，分店并不多。迭部马菇拜开在旺藏路美食街一家酒店的三楼，窗外即是白龙江风景，服务员是藏族的，坐藏式沙发，吃清真手抓，别有一番风情。推荐菜是马菇拜羔肉纯肋条手抓，此外还有烤全羊、东乡土豆片、糖醋夹沙、牛奶鸡蛋醪糟、干拌面等传统清真菜肴，口味无法和总店相提并论。旺藏路上还有一家山寨的兰州胖妈妈手抓。

扎尕那藏餐宫 藏餐 ¥¥¥

（✆562 3333；桑坝路益民宾馆对面；厥麻香猪肉88元/斤；◐9:00~24:00）因为旅游的发展，迭部出现了不少新派网红餐厅，主要目的是让你感受藏式家居的气氛，扎尕那藏餐宫是一家游客较多的餐厅，招牌菜是厥麻香猪肉，一斤88元，性价比不高。斜对面是益民饭店清真餐厅，一家老派的清真餐厅，但顾客几乎都是旅游团。

🛍 购物

迭部县出产的略泛绿色的散装青稞酒，味道清香，注意这种酒实际上度数并不低，不要贪杯喝醉。因迭部靠近铁布梅花鹿保护区，故当地一些人暗中销售鹿肉、鹿茸等产品牟利，建议旅行者不要购买。

ℹ 实用信息

中国农业银行迭部县支行（◐平日8:30~17:30，周末10:00~16:00）位于腊子口街上，对面还有一家甘肃省农村信用社和中国工商银行。中心广场内侧也有中国农业银行和甘肃省农村信用社。所有银行都有24小时自动取款机可以提取现金。汽车站有申通快递。

ℹ 到达和离开

迭部汽车站（✆562 2191；腊子口街）有发往兰州和迭部周边的长途班车，班次可能根据季节和路况调整。去各乡的面也从汽车站附近始发，没有固定的发车时间，拼车时间较长，只能碰运气，所有面的也提供包车服务。到郎木寺的班车是到玛曲、合作方向的过路车。

自驾车

G345国道新修后，从迭部至舟曲一线变得路况良好，但陇南至舟曲、迭部至郎木寺路段，作者调研时还在建设，通行困难。从迭部到卓尼，目前最短线路是从扎尕那到车巴沟的越野线路，如果不想挑战，还是请老老实实地绕行岷县或合作。走岷县若不想走老路翻铁尺梁，备选路线就是腊子口—宕昌—岷县。

ℹ 当地交通

迭部县城内无公交，县城内出租车直走2元，拐弯3元。

扎尕那

扎尕那距离迭部县城28公里，曾经是洮迭古道（临潭到迭部）上的一个重要驿站，随着古道荒废，四个藏族村寨回归原生态。被高耸山石包裹的扎尕那有着茂密苍翠的森林、无限延伸的峡谷、广袤的青稞麦地、晨曦微明的寺院、晚霞浸染的山巅和云雾弥漫的垭口，洛克曾站在云缠雾绕的扎尕那说："我平生未见过如此绚丽的景色。如果《创世纪》的作者曾看见迭部的美景，将会把亚当和夏娃的诞生地放在这里……"他为自己发现了这里而兴奋不已："迭部是如此令人惊叹，如果不把这绝佳的地方拍摄下来，我会感到是一种罪恶。"

扎尕那的地形像一座规模宏大的巨型

迭部汽车站车次时刻表

到达站点	发车时间/班次	票价（元）	备注
兰州	8:30、9:40	138	返程8:40、9:40，在兰州汽车南站乘坐
岷县	6:10、6:30、9:30、11:00	55	途经腊子口（24元），终点站是岷县长途汽车站；可从岷县中转至卓尼、宕昌和乘坐火车
武都	6:00、6:30、7:30、8:10	68	途经代古寺（23元）
舟曲	7:00、13:00、15:00	46	
玛曲	8:20、11:30	48	途经铁布（8元）、降扎乡（17元）、郎木寺（24元）
合作	7:40、10:10、12:30	73	途经铁布、降扎乡、郎木寺桥头、尕海

宫殿，四周都是壮观的石壁，又像天然岩壁构筑的一座完整古城。身临其境，可以深刻体会到"扎尕那"（藏文意为"石匣子"）这个名称有多么贴切。自然景观固然美丽，村中的人文景观更值得驻足欣赏。扎尕那的建筑很特别，房顶是鱼鳞般排列的松木板子，叫"榻板房"。在半农半牧区域，骑着骏马、手扬"嗨"、赶着牦牛的安多汉子和捧着从地里刚摘下蔬菜的女子，都是路边常见的风景。

● 景点

石城内的四个藏族村寨自东向西排列，从景区大门进入依次是东哇、业日、达日、代巴，一溜儿排列坐落在山坡上，背靠着白石灰岩的巨壁，对面是密集的松树林，松涛阵阵，脚下是延展铺开的织锦般的草地。你可以从东哇村开始步行，慢慢上去游览山寨、探访民居，沿途有不少地方可以看到群山环抱的石匣子景观，山顶上最高处的村落是代巴村。

早前扎尕那只在户外圈里有名，经过综艺节目的宣传，现在扎尕那名气已大过甘南其他景点。随着游客增加，扎尕那不仅变得越来越商业化，也学者拦路收费了。从2019年8月开始，扎尕那开始收取景区大门票（80元/人），检票口距离扎尕那几公里，车辆进出需要按人头购票。景区内部路边几乎所有的停车场都需要收费，5~10元/次。扎尕那挂"洛克"之名的地方很多，但大多数和洛克都没有任何关系。

涅甘达娃神山公园　　　　　　自然景观

（东哇村）开发后的扎尕那主景区被叫作"涅甘达娃神山公园"。景区内有两条主线，一条步行线路至仙女滩和仙女湖，另一条是区间车线路，终点是扎尕那徒步穿越的起点。

从区间车售票处右侧沿木栈道往上，步行30分钟或骑马到仙女滩，仙女滩是一块山间的平坦草原，如今被木栈道和观景台包围，并无原始风光，从这里可以远眺东哇村和有着三百多年历史的拉桑寺。从仙女滩往上再走30分钟即可到达仙女湖，仙女湖只是一滩挂满经幡的水池。这段路骑马体验不太划算，至仙女滩100元，至仙女湖200元。从仙女滩往左有木栈道到容闹沟，沿公路继续步行

可走到一线天。

涅甘达娃神山公园的另一条路线，是从景区门口沿峡谷进入容闹沟，一路上都是瀑布和溪流，途经一个天然的溶洞老虎嘴，到达一线天。过去这是一段轻松愉悦的小路，但现在变成了难看的水泥路，只能乘坐区间车（往返40元；◎7:00~19:00，可能会提前收班）。如果打算步行进入，大约得走一小时，且水泥路的体验感很差。如果工作人员不让步行，需绕小路再转入公路。

从一线天去石林只能徒步或骑马，徒步往返得5~6小时。从一线天开始沿着小溪走马道，沿途的瀑布和石瀑变得壮阔起来，两侧悬壁直插入云霄。走到石瀑的尽头，顺着左侧的马道上山，一小时后到达神王庙，可以看到一些挂满经幡的石头堆。再往前走到一处小溪，溪水旁的石头上标有"石林"的箭头，但路已被冲断，蹚过小溪后有一条分岔路，走右侧的路，沿石头路再走一段，会再看见一个标着"石林"的箭头，这时候你的右前方已经可以看到石林了。整段路也可以骑马，从石林处折返320元，不过马夫是当地妇女，走得很快，沿途几乎不做停留，三个小时就往返了。

业日村　　　　　　　　　　　　村落

业日村有个挂满经幡的观景台，被称为"洛克观景台"，这里提供了另一个饱览扎尕那全景的好视角。沿途有许多沙棘树，当地人经常采摘这种野生沙棘，口感酸涩，但可以生津止渴。业日村头还有个新修的润吾沟景点，是山谷里一连串的小瀑布，比一线天要逊色不少，沿着栈道可以往里走一两公里，然后是牧羊人小径，走到经幡处的一座木桥，过桥后是上山的小路，不建议你随意前往。

代巴村　　　　　　　　　　　　村落

扎尕那最上面的两个村庄达日村和代巴村不会比下面的村庄更原始，但肯定会更幽静，视角也更广，村中和沿途有几个观景台可以俯瞰整个扎尕那。代巴村在一个山洼里，被达日村挡住了视线，却意外获得更干净的画风。这里有很多以耕种为生的村民，当然也有客栈。村里有个没有僧人的寺院，寺外是一条通往观景台的水泥路和栈道，四个村庄的全景风光只有这里可以拍到。如果你不想走那么远，那么公路边也有个达日观景台，这里比

达日村俯瞰扎尕那的视角更高,停车费5元。过了代巴村,就是到卓尼车巴沟的路了。

🏃 活动

徒步

从扎尕那出发有数条徒步穿越路线,最短的是扎尕那一日小环线,途经一线天—石林—石城—大峡谷,回到仙女滩,当天走完强度较大,可以走到石林后折返。沿途手机信号较弱,建议你用GPS导航或请当地向导,全程骑马600元。最热门的徒步路线是从扎尕那到卓尼大峪沟的三角石(见214页),全程62公里,需要3~4天,分正穿和反穿,你会很容易找到走此线路的向导和俱乐部。建议你在村上雇一匹马驮行李,马夫200元/天,马匹300元/天。

越野

从扎尕那北门到卓尼车巴沟,是一条翻越迭山的经典越野路线,被称为自驾版的"洛克之路"(见205页方框)。另外,还有一条从冻列乡到扎尕那的自行车越野线路。

🛏 住宿

扎尕那四个村庄,几乎每家每户都把自家改造成了藏家乐,连最上方的达日村和代巴村都开了十几家藏家乐。大多为新造的藏式二层木屋,条件尚可,一般都有电热水器,部分还有抽水马桶和电暖。东哇村的藏家乐最多,出入村庄最方便,其他村庄的餐厅较少,吃饭需要预订。每个村都有小卖部,白天还有从县城开来的流动卖菜车,可以买到便宜的水果和蔬菜。住在村里无须早起就可以看到壮观的日出,晚上的星空也格外明亮。淡旺季有翻倍的差价,网上预订不一定比实际便宜。

🗂 东哇村

扎尕那旅行者之家 民宿 ¥

(📞133 9941 2835;东哇村102号;普双90元,标双120元;📶 🅿)位于东哇村村口,停车比较方便,这里接待过的徒步团队很多,房间是简陋的客栈木屋结构,带有旅行者风尘仆仆的感觉。标间数量很少,有空调和洗手间,旺季260元。不用担心客满无法入住,老板会忙联系附近的客栈。一楼的川味餐厅以团餐为主,味道一般。

扎尕那白玛梅朵青年客栈 民宿 ¥

(📞181 9416 6668;东哇村86号;普间120元;📶 🅿)位置在东哇村一条侧路的坡上,跟旅行者之家一样,是户外客栈风格,部分房间有不错的石林风景,提供公用厨房,可自己做早餐。老板自己开了一家迭山牧人俱乐部,旺季亲自带团队,徒步扎尕那—三角石收费500元/人,比其他客栈略高,但这里可以租到帐篷(30元/天,含防潮垫)和睡袋(30元/天)。

🗂 业日村

白狮藏家乐 民宿 ¥

(📞153 9369 8399;业日村15号;标双139元,三人间180元;📶 🅿)白狮藏家乐有两个不大的院子,一个距离洛克观景台很近,从露台望出去的景色不错。客房都是木屋,隔音稍差,但有独立卫浴,房间干净整洁。10元的早餐有稀饭、白饼和鸡蛋。院内可停小车,进村后道路较窄。

🗂 达日村

天成尕那美朵民宿酒店 酒店 ¥¥¥

(📞138 9343 8970;达日村1号;标双520元,套房780元,含早餐;📶 🅿)建筑是西藏风格的藏居,新藏式混搭北欧风格的装修,院内有一座转经塔,供村民在此转经。因为地势较高,可以俯瞰除代巴村外的整个扎尕那。酒店有宽阔的大厅,房间分布在四周,顶楼还有一个观景平台。所有房间都配有电热毯和电暖气,建议你选择靠风景的房间。套房含客厅,卫浴隔开。

🗂 代巴村

石城人家客栈 民宿 ¥¥

(📞153 9368 2500;代巴村;标双200元;📶 🅿)普通藏家乐,普通标准间配置,有独立卫浴,吃饭需要预订。位于扎尕那最高的村子,院前就可以观景,附近许多客栈都是美院学生的写生点。

🍴 就餐

虽然许多客栈都打着"餐厅"招牌,但

大部分都需要住店客人订餐。对外营业的餐馆集中在东哇村道路两侧，景区停车场门口还有几家川菜馆。业日村只有两三家饭店，一家叫作扎尕那石城藏家阁，卖各种藏式炒菜，人均40元。停车最好先进店询问，不能停错。

扎尕那清真饭店　　　　　　　　　清真菜 ¥

（☏138 9393 9845；东哇村115号景区公路

重走洛克之路

洛克在卓尼和迭部的考察以卓尼为中心，一条线路是向东经过博峪沟、大峪沟，翻越迭山，再由此向南穿过下迭部；另一条线路，向西穿越卡车沟、车巴沟，翻过光盖山，沿河谷向西行进到扎尕那石林，再沿着益哇沟穿过上迭部。这一东一西两条路线连接了洮河流域和白龙江流域，基本可将卓尼、迭部的秀丽山川和丰富的生态资源一览无余。

从扎尕那翻越光盖山到卓尼大峪沟的三角石，是"重走洛克之路"中最热门的一条，沿途的多样美景，让无数户外爱好者赞叹不已。

起点: 扎尕那

终点: 卡车沟

需时: 3~4天（根据不同起终点）

徒步路程: 约62公里

最高海拔: 4100米

最佳季节: 5月至6月天气较好，9月至10月可能有雨雪，但峡谷景色最美。

难度等级: 中级

费用: 建议个人参加俱乐部，扎尕那旅行者之家等客栈也可帮忙拼团。自己雇用村中马夫200元/天，驮行李的马匹或牦牛300元/天。可多租一匹马以备骑乘，只能上坡骑，下坡路出于安全考虑只能步行。可能还需要涅甘达娃神山公园、大峪沟的门票以及其他交通费用。

装备补给: 保暖防湿防风的服饰、登山鞋、登山杖、保温睡袋、防潮垫、帐篷、充足电池的头灯和干粮、抗高反药物，适量现金。

危险和麻烦: 首要问题是高原反应，你有可能会出现气喘、头晕等症状，要调整好体力分配，多休息。下雨天路滑，而且有时会导致河流涨水，具有一定危险性。山里没有手机信号，你有必要提前告诉亲友行踪。

➡ 第一天 扎尕那东哇村—冬才营地，8~10小时

前半程属于涅甘达娃神山公园（见203页），可乘坐区间车和骑马到达扎尕那石林，此处是一个岔路口，往西是光盖山方向，往北是卓尼的卡车沟，通往卡车村，村里可换马去卓尼。往东是大峪沟的方向，海拔逐渐升高，翻过四个垭口后到达冬才营地。

➡ 第二天 冬才—安子库，8~10小时

早晨出发，翻越喀拉克垭口（4140米），经大便石、奶子山到达安子库（3331米），在安子库扎营。路程比头天更为艰险，有很多大上坡和急下坡，不过景色十分壮观。靠近喀拉克垭口是大面积的滑石区，要注意防范高处坠石。如果想要更多的时间欣赏美景，可以把行程拆为两天，在中途扎营。

➡ 第三天 安子库—大峪沟三角石，5~6小时

当天只需翻越一个垭口，早晨8点出发的话，下午就可以到达卓尼大峪沟旗布峡口的三角石，结束穿越。从三角石去往卓尼县需要联系包车。

旁；炒菜人均40元；◉6:30~21:00）东哇村几家餐厅中较大的一家，很多是当地的用餐者。一楼提供各式清真炒菜和面食，还有适合独行者的盖浇饭（20~28元），味道不要太较真；二楼是涮羊肉火锅，价格较高。后院有停车场。

扎尕那清真餐厅 　　　　　　　　　清真菜 ¥¥

（☎133 9930 9911；东哇村景区公路旁；◉7:30~23:00）扎尕那清真饭店的竞争者，距离很近，口味差别也不大。老板是东乡回族，推荐菜是大盘鸡（108元/小份，128元/大份，送白皮面）和东乡手抓（98元），主食有牛肉面16元，羊肉面片23元，都是景区价格和口味。

❶ 实用信息

东哇村扎尕那清真餐厅旁有中国农业银行的自动取款机，可取现金。

❶ 到达和离开

扎尕那距离迭部县城28公里，目前没有班车。迭部汽车站附近有面的，拼车10元/人，拼满才走，返程在东哇村停车场附近乘坐。出租车50元/车，对游客的报价可能稍贵。你也可以从郎木寺包车前往，包车单程300元，来回360元，可顺道游览降扎温泉和铁布梅花鹿自然保护区（见199页方框）。自驾从G345国道益哇沟口拐入X412县道，走大约20公里即到。

腊子口

腊子口的地名是藏文音译，意为"险绝的山道峡口"，百丈悬崖呼应着崇山峻岭，险要的地势易守难攻。腊子口是汉藏交界的门户地带，是过去从川西北进入甘肃的通道。无论从哪个方向翻越腊子口的铁尺梁，都会感受到汉、藏、回多民族文化交融的冲击。这里也是海拔落差大、水源充沛的区域，高低落差超过1000米。

"红色"是迭部县旅游的一张名片。1935年9月，红军进入腊子口地区，通过正面强攻与攀登悬崖峭壁迂回包抄的战术，攻破了鲁大昌部重兵据险扼守的腊子口天险，打开了中央红军北上进入陕甘的通道，这是长征部队进入甘肃境内最关键的一仗。1972年以后，因为修公路开山炸石，腊子口天险的隘口扩大了很多，看起来再无"一线天"的险峻，就自然景观而言，它的魅力就越发不值一提了。

◉ 景点

腊子口是一道峡口，主要景点分散在S210省道和X495县道的三岔口周围，距离迭部县城较远，但距离宕昌县城比较近，方便的方式是自驾。如果你对红色旅游感兴趣，从腊子口至迭部县城的G345国道沿途，还会经过旺藏寺、茨日那毛主席旧居等红色景点。

腊子口战役遗址 　　　　　　　　　遗址

（三岔口东3公里，X495县道39公里处；免费；◉8:30~17:30）距离腊子口战役遗址3公里的**腊子口战役纪念馆**，是一座四层的纪念馆，也是腊子口唯一有开放时间的景点，馆内较详细地介绍了腊子口战役的历史背景，展出以照片和文字为主，有少部分相关实物。作者调研时仅一、二层开放，很快就可以看完。

目前没有班车直达纪念馆门口，从岷县汽车站（8:30，10:30，13:30）有到迭部汽车站（6:10，6:30，9:30，11:00）的班车，走老路翻越铁尺梁后，会途经三岔口，到纪念馆还要步行3公里。但班车会途经三岔口往南1公里的**腊子口战役纪念碑**（三岔口南1公里，S210省道旁），可能会稍作停留，供旅行者下车拍照，这里有卖纪念品的摊贩，旁边是腊子宾馆。

从官鹅沟的宕昌县出发，往岷县方向不远处有一条直达腊子口的红色公路X495县道，路况非常不错，一路都是大下坡。宕昌汽车站门口可以包车到腊子口，单程200元，往返300元。

腊子口国家森林公园 　　　　　　　森林公园

腊子口国家森林公园不是一个已开发的景区，但也有一些穿越迭山的徒步路线，可以领略到包括老龙沟、美路沟、龙爪沟、牛路沟、录坝湖在内的原始风光。老龙沟和录坝湖都在S210省道旁不远，建议你自驾或包车，搭班车难度较大。

老龙沟（三岔口北1公里，S210省道旁）距离三岔口1公里，跟护林员说一声就可以徒步入内。沿着小溪，顺着公路步行，两侧是松林，不时有松鼠蹿出。远处是高耸入云的千仞峭壁，石崖上形态各异的地质剖面值得一看。如果深入原始森林，一定要请当地村民带路。车可以临时停在老龙沟入口，往北再走一公里的腊子口汽车站附近有简陋的住宿和面馆。

从腊子口到代古寺会经过尖藏村，从村中的岔道口沿着山路向上开5公里可看到<u>录坝湖</u>(洛大乡录坝村)。录坝湖是迭部县最大的高山堰塞湖，常年碧绿，分上、下两个姊妹湖，湖水源于录坝沟的一条溪流，它把形似两枚圆形"碧玉"的湖泊连为一串。两湖相距近300米，中间建有两座平轮水磨，青绿色澄明透亮的湖水静静躺在群山梯田开阔的怀抱中。阴天的湖水光色皆无甚特别，不值得特地前往，下雨天路面湿滑，十分危险，注意不要冒险。

🛏 食宿

腊子口附近没有集中的城镇，没有必要在腊子口住宿。如果需要住一晚，腊子口战役纪念馆旁边是新建的镇政府、邮局和卫生院，这里有三四家宾馆。纪念碑旁的腊子宾馆是腊子口一家规模较大的宾馆。原腊子口汽车站附近有最简陋的住宿和面馆。以上住宿场所均可能受到淡季影响而关闭。代古寺是离开腊子口后第一个较为繁华的镇，有酒店、邮政、加油站，也可从这里中转前往拉尕山和舟曲。

拉尕山

（立节乡，距G345国道约12公里）拉尕山属于舟曲，但距离腊子口很近，从代古寺沿G345国道往东就可到达。作为舟曲旅游的亮点，这里同时也是舟曲重要的藏传佛教区域。拉尕山目前没有门票，但也没有人维护路况和景区设施，需要注意安全。

由山门起海拔开始上升，沿途景色也随之变化，从流水瀑布的峡谷风光到高山森林和草原，植被分布也有明显不同。沿山路行驶12公里左右，可以到达拉尕山的三座山峰交会而成的一片开阔台地，拉尕村便坐落于此。相传格萨尔王东征时曾路过此地，在此降妖除

另辟蹊径

骨麻湖徒步

<u>骨麻湖</u>(桑坝乡黑拉村西半山腰处)声名鹊起也要归功于洛克，他曾经三次到达骨麻湖，并以此作为生物科考基地。骨麻湖地区仍然是生物多样性的绝佳样本，不通车的现状很大程度上保护了当地的生物资源。半山腰的骨麻湖海拔3800多米，呈椭圆形，水深5米以上，因为湖色碧绿，又被称为"玉湖"。湖周围是茂密的原始森林，湖水的背景是高耸的迭山山脉。

进山观湖有两条路可以选择，一条是从桑坝乡黑拉村向西北方向步行，另一条是从尼傲乡的尖尼村往东北方向步行，都需徒步7~8小时。从腊子口往迭部方向走，过腊子口小学后有个向右的路口，行进23公里到桑坝乡，道路为沙石土路，路况比较差，山道急弯多且坡度大，到了桑坝乡之后，还需要包当地村民的车去黑拉村。迭部县城有面的至桑坝乡(30元；3.5小时)和尼傲乡(12元；1小时)，发车时间不固定，可以跟司机谈包车价格。

骨麻湖并不是一条成熟的徒步线路，个人前往成本较高，而且需要当地向导，建议你参加甘肃省内俱乐部组织的徒步活动。最理想的路线是从桑坝乡进入，绕湖半圈到尼傲乡出，或者反之。去往骨麻湖的路很难走，小路树林掩映，碎石很多，所以对旅行者的体力、户外装备、徒步经验都有一定要求。路有些陡，但是爬上去以后景色很好，可以居高临下看到美丽的藏寨和梯田。那里的藏寨依山而建，另一面就是悬崖峭壁，奔腾的白龙江支流从河谷流过。因为这片区域海拔较高，当天往返有些吃力，人多的话可以选择在湖边扎营露宿一晚，不过要带够保暖衣物、食品和充足的饮用水。如果你有很丰富的户外经验，你也可以选择尖尼村、黑拉村的村民家作为据点，用整个白天的时间来进行徒步，行程会相对宽松，桑坝乡也有几家可补充食物和饮水的商店、客栈。

魔,"拉尕"的藏语意思就是"神仙居住的地方"。群山环绕下的拉尕村,有一份出离世外的安宁,阳光洒下,正如一片被遗忘的桃源仙境。旺季时村里也有农家乐,普间要价60~80元,设施大多比较简单。从拉尕村到山顶的游客中心还有大约6公里,中间会经过一片开阔的草坪。从游客中心可以沿景区修建的栈道环山顶步行一周,360°欣赏拉尕山的山景风光,周围的岷山雪峰经常云雾缭绕,运气好的话会见到白云如哈达缠绕山间,与近处的草坪、小屋构成唯美的画面。

❶ 到达和离开

自驾可将腊子口和拉尕山放在一条线路上。自助游比较麻烦,包车从舟曲往返需要300~350元,司机一般只会给1~2小时的游览时间。关桥桥头有开往立节乡的小车,可以到山脚占单寺附近的景区入口(12元;1小时),从这里到山顶还有20多公里,只能选择花150元包车往返,且非旺季时车不太好找。

游完拉尕山后,可以尝试在G345国道搭过路班车去迭部,也可以尝试去陇南的武都,陇南有方便出入甘肃的火车。甘南各州都有发往舟曲的班车。

白古寺

(多儿乡白古村北河谷台地)白古寺海拔2300米,碧波荡漾的多儿河从寺前湍流而过,村落建筑是一排排整齐的白原小屋,朴实复古。白古寺始建于1839年,是甘南省内唯一一座萨迦派寺院,外墙上涂有象征文殊、观音和金刚手菩萨的红、白、黑三色图条条,是典型的花教标志。大经堂内供奉高约8米的释迦牟尼佛和历代传世文物,护法大殿供奉萨迦吉祥怙主宝帐金刚、吉祥天母及精美壁画。花教不禁娶妻,僧人平时大都住在家中。每逢藏历新年、燃灯节等佛法节日及盛大喜事,信众聚集寺内,附近各村男女老少会身着盛装前来集会。寺院举行跳神、祭祀、晒佛等传统的佛事活动,僧人会在法舞场秦响乐曲,跳起吉祥的金刚舞,祈求金刚护法,为众生祈福。

继续沿594乡道往四川方向,进入四川之前翻越的最后一道山梁叫"羊布梁",这里山高水急,河道落差较大。在长度不足150米的河段,你会看到11个古老的水磨磨坊横跨在水面上,这片独特的民间建筑就是著名的**羊布水磨群**。羊布村是坐落在高山顶坡上的一个很大的藏寨,三面环山,一面临江,整个寨子仿佛挂在天边。以农牧业为主的古山寨四周田地连片,错落有致的榻板房与一排排架杆构成了原始山乡景致。山坡下是一块很大的高山草甸,往里走就是原始森林。如果是秋天来到这里的话,你会看到村民用最原始的水力机械研磨青稞,现磨的糌粑有种青草的香味。

❶ 到达和离开

到多儿乡没有公交车。可以在迭部坐到多儿乡的面的,早上发车,下午返回,一天只有一趟,40元/人,包车130元左右。或者坐迭部到岷县、武都、舟曲的长途车,在花园乡下车,再拼车进去,到白古寺20元/人,到羊布水磨群45元/人,不过拼到的概率很小。自驾从花园乡派出所附近的分岔路(路口有路牌)进去,沿594乡道27公里到白古寺,39公里到羊布水磨群,水泥路面。

卓尼和临潭

卓尼和临潭是甘南的东大门,二者就像双子星一样,辖地上互相包裹,历史上临潭被叫作"洮州",到清朝时几乎覆盖了甘南东部,而卓尼是洮州的藏族地区之一,归土司管辖,卓尼土司的领地不仅和临潭有交叉,且对甘、青、川藏区影响也比较大。

卓尼和临潭是从内地入藏的门户,许多西方学者都曾对该地区进行过考察,其中将卓尼介绍到世界的最为著名的学者,应该是美籍奥地利植物学家和地理学约约瑟夫·洛克。1925年春天,洛克来到甘南,开始了为期两年多的考察。除了丰富的植物学发现,洛克更为这片土地的美丽而倾倒,在卓尼、迭部等地拍摄了近千幅照片,留下了大量记录当地社会、自然的文字资料。洛克的游记《生活在卓尼寺院》后来发表在《国家地理》上,据说作家希尔顿依据这些图片和描写创作了小说《消失的地平线》(*Lost Horizon*),其幻想的东方秘境香格里拉在西方世界引起了轰动。从洛克的个人经历来看,也许卓尼地区才

卓尼藏族服饰

在卓尼,你会见到一种截然不同的藏装。卓尼妇女身着被当地人称为"觉格姆"的服饰,因其"头上梳三条发辫,戴一顶瓜皮帽",故多被误称为"三格毛"。妇女头戴缀满小珊瑚珠的"沙茹帽"或"斑玛帽",耳环为半圆形银柄上镶嵌多层宝石,饰物堆叠成塔形,发辫佩挂一串圆形银币状银制品,银钱从发根到发梢依次串联,一般有20枚之多。亦有在辫子中部坠"阿珑银钱"的,那是一个圆形银环,或碗口大小的葫芦式银制贯钱,上面镶满珠宝。妇女们身穿鲜蓝、黑色或鲜绿色旗袍,外套粉红、大红或紫红马甲,由旗袍开膝处,露出两截红裤腿,腰束大红毛纺或织有画格图案的丝带系腰。

有研究说,这是源自古代拉萨宫廷服饰和发型式样,但更为可信的是,卓尼一带是藏汉民族交往最为密切的地区,藏族服饰不仅融入了汉族服饰文化的元素,还受到蒙古族和满族服饰的影响。

是他眼中真正的香格里拉。

相对卓尼,临潭除了一个离卓尼更近的冶力关外,被游客熟知的景点并不多。而卓尼,有历史悠久的安多古刹禅定寺和规模宏大的贡巴寺值得驻足探访;在杨土司革命纪念馆,探究沿袭最久的土司家族历史;在自然风光方面,卓尼遍布令人心动的原始峡谷和森林风光;同时还能体验到淳朴浓郁的藏民族风情,这里的阿迦锅庄与藏羌锅庄有所不同,动作舒展优雅,曲调更为徐缓。这里的藏族服饰被称为"觉乃",有很独特的明清贵族风范。卓尼还是中国三大名砚之一——洮砚的出产地,被誉为"洮砚之乡"。

卓尼县城

人口:11万;海拔:2541米

卓尼是藏语"觉乃"的汉音译,意为两棵马尾松。相传很早以前,萨迦派第五代法王八思巴被忽必烈诏请,在赴京途经卓尼时,见到两棵奇特的马尾松,便将寺址选在这里,卓尼县以禅定寺的基础上围寺而建。洮河边的小县城如今已经变得很现代,夜晚的灯光工程使得这里看上去和中国所有的县城差不多,最宏伟的建筑是县政府。跨过古雅大桥,洮河南岸有个古雅川公园,相传是禅定寺古雅仓活佛静坐修行之地。沿登山步道可以上山顶俯瞰整个县城。

◉ 景点

禅定寺 寺庙

(卓尼县禅定路;免费)禅定寺创立于1254年,比拉卜楞寺的创立时间还要早400多年,数百年发展过程中,逐步成为安多藏区政治、宗教和文化中心之一。禅定寺最初是一座宁玛派的寺院,元朝国师八思巴经卓尼,遂指定通晓佛法的喜饶益西改寺院为萨迦派。卓尼土司三世把佛寺由萨迦派改为格鲁派,取寺名"噶丹谢咪林"。1710年,清康熙皇帝赐"禅定寺"御书,沿用至今。禅定寺作为卓尼土司的"家庙",得到了十九代土司的鼎力支持。

禅定寺依山而建,内有佛殿层叠,外有城垣围护,建筑雄宏壮观,包括大经堂、闻思学院、密宗学院、时轮学院等数十座建筑。禅定寺曾因民国战乱而破坏,"文化大革命"期间寺院被拆毁,20世纪80年代重建,1994年寺院大火,寺内许多文物被毁,包括禅定寺经教创始人扎巴贡珠的舍利子塔、生骨塔以及印度阿拉山旗王爷赠献的印章佛像、300多年前用黄金汁撰写的《宗喀巴全集》,以及经卷、金佛像、唐卡等数百件。寺内尚有大量绘画、雕塑、刺绣、堆绣等留存,仅雕塑而言,有金、银、铜、玉、宝石制作而成的,还有象牙、陶瓷、香木、香泥等多种质地的。最盛时期有寺僧5000多人,现在仅有130多位僧人。

寺门正对面是大雄宝殿,平日关闭,游客拜佛和参观可以拨打左侧小门上的管家电话。大殿前殿主供宗喀巴,左侧是大日如来,右侧是四臂观音。后殿主供弥勒佛,左侧是藏经阁,但这里的大藏经并不是原版,而是根据卓尼大藏经拉卜楞寺版的影印版。后殿右侧是堪布馆。大殿二楼是护法殿。

大殿左前侧为释迦牟尼殿,也是禅定寺

的博物馆，藏有释迦牟尼站像，是建寺之初萨迦法王八思巴赠送的，由稀有的蛇心檀木雕刻而成；另外还有密宗祖师之一纳然巴的骨饰（世间仅有两件）、龙树菩萨塑造的释迦十二宏化妙像、印度黑石自生六臂护法等珍贵文物。博物馆平时不开放，需要由团队预订。从释迦牟尼殿往上走，依次经过茶房（僧人用餐的地方）、嘛当仓囊钦（大活佛的居所）、大殿原址（目前空置），到达闻思学院和辩经台。从大殿右前侧弥勒佛殿往上走，依次是天文学院（内有坛城），最上面是密宗学院，里面有展开的大藏经影印版可以看。

到访禅定寺的游客不多，相比游人如织的拉卜楞寺，这里的感觉更为静谧纯粹，参观时请勿打扰僧人上课。沿噶吉街向北步行至禅定路口，上山500米可以走到寺庙，走中途的小路可以快几分钟。出租车到禅定寺一人3元，两人5元。

杨土司革命纪念馆 纪念馆
（☎138 9395 1885；噶吉街卓尼县中医医院旁；免费；⏰周一至周五8:30~12:00，14:30~18:00，有时会提前关门）杨土司革命纪念馆主要展示的是卓尼第十九代土司杨积庆和其次子末代土司杨复兴的故事。纪念馆是杨复兴的故居，建于20世纪50年代，是卓尼第一座砖木结构的楼房。历代土司的府邸分布在卓尼各地，博裕村是杨积庆的土司衙门之一，在"文化大革命"时期被毁，新的展览馆正在建设中。

卓尼土司的祖先在唐末从西藏迁入甘南，1418年，些地成为卓尼藏族部落的首领，被明成祖朱棣册封为卓尼土司。1508年，第五世卓尼土司进京，被明武宗朱厚照授五世卓尼土司"武德将军"，赐姓"杨"。第十九代土司杨积庆援助红军入甘。1950年第二十代土司杨复兴宣布起义，废除土司制度。卓尼土司历经明、清和中华民国，历任土司20任，历经532年，是甘肃几个藏族土司时间最长、管辖范围最大、影响力最大、管辖人数最多的一个土司，人口最多时达到10万余人，对当地乃至西北地区的政治、经济、军事、文化和发展都有着深远影响。

杨土司革命纪念馆在去往禅定寺的路上，可以顺道参观。纪念馆设有免费讲解，但讲解员并非一直在岗，如你想更深入直观地了解土司的生平，可联系工作人员。

🛏 住宿

县城住宿集中在洮河北岸的主干道噶吉街，以商务酒店为主，条件差不多，都有Wi-Fi和24小时热水，平日价和节假日相差较大。每家酒店的房间都配有旅游局印发的卓尼旅游指南，方便游客了解食宿信息与旅游路线。作者调研时，县城内正在新建一两所精品酒店。

佳美宾馆 酒店
（☎362 8123；噶吉街佳美购物中心；标单/标双138元；❄🛜ℙ）位于市中心的购物商场楼上，商务酒店风格，窗外可以看到县政府和禅定寺。水压有些不稳，床垫偏硬，临街的房间较吵。露天停车场10元/晚，街对面有几家早餐铺，有油条、包子、豆浆和豆腐脑。

卓尼县会议中心 酒店 ¥¥
（☎369 2888；洮砚广场，县政府对面；标双280元，标单300元，含早餐；❄🛜ℙ）县城目前

卓尼县汽车站车次时刻表

到达站点	发车时间/班次	票价（元）	行程（小时）	备注
兰州	6:15或6:30	80	5.5	经冶力关（31元）
兰州	7:10	95	5.5	经合作
岷县	10:00	26	1.5	
冶力关（临洮）	7:30，13:20	31	3	
合作	12:20，13:30，14:30，15:30	31	2.5	
贡巴寺	16:00	25	2~3	
藏巴哇	8:00，12:30	31	3	可转至九甸峡

卓尼版大藏经

如果你听说过德格、纳塘印经院,那么曾与之齐名的卓尼或许也不该陌生。藏传佛教的经典大都是木刻板印制的长条经文,内容涉及佛教经典和传统的各种文法、诗歌、美术、逻辑、天文、历算、医药等文化典籍。以禅定寺为代表的卓尼印经业始于元、兴于清,卓尼版大藏经被美国地理学家洛克评价为"没有差错的最好印版"。

第十一代土司杨汝松和第十四代土司杨声在禅定寺创办了藏经刻印院,开创了私人刻板的先河。卓尼版《甘珠尔》以纳塘、德格的木刻版和北京、拉萨的手抄本《甘珠尔》为蓝本,由著名学者至尊扎巴谢珠等人负责编纂、校对、补遗、整理,由擅长正字书法的人在木板上书写,擅长绘画的人从事版头设计和佛像绘画,五十多人伐木选材,三百多人雕刻出35,462块印版,五十名僧侣专职印刷,历经十一年,于1731年完成。《丹珠尔》的参与人数更多,历时二十一年,于1772年完工,二世嘉木样久美昂吾撰写了序目。

美国国会图书馆亚洲分馆的卓尼版大藏经是洛克购买的,用马队驮至兰州,然后经西安运到上海,于1928年运抵华盛顿,全套共317卷,需要45位喇嘛不间断工作9个月才能印刷完成。1929年,大藏经印版被马仲英的部队焚毁,1958年执行极左政策,又烧毁了不少历史经卷和印版。美国国会图书馆收藏的经书成为卓尼大藏经最完整的版本,被美国列入保护名录,最近其影印版已在中国出版。

最好的宾馆,属于政务接待型酒店。中式风格装修,略显老气,洗手间整洁。建议你选择靠内的房间,阳面更暖和,也比较安静。停车费10元。

🍴 就餐

同甘南其他地方一样,卓尼以清真餐与川菜为主,佳美购物中心四楼是**佳美美食广场**(⊙10:00~22:00),这里集中了平价的快餐、砂锅、奶茶、火锅和串串香。洮砚广场对面的噶吉街另一侧有很多小吃店,如牛肉面、肉夹馍、冒菜等,往上走还有几家川菜和大盘鸡。

新城老折家饭馆
清真菜 ¥

(洮砚街工商银行对面;面片10元;⊙9:00~20:30)距离卓尼不远的临潭新城以水面片出名,这一家百年老字号的清真面馆并不起眼,但人气很旺,手工面片和扯面都很有地方特色,面汤喝上去有茴香的味道。店家特别推荐爆炒牛肚,酸辣口味,70元/斤,六两起卖。

🛍 购物

洮砚,即洮河绿石砚,与广东的端砚、山西和河南的澄泥砚、安徽的歙砚齐名,是中国四大名砚之一。砚台细密晶莹,石纹如丝,泼墨后隔夜都不渗不干,贮墨力强,是文人墨客喜爱的瑰宝。

洮砚产自被洮河水滋润的卓尼,制作洮砚最好的石料是洮砚乡喇嘛崖的"老坑石",色泽碧绿,石质上佳,手感细润,犹如婴儿的肌肤。喇嘛崖道路崎岖,水势激险,储量很少,取材不易,所以每一块"老坑石"都非常名贵。雕刻有镂空悬浮的龙凤松鹤或者古朴典雅的花鸟山水,精湛技艺让洮砚更富欣赏与收藏价值。

直接到访卓尼县洮砚乡,可以深入了解洮砚的制作过程。县城的洮砚广场周围也有四家销售洮砚的店,价格档次差异大,老坑洮砚最便宜也得八九百块钱,如果带雕花就会贵达几千元甚至上万元。对比不同的洮砚实物,请教店家其中的异同,可以对洮砚知识有更直观的了解。洮砚属于工艺品,建议你有实际需求再问价。

ℹ 实用信息

银行的自动取款机分布在噶吉街两侧,有农业银行、工商银行、甘肃银行和邮政储蓄银行。噶吉街上有**中国邮政人民街邮政支局**(⊙9:00~17:00)。

ℹ 到达和离开

到卓尼最便捷的方式是从兰州坐火车或动车到岷县,再从**岷县公用型车站**乘班车(26元;

9:30、13:00、13:45、15:00；1.5小时）到卓尼，兰州汽车南站每天都有两班至卓尼的班车（79元，102元；6:30、10:00）。**卓尼县汽车站**（☏592 6889；大峪路洮河桥头）每天只有两班至兰州的班车，一班取道冶力关和临洮，一班取道合作，其他时间你可以去岷县或合作转车。到冶力关坐兰州或临洮的过路车。汽车站附近有包车和拼车，一般是到岷县、临潭和合作的。去大峪沟的车（11:00、13:00）上车买票，根据下车地点算票价，1小时左右的车程。

❶ 当地交通

县城大部分地方步行可到，出租车是卓尼的"公交车"，县城内2~3元/人，到禅定寺一人3元，两人5元。

临潭县城

人口：16万；海拔：2770米

临潭虽然位于甘南藏族自治州，但在这里生活的主要是回族。伊斯兰教传入临潭县已有700多年的历史，元初，忽必烈南征大理时部分将士定居洮州，成为临潭最早的居民。临潭现有清真寺40余座，最具代表性的有华大寺、西大寺、上寺和南大寺，寺院建筑气势宏伟，风格迥异。

临潭有新旧二城，现在的县城位于旧城。县城西南的**清真西道堂**（城关镇敏家巷34号）是一个有着天坛建筑的百年伊斯兰建筑群。西道堂其实是指在临潭诞生的伊斯兰教派，1901年创立，因具有独特的教义、与众不同的集体生活方式、重视发展商业的入世思想等特点而倍受人们的重视，是中国伊斯兰教三大教派之一。西道堂不仅用汉语传播伊斯兰教，还对传统的教坊制度进行了改革，形成了宗教、经济、文化浑然一体的伊斯兰社会。

西道堂对面有一个基督教会，也受到当地清真寺建筑风格的影响。出于深入青藏高原传教的目的，甘南是19世纪末至20世纪初外国传教士踏足较多的区域。他们从临潭开始，向藏区推进，最多时有近千名信徒。

如果自驾从卓尼到临潭，在距离临潭县十公里处，有一个**尕湾梁观景台**，沿着开满鲜花的栈道，爬上去要十分钟，可以拍到西北

梯田和村庄的风光。

❶ 到达和离开

临潭县汽车站（南街）有前往兰州（90元；6:40、7:30、8:20；5小时）、夏曲（70元；8:35、9:20；5小时）、合作（20元；7:40~16:30每30分钟一班；1小时）、冶力关（35元；7:00、8:50、12:50；3小时）、岷县（30元；7:30、9:20、12:10、13:30；2小时；可转火车）、新城（10元；8:40~16:30共8趟；1小时）、卓尼（8元；9:40~17:00共8趟；30分钟）等地的班车。

冶力关

冶力关属于临潭县，因为位于临夏以南，故小气候和自然风貌上都和临夏很接近。在冶力关300平方公里的范围内，有天池一座、峡谷一道、石崖一簇和森林一片，构成了一个超浓缩的"盆景"。冶力关属于兰州人的避暑胜地和周末休闲地，从兰州出发需要三个小时，从甘南进出反倒麻烦。如今合作至冶力关公路新通，让冶力关成为甘南旅游环线的重要一环。

◉ 景点

冶力关景区　　　　　　　自然景观

[☏327 2666；天池冶海、赤壁幽谷、亲昵沟（阴阳石）套票60元，森林公园78元；⏱8:00-18:00]已开发的景点有天池冶海、赤壁幽谷、亲昵沟和森林公园。在冶力关广场正南的游客中心可以提供简单的地图，代售景点门票，但直接去景点买票更为方便。冶力关的旺季是7月至8月，冬季（10月中旬至次年4月中旬）基本没有游客，景区有可能关闭。

天池冶海　　　　　　　　　湖泊

冶海湖位于冶力关镇以北5公里处的白石山与庙花山之间，海拔2610米，南北走向的湖长5公里，在两岸高山峡谷间伸展。冶海湖是淡水湖，为峡谷堰塞而成，被当地藏族称为"阿玛周措"。在冶海南岸的码头可乘坐游船（大船30元，快艇40元，往返1小时左右）游湖。半个小时之后，船到北岸草原，会有很多当地藏族人招呼你骑马拍照。隆冬时节，冶海湖的湖面结冰封冻，冰面呈现出千姿百态

的各种冰图。当地人每年农历腊月初八，会爬上西边山上的悬崖栈道，在空中观看冶海当年的冰图样式，预测来年的播种和收成。

从冶力关广场向北过冶力关大桥，就是去往冶海和赤壁幽谷的方向。从停车场上去是游客步行道，会依次经过神泉、草场和饮马泉，再到山顶的观景亭，从观景亭可以俯瞰饮马泉。观景亭不远处是冶海滑索，看起来十分简陋，淡季不开放。绕过滑索可以看到绑满经幡的"放账石"，前方便是冶海湖。

赤壁幽谷 丹霞山

冶力关镇西北5公里处的赤壁幽谷，是一片赤色与绿色相交映的丹霞地貌。抬头仰望，可见赭红色的沙砾岩体在风雨侵蚀下形成的千姿百态。眼前是翠绿的小草原，有当地人在这边放羊。谷底有一条小溪，进入时可沿着小溪旁的石阶走，出来时则可以登上修建在峭壁之上的木栈道，远望层层叠叠的梯田。

森林公园 峡谷

位于冶力关镇西南大约15公里处，主要开发了黄涧子沟和香子沟两处峡谷景区。过了检票处1公里，道路开始分岔。各自向南推进3公里，出现栈道路标，一条长1876米、铺满落叶的森林栈道，将两个峡谷连接起来，冶力关的精华就在这1876米里。由于没有公路，司机会开车绕到另一端的栈道口等你。森林徒步需要差不多1.5~2小时。从这里开车可以直通藏族居住的康多峡谷。

亲昵沟 丹霞山

位于冶力关镇西南约2公里处，亲昵沟也称"情人谷"，沟内有阴阳石，其形状酷似雌雄阴阳之物。阴阳石四周群山环绕，绿树成荫。赭红色的沙砾岩体，阳物高约30米，顶端直径约10米；阴物深约25米，周口直径约10米。

🛏 食宿

到冶力关主要住农家乐。关街休闲街是一条仿古步行街，街上有一些简易的民俗装饰，有许多小吃店、奶茶店，但淡季大部分都不开门。步行街尽头是一条小巷，往上走沿途一公里左右有很多农家乐，普通间最便宜50~60元，条件不一，一般都带Wi-Fi和免费停车。镇上也有几家大酒店，接待条件一般，最好的是野林关大酒店（☏327 1888；广场西侧；标双242元）。游客中心旁和冶海路都有甘肃省农村信用社的自动取款机。

祥瑞山庄 民宿 ¥¥

（☏136 3936 9448；北滨河路；标双298元起，含早餐；🛜 🅿）洮州宅院风格的民宿，建筑、砖雕、花ာ很有当地大宅院特色，和普通民居不一样。4月至10月开放，冬季关闭，淡旺季房价差别较大，淡季时最便宜的房型只要一百多。带暖气，停车免费。

迎宾农家乐 农家乐 ¥

（☏13893933224；普通三人间90元，标间120元；🛜 🅿）迎宾农家乐是靠近巷口的一家，进出方便，新装修，房间比较干净，标间有独立卫浴，院内停车免费。

🍴 就餐

北滨河路沿途有十几家大小餐馆，一般都有冶力关的野生鹿角菜、野蘑菇和野蕨菜，三四十元/例，桥头美食街有几家烧烤摊。伊鼎阁手抓餐厅（人均50元；⏰10:00~22:00）是桥头一家清真餐厅，比较平价，夏季有浆水面。旁边的冶海路也集中了几家小宾馆和一些平价小吃店。

ℹ️ 到达和离开

兰州汽车南站有发往冶力关的班车（54元；8:55, 13:00；约3.5小时）。从冶力关返回兰州，6:00在桥头发车，12:30在广场发车，9点至10点还有过路车经过冶力关。合作北站（32元；9:00, 15:30；2小时）有班车走合冶公路到冶力关，返程在冶力关桥头（8:00, 15:30）发车。从卓尼可以坐兰州车（6:15或6:30）或坐陇洮车（7:30, 13:20）到冶力关（31元，3小时），一天有3趟车。临潭有直达冶力关的班车（35元；7:00, 8:50, 12:50；3小时），从冶力关至临潭7:00在广场发车，7点到9点有拼车到临潭。

ℹ️ 当地交通

冶力关各景点较分散，距离都在5公里以上，只能包车前往，包车往返天池冶海60元、赤壁幽谷40元、森林公园往返120元、亲昵沟60元，冶力广场有很多包车司机，分段包车比较划算，淡旺季和不同司机之间的价格会差很多。

大峪沟

成名早于扎尕那的大峪沟,是卓尼县旅游的一块招牌,较早被评为国家4A级景区。峡谷、森林、草原风光优美,藏传佛教、藏寨民居、觉乃服饰古朴浓郁,不少兰州人会在盛夏自驾前来避暑,或是深秋到此观赏层林的幻彩渐变。大峪沟自古是洮州和叠州之间的通道之一,公路修通后,这里遂成为人迹罕至的风景区。

去大峪沟的分岔路位于距离县城不远的木耳镇,沿S581省道进去约4公里,就是长500多米的云江峡,不要忘记抬头看看风景。继续前行14公里左右是大峪沟景区游客服务中心(塔古滩)。大峪沟共有九条支沟,分布于大峪沟东南方向,仿佛一把遗落人间的巨型扇子。最西边是旗布沟,内有800多年历史的**旗布寺**,以及一线天、三角石、杜鹃花海、卓玛拉措等景点。**三角石**是一座拔地而起的独立奇峰,高约百米,底部窄小上部渐大,石顶中开一分为三,形状非常像三面两刃宝剑。从扎尕那有一条经典徒步路线(见204页)穿越到此。**阿角沟**是大峪沟的核心景区,沟内有观音阁、鸳鸯阁、观音云梯栈道等人文景点,有四道石门、石猿临溪、月亮门、观音湖等自然奇观。

作者调研时,大峪沟正在进行为期两年的封闭式改造,不对外开放。预计重新开放后,景区的游览方式会有比较大的调整。去大峪沟的车(11:00,13:00)在卓尼县汽车站上车买票,根据下车地点算票价,1小时左右的车程。

车巴沟

车巴沟是一条未开发的线路。顺X412县道,一路沿着车巴河走,穿过风景旖旎的车巴沟。当看到规模相当大的寺院建筑群时,你就到了贡巴寺。贡巴寺往南是尼巴藏寨,山坡上层层叠叠坐落着一座座建筑风格迥异的小木楼和碉楼,家家门前都立着晒牧草的木杆架,原始而古朴。由于当地藏族人进行水葬、禁吃鱼,故这里也是石花鱼的自然保护区。翻过百里石林的光盖山,就到石城扎尕那(见202页)了。

⊙ 景点

贡巴寺
寺庙

(刀告乡)贡巴寺始建于1888年,由戎装抗俄、率兵镇守伊犁边关的清末总督喇嘛噶绕活佛创建。当年的农历四月十七,寺院为光绪和慈禧太后祝寿,举行了隆重的法事活动。皇帝闻奏大悦,颁赐了"当今皇帝万岁万万岁"和"皇太后万岁万万岁"两块长生牌位,赐金字匾额"万寿寺"。

贡巴寺是甘南仅次于拉卜楞寺的第二大寺院,寺庙建筑金碧辉煌,僧人住的禅房规制整齐,看起来庄严肃穆。贡巴寺下辖六大学院——闻思、时轮、藏医、密宗、印经、法舞,六座菩钦、九间大殿,释迦牟尼殿是其中最大的一间,殿内的壁画值得细细观赏(要带上手电)。班禅殿的外墙整面墙上都是释迦牟尼雕像,足有上千尊。寺院最北端有一座佛塔,几乎是拉卜楞寺贡唐宝塔的翻版,但是要大上一号。环绕寺院的转经筒长廊有千余个转经筒,其规模也堪比拉卜楞寺。

贡巴寺的法舞在甘南首屈一指,寺院设有专门的法舞学院。8月和9月,很远就可以听到排练法舞时的鼓钹法号之声,学法舞的僧人不仅苦练舞蹈步法动作,还要学习密宗咒语和坐禅修行。每年农历正月十二、十三两天是演出法舞的神变节(又叫"墨龙节"),是贡巴寺全年最大的法事,演出场面颇为庞大,演员包括头戴黑帽的舞蹈者20人和伪装骷髅的孩童12人,加上吹拉弹唱,参加演出的人数有五六十人。

尼巴藏寨
村落

(尼巴乡)海拔2930米的尼巴藏寨是一个依山而筑、依山而居的百年村寨,被列入中国传统村落名录。"尼巴"为藏语音译,意为阳坡。藏寨坐北朝南,远远望去,山坡上层层叠叠,密密麻麻地坐落着一座座建筑风格迥异的藏式小木楼。明媚的阳光洒满村寨,反射着金黄的光芒与墨绿色的阴影,色彩浓重而神秘。

❶ 到达和离开

卓尼县汽车站一天只有一趟直达贡巴寺的班

另辟蹊径

自驾翻越迭山

从卓尼县巴沟沿X412穿越到扎尕那北门,是一条翻越迭山的经典越野路线,被自驾爱好者称为自驾版的"洛克之路"。全程需要8小时左右,穿过车巴沟,途经贡巴寺和尼巴藏寨,翻越光盖山,一路所见堪称人文经典,也有无比迤逦的风光。路面多为碎石路、沙土路,路面较窄,许多路段年久失修,需要底盘较高的越野车才能通过,有时会遇到冰川和落石,建议你备一把工兵铲。作者调研时,扎尕那段正在维修,无法通行,未来部分路况有改善的可能。

车(25元;16:00;2~3小时),沿途部分路段稍有颠簸。自驾从卓尼县城出发,经S306省道往西,从临潭县术布乡的江可河村的岔路口,进入X412县道(江迭路),可以抵达贡巴寺,全程85公里,或者从卓尼县城溯洮河而上,路况好的话大约1小时车程,从麻路镇折向南。

新城镇

临潭有新、旧二城,旧城历史更久,但自元代以后,新城就几乎一直是临潭的治所所在,1953年临潭县驻地才由新城迁至旧城。新城镇距离卓尼县城不远,城中有古洮州卫城遗址,是甘南地区最大的古城,和许多西北古城一样,到古洮州卫城遗址的旅行者很少。

明洪武十二年(1379年)西平侯沐英筑城,明、清两代屡次重建。该城依山而建,东北高、西南低,呈多边形,周长5000多米。这里本来是一个屯兵戍边的小城,当地人很多都是明朝随军迁徙而来的,故至今保持着明代江淮地区高髻银饰、凤头宫鞋的传统。他们将赶集称为"逢营",清晨早市叫"早营",充满了军旅遗风。端午节时这里会举行独特的庙会,抬来明初开国元勋徐达、常遇春、胡大海、沐英等十八位龙神,祈求五谷丰登。

卫城遗址中还有一个苏维埃旧址,古时称为"鞑王金銮殿",始建于13世纪的元代,最早为元世祖忽必烈南征云南大理时的行宫,其后成为当地群众祭祀的场所。1936年8月,朱德、张国焘、徐向前部在长征途中攻占临潭后就将总部设在这里,并在此召开了著名的中共中央西北局洮州会议,最后决定红军北上。

临潭县汽车站(南街)有前往新城(10元;8:40~16:30共8趟;1小时)的班车,也可从卓尼坐车或包车。新城以水面片出名,临潭、卓尼一带都能吃到。

九甸峡

白石山和莲花山将洮河夹在其中,形成九甸峡(藏巴哇乡),修建的九甸峡水利枢纽和引洮供水工程,是甘肃最大的水电工程。由于黄土高原的很多地区景色单一,水库游便成了当地人的乐趣,如果你来自水力资源丰饶的地区,可以不必前往。

九甸峡是甘、川之间古道的捷径,古人凌空凿石架设栈道、修造木桥,至今还可以在岩壁上看到栈道孔穴遗迹,以及一些残存的古栈道。九甸峡中有一座古堡遗址,当地人称"桥道堡",附近的崖上凿有石洞佛龛,尚有残存的佛像。栈道石壁上有几处刻文,记载了历代修桥筑栈过程中屡建屡毁的史实。

❶ 到达和离开

九甸峡景区地处三县交界处,距离冶力关镇35公里,自驾可与临潭冶力关放在一条线上游览。卓尼县汽车站有到藏巴哇乡的班车(31元;8:00,12:30;3小时),也可以从乡上包车前往。

玛曲及周边

玛曲位于黄河上游,在藏语里是"黄河"的意思。玛曲辖区很大,在地图上看起来犹如一只藏靴,脚尖伸向青海的果洛,脚跟靠在四川的阿坝,阿尼玛卿山脉是这只藏靴坚硬的前包镶鞋掌,黄河在靴面上形成了蜿蜒曲折的花纹。黄河自青海巴颜喀拉山出发,流经

玛曲(尼玛)

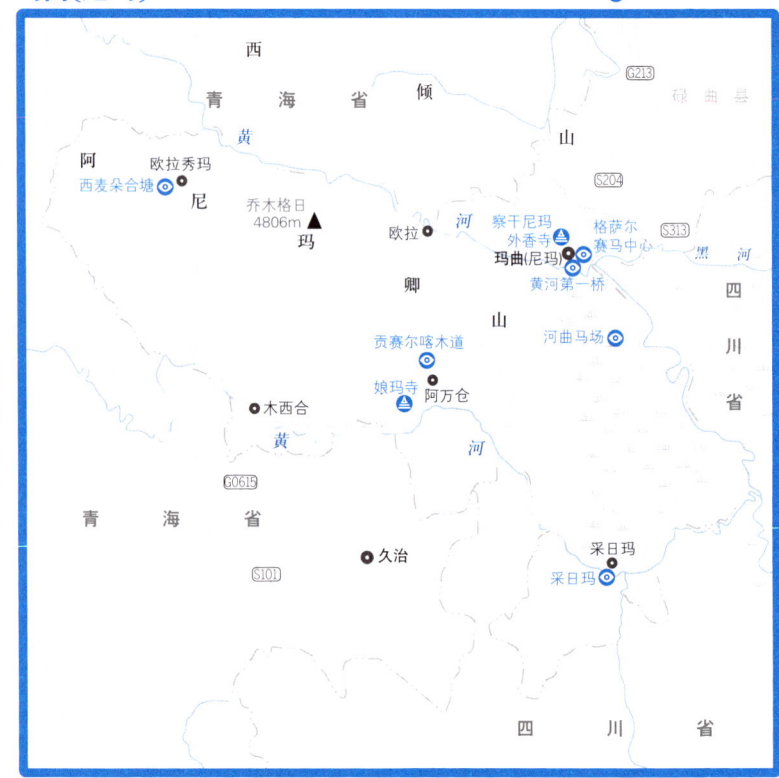

玛曲,迂回433公里又流回青海,形成了久负盛名的"天下黄河第一弯"。由于这里的草原植被良好,地表水十分丰富,形成了黄河首曲上最大的一片湿地草原。

玛曲是河曲马的中心产地,也盛产欧拉羊、阿万仓牦牛和河曲藏獒。每年8月13日,在县城赛马场会举办为时一周的赛马节——"格萨尔赛马大会",是藏区参赛规模最大、影响力最深远的传统赛马盛会之一。

《格萨尔王》被誉为"东方的荷马史诗",它以口耳相传的方式传唱了上千年。关于格萨尔王在历史上是否真实存在,学术界一直有争议,通常认为格萨尔王并非某个特定的人物,而是藏族历史上某个时期英雄们的文学化身。但有人考证,藏族传唱千年的《格萨尔王》史诗中,反复提到的地名"玛域",就是现在的玛曲及周边一带。

除了赛马节期间,专程到玛曲的旅行者很少,一般人将玛曲作为自驾青海和四川的中转地。黄河第一弯穿过了整个玛曲,景点较为分散,如果想绕着弯走一圈,这一路蜿蜒数百公里,自驾也需要三至四天时间。从青海出发,到花开四季的西麦朵合塘,看漫山遍野星星点点的野花;再逆流而上来到玛曲县城尼玛镇,过黄河第一桥,到草原与黄河交融的河曲马场,再到采日玛看黄河第一弯日出和日落;继续往前到阿万仓镇,在傍晚时分登上的贡赛尔喀木道湿地,可以看到落日晚霞照亮如彩带一般的黄河曲流;最后来到木拉寺,远眺七仙女峰和黄河大湾。

玛曲县城

人口: 5.4万; 海拔: 3479米

玛曲县城又称"尼玛镇",由于海拔较

高,比甘南其他县城的温度略低一些,许多酒店和餐厅都配有甘南地区罕见的空调。**格萨尔广场**是城中心,格萨尔神马塑像傲立其中,夏天时有民众在广场上跳起喜庆热闹的锅庄舞。

进入玛曲县城前首先会经过2公里的忠克隧道,隧道之后是**忠克观景台**,这里是第一个黄河观景点,与天际相连的辽阔草原直入眼帘,拉开了玛曲壮阔草原美景的大幕。县城的城门口有一个**玛曲县游客中心**(☎612 1619;⏰8:30~17:30,夏季开放)可以咨询玛曲的旅游线路和领一张景点地图。沿玛曲游客中心旁的岔路上山就是察干外乡寺,外乡寺观景台可以俯瞰黄河流经玛曲的全景。

⊙ 景点

黄河第一桥
桥梁

(S313距离县城约4公里处)黄河第一桥只是一座普通的公路拱桥,桥头竖有"天下黄河第一桥"石碑,还有几个观景台。它建于1979年,是黄河上游建成的第一座大桥,全长280米。桥下的黄河水已开始有些混浊,奔流较快。桥两侧的视野都很开阔,黄河与浮云交融在藏蓝天际,一望无边的草原上零星散布着牛羊。如果你正好在日出或日落时分经过,不妨停下来看看太阳与黄河交相辉映形成的景色。清晨,当太阳升至拱面时,犹如拱桥托起了太阳;黄昏时分夕阳西沉,恰似落入黄河。这样的"拱桥托日"和"黄河落日",都是玛曲旅游值得大书特书的一块招牌。

去玛曲南部的景点都会经过这座桥,从玛曲县城打车收费10元,也可以步行沿欧拉路过去,不过沿途没什么风景。

格萨尔赛马中心
草原

(县城东南)格萨尔赛马中心又叫"格萨尔赛马场",仅赛马节时开放,其他时候你只能站在"中国赛马之乡"的雕塑前面照一张相。格萨尔王12岁时找到"神骥",在赛马中一举夺魁称王,这是格萨尔赛马大会名字的缘起。玛曲格萨尔赛马节号称"规模最大、参赛选手最多、奖金额度最高",已成了藏区一个高规格的赛马活动。赛马分为速度赛马与耐力赛马,又根据距离、专业和传统分为不同的比赛项目。赛马节还会有马术表演、"牦牛藏羊藏獒评比大赛"、音乐节、锅庄舞等活动。届时穿上多彩藏装的人齐聚到比赛场地,大部分是为了聚会、喝酒聊天,传说中,格萨尔王是在赛马夺魁后才获得珠姆姑娘的芳心,小伙子自然也不会放过在这样的聚会中寻找意中人的机会。

赛马大会一般会在每年的8月13日开始,持续7天左右,届时玛曲所有的宾馆旅店都会爆满,价格也上涨很多,务必提前预订。沿格萨尔东路一直向东走,尽头可以看到格萨尔赛马中心的指示牌,右转不远就到。

察干尼玛外香寺
寺庙

(玛曲县城正北方约3公里处)察干尼玛外香寺是拉卜楞寺的属寺,该寺由二世嘉木样活佛创建于乾隆四十五年(1780年),是玛曲境内最早的一座藏传佛教寺院,其后几位嘉木样分别创建哲学院、建立时轮修法仪轨、成立密集金刚之法的观修等,显密修学风气逐渐养成。寺庙只有为数不多的几间佛堂,却有僧人一百余位。

从寺院前方空地右手边的木栈道上山,步行15分钟后可到达山顶观景台,可以饱览整个黄河流经玛曲县城的全景,观景台上还放置了一台高倍望远镜,可以看清几公里外的羊群。

从玛曲县城打车5元,如果你是从夏河、合作、碌曲坐班车过来,可以在外香寺路口的游客中心下车,步行上山。

🛏 住宿

往北出入县城的忠干路(尕玛路)两侧都是酒店,往南出入县城的玛扣路也有一些酒店可供选择。9月份还没供暖时天气已经转冷,半夜气温会下降到零度,建议你找有空调的旅馆。8月赛马会期间,整个县城的旅馆房价都会水涨船高,并且几乎全部住满,需提前数周预订,平日无须预订。

德吉快捷酒店
快捷酒店 ¥¥

(☎612 2859;忠干路北段,扬祺客运汽车站斜对面;标双158元;❄🛜Ⓟ)中规中矩的快捷酒店,客房比较干净,设施齐全,热水很足。配有空调,制热很好,院内可停车,性价比高。到店比网上预订价格便宜。对面就是长途汽车站,附近也有一些简易的餐饮。

星星宾馆
客栈 ¥

(☎138 8405 0035;格萨尔广场东侧;标双100元;🛜P)普通的家庭客栈,位于格萨尔广场,过街便是步行街。房间不大,刚好放下两张床,卫生间有电热水器。建议你选择二楼朝向广场的房间,有很好的视野,便宜的房间可能没有窗户和卫生间。有地暖但没有空调,9月入住比较冷。

尼仓民俗酒店
精品酒店 ¥¥

(☎612 5234;步行街中段,藏人缘音乐餐吧对面巷子;标双188元;❄🛜)玛曲最具现代感的一间酒店,房间是藏式家具的嵌入式设计,配色也很漂亮,墙上挂了很多藏族摄影师的作品,卫浴很干净。2019年开业,门前停车,服务员汉语不是很好。

玛曲热西生态旅游宾馆
酒店 ¥¥

(☎593 3777;玛扣路,汽车南站旁;标双168元;❄🛜P)停车院子、房间都很大,房间是星级商务酒店装修风格,硬件很新,但热水不太足,空调制热不好。附近还有几家条件差不多的酒店。

✕ 就餐

玛曲县城以藏族人口为主,街道上最多的却是川菜和清真餐馆。作为黄河首曲,这里的藏族人是吃鱼的,所以不妨尝尝这里的川味鱼,格萨尔街的城关小学门口是一排川菜馆,价格实惠,鱼是活买活杀的。格萨尔广场南边的步行街也有许多餐饮,清真烤肉店、手抓美食城都在这里。另外,吉祥饭店楼下的**清真珍味轩**做的鱼也不错。

成都酒楼
川菜 ¥¥

(☎612 2701;格萨尔西路,移动公司对面;人均50元;⏰9:30~22:00)一家颇正宗的川菜馆,本地食客很多,主打各式鱼类(均为68元/份)、炒菜,味道稍微偏西北风味,我们推荐酸菜鱼、毛血旺,分量很足,菜品也很新鲜。

藏人缘音乐餐吧
火锅 ¥¥

(☎612 3288;步行街中段;人均70元;⏰9:30至次日1:00)装修现代的藏风音乐火锅餐吧,主打小火锅,菜品符合当地特色的鲜切羊肉、本地羊肉卷等,在步行街上开了十几年了。除了火锅,还有时髦的洋酒、啤酒和甜胚子奶茶,二楼可以唱KTV。

ⓘ 实用信息

危险和麻烦

玛曲县城总体治安较好,但如果前往偏僻的地方就需要当心了,曾有游客遭遇抢劫的案件发生,直至2019年还有摩托党拦路收费的情况。玛曲大草原上看见牧民帐篷的地方,往往有藏獒出没,靠近时一定要小心,以免被咬伤。玛曲秋冬季经常刮起八级以上的大风,风速可达17米/秒甚至更高,这时恶劣天气会对人身安全造成威胁,应暂停户外活动,避免开车上山。

银行

玛曲县的**中国农业银行**(步行街)、**中国工商银行**(格萨尔西街)以及**甘肃农村信用社**(格萨尔广场西侧)都可以取现,街上还有几处有农行的自动取款机。

医院

玛曲县人民医院(吉祥饭店对面)的科室比较齐全。街头诊所很多,轻微高原反应、感冒之类的小毛病可以直接到小诊所解决。

ⓘ 到达和离开

兰州汽车南站每天都有至玛曲的班车(115元;7:50,9:50;7小时)。合作汽车站至玛曲的车每半小时一班。青海河南每天有一趟车发往玛曲(50元;7:30;5小时)。

玛曲扬祺客运汽车站(忠干路北段)位于县城的北入口,有发往兰州(110元;6:50,8:10)、合作(51元;6:00,9:00,11:00,12:30,13:00)、临夏(80元;6:30,8:40,10:30,11:30,12:00,13:30)、夏河(70元;7:20,7:30,7:50)、迭部(48元;8:30,14:00)、舟曲(85元;7:30)的省内班车,以及青海河南(50元;7:30)、大武(80元;12:30)、久治(50元;15:30)、四川若尔盖(43元;8:00)、阿坝(65元;15:00)的跨省班车。去郎木寺可坐到迭部、若尔盖的车,到欧拉秀玛(西麦朵合塘)可以坐到青海大武的车。

玛曲汽车南站(玛扣路南段,赛迪旅游酒店对面)有发往各乡镇的班车,主要包括采日玛乡(35元;约14:30,次日8:00返回;3小时)、木拉寺(35元;9:00,次日9:00返回,隔日1班;3小时)、欧拉秀玛(40元;9:00,12:30;3小时)、齐哈玛(30元;

14:00；3小时）。到阿万仓、娘玛寺可以坐木拉寺的车，也有一趟专门发往阿万仓的车（20元；12:00；1小时）。因为修路等原因，目前到黄河首曲湿地、夏秀寺、ôhttps科大沼泽地没有班车。因为都是私人班车，并不守时，故建议你提前联系司机。一般情况下每天只有1班。

❶ 当地交通

出租车均为2元/人，到较远的地方需和司机商量价格。到外香寺打车5元，到黄河桥打车10元，到河曲马场打车40元，到黄河首曲湿地打车120元。

阿万仓

阿万仓位于玛曲县西南54公里处，这一片黄河湿地是以贡曲、赛尔曲、道吉曲三条river流与黄河的汇合处为中心的盆形草原区，面积约200平方公里。该地区之所以著名，是因为它是历史上游牧民族通向陇南、川西和青海的咽喉要道，党项、吐谷浑、蒙古部落多次在此发生战争，有"欲得河曲，先占贡赛"的说法。

◉ 景点

贡赛尔喀木道　　　　　　　　　　湿地

（阿万仓镇；旺季40元/人，淡季20元/人）玛曲旅游开发一直落后于甘南其他县市，贡赛尔喀木道作为玛曲唯一的收费景点，其实只是一处观景台栈道。穿过阿万仓县城，从城西的小路上山，到达山顶后有一大块停车场，山顶的风非常大。这里有一个挂满经幡的瞭望台、立有碑刻"贡赛尔喀木道"的大石。

修在山顶的木道将景色一分为二，一边是绵长回转的黄河在阳光下泛着金光；另一边是阿万仓县城全景，一片红顶小屋远远看去犹如积木搭建的玩具城堡。远处的湿地与湖泊辉映，雪山与黄河并存，百转千回的河水传说是吉祥八宝，越有慧根的人看到的越多越久。如果不上木道，需要另付停车费10元，旁边的观景台也可以看到类似的湿地景色。

娘玛寺　　　　　　　　　　　　寺庙

（阿万仓乡扎西贡色滩；免费）娘玛寺又称"阿万仓召岱娘玛寺"，由康多知钦喇嘛奥达创建于1834年，属于宁玛派。因该派遵循前弘期所传之密宗，故名。寺内主要圣物有高达二尺半的莲花生大师全像，内地塑造的释迦牟尼像，还有3米高的菩提塔和金刚杵等许多珍贵法器，藏有《甘珠儿》等佛教经卷2000余部。

如今的娘玛寺新建了一个巨大的转经筒——轮回彻空大法轮，高耸入云，下面是虔诚的信徒在不断推动。轮回彻空大法轮旁边是六字真言塔。娘玛寺最高的殿是光明宫，旁边还有一个佛阁样式的紫玛护法殿。

❶ 到达和离开

到阿万仓、娘玛寺可以在玛曲汽车南站坐木拉寺的车，也有一趟专门发往阿万仓的车（20元；12:00；1小时），阿万仓镇距离娘玛寺还有约5公里的距离。阿万仓镇有简单的住宿。自驾沿G345到阿万仓，全程柏油路，路况不错，包车单程150元，往返250元。不要执着于景点，沿途免费的景色更值得一看。

从阿万仓镇再往前就是青海的久治，玛曲扬祺客运汽车站每天有一趟班车到久治（50元；15:30），如果算好时间，可以从阿万仓搭到久治的车，开启青海的旅程。

西麦朵合塘

西麦朵合塘（欧拉秀玛乡）意为"吉祥花滩"，位于县城以西120公里处的欧拉秀玛乡。从欧拉乡往西，一直延伸到欧拉秀玛乡的甘肃、青海省界，都可以算作西麦朵合塘大草原。7月中旬，整片草原盛开着一色的金莲花，灿若天霞；8月，天蓝色的格桑花又竞相开放；到了10月，遍野素淡的毛茛星星点点。这里雪下得特别早，10月可能就封山了。由于全球气候变暖，夏天和冬天都降临得比较早，花开的时间也随着气候而改变。如果你一心为了花海而来，出发前一定要找人问一问。

50多公里的黄河草滩上分布着大小湖泊20多个，其中曲哈尔湖是欧拉部落的圣湖，当地人经常会在那里庆祝节日、举办法事。如果你是包车前往，可以让司机从湖边绕行。夜宿西麦朵合塘的牧民家，费用几十元即可。如果对卫生比较介意，最好自带睡袋。夜里气温较低，但烧着牛粪的居住空间里很暖和。早晨从

另辟蹊径

从玛曲到青海

游完西麦朵合塘后，沿X627县道到欧拉秀玛乡，也是看阿尼玛卿的好地方。玛曲欧拉秀玛乡与青海的香扎寺隔黄河相望，为甘肃拉卜楞寺的属寺，河堤昂欠（活佛府邸）背后有一条小路通往山坡，上有转经殿、转经廊，此处更为开阔。当你见到如碧绿飘带般嵌在草原之中的黄河以及沿岸的寺院金顶时，路况的颠簸已不再重要。为了便于往来，两岸各设了一处黄河渡口。据当地人说，交通工具仍使用原始的羊皮筏子，渡口只在牧民转场时开放。从香扎寺继续前往青海河南县只要两个小时，但路况较差。

另一条到青海的路线路况较好，从阿万仓镇再往前就是青海的久治，大部分旅行者都会选择这条路线。需要注意，久治县年保玉则景区自2018年开始全面关闭，开放时间尚未确定。

帐篷中钻出，看牛羊漫步，阳光一点点洒在花海的露珠上。沉浸在这独特氛围里的时候要注意主人家的藏獒，草原上的牧羊犬对陌生人充满警惕和敌意。

ℹ️ 到达和离开

在玛曲汽车南站可以坐到欧拉秀玛的班车（40元；9:00, 12:30；4小时），次日9:00返程，也可以在玛曲扬祺客运汽车站乘坐至青海大武的过路车。前往欧拉秀玛乡的山路弯道较多，路面不太好，包车费用往返400～500元。

采日玛

黄河自西向东流，在采日玛乡开始掉头向北。天气晴朗的时候，你可以爬到采日玛乡政府东边的小山顶上，欣赏号称是黄河首曲之上"最迷人"景观的日出。但是，如果你只是为了"首曲"这个名头而特地到这里看日出，可能会感到失望。一望无际的草原，没有让你俯瞰整个黄河大拐弯的制高点，除非用到无人机，你看到和拍到的日出，与草原上其他地方的并无不同。

玛曲汽车南站有至采日玛乡（35元；约14:30，次日8:00返回；3小时）的班车，有时一天会有两趟车。从玛曲包车前往采日玛单程200元，往返350元，很难拼车。

河曲马场

河曲马亦称"乔科马"，与内蒙古三河马、新疆伊犁马被誉为中国三大名马。河曲马场（距离县城约20公里，乔科草原东北部）是河曲马的培育中心，也是典型的草原湿地生态游览区。除了河曲马，黑颈鹤、白天鹅、黄鸭、黄羊、藏原羚和梅花鹿等珍禽异兽也在这一带栖息游荡。

马场的拦河大坝内，高山草原与黄河曲流交融，水天一色。2010年，藏族的第一个马球队在此地组建。据说现在马场有马两万匹左右，但游客过去的话，大多只能看到几百匹马，它们分散在草原上悠闲地散步、吃草。7月和8月是到河曲马场最好的季节。8月中旬之前，正式的格萨尔赛马大会之前，河曲马场会举办一场自己的赛马会，以选拔参赛良马和骑手。如果你的日程凑巧，完全可以参观那场小型赛马会，同时避开正式比赛期间的旺季涨价。

ℹ️ 到达和离开

作者调研时，河曲马场这条线路正在修路，路况不是很好，到黄河首曲湿地、夏秀寺、乔科大沼泽地的班车也停运了。途经的车辆不多，到马场包车单程40元，往返需要60元，到黄河首曲湿地120元，可能因路况和季节涨价。不一定非要到马场所在地，其实沿途都有草原湿地的绝佳风景。

陇东南

包括➡

天水市..................224
麦积山石窟..............232
水帘洞..................235
平凉市..................237
庄浪....................240
庆阳市..................242
北石窟寺................243
陇南市..................244
成县....................248

最佳住宿

➡ 飞天美居酒店（见225页）
➡ 非繁·城品酒店（见228页）
➡ 尚品怡家酒店（见238页）
➡ 钻石伯爵精品酒店（见242页）
➡ 麗枫酒店（见245页）

最佳古迹

➡ 麦积山石窟（见232页）
➡ 拉梢寺（见235页）
➡ 北石窟寺（见243页）
➡ 西狭颂（见248页）
➡ 陈家洞（见240页）

为何去

陇东南位处陕、宁、川接合部，因横贯的秦岭和纵向的陇山，而兼具北方的雄浑粗犷和南方的钟灵毓秀。毗邻关中平原的陇东，瓜分了四分之一的黄土高原，却将灰不溜丢的黄土大峁开垦成气壮山河的万亩梯田。它一反西北的干旱，遇雨就"仙"气十足，丹霞地貌升起了"麦积烟雨"和"雾锁崆峒"的秀色。紧挨着四川的陇南，天池、飞瀑、湿地、峡谷等自然风光唱主角，还同时拥有高海拔山地和亚热带森林两种特征。

大地湾先民在吃住和美学方面对史前文化贡献颇多。同为从东方迁徙而来的周人先祖和秦人先祖，一个选择在陇东以农业立国，开华夏农耕文明的先河，一个以牧马发迹，在天水、陇南一带建业。渭河与泾河流域为佛教东传留下了数量庞大的石窟，领衔的麦积山石窟以泥塑造像和俏皮可爱的菩萨，在中国四大石窟中独树一帜；拉梢寺有世界上最大的露天摩崖浮雕大佛；南、北石窟如一对双胞胎闪耀了陇东石窟界。

何时去

6月至8月 庄浪梯田处于一年中最出彩时。夏天充沛的雨水令崆峒山和麦积山缥缈如仙境，不过，天水、陇南、庆阳等地也常有洪涝，给出行带来不便。

9月至11月 暑假一过，游人渐散，赏景却刚刚好，崆峒山、官鹅沟、文县天池、梅园沟都层林尽染。

12月至次年3月 下雪后高海拔景区就关闭了。陇东的年味很浓，正月里有南郭寺庙会、玉泉观上九会、伏羲庙朝人宗，热热闹闹的社火表演将平凉、庆阳各地变成一场"村晚"大舞台。

4月至5月 旅游淡季，时有风沙，没什么特别值得看的风景，最大的人文庆典是泾川王母宫的西王母庙会。

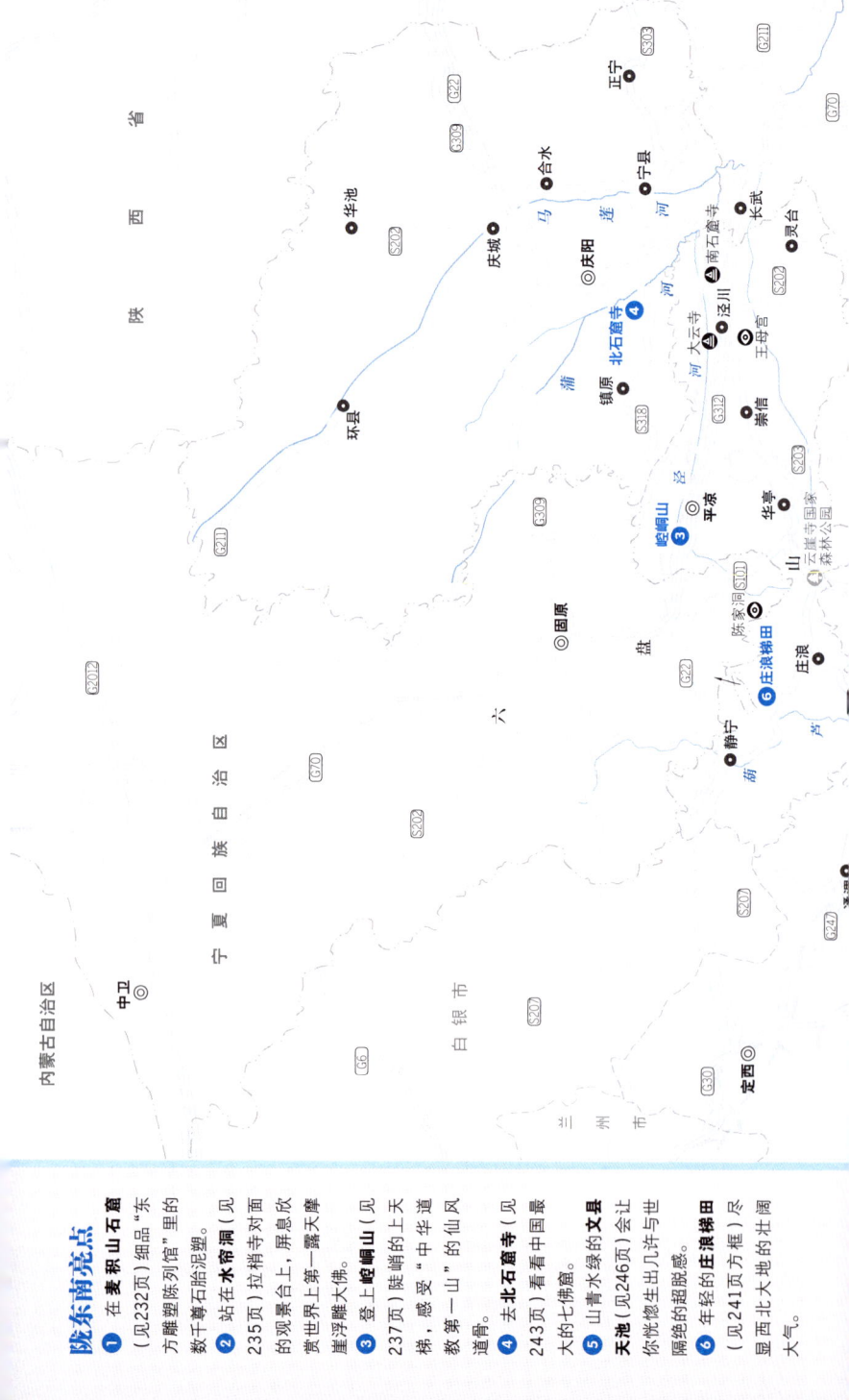

陇东南亮点

❶ 在麦积山石窟（见232页）细品"东方雕塑陈列馆"里的数千尊石胎泥塑。

❷ 站在水帘洞（见235页）拉梢寺对面的观景台上，屏息欣赏世界上第一露天摩崖浮雕大佛。

❸ 登上崆峒山（见237页）陡峭的上天梯，感受"中华道教第一山"的仙风道骨。

❹ 去北石窟寺（见243页）看中国最大的七佛窟。

❺ 山青水绿的文县天池（见246页）会让你恍惚生出几许与世隔绝的超脱感。

❻ 年轻的庄浪梯田（见241页方框）尽显甘肃北大地的壮阔大气。

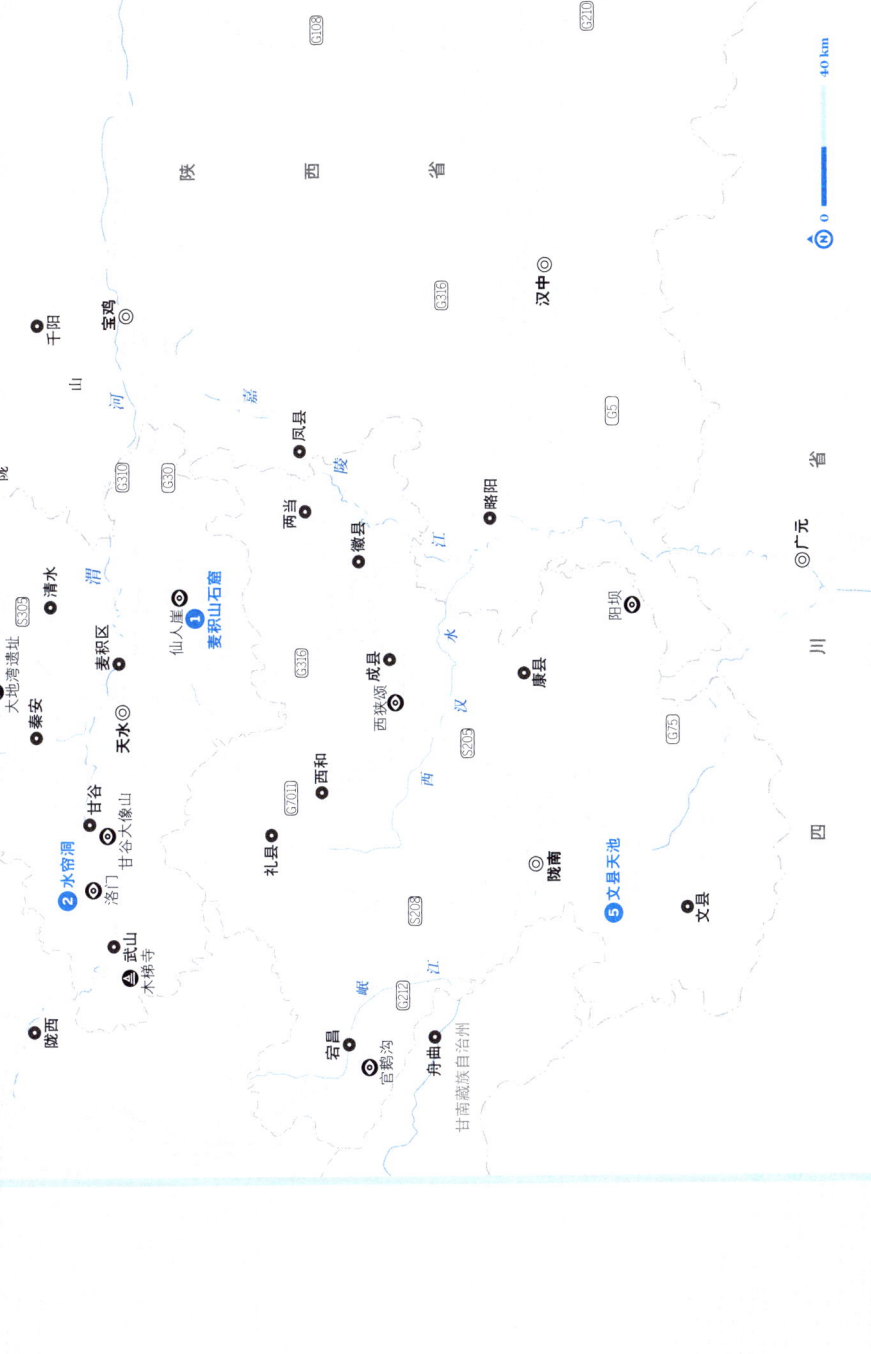

天水及周边

电话区号：0938；人口：335.49万

今天的人们很习惯将天水与麦积山石窟画上等号，而实际上，8000年前就有大地湾先民定居，自先秦至今已有2700年建城史，在三国落幕大戏"诸葛亮六出祁山"中上演"收姜维""失街亭"典故的天水，无论市区还是周围各县，看点都非常多。作为陇右地区的佛教文化传播中心，隐藏在麦积山锋芒背后的拉梢寺、木梯寺、甘谷大像山也非常有价值。城内随处可见的古树、古建，关于伏羲的古老传说和延续千年的祭祀仪式，以及耳边不经意传来的一声西秦腔，都让人惊觉，这座城市从未斩断过它的历史。

天水市

"天水"之名始于汉武帝时所设天水郡，不过，从三国至民国初用的都是"秦州"这个名字，明清形成的东关、大城、中城、西关、伏羲城"五城连珠"格局一直延续到了20世纪中期，如今，围住五城的城墙早已被拆，天水的城市范围也在此基础上延展了许多。

这座城市的大多数地方都给人拥挤嘈杂甚至混乱的感觉，唯有麦积区渭河北岸的河滨公园令人心旷神怡，这条长长的绿化带每到太阳落西就充满活力，玩滑板的少年、业余秦腔表演者，以及散步的、遛狗的都聚集而来。天水以230多棵上百年的古树位列全国第二（第一是扬州），走在秦州区的各处景点、居民区、街巷，很容易就能邂逅一棵几百岁高龄的侧柏或国槐。

听一场西秦腔

天水西秦腔源于古秦地的秦声秦韵，元、明时期开始有了自己的特色，到清代创立"西秦鸿盛社"时已形成鲜明的风格。西秦腔道白通俗易懂，近于说话，歌谣风味极浓。20世纪八九十年代，西秦腔有过一段空前繁荣期，后来随着时代发展渐渐衰退。2011年，天水西秦腔被列入市级非物质文化遗产保护名录。

欣赏西秦腔最好的地方是南宅子，里面的戏苑每周六、周日15:00~17:00有正规剧团的秦腔演出。如果无法凑着周末前来天水，运气好的话有可能会在伏羲庙和南郭寺外的广场上碰上本地票友自娱自乐，听一听古秦州的曲韵，给老人们捧捧场也是不错的体验。

方位

天水市由西边的秦州区和东边的麦积区组成，两者相距约20公里，天水机场处于两区之间。市内景点都位于秦州区，麦积山和两个火车站在麦积区。

两个区都由一条河分为南北两部分——秦州区为藉河、麦积区为渭河（藉河东流汇入渭河），都是河北岸更繁华，吃住选择更多，出行也方便。那个有着2700多年建城史、曾具"五城连珠"规模的天水指的是秦州区，纵向的大众路为该区中心，各景点（除南郭寺）、酒店集中区、美食街、汽车站都距此不超过800米，中心区域内步行即可。后建的麦积区面积比秦州区小，商业街、步行街、汽车站、前往周边景点的公交车站都在火车站附近，好的酒店、美食分布在渭河北岸，渭河桥是欣赏长河落日圆的好地方。

⊙ 景点

胡氏民居　　　　　　　　　　　　　历史建筑

胡氏是明清时期天水颇有影响力的家族之一，位于民主西路南、北两侧的南宅子和北宅子就是胡氏家族的宅邸。南宅子（见225页地图；☎822 9250；秦州区民主西路117号；免费，讲解30元；◎8:30~18:00）的建筑艺术价值很高，此宅昔日的主人胡来缙曾是明代中宪大夫、山西按察司副使，此地因为门口的两棵千年古槐，也被当地人称作"大槐树下"。12个四合院此进彼出，宛如迷宫，后花园中的假山、水池又有点江南园林的意境。

南宅子也是天水民俗博物馆的所在地，各间屋宇悉数辟为展馆，有实景、实物或资料、图片展，可以让你了解胡氏家族的生活起

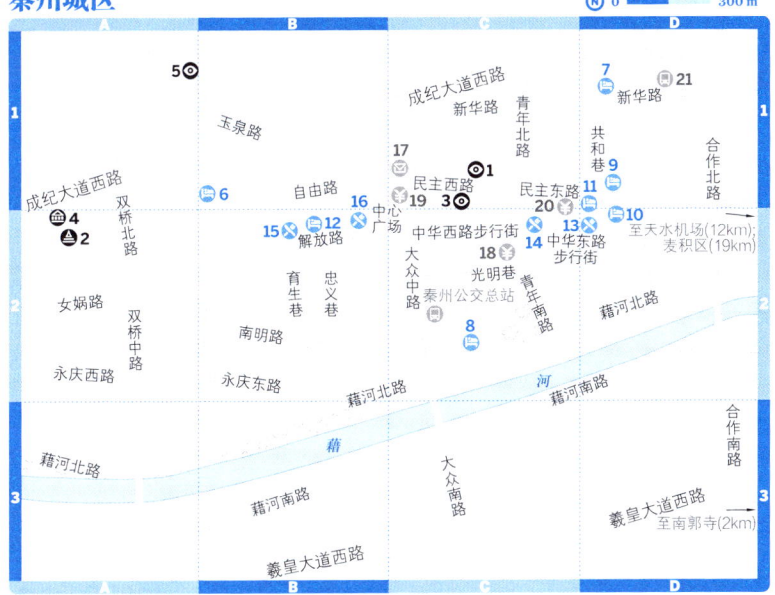

秦州城区

◎ 景点
1 北宅子	C1
2 伏羲庙	A2
3 南宅子	C1
4 天水市博物馆	A2
5 玉泉观	A1

🛏 住宿
6 东海快捷酒店	B1
7 飞天美居酒店	D1
8 非繁·城品酒店	C2
9 凯悦大酒店	D1
10 龙城大酒店	D2
11 玫瑰大酒店	D1
12 水晶花园酒店	B2

🍴 就餐
13 常记呱呱	D2
14 砂锅老店	C2
15 伊香兰餐厅	B2
16 蒸菜老店	B2

ℹ 实用信息
17 天水邮政局	C1
18 交通银行	C2
19 建设银行	C1
20 农业银行	C1

🚌 交通
21 天水汽车总站	D1

居和古秦州风貌、天水考古成果,以及天水的地方风俗等。刺绣展厅里展出了一幅目前中国发现最大的刺绣寿幛——制作于清雍正年间的"海屋添筹"。漂亮的杨家楼院并非南宅原有的建筑,它是2004年在别处拆卸后搬过来重新组装,建筑全为榫卯结构,不用一根钉子。杨家楼院内有《老天水》三维动画,一张20世纪30年代的天水县城图展示了古秦州"五城连珠"的胜景。银杏院旁的皮影戏茶园每逢整点有免费的皮影戏演出。周末下午3点至5点,戏苑有免费的秦腔表演。

除了地面上的建筑,南宅子的地下还有一藏宝洞,可直通马路对面的北宅子。这是胡来缙之子太常寺少卿署正卿胡忻的府第"太常第",建筑相对于南宅子简单粗放得多,文物保护意识也跟不上。

伏羲庙
历史建筑

（见225页地图；秦州区伏羲路110号；门票20元；⊙8:00~17:40）"羲皇故里"的标志性景点，也是秦州区人气最旺的景点。伏羲庙始建于明成化十九年（1483年），直至清朝经数次重修、扩建，而成今日之规模。伏羲庙建成之初曾按先天六十四卦的方位植古柏，可惜现在成活的仅有20余株，最老的已千岁高龄。

整个建筑布局为七间五进，主体建筑排列在南北向的中轴线上，东西厢廊对称。先天殿是祭拜始祖的重要场所，重檐歇山顶上覆绿色琉璃瓦，里面供奉着伏羲塑像，殿顶藻井上有"河图先天八卦图"和"伏羲六十四卦图"，伏羲像和藻井皆为明代遗产。单檐歇山顶的太极殿最大看点在正门两侧的"龙凤吉祥"木雕，它被誉为中国古建木雕之珍宝。

伏羲庙的活动很多，除了每年公历6月22日的伏羲公祭大典，农历正月十六的春祭和农历七月十九的秋祭更亲民也更热闹。尤其是春祭上的"朝人宗"还保留着炙纸人的习俗：即在庙内的古柏上贴上红纸人，用香头在红纸人身上烧点，以期可以祛除身上相应部位的疾病，大吉大利。为了保护庙内珍贵的古树不被香火所伤，会提前为它们穿上木板做的"保护外衣"。

天水市博物馆
博物馆

（见225页地图；📞822 7304；秦州区成纪大道西路，伏羲庙北门；免费；⊙9:00~17:30，16:30停止入场，周一闭馆）想要了解天水的历史，就来这个博物馆吧。馆内以每个时代的纪元列举了天水第一大名人伏羲、早期秦文化、三国诸葛亮北伐等有关天水上下八千年的历史典故，巨幅"秦州揽胜"图展示的是古秦州商贸最繁荣时期的城市版图。在青铜器展区你可以看到各种大小、形态的古代铜镜等，了解中国青铜器的发展。彩陶区则密集陈列了大地湾文化、仰韶文化、马家窑文化等时期的彩陶。博物馆内还有大量摩崖拓片，以及部分宋代耀州窑瓷。

玉泉观
道观

（见225页地图；📞821 3957；秦州区城北天靖山麓；门票20元；⊙4月至10月 8:00~18:00，11月至次年3月 8:30~17:30）玉泉观始建于唐初，后毁于南宋，又经元、明、清三代30余次扩建重修。民间传说曾有三位真人在此修炼成仙，这也是玉泉观声名远播的原因之一。

整个建筑群依山势高低错落分布，建筑虽多但很集中，总体游览并不费时。购票后穿过玉泉观牌坊，左侧是位于台阶上的新庙，右侧是五路财神庙，所谓新庙其实也已经是晚清的建筑了。接着沿台阶而上，第一座建筑是清光绪年间的灵官殿；过通仙桥后，穿过"天门""人间天上"两个牌楼，到达始建于元代、重建于明代的玉皇殿；再往上是宏伟、华丽但非常年轻（1995年重修）的三清殿；斗姆殿是玉泉观的最高点，为乾隆期间的建筑，你可以在这里眺望天水城区；接着一路向下，经过千年不涸的玉泉和三仙洞到赵孟𫖯书法碑廊，碑廊旁有玉泉观最老的一株侧柏（1500年）；被文物专家誉为国宝的"元代四面道流碑"就在碑廊附近的选胜亭内，碑上的内容为《元世祖忽必烈褒封制词》和《全真祖宗之图》等；最后又绕回到灵官殿。景区内随处可见几百岁至千岁高龄的侧柏和国槐，还有悬根露爪、形似发辫的玉泉"辫柏"。

每年正月初九（玉皇大帝诞辰）的"上九会"朝观，是天水地区历史悠久、规模盛大的庙会活动，一般从正月初八晚上一直持续到初九晚上。

★ 南郭寺
寺庙

（📞862 3147；秦州区南郊慧音山北麓；门票20元，讲解40元；⊙4月至10月15日 8:00~18:00，10月16日至次年3月 8:30~17:30）与南郭先生无关，只因地处城郭之南而得名南郭寺，它在宋代的名字是"妙胜院"，清乾隆年间赐名"护国禅林院"。

古树是南郭寺的最大看点，寺门外一株1300岁高龄的槐树只能算是"热身"，真正的主角是院内的龙爪槐、本氏卫矛和春秋古柏，它们被称为"南郭寺三绝"。三棵树各有特色，从不同角度观察龙爪槐，可看出麋鹿、蟒蛇、蟠龙三种动物形象。常见于南方的本氏卫矛出现在西北就很稀奇，它甚至还"变种"，本应是矮小的落叶灌木在这里长成了一棵高大的乔木。春秋古柏是"三绝"中最著名的一棵古树，它旧名南山古柏，是与麦积

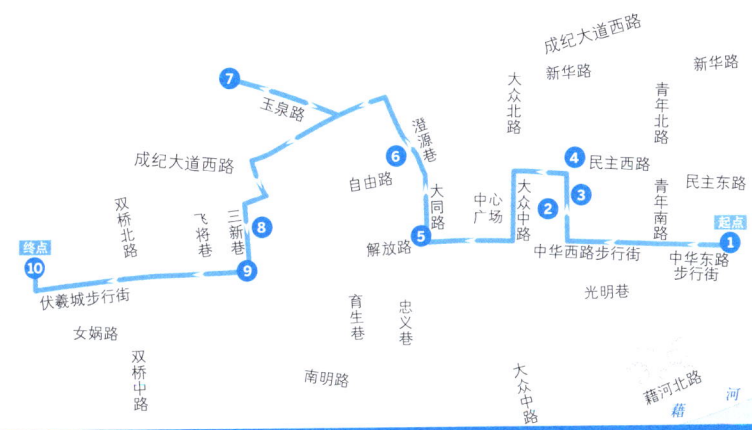

步行游览
秦州区古建

起点: 常记呱呱
终点: 伏羲庙
距离: 3公里
需时: 1~1.5小时 (不含游览时间)

早点儿起床,先去 ❶ **常记呱呱**,来一份地道的天水早餐。然后往西走,步行街尽头是 ❷ **文庙**,秦州文庙已有700多年历史,不过如今这座重修于2004年。沿着文庙东侧的小巷向北走,到民主西路后右转便是胡氏民居的 ❸ **南宅子**。参观完从南宅子走"地下通道"到达马路对面的 ❹ **北宅子**。

在民主西路向南转入大众中路,穿过天水市中心广场,到达解放路与大同路交界处的 ❺ **山西会馆**,门楼有非常繁复精美的砖雕,里面常设文化艺术展览,感兴趣的话可以进去参观。然后沿大同路向北,穿过市井气浓郁的自由路,向北进入狭窄的澄源巷。往前走大约100米,路左有一个挂着历史保护建筑牌子的 ❻ **哈锐宅院**,里面是更逼仄的胡同,视线朝上看,众多砖式民居中夹杂着一些古朴的木雕门头和砖雕脊饰。小巷深处还有一处规模较大的保护院落,可惜无路通行,只能回到澄源巷隔着高高的围墙一窥其砖雕精美的悬山式屋顶。澄源巷走到头便是成纪大道西路,向西走上300米,马路对面的玉泉路通往 ❼ **玉泉观**。

参观完玉泉观,在成纪大道西路过马路,向西走100米,有一条下坡小巷,拐进去,右转后一路直行,大约150米后是天水的历史文化保护街区 ❽ **三新巷**,沿着这条路向南走,至解放路右转,会看到 ❾ **赵氏天水堂**,向西约100米到达飞将巷口,向里20米左右有一栋保存还不错的老宅,本书调研期间这里正在进行修复中。

沿解放路继续西行,便能看到伏羲城壮观的仿古城门了,进入城门穿过步行街,到达本次步行游览的终点 ❿ **伏羲庙**。

烟雨并列的古秦州八景之一。昔日杜甫和李白都曾为其赋诗过。因其树龄2500岁（位列中国第三）回溯正是春秋晚期，便得名春秋古柏。这棵树的外形比较奇特，同根三枝中，两枝为活，一枝早已枯死。如此珍贵的古树肯定需要人为保护，但无论是包进树身的石碑，还是仿真树，都与古树毫无违和感。除了人为措施，自然界也在相互帮扶着，你会看到一棵自然生长的槐树无意中"搀扶"了一把古柏，一棵"树中树"小叶朴则寄生于古柏之上。

除此之外，南郭寺的人文气息也很浓郁。唐朝时，杜甫弃官游历至此，在天水住了半年，在此写下了117首诗，在他的《秦州杂诗二十首》中写道："山头南郭寺，水号北流泉。老树空庭侍，清渠一邑传。"南郭寺中的杜少陵祠堂和老杜秦州杂诗诗廊都是对杜甫的纪念，后者的二妙轩碑上刻有后人以临摹王羲之书法所将的杜甫在天水所作的60首诗。

在秦州公交站坐23路可到南郭寺山脚，从秦州区打车前往距离远近7~10元。下车后还需步行约半小时上山。

🛏 住宿

天水大多数酒店都有一些无窗的房间，价格要比一般房间便宜个二三十块，不过空气不流通是最大问题，有些有股刺鼻的异味，入住前记得先挑房间。

秦州区的酒店比麦积区多，不过，麦积区也不缺少7天、锦江之星以及全季等连锁酒店，床位式的青旅也在麦积区（皆为居民楼内的青旅，条件都一般，不作推荐，订房网站上可以搜到）。如果你不打算参观天水市内的景点，目标只有一个麦积山石窟，无疑住到麦积区更方便。

🛏 秦州区

★非繁·城品酒店 酒店 ¥¥

（见225页地图；☎823 5999；标间 有窗/无窗208/188元；🛜❄）2019年新开的酒店，目前是天水市区软硬件设施最好的酒店。房间布置和床上用品都很漂亮，配硅胶枕头，有蓝牙音响，有些房间有投影仪。由于是新开的，一切都干净整洁，无窗房也没有异味，可以放心入住。

飞天美居酒店 酒店 ¥¥

（见225页地图；☎827 3888；新华路108号；标间 有窗/无窗319/258元；🛜❄Ⓟ）酒店离汽车站很近。房间宽敞、漂亮、干净，配有沙发。单人间是一张2×2米的床。房价含早餐。

水晶花园酒店 酒店 ¥¥

（见225页地图；☎832 5111；标间 有窗/无窗318/258元起；🛜❄Ⓟ）酒店虽已开业4年，仍保持得很好。房间是欧式风格，很干净，床铺舒适。最便宜的无窗房正对电梯，房间格局、陈设和有窗房一样，也没有异味。房价含早餐。

东海快捷酒店 酒店 ¥

（见225页地图；☎828 5226；成纪大道天创花园；标间 有窗/无窗158/128元；🛜❄Ⓟ）这家酒店离玉泉观非常近，酒店房间很多，不过旺季依然能天天爆满。房间谈不上美，但干净整洁，有落地镜、夜灯照明、USB充电口，提供免费矿泉水，除了Wi-Fi信号很差其他都过得去。酒店有收费（10元/晚）停车场。

玫瑰大酒店 酒店 ¥¥

（见225页地图；☎823 5959；民主东路、进步巷口；标间 188元；🛜❄）酒店离南宅子和汽车站都不超过5分钟脚程。房间宽敞、干净，有两张单人皮沙发，不足的是洗手间淋浴没有隔间。这处街口有3家条件类似的酒店，隔壁的龙城大酒店（见225页地图；☎823 9999；标间 239元；🛜❄）房间更大一些，洗手间有淋浴间；对面的凯悦大酒店（见225页地图；☎823 5959；民主路、进步巷口；标间 229元起；🛜❄）房价含早餐，越贵的房间越大，床也更大。

🛏 麦积区

悦居精品酒店 酒店 ¥

（见229页地图；☎288 8811；陇昌路1号；标单/双 168/138元；🛜❄Ⓟ）虽然名为精品酒店，但其实远达不到精品的标准，就是快捷酒店的样子。房间干净，卫浴干湿分离，但由于酒店营业已久，各房间硬件和卫生程度有参差，最好先选一下房间再入住。酒店就在火车站正对面，大床房对着马路，很吵，不建议入住。

财富阳光酒店 酒店 ¥¥

（见229页地图；☎888 4755；渭滨北路东1

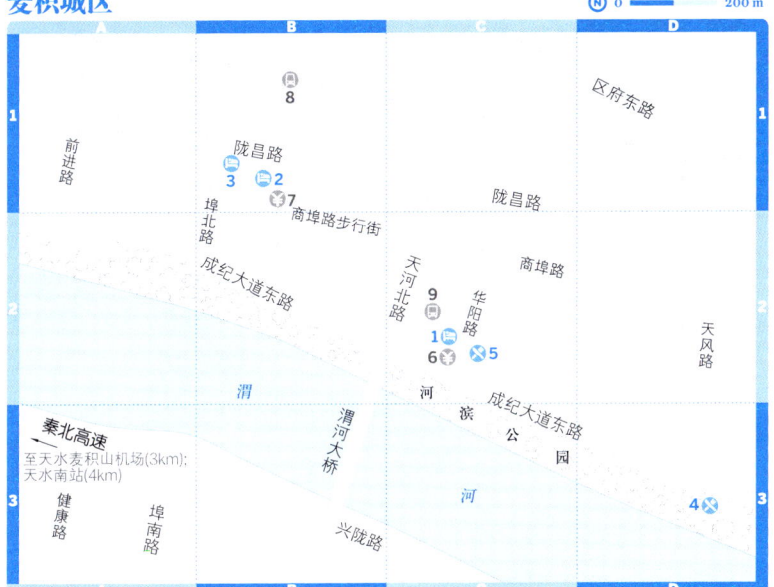

麦积城区

号;标单/双378/358元;) 这家酒店就在麦积汽车站后面,类似商务酒店的设施标准。房间称得上漂亮,淋浴间宽敞,落地镜很大。不过各房间住宿体验差异很大,有些一切都完美,有些房间地毯有污渍,有些洗手池出水量小。房价含早餐,通过网上订房不要早餐的话,价格接近快捷酒店,性价比很高。

另外,麦积汽车站旁边的**天嘉酒店**(☎490 5888;交通路56号;标间178元;)与火车站对面那些一样是快捷标准,但条件更好一些。

东安快捷酒店 酒店 ¥

(见本页地图;☎208 8898;陇昌路11号;标间148元;)除了有点陈旧,其他都对得起这个价格。酒店位置很棒,就在火车站斜对面。酒店共3栋楼,房间大小、布置不一,但都称得上干净,B、C两栋楼不临街,也很安静。需要注意的是,酒店有些房间的窗户其实是封死的,并不能打开,如果是否有窗对你来说很重要,一定要提前和酒店确认。

🍴 就餐

天水的汉餐比例很大,猪肉随处可见,本

麦积城区

住宿
1 财富阳光酒店 C2
2 东安快捷酒店 B1
3 悦居精品酒店 B1

就餐
4 大漠称斤烤肉 D3
5 李记老味暖锅 C2

实用信息
6 工商银行 C2
7 建设银行 B1

交通
8 天水站 B1
9 麦积汽车站 C2

地特色的蒸菜中猪肉有多种做法。牛肉面馆很多,不过味道比兰州的差,有的面汤太咸,有的又太淡,即便兰州老字号的同名面馆在这里也水准大失。

在秦州区,不足百米的大同路上并列着烧烤、牛肉面、川菜馆子等大排档,靠近自由路的街口有3家牛肉面馆,包括24小时营业的;光明巷有很多砂锅、麻辣烫和川菜小馆

不要错过
呱呱、嗦嗦、捞捞

天水不是一个适合吃大餐的地方,你会发现这里的清真风味、汉餐都没有特别好的,不过天水有它自成一派的美味——小吃,光是呱呱、嗦嗦、捞捞这些可爱的叠字就已经特别得让人有尝一尝的冲动了。

呱呱以荞麦为原料,入水浸泡、加工后取其淀粉,熬煮后用手捏碎成块状,看起来像米布丁,吃起来绵软又Q弹,吃时淋上辣子油、芝麻酱、醋、盐、蒜泥、酱油等调料,辣度与香味平衡得刚刚好。呱呱配上猪油盒子就是本地人的早餐标配,别起得太晚,好吃的早餐店都早早卖完收摊了。嗦嗦是用土豆淀粉加水后煮,边煮边加入酱油调色,直到淀粉煮成半凝固状,口感比呱呱更绵,味道偏酸辣。捞捞是切成细条形的凉粉。天水的面食也很丰富,浆水面、臊子面、油泼面、烩面等能把面号称"面食天堂"的老陕都吸引过来。秦州区街头到处都有供应这些小吃的手推车,麦积山景区里也有,不过价格比市区翻了一倍不止。

子,都是很小的店铺,价格也便宜。流行于陇中农村地区的罐罐茶可以在伏羲庙旁边找到。

麦积区本土特色的美食不如秦州区多,地方特色也不足。火车站广场西侧有至少4家牛肉面,包括24小时营业的。只是简单图吃饱的话,火车站周围和步行街上洋快餐、川式小吃等都有。

🍴 秦州区
★ 常记呱呱
早餐 ¥

(见225页地图;📞152 9381 0320;中华东路步行街1号;呱呱 4元;⏰7:00至售罄)本地人最交口称道的呱呱,每天早上卖完就收摊。黏口的荞麦呱呱,淋上厚厚的辣子油,辣得叫人直呼过瘾,惧辣者可以关照师傅"下手别太重"。本地人通常会在门口买一个香香脆脆的猪油盒子,再来一碗水铺蛋紫菜汤,天水版的早餐便齐活了。

伊香蘭餐厅
清真菜 ¥

(见225页地图;📞852 9988;解放路交通巷1号;人均10元起;⏰7:00~22:00)一楼为快餐,经营至晚上9点,除了牛肉面,还有几十种家常小炒,也有兰州灰豆子(6元)、油香(4元)、浆水面(6元)等小吃。牛肉面中的萝卜很多,牛肉丁也不少。甜醅子量很足,不过略偏甜。二楼为点菜,当然全部是清真菜,经营至晚上10点。

砂锅老店
家常菜 ¥

(见225页地图;青年南路25号;人均30元;⏰11:00~22:00)这里有多达36种砂锅,素的、荤的、干的、汤的,无所不包。注意,招牌砂锅老店红排(小/大:28/56元)就是一锅红烧排骨,只有干巴巴的肉没有菜和汤,是一道名副其实的"硬菜"。天水杂烩(32元)、糟肉(32元)也是本地特色菜。还有几十种涵盖五湖四海特色的炒菜。

蒸菜老店
家常菜 ¥

(见225页地图;大同路;人均30元;⏰11:00~22:30)这家店生意很好,翻台也快。除了杂烩、虾酱肉、粉蒸肉、梅菜扣肉、黄焖排骨等蒸菜,还有各种家常小炒。

🍴 麦积区
李记老味暖锅
火锅 ¥¥

(见229页地图;成纪大道东路财富阳光沿街商铺;暖锅 88元;⏰11:00~21:00)暖锅是天水的特色火锅,锅的形状和老北京涮锅很像,一锅够4个人吃,所以最好多人用餐。暖锅有排骨、鸡肉、羊肉等7种,调料有麻辣、蒜泥、香辣3种。砂锅(18~25元)更适合一个人吃。

大漠称斤烤肉
烧烤

(见229页地图;成纪大道和天风路路口;人均40元起;⏰16:30至次日2:30)麦积区有口皆碑的清真烤肉店。新疆特色的红柳烤肉(88元/斤)很受欢迎,里面的肥肉有焦香感。鸡翅有6种烤法(10元/串),羊肉串、羊肚、板筋等是按"把"卖(40元/把),一把为20串。这家店的胡萝卜汁非常不好喝,注意"避雷",芬达口感的大窑橙诺更受欢迎。

实用信息

在秦州区民主路和麦积区的步行街上都可以找到建设银行、农业银行等。**天水邮政局**（见225页地图；8:30~18:00）就在秦州区天水市中心广场对面。

到达和离开

飞机

天水麦积山机场（☎265 2000；羲皇大道二十里铺花牛村）位于麦积区与秦州区中间，每天有两班往返西安、一班往返重庆、一班往返天津的航班，周一、三、五、日有一班直飞南京，周二、四、六有一班直飞杭州。

长途汽车

秦州区（天水汽车总站）和麦积区（麦积汽车站）各有一个长途汽车站，两个车站的发车目的地类似，旅行者可以根据投宿区域就近坐车。本书调研期间，麦积区汽车站还没有开通线上购票。

火车

两个火车站都位于麦积区。**天水站**（见229页地图）是普通列车站，是陇海铁路沿线的重要停靠站，全国大多数省份发往兰州的列车都有几班途经天水站；**天水南站**是徐兰高铁线上的一站，从华东多省和广州发往兰州的动车、高铁会经过天水。兰州与天水之间动车速度远比汽车快，票价也没比汽车票贵。

当地交通

抵离机场

连接秦州公交总站与天水火车站的1路公交途经天水机场，票价3元。从秦州区打车前往机场约30元，从麦积区打车去机场约20元。

公交车

天水的公交路线几乎四通八达，大多数线路从早上6点半左右运营至晚上9点。在秦州区和麦积区各自区域内运行的公交票价1元，连接两区或通往市区外围的公交票价3元以上。

秦州区的公交大多从秦州公交总站发出：1

车次时刻表

天水汽车总站

站点	发车时间/班次	票价（元）	行程（小时）
兰州	10:10, 14:30	88	3.5
武都（陇南）	10:00, 13:40	85	4
平凉	8:10, 9:00, 10:30, 13:00	87	4
西峰（庆阳）	7:00, 8:30, 10:00, 11:30	115	8
庄浪	10:40, 12:10, 13:30, 14:20, 15:20	41	2.5
银川	14:00	144	12
洛门	7:00~19:00每15分钟1班	30	2
甘谷	7:00~19:30坐满发车	20	1

麦积汽车站

站点	发车时间/班次	票价（元）	行程（小时）
兰州	7:30~12:00每45分钟1班，12:00~17:00每小时1班	90	4
西安	7:55~18:35每小时1班	122	4.5
武都（陇南）	7:00, 9:00, 11:00, 13:00, 15:00	90	4.5
平凉	8:00	85	4.5
西峰（庆阳）	9:20	125	9
庄浪	9:00, 12:00, 13:00, 14:00	41	2.5
银川	17:00	144	12

路(3元)开往天水南站、天水机场、天水火车站；6路(3元)开往麦积汽车站、天水火车站，如果只是去天水火车站，6路速度更快，半小时即可穿越两区；开往麦积山(10元)和净土寺(15元)的公交一天只有8:00、14:00两班。

麦积区的公交大多经过天水火车站前的陇昌路：34路(5元)开往麦积山，37路开往仙人崖(5元)和净土寺(7元)，35路、58路开往天水南站。60路(7元)从天水南站发往麦积山和净土寺。

出租车

天水打车起步价5元，在秦州区内一般不会超过10元。本地出租车行业拼车现象严重，你不大可能有机会享受一人一车。

麦积山石窟

(☎272 9661; www.mjssk.ac.cn/; 门票90元; ⏰5月至10月 8:00~16:30，11月至次年4月8:30~16:30)麦积山是秦岭西段余脉上的一座孤峰，山高142米，四壁陡峭、中段膨大、底部略小，远看如堆积的麦垛，也因此得名。现存221个窟龛密密匝匝如蜂巢般凿于近乎垂直的崖壁上，一条长达14层的凌空栈道将它们相连。在中国四大石窟中，麦积山因处多雨地带，壁画保存不如莫高窟，但它留下了7000余尊塑像，有着"东方雕塑陈列馆"之称，其雕塑又不同于龙门石窟和云冈石窟的以石刻见长，麦积山独特的地质决定了这里的塑像多为泥塑。

麦积山石窟的雕塑不仅艺术精湛，而且有极强的文化延续性，从后秦的古朴凝重，到北魏的褒衣博带、秀骨清像，至北周造像开始变得健壮厚实，隋朝逐渐走向圆润，唐代造像无不丰满雍容，两宋趋向写实和世俗化，千余年来雕塑风格的演变在麦积山的泥塑上均有清晰的脉络可寻。加上麦积山多为民间开凿，又给它带来了另一个显著特色，即造像有着明显的世俗化倾向，你会在这里看到一些俏皮、可爱的菩萨形象。

历史

麦积山石窟始凿于十六国的后秦，后历经北魏至清朝历代不断地凿窟、造像和重修。其中，北魏至隋代数百年间是麦积山石窟开凿的黄金时期，由于这段时间佛教受到上至帝王、下至百姓的推崇，麦积山被官吏和百姓当作供佛祈福的场所，纷纷捐资开凿，仅北魏时期开凿的洞窟就有近90个，接近麦积山石窟总量的一半。西魏时，魏文帝皇后乙弗氏在麦积山"凿龛而葬"，将麦积山石窟与西魏皇族紧紧联系在一起，也把麦积山石窟的发展推向一个新的高度。

唐开元二十二年(734年)的一场地震令麦积山中部崖面坍塌，整个石窟群被分成了如

ℹ 麦积山石窟行前贴士

旺季时，麦积山景区门口的人工售票窗排队很长，建议网络购票或者通过"麦积山旅游"微信公众号购票，这两种方式都无须取票，可直接刷身份证检票进入。景区大门距石窟还有半小时步行距离，也可以选择坐电瓶车进去，电瓶车车票(单程/往返: 8/15元)在自动售票机上购买。坐电瓶车下车后，还要穿过售卖小吃和纪念品的摊子，走一小段路才到达石窟脚下，沿途有一处可欣赏完整的西崖大佛。石窟入口前的广场正对着东崖，你也可以从广场朝着石窟的反方向走去，沿着通往植物园的路径走5分钟到达一处观景台，这里可远观石窟东崖，若是阴雨绵绵的天气，将有很大概率欣赏位列天水八景之首的"麦积烟雨"，此景远观才具足意境。

需要提醒的是，在电瓶车下车点，会有一大波"导游"蜂拥而上，你面前还有一块关于导游服务收费的公示牌(50元)，看上去特别正规，但其实这些导游只能带你走到石窟检票口。他们背得滚瓜烂熟的导游词无非是些关于麦积山石窟的背景知识，虽然并非信口雌黄，但并没有比本书所写的更详细，况且旺季时毫不费力就可以蹭听，所以没必要花这冤枉钱。石窟脚下的游客中心可以请到景区里的正规导游，如果能凑满5人，非常划算(10元/人)，特窟门票也在这里购买。

今的东、西两崖，大部分洞窟被破坏。这场天灾也导致麦积山石窟的发展停滞不前，而此时正是丝绸之路上其他石窟开凿的盛世。

宋代由于西夏崛起，丝绸之路北道断绝，不得不改走天水，麦积山石窟得以迎来又一轮辉煌。在此期间虽没有大规模开凿新窟，却进行了大量修复工作，并一直持续到明清时期。1941年，天水学者冯国瑞入山考察后，撰写了《麦积山石窟志》，让世人的目光再次聚焦到陇山密林深处的麦积山石窟。

普窟

石窟游览路线是唯一的：东崖上西崖下。从凿于隋朝的37窟开始，一路向上经过北周、宋代的几个小窟，攀登至麦积山最大的造像——15.7米高的第13窟（东崖大佛）。紧挨着的第26窟和第27窟规模稍大，造像保留完整，菩萨的衣饰、面部神态非常清晰。第9窟入口处与东崖大佛的肚脐齐平，是近距离欣赏和拍摄大佛的不二之地，可清晰看到3尊石胎泥塑的面部细节。穿过敞开式的第9窟，爬上陡峭的第168窟（上天梯），走过窟龛密集的第3窟，便到了普窟中最耀眼的第4窟和第5窟。接下来绕到西崖区，一路下行，这半程的石窟多凿于北魏、西魏，菩萨造像以瘦削居多，第148窟还有明显的犍陀罗风格，往下一级东侧栈道尽头的第147窟主佛已带有魏晋士大夫形象的秀骨清像，嘴角那一抹笑容至今仍在，而宋代重塑的第90窟和第165窟已显现出世俗化的特征。第98窟（西崖大佛）的开凿时间比东崖大佛早百年，三尊佛像为西方三圣，如今仅存两尊。第191窟的悬腿交脚菩萨和怒目圆睁力士的上下组合式构思很新颖。

出于文物保护的需要，大部分窟口都封着一层细密的铁纱网。站在一些光线很暗的石窟外凭肉眼很难看清里面的内容，打开手机摄像头，将其紧贴铁纱网，一座座精美的佛像在暗处变得清晰起来。

➡ 第9窟（中七佛阁） _{石窟}

第9窟是大型崖阁式建筑，也是麦积山石窟唯一全开放式的石窟，你不用再隔着铁纱窗练眼力了。此窟始凿于北周，宋、明、清三代都有重修，由7个佛龛并列组成，每龛皆是一佛二菩萨或一佛二弟子。各龛中均保留有明清

当地知识

砍尽南山柴，堆起麦积崖

欣赏石窟之余，你是否想过：没有起重机、升降机的古人是如何在高高的绝壁上开凿大型石窟的？当地流传的民谣"砍尽南山柴，堆起麦积崖"透露了答案。据记载，当年开凿石窟时，先从山下堆积木材，堆到最高处后开始施工，建造好一层便将木材拆除一层，直到山脚。这整山的木材，便是当时匠人们的"脚手架"。石窟建好后，并不是所有人都敢登高一览，要知道，那时的栈道牢固度远不如今天，不少人只能在山脚望窟兴叹。

第3窟与第4窟之间有一条仅容一人附身通过的"小有洞天"隧道。隧道开凿于明代，远晚于位于高处的第4窟的建成时间，过去人们想要到达牛儿堂，只有借助悬于两窟间的一条铁链飞荡而过，非常考验胆量和身手。直到明代，一位县官荡过去后没胆再荡回来，只能召集工匠开山凿洞，才大大便利了后人。

时重绘过的壁画，其中，第4龛顶部所绘较为奇特，为双头童子、鸟翅鸟爪的共命鸟形象。

➡ 第3窟（千佛廊） _{石窟}

第3窟为北周始凿，宋、明重修，全长36.5米的长廊式崖阁里原本凿有上下六排，千佛现在仅存297尊，为高不足1米的石胎泥塑，均为结跏趺坐，菩萨们的发髻、手势、衣饰各异，面部或丰满或瘦削，表情或严肃或颔首微笑，姿态、神态非常丰富。

➡ 第4窟（散花楼） _{石窟}

第4窟俗称散花楼，是中国现存仿宫殿式佛窟中规模最大的一个洞窟，与第9窟一样由7个并列的窟龛组成，因此也称为上七佛阁。第4窟建于北周，当时著名的文学家庾信为其写下了《秦州天水郡麦积崖佛龛铭并序》，可惜石窟外的屋顶与龛内的大型雕塑毁于隋朝一场地震，现在看到的塑像大部分为宋、明两代重修。不过，700余身影塑和壁画均为北周原作，其中，龛上方前5幅"薄肉塑"飞天是国内罕见的艺术珍品，也是麦积山石窟最具艺术价值的代表作之一。所谓"薄肉塑"是指

雕塑与壁画合二为一，仔细看会发现，飞天的脸、颈、手、脚等身体裸露部分采用浅浮塑的手法，而衣服、项圈、臂钏等身外之物采用绘画的方式。在第4窟廊道尽头的力士塑像上方，有一幅不完整的"车马出行图"壁画，注意看壁画中的红马，工匠利用焦点透视和散点透视相结合的技法，令观者从下方仰视而无反转倒置之感。

➡ 第5窟（牛儿堂） 石窟

第5窟与第4窟并列为麦积山普窟中两大精华，因廊道里一座踏牛天王像而得名牛儿堂。此窟凿于隋朝至初唐，后经历代重修。窟形为三间四柱式崖阁，现存15尊泥塑造像，廊外正壁右上方的"西方净土变"壁画和廊顶的奔马图是唐代绘画的上乘之作。本书调研期间，第5窟正在维修，造像大部分被挡住了。

特窟

特窟集中在西崖，共有15个，收费不菲（第127窟、133窟、135窟各为400元，43窟、44窟、62窟、74窟、76窟、78窟、102窟、115窟、121窟、123窟、142窟、155窟各为300元），如果你是美术院校的学生，价格相当亲民，仅为25~30元/窟。注意，只要你购买其中一个特窟票，就会有讲解员陪你上山，讲解内容也包括普窟。

第43窟就是西魏文帝皇后乙弗氏的"寂陵"；第44窟中的释迦牟尼结跏趺坐像被誉为"东方蒙娜丽莎"；不同于大多数特窟大门紧闭，第74窟和第78窟"大方"得多，和普窟一样透过铁纱网你就能窥探个大概；第121窟的"窃窃私语"和第123窟的"童男童女"这两个顽皮可爱的菩萨造像，是麦积山石窟打破宗教严规铁律、走向世俗化的佳作；第135窟中的石雕主佛高1.9米，重近2吨，对于古人是如何将其运至离地六七十米的崖壁上至今依然是一个谜。如果你只有欣赏一个特窟的预算，就冲着最大的第133窟去吧。

➡ 第127窟（壁画窟） 石窟

麦积山石窟中壁画最丰富的石窟，完整保存着西魏时期的壁画100余平方米。其左壁的维摩变、右壁的西方净土变、正壁的涅槃变是北朝最成熟的大型经变画，比敦煌的同类经变画还早近百年。正壁龛中的石雕一佛二菩萨、左龛右侧被集界界称为"红佛"的供养菩萨也是中国古代雕塑中的精品。

➡ 第133窟（万佛洞） 石窟

麦积山最大的石窟，窟内曾经"有龛皆是佛，无壁不飞天"，不过如今很多已脱落。第9龛中的"小沙弥"塑像和宋塑释迦牟尼佛为上乘之作。1、10、11、16号碑是雕刻中的精品，又以10号碑连环画展现释迦牟尼生平的雕刻被誉为稀世珍品。此窟还完整保存着北朝十八通精美的石刻造像碑。

❶ 到达和离开

麦积区天水火车站门口的陇昌路上有发往麦积山的34路公交，票价5元，车程40分钟。也可以从秦州公交总站坐5路（8:00、14:00；10元）、从天水南站坐60路（9:00~16:40；7元）公交前来。

仙人崖

（☎223 9080；门票40元；⊙5月至10月8:30~17:30，11月至次年4月9:00~17:00）仙人崖距麦积山石窟不远，儒释道三教共尊是这里的特色。景区可概括为三崖、五峰、六寺，山上有始建于北魏末期的石窟群，但破损较严重。

全程游览约需2小时。从景区售票处到山脚可坐观光车（单程5元），步行也就10分钟。游览路线从仙人湖开始，先登南崖，抬头可见丹霞崖壁上密密麻麻的小佛龛群，总共15排，

不要错过

麦积山主题邮局

麦积山石窟观光车自动售票处隔壁有个小小的麦积山邮局，这里出售的麦积山石窟系列明信片（5元/张，含邮票）非常漂亮，有些是特窟的照片，在此寄出邮票会加盖麦积山纪念邮戳。集邮爱好者应该会对一套麦积山石窟邮票（65元）感兴趣，内含的6张邮票主题是几个特窟的泥塑像，而且这套邮票发行于20世纪70年代，很值得收藏。这里也有几本麦积山石窟的画册和相关书籍出售，是深入了解石窟的好帮手。

另辟蹊径

净土寺

（门票20元；⏱8:00~18:00）净土寺也叫曼殊寺，始建于唐代，"净土松涛"也曾是天水八景之一。寺庙在20世纪70年代惨遭拆除，90年代初在一位高僧的全力推动下，才在原址开始了漫漫重建之路。现在的净土寺重又成为远近闻名的宗教圣地，园林式的寺院规模非常大，也非常新，包括大雄宝殿、藏经阁、地藏殿、观音阁等，且还在扩建中。净土寺每年4次法会（正月初六、四月初三、七月十五、九月十九）时最热闹，可请高僧灌顶。你可以结束仙人崖后，继续坐37路公交前往净土寺（2元）。

只可惜所有的龛都已空空如也，里面没有佛像。石窟群下的千手观音殿有精美的屋脊砖雕。然后前往东崖，这里有一处明代开凿的崖阁式石窟，是利用崖面凹陷部悬空开凿而成，本书调研期间正在对壁画彩塑进行修复，预计2020年初完工。结束东崖后，原路返回走一段，转入西崖。西崖的磨针殿是一个分水岭，有两个小山头可攀登，一处上无梁殿（来回10分钟），一处上玉皇殿（来回20分钟），后者有一个始建于北魏、明代重修的卧佛洞，前中后三排分别为卧佛、站立的十大弟子、坐佛，十大弟子的表情各异，颇为有趣。西崖下有几座彼此挨着的寺庙，其中，三圣殿为儒释道三教共尊，释迦牟尼、孔子、老子围圆桌而坐，巧合的是，历史上这三位圣人本就处于同时代，若是2000多年前已实现全球化，三位思想家来一次圆桌会议式的学术辩论也并非不可能。

麦积山石窟到仙人崖和净土寺有专线班车（8元；15分钟），坐满即发车。也可以从麦积区的天水火车站前坐37路公交（5元）。

水帘洞

（武山县洛门镇；门票30元，电瓶车10元/往返；⏱9:00~18:00）和西游记里的水帘洞无关，这是一处曾有"七寺五台"宏大规模的石窟群，始建于十六国的后秦，之后的增建和重修一直持续到清朝。

景区入口距核心景点还有2.4公里，可乘坐电瓶车代步，沿途所经的显圣池是一处四季有泉水的天然岩洞。电瓶车下车点有左、中、右三条路分别通往水帘洞、千佛寺、拉梢寺三大景点。

水帘洞是一处道观，位于形似莲花的山峰下，背后有一个天然拱形洞穴。整个建筑分上、中、下三台而建，多为晚清建筑，砖雕精美的屋脊、彩绘精美的屋梁和斗拱、高高翘起的飞檐都很值得一看。

千佛洞是这里最早开龛造像之处，因北周时崖壁有彩绘千佛而得名，唐代又塑七尊大佛，因此又名七佛沟，七尊大佛早就没有了，现在所存多为宋代作品。窟龛从上至下分3层，上层为悬塑，彩绘千佛在悬塑下；中层有一悬空佛头；下层以浅龛和壁画为主。本书调研期间，连接石窟的梯子不给通行，只能站在底下仰望，或爬上旁边的二圣楼，从侧面远远地看，由于塑像很小，壁画也不清晰，想看清细节很难。

拉梢寺是整个水帘洞景区的精华，它被称为世界上最大的露天摩崖浮雕大佛。拉梢寺意为"在崖壁堆积树木开凿出的窟寺"，始凿于北周（559年），由秦州刺史尉迟迥主持开凿。爬上摩崖浮雕对面的观景平台，满满一整面墙的绘塑结合壁画扑面而来。浮雕泥塑的主角是一佛二菩萨，体态端庄、敦实。中间的释迦牟尼佛高42.3米，为结跏跌坐，左脚掌心向外，佛面部丰圆、脖颈粗短，身着圆领通肩袈裟。佛座由上下七层浮雕组成，自上而下为卧狮、卧鹿、立象三层动物图案，彼此之间又以仰莲相隔，最下为双瓣覆莲。大佛两侧的胁侍菩萨头戴三瓣莲式宝冠，两耳垂肩，手托莲枝，双脚戴环，立于覆莲上，右侧的胁侍菩萨面含微笑。佛座部位还有一个小型、残缺不全的一佛二菩萨悬塑，为宋代作品，据推测为西方三圣。

ℹ 到达和离开

天水汽车总站发往洛门的班车（7:00~19:00每15分钟1班；30元；2小时）很频繁，返程末班

值得一游

木梯寺

木梯寺(马力镇杨坪村;门票10元;⊙8:00~18:00)因古时无路上山,需借助木梯攀登入寺而得名。也许正因如此,这里的石窟才得以保存较好。由景区入口沿栈道贴着右边山崖逆时针走,大约2小时即可依次参观1号窟至14号天然崖窟大佛阁,然后经16号窟三官殿返回。如想参观规模最大,保存最好的5号、7号、9号宋代石窟,则需另外花费50元特窟费用,由讲解员陪同前往。

木梯寺在2018年春天遭遇塌方,本书调研期间景区仍关闭修缮中,预计工期结束要到2021年春天。

你可以从天水汽车总站(7:15~19:10约40分钟1班;30元;2小时)或兰州天水路车站(发往洛门镇的班车途经)坐车到武山县,然后在西关或北滨河路换乘前往马力的班车(坐满发车;10元;1小时),在木梯寺路口下,返回武山的末班车18:00。下车后路口的指示牌显示距木梯寺才300米,实际接近1公里。

车18:30。兰州天水路车站也有发往洛门的班车(7:40~18:20每40分钟1班;61元;3.5小时),返程末班车16:00。

前往水帘洞的小面的(7:00~18:00坐满发车;5元;20分钟)停在洛门镇人民医院旁,距汽车站3分钟脚程。注意,有些司机会开价30元,提出直接送你到景区内,意味着可以免掉景区的门票和电瓶车票,但若遇景区管理很严时,只能从后山绕路进去,得开上一个多小时,总共只省了15元,失掉的时间成本是否值得你自己衡量。

甘谷大像山

(☎562 2481;甘谷县城西端;门票30元;⊙8:30~18:00)甘谷大像山位于甘谷县城西边大像山广场背后的文旗山上,从西边发往甘谷县的班车都途经,抬头便能望到山上巨大的佛像。

大像山景区分清朝寺庙古建和石窟两部分。购票进入后,拾阶而上,先参观一座座清代寺庙。其中,鲁班殿内的八卦莲花藻井独具一格,遗憾的是,这个殿只在正月初一和十五才开放参观。观音殿内的千佛洞和后山的永明寺均为近代重建的建筑,尤其是永明寺,虽规模很大,但崭新得与全山的古建有点格格不入。

从财神殿往上便是石窟部分了,经过无量殿、药王洞到达大佛脚下。这尊石胎泥塑是渭河流域唯一一尊唐代大佛,高23.3米,结跏跌坐于莲座上。过了大佛后还可继续向上参观,直到最高处的西方三圣殿。本书调研期间石窟部分正在维修,不开放参观,预计2019年底完成修复。

天水汽车总站有发往甘谷的班车(7:00~19:30坐满发车;20元;1小时),麦积汽车站的车次少一些(11:45、13:00、14:00、15:00),甘谷县城区客运汽车站(☎687 0708)返回天水的班次6:00~18:40。洛门也有开往甘谷的班车(7:00~18:10每10分钟1班;12元;1小时),返程班次7:00~18:40。大像山距客运站很近,可以步行过去。

大地湾遗址

(☎675 1103;秦安县东北45公里处五营乡;免费;⊙夏季9:30~17:00,冬季9:30~16:30,周一闭馆)在8000~5000年前,大地湾先民种植出了中国第一批农作物——黍,并创造了世界上最早的彩陶和中国最早的文字、绘画,以及中国最早的房屋建筑。位于天水秦安县的大地湾遗址无疑是中国20世纪最重要的考古发现之一,它是甘肃境内仰韶文化的代表,也是迄今为止黄河上游地区发现最早的新石器文化遗存。

目前这里开放参观的有大地湾原始村落遗址和大地湾博物馆两部分,两者相距500米。遗址部分为距今约6500~5900年的一处环壕聚落,共有7处半地穴式房址,其中有1处六层遗址的堆叠体现了大地湾文化的连续性。

大地湾博物馆详细介绍了8000～4000年前陇西黄土高原的气候、动植物,以及大地湾先民的社会、生活、经济等,陈列了大地湾出土的陶、石、玉、骨、角等文物。大量彩陶展示了大地湾文化在近4000年中5个时期的彩陶发展兴衰。馆内还复原了7个不同形态的墓葬遗址。

天水汽车总站有发往秦安的班车(6:30～19:30每15分钟1班;15元;1小时),麦积汽车站也有少量班次(7:30、10:00、14:30、15:50),下车后向北走100米,在秦安汽车北站乘坐发往五营的班车(约20分钟1班;16元;1.5小时)。五营回秦安的末班车17:30,秦安回天水的末班车19:30。

平凉及周边

电话区号:0933;人口:210.31万

在甘肃地图上寻找平凉非常容易,南北最窄的那一部分,处在陕西和宁夏的上下"夹缝"中的便是。平凉横跨陇山,地处关中盆地的北缘,著名的胡焕庸线穿过平凉。商王朝、西周与秦曾在这条农牧分水岭上演过王权更迭。在丝绸之路最繁盛的那些年,平凉是著名的"旱码头",佛教东传在泾河沿线留下了以南石窟寺为代表的数座石窟。然而繁华戛然而止于工业革命时代,重塑西北交通干线的陇海线绕开了平凉,将它推入交通死角。虽失了天时地利,庄浪人却用30多年践行了愚公移山,将贫瘠的黄土坡地开垦成梯田,不但解决了基本口粮问题,还自成一景。撇开人凿的石窟和梯田,顶着"中华道教第一山"头衔的崆峒山,悠然写意之美会让你感叹不虚此行。

平凉市

昔日丝绸之路上的"西出长安第一城",曾经繁荣程度超过兰州,却因交通不便在经济高速发展的当代慢下了脚步,幸好还有一座"道源圣地"崆峒山,令旅行者不舍绕开它。平凉依泾河南岸而建,如果你从天水前来,一下车便有截然不同的感官体验,城市干净、马路宽敞,饮食方面更偏陕西。

白天游览完崆峒山,如果还有时间,可以去市区的宝塔公园走走,这里有一座建于明代的延恩寺塔,与崆峒山上凌空塔很相像。柳湖公园和绿地广场是本地人傍晚喜欢遛弯的地方,前者有100多棵清末左宗棠在此主持军务时所植的左公柳,你可以从定北路的柳湖书院石牌坊进入柳湖公园,再从北门出,对面就是绿地广场。

◉ 景点

崆峒山　　　　　　　　　　　　　　山

(✆851 0202;门票 4月至10月110元,11月至次年3月 55元,索道 50元/单程,区间车 北门—中台32元/单程,北门—香山 48元/单程,讲解150元;✪4月至10月7:30～16:30,11月至次年3月8:00～16:00)若以名气论英雄,陇东南地区唯崆峒山能与麦积山平分秋色。它被誉为"西来第一山"和"中华道教第一山",传闻中黄帝在此问道广成子,求教治国之道和养生之术,后又有秦始皇、汉武帝等君王登临崆峒、祭天祈福,司马迁、杜甫、白居易等文人墨客都与此山结下过不解之缘。而你熟悉的崆峒武术也并非金庸杜撰(除了"七伤拳"确为金庸所"创"),它自唐代兴盛,是与少林、武当、峨眉、昆仑齐名的武术流派之一,如今山下的崆峒文武学校依然在培养一批又一批的习武少年。

崆峒山属于六盘山支脉,主峰海拔2123米,如一道拔地而起的天然屏障,丹霞绝壁矗立在浩瀚林海中,蔚为壮观。加上平凉多雨,山上常常云雾缭绕,更是为这座儒、释、道三教共尊的名山平添了几分"仙"气。

景区售票处和游客中心设在山脚的崆峒古镇,游览崆峒山的大本营位于半山腰的中台。你有3种方式前往中台:从游客中心坐区间车沿着弯急坡陡的盘山公路上山、从弹筝湖坐索道至三教禅林(离中台不远)、从东门走路上山(13路公交坐至终点站,然后步行约1.5小时)。

以中台为核心有两条主要游览路线,一条欣赏佛教塔院,一条上山看风景、游览道教建筑群。前者从中台走过去不过几百米之遥,法轮寺是亮点,寺庙重修不过30年,但塔院里的一尊七层凌空塔为明代留存,塔顶有两棵超过百岁的松树,可谓崆峒一景。后者经朝天门检票口,攀上369级陡峭台阶的上天梯,到达皇城。一路有好几座始于明代的道观，三教洞内释迦牟尼、孔子、老子的塑像并列，充分体现了崆峒山儒释道三教归一的特色。过了皇城后，你可以继续向上前往最高峰香山和横跨两峰的通天桥。这条游览路线沿途路牌指示清晰，慢慢赏风景走一个来回需要2小时。如果先行游览了法轮寺，你就可以在香山直接乘坐区间车下山，不必再走回中台去坐车。

由于崆峒山游览至少需要3小时，所以景区在下午4点后就不建议游客上山了，下山的区间车末班18:30。

住宿

相连的东大街和西大街上住宿选择最多，位于崆峒山下的崆峒古镇里也有几家宾馆，不过古镇晚上很冷清，而且公交结束较早，不适合喜欢热闹的人。

尚品怡家酒店　　　　快捷酒店 ¥¥

（☎862 9900；解放北路136号；标间 168元；🛜❄🅿）位于火车站和汽车东站中间的这家酒店，2019年重新装修过，是附近最好的选择。房间很大很舒适，简单干净，唯一不足的是卫生间很小。房价含早餐。

丽晶酒店　　　　　　快捷酒店 ¥¥

（☎888 8022；城南路13号；标间 188元；🛜❄🅿）一家具有设计感的快捷酒店，房间很大，简洁素雅，洗手间干湿分离。酒店离新民路很近，门口有到汽车西站和崆峒古镇的公交，步行5分钟就见美食。不过停车场是收费的。

喜达假日酒店　　　　　　　酒店 ¥¥

（☎888 8177；东大街89号；标单/双 238/278 元；🛜❄🅿）酒店位于南门什字，周围美食、交通都很方便。房间是欧式风格，家具古雅漂亮，宝蓝色地毯略显刺眼。卫生间设计有点奇葩，淋浴花洒与洗脸池组成一个小隔间，空间非常小，洗完地面积水严重。

就餐

南门什字南边的红旗街上有不少餐馆，南门夜市也在这条街上。南北各有一座大型清真寺的新民路上有很多回民开的清真餐馆。羊肉泡馍和饸饹面是平凉的两种地道小

车次时刻表

平凉汽车东站

站点	发车时间/班次	票价（元）	行程（小时）
兰州	7:00~15:50每40分钟1班，17:10, 19:00	116	5
西安	6:30~12:00每30分钟1班，13:00~16:00每小时1班，19:00	98	4.5
银川	8:30, 9:30, 10:30, 12:00, 17:00	110	5.5
天水	10:20	87	4
西峰（庆阳）	6:00~17:40每40分钟1班	48	3
泾川	7:10~18:00每15~30分钟1班	19	1.3

平凉汽车西站

站点	发车时间/班次	票价（元）	行程（小时）
兰州	7:00~15:50每30分钟1班，16:00, 17:00	116	5
西安	6:20~13:00每40分钟1班，14:00, 15:20, 17:00	98	4.5
银川	9:00, 10:00, 11:00, 12:30	110	5.5
西峰（庆阳）	6:00~14:50每40~60分钟1班	49	3
庄浪	7:00~18:00约每40分钟1班	45	3
咸阳机场	8:00, 10:00, 12:00, 16:00, 17:00	96	4
固原	8:15, 9:30, 10:45, 12:00	28	2.5

吃，汽车东站对面的饸饹面馆子就很好吃。一种大如锅盖的锅盔也是平凉独有。创立于民国时期的**春华楼**（新民路东大街天桥下；人均26元起；⏰6:30~15:00）是平凉城内的老字号，其屹立不倒的招牌是羊肉泡馍，当然，价格也与名气对等。

❶ 到达和离开

长途汽车

平凉有两个长途汽车站，两个汽车站都有发往省会、陇东和邻省的班车，班次也类似，主要区别在平凉境内各县的发车班次。发往平凉以东各县的班车在**平凉汽车东站**（☎863 1271；解放路柳湖路口）乘坐，发往平凉以西各县的班车在**平凉汽车西站**（☎871 0691；来远路崆峒大道路口）乘坐。

火车

平凉火车站位于泾河北岸，离汽车东站较近，经停此站的列车不多，且都是普通列车。每天1班开往宝鸡、2班开往兰州、6班开往银川，车速都很慢。最适合乘坐的是发往天水和陇南两个方向的列车，前者比汽车快、票价也便宜，后者虽然要开上一整夜，不过解决了两地不通汽车的问题，而且一张火车票正好抵消一夜住宿费。

❶ 当地交通

市区内运行的公交票价1元，1路公交连接火车站、汽车东站、新民路、南门什字、汽车西站。开往崆峒古镇/崆峒山的3趟公交为分段售票，其中，9路公交经南门、汽车东站，13路公交经汽车西站，旅游专线公交经火车站、汽车东站、汽车西站。

平凉市出租车起步价5元，市区内转悠通常起步价就够了。

王母宫

（☎332 1517；泾川县西侧回山上；门票30元；⏰8:00~18:00）泾川的王母宫被认为是中国西王母文化的发祥地和祖祠所在地。据记载，王母宫始建于西汉，泾川县的西王母庙会已经延续了千年。山顶王母宫的古建筑早前毁于战乱，现在的大殿是1992年台湾信众来此考察后捐资重建的，每年庙会和祭祀活动也有众多台湾信众赶来参加。

另辟蹊径
去大云寺看佛祖舍利

还记得在甘肃省博物馆里看到的国宝级文物——石函、铜匣、银椁、金棺、琉璃宝瓶组成的五重套函吗？它就出土自泾川县西边1.5公里的大云寺。20世纪60年代，大云寺的唐代地宫发现了14粒佛祖真身舍利，轰动了考古界，后来它们一直被收藏在甘肃省博物馆内。2015年8月，大云寺重建后，其中4粒舍利被迎请回归（剩余10粒和五重套函仍保存在省博物馆）。整个寺庙群多为新建的仿唐建筑，主要参观区是位于舍利塔下的**地宫**（门票30元；⏰4月至10月9:00~17:00，其余月份10:00~16:00），佛祖舍利子便供养在此。

结束王母宫参观后，穿过312国道过河，走20分钟就能到大云寺，参观完大云寺后，可以回到312国道等泾川发往平凉的班车（末班车18:30）。

整个景区范围很大，游览路线为一条上山台阶路和一条车行公路形成的环线，沿途看点颇多，但多为近代重修的建筑，需购票进入的景点只有山上的王母宫和山下的回屋、王母宫石窟，又以山下的石窟最值得一看，如果时间有限就不必上山了。

回屋的看点是反映西王母主题的摩崖石刻。紧挨着的**王母宫石窟**为一座开凿于北魏的中心塔柱窟，与云冈石窟第6窟非常相像，都是印度支提窟进入中国的"变体"。窟内造像分3层，有千佛、力士、菩萨、驼宝塔的白象等200余尊佛像，造型丰富生动。石窟所在的院落内有一个**三碑室**，里面珍藏着三通考古价值极高的石碑：北魏南石窟寺之碑、宋陶谷重修回山西王母宫颂碑、元镇海寺忽必烈圣旨之碑。

王母宫一年中有两个日子最热闹且免费开放：农历三月二十的西王母庙会、农历七月十八的西王母诞辰日。除夕和正月初一也会免费开放。

平凉开往泾川、庆阳的班车经过王母宫的路口，所以你大可不必坐车到县城再步行20分钟前往。

南石窟寺

(☎612 1455;泾川县东9公里,泾河北岸;门票20元;⏰8:00~18:00)南石窟寺与相隔几十公里的庆阳北石窟寺都是由北魏泾州刺史奚康生主持开凿,它们并称"陇东石窟双明珠"。南石窟寺名气很大,规模不大,公交到站停留的15分钟对大多数人来说已经够时间参观了。

南石窟寺开放参观的只有两个窟。1号东大窟开凿于北魏年间(公元510年),其"七佛同窟"的形制与北石窟寺的主窟如出一辙,但规模比后者小一些。窟内造像为七佛——北壁三佛、东西二壁各二佛,佛高6米,七佛两侧各有一尊胁侍菩萨。南壁为两尊交脚弥勒菩萨像(双脚交叉而坐)。窟顶尚存一小片浮雕。佛像身上红砂岩的纹路与石窟浑然一体,据说开凿时是从前壁顶部的明窗开始,一点点向下挖掘修建的。窟内光线很暗,晴天时阳光透过窟顶的明窗和大门照亮佛像,若是阴雨天,很难看清佛像细节,借助手机里的手电吧。

另一个开放参观的4号窟,开凿于唐宋,均为小型的石胎泥塑,事实上这些佛像的真迹本为石刻,可惜在20世纪被盗走了,如今窟里所存均为1925年后复制的。

两个石窟在无人参观时都是大门紧闭,购买门票后,管理人员会拿上钥匙陪同你参观。虽然洞口写着禁止拍照,管理人员倒是很近人情,还很乐意为你讲解一番。本书调研期间了解到,南石窟寺将再次关闭修缮,预计得2021年后才会重新开放参观。

前往南石窟寺,可在泾川西王母广场乘坐4路公交(2元,25分钟),打车往返约30元。

庄浪

庄浪县位于天水与平凉之间,石窟与梯田构成了它的两大看点。南、北洛河在此交汇,而得"水洛"之旧名,如今很多长途巴士依然以水洛代替庄浪。位于主街东、西大街(同一条路)中段的紫荆广场是热闹的县中心,广场南边有个中国梯田化模范县纪念馆,详尽介绍了梯田王国的发展史,也可以去相邻的紫荆山公园走走,里面有唐柏、宋堡、明楼阁等。

◉ 景点

云崖寺国家森林公园　　　　　　自然景观

(☎661 8131;县城以东28公里;门票55元;⏰4月至10月 8:00~18:00,11月至次年3月 9:00~17:00)一条10公里长的峡谷内,有着水库、丹霞、林海、奇石等风光,最令它出彩的是古代所建的八大寺,只是如今仅存半数,且多有损毁,云崖寺是保存最好的石窟。

景区很大,且只有一条进出路线,游览完还得原路返回,全靠步行费力费时,如果打算将整个景区游览完整,可以选择性地借助下电瓶车(除了水库—观泉亭段只能步行)。电瓶车为分段收费(根据距离远近3~10元不等),景区内的指示牌上清晰画出了游览路线,并写明各景点间的距离、车程和脚程,你可以根据自己的体力选择坐车还是步行。

进景区后会先看到左手边80米高崖壁上的竹林寺石窟,仅存5尊造像,只可远观。过了水库后的近半小时沿着峡谷崖壁步行路段,有一座像是被劈开的丹霞石柱很有特色,传说王母娘娘在此荡过秋千。继续往前便是云崖寺石窟,最有艺术价值的是6号、7号两个明代石窟,窟内的泥塑造像保存相对完整,彩塑精致清晰。遗憾的是,2018年因暴雨有所损坏后,两个窟一直关闭至今,但你可以看看露天的几尊北魏、北周时期的石刻造像。过云崖寺后有两条路,一条通往大寺,这里的弧形崖壁上原本也有很多浮雕石刻,如今已空空如也,不过自然风光很棒,值得前往一赏;一条通往盐场子,这是古丝绸之路的驿站遗址。走到盐场子就可以返回了,再往前的红崖寺没什么看头。

庄浪汽车南站发往华亭的班车会经过景区门口。

陈家洞　　　　　　　　　　　　　　石窟

(☎599 8619;县城东北30公里陈堡村;门票10元;⏰8:30~18:30)陈家洞景区的两大看点是三尊西晋的摩崖雕像和一座半圮塌的唐代七级佛塔,而在它们身后的是利用崖壁的天然石坎就势而建的石窟,非常陡峭,甚至需要手脚并用才能爬上最高点。继续往峡谷深处走，还有瀑布等自然风光。

庄浪汽车东站有发往陈堡的班车，但每天只有一辆班车来回运营，如果赶不上这趟车，你可以坐班次频繁的发往通边的班车，在新集村下（4元；30分钟），在这里你能找到前往陈堡的私人面的（3元），从陈堡村到景区还需要步行2公里。回程依然在新集村等通边发往县城的班车，18:30前都有班车。

食宿

住在东西大街上无疑最方便，就餐选择多，离汽车东站也近。**瑞谊宾馆**（☎682 8979；新昌街靠近东大街；标间148元；📶❄🅿）就在紫荆广场对面，房间和洗手间都很大，装饰雅，挑一挑房间很有必要，有些卫生间地漏处理不好。

庄浪同样以面食为主，紫荆广场旁边也有很多小吃店，汽车东站再向东的南滨河路上有暖锅、火锅、大盘鸡等饭店。

到达和离开

庄浪有两个汽车站，汽车南站发往平凉（7:20~16:30每40分钟1班；45元；3小时）、天水（7:00~17:30每50分钟1班；41元；2.5小时）、华亭（8:10~18:00每小时1班；8元；40分钟）等地，汽车东站有发往县城周边的南湖镇（7:00~18:00每15分钟1班；6元；1小时）、通边（7:30~17:00每15分钟1班）等地的班车。没有公交车连接两个车站，打车5元。

庆阳及周边

电话区号：0934；人口：226.66万

庆阳位处甘肃最东端，与陕西、宁夏两省交界，就省内而言，庆阳既偏远又无火车通达，除了去平凉，到哪儿都路途迢迢。但这片地理死角并非文化沙漠。4000多年前，周人先祖不窋率族人在此以农业立国，开华夏农耕文明的先河，"陇东粮仓"的美誉可不是空穴来风。北魏大兴开凿石窟之风也传到了庆阳，有别于大多数石窟都高举佛教东传的旗帜，庆阳的石窟是由大同和洛阳地区自东向西"倒流"，所以这里的石窟造像兼具了北魏的"褒衣博带、秀骨清相"和北方少数民族的浑厚朴拙之风。新中国成立前，庆阳是西北重要的革命根据地之一，且是整个甘肃省唯一的革命老区。

庆阳的地貌兼具三省特色，既有河谷川

值得一游

黄土高原版本的梯田

庄浪的南湖镇拥有中国最年轻的大型梯田，20世纪60年代它才被开凿，全靠当地的村民们，一人一把锹、一辆板车，从一个小山头，开垦到数个山头，再到远近高低层层叠叠、绵延不绝。

不同于云贵高原的水稻梯田，黄土高原的梯田以小麦、玉米、土豆等耐旱作物为主，所以，这里不会出现水稻田灌水季的"镜面"大片，但不同季节也有不同的风景可赏。冬天种下小麦，春天麦子发芽，满眼绿色将一直持续到5月，6月麦子成熟时梯田一片金黄，收完麦子便轮到玉米和土豆播种，夏秋时又是漫山绿色，11月土豆收完，复种下小麦后进入农闲，梯田又回到光秃秃的本来面目。

庄浪梯田的开垦并非一气呵成，初具规模后，村民们春夏秋三季在已开垦好的梯田上耕作，冬天继续在处女山坡上开垦梯田，经过30多年的持续开凿而成今天一望无际的景象。南湖镇几乎每个上了年纪的人都参与过20世纪这场浩浩荡荡的凿田运动，与他们聊聊，可以知晓很多当年开垦梯田的往事。

规模最大的一片梯田位于南湖镇赵墩乡，需要先从庄浪汽车东站坐到南湖（7:00~18:00每15分钟1班；6元；1小时），观景台距镇中心还有5公里，打车往返20元。前往观景台的沿途便能看到造型不错的梯田，可以让司机停车拍照。赵墩乡还有一处赏梯田全景的好地方，只有土路进出，很多司机都知道在哪里。即使不特意去南湖镇，在平凉到庄浪的沿途也不时有梯田闯入视线。

地,也有梁峁山地,夏季雨水之多不禁令人对身处西北产生怀疑。城市外围依然还有人住在窑洞里,游览景点时,稍稍将步子放大一点,不难找到它们。

庆阳市

21世纪初,原县级市西峰升级为地级市庆阳,不过本地人始终更习惯西峰这个名字。小什字所在的东大街、西大街是繁华的市中心,3个汽车站位处城市的三个方向,唯一的景点周祖陵位于城外。城市谈不上有特色,刺绣、剪纸、皮影、道情、民歌组成的庆阳"五绝"更像是一句宣传口号,实际很难在日常生活中体验到。

若非冲着北石窟寺,或许不会有旅行者特意来庆阳,那么,不妨将其作为由陇入陕的中转站,何况,从庆阳至西安机场不过3小时,旺季抢不到火车票时不失为一个备选方案。

◉ 景点

庆阳博物馆(☎821 3759; www.qysbwg.cn; 弘化西路4号; 免费; ◉周二至周五8:30~12:00,14:30~18:00,周末9:30~17:00,提前半小时停止入馆,周一闭馆)分4个楼层共9个常设展厅,内容挺丰富。历史文物展厅详细梳理了庆阳自旧石器时代发展而来的历史,并配有各个时期对应的文物展品,其中,商代的"乍册吾"玉戈、"鸟祖奎"铜爵和汉代彭阳铜鼎、宋代玉壶春瓶等都是值得特别关注的馆藏精品。佛教艺术展厅介绍了庆阳除北石窟寺之外的诸多佛教遗址。你还能在香包展、剪纸展、皮影展了解庆阳的民间艺术。

如果对周先祖不窋感兴趣,可以去县城东边的**周祖陵**游览,不过陵墓原有建筑早被毁坏殆尽,如今的建筑都是新的。

距县城西边6公里的南佐村里有一个仰韶文化晚期的**南佐遗址**,考古发现这是一处集宫殿、房屋、墓葬、祭祀的大型公共建筑遗址,规模比大地湾遗址还要大,也是迄今中国史前考古发现最大的建筑遗址,遗憾的是考古结束后遗址就被回填保护了。目前可参观的南佐遗址位于一个废弃的农家院子里,内有一个展厅,院子里有很多姿态各异的石狮像,是古代不同少数民族占领庆阳时留下的文物。

✺ 节日和活动

春节 新年

腊月里庆阳家家户户会贴剪纸(庆阳"五绝"之一),各种动物、花草形象的面塑也极富地方特色。最热闹的当属从正月初三到正月十五的"耍社火",各村、各乡的社火队走入村庄、街头,规模从几十人到上百人不等,热热闹闹的锣鼓队和舞狮表演一齐将传统的年味推向高潮。

端午 民俗节日

庆阳端午香包民俗文化节迄今已连续举办了17年,官方活动包括香包刺绣、剪纸、皮影等民间工艺品为主的展销会。除了逛"香包节"、买香包,还可以欣赏到平时不易见的民歌、陇剧等演出。

🛏 食宿

由于庆阳市内没有必看的景点,住宿选择尽量靠着汽车站比较好。汽车南站附近的兰州路与九龙路交界处美食集中,有各种面食、火锅、川菜、小吃等,兰州几个著名的牛肉面连锁品牌也能在这一带找到;汽车西站离市中心很近,吃购都有,最方便是去丽晶百货6楼的美食中心。烤、炒、煎、炸式的露天夜市位于兰州路人民医院东侧。

钻石伯爵精品酒店 酒店 ¥¥

(☎599 6669;秦霸岭东路新农商务综合楼;标间178元起;❀✱㊋)在美食云集的九龙路、兰州路的诸多酒店中,这家外表最不起眼,但内部非常令人满意。房间有中式和欧式两种风格,素雅的壁布、纯白的家具、装饰绿植和装饰画都很温馨。干湿分离的卫浴、电动窗帘、USB充电口等各处细节也很用心。颇为有趣的是,房间里灯的开关多达十来个,全部打开的话非常亮堂。

★ 寿星乐羊肉馆 清真菜 ¥

(九龙路靠近兰州路;人均21元起;◉5:30~20:30)这家的清汤羊肉非常好吃,羊肉切得很薄,一点膻味也没有。清汤羊肉其实就是少了粉条的羊肉泡馍。你可以就羊肉肥瘦、是否需要羊杂提出要求。

🛈 到达和离开

飞机
庆阳机场位于市区以北8公里。每天有两班飞往兰州、一班飞往北京的航班,其他如西安、银川、上海、成都等目的地皆为一周3趟航班。从庆阳市区打车到机场需30元。

长途汽车
庆阳共有3个汽车站:**庆阳客运中心**(☎889 1165;兰州东路1号)即汽车南站,有发往全国各地和陇东南地区的班车;**西峰汽车站**(☎861 0914;长庆北路3号)即汽车西站,主要发往陇东南和邻省部分城市的班车;**庆阳汽车北站**(☎866 2322;古象东路16号)主要发往庆阳下辖的各县城,去北石窟的车就在这里坐。

🛈 当地交通

14路公交车连接西站和北站,6路连接西站、小什字、南站、博物馆。出租车起步价5元,在市区3个车站间打车不会超过10元。

北石窟寺

(庆阳市西南25公里;门票30元,讲解50元起;⊙5月至10月 9:00~17:00,11月至次年4月 9:00~16:30)与平凉南石窟相对应的庆阳北石窟,规模要比南石窟大些,20米高、120米长的崖壁上密集分布着近300个蜂房般的窟龛,不过开放参观的仅3个洞窟。

最著名的**第165窟**是中国最大的七佛窟,高14.5米、深15.7米、宽21.7米,开凿时间比南石窟寺的1号东大窟早1年(同样都是北魏泾州刺史奚康生主持开凿),两者非常相似。同样的平面长方形覆斗顶的形制,七尊8米高的大佛也是一样的排列方式——正壁三佛、南北二壁各二佛,皆作"施无畏"手势(右手举于胸前,掌心朝前)。大佛旁共有10尊4米高的胁侍菩萨,南壁有两尊交脚弥勒,门内南侧有一尊乘象菩萨、北侧有一尊阿修罗天造像。四壁还有一些千佛浮雕、飞天和摩河萨埵太子"舍身饲虎"的佛教故事壁画等,但损坏严重。

凿于盛唐的**第222窟**规模较小,也很有看头。正壁为一佛二弟子二菩萨,主佛面相方圆、细眉大眼。南北两壁上下四层共64个小佛龛,龛内多为一佛二菩萨或一佛二菩萨二弟子的组合,是唐代造像的上乘之作。开凿于北周的**第240窟**更小一些,窟内东、南、北三壁各塑一佛二菩萨,造像体态健壮厚实古朴。

车次时刻表

庆阳客运中心

站点	发车时间/班次	票价(元)	行程(小时)
兰州	8:45, 9:45, 10:45, 14:00, 19:00	157~170	7.5
西安	6:25~17:40约1小时1班	80	4
咸阳机场	6:30~14:30每2小时1班, 15:30~17:30每小时1班	90	3小时15分钟
天水	8:00, 9:00, 11:00	115	7.5
平凉	7:50~17:00约半小时1班	46~50	3
陇南(武都)	9:00	190	7.5
银川	10:30	105	7

西峰汽车西站

站点	发车时间/班次	票价(元)	行程(小时)
兰州	6:15~12:30共10班, 19:00	157~170	7.5
西安	6:00~16:40约30分钟1班, 19:00	80	4
天水	7:00, 10:00	115	7.5
平凉	7:00, 8:00, 10:00, 11:30, 12:10, 12:55, 14:00, 15:40	46	3
银川	6:00, 7:50, 10:30, 12:40, 18:00	110	7

另辟蹊径

古丝绸之路萧关道遗址

在北石窟寺附近的峡谷中,考古专家认为极有可能存在着一条丝绸之路古道,为汉唐萧关古道的一部分。这条古道总长3180米,由黄土高原上的驼道、石山上的石道和平地胡同3部分组成,其中石道部分长323米,有明显车辙印的达84米,比被列入世界文化遗产的崤函古道还长。

古道形成于秦汉。公元23~24年,东汉史学家班彪(《汉书》作者班固的父亲)从长安出发,就是经此道去凉州,并写下了著名的《北征赋》。北宋时为了阻止西夏党项人对庆阳的侵袭,这条路一度断了。元代以后古道历经修复,其中,元代至正七年(1347年)李授进组织修缮时在崖壁上刻下了题记,这段文字被非常清晰地保留了下来。古道直到民国仍在使用,20世纪末当地村民常走,后来随着公路的修通逐渐废弃。

本书调研期间,古驿道尚无明显前往标志,从北石窟寺出来,朝着回庆阳方向的县道走,下到右手边的一条山谷,一直往前走,古驿道就隐藏在左手边的山坡上。走上山坡,当脚下出现两道很深的车辙印时,恭喜你,找到它了!悬崖边的凸起部分是古道的护栏。别忘了抬头找找崖壁上的题记。继续向峡谷里走,古道未断,但脚下已没了路,杂草越来越密越来越高,最难走处草及肩高。峡谷两边的山崖有古时为行人所凿的休憩处、避雨处等,高耸山崖上的一条窄缝在古代起到排水作用。

北石窟寺门口有古驿道的照片,不过没有本地人指点,你很难找对路,最好在北石窟寺找工作人员打听一下路线。

开放参观的洞窟内禁止照相,窟内有摄像头,一旦你掏出相机,头顶就会响起警告声。

庆阳汽车北站发往镇原的班车有3条路线,其中一条经过北石窟寺(6:50~17:15约45分钟1班;8元;1小时),回程继续在下车地点等车就行,18:00前都有车。

陇南及周边

电话区号:0939;人口:288.16万

如果以旅游知名度给甘肃各个区排个序列,陇南可能得垫底,连省会与它都没有长途车往来,它仿佛被遗忘在了角落里,而它境内的各处景点,班车安排的时间点也从未"照顾"过旅行者。陇南非常独特,它是甘肃境内唯一属于长江流域的地区,也是甘肃唯一拥有亚热带气候的地区,它与九寨沟挨得很近,气候、风光也都更接近四川,处处是满目葱茏与高原浩渺的景象。如果你愿意忍受一下糟糕的交通,你将会在这里找到很不一样的"甘肃"。

陇南市

陇南作为城市名字1985年才诞生,而其旧名武都已有2000多年的历史了,本地人仍然习惯称武都区。陇南市区很小,坐趟公交车东西穿越整个城区不会超过半小时。武都汽车东站所在的盘旋路附近是最热闹的商业中心,吃住都集中在这一带,落脚在此最方便出行。市区内没有什么看点,白龙江沿岸的滨河可算是城市唯一的风光带,夏天太阳落山后,本地人便会聚集于此散步,你也可以在酒足饭饱后加入他们,由江风为你吹散积累了一天的热气。

⊙ 景点

万象洞 溶洞

(📞852 6288;武都区东南15公里;门票100元,讲解100元;⊙4月16日至10月14日 8:00~17:30,其余季节 8:30~17:00)万象洞被誉为"华夏北方第一洞",注意,"北方"这个背景很重要。喀斯特地貌大多发育在南方,而北方大地上竟有一座已存在2.5亿至3亿年、深不可测的溶洞,如此大前提下给它再多溢美之词便也不过分了。

万象洞分新、旧两洞,购票后还需坐一段观光车(已含在门票内)到达山上的洞口,洞穴内部游览1.5小时就够了。新洞很小,总长不过百米，走进去便可一眼望到头。旧洞才是主要游览区域，已经开发的部分有月宫、龙宫和天宫3个区域，洞中有洞，好几个路径只容一人弯腰通过，之后又是一番豁然开朗，有些路段非常湿滑，要特别小心。进洞便是一番如梯田般的流石坝美景，留意右手边有一块南宋石碑，那可是古人游历至此留下的，这块碑比较暗，看不太清，继续往里走还有一块距离很近、能让你看清文字的碑。和大多数溶洞一样，旧洞里也不乏很多象形的石头，"守洞金刚""金蛇倒挂""小麦积"等都惟妙惟肖。就溶洞本身而言，虽石柱、石笋、石幔、鹅管都不缺，细细寻找甚至还能看到罕见的石花，但钟乳石比较粗糙，色泽也不够亮，与南方那些著名的溶洞相比，美感不足。而这里红、绿、蓝、紫四色射灯非但没有起到画龙点睛之效，还有点画蛇添足，尤其常让游客行走时颇觉"辣眼睛"。

前往万象洞，可在盘旋路坐9路公交，车费2元。

食宿

武都汽车东站周围吃住选择很多，陇南市的住宿不贵，暑假期间也没什么涨幅。从汽车东站向南走一点，白龙江南岸的长江大道上有很多宾馆和饭店，宾馆条件和价格都很统一，大多低于100元就可以拿下了，但卫生都马马虎虎。

汽车东站旁边的商贸街以及三四分钟脚程开外的盘旋路小吃一条街，集中了最多的小吃、快餐、饭馆。

丽枫酒店 酒店 ¥¥

(📞851 0000；长江大道龙浜金岸1号楼；标单/双 348/438元；🛜❄️🅿️)从盘旋南路向南走，过桥就是这家酒店，距汽车东站不超过5分钟脚程，目前是汽车东站附近最好的酒店。薰衣草装饰风格的房间非常漂亮，床垫厚实，地毯柔软干净，卫生间干湿分离，配有电动窗帘、空气净化器。双人间比较大，有半开放式的衣帽间。

明珠大酒店 酒店 ¥¥

(📞823 1166；盘旋路街心花园西侧；标单/双 178/168元；🛜❄️)这家三星级酒店在汽车东站斜对面，离小吃街就几步之遥。虽开业好多年，内部维护还算可以。网上价格比门市价要便宜50元左右。

牟老三烤羊肉 烧烤 ¥

(📞150 9575 2748；盘旋路小吃一条街；人均 30元起；⏰17:30~24:00)满屋的食客便是对店家20多年烧烤手艺的最大肯定。羊肉串和小腰子都是1元/串，10串起点，放心点，肉很小，10串不过塞个牙缝，肥瘦相间的羊肉非常嫩。烤饼子也很受欢迎，烤毛肚的酸辣口感很特别。除了烧烤，手抓肉（70元/斤）、羊肉面皮（7元）也都美味。

洛塘豆花荞面 面 ¥

(商贸东街9号楼；人均 9元起；⏰9:00~22:00)面是现做的手工擀面，所以点完单后等待较久。酸菜豆花荞面面是这里的特色，面量多，豆花滑嫩，加入酸菜后非常开胃。

ℹ️ 到达和离开

长途汽车

位于市中心盘旋路附近的**武都汽车东站**(📞821 3656；商贸东街2号)有发往成县(8:32~17:32每小时1班；45元；2.5小时)、成县陇南机场(7:32、11:42；45元；2.5小时)、宕昌县(6:20~15:55每20分钟1班；35元；4小时)、康县(7:08~17:08每小时1班；35元；2.5小时)、天池(9:28、14:10；32元；3小时)、文县(6:04~16:04每小时1班；46元；4小时)等陇南各地和庆阳(8:35；190元；7.5小时)的班车。

西边的**武都汽车站**主要发往天水(6:30~11:30每小时1班、13:00、15:00、16:00；天水85元、麦积90元；4~4.5小时)、舟曲(6:00、8:20；9:00、10:20、11:20、12:20、14:10、15:10、16:30；25元；2.5小时)、迭部(6:00、7:00、10:40、12:30；67元；6小时)、九寨沟(6:30、14:30；80元；4.5小时)等陇南以外地区的班车。

火车

位于市区东部的**陇南站**(东江新区阶州大道)2016年底才建成投入使用，是普通列车和动车的共用车站。火车的开通大大便利了陇南与省会的交通状况，目前也是与兰州的唯一交通工具，车次很多，动车不到3小时，普通列车4.5小时。陇南与天水、平凉每天各有一趟过夜车。

当地交通

15路公交连接火车站、武都汽车站、武都车东站(盘旋路站)。9路公交从汽车东站附近的盘旋路站开往万象洞景区。

文县天池

（文县天池村；门票50元，含观光车；8:00~18:00）坐落于天魏山上的文县天池，方圆达20公里，连绵的群山为其塑造了九弯一百零八曲，站在不同角度看有不同的线条美。夏季这里山青水绿，10月中两岸树叶渐黄渐红，是最出彩的秋色。不赶季节就凑时段，清晨时湖面上升起烟波浩渺，美如仙境。

景区大门距天池还有8公里盘山路，需坐观光车进入（景区下班后允许私家车驶入）。观光车下来再走300米栈道，天池就在你脚下了。环湖走一圈约4小时，可欣赏象嘴石、二郎神壁、老母崖、狮子峰、仙女石等景观。湖西有修砌完整的栈道，湖东则是石阶山路，很多路段湖泊被树林挡住，视野不如湖西。你也可以乘快艇环湖（30元，40分钟）。

武都汽车东站每天只有2班车发往天池景区（9:28、14:00；32元；3小时），回程车次是7:00和12:30，非自驾的话免不了要住一晚。湖边有简陋的农家乐可投宿，松茂山庄（138 3093 0990；标间120元；）就在码头上方。如果你实在需要当日赶回陇南，只能碰运气搭车，或有当地村民开车出去的话，可以花10元请他们捎你到25公里外的十二道拐（半小时车程），在此等候文县发往武都的班车，末班车约在下午4点经过这里。若从天池景区包车到十二道拐需100元。

官鹅沟

（622 9138；宕昌县城郊；门票130元，含两个沟的观光车票，2日内有效；8:00~17:00）位于宕昌县的官鹅沟兼具峡谷瀑布、高山草甸、原始森林等风光，夏日避暑观瀑布，秋季层林尽染，冬季一片冰雪世界，不可谓不美。至于其自封"小九寨沟"，最好还是不要当真。

景区实际由两条沟组成：官鹅沟和鹅嫚沟。目前两沟不相通，前者的大门距县城仅2.5公里，后者距县城6公里。两条沟内都有观光车，不同的是，官鹅沟下了观光车还需步行游览，而鹅嫚沟可以全程依托观光车赏景。因此，如果打算一天内游览两沟，理想的方式是早上先去较费体力的官鹅沟，下午轻轻松松在鹅嫚沟一路坐车赏景。

官鹅沟开发较早，观光车停在通天门游客服务中心，之后到两河口服务中心的4公里核心景区只能步行，且得原路返回，全程游览约需3小时。一路向峡谷深处走，会经过至少10条飞瀑，瀑布虽多，水量不大，真正称得上壮观的只有最后一道官鹅天瀑。除了看瀑布，沿途还能了解三叠纪灰岩的各种地质变形。

鹅嫚沟的看点比较少，观光车直接开到终点站"十八相会"，回程时会在天外来石、瀑布景点停车下客。从十八相会继续深入游览的话有两条路线，一条前往山腰上的天池，但得另外购买观光车票（40元往返；8:30~17:00），如果你已经去过文县天池了，大可不去，这个天池的面积只有文县天池的三分之一。另一条是沿公路继续往前走，走100米会看到一棵千年红豆杉，如果打算翻山去官鹅沟就一直往前走到山脚。在瀑布景点附近还有一处人为景点：玻璃天桥（58元），上下天桥的方式可以是走路，也可以坐飞天魔毯（20元）和玻璃滑道（20元）。

两沟的尽头被一座海拔4154米的雷古神山相隔，不走回头路的唯一方式就是翻山，尽管实际距离才9公里，且上山台阶修砌得很完整，但山的高度是你前进速度的巨大绊脚石，通常需要6小时才能翻完这座山。从官鹅沟上雷古山陡峭，从鹅嫚沟上雷古山路线长，无论从哪个方向上山都不轻松。如果打算翻山，一定要尽早进入景区。本书调研期间，翻越雷古山的索道工程正在进行中，但两年内尚无完工指望。

注意，景区内海拔在2000米以上，早晚温差很大，即便夏季前来，若打算做最早一批游客，也要带上保暖外套，尤其是去鹅嫚沟天池的观光车360度无遮挡。每年冬季下雪后（约11月中至次年3月）景区名义上就不再对外开放了，观光车也停运，想进去只能靠步行，由于雪很厚，步行也只能走一小段。

宕昌县汽车站有分别开往官鹅沟（2元）、鹅嫚沟（6元）的公交车，运营时间为

7:20~18:00,两沟之间不通车,你必须游览完一个沟回到汽车站,再换乘前往另一个沟的公交。

🛏 食宿

官鹅沟内有不少干净的农家乐,价格在120~150元,不必担心交通,景区内的农家乐都开在观光车运行沿线。

住到县城无疑有更丰富的美食选择,县城的吃住都集中在从汽车站向北的滨河西路上,条件与大多数县城的宾馆类似。宕羌青年旅社(☎639 1018;滨河西路官鹅桥头250号;铺45元; 📶)离汽车站非常近,床位间和公共卫浴都简单、干净,"五一"和国庆期间有可能涨至100元。

不要错过被央视《每日舌尖》节目推荐过的马哈哈特色黄焖羊肉(☎622 2222;成纪大道东路财富阳光社街商铺;人均40元;⏰11:00~20:30),黄焖羊肉(65元/斤)名不虚传,羊肉带骨,肉炖得酥软入味,我们觉得比兰州那几家大名鼎鼎的黄焖羊肉还好吃。如果你需要配份白皮面,记得向店家提出粗细要求,否则将默认给你一盘细面。

ℹ️ 到达和离开

陇南武都汽车东站有频繁发往宕昌县(6:20~15:00每20分钟1班;35元;4小时)的班车,回程首末班次为6:20和17:00。不过夏季部分班车会转出于官鹅沟景区内的交通,车次有可能减少。

离宕昌最近的火车站是哈达铺站,坐火车往来陇南和宕昌比汽车快且便宜,车次不少,每天有2趟动车(27元;55分钟),普通列车车程也仅1个多小时。宕昌县汽车站门口有开往哈达铺火车站的公交(7:00~18:00坐满发车,夏季可能在17:00结束;10元;45分钟)。

康县阳坝

康县是陇南的一个县,阳坝是康县的一个镇,阳坝镇上有个梅园沟景区,可能是它们的不够出名,本地人更习惯直接以"康县阳坝"指代阳坝镇或梅园沟景区。

阳坝是甘肃著名的茶叶产区,但若不是清明前的采茶季,你几乎在镇上找不到茶叶的踪影。对旅行者来说,更贴切的感受是潮湿的气候,尤其夏天坐车前来的话,当你发现身上的皮肤开始变得黏糊,说明快到阳坝了。

阳坝镇很小,长途汽车停在镇口的转盘,从这里向西的一条小路通往梅园沟景区,对直向南便是进镇的主干道,穿过小镇,南端是新建的古镇。古镇依河而建,清一色的仿古建筑——砖房外"披"一层木板,家家户户门前悬挂着红灯笼,茶楼饭店的店招彩旗飘飘。相比千篇一律又无人气的古镇,相依的河景要迷人得多,河西岸有一条3公里长的林荫栈道,从郑家河村(前往梅园沟的观光车会经过)至古镇对岸,一路走在森林边缘,两边有碧绿水色和良田阡陌,景色不输于梅园沟内,而且免费的哦!

👁 景点

梅园沟   自然景观

(阳坝镇西北;门票40元,景区内观光车28元,镇上到景区大门观光车20元;⏰8:00~18:00)陇南的"天然氧吧",沟内以森林和水景为主,无论是坐观光车还是步行游览路段,都是贴着山谷而行,赏流水潺潺。

坐观光车第一个下车点是幽梦谷,然后沿着栈道走1.5公里到天鹅湖。走出天鹅湖时别忘了看看一堵照壁上关于此地男嫁女娶风俗的介绍。接着继续坐观光车到海棠沟,接下来往峡谷深处走2.5公里,直到海棠瀑布跟前,再原路返回,一路是石板路,往返约1小时。海棠瀑布并不高大,魅力在沿途,有些许穿行于原始森林的感觉,尤其雨后更显空谷幽兰的意境。夏天若遇下雨,峡谷里的水会发浑,瀑布同样也是混浊的。

梅园沟全程游览约需3小时,自驾的话可以省掉一张镇上到景区大门(5公里)的观光车票,但景区内必须统一乘坐观光车游览。

🛏 食宿

从武都前往阳坝镇很周折,当日往返几乎不可能。阳坝镇上的宾馆很多,古镇里也有很多客栈,景区里还有农家乐,价格都是100元上下,最低可以砍到80元。本书调研期间,森沁宾馆(☎514 1688;阳坝镇中心;标间148元; 📶 ❄️ 🅿️)是镇上最好的住宿,宾馆新装修,房间干净,床也很舒服,除了洗手间小一点,其他都令人满意。

秦国前传

秦始皇建立中国第一个大一统王朝的这段历史无人不知,再往前推进到春秋战国,关于建国的秦襄公、"春秋五霸"之一的秦穆公、推行商鞅变法的秦孝公,大多数人也能知晓一二。如果继续向前推移,嬴政的先人如何从"素人"到诸侯、一步步走上政治舞台的?恐怕没多少人能答上来。

据考古证实,周朝建立后,活跃于甘肃东南一带的秦人因曾拥护商朝,而被贬为"御奴",为周王室戍守西方。西周中期,善于养马的秦人嬴非子在西汉水上游的犬丘一带替周王室牧马有功,受到周孝王的重用,被封为附庸,赐"秦"地建邑。西周晚期,秦人在与西戎的拉锯战中失犬丘,又夺犬丘,秦庄公也因战功显赫而被封"西垂大夫"。春秋初期,秦襄公护送周平王东迁,被封诸侯,建都西垂,秦正式立国。此后,秦襄公的后代不断向东开拓疆土,秦穆公称霸西戎,到秦孝公时期秦国已成战国后期最强的国家,为秦始皇的千秋伟业奠定了扎实的基础。

考古学家通过对礼县周围3个遗址的发掘,揭开了秦国的"前史",并证实了西垂与犬丘就在今日的礼县东北部。而县城西侧的西山遗址挖掘出了目前所知秦人最早的城邑和最早、等级最高的秦人墓等。如果对早期秦文化感兴趣,别错过礼县的**甘肃秦文化博物馆**(礼县秦文化广场;免费;⊙9:00~17:00)。博物馆共4个展厅,完全追溯了早期秦人因牧马出色被赐封地、被封诸侯、正式立国,到称霸西戎、东进关中的发展史。馆内陈列了大量出土于礼县、与秦文化主题相关的文物。第二展厅简直就是青铜器的世界,你还可以看到大堡子山遗址中车马坑、祭祀乐器坑和秦公墓的复原。

从陇南(8:50、16:30;70元;3小时)、天水(8:25~18:00每15分钟1班;32元;2小时)、成县(9:30、13:50;40元;2小时)坐车前往礼县都很方便。礼县汽车站门口的2路公交车经过博物馆。

❶ 到达和离开

前往梅园沟,你需要先在武都汽车东站坐车到康县(7:08~17:08每小时1班;35元;2.5小时),再转乘去阳坝的班车(7:00、8:30、10:30、12:30、15:00;25元;2小时)。阳坝返回康县的车次是7:00、9:00、11:00、13:00、15:00,康县回武都的末班车17:30。

成县

全陇南交通最便利的县城,也是陇南机场的所在地,更因拥有保存完好的汉代《西狭颂》石刻而成为整个陇南地区的人文担当。南北走向的东河贯穿县城,汽车站在河东,商业区在河西。县城东南3.5公里有一座**杜公祠**,是中国现存37处杜甫草堂中历史最久的一座,本书调研期间,前往杜甫草堂的专线公交已经停运,打车前往单程20元。

◉ 景点

西狭颂 峡谷

(☎329 2185;门票40元;⊙8:30~17:30)位于县城以西一条5公里长的峡谷中,因保存着一块东汉的摩崖石刻《西狭颂》而得名。汉代流传至今的书法"三颂"之中,一字未损的《西狭颂》保存最完好,因此尤显珍贵。颂文主要记载了东汉武都郡太守李翕率众开通西峡道路的历史政绩,碑额题刻"惠安西表",颂文共20行385字,旁边刻有黄龙、白鹿、嘉禾、木连理和甘露降"五瑞图",是东汉摩崖石刻中难得的图文并茂的佳作。

西狭颂景区有东门、西门两个入口,可此门进彼门出,地势相对来说西高东低,所以从东往西走是上台阶,不过台阶不多,大部分是走平路,如果你连这一点点台阶都觉得辛苦,就选择西门进吧。从西门进入景区后,顺着崖壁上的栈道走,经过6个逐级跌落的水坝,约20分钟后到达新建的两颂亭,为汉代"三颂"中的另两颂——《石门颂》和《郙阁颂》的复制碑。接下来再走20分钟，经过保仁寺，就到达《西狭颂》碑亭，摩崖石刻被罩在玻璃中，很难看清石碑上的文字。峡谷风光最美的一段也在碑亭附近。最后再沿峡谷走20分钟，经过同样在玻璃罩内的耿勋碑和一条大瀑布，就到东门出口了。

县城有两趟公交分别发往两个入口，都是40分钟车程。发往东门的西狭专线公交（6:50~18:30每100分钟1班；2元）可在汽车站、东大街沿线乘坐，下车后，还要跟着指示牌走20分钟（绕过十天高速的西狭隧道）才到景区真正的售票处。前往西门可在盘旋路公交站坐发往小川的公交（车次较多；3元）。

鸡峰山　　　　　　　　　山

（县城西南15公里；门票40元；8:00~18:00）鸡峰山属于西秦岭的余脉，主峰是"状似鸡头"的一座孤峰，与崆峒山有几分相像。因为周边地势比县城高出不少，故经常出现山下下雨、山上放晴的景观。从售票处旁边的景区步道上山，大约一个半小时可以登上主峰，沿途会经过几处寺院。整座山峰林木葱郁，加之游客稀少，颇有些"空山古刹"的味道。

成县南河桥头有途经鸡峰山的小面包车（坐满发车；10元；40分钟），下车不远就是景区售票处。如果打算一天内游览完西狭颂和鸡峰山两处，并接着赶往下一个目的地，最好包车（往返150元）前往鸡峰山，包车的好处是可以省却你一个多小时的爬山，因为车可行驶到主峰脚下的停车场，接下来你只要步行10分钟便可登上最高峰。

食宿

计划西狭颂和鸡峰山两个景点都去的话，你需要在成县住一晚。图前往景点和吃饭方便，就住到河西的东大街、同谷东路上，盘旋路一带有很多饭馆、快餐，成县没有非吃不可的当地特色，从东北水饺到西南米粉无所不包。

缩在一个独立小院内的**东隅大酒店**（361 1666；东大街34号；标单/双 140/130元；）因不临街，即便百米开外就是闹市区，也能有安静睡眠，房间比较干净，床也称得上舒服。2019年新开业的**香榭里·和泰酒店**（372 8822；东新路17号；标单/双 248/268元；）接近四星级标准，性价比很高，除了有些房间地毯上有碍眼的污渍，其他几乎挑不出刺来，卫浴洗漱都干湿分离，房间里有4瓶免费矿泉水，房价含早餐。

到达和离开

飞机

陇南成县机场位于成县以东10公里，与兰州、重庆每天各有一趟航班往返，周一、三、五、日与重庆有一趟往返航班，周二、四、六与北京有一趟往返航班。成县汽车站前的十字路口坐3路公交可到机场，6:00~19:30每20分钟1班，2元。

长途汽车

武都汽车东站每小时都有班车发往成县（8:32~17:32约每小时1班；45元；2.5小时），成县汽车站发往武都的首末班车为7:30、17:40。你也可以从康县坐车过来（7:20~17:20约每小时1班；35元；3小时）。成县也有发往天水的班车（7:50~16:20每50分钟1班；42元；3小时）。

宁夏

包括 ➡

银川市 254
吴忠 274
中卫 279
同心 285
固原 288
六盘山 294

最佳餐饮

- ➡ 小叶手抓（见264页）
- ➡ 国强手抓（见264页）
- ➡ 杜优素羊杂碎（见277页）
- ➡ 香山羊羔肉（见282页）
- ➡ 惠安堡羊羔肉（见279页）

最佳住宿

- ➡ 飞鸟集（见281页）
- ➡ 大乐之野（见281页）
- ➡ 德吉林卡酒店（见261页）
- ➡ 腾格里沙漠露营帐篷（见281页）
- ➡ 浮游国际青年旅舍（见260页）

为何去

　　天下黄河富宁夏。如果你在夏秋来到银川平原，连绵不绝的森林以及形状不规则、闪亮的湖泊和湿地会印证这一点。它被称为"塞北江南"，却拥有江南从未有过的大气磅礴，铁骨铮铮的贺兰山会告诉你，这是亚欧大陆干燥而宁谧的腹地。

　　宁夏是独一无二的。银川平原宜人舒适，就连候鸟也愿意在这浩瀚的北方水乡停留。沿着中国第一条沙漠铁路旅行，就能一览金色沙浪翻腾的腾格里风光。离开喧闹的景区，黄河边大漠旁漂亮的客栈，能让你实现一段真正的黄河梦。在游牧民族不停侵扰中原文明的历史中，宁夏是个让人不忍拒绝的温柔路口，于是，有了与宋和辽并存的西夏王朝。如今我们只能通过陵墓、遗落的长城和博物馆里的波斯、罗马器具，来想象这个路口的盛况与风流。今天宁夏最主要的身份大概是"回族自治区"，华美现代的中阿之轴和古朴尊严的清真寺，是中国伊斯兰教最好的艺术表达。

　　最后，如果你是羊肉爱好者，我们得告诉你一个事实：绝大部分的宁夏人和相当多的游人都相信，这里有中国最好吃、顶级的羊肉。

何时去

4月至5月 黄河岸边的梨花、桃花和贺兰山里的樱花盛开，万物复苏，但风沙十分猛烈，一定要做好防沙措施。

6月至8月 最适宜来宁夏旅游的时节，瓜果飘香，白天温度不太高，晚上凉爽舒适，沙漠、黄河、山脉都绽放出最美的一面。

9月至10月 赶在古尔邦节游览同心等回族聚居地，会是一次深入了解回族伊斯兰文化的好机会，秋日多彩的树林，比夏天更上镜。

11月至次年3月 旅游淡季，绝大部分景点歇业，旅游班车停开，不过你能看到"贺兰晴雪"的塞上奇景，并美美地吃羊肉。

文化与禁忌

宁夏各地的餐厅大多不会标明"清真",反而会特别标明"汉餐"。作为旅行者,你应该谨记,不要将自己的食物带进回族餐厅,不要在他们面前吃猪肉、喝酒、抽烟,也不要谈起猪;不要触碰穆斯林的茶具、餐具,尤其不能碰《古兰经》;参观清真寺时,穿着不宜暴露,也要避免穿印有动物和人像的服饰,不要携带其他宗教的物品进去;礼拜大殿不对非穆斯林开放参观;不要打扰正在礼拜的穆斯林,不要在礼拜者面前走动。

虽然斋月(伊斯兰历九月)期间每个成年穆斯林要封斋,只能在日出前和日落后进食,但你在宁夏还是可以找到大量的非清真餐厅,并不会影响自己的旅行。

书影里看宁夏

电影 很多电影会在宁夏取景,但往往架空了时空,不大能看出宁夏的特色。刘苗苗导演是一个例外,她2019年的新作《红花绿叶》是非常罕见的、以当代回族青年的婚姻和情爱为主题的电影,而她1993年的电影《杂嘴子》,则表现了宁夏甚至西北那种土气中带着通灵诗意的乡村生活,电影曾经入选当年的威尼斯电影节主竞赛单元。

图书 如果说张承志写宁夏的作品带有一种迷狂的布道感,那么土生土长的石舒清则把西海固的苦难和幸福娓娓道来。《西海固的事情》和《清水里的刀子》属于他作品中的上品。

把宁夏买回家

传统的"宁夏五宝",指的是红枸杞、蓝贺兰石、白滩羊皮、黄甘草、黑发菜。枸杞在宁夏最大的产地位于中宁,但在银川和中卫的街头随处可见,甚至还有枸杞采摘园。不法商人将它染色可不是传说,建议你在大型超市购买。贺兰石是制造砚台的优质石材,质地细密,你可以花几十元买个小吊坠,而贺兰砚的价格从一百到上千不等。滩羊皮俗称"二毛皮",将出生30~40天的滩羊羊羔宰杀后,取其皮制成,毛色洁白,柔软轻便。盐池和同心的滩羊皮质量最好。贺兰石可在银川文化城购买,二毛皮和滩羊皮可在解放西路的各个专卖店去选购。

至于甘草和发菜,它们具有很好的固沙作用,国家已于2000年正式发文禁止挖掘。我们强烈呼吁旅行者拒绝购买。

好吃的宁夏羊肉也能买回家了,银川很多羊肉店都能速冻后顺丰发全国;而顶着中国顶级产区名头的宁夏葡萄酒,你也可以在各个酒庄和市区的销售中心买到。

快速参考

银川
- 人口:223万
- 电话区号:0951

中卫
- 人口:116万
- 电话区号:0955

吴忠
- 人口:140万
- 电话区号:0953

固原
- 人口:123万
- 电话区号:0954

如果你有

→ **3天** 第1天去**贺兰山岩画**(见272页)和**镇北堡西部影城**(见270页)。第2天上午去**西夏王陵**(见269页),下午步行游览**银川老城区**(见258页),吃一顿好羊肉。第3天乘坐高铁抵达中卫,去沙坡头看**腾格里沙漠**,或者在**黄河宿集**(见279页)住下。

→ **7天** 前两天同上,第3天上午乘坐高铁抵达**吴忠**,吃羊杂汤(见261页)和盐池羊肉,下午继续乘坐高铁抵达中卫,在黄河边的民宿(见281页)享受日落。第4天去**沙坡头**(见283页)或者某个没人去的沙漠,看大气的塞北风光。第5天去同心看看**清真大寺**(见285页)。第6天去固原,游览**须弥山石窟**和**火石寨**(见294页)。第7天早上,欣赏了**固原博物馆**(见289页)从精美丝路来的罗马和波斯遗物后,下午乘飞机或火车离开。

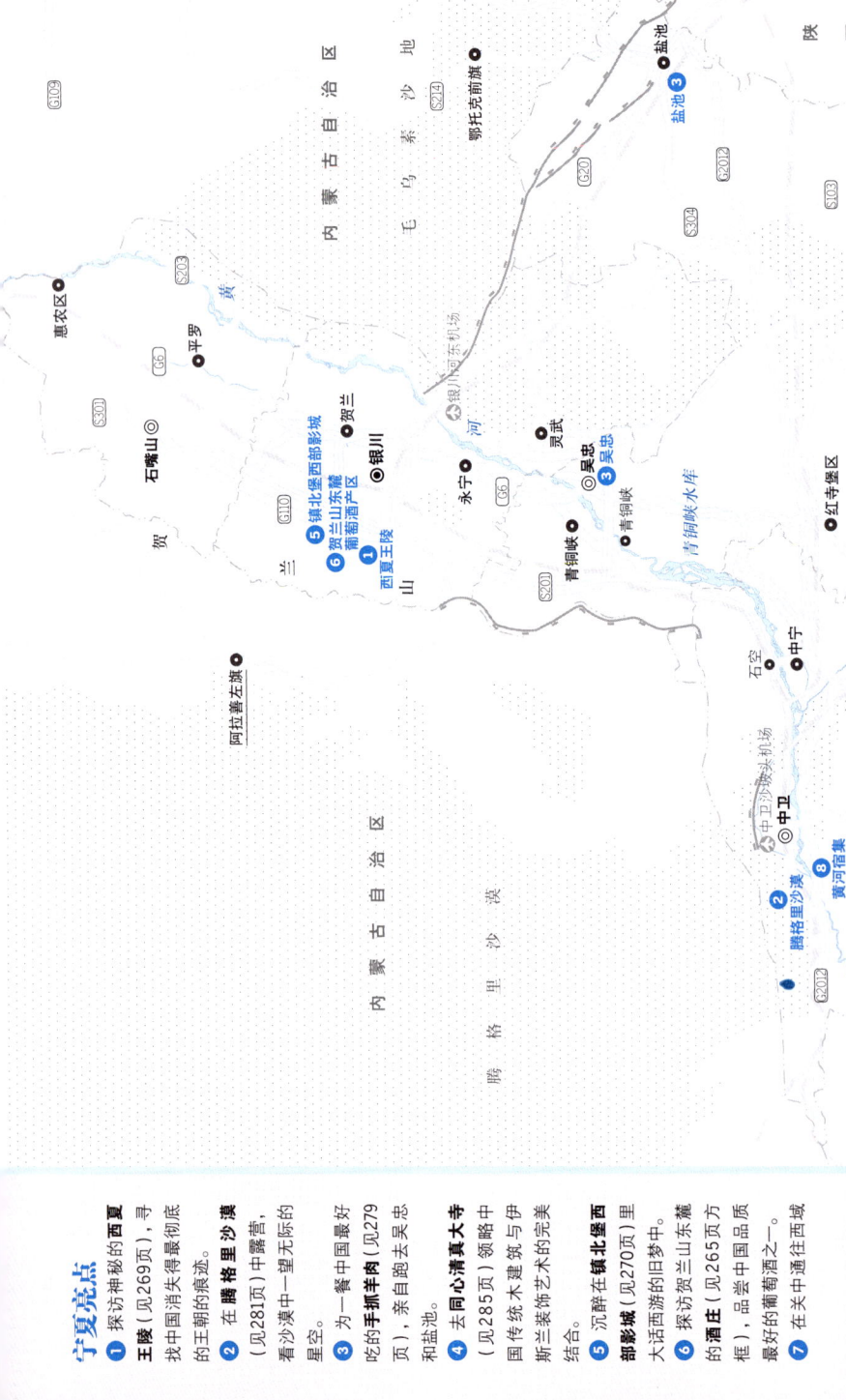

宁夏亮点

1 探访神秘的**西夏王陵**（见269页），寻找中国消失得最彻底的王朝的痕迹。

2 在**腾格里沙漠**（见281页）中露营，看沙漠中一望无际的星空。

3 为一餐中国最好吃的**手抓肉**（见279页），亲自跑去吴忠和盐池。

4 去**同心清真大寺**（见285页）领略中国传统木建筑与伊斯兰装饰艺术的完美结合。

5 沉醉在**镇北堡西部影城**（见270页）里大话西游的旧梦中。

6 探访**贺兰山东麓的酒庄**（见265页方框），品尝中国品质最好的葡萄酒之一。

7 在关中通往西域

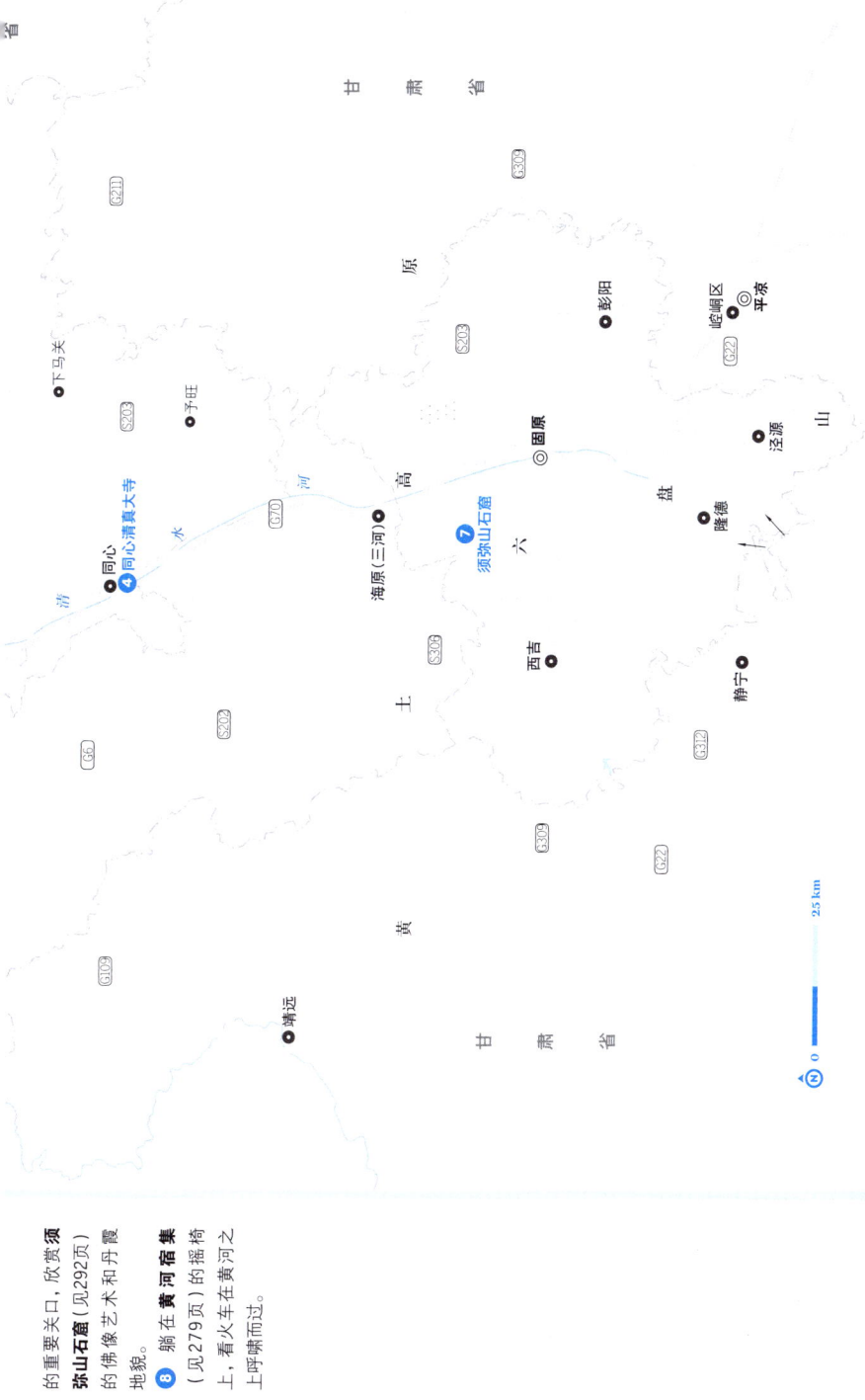

的重要关口，欣赏**须弥山石窟**（见292页）的佛像艺术和丹霞地貌。

⑧ 躺在黄河宿集（见279页）的摇椅上，看火车在黄河之上呼啸而过。

银川及周边

在银川城享受塞北江南的宁静秀美或是大啖羊肉,在雄浑与苍凉的贺兰山下寻找西夏遗迹,在黄河东岸遥望古老的长城,这些都是银川吸引人的地方。事实上,整个银川平原包括吴忠和北边的景点都能以银川为基地当日往返,你可以根据自己的兴趣来决定在银川待几天。

银川市

你一定能迅速发现银川和其他北方大城市的不同——这里树太多了,水太多了,天也太蓝了。除却隆冬,在春、夏、秋三季,这里温和的阳光、秀美的湖泊和湿地,总是一幅稻花香里说丰年的气派,即使高楼林立,你也能不经意间看到从湖面飞起的水鸟。

这里曾经是神秘王朝西夏的国都,但千年之后,银川在中国版图上仅仅是个不起眼的小省会(在1949年中华人民共和国成立时,这里人口甚至仅有7万人),通航大型客机也仅仅是改革开放后的事。在陆路交通上,兰州在联系西域、西藏和四川的压倒性枢纽地位,让人们对银川有一种"完全不熟"的陌生感。

这种陌生感会让你错失一些西北中国最好的享受。事实上,银川称得上是西北地区最舒适的省会。温厚而清凉不仅可以用于形容其天气,也可以用来形容这里的人民和城市生活。承载着一段辉煌西夏历史的承天寺塔庄严挺拔,隐藏在城北幽静林木间的海宝塔线条分明,还有遍布大街小巷的正宗清真美食,以及在别处吃不到、在这里则可大快朵颐的滩羊肉。

更重要的是,这里完全可以成为你探访宁夏和内蒙古西部的基地,西夏王陵和葡萄庄园且不说了,因高铁而近在咫尺的沙坡头也不说了,在探访大漠被湮灭的城池和秋日的胡杨林时,有什么比回到一个亲切舒适而不失美味的城市更让旅途完满呢?

历史

作为整个西北最适宜人居的银川平原,自然很早就被人类盯上了,但我们基本可以断定,最早定居于此的人类,依然大部分是依靠当时树木繁茂的贺兰山过着游猎生活,神奇的贺兰山岩画,淋漓尽致地表现了文字文明前的人类世界。

一直到秦朝,大将蒙恬在此戍边,修筑长城和秦渠,银川平原才逐渐成为帝国不可或缺的重要农业产区。历代耕耘之后,到了隋唐,已经有"塞外江南"的名号了。

公元1001年,党项族首领李继迁攻占银川平原全境。最终,一座辉煌的都城以"兴庆"之名被建造出来,极盛之时,兴庆府李氏统治的区域西抵今日的新疆,南抵青海,北抵今日的蒙古国。然而,这座在中华文化和游牧文化中诞生成长的迤逦大都,最终毁于成吉思汗铁骑的屠杀和数日不绝的纵火之中。

西夏消失得无影无踪,成为中国历史的谜团之一,但是,丰润的银川平原天生丽质难自弃,兴庆的后世——银川仍然维系着这一区域行政和商业中心的地位。直到1958年宁夏回族自治区成立,银川被设为首府。

"小省会,大中心"可能是今日的银川雄心,它早已不满足仅仅作为宁夏的中心,而是认真考虑如何成为西北的核心城市,以及中国与中亚、西亚的枢纽连接点。航班早已飞抵阿拉伯半岛,跨过黄河的铁路新线,让银川在2019年末终于融入全国高铁网。在今天,贺兰山下,古老的西夏王陵旁边被一个又一个优质葡萄酒庄包围,成为中西融合、古今交辉的银川的一个新图景。

方位

银川比起大部分北方城市都要方正,从东往西,分别是兴庆区、金凤区和接近贺兰山的西夏区。自东往西的主干道北京路、黄河路和贺兰山路贯通这三个区。兴庆区是老城区,生活最为便利,也是市内诸多景点的集中地,玉皇阁与鼓楼是老城区的中心。空旷的金凤区是银川市政府、博物馆、会展中心等的所在地。

火车站位于金凤区与西夏区的交界处。几大汽车站如银川汽车站、银川旅游汽车站和新月广场的旅游公交车站都位于老城兴庆区,离南门广场不远,所以住宿最好的选择是兴庆区,其次是火车站附近,那里也有足够的旅游大巴服务。

景点

宁夏博物馆
博物馆

（见256页地图；☎508 5093；金凤区人民广场东路6号；门票免费，人工讲解200元，电子讲解免费；⊙9:00~16:30，周一闭馆）相比甘肃博物馆的辉煌，宁夏博物馆充满伊斯兰典雅风情的建筑外观，比它的布展更让人印象深刻，但它仍然是你了解宁夏的一个重要选择。

博物馆一楼是名为"石刻史书"的岩画展厅。旅行者最常游览的是岩画最集中的贺兰山，但其实宁夏境内还有很多游人罕至的岩画区，这个展厅可以让你全面了解西北史前人类的文化、风俗。

二楼是宁夏通史展厅，一路从水洞沟的旧石器文化，追溯到春秋战国的草原文化、汉唐丝路文明、西夏历史、伊斯兰文化等。其中国宝级展品有西夏的鎏金铜牛、石雕力士志文支座和唐代的胡旋舞石刻墓门。通过西夏文残碑和佛经等文物，神奇的西夏文也出现在你面前。

三楼是回乡漫步展厅，展出各种《古兰经》珍藏、回族民俗和宗教信仰的相关物品，这里还存有世界上最袖珍的《古兰经》。

博物馆的义务讲解时间是10：00和14：00，主要讲解宁夏通史部分。

乘2路、13路、301路在宁夏博物馆站下车，或乘101路、102路在人民广场下车，再向前直行绕过人民广场即到。

承天寺塔
塔

（见262页地图；☎501 4355；进宁南街和新华西街的交叉路口；门票10元，登塔20元；⊙夏季9:00~17:30，冬季9:00~17:00，周一闭馆）在林立的高楼之间，一座庄严的古塔矗立，这里称得上是银川最有旧时氛围的街区之一。

承天寺塔又被称为"西塔"，与凉州（武威）护国寺、甘州（张掖）卧佛寺并称"西夏三大佛教圣地"。该塔为保佑李元昊幼子李谅祚而修建，是唯一有修建年代记载的西夏古塔。原塔曾在清乾隆年间被毁，嘉庆年间重修，基本保留了西夏原塔风格。

古塔塔身11层，高64.5米，是平面八角形的楼阁式砖塔。塔内空间狭窄而幽闭，每层的间隔较小。攀登起来有一定难度，越向上走，就越需弓着身子。从塔顶向外眺望，天气好的时候能看到北塔。

古塔被古树环绕，苍劲遒劲的树干与照壁上有些破损的精致雕刻相映成趣。即使节假日，这里依然很清幽。

乘17路、25路、201路、33路、32路在西塔北站下车即到。

海宝塔
塔

（见256页地图；☎503 8045；老城区北郊海宝公园；门票20元；⊙9:00~17:00）与承天寺塔齐名的海宝塔又称"赫宝塔"，俗称"北塔"，是银川最古老的建筑，初建年代未有记载，根据明《万历朔方新志》记载，十六国时夏国赫连勃勃曾重修此塔。2006年宁夏回族自治区

银川的艺术聚落

对于喜欢逛博物馆和美术馆的旅行者，银川当代美术馆（☎842 6111；moca-yinchuan.com；兴庆区禾乐路12号；门票20元；⊙周二至周五10:00~18:00，周六周日及法定节假日9:30~18:00，周一闭馆）是你在银川不可错过的一站。美术馆2015年一开馆，便被《艺术新闻》英文版推荐为2015年度世界上最值得参观的6座新美术馆之一，并在当年入围英国《建筑评论》组织评选的"2015AR新锐建筑奖"。开馆至今，高水准的策展，也让美术馆斩获了不少国内外优秀展览奖项。美术馆被湿地公园环绕，外观以岩石褶皱肌理为灵感设计，除了定位为中国与伊斯兰国家交流的当代美术馆之外，历届展览还包括中国当代艺术史、生态环境以及人的自我探索等主题。具体展览信息可关注"银川当代美术馆"微信公众号查询。美术馆南侧300米左右是国际艺术家村，建筑外墙将回收的黏土砖再利用，质朴浑厚，内有艺术家的创作区、生活区，还有一系列艺术手工体验区。

美术馆距离市区较远，且没有直达的公交车，建议你打车或者拼车前往，车程45分钟。如果从银川机场方向过来，大约20分钟可到美术馆。

银川城区

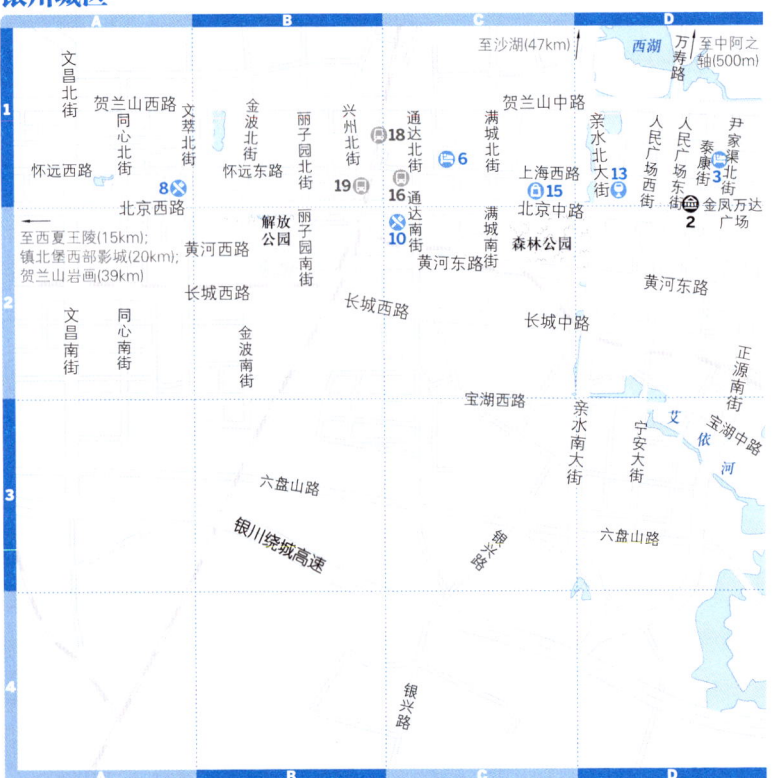

银川城区

◎ 景点
- **1** 海宝塔 F1
- **2** 宁夏博物馆 D1

🏠 住宿
- **3** 德吉林卡酒店 D1
- **4** 二十间房艺术民宿 F1
- **5** 国安国际青年旅舍 E2
- **6** 维也纳酒店（银川高铁站店）............ C1

❌ 就餐
- **7** 大阅城夜市 E1
- **8** 怀远夜市 A1
- **9** 红柳枝滩羊烧烤 E3
- **10** 山城川菜泥鳅王 C2
- **11** 同心春 E4
- **12** 小叶手抓 E3

☕ 饮品
- **13** After Nine Bar D1

🎭 娱乐
- **14** 银川艺术剧院 E1

🛍 购物
- **15** 银川文化城 C1
- 凤凰里城市酒窖 ....（见15）

ℹ 交通
- **16** 火车站机场大巴站 C1
- **17** 新月广场公交旅游总站 F2
- **18** 银川火车站 B1
- **19** 银川汽车西站 B1
- **20** 银川汽车站 E4

在老城区坐29路、311路公交到海宝公园下车。

南关清真大寺

清真寺

(见262页地图；☎410 6714；南门广场西侧；门票10元；⊙8:00~18:30)明末清初时，银川南关外拱北建起一座小清真寺，这便是南关清真大寺的前身。1916年，信众们将其迁入南关内，新寺的风格属于中国古典风格，可惜在"文化大革命"时期毁于一旦。1981年大寺复建，建成后的大寺具有浓郁的阿拉伯风格和民族特色，中间是绿色的大穹顶，象征着先知穆罕默德，顶端高悬月灯，与之相呼应的是四角的小穹顶，代表伊斯兰教的四大教法学家(哈乃斐、马立克、沙斐仪和罕伯里)。尽管与甘肃和宁夏其他大寺相比显得平凡很多，但仍是银川最重要的清真寺。

遗憾的是2020年大寺改建，大穹顶和宣礼塔都被拆除了，外观去掉了原来独具特色的华丽装饰，非常简素，与你此前在图片上看到的大寺相比，几乎是彻底的"改头换面"。如果是冲着阿拉伯建筑风格来的，你可能会有点失望。全新的大寺主体建筑改为传统中式屋顶，分为上、下两层，礼拜大殿位于上层，非穆斯林不能进入。

2020年疫情期间大寺暂停对外开放，如果路过只能在大门外往里探一眼。改建前大寺内曾有一座展览馆，展出南关清真大寺的变迁史，以及全国各地知名的清真寺图片以及麦加清真寺的模型。而以崭新面貌出现的大寺，不知会在变迁史上留下怎样的记录。

乘坐12路、102路、531路在玉皇阁街长城路口下车，步行即到。

玉皇阁

古建筑

(见262页地图；☎609 0666；解放东街和玉皇阁街的交叉路口；免费；⊙9:00~17:00，周一闭馆)玉皇阁位于老城区中心，厚实的基台上有两层重檐歇山顶大殿，上楼免费，但只能上到基台。它始建于明代，因内置铜铸玉帝像得名。外墙上是一些关于银川历史建筑的图片展。登上玉皇阁，可俯视周围热闹的景象，甚至远眺贺兰山。

乘坐12路、34路在鼓楼站下车，步行即到玉皇阁。

和银川市的考古工作人员对海宝塔进行了考古勘探，发现了七个文化堆积层，以及一块坐佛像花纹砖，初步确定海宝塔的初建年代应该在北朝到唐代之间。现存的塔是清乾隆年间因地震毁坏后重建的。

这是一座造型独特的仿楼阁式砖塔，连同塔基共11层。每层有正方形四壁出轩，大正方形与小正方形组成了十二角形塔身，看上去层次丰富，棱角分明，华丽庄严。该塔因2008年受到汶川地震的影响，内部存在安全隐患，故从那以后不再允许登塔。

除了中心建筑海宝塔，海宝塔寺本身也古色古香，雕梁画栋。自西向东主要有天王殿、大雄宝殿、观音殿等，建筑古朴，雕刻精美，常常可以看到僧人打坐念经。寺内平日稍显冷清，逢农历七月十五的庙会则非常热闹。

注意，海宝塔寺门票只接受现金。

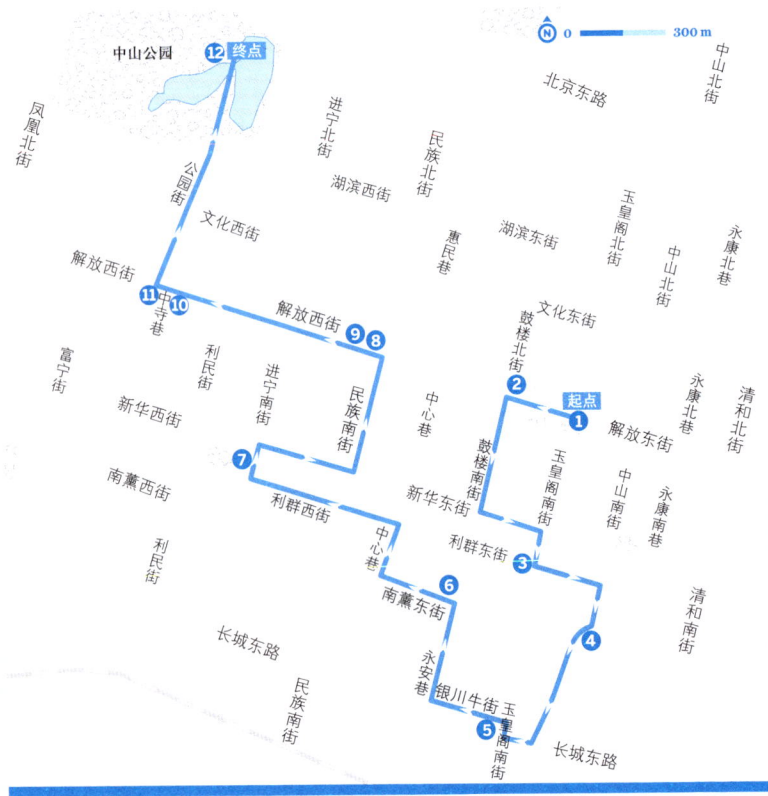

步行游览
银川老城区

起点: 玉皇阁
终点: 中山公园
距离: 6公里
需时: 4小时

午后,从老城的中心出发,先登上 ❶ **玉皇阁** 看看周围热闹的景象。然后,向西穿过宁园公园,到达 ❷ **鼓楼**,步行350米穿过鼓楼南街到新华东街,再向东走约150米,转入玉皇阁南街,在与利群东街交界处有一座 ❸ **新华清真大寺**。

沿利群东街向东转入中山南街, ❹ **南门** 就在眼前,穿过前面的广场,到达长城东路,向西不远就能看到 ❺ **南关清真大寺**。从清真大寺旁边的银川牛街穿过,到永安巷左转,就能看到 ❻ **银川商城**。沿着商城前面的南薰东街向西约300米,中心巷就在右手边,沿中心巷走一小段,到达利群西街,这是一条老街巷。再向西直行约500米,著名的 ❼ **承天寺塔** 就耸立在你面前,可登上西塔顶。

沿新华西街向东走,到民族南街向北,走到与解放西街的交叉路口就会看到邮政大楼,千万别错过三楼的 ❽ **宁夏邮政博物馆**。邮政大楼旁边是 ❾ **迎宾楼**,可以买到各种口味的馍,夏天还可以吃一根迎宾楼雪糕。继续沿解放西街向西,两边都是本地特产小店,可以买些以枸杞制作的零食。约700米后进入 ❿ **黄河三联书店**,在最里侧的架子上可以找到很多关于本地的书籍。如果饿了,书店旁边的中寺巷里有家 ⓫ **良益轩羊肉泡馍馆**,尝尝宁夏的泡馍有什么特色。

之后向北转入公园街,穿过光明广场,到达 ⓬ **中山公园**。从南门进入,一路向北游览。

鼓楼
古建筑

（见262页地图；解放东街和鼓楼街交叉路口）鼓楼位于老城区中心，南边是鼓楼步行街。高台之上的三层楼阁结构严密，华丽端方。不能登楼参观。

乘坐12路、34路可到鼓楼。

南门
城楼

（见262页地图；南门广场）南门也称"南薰门"，经过多次重修，是银川六座古城楼中仅存的硕果。目前这座南门修建于1917年，两层的楼阁，白墙红柱绿瓦，酷似北京天安门。后来当地人干脆拆除了两侧的城墙，打造成观礼台，挂上毛泽东像。20世纪80年代的风格和"乍眼天安门"在今时今日显得别有趣味。

乘坐12路、28路、29路、43路、45路在南门广场下车。

🚶 活动

探索贺兰山这座高山还真的不太容易，因为在目前，银川境内的贺兰山大部分已经被列为自然保护区，故私自探索一些区域是违法的。

如果你不满足于贺兰山国家森林公园这些景区，不妨考虑参加一些当地户外俱乐部的徒步活动，银川比较活跃的户外俱乐部如**宁夏归途户外俱乐部**（☏150 0867 4840，微信号"宁夏归途户外俱乐部"），会在周末时段组织贺兰山和腾格里沙漠的两三日户外活动，有时候会拓展到周边阿拉善等地，可以通过微信报名。另外，一些当地的青年旅舍也会定期组织短线的沙漠穿越活动。

事实上，最适合银川的户外活动是骑车。骑行在蓝天白云和美妙的城市森林、湖泊间，你会迅速意识到银川的宜居名不虚传。

如果你体力较好，可以骑车从市区出发，沿贺兰山北上，经西北方向的新小公路直到滚钟口，再经拜寺口双塔到苏峪口，最后从镇北堡返回（往返100公里）；也可以沿贺兰山南下，沿途经过多座西夏王陵遗址、土长城和烽火台，到达三关口长城遗址（往返80公里）。贺兰山沿线公路G110两侧设有专门的自行车道，与机动车道隔离，在这里骑行绝对会让你自在舒畅。

近一些的话，向东，可以沿银古路骑到鸣

不要错过

最独特的团结路

如果你觉得南关清真大寺平淡无奇，不妨去看看城市北边的阅海湾CBD——一条从西至东，2100米长的团结路，路中央宽敞的街心建筑群曾经以"中阿之轴"闻名，但在今天它已经成为低调的团结路。

尽管如此，这条景观设计街区还是能让你感到震撼。一些融合了伊斯兰传统建筑美学而又极为现代的建筑小品，称得上高雅华贵，有时候你可能会觉得自己到了阿布扎比，一种21世纪摩登中东的感觉，直到路的东端出现了传统中式的亭台楼阁。

遗憾的是，直到今日，那里仍然缺乏活跃的商业饮食机能。

乘坐1路、34路、307路在银川市民大厅西下车，可步行到团结路东口，从鼓楼打车过去大约25元。

翠湖，再到黄河二桥看黄河（往返30公里）；向北，沿满城路的阅海公园和览山公园环行，再经过中阿之轴骑到艾伊河畔（往返20公里）。

租赁自行车或参加当地的骑行活动，可联系**捷安特**（见262页地图；☏683 2686；利群东街184号）、**美利达**（☏601 0006；正源街与北京路交会处）等自行车专卖店租车，30～70元/天，一般需要提前1~2天预约。也可联系咕奈G-nite青年旅舍（见260页）代为安排。

✨ 节日

在宁夏，你有机会在旅途中感受回族节日的盛大。伊斯兰教历的九月是斋月，斋月期间，穆斯林在日出之前进食，日出之后整个白天都要封斋。开斋节也就是庆祝一个月斋戒期的结束。而古尔邦节亦称"宰牲节"，在开斋节后70天（伊斯兰教历的十二月十日）举行，这天上午10点左右，穆斯林各个头戴白帽，进入清真寺进行会礼叩拜。会礼结束后，条件好的每人要宰一只羊，所宰之肉分为三份：一份自己食用，一份送亲友邻居和招待来客，一份济贫施舍。典礼完毕后，众人开始走亲访友，馈赠油香等互相庆贺。圣纪节在每年伊斯兰教历的三月十二日举行，这天为穆罕默德的逝世日，穆斯林需前往清真寺听教长、阿訇讲经。

另辟蹊径

走虎克之路翻越贺兰山

徒步贺兰山有点难度,但用吉普车翻越山岭是不是显得更"硬核"呢?银川的吉普越野爱好者在贺兰山南麓开发了一条吉普越野线路,一路行进在全为团石(为当地人称呼,如混凝土浇筑一般)形成的峡谷,命名为"虎克之路"(Roads Untraveled Hooke)。这条吉普越野线全长约7公里,跨越内蒙古、宁夏两区,长城烽火台点缀其间,原始沧桑,号称与美国最好的吉普越野道不相上下。但吉普越野是一项难度非常高的专业活动,如果想观摩甚至参与,可以通过微信公众号"JK570"联系。

住宿

出于旅行交通的考虑,住在兴庆区距离鼓楼和南门不远的地方是最方便的,事实上,老城区繁华的配套和多样的餐饮也是其他区域难以企及的。当然,你也可以选择住在火车站附近,那里有景区班车,毗邻BRT快速公交,无论是去老城区还是西夏区的怀远夜市都很方便。

兴庆区

★ 美丽豪酒店　　　　　　　　　　酒店 ¥¥¥

(☎853 9999;北京东路669号;标双498元起;🛜ℙ)它对面就是新月广场,有发往银川几乎所有重要景点的班车,无须舟车劳顿,清真美食城步行可达。四星的硬件配上中式热情的服务,确实是这个地段的高性价比选择。酒店楼道永远摆满了足够的矿泉水,大堂茶吧有免费的水果和小吃。当然最重要的是,在干净舒适的房间里,你可以得到充分的休息。

★ 浮游国际青年旅舍　　　　　　青年旅舍 ¥

(见262页地图;☎400 800 9991;鼓楼南街意志巷52号,铺55元,标单150元;🛜)浮游仍然是银川最佳青年旅舍。每个角落都经过精心布置,留心的话能发现很多创意和细节。旅舍距离鼓楼不足百米,可以说占据了老城的中心位置,周围遍布银川美食。夜晚坐在露台上,楼下宁园的热闹就在耳畔。早上门前还有早市。

咕奈G-nite青年旅舍　　　　　　青年旅舍 ¥

(见262页地图;☎850 2323;富宁街262号康乐苑二村院内;铺50元起,标单128元;🛜)G-nite由老厂房改造,显得非常空旷,多人间空间较大,公共浴室和洗手台有些简单。老板是本地的骑行爱好者,旅舍可出租自行车。

鼓楼亚朵酒店　　　　　　　　　　酒店

(见262页地图;☎608 0777;南薰东街3号;标双358元起;🛜❄ℙ)2019年新开业,BRT车站就在门口,但房间里依然安静,内部装修现代简约舒适,洗衣房配备了西门子洗衣机和烘干机。

二十间房艺术民宿　　　　　　　民宿 ¥¥

(见256页地图;☎603 1353;绿地21城A区23号;标双298元;🛜❄ℙ)虽然是兴庆区,但其实是处于新开发的住宅区域,更适合自驾的游人。这是一个画家开的民宿,所以你会有种置身于私家美术馆的感觉,每个房间都装饰成不同的风格,墙上挂着些你能叫上名字的画作,难得的是服务也非常周到。

速8酒店　　　　　　　　　　快捷酒店 ¥¥

(见262页地图;☎607 5666;胜利街59号;标双178元;🛜❄ℙ)就在南门广场旁,住在这里最大的好处是赶飞机方便,价格比对面的西港航空酒店便宜得多。

同福大饭店　　　　　　　　　　酒店 ¥¥

(见262页地图;☎510 2886;新华东街93号;标双268元;🛜❄ℙ)如果你不介意它已有些陈旧,那么这里真的是你在鼓楼商圈里非常好的性价比之选,逛街溜达或是吃饭都是随便走走就可达目的地。可能的话,跟他们要一个新装修的房间。

火车站和其他区域

随着高铁的开通,城中偏西的火车站将成为对于旅行者来说越来越方便的地方。不过在我们调研期间,火车站附近还没有特别让人值得推荐的酒店。但如果你只是想要一个干净舒适的房间,不妨在订房网站搜索时留意一下火车站广场旁的"新华联广场",这里十几栋楼几乎变成了几十家酒店公寓，价格通常都很实惠，一两百元即可。

国安国际青年旅舍   青年旅舍 ¥

（见256页地图；☎889 2161；正源南街东侧国安巷深处；铺35元起，标单148元；☏）旅舍在西幼儿园旁边的巷子里，有些难找，但离博物馆很近，离火车站也不算远。一楼的公共区域很温馨，但住宿和配套比较简单，旺季可能会遇到热水不足的情况。

德吉林卡酒店   酒店 ¥¥¥

（见256页地图；☎203 0000；尹家渠北街与宜居巷交会处；标双498元起；☏✱）一家藏式风格的四星级精品酒店，装修优雅厚道，藏身于银川市最现代化的新城区中，离博物馆不远。也许最让人惊喜的是它的混搭——早餐有很出色的兰州牛肉面。

维也纳酒店（银川高铁站店）   酒店 ¥¥¥

（见256页地图；☎685 1111；上海西路461号；标双358元起；☏✱）酒店距离火车站大概需要步行十分钟，附近有足够丰富的餐厅选择。宽敞而现代的房间是你目前在火车站附近最好的选择。

🍴 就餐

比起甘、青、蒙、新等兄弟省区，宁夏人做菜的花样或许不算多，但是他们最引以为豪的是食材的质量。如果一道羊肉菜肴在他们看来不够好，那么发出的质问会是：这羊肉从内蒙古来的吧？

固然盐池滩羊天下闻名，但你不一定能在银川吃得到，实际上，银川平原周边出产的羊肉已经足够优秀了。如果你从南方来，通常很难在那几家手抓羊肉的传统名店中吃出区别。当然，不要只想着羊排，如果你点了羊脖，大概率地会获得当地人送来的"会吃"的赞赏目光，这道菜可是非常容易售罄的。绝大部分手抓名店禁酒，你可以配合八宝茶和可乐把羊肉干掉。除了手抓羊肉，银川特色（其实是吴忠特色）的羊杂碎也不可不尝，羊杂碎通常会加面肺子，二者非常相配，再加上一

去哪里感受宁夏的回族文化

你也许会发现，银川尽管清真寺不少，清真馆子也很多，但如果不是专门去找，你很难觉察这是一个少数民族自治区的首府。

中国回族的历史可追溯到唐朝，大批阿拉伯和波斯商人沿丝绸之路来到中国，也带来了伊斯兰教。13世纪中期，蒙古军的铁骑横扫中西亚，被征服地区的穆斯林随军东迁，居住在西北、江南、云南等地。事实上，回族可以说是中国分布最散的少数民族，其特点是"大分散、小集中"，宁夏是回族最集中的居住区，主要在南部山区和引黄灌区的吴忠、灵武。回族中姓马的较多，沙、剌、哈这些罕见的姓氏也多为回族姓。

回族的服饰非常有特点，男性戴无檐白帽；女性戴盖头，未婚女性的盖头是绿色或粉色，已婚妇女是黑色，老人则是白色；回族男子喜欢在白色衬衫外套一件黑坎肩；老人冬天常穿一种叫"麦赛海袜"的皮袜子；阿訇马上会缠上叫"戴斯他勒"的头巾。

回族人见面时会互道"色俩目"，意为和平、安宁。一方说"安色俩目尔来库目"（求真主给您降福），另一方答"吾二来库色俩目"（求主亦降福于您）。

宁夏回族中的穆斯林大都属伊斯兰教逊尼派。回族聚居区都建有清真寺，是穆斯林进行礼拜和宗教活动的场所。宁夏有3000多座清真寺，较著名的是银川南关清真大寺（见257页）、永宁纳家户清真寺（见274页）、同心清真大寺（见285页）等。

除了清真寺，道堂、拱北也是伊斯兰文化的一部分。道堂是中国伊斯兰教门宦用于传道的场所，通常是传教者私设的，一旦教派或门宦形成，道堂即成宗教中心，管辖数十或数百座清真寺。拱北是中国伊斯兰教先贤的陵墓，也叫"圣徒墓"。宁夏著名的道堂和拱北有吴忠板桥西道堂（见275页）、吴忠四旗梁子拱北（见274页）和固原二十里铺拱北（见293页）等。

当然，品尝清真美食是体验回族文化最好的方式。在吴忠和固原这些回族集中的地区，你会发现：咦，这个羊肉和油香，好像就是比银川馆子里的要香得多!

银川兴庆区

- 20 北塔巷
- 北京东路
- 西桥巷
- 湖滨西街
- 凤凰北街
- 中山公园
- 银湖
- 进宁北街
- 湖滨西街
- 文化西街
- 21
- 公园街
- 解放西街
- 中寺巷
- 23
- 凤凰南街
- 富宁街
- 前进街
- 利民街
- 进宁南街
- 解放西街
- 24
- 新华西街
- 利群西街
- 民族南街
- 南薰西街
- 1
- 利群西街
- 凤凰南街
- 富宁街
- 8 康乐巷
- 11
- 利民街
- 长城东路
- 凤凰南街
- 长城东路
- 民族南街

宁夏 银川市

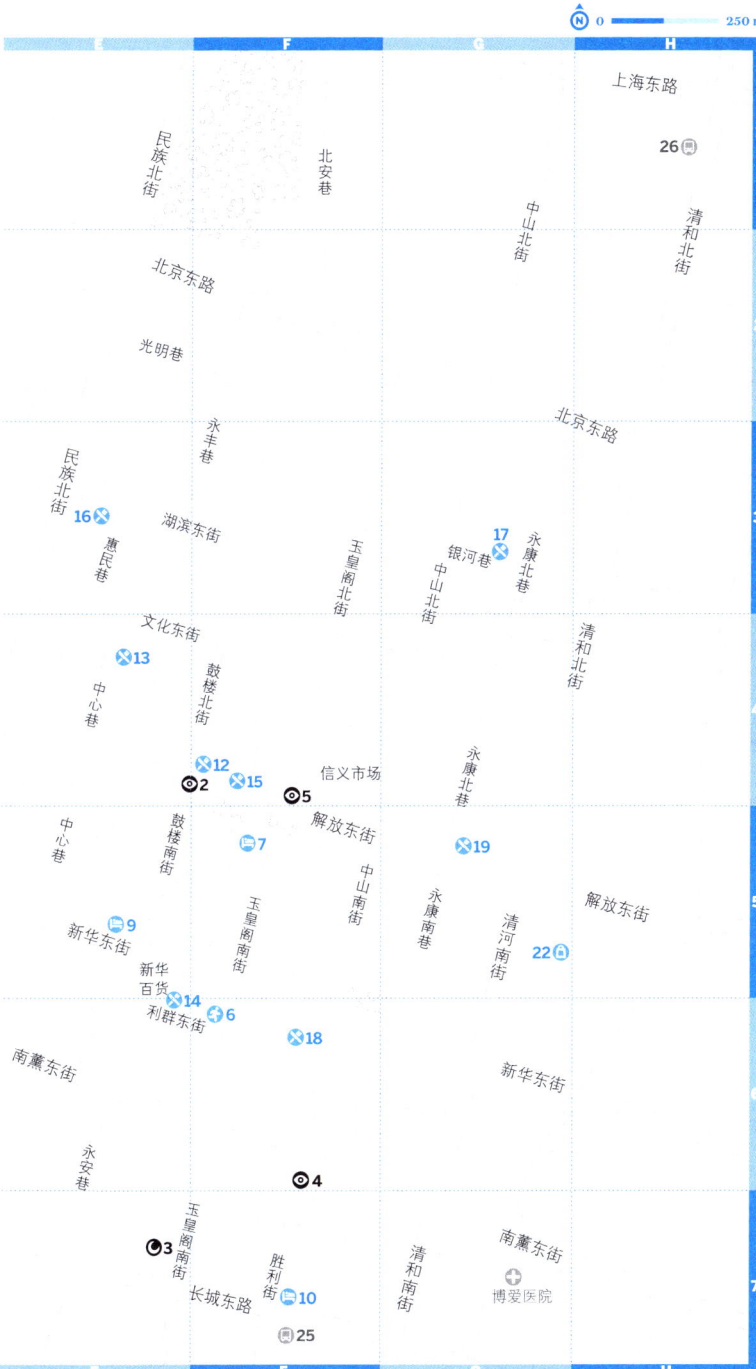

银川兴庆区

景点
- 1 承天寺塔 C5
- 2 鼓楼 F4
- 3 南关清真大寺 E7
- 4 南门 F6
- 5 玉皇阁 F4

活动
- 6 捷安特 F6

住宿
- 7 浮游国际青年旅舍 F5
- 8 咕奈G-nite青年旅舍 A5
- 9 同福大饭店 E5
- 10 速8酒店 F7
- 11 鼓楼亚朵酒店 D6

就餐
- 12 德隆楼 F4
- 13 富源面馆 E4
- 14 雷记辣糊糊 E6
- 15 老毛手抓 F4
- 16 孟记小吃 E3
- 17 纳家户羊杂碎 G3
- 18 温州海鲜楼 F6
- 19 中阿兰 G5

饮品
- 20 不慌书店 D1

娱乐
- 21 宁夏歌舞剧院 B3

购物
- 22 东环批发市场 G5
- 23 黄河三联书店 C4

实用信息
- 24 中国邮政大楼 D4

交通
- 25 西港航空酒店机场大巴站 F7
- 26 银川旅游汽车站 H1

个饼,尤其适合深夜或是清晨醒酒来吃。

夜市是银川人在夏夜的热闹去处,但实际上充斥着太多全国各地都一样的小吃。规模最盛大的是宁夏大学附近的**怀远夜市**(见256页地图),这里出了一家所有来客都会疯抢的辣条,一家牛肉粉条也正当红,你随着排队人潮就能找到了。除此之外,大阅城的室内夜市也颇受欢迎。

银川人吃得非常辣,满街火锅店已经能说明这一切。如果不太能吃辣,不妨提前说明要少辣。

★小叶手抓 清真菜 ¥¥

(见256页地图;☏785 5666;解放东路丽景街交叉口;手抓88元/斤,人均100元;⊙10:00~22:30)银川最负盛名的手抓羊肉店之一,饭点的时候人潮汹涌,你可以考虑早去或者下午去。冷热手抓都非常美味,菜卷油香是特色配菜,经典的沙葱卤干丝也很配羊肉。

同心春 清真菜 ¥¥

(见256页地图;☏412 2991;富宁街296号;人均80元;⊙11:00~22:00)一家经营了近30年的老式清真菜馆,手抓很鲜嫩,还有馓子、回族果果、油酥饼等回族特色面点。"正宗、实惠、量多"是本地人对它的评价,旁边还单开了面点铺。

木心水水冰煮羊 清真菜 ¥¥

(☏186 9515 9720;业城路丽景雅居27-3号;人均100元;⊙11:00~23:00)这是除了手抓之外,银川人引进的对羊肉的最新吃法。精选180天以内的羊羔肉,用矿泉水在传统火锅里煮一会儿,就鲜美无比。在新城区和火车站附近都有多家分店。

老毛手抓 清真菜 ¥¥

(见262页地图;☏602 8796;解放东街鼓楼旁;手抓128元/斤,人均110元;⊙10:00~22:30)老毛是名头最大、经营时间最长的老店,在银川有很多家分店,上过综艺节目之后,"身价"也抬高了不少。游客对其推崇备至,却不是本地人心中的首选。除了手抓肉,烤羊排、羊蹄、羊杂、羊脖子也可以尝尝。在长城东路靠近南关清真大寺处还有一家分店。

国强手抓 清真菜 ¥¥

(☏203 1199;西夏区北京西路199号;手抓108元/斤,人均80元;⊙10:00~21:00)又一家手抓老字号,和其他店价格也差不多。午餐11:45

和晚餐17:45以后才能吃上热手抓,可根据个人口味选择偏瘦或偏肥的,人少也可以只买半斤。

德隆楼 清真菜、火锅 ¥¥¥
(见262页地图;☎602 2073;解放东街鼓楼旁;人均120元;⊙11:00~22:30)老字号铜锅涮肉,羊肉片比较厚,不是速冻卷,看起来很新鲜,涮起来味道鲜美。特色的自酿酸奶拌上西瓜丁和蜂蜜,酸甜解腻。

红柳枝滩羊烧烤 烧烤 ¥¥
(见256页地图;☎511 1113;文苑西巷14号;人均80元;⊙16:00至次日5:00)最好在宵夜时段到来,否则饭店排队让人绝望。烤肉鲜嫩,不要忘记点盐池黄花菜拌西芹,它们和烤肉是绝配。

纳家户羊杂碎 小吃 ¥
(见262页地图;银河巷71号;羊杂碎小/大碗23/25元,纯ական小/大份 55/60元;⊙24小时)银河巷集中了数个羊杂碎店,这家最受欢迎,也确实最好吃。热乎乎的羊杂配上热乎乎的三角饼,你和旁边的酒后客人都会不自觉地露出满意的表情。

中阿兰 小吃 ¥
(见262页地图;☎856 9234;康平路尹家渠北街路口阅海新天地;人均30元;⊙6:00~23:00)当地很多人推荐的老牌牛肉面馆,实际上你也可以点到各种西北小吃,灰豆子、甜醅子都不在话下,当然还有宁夏经典的八宝茶。

富源面馆 面 ¥
(见262页地图;☎138 9569 6700;民生巷49号;小揪面小/大碗12/13元,羊脖子小/大份50/70元;⊙10:00~23:00)只经营羊脖子和小揪面,烩制的羊肉臊子口味正,饭点生意红火,尽量选择早去。

温州海鲜楼 江浙菜 ¥¥
(见262页地图;☎602 3888;新华东街平安巷25号院;人均约100元;⊙11:00~22:00)这家经营多年的温州菜馆提供鸡毛菜、豆腐花蛤汤、雪菜豌豆和红烧大黄鱼等经典的江南菜式。小海鲜和黄酒可以让你暂时离开一下羊肉。

雷记辣糊糊 火锅 ¥
(见262页地图;☎139 9528 1670;利群东街167号;人均约30元;⊙10:00~22:00)辣糊糊又是一种银川独有的菜式,大约等于汤底加了很多麻酱的麻辣烫,只要能接受这种浓稠的口感,用它涮新鲜时蔬和肉类都挺好吃。这家在鼓楼附近也算老字号了。

孟记小吃 小吃 ¥
(见262页地图;☎603 4981;惠民巷银川第15中对面;人均30元;⊙10:30~20:00)很多老银川"吃着长大"的小吃店,高担凉皮是招牌,其他受欢迎的小吃还有蛋饺砂锅、甜醅子等。

不 要 错 过

贺兰山下的酒庄之旅

受益于得天独厚的天气和日照,贺兰山和银川平原之间的坡地被有志者发现,逐渐开发出一片连绵不绝的酒庄产区,在你去西夏王陵或者是贺兰山游玩的时候,经常可以在路上看到他们的招牌。

经过多年经营,贺兰山东麓已经被认为是中国最优秀的葡萄酒产区之一,出现了将近百家酒庄,像"贺兰晴雪"等耕耘多年的酒庄,更是频繁地在国际比赛中捧回奖杯。

可惜你很难在银川市内的酒吧和超市买到本地葡萄酒,但实际上,酒庄大多欢迎前往参观品尝,只要你提前一天打电话预约。一些媒体和机构偶尔会组织银川酒之旅,但更靠谱的是你自己来决定去哪些酒庄。《读醉·宁夏酒庄指南》是目前最全面的宁夏酒庄百科全书,也有非常详尽靠谱的地图,你可以买来研究一下,做出自己的行程,再决定是自驾还是包车前往。该书的编撰方也有非常有参考价值的公众号"读醉酒庄指南"。

如果你仅仅是想品尝这些酒庄的酒,市内银川文化城的**凤凰里城市酒窖**(见256页地图;☎204 6999;北京中路银川文化城内;⊙8:00~20:00)会聚了宁夏几十家酒庄的美酒,包括级别最高的几家,他们当然也能快递。

山城川菜泥鳅王 川菜 ¥¥

(见256页地图；☎132 3950 7752；北京中路774号；人均60元；◎10:00~22:00) 典型的苍蝇馆子，但杷泥鳅和豆腐泥鳅确实有正宗的川渝风韵，黄鳝也做得可口，是火车站附近除羊肉之外的最佳选择。

🍷 饮品

银川的咖啡馆还在起步阶段，独立咖啡馆的出品和性格略显稚嫩，所以星巴克等连锁店还是市面上的主流。酒吧则基本上都集中在老城区的湖滨东街、富宁街一带，这几年在金凤万达、宁夏大学附近也开了一些受年轻人欢迎的酒吧。

★ 不慌书店 咖啡馆、书店 ¥

(见262页地图；☎150 0950 3333；天平街海逸巷13号；咖啡28元起；◎9:00~22:30) 实际上这是一个咖啡馆、书吧和民宿集合体，咖啡和点心还算不赖，花木繁茂的院子小巷，银川舒服的阳光和精选的书籍值得你来打发一个下午。

After Nine Bar 酒吧 ¥¥

(见256页地图；☎177 9519 4784；上海西路万达中心B座1楼；饮品50元起；◎19:00至次日2:00) 可能是银川最好的威士忌酒吧，提供种类繁多的威士忌套餐，鸡尾酒也做得在一般水准之上。

☆ 娱乐

宁夏歌舞剧院 (☎602 5506；微信公众号：宁夏演艺集团歌舞剧院) 的回族舞剧《九州花儿美》，展示了回族少年的寻家之旅。演出信息需电话咨询或关注其微信平台。**银川艺术剧院** (微信公众号：银川艺术剧院) 出品的回族舞剧《月上贺兰》，演绎了一段凄美的爱情故事，场景体现了贺兰山的壮美，但近年来多赴外巡演，银川本地是否有场次还请留意其公号。

🛍 购物

银川是购买宁夏特产最方便的地方，满大街都是枸杞店。可以去位于清河南街的**东环综合批发市场** (见262页地图；◎8:00~18:00) 购买枸杞，记得买中宁产的，或者购买相对较好的品牌"百瑞源"。

承天寺塔西边的利民街上有很多卖贺兰砚的店，价格差别不大，各家销售的款式各异，可多加挑选。位于森林公园对面的**银川文化城** (见256页地图；☎306 4888；北京中路269号；◎8:00~18:00) 也有几家专门销售贺兰砚的店铺。

至于驰名的盐池羊肉，你可以在市中心南门清真寺外的一排肉铺购买，他们都能将肉急冻后发顺丰。

位于解放西街的**黄河三联书店** (见262页地图；☎506 6307；解放西街156号；◎9:00~19:00) 有旅行者需要的旅行指南，最里侧三个标明黄河出版传媒集团的书架上，摆满了介绍宁夏的书籍，帮助旅行者在宁夏走得更深入。

ℹ 实用信息

媒体

"银川发布""宁夏文化和旅游"是点击率较高的微信公众平台，你可以关注以获取信息。但最实用的微信号，可能还是"宁夏旅游惠民一卡通"以及"宁夏旅游景区直通车"。前者可以在线购买旅游一卡通的电子版(199元/年)，使用一卡通可以免门票进入50多家签约景区，包括西夏王陵、贺兰山岩画、沙坡头和须弥山石窟，甚至额济纳大漠胡杨景区。后者则可以直接购买银川市内发往各个郊区甚至外市旅游景区的大巴票。

邮局

中国邮政大楼 (见262页地图；解放西街和民族南街交叉路口；◎8:00~18:30) 可购买本地明信片等邮政纪念品，三楼的**宁夏邮政博物馆** (免费；◎周二至周日9:30~12:00, 14:00~17:00) 是个少有人光顾却不失趣味的地方，展品展示了邮政发展的历程。

ℹ 到达和离开

飞机

河东机场 (☎691 2218) 位于灵武市临河镇境内，距银川市区19公里。每天都有多趟航班往返于银川和北京、上海、广州、成都、西安、郑州、乌鲁木齐、南京、杭州、济南、长沙、昆明、武汉等城市。不要忽略省内航线，银川与中卫、固原都有非常廉价的航班选择，打个40分钟的飞的也是特别的体验。

长途汽车

银川汽车站 (见256页地图；☎561 3927；清河南

银川车次时刻表

银川汽车站

站点	发车时间/班次	票价(元)	行程(小时)	备注
中卫	8:00~18:10(30分钟1班)	35(普),53(快)	2~3	
固原	7:15~18:30(30分钟1班)	68(普),90(快)	6(普),4(快)	
同心	8:45~17:30(30分钟到1小时1班)	42(普),60(快)	3	
吴忠	6:50~16:00(平均20分钟1班)	15(普),19(快)	1	
盐池	6:40~18:20(30分钟到1小时1班)	40	2	
青铜峡	8:30~17:30(10~15分钟1班)	16	1	
巴彦浩特	7:20~18:05(40分钟1班)	30	1.5	淡季停发
兰州	8:05~17:05(45分钟1班)	140	5.5	
西安	8:30, 12:30, 17:30, 18:30, 19:00	181	9	
沙坡头	旺季8:00~12:00(1小时1班)	68	2.5	淡季停发

旅游汽车站

站点	发车时间/班次	票价(元)	行程(小时)	备注
西夏陵	8:30, 9:30去程; 13:30, 15:30返程	9	70分钟	
水洞沟	旺季9:30, 10:30(节假日增开)	12	40分钟	
沙湖	旺季8:00~17:30(20分钟1班)	15	45分钟	
沙坡头	旺季8:00, 9:00	56	2.5	
灵武	6:55~18:54(14分钟1班)	16	1	
大武口	快客7:45~18:10(25分钟1班),普客6:50~19:25(14分钟1班)	17(普),22(快)	1.5~2	
平罗	7:00~19:00(10分钟1班)	14	1	

街1382号)距南门4公里,开往各地的汽车大部分从这里出发。从市区乘坐3路、101路、BRT1路等公交到达。

旅游汽车站(见262页地图;☎673 8245;清河北街570号)也叫"汽车北站",有频繁开往灵武、大武口、平罗等地的班车。4月中旬到10月中旬还有发往水洞沟、沙湖、沙坡头的班车,非节假日出行尽量乘坐早班车,车站会根据客流量停开或增加后面的班次。

位于火车站附近的**汽车西站**(☎306 7452)主要有发往大武口(普客19元,快客24元;7:25~17:50,25分钟1班;1小时)和乌海(24元;7:50~16:30;1小时20分钟)的班车。旅行者并不需要去汽车西站坐车,火车站停车场会有各班次的引导人员负责接你去西站各班车的发车地。

从汽车南站开往巴彦浩特的客车,通常在发车1小时后到达这里接人。

需要注意的是,冬季客运班次会相应减少,末班车提前,部分客运班线停发,可以关注微信公众号"宁夏出行",或者登录携程网查询,获取相关信息。

火车

谢天谢地,2020年,银川终于成为倒数第二个通达高铁线路的省会城市。而之前的**银川火车站**(见256页地图)也经过改造,东进口办理高铁动车业务,西进口办理普速列车业务。不过,在2023年银川到内蒙古的高铁通车以前,开往北京方向的普速卧铺仍然是非常有竞争力的交通方式,有些快速的夜车仅需十多个小时就能抵达北京。

目前,就普速列车来说,每天有5班列车至北京、3班至上海、1班至广州、9班至兰州、5班至西安、2班至乌鲁木齐、10班至包头等,还有多班6个多小时夜间经停固原的车(白班则是5个多小时)。

值得一游

去阿拉善看真正的沙漠

如果你把银川看成一个西北交通枢纽,就会发现它与阿拉善如此之近——仅仅隔着一座山。从银川出发前往内蒙古阿拉善左旗巴彦浩特,可以领略到这里纯粹、完美、宁静的沙漠。

简单又尽兴的游玩方式,是去位于巴彦浩特镇西侧28公里的天鹅湖景区,从巴彦浩特坐出租车50元到达景区的入口通古淖尔。这里离天鹅湖还有13公里,你可以租吉普车(400元/车)或徒步进去(约4小时),不过在沙漠里行走很容易迷失方向,记得沿着车辙走。

有点儿挑战性的线路是三天的腾格里沙漠穿越。第一天从通古淖尔徒步13公里到达天鹅湖,然后露营;第二天徒步27公里到达太阳湖;第三天翻越三公里的沙山,可以看到周围三个湖,到达月亮湖后完成最后15公里走出沙漠。

沙漠徒步难度高、时间长,没有路标也行人罕至,途中有太多不可预测的状况发生,切勿单独尝试,一定要结伴或找有经验的领队。

你当然还可以往前再走一点。不要忘记,每年10月,内蒙古额济纳旗的胡杨绚烂如昙花一现,从银川先坐班车到巴彦浩特,再坐班车到额济纳旗也很方便。

而关于高铁车次,在2023年以前,则只有银川—吴忠—中卫方向和银川—西安方向,届时抵达西安仅需不到4小时的时间,预计还会开通前往成都、武汉甚至上海方向的高铁动车。

火车站东、西两侧均有公交发往银川市内,你也可以走路十分钟到北京路上,搭乘快速的BRT1号线,抵达南门和兴庆区的市中心各地,开往西贺兰山沿线景点的公交旅游专线车也会来此接人。

ⓘ 当地交通

抵离机场

机场大巴有多条线路,最主要的是从南门广场附近的西港航空酒店楼下(☎691 2062;20元;5:30~21:30;30分钟1班;30分钟)出发,从机场发往市区的大巴以飞机到达时间为准,只要有飞机降落便会发车。另外也有从火车站(新华联广场)(20元;5:30~18:30;30分钟1班;90分钟)发车的。

高铁将在银川机场设站,因此你届时可以方便地从机场乘坐动车到银川火车站、吴忠和中卫。

从机场坐出租车前往老城区约需100元。

公交车

虽然银川没有地铁,但横贯全市东西的BRT1号线非常方便,连接了银川汽车站、南门、鼓楼商业区南侧、火车站(需要走10分钟)和宁夏大学(怀远夜市)。除此之外,你需要去的地方几乎都

银川新月广场公交旅游总站车次时刻表(4月20日至10月20日)

站点	发车时间/班次	票价(元)	行程
西夏王陵	9:00、9:30(节假日增开)去程;12:00、12:30返程	8	1小时
贺兰山沿线	8:30、9:30出发;15:00、15:30返回	15(岩画)、10(苏峪口)、8(滚钟口)	1~1.5小时
镇北堡影视城	9:30出发,14:00返回	10	1小时
水洞沟	10:00出发,14:30返回	12	40分钟
沙湖	9:00~15:00出发(1小时1班),13:00~19:00返回(1小时1班)	15	45分钟
军事博物馆	10:30出发,13:30返回	6	30分钟
沙坡头	8:00~12:00出发(1小时1班),13:00~17:00返回(1小时1班)	68	2.5小时

有公交可以到达,票价1~2元。银川大多数公交车晚上8点后就停运了,不过连接三个城区的BRT和102路会一直营运到22:30。从市区乘28路、30路、40路可以到达新月广场。

位于北京东路的**新月广场公交旅游总站**(见256页地图,☏671 1892,155 9531 1666)有发往附近景点的公交,每年4月20日至10月20日运营。车站会根据客流调整班次,非节假日尽量乘坐早班车。

出租车

出租车起步价7元,3公里后1.4元/公里。从火车站坐出租车到老城区需30元。网约车的价格亦相差无几。

西夏陵国家考古遗址公园

[☏566 8966;微信公众号"西夏陵";门票68元,观光车票20元,语音导览器免费;☀旺季(4月1日至10月31日)8:00~18:30,淡季(11月1日至次年3月31日)8:00~17:00]西夏王陵是宁夏旅游的标志。在苍凉的贺兰山东麓山脚下,一座座巨大的土冢遗世独立,蔚为壮观。它们也是西夏王朝谜一般的历史留下的重要遗存,承载着近千年前西夏王朝的短暂辉煌。

对于西夏王陵,旅行者的看法不一:有人说只不过是几个黄土包,对其兴致索然;也有人沉醉于历史的谜团,称其为"东方金字塔"。好消息是,景区内新建的**西夏王陵博物馆**水准相当高,两层楼的展区,详尽地介绍了西夏疆域图、各代皇帝、重要出土文物、西夏文字和绘画等,紧随其后的是西夏史话艺术馆,这里以蜡像的方式,展示了西夏自建国至被蒙古大军踏平的简略历史。让你未近王陵,已经膺叹于西夏王朝的神奇和特别。

参观完博物馆后,你就该乘坐电瓶车去看荒野中的陵墓了。规模宏大的9座帝王陵排列有序,陪葬墓星罗棋布地围绕在各个帝陵的周围。帝陵初建时的陵台为八角宝塔式,然而历经战火和岁月侵蚀,琉璃瓦和木建筑外壳早已被无情剥去,只剩下黄土陵塔傲然矗立在苍茫的戈壁滩上。中原帝王陵墓通常都建在地宫(佛塔)之上,与献殿在同一条中轴线上,而西夏王陵的墓室却在佛塔前,而且在中轴线偏西。有史学家称,这是因为西夏国尊崇佛教,把中心让给了神。陵墓内部不向游客开放。

宁夏旅游景区直通车

由"宁夏旅游景区直通车"运营的各大旅游景点班车,成了银川旅游公交线路的最大对手,它比旅游公交的车况新,支持微信公众号"宁夏旅游景区直通车"预售,同时在新月广场和火车站旅游集散中心发车,还推出往返车票和景区门票一起的套票,以及热门景区的跟团游。

站点	新月广场发车时间	火车站旅游集散中心发车时间	返程时间	单程票价(元)
西夏王陵	8:00, 9:00	8:40, 9:40	14:00	15
镇北堡影视城	8:00, 9:00, 10:00, 11:00, 12:30	8:40, 9:40, 10:40, 11:40, 13:10	14:00, 15:00, 16:00, 17:00, 18:20	15
贺兰山森林公园	8:00, 9:00, 10:00, 11:00, 12:30	8:40, 9:40, 10:40, 11:40, 13:10	13:40, 14:40, 15:40, 16:40	15
贺兰山岩画	8:00, 9:00, 10:00, 11:00, 12:30	8:40, 9:40, 10:40, 11:40, 13:10	13:30, 14:30, 15:30, 16:30, 18:00	15
水洞沟	9:10, 10:10	8:30, 9:30	14:40, 17:00	15
沙湖	9:10	8:30	16:30	20
沙坡头	8:00	8:40	17:00	60

需要注意的是,直通车会根据季节调整发车时间和班次,淡季部分线路班车可能会取消。

神秘的西夏

清嘉庆年间,学者张澍在甘肃武威发现了重修凉州护国寺感通塔碑(见95页),其上刻有一种奇怪的文字。20世纪初,俄国探险家科兹洛夫在荒无人烟的沙漠中,发现被沙漠掩盖了数百年的古城——黑水城。1972年,在贺兰山下,考古学家发现了一片高低不同的黄土丘,像是一片气势恢宏的陵墓群。奇怪的文字、神秘的古国、荒芜的陵墓,这就是在二十四史中没有记载,而成吉思汗却留下遗言命令蒙古军队灭绝的王朝——西夏。

起源于高原的党项人骁勇善战,经历了唐、宋时期数百年的战争和积蓄,为建国打下了良好的基础。李元昊继位后,积极进行政治改革,他命大臣野利仁荣创造西夏文,颁布秃发令,并统一服饰。1038年,李元昊正式建国称帝,国号"大夏",定都兴庆府(今银川),因都府位于黄河以西,宋朝称其为"西夏"。经过"好水川之战"等多场战役的胜利,李元昊稳固了西夏政权,形成了与宋、辽三足鼎立的局面。

李元昊是无可争议的军事领袖,然而,他的穷奢极欲给自己带来了杀身之祸。他抢夺儿子宁令哥的妻子,最后自食其果,被儿子所杀。李元昊死后,西夏的女人走上政治舞台,这其间有抱子登基的没藏太后,统揽朝权、纵横沙场的大、小梁太后,推崇佛教却废掉儿子的罗太后等,西夏将近一半时间由后宫掌权。

成吉思汗统一中原的计划将西夏作为首要目标,却没想到,在顽强的西夏人面前屡屡受挫。西夏保义二年(1227年)夏,成吉思汗病重去世,蒙古人秘不发丧,待西夏投降后,将其屠城灭亡,整个西夏王朝历时189年。

在宁夏,**西夏陵国家考古遗址公园**(见269页)与**承天寺塔**(见255页)、**拜寺口双塔**(见272页)、**一百零八塔**(见278页)、**康济寺塔**(见287页)等西夏古塔,见证了一个帝国曾经的辉煌。

3号陵墓规模最大,被推测为开国皇帝李元昊的泰陵。这里保存着较为完整的阙台、碑亭、月城、献殿和陵塔。它旁边景区建造的泥塑和彩绘虽然粗劣,却也算有不少有趣的西夏知识。

参观完3号陵,可以接着乘坐观光车(20元,往返13公里)去双陵,即1号和2号王陵,据推测为西夏太祖李继迁和太宗李德明的陵墓。一路都是荒野风光,沿途还可以看到坐落在贺兰山脚下的4号陵。

❶ 到达和离开

从新月广场发往西夏王陵的游1专线公交[8元;周一至周五9:00、9:30(节假日增开)出发,12:00、12:30返回;1小时]途经人民广场、火车站和怀远路。"宁夏旅游景区直通车"也经营这条线路(15元;新月广场发车时间8:00、9:00,火车站旅游集散中心发车时间8:40、9:40,返程时间14:00)。

如果错过旅游公交,也可在市区乘坐308路或309路在平吉堡西站下车,从这里打约20元。

镇北堡西部影城

[📞213 6068;微信公众号"镇北堡西部影城";门票旺季80元,淡季40元,语音导览20元;☺旺季(4月16日至10月15日)8:00~18:00,淡季(10月16日至次年4月15日)9:00~17:00]这可能是全宁夏最有名气的大众旅游景点了。拜《红高粱》和《大话西游》所赐,尽管它不过是个影视基地,却能给予国民浓浓的怀旧共鸣。

这里曾经是清军驻扎垦殖的哨所,多年来早已破旧不堪。著名作家张贤亮在宁夏劳改期间发现了这个地方,并将这个废墟之地打造成了影视城。接着,这里见证了《红高粱》《牧马人》《大话西游》《新龙门客栈》等经典电影的诞生,也随之名声大振。

剧组当时使用的很多场景及道具都保留了下来。《红高粱》里的月亮门是标志性的摄影点,《大话西游》里表白"爱你一万年"的院落、至尊宝与紫霞分手的城墙,都让人唏嘘不已。另外,盘丝洞、"文化大革命"场景、酒作坊、长坂坡镇等都能把你带回电影中，而"老银川一条街"又让你回到旧日时光。

除此之外，博物展厅还展出了张贤亮本人收藏的许多文物精品，当然还有很多著名影视角色的戏服。

银川周边各景点中，影视城的交通最方便，你可以在新月广场乘坐游3路公交（10元；9:30出发，14:00返回；1小时，淡季停运），也可乘坐宁夏旅游景区直通车（15元；新月广场发车时间8:00、9:00、10:00、11:00、12:30，火车站旅游集散中心发车时间8:40、9:10、9:40、10:40、11:40、13:10，返程时间14:00、15:00、16:00、17:00、18:20），还可以走到公路对面，乘坐镇北堡镇前往八一车场（位于西夏区北部）的57路公交车（1元，最晚18:00），在八一车场继续换乘其他公交前往市中心。

贺兰山

巍峨的贺兰山矗立在银川平原和内蒙古阿拉善荒原之间，它似一道天然屏障，削弱了从西北刮来的寒流，也阻挡了腾格里沙漠的流沙东移，从而成就了富饶的"塞上江南"。主峰敖包圪塔海拔3556米。滚钟口、拜寺口、苏峪口、贺兰口是贺兰山东麓的四个山口。

历史上，贺兰山一带先后有匈奴、鲜卑、羌、柔然、突厥、党项、吐蕃、蒙古等游牧民族在此生活。由于地理位置的特殊性，这里向来是中原与游牧民族厮杀的战场。唐代诗人王维写过"贺兰山下阵如云，羽檄交驰日夕闻"的诗句，岳飞在《满江红》里的"驾长车，踏破贺兰山缺"更令它名扬天下。

下列这几个景点都有旅游公交相连，如果要计划爬山，那最好从贺兰山国家公园开始玩起，但下午也基本只能玩一个景点，就看你要不要给贺兰山两天的预算了。

⊙景点

贺兰山国家森林公园　　　　森林公园

（☎207 9103；www.hlsly.com；门票60元，车费20元，缆车30元，峡谷吊桥30元；⊙旺季8:00~18:00，淡季9:00~17:00）灰头土脸的贺兰山，在贺兰山国家森林公园里显示出了它的绿意盎然，实际上，这个山段叫"苏峪口"。

进入景区先要坐一段电瓶车到"松涛山庄"，此处有南、北山路可供选择。北侧是新景区，沿全长5.3公里的崖壁栈道一路攀登（约3小时），可到贺兰金顶，晴朗时，在金顶可以看见山对面的阿拉善右旗。继续走到贺兰山缺就有缆车下山，如体力充沛，也可一路步行经过点将台、古驿站、响水潭、丁香古到达三清观，在此处等待电瓶车返回。

另辟蹊径
登顶贺兰山

资深驴友会知道，内蒙古阿拉善左旗境内的贺兰山原始森林景观要好过东麓银川这半边，来贺兰山徒步的驴友们通常也都选择从阿拉善一侧进山。

你可以花上两天时间登顶贺兰山主峰。第一天从阿拉善左旗的哈拉乌北沟进山，在亲和营地露营。第二天攀登主峰敖包圪塔（海拔3556米），然后拔营下撤。沿途遍布灌木林和厚厚的苔藓，各种野生蘑菇也随处可见，特别是贺兰山特有的紫蘑菇。

你也可以选择贺兰山第三峰——巴音笋布尔峰的徒步路线，这条线路的景色堪称贺兰山之最，一天的时间足够走完（往返18公里，需8~10小时）。从位于左旗巴彦浩特镇东南30多公里的广宗寺（当地人称为"南寺"）出发，到达牦牛塘，这里有一段关于六世达赖喇嘛仓央嘉措的美丽传说。一路的风景足以令你惊叹不已，沿途还有岩羊、马鹿、牦牛等陪伴。从牦牛塘继续前往敖包梁，此处是宁夏和内蒙古的分界，可眺望银川和左旗平原。接下来，就朝着巴音笋布尔峰冲顶吧，越往上景色越壮阔。下午原路返回南寺。

贺兰山的徒步路线并不像国内其他地方那样熟易走，山上也没有手机信号，不建议你单独前往。可在 **西夏磨房**（www.xxmf.cc）、**户外资料网宁夏版块**（nx.8264.com）召集同伴。

南侧是老景区，爬山约30分钟后到达青松岭，此处森林茂密、植被丰富，也可以选择坐缆车上去。从这里往左手边可到达峡谷吊桥，上桥需支付30元。站在桥上，低头看百丈悬崖需要一些胆量。若不想走回头路，可继续直行经樱桃谷下山，50分钟后便到达三清观。

公园每年7月会举办野生樱桃节，冬天有时会大雪封山，通向贺兰山缺的缆车只在4月至10月初运营。

贺兰山岩画　　　　　　　　　遗址公园

(☏601 0049；微信公众号"贺兰山岩画"；门票60元，车票10元，讲解80元；⌚8:00~18:00)贺兰山岩画是贺兰山脉沿线最独特的景观。它是1969年由当地一位赤脚医生发现的，从此为我们打开了一万多年前的世界。

跳跃的岩羊，奇怪的手印，神秘莫测的人面，还有古代狩猎、祭祀、战争的场景，这些都是贺兰山岩画呈现给你的一部史书，就如碑上所刻的"岁月失语，惟石能言"。

大部分岩画饱经沧桑，风化严重，但有两幅值得留意：一幅是"太阳神"，体现了远古人类典型的太阳崇拜，岩画中太阳神双目圆睁，环眼阔鼻，头部与眼部均有放射线状的刻槽，是贺兰山岩画中最具代表性的；另一幅是"西夏文题刻岩画群像"，类似酋长的人像旁题刻着"能昌盛政法"的西夏文，群像中人像、羊和文字的象征意义引起过研究者的争论。

进入景区首先能看到世界岩画馆，主要以图片的形式科普岩画知识。之后乘观光车前往岩画区，沿着木栈道游览，顺着指示牌，可一一找出隐藏的岩画。一路上溪水相伴，栈道尽头是贺兰飞瀑，人少时还可能看见山间的岩羊出没。

遗址公园内还有一座漂亮现代的**韩美林艺术馆**(☏383 9808；免费；⌚5月至10月 9:00~17:30，11月至次年4月 9:30~17:00)，展厅内展出了韩美林先生在借鉴岩画元素之后创作的神秘独特的艺术作品。还可关注微信公众号"银川韩美林艺术馆"在线游览。

拜寺口双塔　　　　　　　　　古建筑

(☏157 1951 3510；门票20元，讲解免费；⌚8:00~18:30)在乘车前往苏峪口(贺兰山国家公园)的路上，可看到贺兰山脚下耸立着的两座古塔，它们曾是西夏皇家寺院的佛塔，彩绘影塑值得细细品味。

两塔东西相距约100米，均为八角十三层密檐式砖塔，中空，内供奉神像。西塔建于西夏鼎盛的早期，看起来相当华丽。二层以上每层都八面开像龛，龛内装饰有不同的塑像、面相圆润的罗汉、威武粗壮的护法金刚、婀娜丰满的供养天人，都非常生动。龛的壁面皆有口衔联珠流苏和瞪目獠牙的兽面，兽面之间是彩绘图案。塔壁转角处则装饰有宝珠火焰。塔门低矮，需躬身进出，以表谦恭。东塔建于西夏晚期，那时西夏国力日渐衰弱，所以样式比西塔朴素了些。虽未开龛，但表面也有许多贴塑的兽面像与角饰。

双塔所在地是西夏皇家寺庙的遗址，如今这里还保存着石器、砖瓦等西夏寺院的遗迹，以及僧人们的塔林模型。在10公里以外的山内，曾有一座拜寺口方塔，可惜1990年被盗取文物者炸毁。西塔后面的山坡上，是让双塔同框的最佳拍摄点。

滚钟口　　　　　　　　　　　　　山

(☏515 3622；微信公众号"贺兰山滚钟口"；门票30元，车票单程10元；⌚7:00~18:30)滚钟口是银川当地人郊游的地方，俗称"小口子"。这里保存着从古至今人类活动的痕迹，从岩画到西夏遗址，到更近的清朝建筑和民国时期军阀马鸿逵的行宫，你也很容易在山间看到岩羊等野生动物。

滚钟口三面环山，宛如横卧的大钟，面东开口。笔架山下出产著名的贺兰石。这里最大的特色是三教并存，清真寺、贺兰庙和老君堂可以满足不同信仰的需要。如果自驾，可将车开进景区(10元)沿盘山公路环绕一圈，或乘坐观光车(10元；5月至10月初)到老君堂后沿路标开始爬山。

位于西北侧的拱北清真寺是个安静清雅的地方，如今在每年7月13日马伦丁长老的归真日，都会有隆重的纪念活动。每逢假日，你会看到当地很多年轻人骑车来此游玩。

❶ 到达和离开

旺季从新月广场乘坐游2路公交(贺兰山岩画15元，森林公园10元，滚钟口8元；8:00、9:00出发，返程贺兰山岩画发车时间15:00、15:30，1~1.5小时）即可。拜寺口双塔位于滚钟口和苏峪口之间，班车只停在路口，需往里走500米。贺兰山岩画则是终点站。"宁夏旅游景区直通车"也经营这条线路（15元；新月广场发车时间8:00、8:30、9:00、10:00、11:00、12:30，火车站旅游集散中心发车时间8:40、9:10、9:40、10:40、11:40、13:10，返程贺兰山岩画发车时间13:30、14:30、15:30、16:30、18:00）。

如需住宿，苏峪口和滚钟口都有农家乐。前往景区的公路很平坦，是当地人喜欢的骑行路线。

水洞沟

（✆400 679 1996；www.shuidonggou.com；门票60元，博物馆动感电影10元，藏兵洞30元，套票240元；⏰8:00~18:00）水洞沟集旧石器文化遗址、古城堡、明长城于一体，在这里可以进行一次穿越3万年的时空之旅。1923年法国古生物学家在此发现了中国最早的旧石器晚期遗址。

进入景区后首先是遗址博物馆，然后依次参观两位法国人当年投宿过的张三小店、一号和二号发掘现场，周围是一段保存完好的明长城遗址。要前往红山湖，可以选择骑骆驼沿长城走，也可以穿过一片芦花谷徒步过去。坐船穿过红山湖时，好好欣赏一下难得一见的水岸长城。

最后到达惊险奇妙的明代藏兵洞，洞里四通八达，犹如迷宫般迂回曲折，这里曾是明代长城军事防御体系的一部分。将军洞、议事厅、灶台、粮仓一应俱全，甚至还有一口水井。洞里遍布机关暗道，有生死道，有铺着稻草的陷阱，脚下就是尖木桩，走上去叫人心惊胆战。

出了藏兵洞是长城博物馆，博物馆详细介绍了宁夏境内各时代长城的分布和特色，感兴趣的旅行者可以找一找这些遗址。藏兵洞周围是漂亮的红山堡峡谷。

游览水洞沟可购全票，也可分段买票，交通票里除了红山湖的船票（20元）和东门到南门的交通车（10元）不能省，其他的驼车、马车、竹筏等交通工具，可随个人意愿选择乘坐。

银川旅游汽车站每天有班车发往水洞沟[12元；9:30、10:30（节假日增开）出发，14:30返回；45分钟]。银川南关汽车站每天有班车发往水洞沟（15元；8:30、9:30、10:00；1小时）。宁夏旅游景区直通车在春、夏、秋旺季也经营这条路线（15元；新月广场发车时间9:10、10:10，火车站游客集散中心发车时间8:30、9:30，返程时间14:40、17:00）。

沙湖

（✆400 180 0952；www.nxshahu.com；门票旺季60元，淡季40元，船票70元，快艇150元，鸟岛130元起；⏰旺季8:00~18:00，淡季8:30~17:30）沙湖是宁夏第一淡水湖，湖面上茂密的芦苇丛星罗棋布，来自水乡的人觉得它不过如此，门票总额过于贵了，而生活在干旱地区的人们会非常享受坐船穿行其间的感觉，湖水也确实很干净。

景区中心的沙岛与真正的沙漠不同，沙丘不高，没有沙漠特有的优美弧度，也没有风沙来抚平沙丘上杂乱的脚印。小小的岛上有你能想到的几乎所有娱乐项目，骑骆驼、滑沙、滑索、水上飞机、水上飞伞、骑马、摩托艇等，价格都不便宜。如果你对这些活动都没兴趣，那只能沿着既不广袤又不够平滑的沙丘散步了，看看沿湖修建的湿地博物馆、沙雕园，或是坐在湖边晒太阳。

4月和9月来沙湖，可以去观鸟台赏鸟，会看到黑鹤、天鹅、苍鹭、大鸨等几十种鸟类。冬季映衬枯黄芦苇丛的冰雪景色，展示了银川"塞上"的一面。

景区门口有很多餐馆，供应沙湖的特色大鱼头，鱼头约98元/斤，但"天价鱼头"的现象依然存在，决定吃之前一定要确认好鱼头的价格和重量。

❶ 到达和离开

银川旅游汽车站每天有多趟班车（15元；8:00~17:30；20分钟1班；45分钟）往返沙湖，返程的末班车为17:30。新月广场公交旅游车站也有发往沙湖的车，满4人出发，往返50元。宁夏旅游景区直通车在春、夏、秋旺季有班车到沙湖（20元；新月广场发车时间9:10，火车站旅游集散中心发车时间8:40,返程时间16:30)。从沙湖景区出来会有私人面的前往镇北堡影视城,包车120元。

永宁纳家户清真寺

(门票10元)纳家户清真寺可以说是银川周边保留中式传统建筑风格最好的清真寺。据考证,清真寺为赛典赤·瞻思丁之子纳速拉丁子孙之一支纳氏所建,始建于明朝嘉靖年间。寺院为中国传统庭院,开放和关闭时间即穆斯林每天的晨礼和宵礼时间。

清真寺正对面是凸形照壁,上雕《古兰经》,与门楼对峙。门楼台基之上是三层的飞檐式建筑邦克楼,两侧为瘦削的望月楼,阁楼与宣礼塔的门窗饰以简洁优雅的木雕。邦克楼的屋顶是四面翘角,中间装饰琉璃鸱吻。

院内是中国传统殿宇式木结构的礼拜大殿,正门挂着清朝道光年间陕甘总督杨遇春题的"清净光明"匾额,门前的楹联巧妙地解释了伊斯兰经典教义。

寺院左侧是女寺,女寺旁是水房,也就是穆斯林做礼拜前洗大净和小净的地方。当邦克楼上阿訇开始召唤信徒礼拜时,附近的穆斯林便骑车而来。他们会带上自己的毛巾,到达后先去水房洗大净或小净,而后开始做礼拜。

南门出发的302路公交往返于银川南门和永宁回乡文化园之间(1元; 6:30~19:20; 1.5小时),从回乡文化园穿过小店林立的回族第一街,步行约10分钟就可以到达纳家户清真寺。

灵武

灵武古称"灵州",是西夏以兴庆府建都以前银川平原的中心。灵武在历史上见证过安史之乱和唐朝著名的战将,如李靖、尉迟敬德、郭子仪等。

灵武市里最有代表性的景点是高庙(门票10元; ☉8:30~17:30),它位于中心广场,可从汽车站坐6路公交到广场下车。如果你已去过中卫,那么你会发现这个高庙与中卫的高庙非常像,中卫的高庙不允许上楼,而这里可以上楼参观。灵武高庙最早是道教场所,曾经历战火和"文化大革命"的毁坏,后按其原貌重建。为了满足灵武市各种信仰的需要,在主楼的西侧修建了孔庙,东侧修建了佛教殿,从此扩充为儒释道三教合一的寺庙。站在高庙上,你会看到旁边一堵明朝的城墙遗址。

从高庙出来,继续坐6路公交去东塔乡的镇河塔(登塔10元),当地人称其为"东塔"。公交会停在东塔的路口,需要向里走700米。塔的入口隐藏在围塔一圈的小庙供奉的卧佛之后,登塔可以看到黄河。不过塔内非常昏暗,胆小者还是要结伴而行。

银川旅游汽车站每天发往灵武的班车(15/16元; 6:35~19:10, 14分钟1班; 1小时)非常频繁。

吴忠及周边

处在黄河两岸的青铜峡和吴忠共享了黄河的风光,一百零八塔古意尚存,新修的景点都在尽力挖掘黄河的旅游价值。西北马家回族军阀在这里崛起,让吴忠成为回族穆斯林最重要的宗教中心之一。盐池县内的长城遗迹串起一条"寻路长城"的自驾线路,你不妨吃上一顿盐池滩羊再去感受。

吴忠

如果你嫌弃银川过于摩登,缺乏回乡特有的伊斯兰教风情,那车程一小时的吴忠值得你抽出一天前来,银川平原最著名的道堂和拱北位于此地,你可以与寺里的穆斯林老人聊聊天,听他们讲讲哲赫忍耶的故事,还可以坐21路公交车到东塔小学下车,看看漂亮的东塔,可惜它并不对外开放,只能站在院门外欣赏。

另一个不得不到访的原因是羊肉。事实上,银川那几家最有名的手抓店都是吴忠的分店,那么,为什么不来尝尝原版呢?而且2020年开通的高铁站离中心仅有几公里,无论是往来银川还是中卫,你都可以运筹帷幄了。

⊙ 景点

四旗梁子拱北 陵墓

免费 拱北是中国伊斯兰教先贤陵墓建

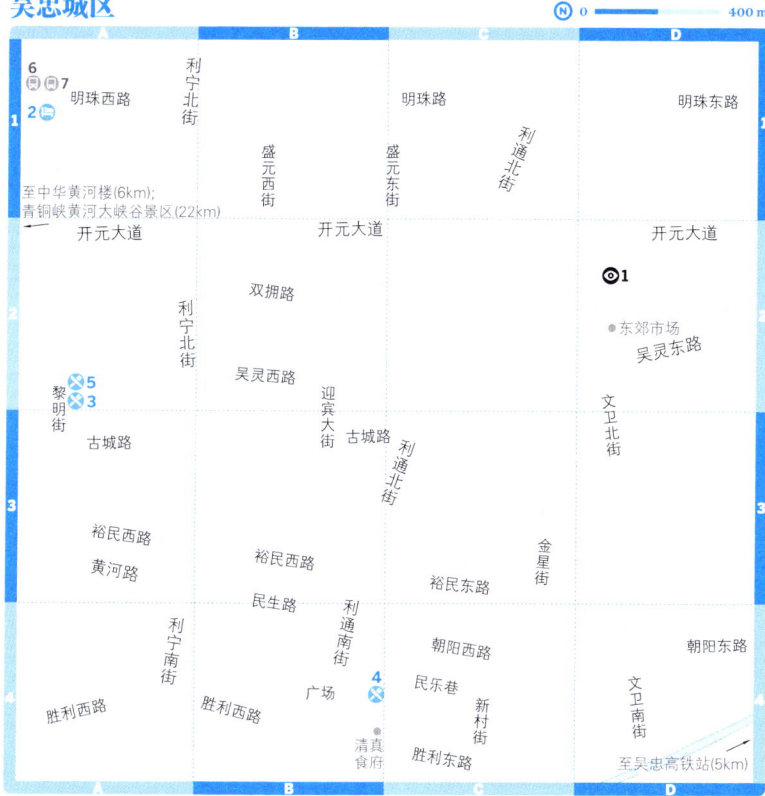

筑的阿拉伯语称谓,四旗梁子拱北是哲赫忍耶派第五辈导师"十三太爷"马化龙的拱北。马化龙在中国伊斯兰教中具有相当高的威望,他是西北回族反清起义的主要领袖之一,曾坐镇金积堡指挥各路回民作战。拱北中的砖雕精美美观,体现了高超的雕刻技艺。每年正月十三是马化龙的祭日,会有大批宁夏、甘肃、新疆的哲赫忍耶派信徒赶来祭奠他。

从吴忠汽车站坐21路公交到开元小区下车,打车不会超过起步价。

板桥西道堂　　　　　　　　　　清真寺

（板桥乡；免费）板桥西道堂是哲赫忍耶派在全国的总道堂,由"十三太爷"马化龙的遗孙马进西所建。整座道堂外院是讲道厅,内院是马进西的拱北和精心雕琢的拜殿,对面是其开办的伊斯兰学校,向年轻的穆斯林讲经传教。哲赫忍耶教派在发展过程中,虽屡遭劫难,但凭着从未动摇的信仰,维护教门渡过一次次难关,源远流长。板桥道堂肩负着教乘、道乘、真乘三乘结合的"尔麦哩"功行神

吴忠城区

◎ 景点
1 四旗梁子拱北 D2

🏠 住宿
2 锦都饭店 A1

🍴 就餐
3 杜优素羊杂碎 A2
4 国强手抓总店 B4
5 牛街水饺 A2

🚌 交通
6 青火公交发车点 A1
7 吴忠汽车站 A1

当地知识

哲赫忍耶

哲赫忍耶是中国伊斯兰教四大门宦（另外三个是虎非耶、尕德忍耶、库布忍耶）之一，是最具悲剧性和殉教精神的一个派别。回族作家张承志的《心灵史》，就是以哲赫忍耶派惨烈与反叛的历史为背景的。

哲赫忍耶派创立于清乾隆年间，道祖（创始人）马明心曾在也门和中亚地区学习，并去过阿拉伯朝觐。他先在甘肃临夏、青海传教，后因受到临夏马来迟花寺门宦的排挤，来到宁夏金积堡一带发展教徒。之后两教派间爆发大规模冲突，清政府为平羁乱而逮捕了马明心，其弟子苏四十三率部起义，最终马明心殉教，成为哲赫忍耶派第一位"舍希德"（为主道牺牲的人）。第三任教主马达天曾在金积堡设道堂，秘密传教，后被告发，在发配黑龙江的途中归真（穆斯林忌说"死亡"而称"无常""口唤"，对于敬重的长辈称为"归真"）于吉林船厂，被称为"船厂太爷"。

哲赫忍耶派在马化龙主持传教期间得到了蓬勃发展，教内称马化龙为"十三太爷"。清同治元年（1862年），西北爆发了回族历史上最大的一次起义，马化龙领导下的宁夏起义是重要力量。回民攻城后屠杀汉人，清朝官兵也施以报复性屠杀，当时有儿歌"十万余人一朝尽"可以形容其惨状。起义失败后，马化龙被凌迟处死，全家及亲族1800多人被杀害，金积堡道堂也被焚为焦土。

马化龙的孙子马进西成年后，先在甘肃张家川建立南川道堂，后回到金积堡板桥乡传教，建立板桥西道堂，这两处道堂作为哲赫忍耶派的传教场所留存至今。

圣使命，这里可以让你全面了解哲赫忍耶教派的发展历史。每年正月十三的祭奠活动非常盛大。

乘坐26路公交（1.5元）到板桥乡政府站下车，从车站所在的路口走进去还有1公里。

董府　　　　　　　　　　　古建筑

（峡口乡任桥村北侧500米）董府像历史遗留下来的一座孤独城堡，它曾是清朝名将董福祥的故居。其建筑风格把北京宫廷与宁夏地方特色相结合，由"三宫六院"式的主体建筑、府墙、府郭、护城河组成，现仅存内宅和主体建筑，细节部分兼具南北之长，算是中国传统官宦建筑的典范。

本书作者调研期间，修葺了很多年的董府仍在施工，据说有望在2020年正式开放。

在吴忠汽车站乘坐青火29路公交（2.5元）会路过董府路口。

鸿乐府道堂　　　　　　　　清真寺

（峡口镇任桥村；免费）鸿乐府道堂是中国伊斯兰教第四辈导师"四月八太爷"马以德的道堂和拱北所在地，始建于清乾隆年间，几经战乱，多次被毁，又进行重修。这里是中国西北著名的伊斯兰文化圣地之一，部分哲赫忍耶派殉教教义士长眠于此，它见证了哲赫忍耶200多年的曲折历史。道堂规模不小，礼拜大殿非常气派，设有义学，学生非常多，他们会很乐意给你讲解相关的知识。

在吴忠汽车站乘坐29路公交（2.5元）会经过这里，与董府挨得很近，可一并参观。

中华黄河楼　　　　　　　　博物馆

（☎395 6596；门票旺季50元，淡季40元；⊙旺季9:00~22:00；淡季10:00~17:00，周一闭馆）黄河西岸这座古风高楼显得极有气势。主楼内的展览布置得相当高大上，一至二层展示沿黄九省的黄河文明，三至七层分类展出甲骨、青铜、陶瓷、玉石和非物质文化遗产，展品琳琅满目，虽多为复制品，却不失为一个了解黄河文化的好地方。登上最高层可欣赏黄河美景。

从吴忠汽车站乘21路在黄河楼站（1元；30分钟）下车，继续向前走400米就是黄河楼。21路末班车返回吴忠的时间是19:00。

住宿

事实上你没必要在吴忠住宿，高铁可以将你很快带到拥有更好选择的银川和中卫。

锦都饭店 酒店 ¥¥

(📞395 5888；明珠西路汽车站对面；标单/双180元；🛜❄️🅿️) 位于汽车站对面。房间设计简约而舒适，非常宽敞。

维也纳酒店 酒店 ¥¥

(📞279 1666；黄河路北侧阳光瑞祥小区；标双288元；🛜❄️🅿️) 事实上它位于新区，但由于吴忠很小，离黄河楼不远的它反而显得清静又不会不太方便，打车到国强手抓也很快。房间是标准的连锁酒店，但在这个小城市已属一流。

🍴就餐

在宁夏，吴忠的美食被认为是最地道的。与汽车站相隔两个路口的黎明街是清真美食街，各种小吃、火锅和清真菜馆云集，非常红火。市中心广场东南的民乐巷和胜利东街饭馆云集，热闹非凡。

★杜优素羊杂碎 小吃 ¥

(黎明街184号；面肺羊杂碎小/大碗12/18元；⏰6:30~20:30) 吴忠最有名的羊杂碎，诨名叫"西施羊杂"，赞扬的是主事的儿媳貌美。面肺做得比较软，别看端上来红红的一碗，其实没那么辣。如今生意红火，店里同时售卖种类多样的清真小吃，可供游客带走。

国强手抓总店 清真菜 ¥¥

(📞201 5908；食府路民族食府内；手抓88元/斤；⏰8:30~22:30)《舌尖上的中国2》介绍的宁夏手抓羊肉就是在这里拍摄的，手抓不可不尝，还有各种清真菜和面点，八宝茶评价颇高。

牛街水饺 水饺 ¥

(📞272 8886；黎明街198号；人均40元；⏰9:00~22:00) 备受本地人推崇的店，水饺有牛、羊肉馅的，本地人喜欢泡在酸汤里吃，饺子皮比较厚，吃起来有嚼劲，4两起卖。

ℹ️ 到达和离开

长途汽车

吴忠汽车站（📞263 6800）有大量发往银川、中卫、同心和固原等地的班车。

火车

在2020年，新开通的吴忠高铁站，可以迅速连接到银川、银川机场、中卫乃至西安。如果要乘坐卧铺车，距其30公里的青铜峡火车站，有到达银川、中卫、固原、西安、上海、广州等地的列车。到青铜峡火车站可从吴忠汽车站乘坐29路（5元；1小时）。

ℹ️ 当地交通

公交车

从汽车站出发，坐4路、6路、8路公交可到市中心（国贸大厦或邮政大楼站），5路公交的终点站就是黄河湿地公园，6路公交可到黎明街（芸香苑站），市内公交票价1元。21路公交途经四旗梁子拱北（开元小区站）和东塔（东方御园小区站），发往青铜峡火车站的29路公交从汽车站西侧车场出发，途经董府、鸿乐府道堂和板桥西道堂。公交运营时间为6:30~19:30。

出租车

出租车起步价5元，虽然公交收班较早，但城市不大，在城区打车基本不会超过10元。

吴忠汽车站车次时刻表

站点	发车时间/班次	票价（元）	行程（小时）
银川	普快9:00、10:00、14:00、15:00，快速7:00~13:00（9分钟或10分钟1班）	15（普），19（快）	1
中卫	7:00~12:00（每小时1班），12:40、14:30、16:00	28	1
固原	8:00、9:00、10:10、11:00、12:10、14:20、16:30	80	4
大武口	9:30、11:00、13:30、15:30	42	2.5
同心	9:10、10:30、11:00、13:30、14:25、16:00、17:00、17:50	35（普），40（快）	2~3
盐池	7:20~16:40（30~40分钟1班）	30	2.5

青铜峡黄河大峡谷

(☎400 996 0953;www.qtxhhdxg.com,微信公众号"青铜峡黄河大峡谷旅游";青铜峡市青铜峡镇;套票A线110元,B线230元;◉旺季8:00~18:30,淡季9:00~17:00)借由黄河风光,青铜峡把沿线景点串联在了一起。

进入景区,首先是水利博物馆,展示宁夏引黄灌溉的历史。继续沿黄河走约1公里可看到青铜峡大坝,很壮观也极为朴实。可在一旁修建的天桥上观看大坝全景。之后乘船(套票含船票)十几分钟到达一百零八塔(套票含门票,单售淡季50元,旺季不单售),这片西夏古塔群坐落在青铜峡镇大坝西岸2公里的山坡上。站在底下仰视塔群,其整齐划一、大小一致的等腰三角形队列非常壮观。一百零八塔依山势自上而下,按1、3、3、5、5、7、9、11、13、15、17、19层层递增的奇数,分布在12层上。最高一层的体型最大,覆钵式塔身,方形塔基,东开小龛;其余各层塔身各有千秋,2~4层为鼓腹尖锥状,5~6层呈葫芦状,7~12层则是宝瓶状。从第一层俯视,视野开阔,黄河、峡谷、绿地和连绵的远山尽收眼底。

继续坐船顺流而下,参观完以大禹故事为主的大禹文化园(套票含门票,单售淡季30元,旺季不单售),就可到黄河大峡谷(船票含在套票内,不单售;◉3月至11月中旬)看看。这段峡谷全长5公里,宽50~100米,一侧是贺兰山余脉,另一侧是牛首山。沿途山壁上有群虾壁、天书阁、鳄鱼嘴、睡佛山等附会的景点,至于像不像,就全看你的想象力了。

B线套票包括以上全部内容,而A线只游览到一百零八塔。若还想去大峡谷尽头看看用青铜打造的中华黄河坛(☎373 1888;门票旺季86元,淡季40元;◉8:00~17:30),则需要在终点下船,可游览完后跟下一班船返回,或者出景区北门搭乘到小坝的班车,再到大转盘处换乘青火公交返回。

黄河沿岸新建的中华黄河坛、大禹文化园和中华黄河楼,都是展示黄河文明的现代化博物馆,布置精心,但票价不菲,多了不免会腻,选一个看看就可以了。

从吴忠汽车站乘坐29路开往青火的公交(4元;40分钟),在青铜峡镇下车,下车后往前走一点就是景区门口。如果想单看一百零八塔,需从青铜峡镇打车前往,20~30元。

盐池长城

冲着大名鼎鼎的长城来盐池,可别太指望盐池人能给你明确的指引,你若问"头道边""二道边",无人知晓;若你再问长城在哪儿,当地人大多会把你指向县城内的那一段,至于县城外的数道长城很少有人知道。其实,你只需要打车出城,接下来,公路旁的一排排土垛垛就要靠你的慧眼了。

明长城自西向东进入盐池境内的兴武营后,便分成了两道,一道擦县城北门向东而去,坐车进入盐池时会在G307旁边看到,称

另辟蹊径

到宁夏找长城去

你是不是以为长城都是八达岭或嘉峪关那样的?来宁夏长长见识吧,你若看到一堵长长的、无棱无角的墙蜿蜒在黄土地上,别怀疑,它就是长城,战国、秦、汉、隋、明等朝代的都有。除了盐池和固原(见289页),长城其实分布在宁夏各地,贺兰山间就有不少。

本地人把贺兰山长城称为"西线",这一段长城保存较好,墙体、敌台、烽火台、关堡、拦马墙、山险墙都能在此找到。自驾路线是从G110的西夏王陵路口往南5公里,然后右转至S102,出银巴路收费站,一直开到宁夏与内蒙古的交界处,公路旁就是明代的三关口长城遗迹。

东线明长城则是始于银川市兴庆区临河镇黄河岸边的横城村,于盐池县苟池东北3公里处进入陕西定边县的周台子。这条需要半天时间的路线有100多公里,始终有毛乌素沙漠伴随,演绎着荒凉的美。

> **不要错过**
>
> ### 去盐池吃滩羊
>
> 即使你没有去看野长城的打算,盐池滩羊的名气估计还是能让你垂涎不已,为了吃就去一趟吧!位于汽车站附近的西子手抓(☏601 9505;汽车站向东50米;手抓80元/斤;⌚9:00~22:30)非常有名,即使你已在银川吃过手抓,还是建议你再尝一回。位于一中对面的惠安堡羊羔肉(☏601 6952;永清路一中对面;辣爆羊羔肉72元/斤;⌚9:00~22:00)门头很朴素,店面也不大,就在县城内长城附近,这里的羊肉会让你大呼过瘾。

为"头道边";另一道距"头道边"北侧5~10公里,向东而去,直到陕西定边县的海子井,称为"二道边"。在"头道边"和"二道边"之间,还有一段隋长城。盐池县新建的长城旅游观光带,西起毛卜喇古城,东至盐池县长城关,沿线66公里的公路包含兴武营、英雄堡、八步战台、安定堡、高平堡等多个古城遗址,专为自驾设计。在银青高速高沙窝路口下来,就能看到明长城遗址公园纪念碑和大幅导览图,可以从这里开始向东沿标志游览长城。

"头道边"从英雄堡到八步战台是明长城最完整、最精彩的路段。土黄的长城尽显沧桑,烽火台还能依稀辨认,成片胡杨点缀其间,沿途还修建了一些观景亭,可以眺望苍茫大地。此后,越接近县城的地方,长城风化得越严重,看起来像一排土堆。到安定堡后,一条路继续沿"头道边"到高平堡,在这里就可以看到隋长城;另一条路偏离"头道边"去往"二道边"附近的张家场古城及博物馆(☏138 9513 4871)。

至于盐池县城内的花马池城,其入口位于老的烈士陵园内,从县城坐出租车过来5元。政府近年对长城采取保护措施,不幸的是,所谓的保护就是在原始城墙外加砌一层砖墙,结果改造成了类似八达岭长城的模样,真正的长城则被"隐藏"在砖墙内。除此之外,县城内关于长城的遗迹就是位于城北的长城关了,如今只能看到两个高大的土筑墩台。在长城关不远处,有重修的气派关楼。

可从盐池县城乘坐开往吴忠的班车到高沙窝镇(9元;30分钟)下车,进行长城徒步,如包车游览需150元。

盐池汽车站(☏601 8199;盐林北路55号)发往银川(40元;7:30~17:40;2小时)和吴忠(30元;7:40~17:00;2.5小时)的班车非常频繁,同时你也可以搭火车去银川。此外,这里去陕北的班车也非常频繁。

中卫及周边

腾格里沙漠是中卫当之无愧的最大亮点,有些旅行者把中卫甚至整个宁夏旅游的行程浓缩到沙坡头这一处。事实上,除了沙漠,这里还有很多正在开发或有待发现的景点。峡谷地貌、被冷落的石窟、黄河岸边的古村落,都值得你去细细探访。

中卫

中卫成为一个著名旅游目的地像是21世纪新媒体时代的神话,众多真人秀节目在此取景,使得这个曾经默默无闻的边塞小城如今成了宁夏最大的热点。这也并非毫无益处,全新开发的民宿集合地"黄河宿集",已经成为整个西北品质最高的度假目的地。更何况,这里确实有些东西可看:高庙是宁夏现存的大型古代建筑群之一,亭台楼阁很有特色;包兰铁路两旁的沙漠绿洲堪称人类治沙工程的奇迹,不得不看;你也可以骑骆驼穿越腾格里沙漠,甩掉恼人的娱乐项目,在星空下感受真正纯粹的沙漠风光。

在你拿到这本书时,银川到中卫的高铁已经开通。你甚至可以直接从银川机场乘高铁抵达中卫。

方位

中卫城区以鼓楼为中心,分为鼓楼东、西、南、北街。东街延伸至2.5公里以外的汽车站,连接起通往中宁的滨河大道,西街通往沙坡头,北街的尽头是火车站,南街尽头就是黄河边。

中卫城区

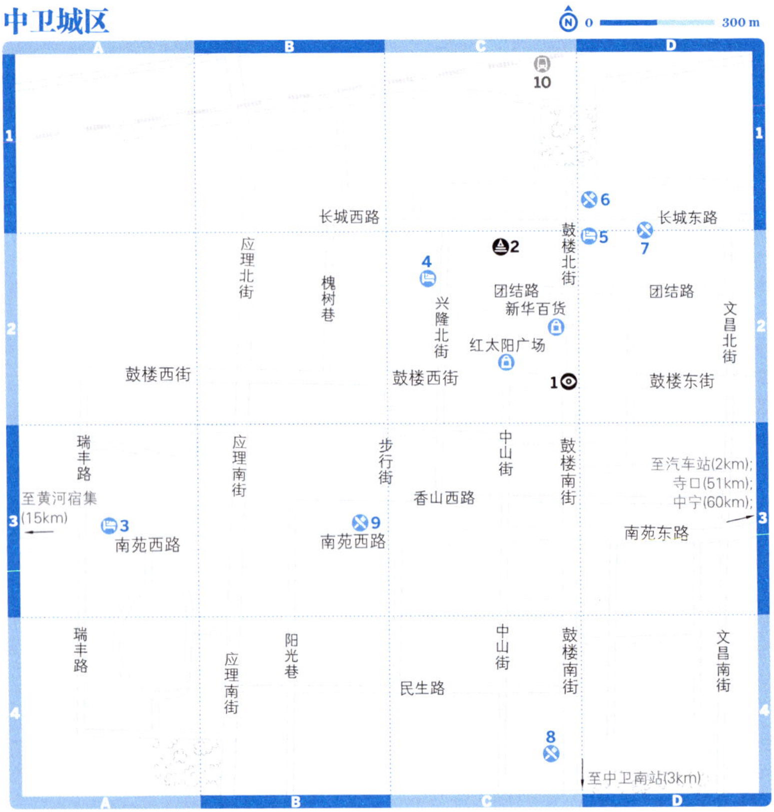

中卫城区

◎ 景点
- 1 鼓楼...C2
- 2 高庙...C2

🛏 住宿
- 3 时光乐途青年旅舍...........................A3
- 4 西北偏北国际青年旅舍....................C2
- 5 中卫大酒店.......................................D2

❌ 就餐
- 6 阿郎鸽肉砂锅面................................D1
- 7 麦麦手抓馆.......................................D2
- 8 香山羊羔肉.......................................C4
- 9 盐池清炖羊肉....................................B3

❶ 交通
- 10 中卫火车站.......................................C1

城区并不大,主要景点、商场、宾馆和步行街基本上都集中在鼓楼周围,从鼓楼步行前往北侧的火车站仅需10分钟,但崭新的高铁中卫南站则在黄河南岸,必须要打车或者乘公交车。迷人的黄河宿集则在黄河南岸,离市中心有20多分钟车程。

◉ 景点

高庙　　　　　　　　　　　　　　　　寺庙

(📞701 2164;鼓楼北街;免费;⊙夏季7:30~18:30,冬季8:00~17:30)古朴精致的高庙自明朝永乐年间就矗立在城中心,层层叠叠的楼阁远望气势宏伟,纷繁的明清砖雕、木雕造型独特,是一处儒释道三教合一的古建筑群。

一进大门,牌楼两侧握拳、持剑的天王和布局复杂的柱基就先声夺人。过了天王殿,高高台阶上的砖牌坊是一大看点。正面"无上法桥"说佛，背面"妙有真境"讲道。牌坊上的雕刻非常精美，如栩栩如生的《西游记》、凹凸有致的十二生肖、飞禽花卉等。横木梁上还有火烧的痕迹，更显沧桑之美。

砖牌坊后是中楼和主楼，建于中轴线上。主楼为三层，结构复杂，其东、西两侧也有阁楼。木雕与砖雕在这一区域比较集中。主楼不可登楼。

天王殿东侧为"地狱"入口，此处历史悠久，不过"文化大革命"时期被用作防空洞，原有地狱雕像悉数被毁。各种场景均为现代重修，配上声光电设施，有些恐怖，胆小勿入。西侧的罗汉殿内有神态生动的108罗汉像，也为20世纪90年代所造。

鼓楼
古建筑

免费 位于城中心的鼓楼是中卫的地标建筑，基座中心为十字形门洞，通往四条街道。鼓楼主体建筑为三层重檐十字歇山顶，每层十二面翘角，颇为雄伟。另有四座小巧的陪楼，增加了庄严和富丽感。鼓楼不对外开放，但夜晚灯火辉煌的时候，是漫步者不容错过的"夜宵"。

黄河宫
博物馆

（☎398 7100；票价16元，讲解30元；◎夏季8:30~18:00，冬季9:00~17:00）位于城东新建的大河之舞文化主题公园内，地上建筑是一个蓝色的大水滴，博物馆在地下。2018年因黄河泛滥短暂关闭，现已重新开馆。博物馆以多媒体互动等先进手段，将沿黄九省的地理、历史和生态都展示了出来。展品虽多为复制品，但也不乏精彩之处，还可以看到中卫北部大麦地岩画的一些相关图片。

从鼓楼乘坐5路西线公交到老年公寓后，还需步行20分钟；打车7元。

✈ 活动

中卫地处腾格里沙漠边缘，沙漠徒步不可错过，沙漠露营看星空也是时髦之选，你的旅舍和酒店都会提供类似的路线。

🛏 住宿

市中心鼓楼南北街上有很多住宿可选择，淡季冷冷清清，旺季的房价能翻2~3倍，但如果你有预算且愿意"挥霍一把"的话，黄河南岸常乐上游村的民宿集合"黄河宿集"，将成为你宁夏乃至西北旅行非常难忘的一站。黄河在这里拐了个弯，在貌似黄土村屋的围合下，五家民宿挨在一起，互为邻里，乡村的邻里文化被重新构筑，干燥的天空下，确实神似摩洛哥的那些遥远民宿，明长城、黄河和对岸呼啸而去的火车，经常可以出现在同一画面中。

大乐之野
民宿 ¥¥¥

（☎158 5721 0919；常乐镇上游村黄河宿集；套房1580元起；🅿）摩登的客房藏身于干燥的沙漠农居外表之下，还有一个小小的游泳池，管家服务非常出色。他们开发了自己的私密徒步路线，你有机会走到无人的野长城和沙漠中去——事实上黄河宿集的其他民宿都有这个服务。

飞茑集
民宿 ¥¥¥

（☎182 0955 8030；常乐镇上游村黄河宿集；套房1890元起；🅿）和另外几家民宿不太一样的是，这里清澈通透的玻璃建筑其实是环保的预制建筑，它"生长"在浪漫的果树中，而且是所有民宿中最靠近黄河的，听涛入睡。

西北偏北国际青年旅舍
青年旅舍 ¥

（☎763 5060；兴隆北街87号；铺50元，标双178元；🅿）房间布置得很有西部风情，6人间带独立卫浴，不过一些设施略显陈旧。旅舍地处市中心的巷子里，鼓楼、高庙和火车站都在步行范围内，旁边就有公交直达沙坡头。还会组织价格实惠的沙漠穿越、露营和看日出活动。

时光乐途青年旅舍
青年旅舍 ¥

（☎136 2955 0018；南苑西路450号；铺30元起；🅿）2018年重新装修之后的时光乐途比之前更温馨，一层是宽阔的大厅，多人间在二层。铺位质量不错，床很宽，但床位之间的距离较窄。此外还有榻榻米床位房，感官上更像是大通铺。距市中心两站路，旅舍也提供接车、包车、游玩的一条龙服务。

宏伟百谦酒店
酒店 ¥¥

（☎870 7777；迎宾大道与丰安路交会处紫金苑南门；标单218元起；🅿❄）外貌古色古香，

但房间并无特色,干净大方。早餐在这个价位的酒店来说称得上很丰盛,距离中卫的早市很近。

中卫大酒店 酒店 ¥¥

(☎702 8444;鼓楼北街66号;标双含早餐198元;🛜❄️🅿️)设施齐全,房间宽敞,位于高庙斜对面,距离火车站很近。

🍴 就餐

鼓楼向阳步行街两旁有很多餐馆,以麻辣烫、酿皮为主。旁边的烧烤一条街夏季非常热闹。在街边寻常小店中,可以品尝当地特色的素杂烩、炒辣条、扁豆子面、荞面搅团、酸菜肚丝等。

香山羊羔肉 清真菜 ¥¥

(☎765 0111;鼓楼南街第五小学对面;香山羊羔肉78元/斤,手抓88元/斤;⏰9:00~23:00)一家公认的羊肉名店,加入土豆、韭菜、粉条的爆炒羊羔肉是当地一大特色,羊肉味浓,还带点儿椒麻味,十分下饭。还可以品尝到羊羔头、椒麻土鸡、大盘鸡等。

盐池清炖羊肉 清真菜 ¥¥

(☎132 9950 0959;南苑西路天主堂斜对面;人均约60元;⏰8:30~22:30)除了手抓,招牌清炖羊肉的汤很鲜美,烩小吃、凉拌沙葱和烩肉都很美味。

麦麦手抓馆 清真菜 ¥¥

(☎132 9955 8800;长城东街金香山宾馆对面;手抓80元/斤,烤羊排88元/斤;

⏰9:00~21:00)经营了20多年的饭店,人气很高,除了手抓,你还可以试试特色肉丁拌面(16元/碗)。

阿郎鸽肉砂锅面 面馆 ¥

(☎132 5967 8818;长城东街;砂锅面16元起;⏰9:00~23:00)两层楼的小馆子,生意很好。面是手工的面片,汤很鲜,除了鸽子肉,也有羊肉和牛肉的选择。

ℹ️ 到达和离开

飞机

中卫沙坡头机场(☎707 3229)位于市区西北9公里处,目前已开通直飞北京、西安、重庆和银川的航班。

长途汽车

中卫汽车站(☎706 0000,706 1333;迎宾大道东)位于鼓楼东街的东端,每天有大量班车来往于银川、青铜峡、吴忠、中宁等地,也有开往同心、固原和内蒙古阿拉善左旗巴彦浩特的车。汽车站有行李寄存处。

火车

中卫火车站位于城区北侧、北大街尽头。包兰铁路和宝中铁路都会途经中卫,如果从甘肃乘火车来宁夏,经过中卫时可欣赏到美丽的腾格里风光。

每天有大量列车经停中卫前往银川、固原、兰州、乌鲁木齐、北京、西宁等地,也包括拉萨。不过,中卫是经停小站,卧铺票最好提前买。

黄河南岸的中卫南站有前往吴忠和银川的动车,你可以在吴忠换乘前往西安和其他省份城市的高铁。

中卫汽车站车次时刻表

站点	发车时间/班次	票价(元)	行程(小时)
银川	6:30~18:15(30分钟1班)	35(普),53(快)	2~3
青铜峡	6:30~18:15(30分钟1班)	21	2
吴忠	8:00~16:00(每小时1班),16:30(有时不发车)	28	1
中宁	7:50~18:15(25分钟1班)	12	1
海原	8:30、9:40、14:00、14:40、15:20、16:10	40	3
同心	8:30、9:40、14:00、14:40、15:20	26	2.5
固原	10:10、14:30	70	4
大武口	9:00、14:30	73	4
巴彦浩特	8:05	52	4

> 当 地 知 识

麦草方格：治沙的胜利

在中卫，你经常会看见火车从沙丘上呼啸而过。事实上，中国第一条沙漠铁路——包兰铁路在1958年通车后，如何避免铁道不被流动的沙丘所吞噬就成为首要问题。世界上早就有沙漠铁路因无力抵御流沙侵袭而被迫改道的先例。中国科学家在一次次的研究尝试后，神奇的"麦草方格"终于诞生了。

被称为"治沙英雄"的麦草方格，制作起来其实非常简单。将麦草扎入沙中，组成一个个麦草方格形成的沙障并连成巨网，然后在沙障内种上柠条、花棒、油蒿等沙生植物。这些麦草方格最终在沙漠中形成了稳固的绿色防护带，使包兰铁路上的列车在沙漠中畅通无阻。

如今，固沙后的沙层表面多已形成了土状的沙结皮，沙丘的表层更加稳定。这样，即使不用麦草方格，也能有效控制流沙的移动。在沙坡头，你可以找找已为数不多的麦草方格，而在景区门口的沙漠博物馆里，还能看见它最初的样子。

❶ 当地交通

抵离机场

机场专线7路公交从客运总站（3元；8:00~19:00，20分钟1班；1小时10分钟）开往中卫机场。从鼓楼附近打车前往约20元。

公交车

1路公交途经汽车站和鼓楼（红太阳广场站）。汽车站去沙坡头的公交车会经过火车站。汽车站有开行去沙坡头的直通公交车（5元；30分钟1班），高铁开通后，也将会在中卫南站开行前往沙坡头的旅游公交车。

出租车

出租车起步价6元，一般市内打车不会超过10元，从鼓楼去往汽车站需要7元，从市中心打车到沙坡头一般不会超过30元。

沙坡头

[📞400 155 1766；www.spttour.com，微信公众号"宁夏沙坡头"；中卫市区以西25公里；门票旺季100元，淡季50元；⊙旺季（4月1日至10月31日）7:30~18:30，淡季（11月1日至次年3月31日）9:00~17:00] "爸爸去哪儿"让沙坡头从局部地区热门景点变成全国范围的网红景点，如今这里旺季人潮如海，好评差评几乎能打成平手。沙漠和黄河丰盈了商人以及当地人的钱包，有人花钱玩得过瘾，有人毫不留情称其为各种收费项目的沙漠游乐场，但不可否认这里先天的资源优势——浩瀚无垠的腾格里沙漠在这里戛然而止；奔腾的黄河来了个急转弯，一改其汹涌，变得平缓而温柔。而中国第一条沙漠铁路——包兰铁路从中穿过，周围的麦草方格见证了人类治沙工程的奇迹。

景区被包兰铁路一分为二，南区是黄河，北区是腾格里沙漠。从中卫出发的公交停在景区东门，也就是南区。从进门开始，沙坡头就为游客设计了一条精心开发的盈利路线。黄河区羊皮筏快艇组合120元，黄河飞索100元，快艇60元起，滑沙40元，蹦极200元，滑翔翼100元；沙漠区骑骆驼100元起，冲浪车80元起，越野车500元/车起。如果对这些娱乐项目很感兴趣，可留意一下套票（60~285元），比单独买票要便宜。淡季只开放羊皮筏子、骑骆驼等常规项目。

如果只想看看沙漠和黄河，不想付这些钱，怎么办？从东门进入后，顺着电瓶车开的方向走，到沙泉广场，乘坐沙漠大电梯（门票含单程）上到沙坝顶。在这里可看到标志景观黄河第一弯，晴朗时可以看到黄河对面的古长城和群山，这里也是看日落的好地方。不要贪恋眼前的风景，穿过包兰铁路，进入北区，你同样可以一分钱不花，走沙关古道进入沙漠，再向腾格里沙漠的深部走去。这里沙海茫茫，金涛起伏，不再有乱七八糟的脚印或车辙印，只有平整而优美的弧度。沙坡头处在腾格里的东南缘，越往里你越能接触到真正有魅力的腾格里，景色自然要美得多。从北区往腾格里沙漠深处走上8.3公里，可到达**通湖草原**，沙坡头提供自驾越野（1590元/车）穿越沙漠。

南区门口的沙漠博物馆（⊙8:30~17:30）介绍了世界和国内的沙漠知识。

如果是打车或者自驾从沙坡头回城，可选择游玩金沙岛旅游区[☏880 6666；机场路；门票50元，电瓶车30元；⊙9:00~17:30（4月上旬至11月下旬，其他时间不开放）]，主要看点是大片薰衣草和各种花卉带来的田园风光，近年来夏季十分火爆，适合拍照。

沙坡头景区内2019年新开的沙漠酒店（☏151 0955 0807；⊙4月至10月）有帐篷木屋（1200元）和玻璃墙面观景房（1500元），选择在这里留宿一晚，沙漠中的日出日落和璀璨星空会让你大呼过瘾。另外还有房车酒店[☏871 7111；德系小房车1288元/辆（可住2~4人），美系大房车1888元/辆（可住4~6人）；⊙4月至10月]。也可以选择扎营，在这里租赁帐篷需199元/顶（双人），只是沙漠晚上的蚊子可不是吃素的，你千万要做好防护措施。

ℹ 到达和离开

从中卫汽车站发往沙坡头的2路公交（5元；6:30~21:30，30分钟1班；1小时20分钟）经过长城西街路口，停在沙坡头东门。若从中卫市区坐出租车前往，单程30元，可让出租车直接到北门口，先玩北区而后南区，结束后坐公交返回。旺季，银川各车站有直接发往沙坡头的班车。

寺口

（☏400 161 2333；门票旺季80元，淡季60元；⊙8:00~18:00）位于中卫境内宣和镇南20公里处，峡谷风光和丹霞地貌混搭在一起，还能攀岩。

景区分为东、西两部分，两者相距1.5公里。西景区的丹霞地貌颇为诱人，断崖、险道和吊桥增添了不少趣味。攀爬到山顶远望，广阔的黄土均壑地貌非常壮观。相传这里曾是苏武牧羊的地方，山崖上还留有其栖身的石窟。这里还是不错的攀岩基地，攀岩爱好者可在这里一试身手（大众场地30元/人，专业场地100元/人；需提前一天预约）。东景区以峡谷山石地貌景观闻名，谷道狭窄，谷内有"一线天"，入口处崖壁上还有9米高的"神仙左右脚印"，上下崖壁需手脚并用，惊险之余有不少乐趣。游览两个景区约需3小时。

5月到10月中旬，中卫汽车站前广场有专车发往寺口（13元；8:30出发，15:00返回；1.5小时），也可以从中卫汽车站乘坐到宣和的班车（6.5元；45分钟），或者从宣和镇包车（100元）过去。从中卫包车往返需200元左右。

石空大佛寺

免费 位于中宁县余丁乡双龙山南麓断崖上的石空大佛寺面临黄河，像是一个被人遗忘、缺少照顾的宝库。寺庙建筑颇有些年头，始建于唐代。

在大雄宝殿两侧大门紧闭的殿内，收藏着窟内出土的唐代彩塑像，这两间殿不对外开放参观，只能透过玻璃窗来欣赏里面形态各异的彩塑。寺后小山的山腰上有石窟十余个，但大多已空无一物，可以沿木梯上至最高处的观音洞参观，不过里面的塑像均是后人摆放的。

很少有游客来此参观，你可以找寺里的僧人为你介绍一下，他们很乐意与你聊天。如果你恰好在农历四月初八来到这里，便能赶上一年一度的庙会，来大佛寺上香的信众络绎不绝。

当 地 知 识

会唱歌的沙漠

如果你在晴朗夏日来到沙坡头，从百米高的沙坝上滑下来，会听到"嗡——嗡——"的奇特声音，仿如钟鸣声，当地人称之为"会唱歌的沙漠"。

对于沙坡头发出的钟声，至今并没有一种权威的科学解释，有人说是因为沙子里含有石英，下坡陡时，沙子经过加压摩擦而发出声音；也有人说是因为沙丘底部有水源，当沙丘表面温度很高，滑行时会压迫沙子表面的热气往下走，而沙丘底部的冷气又往上升，两股空气发生碰撞，就会产生类似钟鸣的响声。

从中卫坐开往中宁的班车（10元），在余丁乡石空大佛寺路口下车，走进去还有约2公里路。

南长滩和北长滩

南长滩（☎400 114 0955）是黄河进入宁夏的第一个村落，村里人姓拓，自称西夏后裔。这里保存有500多年历史的古树，每年4月梨花盛开时非常美，而平时极少有游客来此。

北长滩与南长滩遥遥相望，也是黄河边上有古朴民风的自然村落，有300多年来依旧转动的大水车，如今被开发成自驾车营地，暑期有大量学生来这里写生。

目前没有班车直达，从中卫包车游览南长滩需200~250元。自驾去南长滩需沿201道向西至翠柳沟沟口，再向南穿山至黄河渡口。北长滩需沿201省道向西至孟家湾高速路口，下省道向南沿黄河北岸进入。另外，夏季可以从沙坡头坐快艇到北长滩（往返240元/人；单程28公里；1小时）。

海原

海原是西海固的"海"，在行政区划重组中，成了新成立的中卫市的一部分。海原是"花儿"的故乡，不过如今已不是男女老少张口即来"花儿"的时代了，只有在艺术团体组织的正式演出中你才能看到。

海原境内最值得一看的是天都山石窟 免费，距海原县城18公里，相传最早开凿于北魏，有7处石窟遗址，但因自然侵蚀和人为破坏，窟内原塑及窟外建筑均被毁，如今只能看到新修的寺庙群。西夏李元昊曾在天都山修筑避暑宫，当时这里是皇家临时寺院。宋朝后，逐步转向以道教为主。每年四月初六至初八会举行庙会，非常热闹。

县城没有公交车到天都山，包车70~80元。包车去天都山会途经由一圈土城墙四四方方圈起的西安州老城，古城墙保存完好，在宁夏境内已很少见到这样裂痕不太多的古城了。到西安州老城，也可以从县城坐到树台的401公交（4元）。

海原汽车站（☎462 3123；海城镇兴盛东路）每天有6班车开往中卫[40元；8:00, 9:00, 10:20, 10:50, 14:10, 15:20（淡季可能取消）]，开往固原的班次2~5班（25~33元；最早一班8:30,最晚一班17:00），开往银川（快客75元，普客55元；7:30~16:00）的车更加频繁。

同心及周边

从行政意义上来说，同心在吴忠市的管辖之下，然而，它与地处银川平原的吴忠截然不同，这个地处宁夏中心的小城，正是平原到高原的结合点，从某种程度上来说，它是宁夏的一个微缩具象，浓郁的宗教气氛大大胜过其北方的邻居。

不少人会专程来这里看一下同心清真大寺，然后继续旅程。如果你对回族的生活感兴趣，同心县内更偏远的韦州镇值得专程一探。

同心

同心县城不大，主要景点同心清真大寺是中国现存历史最悠久、规模最大的清真寺之一。这里还有一段荣耀的红色历史：1936年红军西征时，第一个民族自治政权——豫海县回民自治政府就成立于此。

◉ 景点

同心清真大寺 清真寺

免费 融宗教、政治、历史和艺术等多种因素于一体的同心清真大寺，在整个宁夏都是值得称道、备受欢迎的景点。它始建于明万历年间，在清朝乾隆和光绪年间进行过3次修缮，是中国现存历史最悠久、规模最大的清真寺之一。在600多年的岁月长河中，虽饱经沧桑，却风采不减。清真寺把中国古代传统木结构建筑与伊斯兰装饰艺术完美地融为一体。

一进门，"月藏松柏"的精美砖砌照壁是让人大饱眼福的第一站。圆润的笔法和疏朗有序的构图，松、竹、梅、兰层层叠叠，繁华精美，让人赞叹不已。据说它的灵感来源于王维的"明月松间照，清泉石上流"，寓意着穆斯林内心的清白，也有普度众生的意味。

在建筑正面刻有"洗心""忍耐"，体现了穆罕默德的基本教义。左侧的门洞是通风

同心城区

同心城区

🛏 **住宿**
1 恒丰假日酒店..A2

❌ **就餐**
2 豪伊德清真菜..A2

ℹ **交通**
3 城乡汽车站..B2
4 同心火车站..B1

道，上面刻有"遵道"二字。

拾阶而上，所有的建筑都在高台之上，左手边是礼拜大殿所在的三合院，后面是两层的邦克楼。礼拜大殿不对非穆斯林开放，大殿外两侧墙上的砖雕刻有经卷、提醒礼拜时间的钟表、花瓶和代表干净的香水等穆斯林日常用品，值得你驻足欣赏。礼拜大殿内可容纳千余人做礼拜。

礼拜大殿外的牌匾是"陕甘宁省豫海县回民自治政府成立大会会址"，可看出它不容忽视的革命历史意义。1936年工农红军西征时，这里是第一个回民自治政府成立的地方，是宁夏的第一个红色政权所在地，也是红二、红四方面军与红一方面军会合的地方。

清真大寺位于城南，打车过来5元，步行也就20分钟。

红军西征纪念园 博物馆

（免费；☉4月至10月9:30~17:00，周一闭馆）想要了解红军西征、陕甘宁边区占有重要地位的同心，清真大寺南侧的红军西征纪念园，拥有大量的历史文献、图片和文物复制品。主要的展览覆盖了红军三大主力会师同心，以及以美国记者埃德加·斯诺为代表的国际友人在同心生活的历史。

从同心清真大寺步行10分钟可到纪念园。

🛏 食宿

在同心留宿的必要性不大，这里有很多车到银川，也能南下固原，如果你错过了同心汽车站去固原的末班车，还可让出租车司机帮你联系北部去固原的过路车，他们都会在高速收费站旁下来兜客。

如果你决定留在同心，那么不妨前往大十字，这里是豫海街和长征街的交叉口，在其周围有很多宾馆可供选择。其中**恒丰假日酒店**（☎803 3888；豫海南街58号；标单/双198元；🛜❄🅿）设施齐备，干净整洁，是个很好的选择。吃饭则可以去文化广场对面豫海北街上的夜市，烧烤和麻辣烫吸引了大量食客，如果你想大吃一顿，**豪伊德**（☎803 8444；文化广场对面；招牌牛肋骨158元，金牌羊头98元，套餐15~30元；☉7:00~21:00）的牛肋骨和羊排等будет你大快朵颐。

ℹ 到达和离开

长途汽车

同心汽车站（☎802 4586；银平西街195号）有开往银川（50元；6:30~16:00，30分钟1班；3.5小时）、固原（26元；8:30、9:30、11:00、12:30、14:00、15:30；2小时）、吴忠（普客35元，快客40元；7:50、8:30、9:30、10:45、12:10、14:10、15:30；2.5小时）、中宁（15元；20分钟至1小时1班）、海原（16元；8:40、10:30、12:00、13:30、15:00、16:30；1.5小时）的多趟班车。

城乡汽车站位于长征东街的二粮站，是乡镇汽车站，有发往下马关（14元；8:00、10:00、12:00、14:00、16:00；1.5小时）和韦州（15元；12:00；2小时）的班车。

火车

同心火车站位于城区东北，距城中心3公里。每天途经同心开往银川的列车有6班，开往固原的列车有6班，开往西安、上海、广州、成都和乌鲁木齐的列车也会经停同心。

❶ 当地交通

除非去较远的火车站或清真寺，大多数时候，步行就可以到达县城各个角落。公交县内1元，出县城2元。1路公交途经火车站、汽车站、二粮站。坐出租车的话，县城内无论到哪儿都是5元。打车去高速公路口10元。

韦州

韦州古城是宁夏境内唯一一座保存较好的西夏古城，明朝时是明庆王府所在地，曾繁华一时。如今，这个穆斯林聚居的小镇非常安静，戴着回族白帽和盖头的人们，悄无声息地穿行在尘土飞扬的长巷间，宣礼塔上定时发出庄严而悠扬的召唤声。

西夏后期建立的**康济寺塔**位于镇南，在镇上能看到这座显眼的建筑，顺着小巷走过去到。塔为空心八角形十三层砖塔，塔身虽然朴素，但极有气势。在1985年重修时，从塔顶发现藏传佛经数卷及镀金佛像、纯银、木雕、陶制佛像等，是宁夏第一批重点文物保护单位之一。古塔早已被砖石封死，不可登塔。

康济寺塔南侧的城墙外就是**韦州古城**，高大的城垣有些矗立如初，有些与民宅融为一体，有些则长满墙头草，景色各异。城墙下一些过去的窑洞已被改为农户的牲口棚。

古城西北处还有一座元代的藏传佛教宝塔，如今在一处民居内，用纱网拦住。一层一层用砖砌成的实心密檐式喇嘛塔个头不大，塔身已有断裂，显得有些沧桑。

康济寺塔、韦州古城、元代喇嘛教塔都在镇里，相隔不远，1小时就可以参观完毕，还可顺带参观扩建后的**韦州清真大寺**。如有时间，可以包车（100元）去20公里外的罗山探访。朱元璋十六子朱㮵的墓——**明庆王陵 免费**就在去往罗山的路上，因为被盗被拆，只有一座孤独的坟墓，不过墓室的结构还在。

镇上可以考虑住在安静卫生的**韦州宾馆**（☎8731666；镇南加油站旁；标双带/不带空调、电脑120/80元）。汽车站前的主街上有很多餐厅，经营大盘鸡、羊杂碎、麻辣烫、火锅、各种面食等。

❶ 到达和离开

韦州每天只有一班车往返同心（15元；8:00出发，12:00返回；2小时），从下马关过来的过路车更多一些（5元；20分钟）。从下马关、张家源等地发出，经过韦州到吴忠的末班车为15:50（20元；2小时）。若来韦州没有合适的车，到附近的下马关转车更方便。

下马关

下马关也是明代的重要关隘，从同心前往下马关，沿途的景色不错，是典型的黄土高原地貌。车逐渐向高处爬升，周围是绵延起伏的山丘与道道沟壑，是一幅幅让你不舍得在车上睡大觉的地质美景。

古城位于镇子西南，南门的瓮城依然存在。1936年，下马关是红军与马鸿逵对阵的前线，南城门箭楼也曾经是大将徐海东的指挥部，城墙上现在还有累累弹痕。

从下马关向东至六步墩一带约15公里的长城，也是明朝九边十一镇之固原镇长城中少有并保存最好的一部分。

❶ 到达和离开

同心有发往下马关（14元；8:00~16:00，2小时1班；1.5小时）的车，回程末班车是16:00。下马关每小时有1班开往吴忠的车（25元；2.5小时），末班为15:30，会路过韦州（5元；20分钟）。

西海固

论中国的贫困区域，西海固的名气，可能并不逊色于大凉山。这里属于黄土高原，是中国最干旱的地区之一，在1972年被联合国粮食计划署认定为"不适宜人类生存的地方"。

准确说，西海固不是一个行政区，而是宁夏回族自治区南部西吉、海原、固原、彭阳、泾源、隆德以及同心（部分地区）的统称。这一地区又可分为南、北两块，北部是真正的干涸地带，好消息是如今这里绝大多数村庄都通了自来水；南部的六盘山则气候温凉，是黄土高原上难得的绿岛，近几年也在大力推广旅游。

历史

虽然贫瘠，但西海固的核心——固原相

对平坦，曾是丝绸之路上的边关重镇，也是古时抵抗外来入侵的咽喉要道，有着悠久而丰富的历史。《诗经》曾记载了发生在固原一带的西周与猃狁之间的战争。公元前324年秦惠王在固原附近设乌氏县，并留下了恢宏的战国秦长城。西汉初年，匈奴14万大军从萧关古道进犯关中，长安陷入危急，汉武帝在此设安定郡，萧关成为关中北出的边防要塞。这一时期，西域的商队络绎前来，带来了葡萄美酒夜光杯，也带来了影响深远的佛教，固原成为东西方文明交会的舞台。

宋夏对峙之时，著名的"好水川之战""定川寨之战"使得宋军大败，奠定了西夏立国的基础。成吉思汗攻打西夏时，因对都城兴庆府久攻不下，曾引兵在此避暑修整，一代天骄最终客死六盘山附近。忽必烈的子孙对西海固用心经营多年。明朝时，陕甘总督驻节于此，统辖西北军事。在晚清同治年间西北回民大起义后，西安、渭南、临夏的回民大量迁来，迅速改变了这里的人口结构。

然而，西海固是中国最干旱的地区之一，年降水量不足300毫米，蒸发量却达2000毫米以上，名副其实的"苦甲天下"之地。这里的耕地和水资源并不足以支撑移民的繁衍生存。在过去的岁月，这片土地居住着超过100万回族人口。在缺水的日子里，他们在地底挖出了深深的水窖，把雨水、雪水收集起来，用石灰沉淀；在秋收的季节，他们储存大量土豆和玉米。漫长的干旱中，人们就靠这极其咸涩的水和并不美味的菜肴生存。

苦难让人期待美好，于是，"西海固文学"出现了，这些作品饱含沉痛、忧思、奋发和希望。张承志的《心灵史》以清朝哲赫忍耶教派的一段历史为背景，回顾了他们为捍卫信仰而进行的一次次反叛和殉道的苦难史。王征摄影集《最后的西海固》记录了这片土地和土地上的人民。

从20世纪80年代起，规模浩大的"生态移民工程"拉开序幕。西海固地区无数饱受干旱、贫瘠之苦的人得以走出大山，在新的家园定居，远离曾经贫困的西海固，在银川平原的红寺堡等新区，很多移民便是来自西海固。海原县划给了中卫市，也是希望平原区的中卫和中宁能扶持一把。

近几年，政府在西海固实施小流域综合治理、退耕还林还草等多项生态工程，但情况仍不容乐观。长年的破坏已使得这片土地变成了没有任何植被的荒原，如今气候依然干旱，生态改造很难从根本上解决环境问题。留在家乡还是出走，成了一个严肃的问题。

宗教和民族

西海固不仅是荒凉贫困的代名词，它还代表着伊斯兰教的精神和文化。这里有超过100万回族人口，是中国最大的回族聚居区之一。清朝马明心创立了哲赫忍耶派，并在此发展壮大。虎非耶、尕德忍耶、哲赫忍耶三个门宦都曾在这里建立传教中心，并修建道堂和拱北。到今天，西海固地区拥有清真寺2000多座。尽管世俗教育越来越受重视，门宦教主的影响力在降低，但伊斯兰教信仰和教义仍主导着西海固穆斯林的生活。

回族人爱干净，即使缺水，也不会牺牲礼拜前净身的礼仪。当无法以水净身时，他们会用黄土代替——在他们眼里，土地同样是洁净的。

固原

固原的"固"来自西海固，尽管曾是国家级贫困县，不过，今天的固原，已经迅速蜕变成一个标准的北方现代化小城，贫困和古城记忆，似乎都在飘得越来越远。

由于丝绸之路的商道经过固原周边，便有了为数众多的石窟和关隘，而回族多年生活也在这里留下了各种圣迹。

方位

清水河在城东由北向南蜿蜒而下，固原城的核心在河西，而且越来越往西边发展，新的发展区一直延伸到城西5公里外的汽车站。东西走向的文化路是固原的主干道，医疗服务、商城都在其中段。南边与之平行的政府路，则分布着政府机构和著名的固原博物馆。这一带的风貌有点儿过于现代而面目模糊，你需要往南走到人民街和南城路这些地方，才能感受到浓浓的伊斯兰氛围。火车站和汽车东站在清水河以东。

固原城区

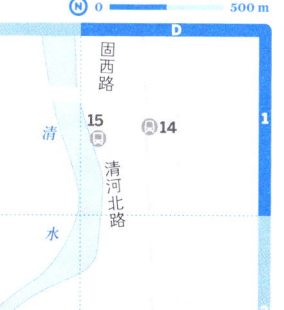

固原城区

⊙ 景点
- 1 城隍庙.. B3
- 2 固原博物馆... A3
- 3 靖朔门.. A2
- 4 文澜阁.. B3
- 5 西湖公园.. A3

✪ 活动
- 6 六盘山户外俱乐部............................. B2

🏠 住宿
- 7 固原宾馆.. A3
- 8 兴源宾馆.. A3

🍴 就餐
- 9 登元朵面馆... A3
- 10 福苑饭店... C2
- 11 马德祥五香羊羔头............................ B3
- 12 荣味斋.. B3
- 13 香香面皮.. B2

ⓘ 交通
- 14 固原火车站.. D1
- 15 固原汽车东站.................................... D1
- 16 南河滩客运招呼站........................... B4

⊙ 景点

固原博物馆　　　　　　　　　　　博物馆

[📞203 2653；www.nxgybwg.com；政府西路与西关街交叉路口；门票免费，讲解80元（10:00和15:00各有一场免费讲解）；⊙9:00~17:00，周一闭馆]每个来过固原博物馆的人，都不会再把固原看作一个西部偏远小城。作为宁夏回族自治区两个国家一级博物馆之一，固原厚重

的历史在这里被翻开。

博物馆建筑古色古香，类似西安城流行的"新唐风"。门前有大鼎，院子里还有巨大的文物珍宝——靖康铁钟。镇馆国宝是鎏金银壶、凸钉玻璃碗两件波斯舶来品，它们出土于北周李贤夫妇的合葬墓。这两件珍宝属于波斯萨珊王朝的酒具，鎏金银壶的壶体浮雕人物图像。图像共分三组，每组一男一女，是具有希腊风格的连环故事画面，描写了古希腊特洛伊战争的故事，雕刻得精美绝伦。凸钉玻璃碗质薄透明，呈碧绿色，外壁饰以14个凸起的圆形，散发着晶莹温润的光泽，其保存之完好实属罕见。古埃及、罗马、波斯的高级玻璃器皿价值往往高于黄金，那时中土富人斗富，也爱用玻璃器皿显示其豪华。

镇馆之宝除了两件"进口品"，还有一件土生土长的漆棺画。棺主人是北魏鲜卑贵族，棺盖绘有太阳、月亮、仙人和金河，寓意着主人想要升天。棺材的侧挡以连环画形式，用鲜卑族的人物形象表现汉族二十四孝的故事。

丝路文物之外，固原博物馆还展出了大量的佛像乃至春秋战国的青铜器，这得益于周边丰富的古代石窟资源。须弥山的部分精华也在此呈现。固原博物馆的珍品常常出外展览，运气不好的话你只能看到一些复制品。

乘坐1路在西关十字下车，乘2路和5路在福利医院下车可到博物馆。

战国秦长城遗址 古迹

请注意，这里的秦是战国时代的秦国而不是一统天下的秦王朝。现存的这段老长城建于秦昭王时期，西起甘肃静宁，穿过西吉县将台堡，横穿固原城北，最终到达东边的彭阳县。但不要奢望能看到什么高墙，我们现在能看到的都是些小土丘。

从固原搭1路公交车到汽车站，再朝西吉方向步行约500米，向北望便可看到苍茫大地上那绵延不断的老土丘。也可以乘坐出租车到城西北，路旁两个修好的城楼就是遗址所在地，爬到旁边山顶的凉亭看到的长城遗址景色更为壮阔，尚能辨别古代烽火和障城的遗迹，但此处较为荒凉，最好结伴而行，注意安全。

西北农耕博物馆 博物馆

（☎286 4185；北京路中段；免费；◯4月至

值 得 一 游

在全新的固原寻找古意

自古以来，固原就是一座进可攻、退可守的军事重镇，是丝绸之路北段关中通往西域的要道。从西汉的安定郡算起，建城已有2000多年。古人谓其"襟带西凉，咽喉灵武"。直至20世纪30年代，历史学家史念海仍对固原城墙做出"比平遥好"的评判，可惜好景不长，"文化大革命"给固原城带来了灭顶之灾。

更可惜的是，城市的发展和扩展，已经快让仅有的古意消失殆尽了。

固原古城原有内外两重城墙，平面呈"回"字形，在中国乃是孤例。西关街上耸立的靖朔门曾是古城的北门，与离它不远的和平门之间还保留有一段外城墙。沿西关街向南1公里就是固原博物馆（见289页），其对面西湖公园新修的墙体上刻有"原州"二字，似乎在提示这里往日的繁华。公园内的土丘残骸正是内城墙遗址。

沿着公园前的政府路向东走去，老旧的城隍庙位于一个居民区内，入口颇为隐蔽，这里有保存较完整的三座正殿，其中圣母宫基本保持明代建筑风格。向南拐入人民街，文澜阁位于原州二小校园内，坐落在内城墙角台上，其上的六边三角檐亭式阁楼曾有个好听的名字——魁星楼，由明三边总督秦竑为兴学创建。走到南城路，便可看见财神楼，这座城楼式楼阁始建于明朝，门洞上的"五原重关"是清代留下的，所在的过店街是当时繁华的商业街。财神楼西侧的钟楼已为现代重建，古迹毁于20世纪70年代，只留下了作为战时报警器而免遭破坏的宋代大铁钟，目前存放于固原博物馆。

若想登高望远，可打车前往城东的东岳山或城西的古雁岭，山都不高，爬上去不过半小时，从那里俯瞰高楼包围中的老城区，在脑海中勾画这九边重镇的昔日样貌吧。

10月9:00~17:00,周一闭馆)是西北地区首家展示农耕文化的专题展览馆,系统展示了农耕历史、用具及农作物品种。

乘坐12路中医院下车可到农耕博物馆,从市区打车约8元。

活动

六盘山是西北有名的避暑胜地,峡谷穿越,特别是溯溪徒步,深受户外爱好者的喜爱。但这里的野外探险线路并不成熟,我们建议你参加靠谱的户外俱乐部,或找个识途的向导。

六盘山户外俱乐部　　　　　徒步

(133 8959 3591;北关西路290号)依托六盘驴窝户外用品店,夏季会组织2~3日的六盘山徒步穿越活动,也可提供向导,需提前2~3天预约。

住宿

固原的住宿在西海固地区无疑是最多的,住在文化路和政府路方便在市内逛逛,住在高速出口有利于自驾前往周边景点。

★亚朵酒店　　　　　酒店 ¥¥

(292 9888;文化西街泰合家园19号楼,标双288元起; 🛜 ❄ P)丰富藏书的书吧特别适合固原这座有文化的城市。舒适崭新的客房,走路到固原博物馆也仅仅需要五六分钟。

固原宾馆　　　　　酒店 ¥¥

(398 2999;政府街118号,主楼标单/双308元,南楼标单/双含早餐198元; 🛜 ❄ P)老牌的本地酒店,依然性价比很高。位于固原博物馆对面,西湖公园旁边,地理位置优越。南楼的房间便宜些,很宽敞,还带电脑。早餐是自助餐,选择比较多,停车方便。

兴源宾馆　　　　　酒店 ¥

(202 2558;文化东路88号;带/不带电脑130/120元; 🛜 ❄ P)位置十分优越,就在市医院旁边。很简单的房间,没有花哨的装饰,洗手间很大,但设施已显陈旧。

西港航空酒店　　　　　酒店 ¥¥

(266 0000;新区高平街;标单/双含早餐288元; 🛜 ❄ P)房间很大,布置雅致。酒店离高速固原收费站3公里,是自驾的好选择,旁边就是西北农耕博物馆(见290页)。

就餐

在固原,你大部分时间只能选择清真饭馆,偶尔也能见到川菜馆。这里最常见的就是面和酿皮,你也可以尝尝固原特色的羊羔头和暖锅。

马有川机场羊羔肉　　　　　清真菜 ¥¥

(182 0959 6667;北京路西港航空酒店对面;人均80元左右;10:00~22:00)只卖三种菜:羊肉、饼子和烩菜。一份羊肉包括羊脖子和羊排,味美量足。

福苑饭庄　　　　　清真菜 ¥¥

(202 3170;东关北街88号;手抓78元/斤,燕面糅糅18元/份;11:30~20:30)味道不错的清真餐馆,当地人的婚宴常在此举办。比较有特色的是烤羊背、香馕羊排、手切糅糅、洋芋擦擦等。

登元氽面馆　　　　　面 ¥

(西关街48号;面大/中碗 14/13元;8:00~21:00)氽面起源于固原三营镇,现在已流行到西北各地,一边煮面片,一边往锅里挤牛肉丸子,煮出来的面香喷喷的。

马德祥五香羊羔头　　　　　小吃 ¥

(177 9543 9241;政府西路;羊羔头35元/只;16:00至次日3:00)羊羔头是固原的特色,这附近有三家都是马姓的羊羔头店,其实是同一家人开的,这里只经营羊羔头,晚上才营业。揭开锅,一只只熟了的羊羔头并列排放着,如果不害怕就尝一尝这一当地的特色吧。

香香面皮　　　　　小吃 ¥

(文化巷;面皮小/大份5/6元;9:30~20:00)生意很好的一家凉皮店,根据口感软硬可选择面皮、凉皮、牛筋面或四样掺。冬天配胡萝卜丝,夏天配黄瓜丝,辣椒油很正,除了凉皮,还有粥和麻辣烫。

实用信息

微信公众平台"固原日报"和"固原大城小事"可以帮你快速了解当地新闻,"宁夏六盘山旅

ℹ️ 到达和离开

飞机
固原六盘山机场位于市区西北约13公里处。目前已开通直飞银川(40分钟)、西安(1小时)、重庆(1小时40分钟)和天津(1小时50分)的航班。开往上海、福州、广州、昆明的航班均经停西安。

长途汽车
固原汽车站(📞266 2905;大明城新汽车站高速公路口)有滚动发往省内各地和西安、兰州等重要城市的班车。从市区乘坐1路公交可到,打车7~8元。但要注意的是,开往泾源、隆德等南部各县,也就是六盘山地区及甘肃平凉的班车,通常可以在城南清水河边的南河滩客运招呼站等候,一般从固原汽车站发出的班车会在此停留15~20分钟。

火车
坐火车进出固原也非常方便,但大多是从西安、上海、广州、成都等发往银川或反方向的经停列车。固原火车站位于清水河以东,每天有6班开往银川,较方便的是K361(13:35发车,19:31终到);4班开往西安,较方便的是K1306(23:56发车,次日8:17终到);还有2班车开往兰州,其中K9663(23:30发车,次日9:19终到)时间比较合适。从市区乘坐1路公交可到,打车5~6元。

ℹ️ 当地交通

抵离机场
市区到机场打车一般不超过40元,只要20多分钟。

公交车
大部分固原公交车票价为1元。1路公交连接汽车站和火车站,在文化路上有8路公交可到南河滩客运招呼站。公交的营运时间为6:30~20:00。

出租车
固原市内出租车起步价5元,3公里后每公里1.2元,去市区各景点都在10元以内。

须弥山石窟

(📞395 5556;门票48元,讲解80元;⏰8:00~18:00)位于固原西北约55公里处的须弥山石窟,处在一片茫茫的黄土沟壑中。这里古称"石门",中间有溪水称"石门水"。隋唐时期,这里曾是重要的关隘,也是佛陀东来和中国丝绸西去的重要关口,最终被传教者和信徒相中,便有了"须弥"这个名字。北魏时期这里开始建造佛像,造像工程一直持续到

固原汽车站车次时刻表

站点	发车时间/班次	票价(元)	行程(小时)	备注
银川	6:30~18:10(10到20分钟1班)	90(快),70(普)	3.5~5	
兰州	8:00,14:40	100	5	
西安	8:00,10:20,12:30,13:00,13:30,14:40,18:00(卧铺)	120,130(卧铺)	5.5	
西吉	7:00~18:00(30分钟1班)	16	1.5	冬季班车停发
海原	8:10~17:30(1小时1班)	25(普),33(快)	2.5	冬季班车车次不固定
泾源	7:30~16:50(50分钟1班)	20	2	冬季班车停发
隆德	7:20~17:30(40分钟1班)	18	2	冬季班车车次不固定
彭阳	7:00~18:00(30分钟1班)	16	1.5	冬季班车车次不固定
中卫	10:10,15:00	70	2.5	
同心	7:20,8:10,8:25,9:50,10:15,10:45,12:20,13:00,15:00	35(快),26(普)	1.5~2.5	
平凉	7:30~17:10(30~40分钟1班)	27	2	冬季班车车次不固定
天水	6:30,10:40	90	6.5	

唐末。在此之前，佛像多用泥彩塑，须弥山算是石雕的发端，为后来的龙门和云冈石窟提供了最初的技艺。

景区内由一个水库分隔为博物馆和石窟两部分，两边相隔较远，步行会花些时间，你也可以乘坐免费的游览车（20元往返）直达石窟。步行的话，进入景区后先顺着水库左边的栈道前行，攀上一段石阶便到达博物馆。博物馆以丝绸之路上的石窟和佛教艺术为主题，陈列和介绍了丝绸之路上各国的佛窟、藏品，以及释迦牟尼和其他佛教相关的故事。展品虽多为复制品，但场景、图片和多媒体的运用，使得这些展示颇具看点。不过为了节约能源，博物馆仅在旺季开放。博物馆这一侧也是拍摄须弥山全景的好地方。

结束博物馆参观后，沿路标下山穿过河谷后到达对岸的须弥山。这一侧有石窟162个，因自然和人为破坏严重，现存有完整造像的石窟仅剩20多个，集中在从东南到西北的大佛楼、子孙宫、圆光寺、相国寺和桃花洞五区。

首先看到的第1窟唐代佛像色彩犹存。旁边的第5窟就是大佛楼，这尊唐代修建的石窟造像可谓须弥山的象征，高约20米，是武则天在全国范围内修建大云寺和供奉弥勒佛的功绩，比云冈石窟第5窟大坐佛和龙门石窟奉先寺卢舍那佛还要高大。其他部造型已摆脱犍陀罗艺术的约束，更多地使用了中国化、世俗化的雕塑手法。注意看第1窟至第4窟下方的那条土路，据称是古代丝绸之路东段北线遗迹，讲解员会告诉你，路面上的那些印迹就是当年商队留下的车辙。

看完大佛楼后，转身开始上山，到达子孙宫，台阶修在崖壁上，爬起来需费些力气。子孙宫的石窟多为北魏开凿，第14窟、24窟、32窟仍有造像保留。到达山顶后，须弥山的丹霞地貌一览无余。另一侧山脚下唱经的寺庙便是圆光寺，寺中第45窟、46窟、48窟是整个须弥山造像最多、保存相对完好的石窟，窟中开有大小不等的佛龛，造像多为一佛二菩萨，姿态优美，趋于写实，佛龛装饰也是风格多样，值得细细欣赏。沿小路翻过一个小山包，来到相国寺，这里的第51窟是须弥山最大的中心塔柱窟，素有"须弥之光"美誉。此窟开凿于北周，窟中后壁7尊6米多高的佛像雕刻手法纯熟，具有鲜明的北周风格，所以又被称为"北周孤例"。继续上山穿过相国寺其他石窟可到桃花洞（第105窟），也是中心塔柱窟，主室内佛像保存较好。

❶ 到达和离开

在固原火车站乘坐去七营镇的班车（7元；班次频繁；1.5小时），在三营镇下车，从三营镇再坐私家车去须弥山石窟，包车30元，拼车也方便。也可直接从银川乘坐火车到三营下车，在三营火车站门口乘坐班车（5元）或包车（30元）到须弥山石窟。

若由此再去西吉，从三营到西吉每天有2班车，经过须弥山石窟的时间约是14:00和16:00，票价15元，其中16:00的车会经过火石寨。

须弥山到火石寨北门30公里，两景区之间的路已修通，非常适合自驾。从固原包车游览两地的价格是300~350元。对背包客来说，如果选择与火石寨同游，须弥山到火石寨北门之间需要打车（约70元；30分钟），其他都可利用班车游览。前往须弥山时途经的黄铎堡古城，是保存相对较好的明代古城遗址，可顺路一游。

二十里铺拱北

免费 又名"五原山南古寺拱北"，是中国伊斯兰教尕德忍耶门宦重要的拱北之一。位于固原城南10公里外的清水河畔，始建于元朝，但在"文化大革命"中被毁。我们现在看到的建筑是1981年后当地穆斯林重新集资修建的。

该建筑的道堂、拱北、后院并排依山而建，最出彩的拱北部分在最高处，雕刻和绘纹都很精美，但看起来还是新了些。拱北旁两座石碑应是古物，但字迹已很难辨认。

每年农历七月（该拱北祭日）和穆斯林重大节日是这里最热闹的时候，来此朝拜的穆斯林达上万人。

在汽车站或南河滩客运招呼站，搭乘前往南部各县的车会经过这里，票价5元。

开城安西王府遗址

700多年前，这里曾是忽必烈三子忙哥剌的府邸，是元政权除北京外最高的行政区，后毁于地震。如今遗址位于固原城南15公里的开城乡，仅存残墙断壁，满目沧桑，但仍可看出其庞大的规模。

任何一辆去南部各县和平凉的长途车都经过开城镇，票价7元。从开城清真大寺后沿路向西500米，可以看到遗址碑和示意图，进入左手边的村子，古老的城址已与村民生活融为一体。

萧关遗址文化园

（☎203 8567；门票20元；⏰5月至10月中旬8:00~18:00）萧关是历史上著名的关隘，秦汉时期的四大名关之一，它曾是关中通向西域的要塞，地势险要，关系着国家安危。但其实，尚无确凿考据证明萧关究竟在西海固地区的何处，不过当地政府已经把泾源县大湾乡瓦亭村当作"萧关"旧址，在这里修了一个萧关遗址文化园，建了城墙，并在墙上雕刻历代诗人对萧关的吟诵。

去往南部各县和平凉的所有车都会经过瓦亭，票价10元。二十里铺拱北、开城遗址、萧关遗址文化园都在一条线上，可一并游览。

火石寨地质公园

（☎390 6999；微信公众号"火石寨旅游"；门票65元，观光车票往返35元；⏰4月至10月8:00~18:00）位于西吉县城东北15公里处的火石寨以丹霞地貌著称，方圆上百平方公里，层层叠叠的山峦通体发红，看起来如同火焰燃烧，因而被当地人称为"火石寨"。

除了天赐的自然奇景外，这里也有开凿于北魏时期的石窟群，它们刻在百余米高的绝壁上，从西到东，几乎与须弥山相连。一般游客参观的是以寺院石窟为核心的云台山。石窟大约有10孔，残存壁画、石雕须弥座等。

从南门进入景区，要走过一段公路（2公里）到达游客中心。这里的风化岩层非常漂亮，沿着栈道上山，先路过扫灯岭石窟，里面大部分都已空空如也。继续向上，会看到石窟保存最好的大佛殿。接着，到达一段陡峭的天梯，一定要抓紧石阶旁的两根铁链，小心翼翼地往上爬，有些阶梯的陡峭程度接近70度。

在石峰下半部有一石窟，洞内能容纳百余人。石窟主峰四周，奇峰怪石形态各异。9月和10月是黄金季节，山色葱茏，云雾弥漫，山下峡谷里红黄树叶与红岩相映，几乎可以忘记周边环境的荒芜。

到达石峰后，沿着栈道指示牌走，可到达望霞亭。从这里远望对面壮美的丹霞地貌，壁立千仞，山峰险峻，是火石寨景区中自然风光最美的地方。

沿路标下山，可到火石寨地质博物馆，这里收藏了一些地质构造的标本和化石，可以了解一些地质知识。丁香崖攀岩场则可以提供攀岩娱乐。游览博物馆后，可从北门出，若想返回南门，可搭乘景区观光车。

火石寨在冬季歇业期间并不封山，相当于免费游览，上山最好结伴而行，注意安全。

旺季从固原至西吉有频繁的班车（16元；7:00~18:00，30分钟1班；1小时20分钟），然后在县城老县医院门口，乘坐到云台山的班车，会经过火石寨景区南门（4元；7:30、12:00、16:00发车，返程经过南门的时间约是12:40、16:40；40分钟）。在县城主干道上也有西吉到三营的班车（8:20、9:00），其中9:00的班车会经过火石寨南门。从县城打车需40元。

火石寨地质公园与须弥山相隔30公里，如果包车或者自驾，两个景点可以一并游览。

六盘山

六盘山跨陕、甘、宁三省，历来具有重要的军事意义。它是丝绸之路西行路上的第一座大山，萧关古道由此经过，它被称为"关中守护神"，将西北游牧民族阻挡在外，戎马一生的成吉思汗于此抱憾而终，它也是红军长征翻越的最后一座大山，毛泽东在此写下《清平乐·六盘山》。

和宁夏北部荒凉的贺兰山不同，六盘山充满了绿意，但见惯了南方秀丽山水的旅行者，六盘山也许很难引起他们的兴趣，不过，在贫瘠的西海固，秀丽多姿、林荫蔽日、气候温凉的它，是黄土丘陵上难能可贵的绿岛。所以，六盘山对本地人的意义要大于远道而来的客人。

六盘山很大，景点分散，交通又不便，我们认为它更适合自驾游览的游客。从固原出发向南行驶，到达六盘山镇后，一边是拥有六盘山森林公园、胭脂峡和野荷谷等景点的泾源县，一边是通往红军长征纪念馆的隆德县。

2019年8月起，六盘山国家森林公园、老龙潭的售票统一改在泾河源游客中心（☎5610666；泾河源镇泾白路和S101省道交叉口东处），这里同时办理两个景区的观光车、导游讲解以及连接两个景区的专线摆渡车（单程10元，往返15元）售票业务。

因当地护林防火的需要，六盘山几大景区均只在4月20日到10月中下旬（每年结束营业时间可能会有不同）营业，秋季可能会延迟5~10天，景区歇业后无法进入。

六盘山国家森林公园

（☎564 8319；泾源县泾河源镇；门票50元，观光车票往返40元；◯4月下旬至10月下旬7:30~17:00）这里是六盘山最南端深处，也是集中了最多景点的地方，气候温润，适宜林木生长，历来有"春去秋来无盛夏"的说法，是西北难得的避暑胜地。

进了六盘山国家森林公园大门的"龙门"，乘坐观光车的第一站便是小南川，入口处密布针叶林，沿着木栈道穿行于茂密的林间，一个多小时可到达小南山瀑布。接下来是生态博物馆和植物园。最后乘车到凉殿峡，这是一条东西走向、长达10公里的大峡谷，清清溪流穿峡而过。700多年前，成吉思汗曾在此屯兵避暑，如今还留有当年的马槽和残壁。游览景区需4小时。

值得一提的是，入口附近两公里处的冶家村，已经成了甘肃和宁夏避暑的一个小热点，如果想放松游览森林，在这个农家乐充斥的村庄住宿吃饭是个好选择。专线摆渡车在冶家村设站。

从固原坐到泾源县的班车（20元；7:30~16:50，50分钟1班；2小时），转乘开往泾河源镇的农村班车（3元），再搭乘私人运营的车（20元）到景区。如果从泾源县乘坐出租车前往，单程需50元。

老龙潭

（☎501 3660；门票40元，观光车票20元；◯4月下旬到10月上旬8:00~17:00）老龙潭在六盘山东麓深处，峡谷森林风光很美。它由四个连续衔接的小潭组成，小潭与小潭相互联通，奔流不息，形成一个又一个小瀑布。

从门口乘坐观光车可到龙潭水电站，旁边还有中华龙文化博览园，其实走过去也不

当地知识

六盘山：成吉思汗最后的征战

成吉思汗在辉煌的戎马生涯中，蒙古军的铁骑势如破竹，战无不胜，所到之处无不令人闻风丧胆，却没想到在征讨西夏国时遭遇了长达23年的拉锯战，并最终于获胜前命丧六盘山。

天庆十三年（1206年），成吉思汗统一蒙古，当时金朝已经衰败，其盟国西夏占据了入侵中原的通道，又控制着河套与河西走廊地区的财富。除掉西夏有重要的战略意义，将可以从西边对金国实施包围，砍断金国的右翼，但所向披靡的蒙古军队却遭到党项人强悍的抵抗。党项人深谙兵者诡道，采取了一打就降、一撤就叛的战术，甚至还趁成吉思汗远征欧洲时袭击其后方，令其疲于奔命。

乾定四年（1226年），成吉思汗在第六次征讨的途中染病，西夏王都兴庆府被围半年，城内虽弹尽粮绝但始终未被攻克。宝义元年（1227年）夏天，成吉思汗病情严重，率军到六盘山东麓的凉殿峡避暑养病。而此时兴庆府内发生地震，瘟疫横行。7月，成吉思汗在凉殿峡去世，逝世前立下遗嘱：死后秘不发丧，待夏主献城投降时，屠之。不知里的西夏末主已率部投降，蒙古军残暴屠城，令这个强劲的王朝从此销声匿迹。

如今六盘山中尚存当年的避暑遗址，2000多平方米的平台上散落着几个石墩、石条和断壁残垣。

远，游览景区需1小时。这里离六盘山国家森林公园很近，如果买了专线摆渡车的票，可坐车一并游览。

野荷谷

（☏564 8319；泾源县香水峡；门票40元，观光车票往返20元；◷4月上旬至10月下旬7:30~17:00）野荷谷是一座长15公里的峡谷，处于最高峰米缸山南侧。峡谷北侧峭壁参天，南侧森林茂密，谷底野荷遍布，形成一道天然绿色长廊。不过这里的植被大多属于种植林，而"野荷"也不是真的荷，是大黄蘘吾，别名"大黄"。

野荷谷是离泾源县城最近的一个景点，在县城以西仅8公里处。若坐出租车过来单程约30元，1~2小时即可游完。

胭脂峡

（☏501 3660；泾源县黄花乡羊槽村；门票40元；◷4月下旬至10月上旬8:00~17:00）"胭脂"之名来自山体岩石的颜色，亦说明这里的丹霞地貌颇为典型。胭脂峡的著名之处，在于它拥有西北落差最大的瀑布群。景区借峡谷地貌，还提供一些攀岩和CS服务。这里也是六盘山至崆峒山徒步穿越的起点之一。

可在泾源县住宿，县城的**六盘春假日酒店**（☏561 3690；镇政府东侧；标双180元；🛜❄🅿）干净卫生，交通便利。通往景区的路上还有很多农家乐可供选择。此外，不妨尝尝在整个宁夏都很有名的泾源黄牛肉，**泾源黄牛火锅**（☏134 0954 0076；龙潭西街28号；人均80元左右；◷9:30~22:00）提供上好的本地牛肉。

胭脂峡位于泾源县城以东10余公里处，从县城乘坐出租车前往，单程需40元。

泾源景点游完后，可乘坐泾源汽车站开往固原的班车，在六盘山镇下车（7元；7:00~17:00，50分钟1班；40分钟），转车去隆德红军长征纪念馆。

红军长征纪念馆

（☏651 6800；隆德县杨家店村；门票50元，车票30元，讲解80元；◷4月下旬至10月上旬8:30~18:00）这里属于六盘山的红色之旅景点，纪念馆建在米缸山上，海拔2800米。纪念馆里有毛主席在六盘山写下的《清平乐·六盘山》诗句、红军针对回族立下的"三大禁止、四大注意"，还有红军居住的土窑的再现、当年使用的武器以及一些珍贵的照片等。楼顶建有红军长征纪念碑。

从景区门口沿红军小道上山，2.5公里的山路会经过24个红军长征重大事件和重大战役的微缩景观，最终抵达红军长征纪念馆广场。如从入口处选择乘车（30元），可直达山顶的纪念馆。

纪念馆旁边的吟诗台是个观景的好地方，若喜欢爬山，从纪念馆继续向上，约40分钟后到气象站，这里是观日出云海的最佳去处。吃住可以选择景区经营的**宾馆**（☏651 6817；景区入口处的农家院标间160元，气象站标间260元）。如选择住在隆德县，**隆德县宾馆**（☏601 4436；人民路123号；标双含早餐80元；🛜❄🅿）位于县城中心，实惠舒适。**龙源暖锅城**（☏601 5199；文化街龙泉苑小区；人均约80元；◷11:00~22:00）有本地特色的暖锅，类似华北和东北的酸菜白肉锅，用的是传统的铜锅式火锅。不过吃起来确实够暖，还能喝酒。

如果从固原过来，可坐到隆德的车（18元；7:50~17:30，40分钟1班；2小时），在杨家店下车，向山上走600米到景区门口。如果从隆德县城出发，可乘坐8路公交（1元；8:00~18:00，每小时1班；30分钟）到纪念馆。

了解甘肃和宁夏

今日甘宁 **298**
旅游业的爆发式增长是整体增速放缓的甘宁经济的一抹亮色,但诸多景区的关停也拉响了生态环境的警报。

历史 **301**
甘宁的历史是战乱和平定战乱循环往复的历史,张骞出使西域走出的丝绸之路,历经繁华后没落,又随着"到西北去"的呼声而重焕新生。

甘宁人 **311**
西北的风沙打磨出甘宁人粗犷、冷峻的性格,远去的游牧生活又在骨子里刻下了豪放和仗义,而长期的边塞生活使他们更加安土重迁。

文化和艺术 **317**
甘宁作为汉唐至明清时代的西北边境,无论诗歌、石窟寺还是音乐,都体现出边疆特有的融合特点,"壮烈、旷远、豪放、孤寂"这些词,也常常被用来形容这一地区的文化特征。

饮食 **324**
"大块吃肉,大碗喝酒"是甘宁餐饮的真实写照,牛肉面、羊肉和高度白酒冲击着你的味蕾,酒肉之间方显西北人至真的性情。

环境 **329**
除了黄土高原和戈壁沙漠,甘宁还有"鱼米之乡"和山水密林,并点缀着沼泽湿地、碧草牧场和雪山冰川。

今日甘宁

提起大西北，人们的第一印象往往是大漠戈壁的荒凉和空旷，甘肃和宁夏似乎成了贫穷、落后的代名词。曾经辉煌的绿洲文明，早已被工业化、信息化的时代洪流抛到身后。兰州似乎正在重建西北中心的辉煌，在这里你能看到紧跟国际时尚的一体式购物中心、概念商店，兰州地铁、城际列车开通后，这座城市的人迅速适应了跨区上班、生活的节奏。相对低调宜居的省会银川，也终于在2019年末融入全国高铁网。

推荐读物

《**藏族宗教史之实地研究**》，李安宅著。一部有影响力的藏学著作，该书是作者从人类学视角对甘南拉卜楞寺进行3年实地考察的成果。

《**敦煌石窟艺术简史**》，赵声良著。敦煌研究院院长以清晰的时代脉络介绍了以莫高窟为主的石窟艺术演变。

《**解读敦煌**》系列，主编单位为敦煌研究院，樊锦诗主编。分为13册，每册讲一个主题，有飞天、彩塑、藏经洞等主题，内容、图片十分丰富。

《**小东西**》，颜峻著。兰州籍著名乐评人颜峻的随笔集，西北并不是仅有"苦大仇深"的乡土文学，从颜峻身上也可侧面了解西北前卫文化的一部分。

推荐影片

《**河西走廊**》央视10集纪录片（2015年），有些冗长，却面面俱到地展现了河西走廊风光。

《**敦煌莫高窟——美的全貌**》（NHK纪录片）这部2008年的"老片"，以精致的拍摄手法和高清摄像技术，呈现了大量如今难以近距离欣赏的雕塑、壁画精品。

经济：增速放缓，结构调整

按照GDP总量，多年来甘肃和宁夏一直排在中国各省末尾，2018年，甘肃和宁夏GDP总和还比不上排在第25位的贵州。传统的工业优势逐渐失去，而甘肃和宁夏的经济版图中，重化工业及能源产业的比重较大，结合经济增长变缓的大背景，甘宁的发展前景令人担忧。

省会城市GDP在全省中的占比较大，银川超过了全州GDP的一半以上，兰州GDP也占全省的1/3以上。区域内人均经济水平更高的"铜城"白银、"钢城"嘉峪关和"镍都"金昌，都是老牌的工矿城市，人均GDP和收入排名都靠前。其中，金昌市近年发展较快，其硫化铜镍矿床储量仅次于加拿大萨德贝里。2019年，位于金昌的金川集团首次申报《财富》世界500强就榜上有名，排名世界第369位，是甘肃唯一一家入围企业。

近年来，资源枯竭、传统重工业产能过剩、国际市场波动等，对甘肃和宁夏的经济发展影响很大。过度开发造成的环境破坏，同样是甘宁地区在经济发展中急需解决的问题。大名鼎鼎的"石油城"玉门的老君庙油矿已被抽空，石油资源减少后，玉门经历了两次搬迁。白银市、石嘴山市等也面临着同样紧迫的状况——产业结构的优化调整迫在眉睫。看似前景不错的金昌，也将面临矿山服务年限缩短、接续产业缺乏、环境压力加大等发展问题。

新能源曾是甘宁经济结构调整的一个方向，2009年，全国首个千万千瓦级风电基地在"风电三峡"酒泉瓜州开工建设，但从2015年起，因弃电严重，被国家能源局列为风电投资红色预警区，暂停风电建设。2017年、瓜州转向发展火电,建成西北地区首个百万千瓦级调峰火电工程。可以说,酒泉的经历几乎就是中国西北地区新能源发展的缩影。

旅游:打通丝路,交通先行

2014年,中、哈、吉三国联合申报的"丝绸之路:长安—天山廊道的路网"成功申遗,催发了新的旅游热潮。从最东边天水的麦积山石窟,到最西边敦煌的玉门关遗址,甘肃共有5处历史遗产收入丝路世界文化遗产名单。甘肃省开始打造"大敦煌文化旅游经济圈",以蜚声世界百年的莫高窟为中心,辐射瓜州县、肃北县、阿克塞县。近些年来声名远播的张掖丹霞,5年间游客数量增长了20倍,再加上靠近四川、青海的甘南,越来越多的人将甘肃列入中长途旅游的目的地。

交通的发展为旅游市场的扩大起到了很好的催化作用。铁路建设继续发力,继兰新客专开通后,宝兰高铁也于2017年正式开通运营,从兰州到宝鸡缩短至2小时,从而实现丝绸之路甘肃全境高速铁路贯通,使这条黄金旅游线上的出行变得十分便利。2017年,兰渝铁路全线通车,结束了甘肃陇南地区不通火车的历史,到甘南也更加方便了。2019年,兰渝铁路开行时速160公里"复兴号"动车组,缩短了入甘时间。银西高铁宁夏段已顺利建成,首先开通的是银川到中卫的城际铁路,甘肃段和陕西段正按计划向前推进,建成后银川至西安将缩至3小时以内。支线上,敦煌高铁实现常态化运行,敦(煌)格(尔木)铁路、柳敦高速建成通车,兰州至合作铁路也已提上日程。

甘肃机场已有9个民用机场,航线250条,年旅客吞吐量1600万人次。兰州机场连续2年旅客吞吐量增幅高居全国省会机场榜首,成功迈入千万级机场行列。敦煌国际航空口岸全面开放,成为兰州中川国际机场后第二个国际航空口岸,嘉峪关机场通航城市也已达到12个。

公路方面,兰海高速甘肃段即将全线贯通,改善了陇南地区的交通。高等级公路几乎覆盖了甘南全境,对数条国道进行了优化,兰郎高速今后将从合作延伸到甘肃与四川交界处的郎木寺,成为西北与西南的一条便捷通道。除国道之外,甘肃新建了许多条旅游通道,如合冶二级公路,直达腊子口的红色公路等。

2018年,甘肃省文化旅游产业占比已达到全省GDP的7%,旅游接待人数和旅游综合收入都近10倍于宁夏,但另一方面,过度的商业化对当地文化造成的冲击不小,"爆发式"增长背后旅行者的体验变差,许多旅行地已经出现游客数量持续下降的趋势。

299

人口:
甘肃 2637.26万
宁夏 688.11万

面积:
甘肃 约43万平方公里
宁夏 约6.6万平方公里

GDP(2018年):
甘肃 8246.1亿元
宁夏 3705.18亿元

GDP增长率:
甘肃 6.3%
宁夏 7%

2018年旅游接待人数:
甘肃 3.02亿人次
宁夏 3335.88万人次

如果甘肃有100人

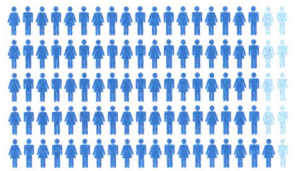

91人是汉族
9人是少数民族

如果宁夏有100人

63人是汉族
37人是少数民族

《**撞死了一只羊**》生长在安多藏区、在兰州求学的藏族导演万玛才旦的代表作品之一,是对甘青藏区的最佳影视读本。

《**大河唱**》历时3年,以宁夏音乐人苏阳为线索,记录4位来自黄河流域的民间艺人的纪录片电影。

推荐音乐

《**丝绸之路**》喜多郎为电视纪录片《丝绸之路》创作的背景音乐,经典的旋律引领了新世纪音乐的辉煌。

《**河西走廊之梦**》希腊音乐家雅尼为央视纪录片所作,诸神颂歌和玉门羌笛的结合。

《**花爵鼓**》花爵鼓乐队仅发行过一张非正式专辑,却被视作甘肃新民谣的代表,继承了野孩子的衣钵。

《**白银饭店**》甘肃白银籍音乐人张玮玮和郭龙,唱出了西北小城的细腻和文艺之处。

环境:气候变化,形势堪忧

甘肃和宁夏是中国荒漠化面积较大、分布较广、危害最严重的省份之一,水与沙的交锋越发激烈。河西地区与沙漠"为伴"的民勤县、凉州区和甘州区出现了分散型沙尘暴。

持续数十载的防沙治沙等生态治理工程效益初现,2016年至2018年,中国重要的沙尘暴策源地甘肃未出现区域性沙尘暴天气,为近60年最少。随着初见成效,政府的投资力度及关注程度有所下降。

值得注意的是,随着全球气候变暖,西北气候可能正由暖干向暖湿转型,2018年甘肃省平均气温较常年偏高0.7摄氏度,平均降水量较常年偏多27.7%,夏季暴雨创历史之最,暴雨引发山洪、滑坡和泥石流等灾害及城乡积涝,造成较大人员伤亡和财产损失。2019年极端天气还在频频发生,莫高窟两度因雨暂时关闭,石窟周围的戈壁沙漠竟然长了草。冰川融水量增加、河流径流量增加、湖泊水位上升等现象,也在西北大部出现。

随着环保力度的加大,甘肃关闭了许多自然保护区内的景区。出于保护水源地及生态系统的原因,马牙雪山禁止游人攀登。东千佛洞和七一冰川、透明梦柯冰川关闭,民勤沙生植物园已经停止对游人开放。甘南尕海景区不再接待普通游客,周边的年保玉则已确认全面关闭。

历史

当我们谈到"西北"的时候,潜意识里总是会把它当成"边区",却往往忽略了"边"也就意味着前哨。敦煌学的研究,让我们不得不正视这片迎接过阿拉伯、印度、波斯甚至罗马客人的土地。这正是甘肃和宁夏在中国乃至欧亚历史中的重量所在:它是航海时代之前、东方和西方在文明初起时,旧大陆中部位置的墟市,四面八方的人在这里交换一切文明成果,有时交换士兵、艺术家甚至整个民族。

神话与彩陶

在西北内陆还有肥美草原和层层森林的史前黄金时期,已经有人类在此生存。那时候的黄河上游、河流、湖泊、沼泽连成一片,草木繁茂,各种各样的古生物生活栖息在这片土地上,与今日有着天壤之别。7万年前的"河套人"沿黄河南迁到银川平原,再到甘肃,播下了文明的种子。银川旁边的水洞沟文化,便是旧石器人的重要生活据点;贺兰山上的岩画里,此

黄河上游的安特生

1923年,命名仰韶文化的前瑞典地质调查所所长安特生沿着黄河走到兰州,在货摊发现了一个破旧的彩陶罐,他立即赶到彩陶罐的来源地甘肃临洮,骑马沿洮河苦苦追寻,终于在洮河西岸马家窑村发现了中国境内的一种新文化。后来他在洮河流域、湟水流域发现了更多陶器,并把它们都归入马家窑文化。

民国政府同意安特生把甘青的陶器运回瑞典整理研究,至今东方博物馆收藏的仰韶文化陶器有400多件。1936年,安特生回到中国,归还了一半文物给中国地质调查所博物馆。然而在混乱的时局中,这批珍贵的国宝竟然消失了。

大事年表	公元前25,000年	公元前5850年至公元前5400年	公元前688年
	宁夏灵武水洞沟人开始旧石器生活。	大地湾文化在陇右地区兴盛,居民从事农耕,并有极高水准的红陶制作工艺。	秦国在现在的天水一带设置了邽县,陇右成为关中的西北门户。

甘宁的先秦遗迹

宁夏银川的贺兰山岩画

甘肃天水的伏羲庙

宁夏固原的秦国长城

甘肃礼县的秦襄公陵墓遗迹

地先人的生活情景依然可辨。

经过黄河与黄土大地的漫长滋养,在8000年前,甘宁的先人已经开始种植谷物,修建房屋。考古专家发现,他们会做夹砂红陶,还会做彩陶——秦安县附近的大地湾文化和比大地湾人晚3000年的马家窑人,把彩陶升华到了艺术品的境界。

但就在这一时期,曾经舒适的西北,气候开始趋向干旱,彩陶文化与东方崛起的青铜王国距离日远,最终走向衰亡。

不过,与陕西紧密相连的陇东,倒是成了中国古代王朝的一个起源地。在神话传说中,伏羲便来自陇东天水。

陇东:霸业的摇篮

周人相传是夏人的一支,在遭到崛起的商人攻击后,他们从山西流亡到泾河上游的古北豳地(今庆阳)。他们在这里休养生息、繁衍发展。积累了力量之后,周人沿马莲河南下到陕西泾水中上游的古南豳地,最后折向西南,到了渭水的岐邑周原,开始了几百年的文治武功。

周人进入关中后,来自东方的一群人又来到了陇右,在这里蓄积了颠覆未来的力量。

秦人属于东夷的一部分,经夏末商初、商末和周公东征后三次西迁,终于定居于天水礼县一带,与西戎各族杂居,征服并强迫当地民族归顺自己。这一过程并不平顺,他们惨淡经营,几度荣衰,至秦穆公时,终"用由余谋伐戎王,益国十二,开地千里,遂霸西戎",今天陇东、关中西部和宁夏南部都是其领地,霸业自此开始。

跳下马背的种粮人

三四千年前,陇右宁夏至河套的主人大部分被关中视为蛮族,主要有戎、羌、氐等族。居于宝鸡一带的戎又称"西戎",自命为伏羲和女娲氏族的后裔,在秦人的征战中,大部分戎族接受了秦的统治,融合于秦人之中。

羌族是秦的第二个目标,在秦厉公时期的一次扫荡中,一个叫无弋爰剑的羌人被秦人捕获,成为奴隶。然而这个传奇人物最终逃出,奔至河湟间,被众族人推为首领。他向族人推广了麦类种植,成为河湟谷地的最早开发者。秦统一天下后,派大将蒙恬率兵攻城略地,西逐诸戎,北却众狄,筑长城以为疆界,众羌不再南下。

公元前280年	公元前214年	公元前139年	公元前121年
秦国设置陇西、北地二郡,宁夏也开始进入帝国建制。	蒙恬大破匈奴,秦始皇从临洮开始修建万里长城至辽东。	张骞第一次出使西域,途经河西、河湟。	游牧于河西地区的匈奴昆邪王和休屠王投降汉朝,汉将其所降的四万余人安置在陇西、北地、上郡、朔方与云中,被称为"五属国"。后成为"河西四郡"。

相对于紧邻中央帝国的陇右，祁连山下的河西走廊在3000年前还是蛮荒地带。乌孙人从宁夏南部放牧到河西走廊，却被月氏人攻击，逃到伊犁河流域；月氏人一度向东扩张到贺兰山和河套地区，使匈奴首领被迫把长子冒顿送来月氏（甘肃张掖）当质子，可就是这个男孩改变了月氏的命运。

张骞与霍去病之路

秦始皇派蒙恬北击匈奴，收复河套以南地区，使北疆安稳了一段时间。但从秦二世时期到汉武帝元朔元年（公元前128年），匈奴开始频频对中央帝国发起攻击。那个从月氏逃回来的质子，将冒顿单于的名字牢牢留在了战争史上。

河套迅速被匈奴占领，其势力延伸到今天陕北的榆林和宁夏的固原（朝那城），月氏被逼走至阿姆河流域，北方的丁零等部族纷纷归附。直到汉代文景时代，中原王朝对匈奴只能以"和亲"安抚，休养生息以待反击。张骞多次出访西域，最初的目的也是联合月氏、乌孙这些与匈奴交恶的部族，以期对匈奴形成合围之势。目的没有达到，但他的路线却成为身后几百年中西商人最热爱的黄金之道。

到汉武帝时期，西汉经过近70年的休养生息，经济、国力大大增强，对匈奴从战略防御转为战略进攻。河南之战、河西之战和漠北之战，残酷而辉煌。霍去病将军出征陇西，迫使匈奴退出河西走廊地区。汉王朝不仅得到了北边和西部的安宁，还从此真正得到了河西走廊，走向西域。光明的丝绸之路就此打通了。

打通丝绸之路

汉武帝打败匈奴获得河西走廊的意义，大约盛唐时的人们最能体会得到。胡姬的歌舞和佛陀的教义，源源不断地经河西到达长安，让中华文明从此日益丰富。

在商周时代，中国丝绸锦绣的生产技术已发展到相当高的水平，其中少量经西北各族之手辗转卖到中亚、印度后，成为"西方"梦寐以求的珍品。

汉元光二年（公元前133年），汉武帝在大败匈奴后，陆续设立了酒泉、武威、张掖、敦煌四郡，得以从河西走廊沟通西域；而张骞所开发的西域路线，也就成为人们的样本，最终延伸到欧亚之间的君士坦丁堡。使者

甘宁的早期佛教造像

甘肃敦煌的莫高窟石窟

甘肃兰州的炳灵寺石窟

甘肃天水市麦积区的麦积山石窟

宁夏固原的须弥山石窟

汉元狩二年（公元前121年），19岁的霍去病于春、夏两次率兵击溃占据祁连山与河西的匈奴各部，招降匈奴浑邪王及部众4万人。在沃野千里、水草肥美的祁连山大草原上，霍去病派牧监畜养御马，设置了举世闻名的西汉皇家牧马场，这是世界上最早、规模最大的军马场，延续了2000多年，直至成为今日的山丹马场（见121页）。

366年	651年	791年	990年
僧人乐僔路过敦煌鸣沙山，忽见金光闪耀，如现万佛，于是便在岩壁上开凿了第一个洞窟。	史册首次记载一个阿拉伯官方代表，从陆路经过河西走廊到达长安访问中国朝廷。	吐蕃人占领河湟和陇右，统治今甘青地区近百年。	党项人李继迁被辽朝辽圣宗册封为夏国王，西夏开始建国之路。

历史上河陇的主人

"安史之乱"不仅埋葬了丝路,亦将河西走廊重新从汉人手里抛出,成为其他民族的争夺对象。西南方向的吐蕃在吞并了吐谷浑后,很快就占领了河湟和河陇地带,在8世纪与9世纪成为甘肃的主人。在吐蕃人治理期间,漠北的回纥常常与之发生争斗,一部分回纥人被吐蕃逼去天山南麓,其后裔即今天的维吾尔族,11世纪后其信仰逐渐从佛教转为伊斯兰教;另一部分人则进入河西,成为"黄头回鹘",逐渐发展为今天的裕固族。

甘宁的宗教名胜

- 甘南的拉卜楞寺
- 宁夏同心的清真大寺
- 甘肃临夏的伊斯兰拱北
- 甘南的郎木寺

和商人源源不断地带着珍奇洋物来到长安,中原商人亦带着丝帛锦绣走到极西之地。此后,王莽当政时和东汉时期,西域虽然几度因政局波动暂与汉王朝中断关系,但商业往来并未受到很大影响。而后班超出使西域,使东西方的贸易和文化往来越发紧密。

丝路沿线的城池和驿站渐渐被人重视,兰州成为南线、中线不同方向的分界点。中线和北线都要经过凉州,沙州更是所有线路的交会点,它们成了所有向长安前进的外国人的记忆。

晚唐之后,西北地区政权更迭频繁,安全保障成为一大问题,加之海运逐渐发达,陆上丝绸之路日益走向衰落。只是在蒙古人统一亚欧之时,又有了一次繁荣复兴。马可·波罗在这条大道上看到的奇景,成为东西方至今依然津津乐道的传奇。

流放的边疆

公元前211年,秦始皇迁移3万户,令其进入河套和银川河东地区的"河南地"垦殖戍边,由政府提供土地、耕牛、籽种和农具,帮助他们进行生产,今天宁夏河东的秦渠便初凿于秦朝。

这个实验非常短命。秦朝覆灭后,屯垦的关中人都跑回了家乡,但这却为宁夏开发打下了基础,也为后世开发边疆做了示范。汉武帝击退匈奴获得河西走廊后,把关东在灾年出现的超过80万流民西移到河西、河套、宁夏和河湟。安顿这80万人使得汉朝国库耗费一空,但垦殖的效果显然不错,河西四郡人口达到28万人,石羊河流域的凉州(今武威)成为河西走廊最富庶繁华之地。

隋朝把河西重新纳入疆土,隋炀帝甚至西巡至张掖,唐朝时屯田,西至黑河流域,粮食之丰产甚至能接济内地。而宁夏平原到蒙元时期,已经

1036年
李元昊命大臣野利仁荣创制西夏文,费时三年而成。

1038年
李元昊称帝,即夏景宗,定都兴州并改称为"兴庆府",国号大夏,至此西夏正式立国。

1044年
宋夏战争平息,双方签订"庆历和约",宋朝承认西夏的割据地位,给予若干财物茶叶,封夏景帝为夏国主。

1227年
在进军西夏时,成吉思汗于六盘山去世,蒙古军队进入兴庆府后展开大屠杀并纵火,这被视为西夏文化消失的最主要原因。

被世人称为"塞上江南"了。

元明时期,肃州(酒泉)和沙州(敦煌)得到开发,"金张掖、银武威"的说法开始出现。清朝雍正年间,2000多户陇东农民到嘉峪关外的关西开屯垦种,使河西垦殖几近全境,人口超过85万。

1963年,河西走廊上成立了以新疆兵团为模板的农业建设第十一师,1965年又在宁夏成立了第十三师。为了改善干旱地区居民的生活,宁夏南部有大批回族迁到黄河垦区,也造就了新的移民文化。

党项人的传奇

吐蕃和回鹘不过是甘宁的过客,而党项人后裔建立的西夏国,才是这片土地上真正的传奇。

党项人原居松潘一带,后来迁移到庆阳,是唐朝册封的藩镇势力之一。赵匡胤建立宋朝后,"杯酒释兵权"引起这些党项人的不满。承袭了夏国公的李元昊积极脱宋,弃李姓,开年号,建宫殿,立军民,创文字,最终于宝元元年(1038年)称帝,国号大夏,定都兴庆府,与宋、辽鼎立。

尽管常常对宋廷造成威胁,但宋和辽、金都有些看不上这个从高原走出来的新势力,李元昊命令全国男人秃发之举也显得像是蛮族。从兴庆和灵州(吴忠市)开始,整个河西走廊至河套的广大地域都被其征服,夏国在甘、肃两州设立"甘肃军",这成为"甘肃"一词的开始。

夏国除了效法辽、金向宋勒索外,亦开始学习农耕和手工艺。银川平原出现了瓷窑,刻有西夏文的瓷器从这里运送到西域,兴庆也慢慢成为一个商人云集的繁华都会。与辽、宋相比,西夏人对佛教更多的是深沉的敬畏,莫高窟在这一时期得到保护,并增加了党项色彩。

成吉思汗亲自率军发起西夏之战,然而据说在西夏保义二年(1227年),他在出征途中病死于宁夏六盘山(见294页),其军队遂将亡帅之恨移泄西夏——蒙古铁骑挥师兴庆,残酷屠城,西夏文物、典籍几乎毁坏殆尽。西夏后裔为躲避战祸,亦销声匿迹。

吐蕃与敦煌

晚唐的"会昌灭佛"是对中国佛教传播的一次重大打击,沙州(敦煌)旁边的莫高窟却因为吐蕃陷入佛教热潮而躲过了一次无妄之灾,得以继续发展其精妙绝伦的佛教艺术。

吐蕃占领敦煌时期,也正处于吐蕃王朝接受佛教的前弘期,而敦煌又恰是当时的一个佛教中心,因此这里的佛教造像艺术得到了保护。那些不愿和吐蕃统治者合作的落documents官员和世家大族中的人物,也投入空门寻求解脱。僧尼从310人增加到数千人,而当时的沙州总人口仅3万余人。在吐蕃统治者的扶持之下,寺院经济空前繁荣。敦煌的寺院和内地一样,有寺户和土地,不受官府管辖,享有种种特权,一些高僧甚至直接参与政事。

1286年	1372年	1372年	1473年
元朝在甘州路正式成立甘肃行中书省,忽必烈之孙阿难答为第一个治理此地的穆斯林,并带动大批士兵在西北地区改宗伊斯兰教。	朱元璋派徐达、李文忠率15万大军攻蒙,初战得利,后来在岭北遇到王保保埋伏,大败,放弃了对宁夏的控制。	嘉峪关城楼与兰州浮桥同时修建,明朝保持了对河西一线的控制。	明朝筑起西起横城堡、东至山西偏头关、长1770里的边墙,分兵屯守。事实上划定国界,默视蒙元势力的存在。

西夏后来向金国俯首称臣,金国南渡的时候,西夏亦跟着占领了不少宋朝土地。然而好景不长,漠北的蒙古汗国很快就摧毁了这个昙花一现的文明国家。

蒙元帝国重新开辟了丝绸之路,亦创立了行省制度。中统二年(1261年),西夏中兴行省建立。至元二十三年(1286年)迁治甘州路,正式改名为"甘肃行中书省"。然而明朝似乎对河陇不甚重视,正德年间闭锁嘉峪关,河西大部分被吐鲁番控制。

伊斯兰的呐喊

丝绸之路不仅带来了佛教,亦带来了景教、摩尼教、祆教和伊斯兰教。最早的穆斯林在唐时已入长安,不过,真正使伊斯兰教深入中国的是蒙古大军。

蒙古人不仅从穆斯林知识分子中选拔经济管理官吏,还带来大量穆斯林士兵在西北成边、屯垦,这些人与当地人通婚后,逐渐扩大了这个群体。丝绸之路在此时重开,西域人蜂拥而至,肃州东关内两条各一里多长的街道上的经商者"番回居大半"。河州(临夏)成了甘、青与西藏贸易的中心,张家川、平凉聚集了众多经营皮毛生意的回族人。从河西到宁夏,清真寺如雨后春笋般出现,日常用语却逐渐多用汉文,显示了穆斯林的中国化。

满洲人征服中原后,又征服了准噶尔和天山南麓,对蒙、藏极力拉拢,建立了一个远超明朝势力范围的庞大帝国。但是对甘肃的回族人和汉人来说,这是一个充满恐怖回忆的年代。

乾隆二十六年(1761年),甘肃人马明心从也门学成归来,开始在河州、循化、定西等地传播纳合西班底"新教"(即哲赫忍耶),"新教"与"旧教"酿成冲突,并扩大蔓延至全国伊斯兰社区。20年后,冲突导致河州等地的衙门被占领,马明心被认为是幕后者而最终被杀,成为回族人与清廷关系恶化的开始。这之后大小事变不断,如"田五事件",被屠杀者亦过万人。骇人听闻的"同治陕甘回变"也称为"同治回乱",不过是高压积累出来的结果。

同治元年(1862年),太平天国军队的一支进入渭南大荔。关中回族趁机起事,扫遍关中,围攻西安城。几乎与此同时,宁夏金积堡(吴忠)回族起事响应,哲赫忍耶新一代首领马化龙成为精神领袖。左宗棠率湘军入陕后,回军十八营被迫向西北转移,使战火集中到了宁夏和甘肃陇东。同治八年(1869年),金积堡破,马化龙被杀。两年后,陕西回族起义首领白彦虎在肃

时至今日,甘肃临夏(河州)仍是中国伊斯兰教的传播中心,拥有形制最丰富的伊斯兰宗教建筑。有意思的是,它距离佛教中心拉卜楞寺仅2小时车程,这是大河湟地区移民纷杂、山河隔离的结果。

1513年	1648年	1761年	1867年2月
吐鲁番征服哈密,大量穆斯林涌入河西居住。	兵部左给事中郝璧上书清廷,建议在西北实行汉回隔离居住,获清廷采纳。	穆斯林马明心从也门学成归来,在甘肃和青海传播纳合西班底"新教"(哲赫忍耶)。	左宗棠被授钦差大臣督办陕甘军务,定"先捻后回"方略,后来平定捻军和陕甘同治回乱。

州败于清军，率残部逃往中亚，这一支回族的后裔即为今天的东干人。

回、汉民众之间以及清军与回军交战时，惨无人道的屠村、屠城相当普遍。陕、甘两省人口损失超过2000万，是中国历史上最惨烈的战争屠杀之一。事后关中平原的回族人所剩无几，河西走廊的回族人也损失大半，或迁移至其他地区，不少甘肃籍的回族难民在河州生存下来，而陕西籍的回族人大部分被强制移去宁夏六盘山和甘肃平凉一带，形成了今日的西海固回族聚居区。

1949年以后，原甘宁地区的回族聚居区，先后成立了张家川回族自治县、临夏回族自治州和宁夏回族自治区（1958年）。大体上来说，除了"文革"时期，其他时间回族人的宗教信仰自由都得到了基本保障，尤其是21世纪，临夏（河州）和宁夏中部的宗教氛围越发浓厚。

到西北去

2000多年来，对甘宁西北地区的开发多限于屯垦，到了19世纪末，洋务和西学已成风潮，远离海岸的丝绸之路与世界的节奏已不合拍。

左宗棠在平复新疆后，于同治五年（1866年）调任陕甘总督，在兰州治陇十数年。其间，他可谓为了西北发展竭尽全力，不仅兴修水利、扩大屯垦，重修了西安到新疆的规整大道，还要求部下做到把道路修建到哪里，就把树木栽种到哪里。但可惜的是，人们并没有真正珍惜这些树木。100多年后，"左公柳"已经不到70株了。

左宗棠还给甘肃带来了近代工业。同治十一年（1872年），甘肃制造局成立，为西征军生产武器。其主管赖长在光绪三年（1877年）设计出一台织呢机，左宗棠大喜，立即把甘肃制造局更名为"甘肃制呢总局"。这是中国历史上第一个毛纺厂，诞生在离上海有几千公里远的兰州，确实令人惊讶。左宗棠又引进蚕织到新疆和甘肃，亲种几百株桑苗，使丝绸之路在千年后终于有了自己出产的丝绸。

左宗棠离去后，甘宁处于河州马氏治下，所谓的"近代化"亦如大河里的小水花，不值一提。1920年的海原大地震、1929年的大饥荒和经济危机，让甘宁地区满目疮痍。南京政府的"黄金十年"开始后，西北才渐渐引起了政府和民众的兴趣。

1932年12月，国民党四届三中全会通过了《边疆建设决议案》。1934年6月，全国经济委员会也通过了《西北建设实施计划及进行程序》，社会上谈论西北问题盛极一时。不少人认为，西北是中国未来生命之所系，纷纷

1900年	1920年	1929年	1936年10月
道士王圆箓发现敦煌藏经洞，现编为第17窟，在此后的二三十年间，敦煌的人为损害非常严重。	海原爆发8.5级地震，是世界有记载以来的最大地震之一，造成巨大灾难。	中华民国政府把甘肃拆分成甘、青、宁三省。	中央红军在今天宁夏西吉县的将台堡会师。

甘青宁的马氏家族年代

在"陕甘回变"中,河州马占鳌是个人物,他曾以计胜清军,又主动投降。儿子马安良侍奉左宗棠后,渐成军阀,民国初移居兰州,控制着甘肃的实际政局。巧合的是,在清末的世纪之交,河州又崛起了马千龄家族和马海晏家族,此三大家族后来在民国出了五名军人统治者,被政府授予各种行政头衔,人称"西北五马",实际控制了民国时期的甘、青、宁。马麒在青海、马福祥在宁夏牢牢控制着局面,两大家族被称为"青马"和"宁马"。

1929年,青海和宁夏建省。马安良去世后,马家在甘肃的地位曾短时间被冯玉祥取代。但更多的时间,还是处在"青马"和"宁马",也就是马步芳、马步青、马鸿宾和马鸿逵几个人的势力范围内。蒋介石派胡宗南率领中央军驻扎天水,也不过起个震慑作用;"五马"悍名之盛,令从西康长征而来的红军都暂避其锋芒。直到解放军打西北,才结束了河州人在甘、青、宁的统治。

甘宁的人工风景

- 跨越乌鞘岭的铁路
- 甘肃刘家峡水库
- 甘肃酒泉卫星发射中心
- 宁夏银川平原的风车
- 甘肃嘉峪关的左公柳

呼吁开发边疆。

范长江所著的《中国的西北角》,便是从1934年在《大公报》上开始连载的。上海明星影业甚至拍了一部号召知识分子到边疆去的电影《到西北去》,由明星赵丹和徐来主演。

1934年5月,财政部部长宋子文视察西北,送给西北诸马一笔开发经费以示安抚。同年10月,国民政府开始帮助修建甘肃至青海的道路,至抗战前,终于建成西宁到兰州的公路,无奈路况太差,被人戏称为"稀烂公路"。而铁路陇海线在抗战胜利后4个月,终于从陕西宝鸡延伸到了甘肃天水。

抗战开始后,祁连山北麓的玉门油田开始建设,钻机从缅甸仰光转运,炼油设备由自己设计制造,只能从原油中炼出16%的汽油,但以当时之境况已属于奇迹。国民政府把酒泉、玉门、金塔三县每年的征兵名额拨给油矿充作工人。大庆油田的"铁人"王进喜即出身于这些工人中。

蒋介石1942年巡视甘宁时,曾经提出让干部和知识分子移民西北的计划,只是时局混乱,"五马"也未必合作,最终不了了之。后来,共产党人把这个计划变成了现实。

1949: 开发与重生

1949年9月,宁、青二马部队相继败退,共产党人和解放军在兰州和银川成立了新政府。在短暂的合并后,1958年宁夏重新与甘肃分离。同年,包

1943年	1958年	1966年10月27日	1979年10月1日
国民政府将莫高窟收归国有,设立敦煌艺术研究所,由常书鸿任所长,对敦煌诸石窟进行系统性的保护、修复和研究工作。	引洮工程开工,本意是改善甘肃中部灌溉,却因财力不支而加重了甘肃大饥荒,技术和设计亦有严重问题,被迫于1961年中止。	中国第一次导弹核武器试验在酒泉卫星发射中心试验成功。	舞剧《丝路花雨》在北京人民大会堂首演,轰动全国,掀起敦煌热。

头到银川和兰州的铁路通车。1962年,从兰州通往乌鲁木齐的铁路全线通车,兰州自此才真正成为西北交通枢纽。而后人才迁入,有了曾经在中国基础学科领域举足轻重的兰州大学;三线建设的工业项目亦蜂拥而至,使它拥有了"中国第一个石油化工城市"的头衔,但是曾经让人骄傲的大烟囱,在几十年后却成了污染之都的罪魁祸首。

不仅是兰州,在计划经济时期,石嘴山、金昌、白银、酒泉这些曾经默默无闻的河陇小城,一夜之间有了来自全国各地的工人和工程师,以及规模庞大的国有工厂。西北成为计划经济的重镇,神秘科研基地建在荒凉的戈壁滩上,带来了核武器,也带来了卫星和航天器。自东部而来的移民改变了这些城市的人口构成,不过对农村的生活文化并没有什么影响。

敦煌与花雨

1979年,曾经在大众间默默无闻的敦煌,成为西部第一批对外开放的景点,当年参观人数为2万人。那时候去敦煌是一趟漫长的旅途,必须在兰州转乘火车再转汽车。难以预料的是,一部创作于1979年的《丝路花雨》舞剧,将敦煌和丝绸之路推广至家喻户晓。井上靖的小说(以及改编的电影)和NHK拍的丝路纪录片,让敦煌成了西北地区的名片。

在敦煌成名的同时,中国经济市场化的发展,也导致了甘宁地区工业的成本劣势开始凸显,甘宁工业在全国的重要性逐年下降,甚至出现"孔雀东南飞"的人才集体出走现象。兰州大学在中国科研竞争力的排位逐年

阿拉善在民国时期是划归宁夏管辖的,中华人民共和国成立后,亦两度进入宁夏行政区划内,最终在1979年划归内蒙古,属于它的额济纳亦曾经划归甘肃酒泉管理。由于地理位置的原因,很多人现在去额济纳仍然是从河西或者银川过去的。

为抗战而生的敦煌研究所

1937年,画家李丁陇到敦煌临摹,而后在内地展示作品,引发了大批画家去敦煌的风潮。1941年10月,时年63岁的于右任到西北视察,到达敦煌莫高窟时,碰上另一个美髯翁张大千,他带着一帮弟子正在洞里临摹壁画。中秋之夜,在张大千的住处,于右任邀众把酒赏月,众人谈到外人窃夺,洞窟濒于坍塌,壁画脱落,官方却漠不关心,座中人无不痛惜。于是在于右任完成西北考察返回重庆后,当即向国民政府呈上建议书,要求设立"敦煌艺术学院",寓保管于研究之中。

1944年2月,国立敦煌艺术研究所正式成立。重庆来的画家、学者尽心尽力,对洞窟进行编号、摄影,对洞窟的形制、风格、内容等进行比较研究,确定壁画临摹工作的方针。但抗战胜利后,国民政府竟然下令解散研究所,直到1947年才恢复建制,使敦煌研究得以继续。

1988年至今	2006年11月22日	2010年8月8日	2014年6月22日
宁夏开始大规模生态移民,西海固地区陆续迁移几十万居民至北部平原新垦区。	九甸峡水利枢纽及引洮供水一期工程全面开工,意味着引洮解旱的思路再度得到政府支持。	舟曲县突发特大泥石流灾害,超过1200人死亡。	由中国、哈萨克斯坦和吉尔吉斯斯坦联合申报的丝绸之路项目通过审议,正式列入《世界文化遗产名录》。

下降就是体现。

不过,21世纪以来,中国又重提"西部大开发"口号,作为前往新疆和西藏两个庞大疆域的桥头堡,甘宁在棋盘上的重要性,或许较往日更胜一筹,连接兰州和乌鲁木齐的兰新客专高速铁路的开通就是一个例子。而2014年丝绸之路的成功申遗,以及"一带一路"国家战略的提出,也成功地让人们又把目光投向了位于丝绸之路黄金段的甘肃和宁夏。甘肃和宁夏借世遗之机大力推广旅游业,新媒体也推波助澜,敦煌的美正在以各种形态走近大众,兰州牛肉面年年有新的网红产生,历史厚重的"西部"正在重塑往日的辉煌。

2014年12月26日

连接兰州和乌鲁木齐的兰新高铁建成通车。

2015年3月28日

中国发布"一带一路"规划版图,甘肃和宁夏位列其中。

2019年7月10日

兰州至敦煌动车组城际列车开通。

甘宁人

在甘宁这片土地上,既有风吹草低见牛羊的草原,亦有金戈铁马下的茫茫戈壁,还有黄土高坡上嘹亮的歌声和五千年风沙下中华历史的痕迹。丰富的自然景观和长久的历史沉淀,给甘宁人的性格打下了深深的烙印,远去的游牧生活在他们骨子里刻下的是豪放和仗义,长期的边塞生活下他们更加安土重迁,少数民族的迁徙和交融,给这里留下了风情各异的人文特点。"一样面做百样饭"对他们来说,既代表着勤恳踏实,又透露着不拘一格。

安土重迁下的内敛安分

历史的苦难造就了甘宁人的集体性格。这片土地是游牧文明和农耕文明的结合点,自古就是兵家必争之地,千年的战乱之苦,让这片土地上的人民一生渴望安稳的生活。加之河西地区自然条件较差,物产不丰富,加重了他们的忧患意识,因此甘宁人都特别能吃苦,懂得艰苦奋斗的重要性。直到现在,甘肃和宁夏仍然是中国较为贫困的两个省份,近现代以来的社会动荡和饥荒,更让这里的人从小认识到好好读书的意义,甘肃中部的会宁县就是全国闻名的状元乡。

"春风不度玉门关""西出阳关无故人",茫茫黄土相连的边塞戈壁养育了千年的游牧民族,但在他们的心里,并不希望开疆拓土,尤其是紧靠着黄河的兰州人,更为保守安分,希望跟自己脚下的土地相守一生。这种安分不仅仅体现在对故土的依恋上,还有对人情的守护。很难看到甘宁人狡黠善辩的一面,地理位置的偏远和环境封闭以及不发达的商业,造就了西北人普遍内向又率真的性格,一旦彼此信任,便会掏心窝子,不拐弯抹角。

戈壁的酒,边关的肉

甘宁人的生活离不开酒肉,逢客必有酒,逢酒必大醉。不管是在高档的餐厅,还是在广场的啤酒摊,不管白天还是夜晚,酒桌上的划拳声随处可闻,似乎喝酒不划拳是件没章法的事情。正因为这烈酒的熏陶,甘宁人骨子里才有一些彪悍和热血气概,敢爱敢恨。他们常常挂在嘴边的一句话就是:酒嘛,水嘛;醉嘛,睡嘛。不怕酒、不怕醉也是性格中豪爽的一面。

现在的甘宁版图自西汉直至明清的绝大多数时间里属于边境地区,边防是否稳固、河西走廊作为交通要道是否通畅,主导着这一地区人口的变化趋势。移民是补充人口的重要来源,而移民社会因为社会关系不断重构,家族血亲的联结往往偏弱,这又使得人际交往常常以单位、同事、朋友为纽带,这样的关系网络更重视熟人之间的交际,酒桌自然也是极其重要的沟通媒介。因为地域偏远、地广人稀,因为农业主导和不善言说,也因为孤独和诚实,平常沉默的人到了酒桌上都犹如脱胎换骨,甚至甘宁的女人也比东南沿海的男人善饮。

而肉更是西北人的执念,可一日无米,切不可一日无肉;不能没有酒,更不能没有肉。这也跟这片荒凉的游牧土地息息相关。牛和羊是甘宁人曾赖以生存的基本财产和大部分食粮,或许他们没有南方人善于烹调,却有着最纯正的牛羊肉,让往返于此的食客念念不忘。

塞外江南慢生活

宁夏被称为"塞外江南",金庸在《天龙八部》里着墨甚美的西夏就是现在的宁夏。两宋时期,西夏从一个边陲小国扩张到与宋、辽、金相抗衡的国家,但历史上的大多数时候,宁夏始终偏安一隅,没有太大的野心,也没有多少存在感。

宁夏人会在早上喝一碗羊杂汤,然后悠闲地去工作,晚上和朋友一起大口吃着香甜的手抓肉,喝啤酒。唇齿相依的甘肃人也是一样,即便在省会兰州,也很难见到匆忙的人群。

整个甘宁生活的节奏都很慢,没有什么是在几点几分前一定要做的,约好的见面时间也多是一个大概,"赶公交""赶地铁"在这里是个罕见说法,即便一辆车马上要开走了,也很少见大家奔跑着狂追,大不了歇个脚坐下一趟车,不着急。

在长久的慢节奏熏陶下,甘宁人豪放却不失细致、质朴、包容、随和。他们不忙于在黄沙厚土中建造一个崭新的世界,更愿意在这片安静的土地上悠闲地生活。即便在高铁通达的今天,在没有旅游业裹挟的城镇,人们依旧缓慢度日。

一起来"谝闲传"

甘宁地区的方言属于兰银官话系统,但一些地区的方言内部差异仍然不小,并不易听懂。

如果有人在街上冲你大喝一声"咑"!千万莫惊慌,那是在跟你打招呼,而不是黑脸猛张飞在叫阵。像"咑"这样的古词,在甘宁方言中存活的比例很高。在兰州,在拉面馆"喋"完了"牛大",若你跟戴着白帽子的"尕怂"跑堂说"满福得很",他说不准会跟你"谝几句闲传",如果你"谝"得来,他也许就会跟你"搭个连手"。假如你正"破烦",遇到了一个漂亮的"丫头子",你可以用"长得心疼得很,真稀罕"去形容"夹"——"心疼"这个词的魅力在甘肃和宁夏远超过"漂亮"或者"美丽"。

宁夏方言部分受到陕北话的影响,而银川因为基本由移民组成,其城市语言近似于西北普通话。兰州作为甘宁最大的城市,方言经过一些文艺作品的传播,具有了轻巧的幽默感,特点之一是名词后面常常加一个"子"字。整体而言,甘宁方言的发音较重,常带着胸腔共鸣的喉音,如果人们大声说话或是争吵,听起来像是擂鼓,在甘肃武威尤其突出。武威方言经常是相声小品模仿的对象。甘宁很多地区前后鼻音不分,武威人则把所有的前鼻音都发成后鼻音,例如会把"蓝蓝的天"念成"郎郎第tiang",且捎带着气出肺腑的喉音。

甘肃和宁夏穆斯林的方言和陇南一带的方言,对外省人来说,辨识起来略有困难。前者音调特殊,夹杂了一些从阿拉伯语和波斯语而来的外来词汇和倒装语法;后者则在天水人讲的关中话、兰州话、回语、藏语以及四川方言的包围中变得短促而含混。

甘宁地区的方言

喋:吃

牛大:牛大碗、牛肉面

尕怂:小孩子、小伙子

满福:非常满意

谝闲传:侃大山

搭个连手:交个朋友

破烦:心烦意乱

丫头子:小姑娘

夹:他或她

稀罕:可爱

十八龙神

甘宁独有的民间信仰形式暗示着这块土地的历史秘密。甘肃缺水,故多龙王庙。甘肃临潭县、卓尼县属古洮州,民间信奉祭祀的十八龙神,多为明初战将功臣或皇亲,例如徐达和胡大海。"常爷"常遇春被看作这十八位龙神的首席,他还是洮州藏族人信奉的海神,受到汉、藏、土等多个群族的奉祀——可见民族融合是这一地区的典型文化特征。而在古称"岷州"的岷县,则另有18位龙神,其中包括三国时的庞统、姜维,北宋时的宗泽、范仲淹,以及藏族女性"分巡圣母"等。每年农历五月,十八龙神出巡都是民间一大祭祀盛典。

在兰州、银川、石嘴山、金昌、嘉峪关这些因工业项目发展起来的城市里,在本地居民的社会之外,还有一个由工厂构成的小社会。来自东北、华北和东南各省的工业移民及其后代使用混杂着各种方言口音的新西北普通话。虽然历时半个世纪,这些小社会仍显出别具一格的特点。

少数民族

甘肃和宁夏一直是多民族征战、迁徙和交融的中间地带。上古时代,在西北地区活动的民族被中原正史通称作"戎"。历史上羌、突厥、鲜卑、匈奴、回鹘、党项、吐蕃、蒙古等民族都为这一地区留下了深入血脉的印记。汉族、回族和藏族是目前甘宁人口最多的三个民族,而裕固族、东乡族和保安族是甘肃特有的少数民族。除此之外还有蒙古族、哈萨克族、土族和撒拉族人聚居于此。

回族

回族是甘肃和宁夏人数最多的少数民族,这里也是回族最重要的聚居地。从餐饮到经济,回族在甘肃和宁夏的影响可谓无处不在。宁夏的回族占全区人口的三分之一,219万多人,主要定居地为吴忠和中南部以西海固为核心的缺水山区。甘肃的回族人口为120万左右,其中临夏便占了一半,兰州以及天水张家川回族自治县也是回族较多的地区。

虽然唐宋年间就有沿丝绸之路进入甘肃的波斯和中亚的穆斯林商人,但回族形成最重要的历史渊源,却是13世纪横扫欧亚大陆的蒙古军队。跟随蒙古大军东来的中亚和西亚穆斯林人数达到数十万,这批人多被安置在甘肃河西走廊一带,以屯田为生。及至明代,官府对伊斯兰教较为宽容(明代著名的回族官员有郑和与海瑞),回族穆斯林与其他民族通婚,人口增长非常迅速,回族人也逐渐开始使用汉语作为日常交流语言,而阿拉伯语和波斯语则变为宗教语言。

及至清同治年间,河西走廊仍然是回族最重要的聚居区。但同治元年至同治十二年(1862~1873年)席卷陕甘地区的"同治之乱",不但改变了回族的分布格局,也残酷压抑了回族乃至整个甘宁地区正常的经济与文化发展,更为西北回族的集体记忆抹上了一层血色。作家张承志的系列作品如《心灵史》,从回族视角对这段历史给予了鲜活的文学性呈现。

"同治之乱"后,陕、甘两省共损失的人口总数,保守估计约2000万,在不少战前的回族人聚居州县,回族人更是踪迹全无。清政府其后又采取歧视性和惩罚性的民族迁徙政策,将剩余的陕甘回族人迁徙到甘肃平凉、张家川,以及宁夏西海固等干旱少雨、多山贫瘠之地,任其自生自灭。

明至清初，西北回族穆斯林中出现了"回儒"，他们用汉语翻译伊斯兰教经典，创设学堂教育，在清真寺办学传习教法，促进了伊斯兰教与本土儒家的对话和交流。然而以宗教信仰为文化之本的穆斯林，在"同治之乱"及其后清末民国战乱与天灾的打击下，在西北地区民不聊生、全面凋敝的局面下，不但文化受到重创，精英丧失大半，也日益被汉族主流社会边缘化。

"同治之乱"的另一个后果，是造就了西北马家回族军阀集团的崛起。"马家军"发迹于河州（甘肃临夏县），这里因社会相对稳定，凭借地理之便控制了与藏区的商贸交易，且精英又得以保存，逐渐成为回族穆斯林迄今为止最重要的宗教中心。

在"文革"时期，伊斯兰教也受到极"左"宗教政策的影响。但从20世纪70年代末期开始，以临夏为中心，穆斯林在重拾自己的重商传统之时，也开始以业余学经班、阿语学校等民办教育的方式复兴文化。20世纪80年代末期，甘肃和宁夏的回族穆斯林又开始以集资的方式外派优秀的满拉和海里凡（伊斯兰经学生），前往中东及东南亚伊斯兰国家留学。

今天，从埃及、沙特阿拉伯、马来西亚、巴基斯坦等国留学归来的中青年阿訇，在甘肃和宁夏的伊斯兰宗教和学术机构中扮演着越来越重要的角色。与此同时，另一批通过商贸，特别是与藏区有关的贸易、建筑和矿业而致富的回族商人，在本民族的复兴运动中也起到了至关重要的作用。修寺和助学是新富的回族商人最流行的两项慈善事业。

回族对甘肃和宁夏最直接可感的影响是清真饮食。从享誉全国的兰州拉面到各种点心——清真饼、馓子、河州包子、油香，再到手抓羊肉、羊杂、牛杂，要么是回族穆斯林首创，要么则以回族口味为正宗，禁酒的清真餐厅也遍布甘、宁城乡。

甘肃和宁夏最重要的民歌形式"花儿"，其发源地聚居的也是以回族为主的穆斯林人口。清真寺建筑是回族艺术的代表，明清时期的古寺多是中伊合璧式，近三十年修建的新寺，多为参考阿拉伯样式的新月风格。

穆斯林并不会因为男人的白色小帽和女人的头巾而显得单一乏味，他们也很乐于学习和吸收外族文化，只是在人际交往中有较强的文化防守心理。整体而言，在尊重其宗教信仰的前提下与之交往，不会有障碍。

藏族

藏族是甘肃第二大少数民族，约为43万人，其中30余万人定居甘南藏族自治州，8万人定居天祝藏族自治县。这一区域属安多藏区，多使用安多藏语，如今汉语也基本全区通用。此外，居住在甘肃卓尼、临潭一带的藏族中，有一部分具有独特风俗，当地俗称"觉格姆"，因传统上妇女梳三根长辫子而得名。另外在文县铁楼乡，有一支被划定为藏族的白马人，其风俗亦异于甘肃南部的藏族。

穆斯林服饰的中东时尚

如果你碰巧赶上甘宁穆斯林的婚礼，你很可能会惊叹于新娘的礼服——颜色鲜亮艳丽，头巾也跟随服饰的颜色搭配。中东地区的时尚也正在影响着年轻的中国穆斯林，传统的白、绿、黑三色盖头正在被城市的穆斯林女性抛弃，但这并不意味着她们抛弃了自己的信仰，更多花色、更多纹样、更多搭配方式意味着更多的选择，这令穆斯林女孩们既有机会表现自己的民族和信仰特点，又能让女性的爱美之心得到得体的呈现。

"品尝"东乡文化

在兰州小西湖一带,聚居着不少举家外出打工的东乡族家庭,多从事餐饮业。旅行者最容易接触到东乡文化的方式,就是清真餐馆点一份"东乡土豆片"——一种把土豆片先油煎再加青红椒与辣椒面翻炒的西北名菜;"东乡手抓"也享有盛名,特点是只加盐和生姜炖煮,吃肉时就着生蒜,所谓"吃肉不吃蒜,味道减一半"。

甘南位于费孝通命名的人类学"藏彝走廊"的最东端,自古以来就是汉藏(以及元朝形成的回族)交界的过渡地区,这里既是汉、藏、回三种文化的分水岭,又是融合地,所谓"分而未化,融而未和"。

据考证,玛曲县境内有格萨尔风物遗迹77处。在藏族史诗《格萨尔王》中,上百次提到"玛麦玉龙松多"这个地名,玛曲县也是格萨尔6岁时被流放的地方,格萨尔弹唱和传说在甘南藏区仍然盛行。夏河县的拉卜楞寺是藏传佛教格鲁派的六大寺庙之一,经典无数,亦是藏族艺术宝库。事实上,甘肃藏区为数众多的藏族寺庙除拉卜楞寺外,在20世纪六七十年代均毁坏严重。甘南地区的藏医、藏药在整个藏区亦享有盛誉。居住于祁连山麓的天祝藏族传说亦为吐蕃驻边守军后人,婚俗颇有特点,其畜养的白牦牛为地方特产。

自古以来,甘南地区汉、藏、回三者的关系就错综复杂,偶有冲突。但对旅行者而言,藏人仍是友善且温和的,反倒是甘南的现代化进程正在局部破坏藏文化和藏人生活。旅行者应该注意,如黑夜般沉稳的牦牛与藏族青年灿烂的笑,着红黄僧衣的顽皮少年僧人和沉默如谜的转经筒,并不是藏文化的全部。和伊斯兰文化一样,藏文化在这个汉、藏、回激烈碰撞但又亲密交融的文化区域里,具有极其旺盛的生命力和多样性,你可以在兰州以南的整个区域,通过漫步,细细体味冲突与和谐的边界所在。

其他

东乡族自称"撒尔塔人",主要聚居在干旱少雨的甘肃临夏东乡族自治县和积石山保安族东乡族撒拉族自治县。东乡族源于信奉伊斯兰教的色目人和蒙古人,在元朝中期形成现今的民族。根据2010年人口普查,甘肃境内东乡人口为54万人(全国62万人),在宁夏亦有少量分布。东乡人中的穆斯林为逊尼派,以信仰虔诚和宗教思想精深而著称,历史上产生了多个重要教派和门宦,在西北地区影响深远。东乡族的体貌服饰与回族区别不大,女性盖头常见绿、白、黑三色。在所有少数民族中,东乡族汉文文盲人口占15岁以上人口比例最高。东乡的高文盲率与其地理环境闭塞、宗教氛围有关。东乡女性通常地位不高,甚至很多妇女不懂汉语,只能讲东乡语,而且结婚年龄也低至16~18岁,在整体贫困的生活状态下,造就了东乡族的高文盲率。

以行销藏区的腰刀闻名的保安族,其祖先是元、明在青海同仁地区驻垦的蒙古人与色目人,信奉伊斯兰教,到明朝时建立保安城而得名,后迁徙到甘肃积石山一带定居。保安语属阿尔泰语系蒙古语族,与蒙古语、达斡尔语有同属关系,与东乡语比较接近,也无文字。保安族人口较少,甘肃境内约1.8万人(全国约2万人)。

裕固族的祖先一般被认为是9世纪甘州回鹘中的一支,后又称"黄头回鹘"。1949年裕固族人口不足3000人,现今人口也只有1.4万左右。传统上以畜牧为生的裕固族信奉藏传黄教,萨满教也普遍流行。裕固族的语言分为东部语和西部语,其中保留了许多古突厥语和13~14世纪蒙古语的特点。在普遍使用汉语的情况下,没有文字的裕固语现今流失严重,将近一半人口不懂母语,裕固语已成为濒危语种。裕固族风俗中,儿童的剃头仪式尤其特别。这是裕固族在孩子三个月、周岁或三周岁时举行的一种仪式,内容包括剃头和起名等,由喇嘛主持。因为裕固族人口稀少,故旅行者在途中遇见裕固族的概率并不高。

此外还有蒙古族和哈萨克族。甘肃肃北蒙古族自治县的蒙古族人口约6000人,现今肃北蒙古族大多为20世纪三四十年代由青海迁入的蒙古族后裔。甘肃阿克塞哈萨克族自治县的哈萨克族人口约为4000人,多为民国时期由新疆哈萨克世居地迁入的牧民后裔。

宗教信仰

伊斯兰教涉及生活的方方面面,对甘肃和宁夏的影响可谓无处不在。清真寺自然不必说,在这里人们津津乐道的美食基本都是某家清真馆子。

佛教自西汉末年由西域传入东土之时,河西走廊便是重要的中转地。佛教史上最重要的译经者之一——鸠摩罗什,曾居留甘肃武威弘法18年,现今武威仍有鸠摩罗什塔以为纪念。而魏晋南北朝时期,河西走廊高僧云集,香火旺盛,是佛教文化的中心,甘肃大量始建于这一时期的石窟寺是最好的证明。自元代起,由于皇帝多信仰藏传佛教,这一宗教便开始在甘、宁两地兴盛起来。

现在甘肃的藏族、蒙古族、土族、裕固族等少数民族,大多信仰藏传佛教格鲁派(黄教)。甘肃格鲁派寺院约有百座,甘肃夏河拉卜楞寺更是藏传佛教格鲁派六大寺院之一。甘肃亦有宁玛派寺院8座、萨迦派寺院2座、本教寺院6座。值得一提的是,甘肃武威金塔寺,是13世纪初西藏藏传佛教萨迦派第四代法王萨迦智达·贡嘎坚赞,与蒙古汗国西路军统帅阔端举行"凉州会谈"时修建的,经过修复之后,现在金塔寺也由萨迦派僧人管理。

天主教传教士自清初即进入甘宁地区传教,并设立过兰州教区和宁夏教区,其中最有名的教堂为甘肃武威松树天主堂,有130多年历史,曾是天主教兰州教区活动中心之一,现今全村千余人仍虔诚信仰天主教。而基督教家庭教会近20年来在甘宁地区城市人口中传播速度较快。

除了崭新的清真寺和修葺一新的道观、佛寺,融合了传统萨满、汉传佛教和道教仪轨的民间信仰和禳解仪式,在汉族农业地区仍然盛行。

甘宁的伊斯兰教派和门宦

甘宁是中国伊斯兰逊尼派之下各种教派支系和门宦最重要的产生地。格迪目是最早传入中国的教派,信众最多;伊赫瓦尼于19世纪末在甘肃东乡地区创立,成长速度最快,后又分出塞莱非耶派;西道堂1891年创立于甘肃临潭,又称"中国伊斯兰教汉学派"。除了以上三大派别外,还有属于苏非主义的"四大门宦":虎夫耶、哲赫忍耶、尕德忍耶、库布林耶。苏非主义是伊斯兰教的一种神秘主义,而非一个宗派,"门宦"则是苏非主义传入甘肃之后形成的不同"教团"。甘宁穆斯林在上述"四大门宦"之下,又分出数十个支系小门宦。

文化和艺术

甘宁地区拥有丰富的文化艺术历史遗存。作为汉唐至明清时代的西北边境,无论诗歌、石窟寺还是音乐,都体现出边疆特有的融合特点,"壮烈、旷远、豪放、孤寂"这些词,也常常被用来形容这一地区的文化特征。音乐也是甘宁文化的表达方式之一,连同众多经典的影视作品,共同呈现出这一地区多样而丰富的情感表达。

文学

"征人歌且行,北上辽阳城。二月戎马息,悠悠边草生。"这是陇西姑臧(今甘肃武威)诗人李益的一首边塞诗。《诗经》中已经完整呈现的边塞诗,在汉、唐时期代表着甘宁地区最重要的文学风格,盛唐时更是达到了鼎盛。甘宁一带作为中原与西域的边疆,孕育了大量意境苍凉、诗意旷远又不乏男儿血性的诗词。

唐代以前边塞诗还不足200首,到《全唐诗》已经收录了近2000首。直到宋代,岳飞的《满江红》中"驾长车、踏破贺兰山缺",仍体现了悲壮与苍凉的男儿意象。即便在今天,在大多数甘肃和宁夏作家的笔下,这也仍是其写作的基调。

在现当代文学史中,很多甘宁作家扮演着重要角色。作为穆斯林历史学者,张承志作品中最重要的部分都在描写甘肃和宁夏的回族命运。《心灵史》对伊斯兰教众多门宦之一的哲赫忍耶的历史梳理轰动一时,但对旅行者而言,更具有意义的是他的短篇小说和散文,如《西省暗杀考》《北庄的雪景》,甚至是学术文章《匈奴的谶歌》。因为高蹈的理想主义和批判精神,张承志被视作当今中国最重要的穆斯林公共书写者,但一些回族知识分子也曾公开批评他对回族历史的刻画过于片面和激烈,反而影响了外界对穆斯林包容性的看法。

作为20世纪50年代的移民,张贤亮依靠其小说创作成为宁夏最重要的作家之一,但他的作品又绝非地方性的,在《灵与肉》《绿化树》《男人的一半是女人》等小说中,张贤亮对苦难、救赎、性、欲望等主题的刻画与分析具有独特的魅力。

或许一些土生土长的本地作家的作品,更适合旅行者参考阅读。宁夏作家中,石舒清是佼佼者。他生于宁夏海原,回族,善作短篇小说,2001年《清水里的刀子》获鲁迅文学奖。与张承志相比,石舒清的作品凝练、沉静,更像是面对自我的静默思考。

另一位武威籍作家雪漠,凭《大漠祭》入围第六届茅盾文学奖,这是一部描写当代武威农村生活的长篇乡土小说,对于旅行者理解河西走廊的农业社会有莫大帮助,书中亦有大量武威方言、风土和民俗的描写。2007年,生于甘肃武威、工作于甘肃兰州的诗人古马,凭借《古马的诗》获得人唐人王翰《凉州词》诗云："葡萄美酒夜光杯，欲饮琵琶马上催。醉卧沙场君莫笑，古来征战几人回？"诗以杯名世，杯因诗增辉，使得采用祁连山的老山玉、武山鸳鸯玉等明玉雕琢的夜光杯闻名遐迩。甘肃多地均出产夜光杯，以酒泉最为著名。

民文学奖。古马的诗歌融合了古诗词与甘肃民间歌谣的语言，轻灵但不乏历史感，有论者以"新边塞诗"命名。

除了大量的男性作者，早在20世纪七八十年代，甘宁地区就涌现出了一大批文学功底较好的女作家，她们用女性细腻的心理体验，书写着对生活的诸多感受，间接表达出对社会变迁的个人思考，这种开拓精神和先锋性质是不容忽视的。

20世纪80年代初，甘肃女作家牛正寰的小说《风雪茫茫》，在全国引起关注，故事讲述了一位膝下有幼儿的农村女性，在饥荒年间，以骗婚来换取食物的锥心故事。这对于旅行者了解整个甘宁地区的文化背景有一定参考性。

生于1982年的宁夏西吉女作家马金莲，近几年被回族文学界广泛关注。这位迄今仍生活在乡下的穆斯林女性，通过细碎、真实、夹杂大量方言的语言，营造出一种与众不同的苍茫。宁夏西海固的伊斯兰教，以更生活化的女性视角得以呈现和思考。

甘肃藏族作家中，最具知名度的是西北民族大学藏语系主任尕藏才旦教授。他有多本藏学研究著作，另外还著有一部汉语长篇小说《首席金座活佛》。在甘南草原，亦活跃着多位以母语——藏语进行文学创作的青年作家，其中最有名的是加布青·德卓，他的作品《香巴拉雄鹰》是甘南藏区第一部以藏语创作的长篇小说。

裕固族尽管只有1.5万人口，在文学领域却涌现出了五六位作家。铁穆尔被视为其中的代表。他以汉语散文创作为主，被认为是"以文学的方式，在某种程度上复原了裕固族的历史和民族的心灵世界"。他还撰有一部《裕固民族尧熬尔千年史》。

东乡地区流传着民间叙事长诗《米拉尕黑》，又名《月光宝镜》，以东乡语吟诵，讲述一位英俊出色的猎手米拉尕黑用箭射下一片月亮，得到一面月光宝镜，镜中留有一位叫海迪亚的美女的身影。米拉尕黑开始克服万难寻找海迪亚，并最终抱得美人归。东乡族诗人汪玉良曾将其改编为长诗。

绘画

在中国上古艺术中，甘肃彩陶具有重要的历史地位，其中分布最广的是马家窑文化彩陶。在甘肃省博物馆里，还有专门的展厅介绍甘肃彩陶。从大地湾文化、仰韶文化到马家窑文化，从中可以了解到不同时期陶器的演变过程。

马家窑文化彩陶得名于1923年瑞典考古学家安特生在甘肃临洮马家窑的发现。由于渭河经久不断地暴涨泛滥，两岸冲积出肥沃的土壤，纯净细腻的土质为制作陶器提供了优良的陶土。马家窑文化陶器最鲜明的特征是画彩部位更加广泛，不仅许多细泥陶外壁和口沿布满花纹，而且在许多大口径器物和其他夹砂的炊器上也画有彩纹，繁缛多变，细腻生动。

"唐卡"是藏族文化中一种独具特色的绘画艺术形式，内容以藏传佛教人物和社会文化生活为主，甘南拉卜楞寺喜金刚学院的传授是其传承历史中重要的途径之一，属宗教事务类的师徒相传，拉卜楞寺也是甘南藏区建筑、壁画、雕像和唐卡艺术的集大成者。甘南唐卡绘画技法传统上是深受汉地艺术风格影响的嘎玛贡画派，但如今和其他藏区一样，以勉唐派和勉萨派风格为主。

另外，卓尼禅定寺的木雕亦在藏区占有重要地位。禅定寺著名的民间工艺大师安玛尼有一双残疾之手，但他的木雕佛像作品享誉整个藏区。

墓室砖画的历史也可从甘肃追溯，在酒泉、嘉峪关和敦煌等地，上千座魏晋时期的墓葬保留了大量的墓室砖画。画砖主要用木模压印后经火烧制而成，也有的是在砖上刻出纹饰。画面内容有表现生产劳动的，如播种、收割、舂米、酿造、盐井、桑园、放牧等，也有描绘社会风俗的，如宴乐、杂技、舞蹈等，是了解当时生活状态不可多得的图像遗存。中国邮政储蓄银行的储蓄绿卡标记便来自嘉峪关的墓室砖画《驿使图》。

石窟

如果说哪一类文化艺术遗存最能代表甘宁地区的历史特点以及对现代的意义，一定是石窟文化。甘肃境内的石窟开凿时间早，延续时间长，分布范围广，形式多样，内容丰富，在全国石窟寺中可谓首屈一指，仅省内就有上百处石窟寺遗址，宁夏也有二十余处。

甘肃石窟寺中，敦煌莫高窟、天水麦积山石窟、永靖炳灵寺石窟、瓜州榆林窟、西峰北石窟寺规模较大，保存较好。宁夏境内的石窟大多在南部山区的固原、彭阳、西吉等市县。除固原的须弥山石窟建造时代较早外，其余大都开凿于宋元时期，并一直延续到明清之际，多已损毁。

莫高窟作为旷世奇珍，世所周知，无论壁画还是雕塑艺术，莫高窟都在中国艺术史上占有举足轻重的地位。它始凿于十六国的前秦时期，现存有壁画和雕塑的492个石窟，大体可分为四个时期：北朝、隋唐、五代和宋、西夏和元。隋唐时期的洞窟为其精华所在，题材丰富、场面宏伟、色彩瑰丽，美术技巧达到空前的水平，内容主要有佛像、经变、佛教史迹、佛教故事和供养人等。值得一提的是，在藏经洞被发现、敦煌学建立之后，莫高窟已经不只是一座艺术宝库，它所承载的是人类文明最重要的文脉之一。

被列为中国四大石窟之一的麦积山石窟，则以丰富多彩的泥塑而著称。不似甘肃其他石窟多处在荒漠之中，麦积山石窟四周景色郁郁葱葱。它始建于十六国时期的后秦，在384年前后，经历了不断的新建或重修，现存洞窟221个，泥塑像、石雕像7000余尊，壁画千余平方米。麦积山石窟不

1882年，在甘肃秦安大地湾发现了一幅仰韶文化晚期地面绘画，震惊于世。这幅被考古界称为"大地湾地画"的作品，距今约5000年。该画是以炭笔绘于白灰之上，1.2米×1.1米大小。一种说法认为，这是中国迄今为止发现的最早一幅独立绘画作品。

清真寺建筑

在甘肃的临夏回族自治州和宁夏，有不少始建于明清的著名清真寺。相对于最近20年新建的阿拉伯风格的清真寺，这些传统清真寺建筑大多糅合了中国传统庭院式和伊斯兰两种风格，在中国宗教建筑史上有重要地位。这类建筑的代表作是宁夏同心的清真大寺、永宁县纳家户清真寺、甘肃天水后街清真寺、临夏老王寺和多木清真寺。

这些清真寺绝大多数采用中国传统的四合院风格，多用三五开间的大门，大式大木结构。大门上起楼，多为三数层木塔式建筑。大门前时常利用前瞻柱作为木牌坊三门，带八字墙及斗拱等。礼拜大殿也多为大木起脊式的中式传统风格，同时多采用中国传统砖木结构楼阁式的邦克楼（唤拜楼），例如在甘肃南部，常见一种八角飞檐式木制邦克楼，与阿拉伯风格迥异。伊斯兰教不进行偶像崇拜，清真寺没有画像和雕像，但小型木作和砖雕也因此成为甘宁清真寺重要的美学特征。例如在临夏清真寺，就多见花纹样的精细砖雕，且以牡丹居多。

但完整呈现了中国泥塑佛像的历史演变,而且也是中国保存北朝造像最完整的石窟。麦积山石窟中,除早期作品外,从北魏开始,几乎所有的佛像都面容恬静、和蔼可亲,世俗性十足;而在北魏末期的造像中,一部分薄衣透体的佛像和菩萨雕塑十分引人注目,衣褶是刻出的凹线,颇能体现体魄之美,表现出高超的造型技艺。

瓜州榆林窟常常被游客忽略,但现存仅42个洞窟的它,也是敦煌艺术的重要构成部分。榆林窟最负盛名的佛窟是中唐时期修建的25号窟,其中内室的《弥勒净土变》和《观无量寿经变》场面宏大,气势非凡。前者以反映当时社会生活的耕作、宴饮为主题,而后者则以无量寿佛为中心,众菩萨和飞天、祥云、白鹤、孔雀等环绕周围,人物造型丰腴健美,弦歌曼舞,线条遒劲流畅,色彩绚丽,是包括莫高窟在内的同一时期相似类型壁画中的佼佼者。五代、宋初时期的榆林窟,则出现了与真人同高的男、女供养人像,而16号窟内的曹议金夫人供养像,就是其中的代表作品。

距离兰州不远的炳灵寺石窟位于黄河岸边,现存窟龛216个、石刻造像近800尊、泥塑造像82身、壁画1000多平方米,主要分布在长200米、高60米的悬崖绝壁上。它以5世纪西秦北魏时期的石雕佛像闻名,其中长8.6米的炳灵寺卧佛为中国唯一一尊北魏卧佛,而窟中一幅西秦《文殊菩萨问疾图》,则是中国目前所见时代最早的一幅维摩诘经变图。另有一些唐代侍女像,也极为珍贵。

始建于北魏的西峰北石窟寺没有上述各窟那么有名,却因其2126尊石雕像而值得探访。

宁夏最著名的石窟为须弥山石窟,但风化严重。石窟始凿于北魏末年,历经西魏、北周、隋、唐诸朝。其中北周至隋唐时期的石刻造像最有价值,第5窟唐代大佛高20.6米,为须弥山石窟的代表作。

音乐

音乐是甘宁文化中重要的角色之一,对旅行者来说,参加一次花儿会,可能会让你迅速体会到甘宁人民对民间音乐的喜爱。

"花儿"是一种民歌,广泛流传在甘、青、宁、新地区,虽然唱歌的语言是汉语,但唱这种歌的却有8个民族,即汉、回、藏、东乡、裕固、撒拉、土族和保安族,每年春天开始在甘肃南部四处举办的"花儿会",是感悟民族和谐的最好地点。

花儿由100多种曲令组成,既有节奏自由的山歌,也有规律齐整的小调;既有高亢凄凉的大调,也有欢快活跃、适合起舞的小曲子。直令是最流行的一种,又被称作"河州三令",而最著名的却是河州大令《上去高山望平川》。这些曲令名字常见的是"花儿",如白牡丹令、二牡丹令、水红花令、晶晶花令等;还有以地名命名的曲令,如莲花山令、高庙令、八宝塬令等;另外,还有人物曲令,如脚户令、黄花姐令、花儿妹妹令等。花儿确实也吸纳了多民族的音乐特点,例如土族令、保安令、撒拉令便具有各自浓郁的民族风格。

花儿又叫"少年",这一浪漫的说法暗示着花儿歌唱的绝大多数内容都是爱情。在甘肃和青海,至今还存在花儿禁忌:在村庄里、在长辈和晚辈面前是不能唱花儿的。真正能够自由自在、放声高歌的时间和地点,是花儿会。对于旅行者,了解花儿最好的方式也是参加花儿会。

花儿会一般和当地重要的宗教节日有关，例如佛诞或十八龙神出巡，又和当地传统的登山、庙会结合起来。农民们往往是在踏青或庙会集市时聚餐唱歌，由此形成了花儿会。甘肃境内重要的有康乐县莲花山花儿会、临洮县紫松山花儿会、和政县松鸣岩花儿会和永靖县炳灵寺花儿会。这四个花儿会历史悠久且相当传统。来自四面八方的数十万人聚集歌唱，所谓歌的海洋，不过如此。除了独唱，更精彩的是两人或者多人的对唱，一问一答现场编词的应和，常常吸引大量人群围观，只要看看哪个圈子的人更多，就知道最好的歌者身在何处。

对当地大量热爱花儿的人们来说，与友人一同唱歌、踏青逛会的时光，甚至比春节更值得期待。而在汉族和藏区人口较多的会上，经常有微醺之后放声高歌的动人场景，有人说这是中国的伍德斯托克，实不为过。近十年花儿会逐渐萎缩，这与太多年轻人外出打工，以及喜欢花儿的年轻人越来越少有很大关系。

宁夏的花儿流传，主要因为从清代至今，大批人口（主要是回族，但也有汉族、土族等其他民族）从花儿的发源地甘肃临夏一带迁徙到了宁夏，把花儿也带到了宁夏。音乐的迁徙常常产生变体，宁夏六盘山花儿的特色之一是和信天游这类汉族的高腔山歌进行了"联姻"。除政府组织的一些花儿活动之外，宁夏并没有民间自发组织的花儿会。

除了花儿这个重要音乐形式，秦腔作为戏曲分支也在甘宁地区颇有影响，直到现在仍然有很多自发的民间秦剧社在街头表演。秦腔发源于陕西关中，甘肃秦腔在明代便有文献称之为"西秦腔"，今天在天水、庆阳、平凉、兰州等地，它仍是最受欢迎的戏种，在宁夏银川等地也有秦腔剧团。与之比较，原为陇东道情、后被官方命名为陇剧的戏曲形态，在甘肃并未流传开来。在甘肃敦煌、华亭，以及宁夏的一些地市，还流传着"曲子戏"，这实际是陕西眉户戏的地方化版本。时至今日，甘肃临夏、武威，以及宁夏的一些地县都有"贤孝""贤良"等盲人说书的形态，他们演唱的大多是由民间小调构成的劝善惩恶故事，旅行者常常能在街头巷尾碰到这种博闻强识

甘宁好声音

甘肃和宁夏丰富的民间音乐资源，在2000年之后，孕育出了两组杰出的当代民谣歌手：来自兰州的野孩子乐队和来自银川的苏阳。对前往甘肃和宁夏的旅行者而言，他们是最好的音乐导游，近年来他们除了音乐创作，也在不遗余力地推广西北音乐。野孩子于2005年解散，主唱之一的小索也因病去世，但音乐广为流传，被视为中国民谣的一个传奇。2011年，张佺、张玮玮、郭龙、马雪松、武锐重新组成五人固定阵容。苏阳自2005年发行第一张民谣摇滚风格的专辑《贤良》以来，便成了最受欢迎的宁夏歌手。他们的音乐都扎根于西北音乐和方言传统，但又具有现代音乐的亲和力和美感。野孩子曾经唱道"黄河的水不停地流／流过了家／流过了兰州／远方的亲人呐／听我唱支黄河谣"（《黄河谣》）；而苏阳也曾唱道"黄河的水呀／在远方流淌／风沙伴我在成长"（《长在银川》）。早期野孩子出版过四张专辑：《咒语》《In The Loft》《Ark Live上海现场》《黄河谣》，乐队重组后又推出了《平等路》和《大桥下面》两张专辑。苏阳出版过《贤良》《像草一样》和《河床》三张专辑，并在音乐纪录片《大河唱》中出演。

此外，赵牧阳、布衣乐队、低苦艾乐队等来自宁夏和甘肃的歌手和乐队也拥有独特的风格，值得聆听。

的流浪艺人。而道情音乐伴奏唱和的皮影戏，在陇东（平凉、庆阳）等地也还在广泛流传，春节是欣赏的最好时间。有兴趣的旅行者，或可试着寻访兰州鼓子，这是一种与清朝满族八角鼓及眉户戏有密切关系的独特曲艺，在兰州七里河区，现在还有一批老人每周定期举办鼓子聚会。

龙头琴弹唱原本发源于西藏阿里，是藏族音乐很重要的一部分，但在卫藏和康巴藏区已不多见了。相传二世嘉木样大师在西藏学习时，把龙头琴带到了拉卜楞寺，成为藏传佛教的主要伴奏乐器。至四世嘉木样大师时，不仅出现了大量的词曲创作，这门弹唱艺术在安多藏区也慢慢兴盛起来。

说到龙头琴，不得不提到玛曲县一位普通的草原医生华尔贡。华尔贡生于1949年，在他的带领下，古老的龙头琴弹唱加入了很多现代因素，乐器除了龙头琴外，还加入了曼陀林和古他。龙头琴弹唱的内容多为格萨尔王故事和藏族民间传说，现在亦有大量的爱情内容。除华尔贡外，经他培养的年轻歌手德白、勒格嘉、容中尔甲、岗毅等已经走出藏区，成为全国有名的歌手，出版唱片无数。这类唱片在甘南合作、夏河和玛曲等地都比较容易买到。

甘肃的保安族、东乡族、裕固族、哈萨克族、蒙古族等少数民族也有自己独特的音乐流传，但在民间已不多见。甘肃临夏和宁夏的回族地区，还流传着宴席曲，如《尕老汉》《飞凤凰》等。

影视

1961年，尚在农场劳改的张贤亮偶经荒凉的明清边防城堡——镇北堡，留下了深刻的印象。日后成名的他于20世纪90年代在这里创办了镇北堡影视城。后来在此摄制的影片之多，升起的明星之多，获得的国际、国内影视剧大奖之多，皆为中国各地影视城之冠，故有"中国电影从这里走向世界"的美誉。

在甘宁地区拍摄的第一部电影是1959年的《黄河飞渡》，讲述靠着黄河但吃水困难的民众克服万难修水渠的故事，原生态的黄河景观以及伴唱花儿是影片的亮点。

甘肃的山丹（《牧马人》）、嘉峪关（《敦煌》《新龙门客栈》）、张掖（《三枪拍案惊奇》）、景泰（《神话》《花木兰》）和天祝（《天下无贼》）等地，因为特殊的地貌，也经常成为电影的外景地。

近年的甘宁电影中，值得特别留意的是纪录片。宁夏纪录片导演康建宁是中国纪录片最重要的代表人物之一，以宁夏西海固等地区为拍摄对象的《沙与海》和《阴阳》已经成为经典。生活工作在北京的纪录片导演丛峰拍摄的《马大夫的诊所》，讲述了甘肃省古浪县黄羊川镇一位乡村医生的故事，曾入选柏林电影节青年论坛。柯永权等导演的音乐纪录片《大河唱》，记录了宁夏本土音乐人及民乐的现状。

另外，甘肃陇西籍导演柴春芽入围鹿特丹电影节的作品《我故乡的四种死亡方式》值得关注。甘肃高台籍导演李睿珺作品《告诉他们，我乘白鹤去了》（原著苏童），以高台方言拍摄而成，曾入围威尼斯电影节地平线单元。导演王兵根据杨显惠小说《告别夹边沟》拍摄的电影《夹边沟》，则入围过威尼斯电影节主竞赛单元。

宁夏摄影家王征拍摄的穆斯林影像，在中国纪实摄影中具有重要地位。

武术

甘宁地区因为崆峒山和回族,在江湖中亦占有独特地位。

崆峒派在武侠小说中是江湖七大门派之一,在金庸笔下该门派有绝技名为"七伤拳"。现实中的崆峒派则以奇门兵刃为特点,又以20世纪70年代和80年代在武术界享有盛誉的燕飞霞为代表。燕飞霞生于1940年,为崆峒派第十代掌门,少年成名。1959年道观被毁后,辗转各地教授武艺,20世纪80年代东渡日本开设武馆,2005年逝世于日本。崆峒武术按难易程度分为八门:飞龙门、追魂门、夺命门、醉门、神拳门、花架门、奇兵门和玄空门(太极门)。

在元代,大批戍边屯田的回族军士被安置在甘肃境内,他们"上马则备战,下马则屯聚牧养",逐渐形成了尚武习俗的习惯,并且形成了独特的回族武术。而近代统治西北的"三马"也在军中设置武术教习,进一步使得回族武术趋于系统化。

现今在甘肃回族中,还流行着鞭杆、风磨棍、劈挂拳、翻子拳、八极拳、八门掌等具有西北地方风格且自成体系的武术套路,这些拳术、棍术,整体以强悍威猛、气势狂放为特点。而宁夏,则有"张家的枪,何家的棍,马家的软功,赵家的劲"这样的民谚流传。此外,像穆斯林八卦太极拳、汤瓶七式拳等独具特色的拳术,也是宁夏回族武术所特有的。

饮食

比起粤菜的精致与川菜的火辣,地处西北的甘肃和宁夏似乎并没有什么大菜,以面食为主打的小吃是甘肃和宁夏餐饮文化中真正的精髓所在。对外来文化包容,在传承中倔强地保持着自己习惯的西北人特性,也体现在传统饮食中,来自大江南北的旅行者都可以找到适合自己口味的各种著名菜肴,而且在当地人的不断改良中形成了兼具多地特色的新菜品。而"大块吃肉,大碗喝酒"的饮食文化,更会让旅行者感受到当地人的豪爽与热情。

一样面做百样饭

清晨,如果你看到某家不起眼的小店门前排起了长队,那一定是当地很受欢迎的牛肉面馆,赶紧进去品味一番吧。甘肃和宁夏人对于面食的创造力,正如当地人自己说的"一样面做百样饭"。

以锅盔为代表的馍食属于干粮类面食,小麦面粉加上鸡蛋、香豆、清油、蜂蜜,用传统的土窑烧制而成,脆而不干,香甜诱人。流传在河西走廊地区的烧炉盔、油花子等,也是极富传统特色的馍食。到了宁夏,则一定要品尝回族特色油炸馓子和油香。

手工面以吃法不同有汤面、拌面之分。汤面中以牛肉面、浆水面、扁豆面、香头子、揪面片、臊子面、窝窝面最为有名。这些面食经巧手的拉、抻、切、捻,形态各异,口味不同。至于拌面的浇头,只要你能想到的菜都可以用来拌。除了浇头的区别,不同面的形态和制作过程也各有特点。

面食和主菜的搭配也是一大特色。流行在甘肃一带的垫卷子,用爆炒鸡肉、羊肉后的肉汤和面,擀薄,抹上香油和面粉,再撒上葱花,切成小花卷模样入锅,与主菜一起出锅,引人垂涎。

> 遍布全国的兰州拉面店,大部分却由来自青海循化的店家经营,所以有"青海人让兰州走向世界"的戏说,网络上关于青海拉面还是兰州拉面的论辩也不少。

凉州的"三套车"

"三套车"不是马车,而是甘肃武威地区的名小吃,指的是由肘子行面、卤肉、红枣茯茶组成的"套餐"。行面也称"扯面",三五根即成一碗,配上肘子、葱花、芡粉勾的卤汁即可。卤肉也称"腊肉",卤汤的好坏至关重要,于是就有"百年老汤、一个家族一坛汤"的说法。红枣茯茶用铜壶或砂锅,将茯茶、焦枣、枸杞等放入水中慢慢熬煮,熬到酒红色时,始可上桌,化油解腻有奇效。

据说,"三套车"之名确实与那首俄罗斯名曲有关。歌曲《三套车》正流行时,一些习惯在集贸市场吃面的武威人,吃行面顺便要卤肉、喝茯茶时突发奇想,给这三样组合冠以武威"三套车"的美名,这个名字也流传起来。起初有"三套车不一家卖"的说法,一是因为这三样小吃都需要有经验和秘诀,非一家可以全部掌握;二是因为当时淳朴的金钱观认为"钱不可一家独赚"。

六大手工面体验

在甘肃和宁夏,很多人吃米饭是因为"没时间做饭,弄点米凑合一下"。于是,在旅途中如果不尝尝那些享誉当地、勾起游子乡愁的面食,就太遗憾了。

牛肉面 "和出来是一个蛋,撑开来是一条线,扔到了锅里团团转,捞到了碗里是莲花瓣",这是张宝和快板中著名的一段。点面时一定记得说清楚你要的是二细、毛细、韭叶子还是大宽,当然也要记得你点的是牛肉面,不是拉面。在兰州还有衍生的麻辣牛肉面,嗜辣者不要错过。

行面 比陕西的皮带面窄,却更筋道,也可要求店家扯成细圆柱形。加上慢慢炖成的卤汁,拌点油泼辣子和陈醋,忘掉那吃饭不许出声音的繁文缛节吧。

浆水面 发酵后的蔬菜汤称为"浆水",清热解暑,增进食欲,也可直接饮用,夏季旅行不要错过。天水、兰州的浆水面最正宗。

揪面片 配上西红柿鸡蛋汤是素面片,加羊肉丁是荤面片,加菜一起炒过就是炒面片。小小的面片随口味而变,满足不同人需求。类似的还有香头子。

拨鱼子 流传在河西走廊一带,看起来很粗糙,吃起来很爽滑。拨出一碗大小匀称、软硬适合的鱼儿,看似简单却很费手工。

窝窝面 只看那小小的正方形面块,要一个个用筷子在手中捻成袖珍小碗一样的窝窝,就知道这工艺多么耗神,而这都是为了美妙的口感。如果路过甘肃永昌地区,别忘了感受一下。

凉面、黄面和面皮子都属于民间小吃面食。凉面和黄面是将拉面拌油冷却后食用的,讲究的是熟醋和油泼辣子的味道,一些老字号的店家将此视为不传秘籍;面皮则是用洗过面粉的高筋水蒸出来的,洗过的面粉为面筋,面皮的好坏取决于洗面的力道、工序以及火候。

这里的面食大都为现场制作,对旅行者而言,先观赏制作过程,再品尝美食,也是一种不错的体验。而对需节省时间的旅行者来说,面食是最合算的快餐,选择多样,价格公道(一般为5~10元),而且分量不小。

甘宁不同地区的拌面也各有特色。张掖的搓鱼子是手工将一个个小面段搓成两头尖、中间粗的小鱼儿形象;武威的拨鱼儿是用筷子将碗里的面糊沿着碗边拨成鱼儿的形状;转百刀如其名,考验的是厨子的刀工,将大张面切成柳叶状;行面则是考验厨子和面的耐心和力道,将一大团面揉得光滑平整,韧劲十足。

青稞、扁豆救命粮

在甘肃祁连山地区和甘南藏区,因为藏文化和气候的原因,青稞是这里的重要食物,用青稞、玉米、土豆等做成的杂粮面粉,更是重要的辅食。喜欢粗粮的旅行者可以尝试一下国产土豆泥——洋芋米拌面,或许味道不是那么诱人,但在20世纪60年代"三年困难时期",杂粮和豆制品是西北地区的活命粮,拯救了不少人的生命。

青粉(扁豆或绿豆磨粉,还有的用土豆粉制成)、黄粉(黄豆磨粉制成)是甘宁地区最受欢迎的消暑食物,几滴香醋、一勺红油,加上葱蒜末,很是清爽。兰州名小吃灰豆则是豌豆加冰糖用小火炖出来的,功夫不亚于广东煲汤。在甘肃陇东地区和河西地区,如果你发现炒熟的豆子就是人们手头的零食,就一定能理解为什么连面食里都会放豆子了。没错,那就是名小吃扁豆面。它的影响范围已经超出甘肃和宁夏,连新疆的很多餐馆都直接叫扁豆面旗子饭馆了(旗子指切成菱形的面片,像迎风招展的旗帜)。

烹羊宰牛食者乐

西北冬季寒冷,需要大量热量,所以此区域对牛羊肉的热爱有目共睹。特别是羊肉，不吃羊肉的旅行者可能在这个区域会非常遗憾。羊是甘肃和宁夏最重要的肉食来源，尤其以甘南和宁夏的"滩羊"最为出名，宁夏人民甚至自豪地说："滩羊吃的是中草药，喝的是矿泉水。"最出名的手抓、黄焖、爆炒羊肉是这一区域不可替代的主菜，甚至看似最简单的白水煮肉——手抓羊肉，也成了衡量餐馆水平高低的标准。在甘肃和宁夏，真正被认可的羊肉馆一般都在郊区或农家院，无论本地人还是外地人都会慕名而去。近年流行的开锅羊肉，则在城市里显眼的地方都能看到招牌，大有取代火锅之势。羊下水也是甘宁地区的特色小吃，又叫"杂碎"，当地人喜欢做早餐来吃。

牛肉也是通常的肉食，但当地人对牛肉的热情似乎都给了牛肉面。甘肃天祝一带特产牦牛，因为牦牛肉的营养价值和天然绿色特征，这几年也成为大众喜爱的肉食之一。而用牦牛肉制成的牦牛肉干，也是旅行者赠送亲朋的好礼物。

鸡肉的流行度也很高。在河西一些地区，鸡肉垫卷子和大盘鸡很地道，当然，前提是他们确实使用本地土鸡。由于养鸡业的发展，肉鸡大行其道，所以若到甘宁乡下做客，家里接待客人的较高礼仪就是炖只土鸡。在这一区域鹅鸭类制品不易见到，远没有鸡肉制品受欢迎。

猪肉在当地汉民中是较为普通的食材，一般家常炒菜、大排档中都会见到。甘肃河西地区对驴肉的兴趣也非常浓厚，尤其善用其做冷拼下酒菜。

物流业的发展改变了当地人"海鲜即臭鱼烂虾"的观念，鲜活的黑鱼、江团等水产越来越多地出现在餐桌上。本地饲养以传统四大家鱼为主，青海湖黄鱼和黄河鲤鱼也是家常，人工养殖的鳟鱼也逐渐成为盘中美味。

塞上蔬果也飘香

不用担心旅途中会因饮食缺少蔬菜而身体不适。大棚技术普及后，甘肃和宁夏基本改变了过去冬天只有腌咸菜和土豆下饭的历史。现在这里四季都可享用新鲜蔬菜，甘肃还因此成为西北地区重要的蔬菜种植基地，但大棚反季蔬菜种植过程中使用农药、化肥过多的问题也开始出现。

兰州百合闻名全国，除炒菜外，还可用于煮粥、煲汤，具有很高的药用价值，而今在兰州也开始作为经济作物产业化种植。而另一种甘宁特

特色小吃

沙米粉 甘肃民勤的大漠中，有一种叫沙蓬的植物，收集其籽实磨粉后，用做凉粉的方式烹制，切细条，拌调料，风味首屈一指。

甜醅 甘肃兰州特产，将燕麦或青稞煮熟后密封发酵，醇香清凉，口感甘甜。

灰豆 豌豆和大枣加冰糖用文火慢煮出来，豌豆炖得烂，口感似豆沙。

烩小吃 宁夏的传统小吃，用羊肉汤烩肉丸、夹板（又叫"夹沙"，肉馅平抹在鸡蛋皮上，再盖一张鸡蛋皮，压实后用刀切成菱形块，再下油锅炸即成）和蔬菜，烧开勾芡，软嫩鲜香。

烩杂碎 宁夏吴忠地区的最有名，将羊下水煮熟切丝，加羊汤，撒蒜苗、香菜，滴红油即可。

发菜,美味的灾难

发菜,因其形状如毛发、颜色乌黑而得名,又名"地毛"。在宁夏被称为五宝中的"黑宝"。因为发菜谐音发财,且据传药用价值较高,于是受到追捧,一些人不惜重金购买。

发菜一般生长在沙漠和贫瘠的土地上,附着在荒漠植物的下面。所以在搂发菜的过程中,会有大量的沙漠植被遭到破坏。根据调查计算,收集1.5~2.5两的发菜,要搂将近10亩的草场,使原本就脆弱的生态环境更加恶化,加速了草原沙化和一些珍稀物种的灭绝。1999年,发菜被列为国家一级重点保护植物;2000年,国务院正式下发文件,严禁发菜采集和销售。

在此建议,若旅行者在甘肃和宁夏见到兜售发菜的行为,请拒绝购买。

产——发菜,却因为生长环境特殊,无法产业化种植,导致乱挖乱采,带来严重的环境问题(见333页方框)。

8月和9月的甘肃和宁夏,瓜果飘香。如果遇到特有的软儿梨或李广杏,一定记得尝尝。民勤的西瓜也很出名,著名的正林大阪瓜子所采用的原料都来自民勤。宁夏的枸杞则是送给亲朋好友的营养佳品。

除了兰州和银川这样的省会城市外,在甘肃和宁夏很少能找到专门的素食餐馆。不过素食爱好者也不必太过担心,在一些面馆里可以点素菜浇头的各种手工面,或者直接要求店家用植物油炒蔬菜即可。

酒: 河西酒廊, 夜夜光杯

从古至今,甘肃一直是重要的酒产地,要证据吗? 在古老的敦煌壁画里就有一幅11世纪西夏时期的酿酒蒸馏示意壁画,而王翰著名的《凉州词》里"葡萄美酒夜光杯"也成为千年佳话,甚至甘肃著名的卫星城就叫"酒泉"。

这个区域产的大多是45°~60°的高度白酒,尤以河西走廊为胜,加上当地人酒风豪爽,所以又有"河西酒廊"之称。像陇南春、丝路春、皇台、凉都、汉武御、滨河,都是口碑很好的白酒品牌。有趣的是当地人除了认准老牌子,对新牌子的接受度也颇高,即使是新瓶老酒也很受追捧。旅行者若有兴趣且有酒量,可以尝试一下当地白酒,但不要贪杯。

西北日照时间充足,葡萄含糖量很高,葡萄酒的品质也很高。莫高等知名品牌在甘肃以外的地区都很受欢迎,但本地人却执拗地认为,只有白酒才是真正的酒。红酒爱好者大可尝尝这几年新推出的冰葡萄酒,口感很好。

对好酒量的甘肃和宁夏人而言,啤酒大可归为饮料,酒精度3°实在不算什么。"黄河、西凉和西夏"三个品牌牢牢占据了甘宁啤酒市场,西凉啤酒还专门推出了面向女士的果啤和姜啤,风靡一时。

西北人好酒,更好喝酒时的热闹,无论喝什么酒,都少不了划拳(见328页方框)。无论在餐馆、酒吧还是夜宵路边摊,你都能听到此起彼伏的声音,一声高过一声。

至于不太喝酒的人,到甘肃和宁夏旅行时一定要试试本地酸奶,当地很多冷饮摊有清凉爽口的手工酸奶出售。由于靠近腾格里沙漠,以沙生植物沙棘为原料的沙棘汁也是当地特色饮品,但现在越来越少见,而某些小城市里出售的自制杏皮茶也快绝迹了。如果遇到,千万记得品尝。

学学划拳

划拳其实就是猜数字,两人出指头加在一起,符合谁喊出的数字,谁就赢了,输的人喝酒,赢的人不喝酒。这样能显出谁的拳好,谁的"本事"大。而声音大小,只是虚张声势、"恐吓"对手的手段而已。

划拳有讲究,两个人面对面,中间摆"一台酒",划拳定胜负,谁输谁喝酒。"一台酒"有小台、中台、大台之分,"小台"4盅,"中台"8盅,"大台"12盅。如果参与的人超过两个,则需要轮流坐庄,庄主需要"打通关",就是和在座所有的人划拳,依次下行。全赢叫"红庄",作为奖励,庄主可以重新打关一次;全输叫"黑庄",作为惩罚,则庄主必须重新打关一次。是不是很纠结?

茶:一杯淡,二杯苦,三杯甜

甘肃和宁夏不是茶产地,人们却有喝茶聊天的习惯,喝茶也体现了他们悠闲的生活方式和豁达的态度。不过这一区域最流行的不是龙井、铁观音等名茶,而是一种叫"三炮台"的盖碗茶。据说三炮台源于盛唐,由于喝茶的茶具分茶盖、茶碗、茶托三部分,所以称为"三炮台"。明清时传入西北与当地人的饮茶习惯融合后,形成了今天用菊花、红枣、桂圆、葡萄干、冰糖加春尖茶的三炮台盖碗茶。

"一杯淡,二杯苦,三杯甜",据说这是当地人用三炮台来比喻人生的经历,所以他们淡然地过着慢速的生活,享受生活之乐。看到茶摊上那些年轻人手拿一个盖碗聊天的场景,不要诧异,这也是他们的生活方式。

除了三炮台,最有群众基础的应该就是茯茶了。熬上一壶酽酽的茯茶,加上砂糖,品尝这甘甜和苦涩的交替,是冬天最享受的事情。在甘南藏区和天祝藏区,可以喝到砖茶和酥油熬制的酥油茶。

就餐氛围:吃香喝辣也社交

晚餐和夜宵是本地人真正的聚会时段,特别是夏日里。此时各种档次的餐厅大多人满为患,大排档、路边摊都坐满了人。因为喝酒,一般从晚上7点开始的饭局,可能会延续到夜里11点甚至12点。怎么选择味道正宗的就餐地点呢?最简单的方式就是,找当地人扎堆儿的地方。

到夜市或者集贸市场最能感受当地的饮食气氛,那里既是餐饮场所,也是本地人夜晚休闲社交的场合。烟雾缭绕、人声鼎沸的大排档里,烤羊肉和啤酒一样,都是就餐标配。尝尝当地最受欢迎的各种小吃,比如烤羊肉、烧烤、各类手工面等。点上几份小吃,来上一瓶啤酒,把自己藏进西北人豪爽、热辣的露天饭局里,岂不乐哉?

饮食忌讳

宁夏属回族自治区,甘肃也有大量的回族同胞和藏族同胞居住,所以尽量注意少数民族的风俗习惯以及饮食禁忌:穆斯林禁酒,不要因吃得兴起而犯了在清真饭馆要啤酒的错误;在清真街区不要提"猪肉"等词汇,不可避免时可以说"大肉";在外就餐时也不要将外面的食品带入清真餐厅;有些藏族人不吃鱼肉,也要适当避讳。

环境

甘肃和宁夏这块中间狭长、两端宽大的地方,总被人比作"如意"或者"钥匙",地势南高北低,造就了"黄河之水天上来"的气势。这里位于内蒙古、青藏和黄土三大高原的交会处,境内有黄河和长江支流,也有源于雪山、融入沙漠的内陆河。除了人们熟知的黄土高原和戈壁沙漠之外,还有"鱼米之乡"和山水密林,点缀着沼泽湿地、碧草牧场和雪山冰川。

地理和气候
地理

甘宁的山脉大多是边界,也是形成不同气候的分水岭。祁连山、阿尔金山、阿尼玛卿山与西倾山,把甘肃和青藏高原分开。岷山属于秦岭西延部分,山南是四川,山北为甘肃,它和山脚的白龙江一样,属于中国的南北分界线。贺兰山、北山和马鬃山,将内蒙古高原吹来的风沙挡在山的另一边。东部的六盘山和陇山,则位于甘、宁和陕的交界处。

兰州西侧的乌鞘岭是著名的地标——陇左、陇右的分界线。陇左北部的陇东、陇中和宁夏南部的西海固属于黄土高原,这里沟壑纵横、土质松软,土壤富含矿物质,虽干旱少雨,但有黄河灌溉,自古以来就是人口密集的传统农业区。

陇左南部的陇南和甘南是别样的甘宁。岷山北侧的陇南,是甘宁海拔最低的山石森林地区。山下的白龙江也是甘宁河流中的异类,与其他河流随着南高北低的地势流淌不同,它从西北流向东南,最后进入四川,汇入嘉陵江,为甘宁地区唯一的长江流域水系。而陇南西侧阿尼玛卿山下的甘南,则是美丽诱人的藏区牧场,是牧人、歌舞和牦牛活跃的地方。

陇西是经典的甘肃意象,河西走廊上,戈壁沙漠与绿洲相映生辉。走廊由祁连山和北山两山夹峙1200公里而成,西端是罗布泊沙漠和连接新疆的星星峡。石羊河、黑水河与疏勒河是河西的生命之水。

黄河也是重要的分界线。它进入玛曲后在甘肃境内拐了第一个大弯后回到青海,再从临夏进入甘肃,一路曲折北上至宁夏石嘴山,进入内蒙古。

坐船游黄河

在黄河岸边眺望黄河九曲十八弯的风光时,人们不禁开始憧憬"孤帆远影"的诗意画面。但在甘宁段的黄河上,你只能看到"赛军舰"的羊皮筏子和偶尔飞驰而过的快艇。

黄河并不通航。首先是因为黄河在甘肃、宁夏、内蒙古一段泥沙量过大,其次是因为青海贵德至中卫之间的黄河峡谷过多,水流湍急,只能顺流,不能逆流。而中卫至内蒙古一带,沿途河水游荡情况严重,河道散乱多变,主槽游荡不定,且冬季结冰,也不便通航。

它是甘宁最重要的河流,百万年来的左冲右突,除了留下"三十年河东,三十年河西""没有黄河引不来水"的谚语,也留下了大量的沼泽地和湖泊,还造就了富庶的"塞上江南"——宁夏平原。

气候

从东经93°28′到108°44′,北纬32°36′到42°48′,甘宁地区地跨15个经度,10个纬度,东南至西北之间直线距离达1600公里。从祁连山团结峰的最高海拔5808米(另有5826米、5937米之说)到文县中庙乡罐子沟的最低海拔550米,甘宁大跨度的经纬度和海拔,也对应了丰富多样的气候,整个地区的气候带竟有7种之多。

干旱地区受到西北季风的影响,"云往东,一场空;云往西,淋死鸡"。这里的冬天寒冷悠长,夏天短暂酷热。"早穿皮袄午穿纱",也是谚语对一日气候变化的回应。下雨是甘宁大部分地区老百姓最为期待的事情,河西走廊的年蒸发量是1200毫米,但年降雨量在某些地区只有40~200毫米。

陇南在夏季受到东南季风和西南季风的交替影响,降雨基本集中在这个时期。这里也最暖和,年均气温8.4~14.9℃。甘南高原平均海拔在3000米左右,气候与青藏高原相近,年均气温只有1.1~4.5℃,仅高于0~4℃的祁连山。

极端情况也时有出现。2007年6月,甘南藏区出现罕见的大雪,温度降至0℃左右。而河西走廊的最高温度也呈上升趋势,即使是在绿洲之中,最高温度有时候也能超过40℃。2010年8月7日,舟曲县城东北部山区突降特大暴雨,降雨量达97毫米,持续40多分钟,引发特大山洪地质灾害,泥石流长约5000米,总体积750万立方米,流经区域被夷为平地。灾害中共有1557人遇难。

随着全球气候变暖,西北气候可能正由暖干向暖湿转型,2018年甘肃省平均降水量较常年偏多27.7%,夏季暴雨创历史之最。2019年极端天气也频频发生,莫高窟两度因雨暂时关闭,石窟周围的戈壁沙漠竟然长了草。冰川融水量增加、河流径流量增加等现象,也在西北大部出现。

板块与地震

比较公认的说法是,中国处于亚欧、冈底斯—印度、太平洋三大板块的接合处,而甘肃恰恰位于这三大板块的结合部位。发生泥石流灾难的舟曲与发生大地震的汶川一样,位于三大板块的挤压带上。

板块的挤压意味着地震带的形成。甘肃省内比较明确的地震带有天水地震带、民勤地震带、河西走廊地震带、祁连山地震带等,宁夏则位于银川—河套地震带上。

过去的100年间,甘宁地区遭遇了多次大地震。1920年,海原一带发生了8.5级的大地震,造成了20万人死亡;1927年,武威地区的8级大地震,造成的损失虽然没有明确的文献记载,但是武威的古建筑、古城墙基本上都毁于那次地震。此后河西走廊还发生过两次7级以上的地震和不少小地震。

最近几年,除了汶川大地震严重影响到陇南、甘南外,2013年7月22日,定西的岷县、漳县交界处又发生了6.6级地震,震源深度20千米,大量土坯房被震塌,报道称有近百人死亡、近50万人受影响。

在甘肃地质博物馆内,你可以看到大夏巨龙、兰州龙和甘肃鸟等。刘家峡恐龙国家地质公园内,有大量的化石展示恐龙曾经的生活。在和政古动物化石博物馆,你可以参观临夏出土的三趾马、和政羊等和政特有的化石。马鬃山发掘的化石大部分陈列在马鬃山恐龙化石地质公园里。

甘宁恐龙之最

十几年来,甘宁地区发现了大量的恐龙化石,永靖甚至被称为"恐龙之乡"。不断更新的发掘和发现,使得恐龙化石的"最"字之前总要加上"目前",而且甘宁的恐龙化石还有诸多趣味故事。

四川和甘肃一带发现的合川马门溪龙长22米,脖子长9米,曾经在很长一段时间内是中国最长、脖子最长的恐龙,至1993年这个记录才被刷新。

兰州龙的牙齿长14厘米,是目前具有最大牙齿的植食性新属新种恐龙。

刘家峡黄河巨龙则算得上是蜥脚类恐龙中最丰满的,它长约20米,臀部骨骼不足半米高,宽却达1.1米,肩胛骨长1.23米,最宽处有0.83米。

炳灵大夏巨龙则是亚洲最大的蜥脚类植食性新属新种恐龙,它的股骨末端髁突为10°的对称斜面,为外走式。

2006年,考古学家们在马鬃山发现了一只14岁的白垩纪晚期似鸟龙,它的体长约8米,体重在626公斤左右,为目前世界上最大的似鸟龙。

在宁夏灵武发现的恐龙,有长达1.8米的巨大肩胛骨,规模超过以往国内发现的恐龙。

古生物

一只年迈的剑齿象不小心陷入泥潭中,之后经历沧海桑田的变化;等它从泥潭中出来时,已经变成了高4米、长8米、只缺一根尾巴的"黄河象"化石。

小学课本里的"黄河象"可能是甘肃出土的古生物里最年轻的——它才250万岁左右。跟华北的大部分地区一样,甘宁地区最早也是汪洋大海,这个时期的化石包括现在肃南和靖远都有发现的古生代早志留世笔石、景泰至靖远发现的泥盆纪蕨类植物和鱼类化石,它们至少有2.5亿年。

白垩纪的甘肃一带依然密布着湖泊和沼泽,是各种恐龙的家园。恐龙们在沙滩上留下了硕大的脚印、卧躺的形迹、尾巴的拖痕,甚至还有粪便,这些都变成了化石,呈现在黄河岸边的刘家峡恐龙国家地质公园里。此处的翼龙证明了陆地湖泊附近亦有翼龙类生活,也更新了过去"翼龙全部生活于海边"的推论。2013年夏,考古学家又在此发现了中国首例翼龙游泳觅食的足迹。

和政发现的甘肃鸟也属于白垩纪,是国内最早发现的中生代鸟类,也是世界上最古老的适应水生生活环境的鸟类。

考古学家们最近还在马鬃山地区的俞井子和公婆泉一带,发现了同属白垩纪的大量恐龙化石,有角龙类、鸟脚类、兽脚类、似鸟龙类、伤齿龙类和大型蜥脚类巨龙科的十多个种属。

在宁夏灵武市恐龙化石地质公园也发现了梁龙化石,这也是亚洲首次发现蜥脚类恐龙中的梁龙。梁龙此前只在北美洲和南半球被发现过,支持大陆漂移说的专家们据此推测,地球可能曾是一体。

时间再推后一亿年的中新世,青藏高原抬升,甘宁境内的大量脊椎生物消失。1300万年前的铲齿象、1000万年前的三趾马、200万年前的真马……今天的人们只有通过在和政地区发现的大量化石,才知晓它们曾经的存在。这些保存较好、数量丰富的化石,在20世纪80年代之前一直被人们当作中药材里的"龙骨",而被廉价卖给当地药材收购站。

地质遗产

丝路上的文化遗产是璀璨的,但甘宁还有各种地质地理遗产,虽略显低调,却每每让见到的人折服于大自然的鬼斧神工。

张掖丹霞(见113页)是眼下最出名的地质公园,这里有连绵的五彩土地和精巧如林的宫殿窗棂。位于宁夏西吉的火石寨地质公园(见294页)同样是丹霞地貌,它与张掖丹霞同属侏罗纪,但以雄奇的山峰、怪石为主。著名的景点崆峒山、麦积山均有丹霞,前者的紫红色丹霞属于三叠纪,比贵州赤水的青年早期丹霞还要早。而玉门与嘉峪关交界处的火烧沟一带,连绵的壮观山色也是令人难忘的丹霞红。

丹霞是地质运动、风和水的合力作品。但黄河石林(见82页)中的柱、峰,甚至窗棂、宫殿等造型,却主要是水的杰作。这个400万年前形成的奇观,要归功于黄河水不断冲刷与切割。

在敦煌的雅丹地质公园,人们欣赏的则是风的杰作。经过早期流水的冲蚀,这里的地表形成沟壑,犀利的风把留下的土壤塑造成各种各样的形态。至今,风仍在不知疲倦地雕刻着。

甘肃的另一特别地貌是祁连山的冰川。近年来由于气候变暖和游客攀爬等人为因素,曾经开放的七一冰川和透明梦柯冰川如今已经彻底关闭,进行封闭保护。

植物

甘宁大部分地区的植物,与艳丽的花朵、宽阔的树叶无缘——面对严酷的自然条件,它们长出了针状、带蜡质层的叶子,有些甚至变成无叶,并能够在高温的时候关闭气孔,以减少蒸腾作用。为了尽可能地得到水分,它们的根动辄数米甚至数十米长。

尽管生长如此耗费精力,但在甘宁的干旱地区,依然活跃着很多值得关注的植物。在苍凉的荒漠中,最显眼的植物是姿态摇曳的灌木,如梭梭、红柳和锦鸡儿等。

在安西的极旱荒漠里,你可以看到沙漠植物低调地贴着大地。裸果木、霸王、膜果麻黄、泡泡刺、银琪桐、银杏和大熊猫一样,都是堪称"活化石"的第三纪孑遗物种。在甘宁的其他干旱地区,还分布着四合木、胡桃、羽叶丁香、野大豆、黄芪这些适应干旱气候的珍稀保护植物。

水土丰沛的陇南,有着与干旱地区迥异的植被分布。植物界的"大熊猫"红豆杉,花朵美丽如鸽子的鸽子树珙桐,在白水江自然保护区就能发现。陇南也是全国知名的药材产区,有大黄、甘草、红芪、黄芪、虫草等450多种药材,岷县的当归与文县的党参尤其著名。宁夏的六盘山、罗山和贺兰山也是著名的药材产地。

甘宁是少林地区,甘肃的15个森林公园均分布在乌鞘岭以东,河西只有几个风格差异较大的自然保护区。宁夏只有贺兰山的苏峪口、六盘山和盐池花马寺3个国家森林公园,自然保护区则包括贺兰山、六盘山、沙坡头、哈巴湖、灵武白芨滩和罗山。

甘宁的造林面积逐年攀升,但新种植的树木依然处在幼年期,它们对环境的影响暂时还难以评估。

动物

大熊猫不只属于四川,在甘肃境内活跃着占全球总数十分之一的大熊猫。陇南文县铁楼乡,就有一个大熊猫驯养繁殖场,铁楼乡所属的白水江自然保护区,则是国内三大大熊猫保护区之一。除了大熊猫,这里还有金丝猴、羚牛以及色彩斑斓的角雉、马鸡,而溪流江河则是著名的娃娃鱼(大鲵)的家,这里的野生动物种类约占甘肃全省野生动物种类的一半。

在青藏高原边缘的甘南玛曲和祁连山脚下活跃的多为高原保护动物,生活在玛曲的多为雪豹、西藏野驴、棕熊、马麝、林麝和白唇鹿,而祁连山一带则生活着雪豹、羚羊、祁连马鹿、棕熊、黑熊等。

在河西走廊的戈壁荒漠里,生活着比大熊猫还稀少的双峰野骆驼。为了躲避人类、天敌狼以及雪豹,它们进入了戈壁沙漠的最中心,进化成为世界上仅存的饮咸水生存的动物,以荒漠植物为食;两只驼峰有时高达50厘米,靠流泪来清洗眼中的沙子。阿克塞西南的安南野骆驼保护区和马鬃山一带是野骆驼群活动的地方。武威的荒漠野生动物园的普氏野马,其染色体比家马多出一对,也曾经活跃在北山一带的戈壁荒漠,它们一度被认为已经绝迹。除了在荒漠濒危动物保护中心可以一睹普氏野马的芳容,敦煌西湖自然保护区目前也有国家林业局放养的几匹普氏野马。

宁夏地区的保护动物主要分布在六盘山和贺兰山一带,主要的保护物种有金钱豹、大鸨、黑鹳、白尾海雕、马鹿和岩羊等。贺兰山还有宁夏区鸟蓝马鸡,六盘山一带还有林麝、红腹锦鸡、勺鸡,蛾蝶爱好者们会发现丝带凤蝶、蓝凤蝶、波纹水蜡蛾。最近几年,宁夏的野生动物见诸新闻报道多跟非法猎捕有关。隼等保护动物被捕后运往外地成为食物,而贺兰山下的蝎子更因不受法律保护,每到夏天就遭到大肆捕捉。

环境的挑战
水之痛

一个故事也许是甘宁水问题的浓缩:在调查张掖某家生化工厂时,甘肃NGO组织绿驼铃发现污水直接被缺水的农民引进了自家的地里灌溉农作物。

在河西走廊,水是生死攸关的事情,也是沙漠化的直接原因。祁连山的出水量比20世纪70年代减少了大约10亿立方米,雪线每年都在上升,以

甘宁观鸟

甘南的玛曲地处青藏高原边缘,黄河首曲是重要的高山草甸保护区,每年二三月出现的黑颈鹤和灰鹤、来过冬的天鹅、越来越少的白尾海雕,以及能够在低温下孵蛋的血雉,都是珍贵的保护鸟类。

当金山口的大苏干湖是河西走廊一带最大的观鸟地,每年春、夏、秋均有大量的候鸟光临此地,从湖边的观鸟台可以观看湖光山色与芦苇丛中的白天鹅、斑头雁、黑颈鹤、楼燕、黄鸭、绿翅鸭和云雀,气势颇为壮观。不过当地最近在此设置的汽艇、游船等娱乐设施,恐怕会让它们有些不适应。

不想远离城市去观鸟,可以去黄河沿线的永靖县刘家峡、盐锅峡、八盘峡三峡湿地,以及青铜峡鸟岛和沙湖,这些地方茂密的芦苇荡也吸引了大量的迁徙鸟类,其中不乏黑颈鹤、中华秋沙鸭等珍稀鸟类。

20世纪中叶,为了向祁连山要水,人们曾经用飞机播撒炭黑吸热融化冰川。这一举措当时被认为是智慧,如今被鉴定为是破坏生态的愚行。

东部山区最为迅速;民勤地区地下水位下降10米,敦煌地区的水位则下降约30米;依靠黑河水生存的额济纳,每年只能得到2亿立方米的水,是50年前的五分之一。

在黄土高原,缺水带来的是贫困、落后与艰难。这里的人均可利用水资源只有110立方米,仅为全世界人均可利用量的3.7%。干旱的年份,有些人需要去10公里以外的地方取水。

与采矿和工业发展携手而来的污染,也是甘宁地区水问题的一面,而最可悲的是,这些企业的污水经常没有经过处理就直接进入河流。2013年初的甘肃水文报道,在甘肃的120个河流检测点中,水质劣于Ⅲ的占40.8%,污染较严重的河流为黄河流域以及河西的山丹河、石羊河和石油河。同时,环保部门对环境治理的力度也在加大,2013年,兰州惩处了甘肃首例重大环境污染案的责任企业——一家黄河边的垃圾处理厂,该工厂未经处理的污水和废气全部直接排进了自然环境中。

陇南的白龙江是嘉陵江上流的最大支流,丰沛的水量和较大的地势落差,成为能源和利益追逐者们的肥肉。2010年8月,只不过40分钟的暴雨,就使得泥石流截断白龙江,在舟曲县城形成堰塞湖,特大泥石流灾难致使1700多人遇难或失踪。

灾难爆发后的新闻揭示,白龙江上游有大小千余座电站,规模从几百千瓦到二三十万千瓦。这些电站对林业的破坏,再加上采矿业的进入,使得白龙江流域的生态失去了平衡。

沙漠化

"沙压墙,羊上房,毛驴走在屋顶上",这并不是幽默剧,而是苦涩的现实。这现实,让人不得不正视沙漠的另一副面孔——北侧的腾格里和巴丹吉林沙漠吹起的风沙,正在吞噬河西走廊,而它们引起的沙尘暴,则从春天爆发变成了全年爆发,范围覆盖到了半个内地。

因为沙漠化,河西走廊的耕地在不断消失。记载表明,位于敦煌与瓜州之间的汉代名城广至县就是这么消失的,如今荒漠里那些昔日辉煌的城堡,也是因此被废弃的。

在过去30年内,人口增长导致了上游开垦荒地的热潮,毁林种植经济作物也加剧了上游截水的情形。不断增长的需求以及不断增加的采矿业和工厂,也使得下游地区水量锐减。因为缺水,酒泉北侧著名的东、西居延海相继干涸,民勤的青土湖、敦煌的东湖等都成为沙尘的领地。缺水导致植被减少,沙漠草本植物种类锐减。破坏的同时,治沙一直在继续,数十载的防沙治沙等生态治理工程效益初现,民勤县、凉州区和甘州区出现了分散

母亲水窖

黄土高原上流传着一个故事:某日乡长听闻县长来访,赶紧洗脸准备会客,结果县长取消了这次访问,乡长后悔不迭,因为洗脸浪费了水。

一口25~30立方米的钢筋水泥水窖,可以解决黄土高原上一户家庭的饮水。但大部分家庭都拿不出需要修建一口水窖的两三千元,只能耗费巨大的人力去远处取水。

由中国妇女发展基金会举办的"母亲水窖"项目,旨在帮助西部妇女和群众解决缺水问题。如果想了解更多或者提供援助,可浏览其网站www.mothercellar.cn。

造访资源枯竭型城市

专门造访甘肃和宁夏的资源枯竭型城市,是值得推荐的旅行体验。

最典型的是玉门市。这座中国最早的石油城的石油经过70多年的开采,终于在20世纪的最后10年被抽空了。石油系统的高福利荣耀已经消散,在玉门老城区,只有那些颓废的工厂厂房、残旧的家属楼群,以及空洞的火车站仓库等待你的到来。在清晨或者傍晚,人类工业文明的残骸会在西部特有的迷蒙阳光下诉说苍凉。

除玉门外,甘肃的白银市和宁夏的石嘴山市,也面临同样的紧迫状况。采矿、冶金和火力发电,高能耗和高污染带来的损伤,似乎不如玉门那般清晰可见,但若你仔细品味空气的味道,或认真检视路边花草,便会知道,偏远的西部在过去50年里究竟透支了多少美好未来。

随兴漫步于此,不要快快逃离,旷远的西北本就是合适的参悟之地。

型沙尘暴,2016年至2018年,中国重要的沙尘暴策源地甘肃未出现区域性沙尘暴天气,为近60年最少。

疯狂的资源

资源是甘宁地区的重要国民收入,早在抗战时期,甘宁的资源开采业就得到了充分的发展,新中国成立后这里更是成为西部资源重地。甘肃的百强企业90%以上都是有色金属、石油等资源企业,甘肃的镍、钴、铂、硒的储藏量为国内第一;宁夏则以优质无烟煤、灵武与盐池之间蕴藏的天然气而著名。

这也意味着,甘宁面临着产业结构、资源耗竭的问题。"铁人"王进喜的家乡玉门,在半个世纪内,经历了从戈壁一隅到繁华城市,再到濒临死亡的城市转变。玉门的老君庙油矿已被抽空,石油资源减少后,玉门经历了两次搬迁。因铁矿而兴起的嘉峪关、因镍矿兴起的金昌将走向何方,也成为人们频繁提出的问题。或许2017年瓜州转向发展火电会是甘肃新能源开发的一个转向。

资源带来的丰厚利益,也导致了大量的非正规矿企和不规范开采的存在,与之共生的则是连续不断的矿难。2013年8月靖远王家山煤矿事故,2013年1月肃南金源煤矿透水,2012年白银屈盛煤矿20人遇难,2011年白银通达煤矿7人死亡,2010年金塔煤矿透水,2009年天祝煤矿瓦斯爆炸,2008年11月白银、华亭连续发生3起矿难事件……

除了矿难,不规范开采也给矿工们带来了慢性身体危害。因为采矿没有任何防护措施,染上尘肺病的农民工是受害最大的群体。根据官方统计数据,甘肃确诊的尘肺病人就超过11,000人,宁夏在2006~2016年间新增尘肺病1292例。2019年10月,甘肃省卫生健康委等10部门联合印发了《甘肃省尘肺病防治攻坚行动实施方案》,对尘肺病的防治和尘肺病患的救治都有更为明确的规定。

记事本

生存指南

出行指南 **338**
住宿 338
证件 339
保险 340
银行 340
购物 340
邮政 340
电话 340
上网 341
地图 341
旅游信息 341
气候 341
团队游 342
摄影和摄像 342
危险和麻烦 342
独自旅行者 343
无障碍旅行 343
女性旅行者 343
同性恋旅行者 343
志愿者服务 343
活动 343

交通指南 **345**
到达和离开 **345**
飞机 345
火车 345
长途汽车 346

区内交通 **346**
飞机 346
火车 346
长途汽车 346
搭便车 347
自驾游 347
当地交通 **347**
公交车 347
地铁 347
出租车 347
自行车 347

健康指南 **348**
出发前 **348**
保险 348
其他准备 348
常备药品 348
旅途中 **348**
医疗服务及费用 348
传染性疾病 349
环境引发的疾病和不适 ..350

幕后 **352**
索引 **354**
地图图例 **357**
我们的作者 **358**

出行指南

住宿

甘肃和宁夏明显的淡旺季分割线决定着各地的住宿价格,总的来说,暑假和国庆期间酒店价格处于峰值(酒泉的旺季在9月底到"十一"的胡杨林季),热门旅游目的地(例如敦煌、兰州、郎木寺、中卫)的住宿价格会翻番甚至上涨两倍。选在旺季出行的话,住宿费用可能会是你整个行程中最难省下来的一笔支出。兰州的经济型酒店在中国各省会城市中最贵,夏季尤甚,相对而言,河西走廊沿线虽游客最多,但由于竞争激烈,旅游开发成熟,酒店价格反而比兰州便宜,旺季时也不难找到一张价格合理的床。甘南郎木寺、夏河在正月大法会期间游客量非常惊人,届时常常一房难求。

住宿体验方面,各地的各档次酒店中都有一些不错的,但平均分要比其他发达省份差一些,尤其是县城及以下一级,住宿条件都不尽如人意,不过,Wi-Fi和24小时热水基本已是标配。自驾旅行者需要注意的是,兰州城关区的大多数酒店和甘南、河西走廊的部分酒店没有停车位或需收费。

食宿价格范围

本书所列的住宿是按照作者推荐程度而不是价格高低排列的,推荐度高的会排在前面。文中标注的价格,一般是标间价,即包含一张大床或两张小床,以及独立卫生间。青年旅舍会加标床位价格。除非特别注明,否则房价不含早餐。所有的价格都是作者调研时前台报出的实际价格,订房网站上会便宜约10~50元。需要注意的是,在同等标准的住宿中,兰州的价格往往高出不少。因此我们在标注分类时也做了灵活处理。

分类	住宿价格范围	就餐价格范围
经济¥	150元以下	人均50元以下
中档¥¥	150~400元	人均50~100元
高档¥¥¥	400元以上	人均100元以上

青年旅舍

青年旅舍主要集中在甘南和河西走廊沿线。甘宁地区加盟**国际青年旅舍**(YHA China; www.yhachina.com)的青旅仅有5家,分别在敦煌、嘉峪关、夏河、银川等地,但你在兰州、张掖、郎木寺、天水、银川都能找到青年旅舍或按照青旅风格经营的住宿地,略显遗憾的是,甘宁大多数青年旅舍的卫生状况一般。

你可以在**携程**(www.ctrip.com)、**飞猪旅行**(www.alitrip.com)、**大众点评**(www.dianping.com)、**青芒果旅行网**(www.qmango.com)等订房网站上搜索到各地的青年旅舍。青年旅舍的床位价在40~60元,标间价格与快捷酒店相当。如果入住5家加盟YHA的青年旅舍,持有YHA会员卡(年费50元)可以享受会员价,通常是每个床位优惠5元,或标间优惠10元。不过,即便没有会员卡,通过订房网站预订通常也能获得同样的折扣价。

通常而言,青年旅舍可以提供旅游咨询、订票、拼车、包车、自助洗衣、厨房、自行车租赁等服务,与讲究私密性的酒店相比,青旅开放的环境便于旅行者结伴和交流、交换信息。不过，如今很多青旅的经营已有点"偏离轨道"，例如青旅遍地开花的兰州，大多是居民楼里的住宅改造而成，只是效仿了青旅的高低铺式的住宿，并没有青旅的氛围，能获取的旅行信息也有限，住客中有一部分是在当地打工的长租客。

客栈和农家乐

这类住宿在夏河、郎木寺、扎尕那、冶力关、敦煌周边和景区附近最多，通常是由当地民居改建而成的，或应旅游业而生、依照本地民居特色新建的，例如甘南地区的藏式木屋、阿克塞地区的哈萨克族毡房。硬件方面，有些标准很高，有些则很简陋，通常从价格上可以分出高低（150元以上的条件会相对好一些）。入住这类住宿点，除非你提出要求，否则主人不会每天为你打扫房间、清理垃圾。

总体来说，甘宁地区这类住宿的条件同比要逊于其他省份，很多客栈并非每个房间都配独立卫浴，并以蹲厕居多，有点类似于不设床位间的青旅。这类住宿不一定有空调，好一点的冬天能提供电热毯；至于夏天，甘宁地区晚上大多能践行环保，令空调无用武之地。一些自带餐厅的住宿，能供应简单但不失地道的当地特色美食。客栈或农家乐的经营者多为当地人，能为旅行者提供不少有用的旅行信息，也能了解更多真实的当地风俗。

小旅馆和招待所

这类住宿在不具备大规模接待能力的小乡镇、村寨比较多，价格在百元上下，大多条件简陋，洗手间为蹲厕，热水、网络、供暖情况也不理想，住客来源也有可能比较复杂，决定入住前最好在订房网站上多看一下以往住客的评论。

连锁快捷酒店

甘宁地区几乎所有城市都能找到快捷酒店，包括如家、7天、汉庭、全季、宜必思、速8、格林豪泰、布丁等，价格在120~200元（旺季会翻番）。知名品牌连锁酒店都有自己的官方网站，办张会员卡能获得较大优惠，通常可以在入住时现场直接办理。

快捷酒店的选址大多位于中心城区或车站附近，就餐、出行都十分方便，如果不要求住得有特色，算得上是相对可靠之选——往往比经营已久的老牌三星级酒店干净、舒适得多。而甘宁地区常见的印度经济连锁酒店品牌OYO，根据调研的结果，大多软硬件设施不理想，可适当避雷。很多县城百元出头的宾馆也开始效仿快捷酒店装修风格，不过维护不太理想，尽量选择开业不久的入住。

星级酒店

甘宁地区每个地级市都有设施完善的星级酒店，三星级酒店的价格在200~300元，设施条件与比其价格低一档的快捷酒店差不多，有时甚至还不如。如果预算充足，四星级以上的酒店更值得入住，价格通常在400元以上。县城最高级的酒店一般为三星级，经验表明，命名"**（县城名）酒店"的常常是当地最好或经营时间最长的宾馆，但如果久未重新装修，还不如其他更便宜的、新开的宾馆或旅馆。另外，如果酒店楼下是KTV或餐厅，最好避开。

星级酒店通常都有免费停车场、房费含早餐，网上预订价格通常可以便宜10~50元，这笔钱抵销掉的往往正是早餐。还需留意的是，一家常年有旅游团入住的酒店，旅行者无论是直接致电前台还是通过订房网站，拿到的价格都要比旅行社的协议价高，而且这类酒店由于不愁客源，在服务与维护上往往显得更"不思进取"。

精品酒店

甘宁地区的精品酒店非常少，你可以在敦煌、桑科草原、沙坡头等地方，找到这类设计独特、价格昂贵、服务精细的酒店，价格在四位数。中卫的黄河宿集是高端度假酒店的新秀。住一晚沙漠酒店或帐篷酒店可以体验一下野奢感，不过由于交通不便，更适合自驾游的旅行者。

露营

你可以在鸣沙山、沙坡头扎营，前者已很成熟，当地也有专业的户外公司提供服务和全套露营装备的租赁。不过，风沙、夜寒和肆虐的蚊子是你需要面对的问题，一定要做好万全措施。

证件

学生、军人、记者和老年人等可以凭证件享受景区折扣门票，一定要记得带上自己的证件。研究生证通常被大多数景点排除在优惠范围之外，在莫高窟等知名度较高的景点，普通的记者证往往也不管用。身份证得随时带着，除了宾馆酒店入住需要出示登记，参观博物馆也要凭它换取免费的入场票，你也可能在甘南地区路遇查验证件。去酒泉卫星发射基地时需在途经的检查站现场办理许可证。

保险

购买保险是旅行计划的重要组成部分。不少保险公司都推出了旅游意外险的险种，能对旅行者在旅途中因行程延误、人身意外、财物遗失、医疗急救等造成的损失，进行一定比例的赔偿，尽可能降低旅行风险。自助旅行者可以通过旅行社或保险公司直接购买保险，也可以光顾**磨房**(www.doyouhike.net)和**绿野户外网**(www.lvye.info)这样的旅行网站，保险公司通常会在那里推出价格优惠的综合套餐广告。如果你是参团游览，需要留心的是旅行社代为缴纳的保险，一般只承保因旅行社的过错给旅行者带来的损失，并不包括因意外或旅行者自身过错造成的损失。

如果你有意在甘宁进行一些户外运动，可选择承保多种热门户外运动项目的险种，比如**美亚**(www.aiginsurance.com.cn)推出的"畅游神州"险种，能承保如骑马、自行车、滑雪（滑翔翼和跳伞活动除外）等户外运动项目。华泰的"安途"系列不仅承保团队成员各项户外运动的意外风险，而且针对领队责任设计特别风险保障，很适合组团进行户外活动的驴友。

在长途汽车站售票窗口购买车票时，售票员一般会默认搭售保险，根据保险自愿的原则，你有权拒绝（最好购票时提前声明）。即使没有另购保险，票面也已经包含了承运者的保险责任，如果发生意外，依然有权索赔，所以一路上各种票据务必妥善保管，以备不时之需。另外，旅游意外险通常包括航空意外，有时候比购买航空意外险更加优惠，且保额更高。

自驾游的旅行者，建议你为汽车购买全车盗抢险或车辆损失险，也可以考虑为昂贵的相机之类装备购买财产险。

银行

在甘宁县级以上地区很容易找到银行或24小时自动取款机，通常分布在城区主干道和商业中心。在乡镇地区一般能找到农村信用合作社或邮政储蓄银行，你最好带张可跨行取钱且不收手续费的银行卡。不过，在客户端支付越来越普及的今天，甘宁百分之九十以上的景点、饭馆、商铺、车站，甚至公交车都可以扫码支付了，不必一次性取太多现金。只有深入一些"前不着村后不着店"的偏远地区，你才需要提前备足现金。

购物

一句"葡萄美酒夜光杯"透露了如今河西走廊的3种特产：葡萄、葡萄酒、夜光杯，你可以在张掖、酒泉、敦煌买到这些。葡萄和其他瓜果不适合带回家，但葡萄干等水果干可代之。河西走廊的其他特产还包括红枣、牦牛肉等，敦煌还能买到罗布麻茶和各种纪念品。

甘南藏区可以买到精致的唐卡、开光过的佛珠和藏香、牦牛制品等宗教用品、生活用品和手工艺品。这里还有两家致力于为当地牧民创造就业机会、生产制作纯天然手工制品的公益企业——仁多玛村的甘南诺乐工坊和郎木寺的安多手工。

临夏有很多售卖羊毛褥子的商铺，由真材实料的羊毛做成，一块褥子百元上下，当地人买回去改做衣服或缝制坐垫，后者对旅行者相对实用。你还可以在卓尼买到中国四大名砚之一的洮砚。"宁夏五宝"中的枸杞、贺兰砚、滩羊皮很值得购买，可以在银川的东环市场和文化城买齐这些特产。

邮政

县一级的地方都有邮局，寄明信片、包裹不成问题。**国家邮政局**(www.spb.gov.cn)的网站上可以查到供参考的邮政资费。民营快递公司在甘宁的网点覆盖也日渐发达，在地级市和大一点的乡镇不难找到顺丰、申通、圆通这样的快递公司。

电话

只有当你深入沙漠、戈壁、草原、深山中，才有可能与外界失联，其余大部分地区都有手机信号，即便有信号不稳定处，也只是小范围区域，没有太大影响。县城一级基本都有移动、联通、电信这些运营商的营业厅。有人居住的地方，4G信号都还不错，又以电信覆盖率最广。

上网

大多数住宿点都能提供免费上网服务，不过，一些硬件设施不过关的小旅馆、客栈可能会在旺季发生因入住客人太多而联网不顺的状况。公共区域的免费Wi-Fi热点也越来越普及，很多博物馆、景点已能实现一键上网。

地图

出发前可以在手机地图App下载最新的离线地图，常规路线和景点利用高德地图、百度地图已足够。不过，GPS偶尔也会"犯错"，比如在甘南的一些荒野之地和敦煌周围的戈壁，多问当地人更靠谱，本书也为自驾者详细写明了行驶路线。

旅游信息

各地市、县的旅游局是最权威的旅游信息来源，你可以通过电询或上网查询了解当地的活动、民俗节日等。主要景点、机场、长途汽车站、火车站大厅内会设有旅游咨询处，可以获取免费的旅游信息资料和景区地图等。一些酒店前台也会放一些旅游宣传册，相对而言青年旅舍能获取更实用的信息。甘肃省博物馆、莫高窟、崆峒山、麦积山、张掖丹霞等著名景点都有各自的微信公众号，信息发布非常及时，也有景点相关的背景介绍和导览。你还可以通过豆瓣小组等了解实用、可信的吃喝玩乐信息。

气候

甘肃省以兰州为界，往西常年干旱少雨，往东夏秋季降水充沛。河西走廊和甘南地区的共同点是紫外线强烈、昼夜温差大。总的来说，冬、春两季前来旅行需要做更多的防护准备，前者非常寒冷，后者风沙严重。

不同地区的最佳旅行季节见行前参考（见8页）。**中国天气网**（www.weather.com.cn）能查询未来3~7天甘宁各市县的天气情况，"墨迹天气"App也很实用，可预告未来10天的天气变化。

兰州

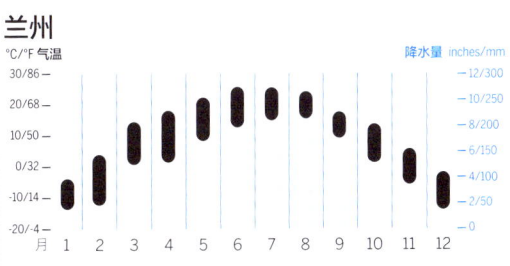

张掖

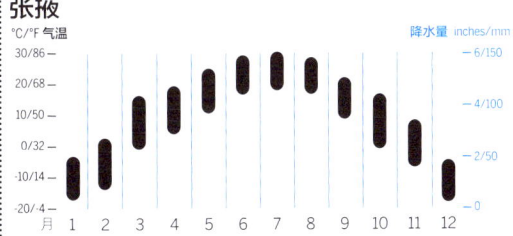

酒泉

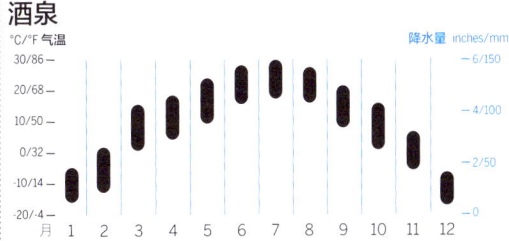

敦煌

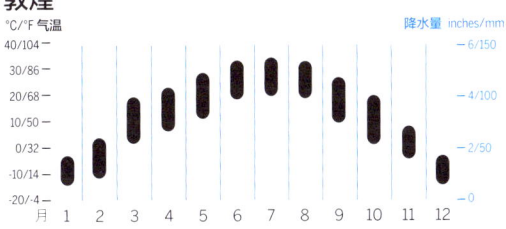

平凉

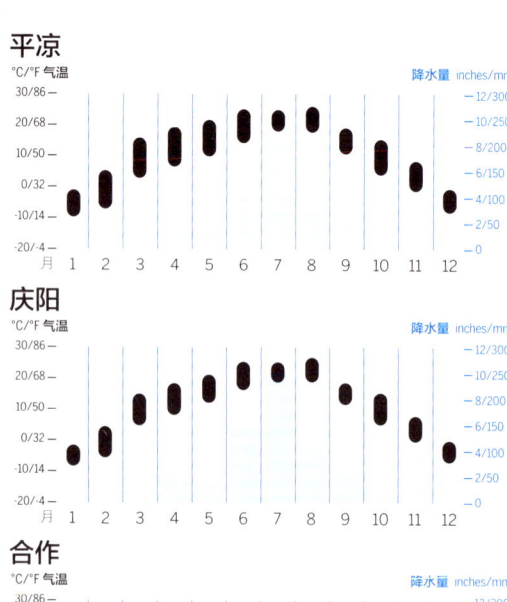

庆阳

合作

银川

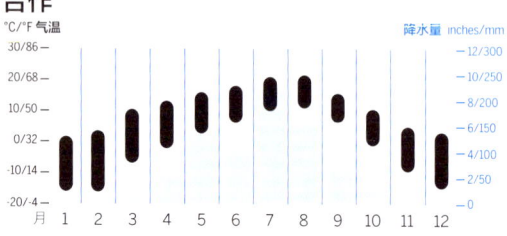

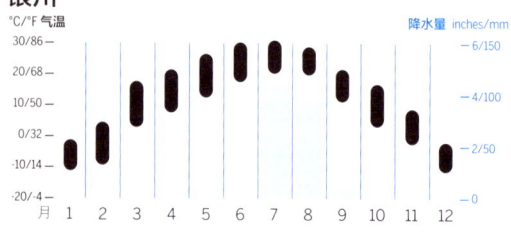

团队游

兰州、银川、敦煌等主要的旅游集散地都有本地旅行社组织前往周边景区的团队游，你通常可以在中心城区、长途汽车站大厅内找到它们。部分景点还推出了仅负责接送的旅游直通车，不但节省交通和时间成本，也大大方便了习惯独来独往的旅行者。

摄影和摄像

一般来说，边检站、军事驻地等地都严禁随意闯入和拍照。一些指明不能拍照或不能使用闪光灯的佛殿、石窟、博物馆等，请务必要遵守。不要拍摄清真寺内部和正在做礼拜的穆斯林。在甘南地区的藏传佛教寺庙，不要拍摄僧人诵经，近距离盯着辩经拍摄也是非常不礼貌的行为。也不要对着当地人肆无忌惮地进行"人文创作"，拍摄本地人前请先征得对方同意，如果答应了将照片寄给对方，不要食言。

在戈壁和沙漠地区摄影，最好为相机套上防沙罩。在地形复杂的地方拍照需要量力而行，不要为了一张好照片而酿成悲剧。到危险的悬崖边取景或在高速路桥停车拍照，都是对自己和他人不负责任的做法。

危险和麻烦

甘宁民风淳朴，总的来说是个对旅行者友好的目的地，各地治安都不错。不过，出门在外多个心眼总不是坏事。

交通安全

随着新高速、新国道的修建完成，甘宁如今的路况大有改观，但仍有几点需要注意。夏季，陇南（尤其靠近甘南地段）的强降雨可能导致泥石流和塌方，出发前查看天气预报和路况信息很有必要；甘南的公路上可能会遇到磕长头的朝圣者，自驾者要注意避让；河西走廊的人烟稀少地区，自驾者要注意检查车辆状况，保证油气充足，车上备有修理工具；冬季，高海拔地区的某些路段可能会因冰雪天气封路，客运班车也会取消，最好提前咨询当地交通部门，以免耽误行程。

偷窃和欺诈

人群密集的车站、十字路口和夜市是偷窃的高发地，双肩包要背在胸前。青年旅舍如

甘南藏区旅行警示

➡ 进入寺庙要穿着庄重,进入佛殿需脱帽;不要用手指指向佛像(而应伸出整个手掌);不开放的佛殿和喇嘛生活区域不要乱闯。

➡ 尊重当地民风民俗,不要触碰藏族人的头顶或法器;不要观看天葬,即便是开放的天葬台;不要跨越玛尼石堆,更不可在此撒野尿。

➡ 也许会有人告诉你逃票攻略,不过如果被抓现行,处罚非常严厉。有一些不太规范或私人开发的景点,可能会遇到当地村民拦路收费,一般来说,硬碰硬的结果吃亏的都是你,适当砍价是比较明智的处理方式。

今也成了小偷喜欢下手的地方,一定要将贵重物品锁进柜子里,时刻都不要人财分离。去热门景点,尽量从游客中心等正规渠道获取信息,避免被周围的掮客误导。记住一点:天下没有免费的午餐。

独自旅行者

甘南和河西走廊的一些景点交通比较落后,只能依赖包车,这对独自旅行者来说无疑是一笔不小的支出。在青年旅舍或客栈很容易结识旅伴一起拼车。兰州、敦煌、银川的旅行社也能散客拼团,旺季时提前一天报名即可。

一个人旅行,记得将自己的行踪及时告知亲友。不管是临时结伴还是独自包车,聊天时别太"和盘托出",尤其关于个人财产的话题要有所保留。

无障碍旅行

甘宁地区为残障人士的考虑尚不周全,只有省会和热门旅游城市的四星级以上酒店才有一些相应设施。区域内的交通是大问题,如果没有专人陪护,在这里旅行将遇到很多不便。即使跟团游,情况也不会有多好。

女性旅行者

只要具备一些自我保护意识,女性旅行者在甘宁不会感到任何不自在。但尽量不要一个人去酒吧,入住青旅时选择专门的女性宿舍。在游人相对较少、偏远落后处旅行时女性最好穿着尽量保守、言行低调,不是所有话题都适合与陌生人聊,你的不婚主义、丁克族等观点当地人不一定能接受得了,不如不谈。牧区男性热情奔放,大多是善意的,但也不排除有不怀好意者,保持头脑清醒和社交距离是自我保护的守则。

同性恋旅行者

甘宁地区对同性恋的态度依然很保守,尤其是少数民族聚居区。但一般来说,只要不太张扬,同性恋旅行者不会遇到太多麻烦。

志愿者服务

如果有兴趣了解甘宁的环保、扶贫、助学等各方面志愿者工作的相关信息,可关注:

拯救民勤志愿者协会(www.minqin.cn)着力于民勤荒漠化治理的公益组织,截至2019年已种下2.8万亩梭梭林。

绿驼铃环境发展中心(www.gcbcn.org)甘肃省第一家公益性民间环境组织,主要致力于保护水资源、草原等项目,不定期会有志愿者招募活动。

百蹊教育基金会(www.baixi.org)专注于助学助教,目前在宁夏有部分对口学校。

中国敦煌石窟保护研究基金会(fund.dha.ac.cn)从事敦煌石窟保护、研究、弘扬的公益活动,不定期会有线下讲座。

活动
徒步

甘宁地区的徒步路线集中在甘南,最成熟的是扎尕那、郎木寺,短则如一天能完成的**扎尕那小环线**(见204页)、**纳摩大峡谷**(见195页)。围绕卓尼和迭部有几条被称为**"重走洛克之路"**(见205页方框)的徒步路线,最热门的是扎尕那至卓尼大峪沟,全长62公里,需要走三四天,并得自带补给和扎营,也要做好预防高原反应的准备。较生僻的**骨麻湖路线**(见207页)难度大,最好参加规范的户外俱乐部组织。

河西走廊沿线也可以体验徒步,比较轻松的有鸣沙山徒步,嘉峪关有一段规划好的8公里长城徒步路线(见134页),几乎不存在难度,带足水和注意防晒即可。瓜州每年会举办价格昂贵的玄奘之路戈壁挑战赛。如果对沙漠徒步感兴趣，银川的户外俱乐部能组织腾格里沙漠的徒步穿越。

骑马和骑骆驼

桑科草原、郎木寺、扎尕那都可以骑马，黄河石林和马蹄寺景区内各有一段骑马的代步路段。最佳骑马体验自然是自古以养马出名的**山丹马场**（见121页），费用也相对合理，除了悠闲溜一圈，也可以正儿八经在此学习骑马。

鸣沙山、沙坡头、沙湖等沙漠类景区内都有骑骆驼活动，不过也就十来分钟而已，更过瘾的是花上几小时坐在驼背上进入沙漠深处。

骑行

骑行去西夏王陵是宁夏本地户外爱好者经常组织的活动。你还可以骑行去圣容寺（见102页方框）拜访诸多西夏遗址。高难度的骑行是甘南地区冻列乡到扎尕那的自行车越野线路（见204页）。

探洞

探洞并非西南喀斯特大地专属的户外运动，甘加草原上的**白石崖溶洞**（见185页）能让你在西北过一下瘾，由于溶洞毫无开发痕迹，行走非常不易，你需要准备好户外装备、手电等，胆小或有幽闭恐惧症的人不宜进行。

观鸟

离城市最近的观鸟点是**张掖国家湿地公园**（见109页），国家二级保护动物白骨顶鸡和凤头是这里的常客，冬季还有机会见到天鹅、灰鹤等大型候鸟。四五月能在甘南**尕海**（见192页）看到国家一级保护动物黑颈鹤，春末夏初有白天鹅、灰雁、斑头雁等近百种鸟类。**郭莽湿地**（见188页）是黑颈鹤越冬之地。夏、秋季能在阿克塞**苏干湖**（见167页）看到白天鹅、斑头雁、黑颈鹤。宁夏**沙湖景区**（见273页）在4月和10月两个候鸟迁徙季，可以观察到天鹅、苍鹭、大鸨、黑鹳等身影。

漂流

甘宁特色的漂流是坐羊皮筏子在黄河上顺流而漂，兰州、黄河石林、沙坡头都可以体验。

滑翔伞

除了刘家峡滑翔基地外，嘉峪关的滑翔俱乐部（见134页）可以让你在5月至10月体验双人动力伞和三角翼运动。敦煌鸣沙山、魔鬼城和张掖丹霞山景区内也有滑翔项目可体验。

交通指南

到达和离开

甘宁地处中国大西北腹地,河西走廊像一条手臂从内蒙古、青海的上下包围中伸向新疆,古时衔接着中原政治中心和西部游牧民族,如今,以兰州为中心,成了整个大西北的重要交通枢纽。若非从中部前来,飞机依然是进出交通的首选,甘肃高铁的开通也大大加快了陆路进出的速度。

飞机

机场

甘宁地区目前共有12座机场,兰州和银川是主要的航空门户,夏季前来,国内多地也有直飞敦煌的航班,其余机场都以西安、乌鲁木齐等西部邻近城市的航线为主。

由外部进入甘宁的机场主要有:

兰州中川机场(LHW;☎0931 816 8464)西北地区最大的航空枢纽之一,也是支线机场通往外省的中转站。连接全国40多个大中城市,并有前往中国香港、台北、泰国曼谷、韩国首尔等地的航线。

银川河东机场(INC;☎0951 961 2218)每天有多趟航班连接全国各个省会城市。

敦煌机场(DNH;☎0937 886 6133)旺季每天有航班飞往北京、上海、兰州、西安、西宁、乌鲁木齐、嘉峪关、成都、杭州、南京等城市,冬季只有往返西安、兰州和西宁的航班。

夏河机场(GXH;☎0941 722 5555)每天有飞往西安、拉萨、成都、银川等地的航线。

张掖甘州机场(YZY;☎0936 885 9066)常年与西安、兰州通航,旺季有直飞乌鲁木齐、成都、上海、敦煌、北京等地的航班。

嘉峪关机场(JGN;☎0937 638 1114)每天有直飞兰州、西安的航班。

天水麦积山机场(IATA;☎0938 265 2000)每天有直飞西安、天津、重庆的航班。

中卫沙坡头机场(ZHY;☎0955 707 3200)每天有直飞北京、西安、乌鲁木齐的航班。

航空公司

经营甘宁航线的主要航空公司有:

中国国航(☎95583;www.airchina.com)

东方航空(☎95530;www.ceair.com)

南方航空(☎95539;www.csair.com)

四川航空(☎95378;www.sichuanair.com)

华夏航空(☎400 600 6633;www.chinaexpressair.com)

机票

除却暑期和节假日,国内各大中城市往返兰州、银川的机票都不贵,常能刷出3折以下的机票。旺季如果直飞甘宁的机票太贵,也可以留意一下西安的机票,作为备选方案。而甘宁境内的其他支线机场在淡季常会减少班次或相应停航,机票的打折幅度也不大。

你可以通过**飞猪旅行**(www.fliggy.com)、**携程**(www.ctrip.com)、**去哪儿**(www.qunar.com)等淘票网站或App查询、预订机票,订票后一定要在出发前确认机票已经出票。你也可以直接登录各个航空公司官网预订机票。

火车

兰州是中国西北最大的路网性铁路枢纽,是进入新疆、青海的重要中转站。陇海铁路、兰新铁路、包兰铁路、兰青铁路4条东西大动脉在兰州交会,纵向的有兰渝铁路和即将贯通的成兰铁路。途经宁夏的铁路干线除了包兰线,还有串起宁夏、内蒙古、甘肃3省的干武铁路,接通宁夏与陕西的宝中铁路,连接宁夏与山西的中太铁路。

兰州也是西北最先进入高铁时代的,目前已开通兰广高速、兰福高铁、兰渝高铁、兰新高铁、徐兰高铁、宝兰高铁等路线,北、上、广皆有高铁或动车发往兰州。以兰州为起点西进的动车,一条经河西走廊直至乌鲁木齐,一条经西宁回到河西走廊。宁夏尚未通高铁,但银西高铁、银兰高铁、包银高铁等线路也都在规划或建设中。

长途汽车

进出甘宁的跨省高速有8条。G6京藏高速从北京经内蒙古进入银川,过兰州后转入青海、西藏;连接江苏和新疆的G30连霍高速横穿甘肃境内;起自山东的G20青银高速,可以在宁夏盐池接上G2012定武高速连上武威;其他还有途经陇南的G75兰海高速、纵向穿过陇东和宁夏的G70福银高速、从陇东进入甘肃的G22青兰高速,以及连通湖北十堰和天水的G7011十天高速。甘宁还有G213、G316、G345、G312、G309等多条国道与华南、华东的多省相连。

区内交通

飞机、火车、长途汽车这3种区内交通选择中,汽车可辐射的目的地最广,火车车次不如汽车频繁,但票价和速度更有优势,机票昂贵,但若冲着省时,兰州到敦煌不妨一飞。

飞机

除了夏河、天水、中卫3个支线机场,其余所有区域内的机场都与甘肃和宁夏的省会通航。相对而言,甘肃省内航班的机票价格更具优势,淡季时买到2折机票不难。而兰州飞银川、银川飞固原的机票任何时候都不便宜。

火车

甘宁除了临夏、甘南、庆阳、吴忠尚未通火车,其他各市之间都可坐火车。以兰州为中心,前往河西走廊沿线大部分目的地和陇南可坐高铁或动车,目前已有兰州至张掖、兰州至天水两条城际铁路线。在建中的高铁车站包括武威、庆阳和合作,后者将改变甘南铁路死角的旧貌。2019年12月,银川至中卫段开通,吴忠至中卫城际铁路也在计划建设中。

普通列车在票价上比长途汽车有优势,高铁、动车的优势自然是速度,不过,大多数普通列车的速度也多多少少比汽车快一些。需要注意的是,如果同一个城市中,高铁和普通列车不共享同一个车站,通常高铁站会距市区较远,需留足时间。

长途汽车

公路运输始终是区域内的主力交通,各主要城市间都有长途汽车相通(不过在甘南和敦煌周边的很多景点,公共交通并未完全覆盖)。区域内的高速公路包括成武高速、兰郎高速、静天高速、金武高速、白玉高速、临合高速、平武高速等20多条,还有在建中的兰夏高速、渭武高速,这两条高速公路的建成将大大改善陇南、甘南地区落后的交通现状。

总的来说,甘宁的国道、省道都算平整,坑洼路很少见,不过,在陇南和甘南地区依然是绕着群山迂回,降水集中的夏季是泥石流高发期,出行一定要注意天气预报和路况信息,冬季雨雪打滑天气玛曲等高寒地带的交通也会受影响。

如果一个城市有多个长途车站,通常而言,不同车站运营不同方向的班车,除了兰州的5个长途汽车站有点令人摸不着头脑。长途汽车票通常到了车站随买随走,你也可以通过**中国公路客票网**(www.bus365.com)网站或App、微信公众号提前购票(发往各乡镇、村的班车除外)。车站内也多有自助售票机。需要注意的是,个别目的地通过线上购票会默认包含保险费。

长途汽车一般分3种:高快、普快、乡村巴士。走高速的高快一般是大型客车,车内配有空调、电视,有些已安装免费的Wi-Fi热点,座椅宽敞舒适,运营也很规范,要求乘客对号入座,能准点发车,不允许超载。普快通常走国道,一路有很多盘山公路,车子的整洁度比高快差一些,但也都能准点发车。发往各乡镇的乡村巴士通常是破旧的中巴车,车内卫生状况很差,座椅之间非常拥挤,超载是常有的事,发车准点率也不高,上座率不高的时候,有些司机会等齐一定数量的乘客才肯开车,且一路停车载客,还会带货,但你也一样可以在路边招手拦车。

搭便车

出于个人安全考虑,不推荐搭便车。若不舍得银子,在公共交通不便的地区不妨尝试拼车,青年旅舍是你寻找分摊费用旅伴的好地方。

如果实在需要搭车,或因错过了唯一的班车又急于离开,一定要注意安全,尤其是女性独行者。不要抱着占人便宜的心态,应支付一定的费用。景区停车场、加油站等都是搭车成功率较高的地方,如果在公路边搭车,要避开上下坡、弯道和其他不方便停车的地方。上车前谨慎地判断一下司机和车上人员是否真心帮忙,主动询问搭车费用,表示感谢的同时,也避免司机坐地起价。还要注意的是,搭车最好选在白天,最好结伴,上车后及时告知亲友自己的行程方向以及搭乘车辆的情况,记下车牌号也是一种自我保护方案。

自驾游

由于甘宁可以很方便地与周边省份连线游——由陕入陇、从兰州西去青海西宁、从酒泉向北去内蒙古额济纳、从敦煌西去新疆、从甘南继续南下四川阿坝州……因此这里也是自驾者最喜欢的目的地之一。如果你选择到了甘宁后再租车自驾,**神州租车**(☏400 616 6666; www.zuche.com)在甘肃7座城市共设35家门店,在宁夏3座城市共设35家门店,可上网查询门店地址,你可以在线选车,并可异地还车。

只要不是选在极端天气出行,甘宁的公路是适合自驾的。不过,春季的沙尘暴、夏季沙漠高温、陇南易发泥石流、冬季高原恶劣的大风天气和冰雪,千万要小心开车。在甘南藏区自驾时,如遇成群的牛羊占道,记得避让,而不要以鸣笛驱赶的方式强行通过。有些公路上会立有"动物通道"的标志,别开错了道。扎尕那到卓尼翻越迭山的越野路线被称为自驾版的"洛克之路",底盘高的越野车更为稳妥。

当地交通

公交车和出租车是各市、县内最方便的代步工具。兰州公交虽四通八达,但糟糕的路况十分误事。甘南地区少有公交车,不过2元的打车费堪比公交车。

公交车

除了甘南地区,县级以上的地方都有公交车,能衔接起汽车站、火车站、商业中心和市区内或离市区不远的景点。城区内运行的公交票价都是1元,跨城区(例如天水)、前往机场或周边景点在2元以上,或分段收费。若非分段收费,公交车为自动投币,不过你大可不必为零钱犯愁,甘宁各地的公交车都可以扫码支付。

有些小县城的公交车上没有自动报站,也不会每站都设站牌,最好事先告诉司机或售票员,请他们到站时招呼你一声。

地铁

目前整个甘宁仅兰州开通了一条地铁线,连接起火车站、高铁站、中心城区等。

出租车

除了两个省会的出租车起步价略贵(兰州10元、银川7元)、甘南最便宜(2元),其余大多数地方出租车起步价为5元。各地出租车都有拼车习惯——司机一次拉多名客人,按人头收费,尽管因每个客人目的地不同难免会有绕路现象,不过司机对于每个人该付多少钱心里有谱着呢。小城市和县城里的出租车司机没有打表的习惯,如果不放心,可以在上车前问清楚车费,也可以先向旅馆老板了解一下本地的搭车行情,做到心中有数。

自行车

兰州、天水、酒泉、嘉峪关、银川等城市的街头有共享单车,敦煌、夏河的部分客栈或旅馆可以提供自行车租赁服务。城市骑行遵守常规的交通法规即可,若是在甘南山地、戈壁一带骑行,最好配备山地车,做好防晒、防风沙准备,并且避免夜间骑行。若是打算长线骑行,骑行服和头盔是必要装备。

健康指南

就健康卫生方面而言，甘宁地区算是相对安全的旅行目的地。主要城市的医疗设施一般都比较完善，小病小痛可以放心就诊，药店也很容易找到。但在偏远地区，尤其是牧区，医疗条件就不那么发达了，加上这些地方距离大城市通常有半天甚至一天的车程，常备药品需随身携带。最需预防的危险是食品卫生导致的肠胃病和甘南地区可能引发的高原反应，如果你平时就患有心脏病、高血压等疾病，旅行时更要格外小心。

出发前

保险

由于事故和疾病在旅途中随时有可能发生，特别是，如果你打算进行一些户外活动，如高山攀登、戈壁穿越、山地徒步、滑翔伞等，即使你体格健壮、身手敏捷，旅行前为自己买份相关保险也是必要的。具体内容可参见"出行指南"中的保险部分（见340页）。

其他准备

出发前一定要确认自身的健康情况。如果行程较长，最好在启程前先去看看牙医，

旅行健康提示

2020年，新冠肺炎（COVID-19）疫情全球大流行。截至本书出版时，疫情尚未结束。我们建议旅行者结合实际情况谨慎出行，出发前了解目的地的最新防疫政策，以免旅行受阻。在做好自身防护的同时遵守当地的防疫要求，保持良好的卫生习惯。针对疫情期间的个人防护，可参考世界卫生组织（www.who.int/zh）的详细建议：

➡ 勤洗手。经常用含酒精成分的免洗洗手液清洁手或用肥皂和清水洗手。

➡ 保持安全距离。与他人保持至少1米的距离，尤其是与咳嗽、打喷嚏和发热的人保持距离。

➡ 避免触摸眼、鼻、口。如果用被污染的手触摸眼、鼻、口，就可能会被留在物体表面的病毒感染。

➡ 保持良好的呼吸卫生习惯。打喷嚏或咳嗽时，需用弯曲的肘部遮挡口鼻，或用纸巾并立即妥善处置用过的纸巾。

➡ 如果发热、咳嗽和呼吸困难，请及早就医。发热、咳嗽和呼吸困难可能是呼吸道感染或其他严重疾病导致的症状，因此，及时就医很重要。伴有发热的呼吸道症状可有多种原因，应根据个人旅行经历和环境具体分析。

➡ 随时了解情况并遵循医务人员的建议。遵循医务人员、国家和地方公共卫生部门提供的关于你和他人如何防范新冠肺炎的建议。

以预防因龋齿等疾病带来的痛苦。隐形眼镜佩戴者应带上一副备用的框架眼镜，县城以下地区买不到镜片和清洗药水。

如果你需要某种特殊药物，最好提前多准备一些，因为在当地可能买不到。沿途需要购买处方药的话，请确保医生提供的处方或证明文件字迹清晰，以证明你用药的合法性、经常性。

常备药品

推荐放入个人药品箱中的医疗物品：

➡ 乙酰氨基酚（泰诺）或阿司匹林——止痛或退烧

➡ 绷带、纱布、创可贴和其他创伤敷料——处理小创伤

➡ 百多邦、达克宁——治疗各种细菌、真菌性皮肤感染

➡ 多种维生素——在长途旅行中，饮食中的维生素含量可能不足

➡ 剪刀、电子体温计（飞机上禁止携带水银体温计）、镊子——急救用品

➡ 抗组胺剂——缓解过敏症状

➡ 含避蚊胺（DEET）成分的外用驱蚊剂和风油精

➡ 喷涂于衣物、帐篷和床单的含氨菊酯成分的杀虫剂

➡ 类固醇或可的松——用于治疗误食有毒植物或其他过敏性皮疹

➡ 感冒和流感药

➡ 藿香正气水和十滴水、仁丹——防中暑

➡ 黄连素片、蒙脱石散——治疗腹泻

➡ 晕海宁——预防晕车

➡ 防晒霜、保湿唇膏——防止晒伤、干燥

➡ 红景天、高原安、肌苷片等——缓解高原反应

➡ 避孕药具

旅途中

医疗服务及费用

如果在旅途中发现自己得了（或觉得自己得了）重病，千万不要拖延，一定要及时前往当地医疗机构救诊，并谨慎评估自己当前的健康情况，适当调整或取消行程。如需紧急医疗救助，可以拨打医疗急救电话☏120。如果感觉自己可以应付，可在当地药店购买非处方药物。

传染性疾病

炭疽

在牧区，炭疽是人畜共患的急性传染病，传播迅速，若不及时诊治，病死率较高。若人的皮肤黏膜破损后接触了病畜、被炭疽杆菌污染的物品，以及病人的分泌物和排泄物等，都容易被感染。感染后皮肤会出血性浸润、坏死、水肿、溃疡，而后形成典型的黑痂。

肺炭疽的感染主要是因为吸进了带炭疽杆菌的灰尘。发病较急，表现为寒战、高热、咳嗽、咯血痰，常伴发败血症。吃了被炭疽杆菌污染又未煮熟的肉类、喝了污染的乳类和水，就会患肠炭疽。

青霉素对治疗炭疽较有用，重症者可加用红霉素、氯霉素、四环素、链霉素。注射前一定要做过敏测试。

感染了炭疽的皮肤病灶应注意清洁，可用1：2000的高锰酸钾溶液等无刺激性的消毒溶液洗涤，涂以抗生素软膏，不得抚弄和手术。

包虫病

甘宁牧区也是包虫病的多发地段，这是一种由细粒棘球绦虫幼虫感染的人畜共患疾病。

包虫病的主要传染源是狗。人与狗密切接触后，皮毛上的虫卵污染手指后经口感染。若狗粪中中虫卵污染了蔬菜或水源，也会造成间接感染。在干旱多风地区，虫卵随风飘扬，也有经呼吸道感染的可能。治疗时千万不能对包虫囊进行穿刺，囊肿破裂后囊液溢出可致皮疹、发热、腹痛、谵妄、昏迷等过敏反应，重者会死于过敏性休克。

包虫囊生长缓慢，潜伏期很长。一般在儿童期感染，至青壮年期才出现明显症状。如果带小孩前往，一定不要让他们和狗过于亲密。

狂犬病

乡间和牧场上遇到野狗的概率不低，最凶猛的当属藏区的藏獒，尽责的牧羊犬对人类也没什么好感，要当心。如果看到类似"野狗出没"的警示牌，一定要止步。一旦被咬伤，可自行用自来水或肥皂水直接冲洗伤口至少30分钟，再涂抹碘基抗化脓药物，然后前往医院处理。如果事先没有接受免疫注射，则需尽快去医院注射狂犬病免疫抗体。

真菌感染

在偏远山地乡村穿行时，不洁的卫生环境和炎热的气候容易导致头皮、脚趾、手指、腹股沟等部位的真菌感染。为防止感染，应该在旅途中穿宽松、舒适的服装，避免穿人造纤维制品的贴身衣物。自带拖鞋比穿旅馆提供的旧拖鞋更有卫生保障。洗澡要勤，并小心擦干身体。如果已经受到感染，则需在洗净擦干后，使用达克宁等抗真菌药膏，并尽量将患处暴露于空气和日光之中，保持干爽。勤洗勤换内衣裤，尽量在太阳下晒干。

人体免疫缺损病毒/艾滋病

感染人体免疫缺损病毒（Human Immunodeficiency Virus，简称HIV），可能导致致命的获得性免疫缺损综合征（艾滋病，Acquired Immune Deficiency Syndrome，简称AIDS）。血液、血产品或体液都能传播这种疾病。甘宁的艾滋病情况不容乐观，截至2018年6月，甘肃省的艾滋病毒感染患者超过3000例，宁夏也有近2000例。

艾滋病一般通过性接触或受污染的针头传播，因此接种疫苗、针刺疗法、文身、输血以及静脉注射毒品，都有感染艾滋病的潜在危险。尽量不要去小型的私人诊所打针。如果你确实需要注射的话，应要求护士当面打开密封的一次性注射器，或者自备针头和注射器。如果患严重的疾病，不应害怕感染艾滋病而拒绝治疗。

伤寒

伤寒是危险的肠道传染病，受污染的水和食物是导致感染的罪魁祸首。一旦患病，必须及时就医。

患病初期的症状与重感冒或流感类似，但体温每天都会略有上升，直到升至40℃或者更高。患者脉搏缓慢，而正常发烧通常是脉搏加快。此外，还会出现呕吐、腹痛、腹泻或便秘等症状。在患病的第二周，身上可能会出现粉红色斑点，会有发抖、神志不清、虚弱、体重减轻和脱水等症状。病情严重的话还可能产生肺炎、肠穿孔或脑膜炎等并发症。

环境引发的疾病和不适
高原反应

甘南和祁连山地区的海拔为3000~5000米，高原反应是一大威胁，建议旅行者（尤其是没有前往高原经验的旅行者）在出发前一周开始服用"红景天"或"高原安"。

高原反应的症状一般包括头痛、胸闷、气短、心悸、恶心呕吐、失眠、口唇发绀、多梦和血压升高等。这些症状通常在前两天比较明显，之后就会逐渐减轻或消失，但也存在少数人因劳累、受寒和上呼吸道感染等原因，症状加重，发展成高原肺水肿或脑水肿。

初到高原要多喝水，不要急速行走或奔跑。避免暴饮暴食以增加消化器官负担，避免饮酒、抽烟，多吃水果与蔬菜。注意保暖，少洗澡以避免感冒与消耗体力。如果产生不适，不要一开始就吸氧，以免产生依赖性，应尽量靠自己适应。

如果出现高原反应症状，建议你就地休息一两天，直到症状减轻。如果症状不减或者加重，应迅速下降到海拔较低的地方。

旅途腹泻

水土不服、饮食不洁以及气候变化都可能导致轻微的腹泻，西北饮食偏油腻，缺少丰富的蔬菜，而且水质偏硬，极有可能导致肠胃不适。

如果只是腹泻而没有其他症状，可能不会有太大问题。腹泻主要的危险是脱水，儿童和老人尤其应注意。脱水会在很短时间内发生，所以一定要及时补充液体，淡茶水加少许糖、苏打水或软饮料都很适合补充水分，补充的水分至少应与你在排便和呕吐中所损失的数量相当。恢复期间也要坚持吃清淡的食物。

严重的腹泻要及时补充身体损失的矿物质和盐，口服补盐液非常有效，可以将它加入开水或瓶装水中。如果情况紧急，也可以将6茶匙糖和半匙盐加入1升的水中。

腹泻一般需要通过大便检验来查明病因，因此应及时就医。如果没有就医条件，建议你使用治疗细菌性腹泻的药物，例如诺氟沙星或环丙沙星。

晒伤

河西走廊和甘南地区的紫外线极强，最有晒伤危险。无论何时去都要做好防晒措施，外露皮肤需要抹SPF30及以上的防晒霜。在敦煌周围的戈壁滩最好戴上阔边帽或打伞。

中暑

夏季在干燥炎热的河西走廊和宁夏,要注意防暑。中暑一般来得很突然,症状包括虚弱、恶心、体热且燥、体温超过41℃、晕眩、失去协调性、抽搐,甚至昏迷失去知觉。在人体感觉到中暑症状时,要立即转移到通风、凉爽的地方休息,脱去衣服、扇风,将凉的湿毛巾敷在患者身上以降温,特别是腹股沟和腋窝下。并服用藿香正气水、仁丹、十滴水等药物,在太阳穴、人中处涂抹风油精。

防风沙

河西走廊和兰州的风沙非常大,尤其是每年春天几乎都会爆发沙尘暴。风沙对于人体各个部位都会造成不同程度的损害。风沙飘进眼中,可使眼睛干涩、疲劳,甚至引起各种炎症,随身备眼药水能有效缓解症状。一副防风沙护目镜同样能有效保护眼睛。佩戴隐形眼镜的旅行者要加倍注意清洁,并备齐清洗药水,尽量减少佩戴时间。大量沙尘会对呼吸道造成伤害,不妨像对付雾霾天气一样戴上口罩。

防寒

甘南和祁连山北麓海拔较高,温度也相应比平地低得多,加上大部分地区天气易变、昼夜温差大,即使夏天前往也要带上防风外套和保暖衣物。郎木寺、夏河冬季气温非常低,如果冲着法会、晒佛节前来的话,一定要注意保暖。

蚊虫叮咬

甘南草原夏季蚊虫非常多,而卫生条件不佳的偏僻之地可能会有臭虫、跳蚤、蜱等小虫,它们尤其喜欢藏身在不干净的床垫和被褥中。

如果床单或墙上有血迹,房间内很可能有臭虫。如果与被跳蚤找上的人直接接触,共用梳子、衣服和其他物品,都会染上跳蚤。药粉和洗发水能够杀灭它们,染上跳蚤的衣服应用热肥皂水洗涤,并在阳光下晒干。

如果你刚刚穿过一片蜱滋生的草丛,就应该检查一下全身。若发现有蜱吸附在皮肤上,可以滴上一滴油,然后用镊子夹住其头部轻轻向上拉,再以酒精、碘酒清洗伤口。不要拽它的后部,那会压迫它的肠道,使排泄物通过吸附的嘴部进入皮肤,增加感染和患病的风险。不建议你涂抹药物,因为对蜱并不起作用。

蛇

西北少蛇,但并非完全没有。为了将被蛇咬的风险降到最低,在穿越蛇常出没的丛林或荒漠地带时一定要穿靴子、袜子和长裤,并可用树枝或登山杖打草惊蛇,不要将手伸进洞穴和裂缝中。一旦被咬,应立即将被咬的肢体紧紧包扎,并用夹板将其固定,让受伤的人保持静止,同时寻求医疗帮助。如果可能的话,可以拿死蛇去做鉴定。使用止血带和吸出蛇毒等方法如今看来并不可靠。

健康指南 环境引发的疾病和不适

幕后

说出你的想法

我们很重视旅行者的反馈——你的评价将鼓励我们前行,把书做得更好。我们同样热爱旅行的团队会认真阅读你的来信,无论表扬还是批评都非常欢迎。虽然很难一一回复,但我们保证将你的反馈信息及时交到相关作者手中,使下一版更完美。我们也会在下一版特别鸣谢来信读者。

请把你的想法发送到**china@lonelyplanet.com.au**,谢谢!

请注意:我们可能会将你的意见编辑、复制并整合到Lonely Planet的系列产品中,例如旅行指南、网站和数字产品。如果不希望书中出现自己的意见或不希望提及你的名字,请提前告知。请访问lonelyplanet.com/privacy了解我们的隐私政策。

作者致谢

丁海笑

感谢一路同行的大雄、夜夜、欧杏,我的老师杨正,朋友艾让杰、西珠、姚军、陶阳夫妇,以及Lonely Planet的编辑、作者朋友们。献给我的兰州。

董驰迪

感谢甘宁团队和幕后,感谢小绿的引荐和莎莎的热情款待,感谢小可和刀哥给予的各种信息支持和分享,后者还亲临敦煌,同游莫高,把盏共饮。尤其感谢陈海涛老师,在百忙之中接受了我们的采访。感谢一路帮助过我的各位:安海燕、顾瑶、李树林、阮浩、世虎,还要感谢甘宁前三版的作者,以及购买此书的读者。

何望若

感谢张洁,为我介绍兰州的吃喝玩乐与人脉;感谢屈刚和张轩,帮我梳理兰州的过去与现在;感谢吴正科和徐磊,带我前往隐藏在荒烟蔓草中的古迹;感谢平凉的王老师,破例为我打开了不对外开放的石窟大门。感谢很多没留名的信息奉献者。

王木子

感谢亲爱的莎莎从敦煌到张掖一路的照顾和关切,感谢贺晨和他亲爱的妈妈雅斯·达瓦尔女士关于裕固族文化热情的分享和帮助,感谢胖胖又一次作为最合格的编外人员毫无怨言地跟我一起上路,感谢未来的邻居李赢,毅杰对Kuma的细心照顾让我没有后顾之忧……最要感谢的是Lonely Planet,能给我这个机会让我重新认识并爱上甘肃。

声 明

本书地图由中国地图出版社提供,审图号GS(2020)1462号。

封面图片:莫高窟第217窟南壁盛唐壁画"法华经变之化城喻品",孙志军摄/敦煌研究院提供。

本书第8页,第40页,第46页下图,以及封面图片均由敦煌研究院提供,非经授权不得擅自使用。

关于本书

这是Lonely Planet《甘肃和宁夏》的第四版。本书的作者为丁海笑、董驰迪、何望若、尼佬和王木子。在此一并致谢上一版作者孙澍、龚宥文、罗莎、邱心怡、张帆和赵晶晶。

本书由以下人员制作完成:

项目负责	关媛媛
项目执行	丁立松
内容策划	李小可
视觉设计	刘乐怡 庹桢珍
协调调度	沈竹颖
总　　编	朱 萌
执行出版	马 珊
责任编辑	喻 乐
地图编辑	田 越
制　　图	张晓棠
终　　审	杨 帆
流　　程	孙经纬
排　　版	北京梧桐影电脑科技有限公司

感谢刘泽刚、肖潇、向阳、洪良、刘燕为本书提供的帮助。

索 引

A
阿克塞 167~168
阿万仓 219
艾黎捐赠文物陈列馆/山丹县博物馆 119

B
八坊十三巷 86
八角城 186
白古寺 208
白马塔 142~143
白石崖溶洞 185~186
白石崖寺 186
白塔山公园 73
白塔寺 100~101
拜寺口双塔 272
板桥西道堂 275~276
北石窟寺 243~244
炳灵寺石窟 83~84

C
采日玛 220
藏经洞陈列馆 157
察干尼玛外香寺 217
禅定寺 209~210
车巴沟 214~215
陈家洞 240~241
成县 248~249
承天寺塔 255
慈氏塔 157~158

000 地图页码
000 图片页码

D
达仓郎木赛赤寺 195
达仓朗木格尔底寺 195
达尔宗湖 187
达摩寺 200~201
大地湾遗址 236~237
大佛寺（张掖）108~109
大云寺 96~97
代巴村 203
当周草原 189
德尔隆寺 187~188
电尕寺 201
迭部 199~202, **200**
东公馆 86
董府 276
敦煌 139~168, **142**, **158**, **8**, **9**
敦煌博物馆 22, 140
敦煌东线 163~167
敦煌古城影视城 159~160
敦煌美术馆 157
敦煌南仓 141
敦煌南线 167~168
敦煌石窟文物研究陈列中心 157
敦煌西线 159~163
敦煌研究院院史陈列馆 157
敦煌艺术馆 69

E
二十里铺拱北 293

F
伏羲庙 226

G
尕海 192~193
甘加草原 185~186
甘肃省博物馆 69~72
高庙 274
高台 117~119
高台县博物馆 117
格萨尔赛马中心 217
贡巴寺 214
贡赛尔喀木道 219
骨麻湖 207
鼓楼（酒泉）125~126
固原 288~292, **289**
固原博物馆 289
瓜州县 163~164
官鹅沟 246~247
滚钟口 272

H
海宝塔 255~256
海藏寺 96
海原 285
合作市 188~190
和政古动物化石博物馆 87
河曲马场 220
贺兰山 271~273
贺兰山国家森林公园 271~272
贺兰山岩画 272
黑水国遗址 115
红军西征纪念园 286
红军长征纪念馆 296
鸿乐府道堂 276
胡氏民居 224~225
黄河第一桥 217

黄河宫 281
黄河石林 82~83
火石寨地质公园 294

J

鸡峰山 249
嘉峪关 130~139, **132**, **10**
嘉峪关城市博物馆 134
嘉峪关长城 131~132
金塔胡杨林 129~130
晋城门 126
净土寺 235
九甸峡 215
酒泉 124~130, **126**, **129**
酒泉市博物馆 125
酒泉卫星发射中心 127

K

开城安西王府遗址 293~294
康县阳坝 247~248
崆峒山 237~238

L

拉卜楞寺 179~185, **180**, **9**
　白伞盖佛殿 183
　大金瓦殿（弥勒佛殿）181
　德哇仓文殊佛殿 183
　贡唐宝塔 181~182
　红教寺 184
　马头明王殿 184
　时轮学院 183
　寿安寺（狮子吼佛殿）182
　文殊佛殿 183
　闻思学院（大经堂）181
　喜金刚学院 183
　续部上学院和续部下学院 183
　医学院 182
　印经院 183
　赞康佛法殿 184
拉尕山 207~208
拉路佐仓寺 201
腊子口国家森林公园 206
腊子口战役遗址 206
兰州 66~80, **67**, **70~71**, **17**
兰州碑林 73

郎木寺 193~199, **194**
郎木寺清真寺 196
老龙潭 295~296
雷台公园 95~96
雷音寺 143
临潭 212
临夏 84~88, **85**
灵武 274
六盘山 294~296
六盘山国家森林公园 295
陇南 244~249
鲁土司衙门 81
碌曲县城 190~192
罗什寺 97
洛克之路 205, 215
骆驼城 117~118

M

马蹄寺景区 115~116
玛曲 215~220, **216**
麦积山石窟 232~234
梅园沟 247
米拉日巴佛阁 188~189
民勤 103~105, **104**
鸣沙山·月牙泉 147~149, **15**
魔鬼城 162~163
莫高窟 149~159, **40**, **46**
莫高窟石窟群 151~157
莫高窟数字展示中心 151
木塔寺 109
木梯寺 236

N

纳摩大峡谷 195
南关清真大寺 257
南郭寺 226~228
南石寺 240
南长滩和北长滩 285
尼巴藏寨 214
娘玛寺 219
涅甘达娃神山公园 203
宁夏博物馆 255

P

平凉 237~241

平山湖大峡谷 116

Q

青城古镇 80
青铜峡黄河大峡谷 278
庆阳 241~244
庆阳博物馆 242

R

瑞安堡 104

S

桑科草原 185
沙湖 273~274
沙坡头 283~284
沙州古城 143
山丹 119~123, **120**
山丹马场 121~122
圣容寺 103~104
石空大佛寺 284~285
水车博览园 73
水洞沟 273
水帘洞 235~236
四旗梁子拱北 274~275
寺口 284
肃北 168
肃南 123~124, **124**
肃南冰沟丹霞 115
肃南县民族博物馆 123
锁阳城 164~165

T

天池冶海 212~213
天水 224~237
天水市博物馆 226
天堂寺 106~107
天梯山石窟 99~100
天祝 105~108, **106**
天祝县博物馆 106
同心 285~287, **286**
同心清真大寺 285~286
吐鲁沟国家森林公园 81

W

万象洞 244~245
王道士塔 158
王母宫 239
韦州 287~288
文庙（武威） 91, 94~95
文殊山石窟群 136~138
文县天池 246
吴忠 274~279, **275**
武威 91, 94~99, **94**
武威市博物馆 95
武威西夏博物馆 95

X

西北农耕博物馆 290~291
西仓寺 190~191
西海固 287~296
西汉酒泉胜迹公园 126
西晋壁画墓 141~142
西麦朵合塘 219
西千佛洞 160~161
西狭颂 248~249
西夏陵国家考古遗址公园 269~270
下马关 287
夏河 174~178, **175**
仙人崖 234~235
萧关道遗址 244
萧关遗址文化园 294
新城魏晋壁画墓 133~134
新城镇 215
熊猫沟 187
须弥山石窟 292~293
悬壁长城 133
悬泉置遗址 167

Y

胭脂峡 296
焉支山 120
盐池长城 278~279
羊皮筏子 73
阳关 161
杨土司革命纪念馆 210
冶力关 212~214
野荷谷 296
业日村 203
银川 254~274, **256~257, 262~263**
永昌 101~103, **101**
永昌县博物馆 101
永宁纳家户清真寺 274
永泰古城 82
榆林窟 165~167
玉皇阁 257
玉门 138~139
玉门博物馆 138
玉门关 161
玉门老市区 138
玉泉观 226
御山圣容寺 102
云崖寺国家森林公园 240

Z

则岔石林 192
扎尕那 202
战国秦长城遗址 290
张掖 108~124, **110~111, 13**
张掖博物馆 109
张掖七彩丹霞景区 113, **13**
张掖国家湿地公园 109~110
长城第一墩 132~133
镇北堡西部影城 270~271
镇远楼（鼓楼） 109
中国工农红军西路军纪念馆 117
中国马家窑彩陶博物馆 86~87
中华黄河楼 276
中山桥 72
中卫 279~285, **280**
钟鼓楼 101
庄浪 240~241
卓尼 209~212
卓尼和临潭 208~215
作海寺 186

地图图例

景 点
- 佛寺
- 城堡
- 教堂
- 清真寺
- 纪念碑
- 孔庙
- 道观
- 世界遗产
- 博物馆
- 遗址
- 酒窖
- 动物园
- 温泉
- 剧院
- 一般景点

活动、课程和团队游
- 潜水/浮潜
- 划艇
- 滑雪
- 冲浪
- 游泳/游泳池
- 蹦极
- 徒步
- 帆板
- 其他活动、课程、团队游

住 宿
- 酒店
- 露营

就 餐
- 就餐

饮 品
- 酒吧
- 咖啡

娱 乐
- 娱乐

购 物
- 购物

实用信息
- 银行
- 使馆
- 医院/药店
- 网吧
- 公安局
- 邮局/邮筒
- 公共电话
- 卫生间
- 旅游信息
- 无障碍通道
- 其他信息

地 理
- 海滩
- 灯塔
- 瞭望台
- 山峰
- 栖身所、棚屋
- 森林公园

行政区划
- 首都
- 省级行政中心
- 地级市行政中心
- 自治州行政中心
- 县级行政中心
- 乡、镇、街道
- 村

交 通
- 机场
- 过境处
- 公共汽车
- 渡船
- 地铁
- 停车场
- 加油站
- 自行车租赁
- 出租车
- 火车站
- 有轨电车
- 索道缆车
- 其他交通工具

道 路
- 高速公路
- G213 国道
- S203 省道
- X013 县、乡道
- 铁路
- 地铁
- 收费公路
- 高速公路
- 一级公路
- 二级公路
- 三级公路
- 小路
- 未封闭道路
- 购物中心/商业街
- 台阶
- 隧道
- 步行天桥
- 步行游览路
- 小路

境 界
- 国界
- 未定国界
- 地区界
- ++++ 军事分界线/停火线
- 省界
- 未定省界
- 特别行政区界
- 地级界
- 县级界
- 海洋公园界
- 城墙
- 悬崖

水 系
- 河流、小溪
- 间歇性河流
- 沼泽
- 礁石
- 运河
- 湖泊
- 干/盐/间歇性湖
- 冰川

地区特征
- 海滩/沙漠
- +++ 基督教墓地
- ××× 其他墓地
- 公园/森林
- 运动场所
- 重要景点(建筑)
- 一般景点(建筑)

注：并非所有图例都在此显示。

我们的故事

一辆破旧的老汽车,一点点钱,一份冒险的感觉——1972年,当托尼(Tony Wheeler)和莫琳(Maureen Wheeler)夫妇踏上那趟决定他们人生的旅程时,这就是全部的行头。他们穿越欧亚大陆,历时数月到达澳大利亚。旅途结束时,风尘仆仆的两人灵机一闪,在厨房的餐桌上制作完成了他们的第一本旅行指南——《便宜走亚洲》(Across Asia on the Cheap)。仅仅一周时间,销量就达到了1500本。Lonely Planet从此诞生。

现在,Lonely Planet在都柏林、富兰克林、伦敦、墨尔本、奥克兰、北京和德里都设有公司,有超过600名员工和作者。在中国,Lonely Planet被称为"孤独星球"。我们恪守托尼的信条:"一本好的旅行指南应该做好三件事:有用、有意义和有趣。"

我们的作者

李小可

内容策划 甘肃和宁夏是她最早去过的西部目的地,曾经,沙坡头还没有成为网红,七一冰川还可以登顶,莫高窟也没有游客爆棚。甘肃有她最痴迷的石窟,宁夏有她最爱的手抓肉。做完这本书后,她的下一个计划是淡季走一趟甘肃石窟。

丁海笑

甘南、今日甘宁 在路上的异乡人,一直以为那个玉门关外的漠北小镇是他的故乡。在兰州求学7年,出版过以西北为题材的旅行文学《搭车十年》,也曾为Lonely Planet撰写过多本有关西北的旅行指南。此趟甘南调研,他和朋友驾驶着一辆10年车龄的"库珀",路上奇遇不断。想了解更多关于他的旅行作品,可以登录他的个人网站: dinghaixiao.com。

董驰迪

酒泉、嘉峪关、敦煌 2008年拿着Lonely Planet独自走访了东南亚,2013年误打误撞地成了Lonely Planet的一员,至今她已为Lonely Planet撰写了10多本指南,并作为"职业浪人"继续在路上。敦煌石窟是此次最美好也最头疼的部分,她花了最多的时间来消化它们,希望使用此书的旅行者能够"坐享其成"。

何望若

兰州、陇东南 兰州是她去过很多次的城市,但之前每一次,只是过完一碗牛肉面的瘾,便匆匆告别,前往更西的西部。这一次,她在这座城市耐心待了下来,吃过更多碗更好吃的牛肉面,感受着它粗犷外表下的江湖柔情。这也是为Lonely Planet调研的最大魅力,深挖一座城,了解世界的各个角落和形形色色的人物。

王木子

武威、张掖 虽然还是以新人作者自居,但算起来这也是王木子为Lonely Planet写作的第四本书了。身为半个西北人的她,借着这个机会和这片熟悉又陌生的土地,有了成年之后第一次深入的接触。对于她来说这是一次回归之旅,在似曾相识的风景中,在飞驰而过的路途上,更加理解"故乡"二字的深意。

尼佬

宁夏 专栏作者,自由撰稿人,同时也是一名户外旅行策划者和领队。他从2009年起成为Lonely Planet的中文作者,参与创制了超过20本Lonely Planet旅行指南和旅行读物。他同时还在撰写一个名叫"再见布莱尼"的个人网站和微信订阅号。

特约作者

袁亮

石窟之旅 成都人,曾参与过多本Lonely Planet旅行指南的调研和写作。寻访中国石窟是她近年来的小目标,河西石窟是她最喜欢的目的地。

甘肃和宁夏

中文第四版

© Lonely Planet 2020
本中文版由中国地图出版社出版

© 书中图片版权归图片持有者所有，2020

版权所有。未经出版方许可，不得擅自以任何方式，如电子、机械、录制等手段复制，在检索系统中储存或传播本书中的任何章节，除非出于评论目的的简短摘录，也不得擅自将本书用于商业目的。

图书在版编目(CIP)数据

甘肃和宁夏 = Gansu and Ningxia / 澳大利亚Lonely Planet 公司编 . -- 3 版 . -- 北京：中国地图出版社，2020.6（2021.8 重印）
（中国旅行指南系列）
ISBN 978-7-5204-1685-6

Ⅰ. ①甘… Ⅱ. ①澳… Ⅲ. ①旅游指南－甘肃②旅游指南－宁夏 Ⅳ. ① K928.94

中国版本图书馆 CIP 数据核字（2020）第 090612 号

出版发行	中国地图出版社
社　　址	北京市白纸坊西街 3 号
邮政编码	100054
网　　址	www.sinomaps.com
印　　刷	北京华联印刷有限公司
经　　销	新华书店
成品规格	197mm×128mm
印　　张	11.25
字　　数	612 千字
版　　次	2020 年 6 月第 3 版
印　　次	2021 年 8 月北京第 3 次印刷
定　　价	79.00 元
书　　号	ISBN 978-7-5204-1685-6
审 图 号	GS（2020）1462 号
图　　字	01-2014-3175

如有印装质量问题，请与我社发行部（010-83543956）联系

虽然本书作者、信息提供者以及出版者在写作和出版过程中全力保证本书质量，但是作者、信息提供者以及出版者不能完全对本书内容之准确性、完整性做任何明示或暗示之声明或保证，并只在法律规定范围内承担责任。

Lonely Planet 与其标志系 Lonely Planet 之商标，已在美国专利商标局和其他国家进行登记。不允许如零售商、餐厅或酒店等商业机构使用 Lonely Planet 之名称或商标。如有发现，急请告知：lonelyplanet.com/ip。